珞 珈 网 络 治 理 文 库

数据治理的法律逻辑

黄志雄 主 编
袁 康 执行主编

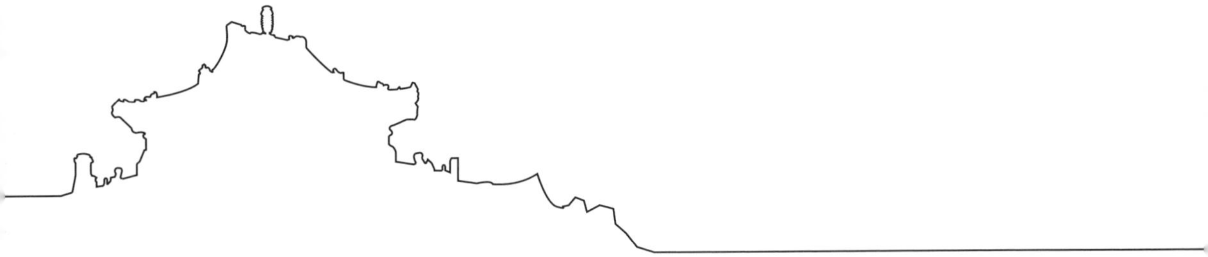

WUHAN UNIVERSITY PRESS
武汉大学出版社

图书在版编目(CIP)数据

数据治理的法律逻辑/黄志雄主编.—武汉：武汉大学出版社,2021.12(2023.3 重印)
珞珈网络治理文库
ISBN 978-7-307-22800-9

Ⅰ.数…　Ⅱ.黄…　Ⅲ.数据管理—信息法—研究—中国　Ⅳ.D922.84

中国版本图书馆 CIP 数据核字(2021)第 263860 号

责任编辑:胡　荣　　责任校对:李孟潇　　版式设计:韩闻锦

出版发行：**武汉大学出版社**　(430072　武昌　珞珈山)
(电子邮箱：cbs22@ whu.edu.cn　网址：www.wdp. com.cn)
印刷:武汉市金港彩印有限公司
开本:720×1000　1/16　印张:35.75　字数:603 千字　插页:3
版次:2021 年 12 月第 1 版　2023 年 3 月第 2 次印刷
ISBN 978-7-307-22800-9　定价:168.00 元

编委会

代　　序

无论中外，数据治理无疑都是当今学界关注的热点。相关研究也非法学界专属，社会学、政治学与经济学等领域纷纷将其视为志趣所在。在新冠肺炎疫情的冲击下，数据治理在国内和国际两个层面更是被提升到前所未所的重要地位。尽管人们对数据治理的关注以全球化的挑战与数字经济发展为根本动力，然而问题的解决途径却依赖于跨学科的事实分析与价值分析，并最终落脚于法治的发展。

不可否认，这一发展进路离不开技术与社科理论的结合。如果不能认识互联网技术架构的复杂性，多利益攸关方治理理念不会被确立；如果不了解数据的流动场景和处理方式，我们很难建立适当的数据分类分级体系；如果不清楚算法、数据结构与程序三者的关系，不可能理解算法正义的重要性；如果对区块链的运作理念与方式无基本认识，我们也不会真正了解这一技术的价值与风险……

然而，这不代表社会科学只能对数据治理发展提供最基础抽象的伦理原则，更深刻细腻的规则制定完全由技术事实决定。社会科学需建立独立于技术理论的概念模型与方法理论，因为在技术事实之外还有一个巨大的社会事实，深刻影响着数据治理的方向。

除了基本价值导向，影响数据治理的社会事实至少从以下三个方面左右着社会科学在数据治理中的作用：

一是社会事实本身有赖社会科学的发现与解构。数据治理活动与人类社会传统间具有延续性。传统社会科学理论作为人类文明智慧的积淀，在新的时代仍不可避免地构成新问题研究的范式基础。新旧社会事实之间存在本质上的共性，并必然会被纳入传统社会理论之下。数据治理活动的价值蕴藏于其社会影响之中，社会影响又建立于社会关系之上，因此，哲学与社会学理论可以帮助我们发现新现象中的冲突，对此作具有社会意义的解读，纳入社会科学话语体系之中；经济学可以帮助分析新现象的利益体现与程度，所有问题最终又需赋予有法学意义的解读，在认识其价值功能的基础上，与法律适用衔接。

二是社会事实与技术事实的关系有赖社会科学的分析与调整。技术事实与社会事实相互影响，但并非所有技术事实都可以独立体现社会意义，因此社会事实虽会在技术事实的基础上形成，却是对技术事实的提炼与抽象。技术事实的变化依托于对应社会事实的变化以反映其与价值追求的关系，而数据治理所关注的对象就是因技术活动所引发的社会事实。因此，技术事实引发了何种社会事实的演变有赖社会科学的分析，如果社会变化与价值理念抵触，同样依赖社会科学理论引导社会事实的改变，并促进与之相适应的技术调整。特别是对于社会事实之间的冲突，在价值理念不变的情况下，主要依赖社会科学理论的协调，而技术事实处于服务地位。在价值追求与技术事实之间，社会事实构成不可缺少的一环。推进数据治理的过程也体现为社会事实与技术事实相互影响的过程，只有在社会科学的介入之下，这一过程才会向符合价值追求的方向发展。

三是社会事实与价值追求的冲突有赖社会科学的阐释与协调。价值追求提供了技术发展的方向，但在引导社会事实演变的过程中，不可避免地受到社会事实的反作用。在不涉及价值冲突时，社会事实的反馈可能是对价值内涵认知的深入，可能是社会事实本身与价值理念的偏差，进而提升价值层面的引导作用。在涉及价值冲突时，社会事实可能会改变人类的价值理念，触及对价值体系的调整。把握好社会事实与价值追求的关系，从而实现对技术事实的驾驭，进而使技术的社会价值最大化，充分推进人类文明的发展，是社会科学的使命，并最终由数据法治体现。

由是观之，数据治理的底层法律逻辑或许在法学之外，但并非在社会科学体系之外。

本书各章的阐释亦是为顶层的法律规则与底层的技术事实之间搭建基于社会科学理性的桥梁。如果没有这一桥梁的衔接，数据法律规则的零散化和价值背离不可避免，存在这一衔接，法律逻辑的形成亦是水到渠成。

第一章展示了基于技术和社会事实的“数据”与“大数据”概念界定和个人

信息的内容阐释，进而提炼出具有法律价值的数据属性，探讨了多种数据的法律保护模式，并着重运用利益分析的理论方法以寻求不同保护手段中的利益平衡。关于数据法律性质的阐释，离不开财产权、知识产权、竞争法权益与资产等几种认识。这些认识未必都完全拘泥于法学范畴之内，但都不可回避地需要思考前人已经建立的权益理论学说。

第二章对隐私权、个人信息和非个人信息的概念加以区隔，反思了“准个人信息”概念，介绍了司法实践所反映的第三方个人数据获取合规进路，展示了具体案例中法官如何通过对数据属性的阐释来维护其适当的经济价值。关于个人信息的私密性检验问题，本章强调了脱胎于社会学与心理学等非法学社科理论的场景化、合理期待等理论的运用。最终，基于公共数据的准公众用物属性，本章提出公众使用的类型化理念、业务管理权作为实现手段的引入以及数据维持与监督的信托模式。

第三章基于对各国数据安全监管趋势的考察，对数据安全立法模式加以类型化，提出不同模式差异受制于本土社会环境。本章认为数据安全应当在国家总体安全布局下实施，需立足于国内国际两个大局，服务于数据利用的社会与经济发展目标，统筹布局、共享共治。通过社会学田野调查的方法，本章展示了各地方省市数据治理的效果与反馈，归纳了《数据安全法》的立法重难点，提出了多项制度改善建议。

第四章旨在阐释符合我国国情的数据监管主体与监管权力配置方案。围绕数据监管体系的建立，数据、数据处理主体、数据处理行为等基本概念都需厘清，并需基于数据利用的社会效应和政治学的权力制衡理念认识数据监管的必要性。我国数据监管模式已趋于稳定，但“九龙治水”的格局会导致监管乏力和措施局限。从政治逻辑与立法逻辑来看，改善监管模式的要点在于先认清数据保护价值，立足社会实际，逐步促进数据监管机构的独立与统一。

第五章大致梳理了政府数据开放与公共数据治理法律体系，从社会现实出发，提出要应对数据开放利用中的个别性、任意性、选择性、利益勾连性与无序性。在思考问题应对的法律逻辑上，本章从法律关系着手，对数据开放与利用所涉及的法律关系主体资格、权力责任、权利义务、公共利益等问题进行了剖析，提出诸多社会科学理论需要跟进之处。最终政府数据治理要纳入公共治理体系下，以全球视野合理统筹。

第六章从国内国际两个层面分析了当前数据的经济利用面临的挑战与困

境，借用经济学理念和社会实例，说明数据是一种生产要素，具有使用与交换双重价值，法律应当保障数据要素的市场化配置。为此，数据产权保护、数据竞争秩序、数据资源标准化整合、个人信息保护等问题作为立法基础，有待解决。搭建数据市场交易平台，需以成熟的信任机制作保障，从实施情况来看，也要避免平台过于分散，明确交易机制和定价模式，传统的资产交易制度可为此提供充分启示。

第七章从数据在技术事实上的表现出发，借助社会科学的方法与理论探讨其与信息的界分以及与大数据的区别联系。立足于大量的社会实例，数据市场竞争要素被归纳为数据、算法和平台。维护市场竞争秩序，需要基于社会事实深刻把握数据驱动效应。数据技术的发展并不会改变传统反垄断法的基本逻辑，其背后的政治与经济理念基础在数据市场的竞争中依然具有极高的工具价值。面对数据滥用、算法合谋、平台扼杀式并购等社会挑战，传统反垄断法理论依然是研究范式基础，但新问题的出现也可以丰富反垄断法理念的规范化方式。

第八章立足数字经济持续扩张的社会事实，介绍了数据犯罪的形态变化和威胁所在。伴随着互联网社会的发展，数据犯罪的立法也在演变。由于数据犯罪从计算机系统犯罪中逐步分离，因此刑法的计算机信息系统犯罪的认定存在口袋化扩张倾向。目前，技术事实所反映的社会事实提示我们在行为表现、侵犯法益和情节认定等因素上，系统犯罪与数据犯罪都有明显区别。将来，数据犯罪的立法需与计算机系统犯罪的立法规制分离，并对数据安全行为入罪谨慎对待。

第九章和第十章都探讨了数据涉外法治问题。涉及数据涉外法治，不可避免地要探讨数据主权问题。各国之间的数据管辖权协调，其关键也是考察国家管辖权的保留部分与重叠部分，或者说主权的属人属地效力问题。两章不仅都考察了既有的社会事实，而且都特别运用了社会学的理论与方法去解决问题。第九章通过社会实证的方法探讨跨境数据流动的立法监管模式，展现不同模式的实施效果。第十章通过社会空间和人类命运共同体等相关源自社会学的理论构建国际数据法治的底层逻辑。两章皆立足于国内国际社会现实，分析了我国应对涉外数据法治问题的挑战和对策。相关内容，如对网络层级治理以及数据定义的阐释，也向我们揭示了在技术理论和社会科学理论的分析范畴之下，同一概念也可能出现认知的差别，由此可以看出两套理论对数据法治推进发挥的作用有别。

各章虽从不同角度展示数据法治的理论与方法基础，在分析方式上也能体现共性，比如，多数章节都讨论了数据分类或数据与信息的界分问题，在涉外数据治理问题上也都触及了数据主权问题，一些章节还涉及了隐私保护与个人信息保护的差异。这些共有论述也体现了一定认知共识，可见相关理论展开是构建数据治理法律逻辑的前提，但全面成熟的理论体系却仍未形成。受时间、个人认知与研究条件所限，每章体现的学术水平不尽一致，整体上亦难言独到深刻。种种不足，欢迎业内专家和广大读者不吝赐教，以便各位作者在后续研究中加以完善。

黄志雄

2021 年 6 月

目　　录

第一章
数据的法律属性与内涵研究

一、数据的基本概念及发展

本章第一部分从基本概念出发，对数据以及与数据相关的大数据、信息和个人信息等概念进行了介绍，随后，进一步明确了数据的内涵，并强调了数据的外延，即以“数据”资源为基本要素产生的应用于各行各业的技术，概括介绍了从“数据采集”到“数据可视化”逐步体现数据价值的基本流程，最后总结了《中国大数据发展 3.0》中提出的数据发展十大趋势。

(一)数据的基本概念

近年来，大数据、云计算、算法和数字经济等字眼频繁地出现在我们的视野中，这些新概念引发了新一轮的技术革命，与此同时，人们生活的方方面面都受到了技术飞速发展带来的影响。当前，大数据技术仍处于高速发展中，我们对数据价值的认识也随着技术的进步而逐渐改变，维克托·迈尔-舍恩伯格教授认为数据的价值是取之不尽用之不竭的，他在《大数据时代》中这样描述：“数据就像一个神奇的钻石矿，当它的首要价值被发掘后仍能不断给予。它的真实价值就像漂浮在海洋中的冰山，第一眼只能看到冰山的一角，而绝大部分都隐藏在表面之下。”数据价值如此神秘，因此，我们有必要对相关概念进行明确，以此来帮助我们更清晰地认识数据。

首先，相比于“数据”，人们在日常生活中更频繁听到的词是“大数据”，“大”在这里通常被理解为“海量的”，“大数据”可以被简单理解为“海量的数据”。因此，要理解“大数据”，我们首先必须着眼于数据。那么，什么是数据？数据是数字吗？是计算机科学中使用的二进制编码吗？我们不禁发出这样的疑问。事实上，以上说到的数字、计算机中的二进制编码都可以是数据，但我们今天所说的数据的范围远远大于此，数据包括文本、声音、视频，还包括存储在电子设备中的通信聊天记录、购物记录、网页浏览记录等。因此，假设今天人们的所有活动都依赖手机、电脑等设备来完成的话，那么在计算机后台，每一个个体都是一堆数据的累积。

“数据”和“大数据”被热议之前，信息、信息科学、信息资源等概念也曾一度成为热词，“大数据”概念被看作“信息”相关概念的延续，因为在当前的时代背景下，“数据”和“信息”借助的平台和设备都是互联网、物联网和卫星网等，那么为什么叫“大数据”，而不是“大信息”？显然，二者存在差别，如果从两者的关系来看，“信息是数据反映的内容，而数据则是信息的表现形式”。①因此，我们首先应当明确数据不等同于信息。特别是在技术快速发展的背景下，数据的爆发式增长导致不同量级的数据或许能够向我们传递完全不同的信息。

那么，到底什么是“数据”？计算机科学领域认为数据是指所有能输入计算机并被计算机程序处理的符号的介质的总称，是以二进制信息单元0和1的形式表示、用于输入电子计算机处理的数字、字母、符号、语音、图形、图像和模拟量等的总称。维基百科对数据的定义如下：“数据(data)是通过观测得到的数字性的特征或信息。更专业地说，数据是一组关于一个或多个人或对象的定性或定量变量。它可以是一堆杂志、一叠报纸、开会记录或者病人的病例记录。虽然‘数据’和‘信息’这两个术语经常互相替换使用，但是它们的含义完全不同。在一些流行出版物中，当数据被置于情境之下审视或经过分析之后，‘数据’就会变为‘信息’。然而在学术课题论述中，数据只是信息的单元。”②维克托·迈尔-舍恩伯格教授在《大数据时代》一书中这样介绍数据：“‘数据’(data)这个词在拉丁文里是‘已知’的意思，也可以理解为‘事实’。这是欧几里得的一部经典著作的标题，这本书用已知的或者可由已知推导的知识

① 谢远扬：《信息论视角下个人信息的价值——兼对隐私权保护模式的检讨》，载《清华法学》2015年第3期。

② “数据”，参见Wikipedia网站：https：//www.wiki-wiki.top/wiki/%E6%95%B0%E6%8D%AE，最后访问时间：2021年2月25日。

来解释几何学。如今，数据代表着对某件事物的描述，数据可以记录、分析和重组它。”①而我国朱扬勇教授在《大数据资源》一书中对数据进行了如下定义：“数据是指能够输入到网络空间的任何东西，是指网络空间中唯一存在的，是可度量的、可处理的、可预测的，并占有空间的。”②

目前，对于数据的分类也存在各种划分标准，依据数据表示的含义可以将数据分为表示现实事物的数据和只存在于网络空间不表示现实事物的数据，即现实数据和非现实数据；依据数据的权属可以将数据分为个人数据、企业数据、政府数据；依据数据的组织形式可以将数据划分为专用格式数据、通用格式数据和互联网数据。学界对数据的分类纷繁复杂是因为依据不同的标准对数据进行划分有助于我们对解决数据衍生出来的一系列问题，后文将详细介绍不同类型数据的具体含义和内容。

生活在大数据时代的个体每天都生产着数据，我们必须承认，虽然很多数据都来源于个体，但是人们在日常生活中的每个活动中交出数据之后，这些数据将会如何流动，如何产生价值是个体所不能控制的，甚至，个体生产出来的数据的所有权归属都成了需要仔细研究探讨的问题。因此，当前的数据具有多样性、复杂性，不为人所控制和未知性等特征。③ 马化腾曾在 2017 财富全球论坛访谈中表示，每天有超过十亿张以上的照片上传，节假日甚至可能二三十亿张照片，这些照片绝大部分都是人的脸。而在过去十几年，很多用户在腾讯平台一直有上传照片，这使得微信大数据掌握了几乎每个中国人十几年来的长相变化，甚至可以预测其老的时候的是什么样子。微信大数据掌握人脸变化只是大数据应用非常小的一个方面，而事实上科技的巨大进步促使我们每个人的生活基本完全数字化了，毋庸置疑，数据的多样性和复杂性依赖技术的进步。在智能手机普及之前，人们能够被收集的数据类型是有限的，刚开始只是信号、频率，后来逐渐变成文本、声音，而目前，各种电子设备的普及，导致数据类型应接不暇。但目前中国乃至全球范围大数据领域技术的发展还在上升期，因此，监管部门需要平衡各方利益，既不能阻碍技术的发展，又要保护个体的利益。而在监管调整过程中，数据仍然不可避免地会被大量地

---

① [英]维克托·迈尔-舍恩伯格、肯尼思·库克耶：《大数据时代：生活、工作与思维的大变革》，盛杨燕、周涛译，浙江人民出版社 2013 年版，第 66 页。

② 朱扬勇：《大数据资源》，上海科学技术出版社 2018 年版，第 1 页。

③ 朱扬勇：《大数据资源》，上海科学技术出版社 2018 年版，第 1 页。

采集、加工和使用。据此，个体产生出数据之后，数据的走向是个体、企业甚至是政府也无法控制的，因此，数据具有不为人所控制的特征。数据的未知性是数据具有经济价值的重要原因，前文提到，数据本身所包含的信息是有限的，因此数据本身的经济价值也是有限的，但是对大量数据处理后能够得到信息是数据之所以具有经济价值的重要原因。通过找寻大量数据背后的逻辑规律而研发新技术，发布新产品，找寻新市场，发现新客户等都是大数据应用的体现，不同类型的数据堆砌在一起可能就会有不同的技术提升，而不同数量级的同类数据堆砌在一起同样可能有助于提升技术。因此，收集到的数据是已知的，而数据背后所包含的技术和经济价值是未知的，数据未知的价值还需要人们不断探索，数据价值的未知性也进一步反映数据能够成为资源的原因。

（二）数据与大数据

“大数据”可以被简单理解为“海量数据”，但是，今天我们所说的“大数据”并不单纯指海量数据的累积，大数据是一项技术，是一种思维，更是一个时代。目前，针对“大数据”这一概念还没有一个统一的定义，不同领域基于目前对大数据的认识给出了下列几种定义。首先，维基百科上对“大数据”的解释是：大数据，又称为巨量资料，指的是在传统数据处理应用软件不足以处理的大或复杂的数据集的术语。① Michael Cox 和 David Ellsworth 在 1997 年提出“大数据”术语时指出“数据大到内存、本地磁盘甚至远程磁盘都不能处理，这类数据可视化的问题被称为大数据”②。BIM 提出了“4V”定义③，4V 具体指：价值（Value），数据价值巨大但价值密度低；速度（Velocity），数据处理分析要在期望的时间内完成；多样性（Variety），数据来源和形式都是多样的；体量（Volume），指聚合在一起供分析的数据量必须是非常庞大的。“4V”定义是

① “大数据”，参见 Wikipedia 网站：https：//www. wiki-wiki. top/wiki/% E5% A4% A7%E6%95%B0%E6%8D%AE，最后访问时间：2021 年 2 月 25 日。

② 参见 Cox M，Ellsworth D. Application-controlled Demand Paging for Out-of-core Visualization，Proceedings of the 8th Conference on Visualization，Phoenix，AZ，USA，1997：235-244；转引自朱扬勇、熊赟：《大数据是数据、技术、还是应用》，载《大数据》2015 年第 1 期。

③ 王忠：《大数据时代个人数据隐私规制》，社会科学文献出版社 2014 年版，第 7~8 页。

目前应用最为广泛的定义，但同时也有学者提出质疑，例如针对体量(volume)这一问题，当我们处在不同的技术水平时，对于体量的要求标准是不一样的，如果对于今天的我们来说能够成为大体量的数据规模在技术进步后该数据规模能够被轻松处理，那么此时又该如何认定“大数据”？大数据研究机构 Gartner 将其定义为“需要新处理模式才能具有更强的决策力、洞察发现力和流程优化能力的海量、高增长率和多样化的信息资产”。此外，2013 年 5 月召开的第 462 次香山科学会议针对大数据给出了技术型和非技术型两个定义①，其中，技术型定义认为大数据是来源多样、类型多样、大而复杂、具有潜在价值，但难以在期望的时间内处理和分析的数据集。非技术型定义认为大数据是数字化生存时代的新型战略资源，是驱动创新的重要因素，正在改变人类的生产和生活方式。当然，除了以上定义，部分学者针对大数据的定义提出了自己的观点，朱扬勇教授在《大数据资源》一书中提出，大数据是指为决策问题提供服务的大数据集、大数据技术和大数据应用的总称。其中，大数据集是指一个决策问题所用到的所有可能的数据，通常数据量巨大、来源多样、类型多样；大数据技术是指大数据资源获取、存储管理、挖掘分析、可视展现等技术；大数据应用是指用大数据集和大数据技术来支持决策活动，是新的决策方法。王忠教授在《大数据时代个人数据隐私规制》一书中提出，大数据并不仅仅指作为处理对象的数据之量级不断增大，而是对一种新的数据(信息)搜集、处理和应用模式的描述。因此大数据是伴随着可作为处理对象的数据外延不断扩大，依靠物联网、云计算等新的数据搜集、传输和处理模式的一种新型数据挖掘和应用模式。②

(三)数据与个人信息

数据和个人信息是两个不同的概念，这一点毋庸置疑，但与此同时，数据和个人信息这两个概念又有着千丝万缕的关系，前文已经对“数据”和“信息”的区别进行了简单阐述，对不同量级的数据进行加工处理可以得到不同的信息，而对数据的加工处理也可以反复多次进行，因此，可以认为数据往往指还

---

① “2013 年 5 月 29—31 日第 462 次香山科学会议”，http：//www.xssc.ac.cn/ConfRead.aspx？ItemID=2168，最后访问时间：2021 年 2 月 25 日。

② 丹陶：《大数据“ABC”》，载《中国记者》2014 年第 3 期。

没有加工的数字和事实，而信息是经过处理后得到的有意义和价值的东西。①那么“个人数据”和“个人信息”又有什么区别呢？通过阅读文献可以发现这两个概念在我国乃至全世界都存在混用现象，“个人信息”和“个人数据”常常指代相同的内容，特别是各国在法律文件中对两个概念的使用存在差别。本书区分“个人数据”和“个人信息”，但下文对其他国家立法文件的介绍仍然使用原文的表述方式。

各国对于个人信息的定义存在一定的差异，1981 年，欧洲理事会在斯特拉斯堡通过的《有关个人数据自动化处理的个人保护协定》规定个人数据是指已识别或可识别的个人相关的任何信息。1998 年英国制定的《数据保护法案》认为，个人数据是指有关一个活着的自然人的数据组合，通过这些数据或者将这些数据与使用者占有的其他数据组合，可以识别该人，个人数据还包括有关该人的任何观点的表述和在涉及该人时使用者或他人的意图。日本的《个人信息保护法》认为个人数据指与生存着的个人有关的信息中因包含姓名、出生年月以及其他内容而可以识别出特定个人的部分。中国香港地区将个人数据定义为：个人资料指符合以下说明的任何资料——直接或间接与一名在世的个人有关。具体到我国，具有代表性的立法性文件是 2012 年全国人大通过的《关于加强网络信息保护的决定》，其第 1 条就明确规定，“国家保护能够识别公民个人身份和涉及公民个人隐私的电子信息”。该决定将个人信息视为用户的一种绝对利益，并以此立场来处理用户和网络经营者就个人信息的保护和利用发生的利益关系。自此，随着技术的进步，我国相关文件中对于个人信息的规定也随之改变。2018 年实施的国家标准《信息安全技术个人信息安全规范》将个人信息定义为：“以电子或者其他方式记录的能够单独或者与其他信息结合识别特定自然人身份或者反映认定自然人活动情况的各种信息，包括姓名、出生日期、身份证号码、个人生物识别信息、住址、通信联系方式、通信记录和内容、账号密码、财产信息、征信信息、行踪轨迹、住宿信息、健康生理信息、交易信息等。”2021 年生效的《民法典》在第 1034 条对个人信息的定义是：“个人信息是以电子或者其他方式记录的能够单独或者与其他信息结合识别特定自然人的各种信息，包括自然人的姓名、出生日期、身份证件号码、生物识别信

① 杨绪宾、刘洋编著：《大数据真相 谁动了我的数据》，华南理工大学出版社 2018 年版，第 44 页。

息、住址、电话号码、电子邮箱、健康信息、行踪信息等。”综上所述，虽然各国立法文件对个人信息的规定不完全相同，但都表明个人信息是指与一个身份已经被识别或者身份可能被识别的自然人相关的任何信息，包括姓名、住址、医疗记录等单独或者与其他信息对照可以识别特定个人的信息。

与此同时，学界对于“个人信息”的内容也存在不同的观点。“狭义识别说”认为可识别性应当是认定公民个人信息的核心要素与标准，该观点认为个人信息仅包括公民的姓名、年龄、有效证件号码、家庭住址、电话号码等能够识别公民个人身份或者涉及公民个人隐私的信息。还包括公民的遗传特征、经济状况等。① “个人隐私说”强调对公民个人隐私信息的保护，因此，对公民个人信息的保护主要是基于隐私权保护的需要而进行，其在人格利益的保护上具有隐私本质，因此法律规范所保护的公民个人信息应当将隐私性作为核心标准之一。②③ “个人关联说”则扩大了个人信息的范围，认为公民个人信息必须与特定的自然人相关联，这是认定公民个人信息的关键属性。④ “财产商品说”则基于技术的高速发展而提出，认为个人信息在现代社会具有了一定的交换价值与使用价值，其财产属性与商品属性表明其具有一定的经济利益。⑤

尽管各国在相关立法和保护问题上采用了不同的说法，但目前达成的基本共识是个人信息指代已识别或可识别的自然人相关的所有信息。此外，当我们讨论数据并涉及个体时，那么必然绕不开权利。涉数据权利包括个人数据权和个人信息权，两种权利的权利归属和法益保护对象均有不同：(1)个人数据权是一项人格权，归属于数据生成主体，表征的是数据生成主体的人格利益；个人信息权是一项财产权，归属于数据处理主体，表征的是数据处理主体的财产利益。(2)个人数据权是绝对权，个人数据的使用需数据生成主体的授权；个

---

① 张明楷：《刑法学》(第五版)，法律出版社2016年版，第921页。

② 房绍坤、曹相见：《论个人信息人格利益的隐私本质》，载《法制与社会发展》2019年第4期。

③ 王利明：《论个人信息权的法律保护——以个人信息权与隐私权的界分为中心》，载《现代法学》2013年第4期。

④ 蔡云：《公民个人信息的司法内涵》，载《人民司法》2020年第2期。

⑤ 黄祖帅：《中国个人信息的刑法保护研究》，载《首都师范大学学报(社会科学版)》2015年第5期。

人信息权是财产权，但数据处理主体不得侵犯数据生成主体的人格利益。① 通过对个人数据和个人信息的界定，有助于我国在相关立法文件中有效保护各方主体的权益。

(四)数据的内涵和外延

如今，“谁掌握了数据，谁就掌握了主动权”已经成为全球共识。全球主要经济体高度重视以大数据为代表的新一代信息技术在经济、社会和安全等各方面的地位和作用，关注其对当前和未来国家核心竞争力和国际政治格局的影响。深入理解数据的内涵和外延，有助于发挥数据的潜在价值，目前，我们已经对“数据”的概念有了一定的了解，对于“数据”的定义存在多种不同的看法，但普遍认为数据是描述事物的符号记录，是信息的载体，是计算工具识别、存储、加工的对象，对数据定义的统一使得我们对数据的内涵也更加明确。毋庸置疑，数据本身是我们关注的对象，但除了数据本身，我们更关心数据能够为我们带来什么，技术的进步能够给我们的生活具体带来哪些改变。维克托·迈尔-舍恩伯格在《大数据时代》一书中介绍了大数据对人们生活方方面面的影响，例如，Google 利用人们的搜索记录来预测某地流感爆发的趋势，Amazon 利用用户的购买和浏览数据进行有针对性的书籍购买推荐以提高销售量等，这些都涉及数据的二次利用价值。作者通过大量的例子意图告诉我们，数据的潜在价值远远大于我们目前所掌握的，因此，大数据时代，我们要用大数据思维去发掘数据的潜在价值。最早提出“大数据”时代来临的是全球知名的咨询公司麦肯锡，麦肯锡公司称：“数据已经渗透到每一个行业和业务领域，成为重要的组成部分之一。人们对于海量数据的挖掘和运用，预示着新一波生产率增长和消费者盈余浪潮的到来。”2008 年 9 月，《自然》杂志推出了封面专栏“大数据”，全面梳理了数据在生物、物理、工程及社会经济等多学科领域所占据的位置和角色的重要性。十几年前，人们认为互联网存在“泡沫”，而事实证明，互联网的发展甚至可能被低估，几年前，人们又认为电子商务也存在被夸大的嫌疑，而电子商务平台的不断发展证明其并没有被高估。今天，数据衍生出来

---

① 王东方：《涉数据权利的区分及其保护的应然路径》，载《图书馆建设》，http：//kns. cnki. net/kcms/detail/23. 1331. g2. 20210312. 1823. 002. html，网络首发时间：2021 年 3 月 15 日。

的各种技术、应用完全改变了我们的日常生活。特别是在2020年新冠肺炎疫情暴发的新时代背景下，人们的生活经历了巨大的变化，防疫要求下应运而生的健康码清楚地显示着人们在一定时间段内乘坐过的列车、到访过的地方，购物平台能够将人们网上下单购买的物品送到家门口，线上会议App帮助人们在家完成学习、工作，平台推出的直播带货使得我们的经济没有停滞。这些新的生活模式无疑让人们感受到了数据的威力，与此同时，为人们的日常生活提供数字化设施的各大互联网平台收到了良好的市场反应，如阿里巴巴、京东、百度和腾讯等互联网巨头的股价都曾迎来了大幅度的增长。而这些新技术的产生和应用都依托于数据，因此，“数据”不再只是计算工具所处理的对象或信息的载体，还成为一项推动技术革新的重要资源，以“数据”这项资源为基本要素产生的应用于各行各业的技术也就是“数据”概念的重要外延。

数据是当代社会发展的一项重要资源，其发挥价值一般需要两个阶段完成，第一个阶段也是基础阶段即数据采集和数据存储，第二个阶段包括大数据的计算、处理、挖掘与分析和数据可视化等内容，第一阶段支撑着第二阶段。而数据的采集和处理需要基础设施的支持，即大规模物理资源的云数据中心和具备高效的调度管理功能的云计算平台支撑。① 目前，国内外已存在较多的云计算平台，其中的代表有OPenStack、CloudStack、微软公司的Azure以及国内的阿里云、百度云和腾讯云等。数据是探索大数据价值的出发点，也是大数据技术得以发挥功能的基础，因此数据采集是数据成为一项资源的重要一环。数据采集是指利用多个数据库来接收发自客户端，如网页、手机应用或者传感器等的数据，并且用户可以通过这些数据库进行简单的查询和处理工作。② 当前，数据爆发式增长，数据的类型、数据的呈现方式以及数据的采集手段各不相同，数据采集相较于传统数据采集的难度在于其体量巨大，产生的速度非常之快。并发数高也是数据采集过程中面临的典型难题，也就是说在成千上万名的用户同时在客户端访问和操作的时候，数据采集依赖的设施该如何部署。在数据采集过程中，还需要对数据进行预处理，即对数据的清洗、过滤等处理流程，在进行预处理后再对数据进行存储，存储的方式不同，此后调用数据进行分析计算的难度也有所不同。云存储将存储作为服务，它将分别位于网络中不

① 何克晶：《大数据前沿技术与应用》，华南理工大学出版社2017年版，第7~9页。

② 谢邦昌、朱建平、刘晓葳著：《大数据概论》，厦门大学出版社2016年版，第14~15页。

同位置的大量类型各异的存储设备通过集群应用、网络技术和分布式文件系统等集合起来协同工作，通过应用软件进行业务管理，并通过统一的应用接口对外提供数据存储和业务访问功能。云存储系统具有良好的可扩展性、容错性，以及内部实现对用户透明等特性，这一切都离不开分布式文件系统的支撑。完成了数据的采集和存储之后，进一步需要对数据进行统计分析，最终通过算法完成数据的可视化。数据可视化是通过对原始数据的计算分析，直观地为用户提供更深入的细节信息，以此提高海量数据的处理效率，挖掘出数据隐藏的信息。数据可视化在人类发展的过程中早有体现，1812 年，拿破仑率大军踏上征服莫斯科的艰苦旅程，途中遭遇极端天气，士兵几乎都冻死在路上。50 年后，Charles Minard 绘制了一幅信息图，图中黑色粗线显示了极端天气如何击溃拿破仑的大军，见图 1-1。

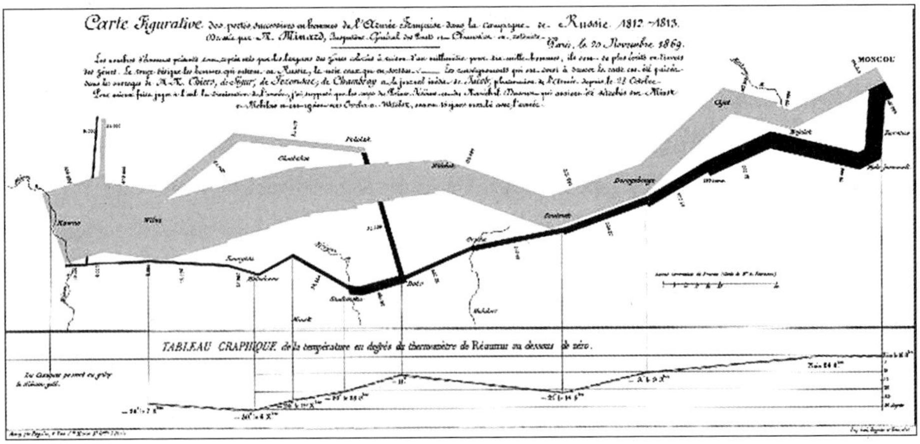

图 1-1　Charles Minard 绘制的拿破仑率领军队旅途与天气情况

1854 年，伦敦暴发霍乱，大量市民染病身故，人们不知道为何会流行霍乱，为了找出原因，流行病学家 John Snow 通过调研，绘制了显示传染源的市区地区，从而掌握了关于传染源的重要信息，见图 1-2。

2020 年发布的《中国大数据发展报告 4. 0》提出以指数评价为着力点，构建全球数字竞争力指数、大数据发展指数、大数据法治指数、大数据安全指数、大数据金融风险防控指数与治理科技指数六大指数，以此来衡量和评估我国大数据发展的综合水平。同时用指数评估各个领域在大数据背景下的发展同样是

图 1-2 John Snow 绘制的包含水龙头位置的市区地图

数据可视化的体现。

以数据为基本要素的各项技术将在各个领域发挥作用，但是，不同的历史阶段，数据应用的重点领域有所不同。2019 年发布的《中国大数据发展报告 No. 3》提出中国大数据发展的十大趋势①：(1)5G 商用创造数字经济发展新风口。2018 年 6 月首个 5G 国际标准版本发布，世界主要国家纷纷投入相关产业的布局，2018 年，全球共有 72 家运营商展开了 5G 测试，我国也在 18 个试点城市展开了测试工作；2019 年，国内各地陆续启动预商用。5G 网络连接的主要终端是物，随着超高、可靠、低时延的通信网络建成，诸如无人驾驶、无人机送货、智慧家庭等万物互联的新业态将不断涌现。信息基础设施的换代，即将创造出数字经济发展的下一个风口。(2)中国开启数字贸易规则新探索。新的时代背景下，贸易所依赖的要素也有所改变，目前，全球贸易中有 50%以上已经实现数字化，而我国是全球规模最大、最具活力的数字贸易市场。未来，世界数字贸易需要一个全球性的贸易框架来规范，中国应当积极寻求保护数据安全与促进数字贸易发展平衡，在全球新一轮国际贸易与数字贸易规则制定中

① 连玉明主编：《大数据蓝皮书 中国大数据发展报告 No. 3》，社会科学文献出版社 2019 年版，第 13~18 页。

争取主动权，推动建立公平、透明、统一的全球贸易规则框架。(3)无人经济催生未来人机共生新格局。无人经济是互联网、第三方支付和人工智能融合发展所孕育的产物，这种新业态将使得当前的就业格局和社会状态产生颠覆式的变化。(4)数字农业带动农村经济新转型。目前，我国农村地区信息基础设施建设薄弱、科技设备推广不足、产业融合发展深度不够，因此，农村地区的发展与大数据技术结合具有很大的发展空间，未来，物联网、大数据、移动互联网和智能控制等技术都将广泛应用于农业生产中。(5)数字孪生成为智慧城市升级新方向。数字孪生指将现实世界数据化并再造成一个同样的"虚拟世界"，以时空大数据为基础，数字孪生技术在城市治理的应用前景巨大。目前，部分国家地区已经逐步开始探索，该技术最大的特点是将物理世界与数据世界进行深度融合，使得实体城市可以在虚拟空间中进行建模、仿真、演化和操控，并反向改变和促进物理空间中城市资源要素的优化配置，从而实现虚拟城市同实体城市的交融互生，极大提升城市治理的智能化程度。(6)中国《数据安全法》的颁布，建立了数据安全法律体系。欧盟《一般数据保护条例》将欧洲数据保护水平提升到了前所未有的高度，该条例赋予了个体众多权利，并建立了完善的数据控制者和数据处理者问责机制以及跨境数据流动机制。我国目前针对数据保护的法律是由《网络安全法》《电子商务法》《民法典》《数据安全法》组成的较为完善的数据安全法律体系。(7)大数据局成为地方政府机构改革新标配。联合国在《用大数据推动发展：挑战与机遇》中提出，大数据为各国政府提供了一个历史性机遇，通过利用海量数据资源，实时分析经济社会发展现状与趋势，能够协助政府更好地推动经济社会的发展与运行。当前，政府部门要顺应时代的变化，利用技术的革新实现数字化转型。(8)数字民主促进多元主体协商共治新模式。加快建设数字政府，各级政府积极挖掘互联网和大数据技术在社会治理中的作用，优化社会态势感知、畅通沟通渠道、辅助决策施政。此外，我国大型互联网平台也开始尝试通过分析和挖掘相关指数，为舆情监测和政策制定提供信息支持。(9)推进数字评估与监督，加快信用政府建设新步伐。依靠快速发展的互联网与大数据技术，可以为政务诚信评估与监督体系的完善提供广泛有效的解决方案，切实提升政务信用督导、政务信用监督、社会监督、第三方机构评估以及政务信用大数据检测预警水平。(10)人工智能等领域搭建学科建设新体系。

正如维克托·迈尔-舍恩伯格教授所说，我们目前挖掘出的数据价值仅仅是冰山一角，想要透过数据，造福人类还需要各行各业的不断探索。

二、数据的类型化

数据分类是数据领域的基础问题。在数据时代背景下，数据具有来源广、流通性强、更新快的特点，注定在厘清数据内涵和数据性质上存在障碍，势必对数据权利主体、客体及其保护等众多基础问题的认定造成障碍，故对数据的合理分类是后续研究的重要基础。数据类型可以按照不同的数据主体、数据产生先后、数据敏感程度等分类标准作出以下分类。

(一)个人数据、企业数据和政府数据

以数据来源对数据进行划分可以将数据分为：个人数据、企业(法人)数据以及政府数据。

1. 个人数据

个人数据是数据资源最重要的来源之一，综观各国无不将个人数据(或称个人信息)列为其数据立法的重要内容，其中数据的可识别性是个人数据界定的实质性标准。不仅我国立法将可识别性作为个人数据判定标准，欧盟、美国、韩国、日本等多国的数据立法中个人数据定义也均以可识别性为判定标准。

我国《网络安全法》第 76 条规定："个人信息，是指以电子或者其他方式记录的能够单独或者与其他信息结合识别自然人个人身份的各种信息，包括但不限于自然人的姓名、出生日期、身份证件号码、个人生物识别信息、住址、电话号码等。"此外，2012 年全国人民代表大会常务委员会通过的《关于加强网络信息保护的决定》以及《电信和互联网用户个人信息保护规定》第 4 条等对个人数据的界定也都采取可识别性的标准。欧盟《基本数据保护条例》第 4 条规定，"个人数据(Personal Data)界定为识别或可识别自然人(数据主体)的任何相关信息"，而经匿名化处理的数据无法识别特定个体，故不构成个人数据。①虽然部分立法中采用个人数据和个人信息两种不同的称谓，但从域外法律所表

① Regulation (EU) 2016/679 of the European Parliament and of the Council of 27 April 2016 on the protection of natural persons with regard to the processing of personal data and on the free movement of such data, and repealing Directive 95/46/EC, Article 4.

述的基本内涵看，个人数据和个人信息似乎并不存在明显差异，也未进行较为明确的区分。日本《个人信息保护法》第2条规定："个人信息是指有生命的自然人的相关信息，该信息包括姓名、生辰年月以及其他可以识别特定个人的记录信息(也包括可以和其他信息对照从而识别特定个人的信息)。"韩国《个人信息保护法》第2条规定："'个人信息'是指与存活个人相关的信息，是通过姓名、居民身份证号码及影像等可以对个人进行识别的信息。"其中，可以经过直接识别特定自然人的数据包括：姓名、身份证号、指纹、肖像等；而需要结合其他数据实现间接识别特定自然人的数据包括：家庭成员情况、职业、财务状况等。①

2. 企业数据

企业数据是指企业在生产经营中形成的能够反映企业生产经营状况的数据资料，包括反映公司基本情况的数据、运营数据、财务数据、用户信息等。企业数据可以大致分为两类：一是企业在生产经营过程中汇集的数据资料。2018年《中国大数据发展调查报告》显示，54.3%和48.8%的企业数据来自其内部生产数据和用户。② 企业在为其用户提供产品或服务的过程中，会收集用户遗留下的数据信息构成自有数据的一部分。二是企业经第三方平台从数据生产者、数据加工者等获取的各类数据资料为己所用，包括原始数据、衍生数据以及整合后数据等。③ 目前，以贵阳大数据交易所为代表的大数据交易平台就为企业获取数据提供了便利，丰富了企业数据的构成。

3. 政府数据

政府数据(或称"公共数据")是指行政机关在依法行使行政职权或提供公共服务时所产生、收集和处理的数据资源，具体包括政府机关在履行职能过程中形成、收集的数据，如国土资源、户籍信息、物价指数、财政收支、道路交通等各类数据。④ 政府数据是公共性资源，具有非排他和非竞争的特

---

① 李晓宇：《权利与利益区分视点下数据权益的类型化保护》，载《知识产权》2019年第3期。

② 中国信息通信研究院：《中国大数据发展调查报告(2018)》，2018年4月发布。

③ 杜振华、茶洪旺：《数据产权制度的现实考量》，载《重庆社会科学》2016年第8期。

④ 付伟：《中国数据产业发展研究——基于SCP范式分析》，北京邮电大学2019年博士学位论文。

征。① 所有的公共性数据都应该向社会公众进行公开，但涉及国家安全数据的除外。

政府数据具有不同于个人数据和企业数据的特征。一方面，政府数据具有公益属性。政府数据的收集、生产、使用主体为政府机关，政府机关本身具有极强的公共管理属性，借助公权力广泛收集公众数据资料，这些数据与国计民生高度相关，并最终用于增进社会福祉。另一方面，政府数据具有真实性和权威性的特征。政府机关运用国家公权力广泛调动社会资源，能够实现短时间大规模收集、使用、处理数据，加之数据来源可靠，使得政府数据更加真实、准确。政府数据亦包含“公众数据”和“公务数据”两种类型。“公众数据”是政府机关直接向社会公众开放供其使用的户数，例如统计数据、气象资料等。“公务数据”则是指政府为提高服务能力自身处理利用的数据，如电子政务等。②

以上分类更适合用于公法领域规制数据主体的行为时采用，当涉及数据权利等问题时，这种以主体为划分标准的数据分类方式亦凸显出其局限性。③

(二)原始数据与衍生数据

按照数据处理程度可以将数据分为原始数据和衍生数据。

1. 原始数据

原始数据是指通过合法的方式直接从被记录者处取得的、未经过处理的数据。原始数据是源于数据主体的最本源数据，具有准确性和不易改变④的特点，此类数据组合起来能够直接或间接识别出特定人的身份，是不依赖其他数据而独立存在的数据。最常见的原始数据有：通过用户登录信息、互联网留下的数据备份、支付信息等。原始数据直接源于数据主体，与数据主体密切相关。一般来说，任何数据主体在从事社会生活时均可产生原始数据，数据主体对其原始数据享有数据权利。数据控制者对所获取的数据只能在取得数据主体同意的前提下，对数据进行目的内的使用和处理。因此，阿里巴巴等电商平台对其用户原始数据不享有所有权，使用数据需经用户同意并支付相应报酬。同

---

① 魏鲁彬：《数据资源的产权分析》，山东大学2018年博士学位论文。

② 吕富生：《论私人的政府数据使用权》，载《财经法学》2019年第6期。

③ 陈俊华：《大数据时代数据开放共享中的数据权利化问题研究》，载《图书与情报》2018年第4期。

④ 闫立东：《以“权利束”视角探究数据权》，载《东方法学》2019年第2期。

样，经 Cookie 和 Session 技术记录用户的基本信息所取得的数据，属于用户个人。①

2. 衍生数据

衍生数据是基于某种特定目的，利用技术算法对原始数据进行清洗、脱敏、匿名、加工、计算、聚合等技术处理后而成的可被系统读取的数据。新加坡《个人数保护法》第 2 条规定："衍生的个人数据指某机构在业务过程中从有关该人或该机构所管有或控制的另一人的其他个人数据所衍生的有关该人的个人数据，但不包括该组织适用任何规定的手段或方法得出的个人数据。"

衍生数据区别于原始数据，是在对原始数据进行加工处理的基础上，在对原始数据处理过程中数据控制者对数据进行了转化、计算、聚合，使数据获得了新的价值。② 衍生数据保留了大数据特征的前提下保持了真实、客观的"数据质量"。"被合法地收集、记录和储存"是原生数据的重要技术特征，而清洗、脱敏、匿名、加工、计算、聚合等处理则是"衍生数据"的重要技术特征。③

原始数据的收集、使用、处理受到法律严格限制，但经过清洗的衍生数据已无法识别特定人身份，从而成为可分析以及可交易的"数据产品"，实现从"数据"到"可用数据"的转变。④《网络安全法》第 42 条规定，网络运营者未经用户同意，不能将个人信息提供给他人，但是无法识别特定个人且不能复原的除外。若不具有这种属性，法律允许进行数据流转。⑤

实践中，互联网企业或其他主体可以通过数据交易平台获取衍生数据，例如 2015 年 5 月 26 日公布的《贵阳大数据交易所 702 公约》中披露的数据交易类型包括：政府大数据、医疗大数据、金融大数据、企业大数据。具体而言，《京东+文具关键字+列表数据》(2017 年，6028 条)、《bilibili 网站 3 月份国创

---

① 王渊、黄道丽、杨松儒：《数据权的权利性质及其归属研究》，载《科学管理研究》2017 年第 5 期。

② 王渊、黄道丽、杨松儒：《数据权的权利性质及其归属研究》，载《科学管理研究》2017 年第 5 期。

③ 陈俊华：《大数据时代数据开放共享中的数据权利化问题研究》，载《图书与情报》2018 年第 4 期。

④ 朱宝丽：《数据产权界定：多维视角与体系建构》，载《法学论坛》2019 年第 5 期。

⑤ 张钦润、傅晓媚：《数据权利属性法律问题研究》，载《燕山大学学报(哲学社会科学版)》2020 年第 1 期。

系列视频数据(包含视频名称、播放量、UP 主、链接等数据)》(2017 年，1000 条)、《搜狐社会栏目热门新闻全面数据》(2017 年，3300 条)等数据均是已经加工处理形成的衍生数据。① 关于衍生数据或者加工后数据的产权归属一般没有争议。数据控制者对通过数据清理、数据可视化、可应用改造等技术手段生成衍生数据，应当拥有专有权。②

(三)敏感数据与一般数据

个人数据根据敏感性的不同可以划分为敏感数据和一般数据，③ 是对个人数据的再划分。个人敏感数据与个人一般数据并不存在清晰的边界划分，这主要是由于“敏感”一词对特定因素具有高度反应，个人数据的敏感程度更加描述了个人数据对数据主体造成的影响程度④，故就个人敏感数据的判断还需要将如地区、环境、主体等因素考量在内。

我国全国信息安全标准化技术委员会于 2017 年 12 月发布的《信息安全技术个人信息安全规范》区分了个人敏感数据和个人一般数据，其中对个人敏感数据的定义为“一旦遭到泄露或修改，会对标识的个人信息主体造成不良影响的个人信息。各行业个人敏感信息的具体内容根据接受服务的个人信息主体意愿和各自业务特点确定”。还将身份证号码、个人生物识别信息、银行账号、通信记录和内容、财产信息、征信信息、行踪轨迹、住宿信息、健康生理信息、交易信息、14 周岁以下(含)儿童的个人信息 11 类信息认定为敏感信息。⑤ 而对于个人一般数据的定义为“指除个人敏感信息以外的个人信息”。欧盟《一般数据保护条例》也特别将个人数据细化为一般数据和特别类型数据(“敏感数据”)，以实现对不同类别数据的差别化保护。前者是指个人数据能直接和间接识别出特定人身份的数据资料，如能够反映身份信息的检索、浏览记录；后者是能够高度反映个人人身特性的数据信息，如宗教信仰、健康状

---

① 王肃之：《大数据环境下法人信息权的法律保护——以脱敏数据权利为切入点》，载《当代经济管理》2018 年第 8 期。

② 武长海、常铮：《论我国数据权法律制度的构建与完善》，载《河北法学》2018 年第 2 期。

③ 李永军：《论〈民法总则〉中个人隐私与信息的“二元制”保护及请求权基础》，载《浙江工商大学学报》2017 年第 3 期。

④ 胡文涛：《我国个人敏感信息界定之构想》，载《中国法学》2018 年第 5 期。

⑤ 参见《信息安全技术个人信息安全规范》第 3.1 条注 1。

况、家庭情况、个人生活倾向等敏感数据。① 2015 年《美国消费者隐私保护法案》也有同样的区分，法案中将包括指纹、面相在内的基因数据定性为个人敏感数据。其中，敏感数据与个人隐私存在重合，但二者并非完全相同的概念。隐私又称生活秘密，包括私生活安宁和私生活秘密两部分。一方面，是指私人生活安宁不受非法干预；另一方面，个人数据保护不受他人非法公开。② 隐私更加侧重个人数据中更加私密的敏感数据，例如个人医疗健康、宗教信仰、政治主张等敏感数据，从此中意义上而言，隐私与敏感数据二者存在一定交叉关系。但由于隐私这一概念范围较广，隐私并不完全以数据为载体呈现，还可能涉及私密空间等，因此又不能以"隐私"概念替换"个人敏感数据"。

除按照以上标准对数据划分外，还可以采用以下不同的标准划分：按数据的公开状态为标准，可将数据分为公开数据和非公开数据。其中，公开数据是指已向社会公众公开能为其获取和利用的数据，非公开数据是指并未向社会公众公开，不可为外界所得的数据。③ 按照技术特征可以划分为结构化数据、半结构化数据、非结构化数据；按照数据真实性划分为真实数据、失真数据、虚假数据；按照数据记录位置划分为终端数据、互联网数据；按照数据用途可以划分为商业数据、公共服务数据、科研数据等。④

三、数据的法律属性

(一) 数据法律属性的意义与必要性

万物互联背景下，网络空间催生了数据的爆发式发展，而数据挖掘将数据的经济价值凸显。由此催生出数据相关产业，推动社会发展。例如，区块链技术、深度伪造技术、人工智能、大数据交易平台等。数据产业快速发展离不开

---

① 金晶：《欧盟〈一般数据保护条例〉：演进、要点与疑义》，载《欧洲研究》2018 年第 4 期。

② 张新宝：《从隐私到个人信息：利益再衡量的理论与制度安排》，载《中国法学》2015 年第 3 期。

③ 杨翱宇：《数据财产权益的私法规范路径》，载《法律科学(西北政法大学学报)》2020 年第 2 期。

④ 魏鲁彬：《数据资源的产权分析》，山东大学 2018 年博士学位论文。

法律的规制，完善的法律制度为数据的发展保驾护航。

我国数据研究起步晚，缺乏明确的法律规制。数据研究起源于美国对与个人相关的数据运用隐私保护，随着互联网技术的发展，数据与隐私的区别逐渐加深，人们开始将数据与隐私分开进行探讨，逐渐演变为对个人数据的保护，代表国家有欧盟、美国等，到如今民事主体可直接协商定价来交易，数据的经济价值浮现，个人信息的面纱终被揭开，背后的主宰数据暴露在实践中。个人数据研究发展的历程，是数据真实属性浮出水面的过程。

数据法律属性的研究目的是探讨数据在法律规制中是利益还是权利，如果是权利，那么该权利客体是什么，以及赋予其何种权利。权利是法学理论最成熟和最本质的范畴，是意识层面与制度的媒介。① 国内外学者对数据的法律规制展开了激烈的研讨。我国学者有对大数据的财产属性进行探讨，有对数据权利归属与取得进行分析，也有对用户数据的保护进行构建等。数据本体及其衍生物的保护值得我们研究，但无论金字塔顶端有多绚丽，我们仍需明确数据的基本法律属性。塔底足够结实，塔尖的构筑才更稳固。

明晰数据的法律属性是探讨制定数据资源确权、开放、流通、交易相关制度的起点，是形成法律关系的基础，这将促进数据保护模式的构建，确定民法对数据的基本态度和定位，由此间接明确数据司法案件的审判程序与内容，促进有效的数据裁判和审判。

2020 年 3 月 30 日，中共中央、国务院印发《关于构建更加完善的要素市场化配置体制机制的意见》首次明确将数据纳入生产要素。生产要素是经济学的一个基本范畴，在经济视域下数据法律属性的确定，加强对数据的有效管控，有利于加快数据要素市场的培育；理清数据法律属性，有利于数据共享市场或市场化配置机制的构建。

（二）数据法律属性的学说及司法判例

我国学者对数据的法律属性进行了大量研究，包括大数据财产属性、数据法律属性、衍生数据、政府数据、用户数据、科学数据法律属性、个人数据法律属性的研究。试图从不同场域的数据或对数据本质属性的研究中窥探数据的

---

① 程建华、王珂珂：《再论数据的法律属性——兼评〈民法典〉第 127 条规定》，载《重庆邮电大学学报（社会科学版）》2020 年第 5 期。

真容，以期保护数据合法的发展。

1. 数据赋权保护之争

权益是由不同权益集合而成的权利束，其包括法定权利和受法律保护的利益。① 对数据是赋予权利保护还是视为利益保护学界有不同的观点。一部分学者认为数据具有非客体性，不是民法上的物，赋予权利不适当。另一部分学者认为，数据是民事权利上的客体，应当赋予权利进行保护。

梅夏英教授早期从数据的基本属性出发，认为数据具有非客体性。数据具有天然的流通和共享的特性，虽具有特定的组合模式，但难以为民事主体独占和控制，即缺乏确定性；数据难以脱离载体而存在，民事主体难以直接控制数据，缺乏民事客体的独立性；民法中的无形物多指知识产权的客体，此种客体具有专属性与垄断性，数据难以“无形物”等同；数据本身不具有意义，其意义在于人们赋予的内容，这些与实体权利中客体的表彰意义不符。② 对此相关学者提出了相应的保护数据的模式，包括竞争法保护模式、侵权责任法保护模式等。

持相反观点的学者，也从数据基本属性的角度出发，大致认为数据是对事实、活动的数字化记录，呈现为非物质性的比特构成，独立于人体之外；数据能够与其表现的比特的形式媒介在观念和制度上进行分离，具有独立的利益指向，并且能够与其反映的客观事实相独立；数据的非实体性使其必须依赖于一定的载体，而载体所承载的数据内容与数量都是可以独占和控制的，由此数据具有客体的属性，应由具体的权利保护。③

2. 数据法律属性的相关学说

当下，多数学者持第二种观点，认为数据具有民法上的客体属性，应该赋予权利保护。梳理学者对数据及各类数据的法律属性的研究，大致可以将数据权利属性分为财产属性、人格性以及新型财产性三大类。以下数据法律属性的学说以民事关系为基础探讨。

(1)数据的财产属性

---

① 参见李扬、李晓宇：《大数据时代企业数据权益的性质界定及其保护模式建构》，载《学海》2019 年第 4 期。

② 参见梅夏英：《数据的法律属性及其民法定位》，载《中国社会科学》2016 年第 9 期。

③ 参见李爱君：《数据权利属性与法律特征》，载《东方法学》2018 年第 3 期。

①财产权客体说

大数据是财产权客体的观点肇始于信息财产权理论和个人信息财产权观点的提出。① 2009 年，高富平、陆小华、齐爱民分别出版了有关信息财产权方面的著作，从不同视角提出并构建了信息财产权理论。② 此时，大数据处于发展萌芽期，不足以引起学界的广泛关注。此处的信息并不是本文所指的数据，但是研究数据的财产权客体有必要追根溯源。2015 年，齐爱明、盘佳正式提出了数据财产权的概念，启蒙了数据财产属性研究的方向。

法学理论中的"财产"，一层含义是具有经济利益的权利的集合，另一层含义是财产性权利的客体。③当下，对数据财产权客体说的解释大致可以归结为，实践中数据可以作为商品进行交易，表明数据具有交换价值，而数据可以被开发来服务于人类社会，展现了数据的使用价值，如人工智能、深度挖掘技术等。立法层面，我国《民法典》第 127 条将数据、网络虚拟财产并列进行举例，含蓄地表明了数据的财产属性。

②知识产权客体说

狭义的知识产权制度仅指专利法、商标法、著作权法，广义的知识产权制度包括著作权法、商标法和反不正当竞争法和其他相关制度。

知识产权客体说多围绕企业数据展开。广义的企业数据是指在网络空间中企业所持有的以符号或者代码表现出来的有价值、可计量、可读取的电子数据集，狭义的企业数据指企业加工整理之后所生成的衍生数据集合。④ 狭义的企业数据中的数据集合多表现为数据库。数据库在制作过程中，必须对相关的数据、资料等进行选择、处理与编排，这与著作权中汇编作品的保护模式相似，且我国的著作权法对汇编内容不限于作品，可以是未构成作品的数据，由此早期的学者认为数据库应受著作权保护。⑤ 也有学者认为数据库是专利权客体。⑥ 有学者认

① 王玉林、高富平：《大数据的财产属性研究》，载《图书与情报》2016 年第 1 期。

② 王玉林、高富平：《大数据的财产属性研究》，载《图书与情报》2016 年第 1 期。

③ 参见李爱君：《数据权利属性与法律特征》，载《东方法学》2018 年第 3 期。

④ 参见祝艳艳：《大数据时代企业数据保护的困境及路径建构》，载《征信》2020 年第 12 期。

⑤ 参见邱均平、陈敬全：《网络信息资源法制管理的比较研究——中、美数据库知识产权保护的比较分析》，载《知识产权》2001 年第 5 期。

⑥ 参见徐实：《企业数据保护的知识产权路径及其突破》，载《东方法学》2018 年第 5 期。

为数据库是邻接权的客体。邻接权是为保护表演者或演奏者、录音制作者和广播组织在其公开使用作者作品、各类艺术表演或向公众播送时事、信息及在与声音或图像有关的活动方面应得的利益而给予的权利。① 数据库的产生需要收集、处理与编排，这些需要数据库制作者的实质性投入，这与邻接权保护传播者在传播作品的过程中的劳动、投资、技巧等的目的相契合。②

随着企业数据的发展，人们逐渐发现数据库的独创性有限，这与著作权保护无形财产的独创性的含义相悖，由此转向商业秘密的研究。商业秘密属于广义的知识产权的范畴。将数据库视为商业秘密保护，既不需要达到专利权的实用性和创造性标准，也无须汇编作品的独创性，只要符合不为公众知悉、具有商业价值，采取相应保护措施即可进行保护。③

③反不正当竞争法的合法权益说

同时还有学者认为当下数据的法律属性缺乏明确的法律规定，对快速发展的数据产业引发的纠纷宜采取《反不正当竞争法》的一般条款予以保护。实践中数据企业具有违反诚实信用和公平竞争的行为方式和行为业态具有多元化的特点。④ 将此行为纳入《反不正当竞争法》进行规制，既解决了成文法的不周延性和滞后性的问题和司法实践的无法可依，又能够对具体条款未明确列举但破坏竞争秩序的行为予以必要的法律评价，保护了数据控制者的合法权益。⑤

④数据资产说

数据资产是立足于经济学的劳动正当论，数据控制人对数据加工或者添附价值的活动享有其的一切权益的总和。此处的数据资产是笔者对部分学者持数据是资产的观点的总结与提炼。数据资产是在数据市场交易过程，对数据的价值增值付出劳动的数据权人的资产。

数据被我国确定为生产要素，依据经济学原理，生产要素的市场化过程就是资产化的过程。在数据市场实践中，2015 年 7 月，北京成立首家开展数据

---

① 吴汉东、胡开忠、董炳和等：《知识产权基本问题研究（分论）》，中国人民大学出版社 2009 年版，第 88 页。

② 参见王超政：《论数据库的邻接权保护》，载《湖北社会科学》2012 年第 11 期。

③ 参见李想：《数据库的知识产权保护范式研究》，载《政法学刊》2020 年第 4 期。

④ 参见李雨峰：《互联网领域不正当竞争行为的判定》，载《重庆邮电大学学报（社会科学版）》2016 年第 1 期。

⑤ 参见徐实：《企业数据保护的知识产权路径及其突破》，载《东方法学》2018 年第 5 期。

资产登记确权赋值的服务机构——中关村数海数据资产评估中心。

朱扬勇教授在梳理数据资产的定义的过程中，分析数据能够给会计主体带来利益、数据的成本或者价值能够被可靠地计量，推导出数据具备资产的条件，认为数据资源即数据资产。① 杜振华、茶洪旺认为数据资产主要是数据企业以数据形式存在的无形资产。②

龙卫球教授认为，对数据的法律保护需要构建一种新型的数据权利，其中包括数据资产权的构建。此种权利的构建是一种绝对化的赋权，类似于所有权的法律地位，但是数据的本质特征是可复制性、无形性、时间性等，与财产权客体性质难以等同，在构建上却有别于财产权，此时的数据则是数据资产权的客体数据资产。③

⑤物权客体说

早期，数据属性崭露头角，由于缺乏明确的法律规定，在实践中将数据作为物权的客体而进行保护。大体上，对数据的物权保护模式分为两种，一种是物权客体保护模式，另一种是物权方法保护模式。④ 前者明确将数据作为物权的客体，尤其是所有权客体，而后者是将数据的保护参照物权的保护模式。

(2)数据的人格属性

数据的人格属性的探讨来源于个人数据。个人数据指可直接或间接识别特定自然人的一切数据。⑤ 这些与个人相关的数据可以是隐私信息，也可以是可识别身份的数据。例如基因数据、生物数据都是与隐私密切相连的数据，而通信数据、住宿数据、交易数据等为一般数据。归根结底不论是隐私数据还是一般数据均与人格形成与发展有关，皆为人格要素。⑥ 不论直接识别还是间接识别都可能直接导致个人私密信息的泄露，个人数据的人格属性需要密切关注。

---

① 参见朱扬勇、叶雅珍：《从数据的属性看数据资产》，载《大数据》2018年第6期。

② 参见杜振华、茶洪旺：《数据产权制度的现实考量》，载《重庆社会科学》2016年第8期。

③ 参见龙卫球：《数据新型财产权构建及其体系研究》，载《政法论坛》2017年第4期。

④ 程建华、王珂珂：《再论数据的法律属性——兼评〈民法典〉第127条规定》，载《重庆邮电大学学报(社会科学版)》2020年第5期。

⑤ 参见叶名怡：《论个人信息权的基本范畴》，载《清华法学》2018年第5期。

⑥ 参见齐爱民：《论个人信息的法律属性与构成要素》，载《情报理论与实践》2009年第10期。

在此基础上，国内学者对个人数据的法律属性提出了各自的观点。叶名怡梳理相关学者观点后认为个人数据的法律属性观点大致可以分为 8 类。① 笔者在此基础上进行凝练与总结认为国内个人数据法律属性的观点大致分为人格利益说、其他权利说、个人数据权说和人格权兼财产权说。

人格利益说包括个人数据非民事法律关系客体说、隐私权说与一般人格权说。非民事权利客体说认为个人数据具有技术与物理上的难以控制性，并缺乏清晰的权利外观，不宜作为民事权利的客体。②隐私权说源自美国援引信息隐私来保护个人数据的模式，由此我国学者也持此观点，认为个人数据是隐私利益。③一般人格权说认为个人信息系一般人格性要素，属于人格权的一部分。④其他权利说认为个人数据表现为无形财产或无体物，是特殊的物权客体，由此认为个人数据应受物权法保护。⑤

个人数据权说以个人数据所表现的特征与隐私权进行对比的差异为论点，认为隐私权不能完全覆盖个人数据的保护，应该区别对待个人数据与隐私权。⑥ 个人数据权分为两种，一种理解方式将个人信息作为人格权的一种类型，且明确主张应予权利化；⑦ 另一种理解方式是认为个人数据权并不完全属于人格权，而是一种新型的民事权利，以法律赋予的个人对于数据的控制权为核心内容。⑧

人格权兼财产权说认为，个人数据既具有人格要素又具有财产要素，个人

---

① 参见叶名怡：《论个人信息权的基本范畴》，载《清华法学》2018 年第 5 期。

② 参见杨芳：《个人信息自决权理论及其检讨——兼论个人信息保护法之保护客体》，载《比较法研究》2015 年第 6 期。

③ 参见马特：《个人资料保护之辩》，载《苏州大学学报（哲学社会科学版）》2012 年第 6 期。

④ 参见谢远扬：《信息论视角下个人信息的价值——兼对隐私权保护模式的探讨》，载《清华法学》2015 年第 3 期。

⑤ 参见张莉：《个人信息权的法哲学论纲》，载《河北法学》2010 年第 2 期。

⑥ 参见王利明：《论个人信息权的法律保护——以个人信息权和与隐私权的界分为中心》，载《现代法学》2013 年第 4 期。

⑦ 参见杨立新：《个人信息：法益抑或民事权利——对〈民法总则〉第 111 条规定的“个人信息”之解读》，载《法学论坛》2018 年第 1 期。

⑧ 参见彭礼堂、饶传平：《网络隐私权的属性：从传统人格权到资讯自决权》，载《法学评论》2006 年第 1 期。

数据是人格权与财产权的综合体。① 但二者并非等量齐观，普通个人信息财产价值稀薄，人格权商品化理论足可解决信息财产利益保护问题。②

（3）新型数据权利客体说

数据是人身、财产和社会关系的外溢呈现与权益表达，信息法益也随之就成为自由、平等和民主参与等权利的新内涵，使其获得了新形式。③ 数据的重要经济价值与社会作用，引发了前所未有的社会利益，促进了新型社会关系的产生，原始的法律制度难以囊括新兴权利诉求，新的制度开始变革。④ 学者们开始探求新的数据保护模式，提出了新型财产权说。

有学者认为数据是新型财产权的客体。赋予数据新型权利源于数据本身的性质。新型数据权是指数据资源初始占有者、持有者、管控者，数据开发、利用及经营者在对其所掌控的数据进行收集、分析、整合以及加工的基础上而形成的一种持有、管控、分成归属及其收益的结构性权利。在主体层面，数据的主体不仅仅是传统权利的单一主体，而是占有者、持有者、管控者，数据开发、利用及经营者的统一体。在客体层面，数据不是民法意义上的"实体物"，也非知识产权所指向汇编作品、邻接权的传播者的利益、商业秘密等无形物，对于新的客体需要引入新的权利进行规制。在权利属性方面，数据具有社会价值、经济价值、国家安全等属性，简而言之具有私法与公法属性合一的特征，传统的权利属性难以囊括这些新的特征，引入新的权利建立属于数据特别的法律制度有利于数据的长远发展。

国内对于新型数据权利的观点也存在差异。齐爱民、盘佳认为新型数据权包括个人数据权和数据财产权。个人数据权是自然人依法对其个人数据进行控制和支配并排除他人干涉的权利，数据财产权是权利人直接支配特定的数据财产并排除他人干涉的权利。⑤ 孟涛博士认为需要建立新型财产权，此种财产权

---

① 参见刘德良：《个人信息的财产权保护》，载《法学研究》2007 年第 3 期。

② 叶名怡：《论个人信息权的基本范畴》，载《清华法学》2018 年第 5 期。

③ 参见马长山：《智慧社会背景下的"第四代人权"及其保障》，载《中国法学》2019 年第 5 期。

④ 参见马长山：《智慧社会背景下的"第四代人权"及其保障》，载《中国法学》2019 年第 5 期。

⑤ 参见齐爱民、盘佳：《数据权、数据主权的确立与大数据保护的基本原则》，载《苏州大学学报（哲学社会科学版）》2015 年第 1 期。

需要建立新型的财产赋权模式，区别于传统法律以有体物为支配对象的所有权，此权利人对数据本身并不具有完全的支配力，其他主体可以经由合法途径获取相同或类似的数据。① 也有学者认为新型数据权利应是人格权、财产权与国家主权的综合体。

3. 我国数据权益保护相关的司法实践

数据作为新兴的生产要素，互联网公司抓住时机迅速在数据市场跑马圈地。在享受数据经济红利的同时，各数据控制者也因争夺数据资源而引发众多纠纷，引起了各界对企业数据权益的关注。

通过北大法宝检索，笔者对新浪微博诉脉脉案、淘宝(中国)软件诉安徽美景案、北京淘友天下等与微梦创科案、大众点评诉百度案、浙江核新同花顺诉灯财经信息案、谷米科技诉武汉元光科技、邵凌霜等案、北京阳光数据诉上海霸才数据案、上海钢联诉纵横今日案、安某诚信息服务诉上海辰邮科技案进行了梳理。

在司法实践中，缺乏明确的数据法律规定，实践呈现出信息、数据没有明确界限的表述，新浪诉脉脉中使用用户信息对头像、名称、职业信息、教育信息、用户自定义标签及用户发布的微博内容等数据内容进行表述，淘宝(中国)软件安徽美景案将提供行业、产品、属性、品牌力度下的热销商品榜、热销店铺榜、流量商品榜、流量店铺榜等流量指数、交易指数与搜索人气的排行等生意参谋的相关认为是数据产品，上海钢联诉纵横今日案将编汇的钢材型号、产地、价格、货信息、计价标准等钢铁价格数据称为数据信息。法律概念的适用混乱，使法律学习者产生困惑，难以将数据进行统一研究。

表 1-1　　　　　　**我国实践中数据法律属性的判定**

	案件	案号	法律属性
1	浙江核新同花顺诉灯塔财经信息案	〔2018〕浙民终 1072 号	商业资源与用户隐私
2	淘宝(中国)软件诉安徽美景案	〔2018〕浙 01 民终 7312 号	财产性权益

① 参见孟涛：《基于"丰鸟数据之争"的数据财产的法律属性与保护路径》，载《大连理工大学学报(社会科学版)》2019 年第 2 期。

续表

	案件	案号	法律属性
3	谷米科技诉武汉元光科技、邵凌霜等案	〔2017〕粤03民初822号	具有商业价值
4	新浪微博诉脉脉案	〔2016〕京73民终588号	商业资源与用户隐私
5	北京淘友天下等与微梦创科案	〔2016〕京73民终588号	商业资本
6	大众点评诉百度案	〔2016〕沪73民终242号	商业竞争资源
7	上海钢联诉纵横今日案	〔2012〕沪二中民五(知)初字第130号	合法权益
8	安某诚信息服务诉上海辰邮科技案	〔2006〕沪高民三(知)终字第92号	商业秘密保护对象
9	北京阳光数据诉上海霸才数据案	〔1997〕高知终字第66号	享有劳动的正当利益

从表1-1可以总结，我国司法实践并没有对数据的法律属性进行定性，明确表明数据应该由某种权利进行保护，而是采用数据是一种商业资源、财产性权益、合法权益、商业资本，通过劳动而获得的正当利益，具有商业价值的资源等词汇对数据的属性进行表达，而这些对数据的表述都暗含了对数据的财产属性的表达。

不难发现，数据作为新的生产要素，有其商业价值，在纠纷中首先展现的是其商业资源的财产属性，其次考虑到数据主体的人格属性问题。这些案件多以不正当竞争纠纷为由起诉，起诉主体多是商主体之间，作为数据主体的个人似乎“不乐意”参与到纠纷中。究其原因，其一，数据的价值性体现在成规模的数据中，单个的数据的财产属性相对于规模的数据来说财产属性极低；其二，数据主体的人身受到侵犯，经过处理后的数据都是淹没在茫茫的数据海洋里难以取证；其三，进行交易数据多是经过脱敏或匿名化后的数据，原始数据蕴含的人身属性在此过程中降到最低，从某种程度展现了经过处理的个人数据其人格性逐渐开始与数据分离。

(三)域外数据法律属性的考察

美国技术领先地位促使其较早地发现了个人信息的价值，并进行了研究。对数据的研究过程经历了隐私与个人信息的交融到个人信息与隐私的分离再到个人信息的财产属性凸显与数据研究的开始。由此研究数据的法律属性离不开对个人信息法律属性的研究。梳理相关文献，发现域外数据法律属性可以分为知识产权说、财产权说、个人数据权说、隐私权说。

美国是首次提出个人信息概念的国家。囿于美国是典型的判例法国家，没有严格的人格权法律体系，美国对个人信息的保护多采用公法中的隐私保护。且采用场景分化理论将个人信息分为不同类型进行保护。

欧盟在成立不久之后，考虑到欧盟国家个人数据流动的实际情况，在一体化进程的推动下较早地统一了个人数据立法。① 美国与欧盟对个人信息的保护方式最终都以个体为绝对的主体。日本与韩国分别在 20 世纪末通过《有关行政机关电子计算机自动化处理个人信息保护法》《公共机关个人信息保护法》对个人数据进行了界定。

1. 财产权客体说

囿于技术的局限性，数据的经济属性并没有完全展现，人们只关注到了个体或具有社会公共意义的信息。随着技术的发展，个人信息的大量积累，新的技术能够运用现有的数据或信息进行计算从而获得社会价值和经济价值，数据参与到经济活动中来，数据逐步资产化，数据在经济市场中的作用引起了公众对数据财产价值的注意。

首次系统提出数据财产权理论的属美国的劳伦斯·莱斯格(Lawrence Lessig)教授。② 莱斯格在 1999 年出版的《代码和网络中的其他法律》(*Code and other Laws in Cyberspace*)一书中系统地提出了该理论。他认为应认识到数据的财产属性，通过赋予数据以财产权的方式，来强化数据本身经济驱动功能，以打破传统法律思维之下依据单纯隐私或信息绝对化过度保护用户而限制、阻碍

---

① Graham Pearce & Nicholas Platten, Achieving Personal Data Protection in the European Union, Journal of Common Market Studies, Vol. 36, No. 4, 532(1998).

② Paul M. Schwartz, Beyond Lessing's Code for Internet Privacy: Cyberspace Filter, Privacy—Control, and Fair Information Practices, Wisconsin Law Review, 746(2000); 转引自龙卫球:《数据新型财产权构建及其体系研究》，载《政法论坛》2017 年第 4 期。

数据收集、流通等活动的僵化格局，即应该按照数据活动的要求，通过一种赋予个人信息以财产权品格的新的设计，使得数据活动更加方便和顺畅。① 在后来的发展中，莱格斯的理论明显有缺憾，就是单一的财产权理论并不能满足后期的数据经营活动，数据进入市场具有双向性和重心偏向性，数据控制者的数据成为财产理论的重心。

1995 年美国统一州法委员会通过了《统一计算机信息交易法 》(*Uniform Computer Information Transaction Act*，简称 UCITA)，确立了信息财产权法制度，规定用户对信息财产权享有此种权利，明确表示信息可以作为商品进行交易，并向各州推荐。② 这表明了数据的财产性，是信息财产保护制度的雏形。

2. 知识产权

1996 年的《欧洲议会与欧盟理事会关于数据库法律保护的指令》在数据库版权方面提出了诸多有新意的见解，对数据库采取二元模式的保护，对数据库进行了整理具有独创性而获得版权保护的数据库，对未经许可擅自开发利用作者汇编数据的全部或大部分，给予数据库特别权利保护。二元模式在英国和德国得到了一定程度的落实。③

3. 物权客体说

1995 年俄罗斯联邦杜马通过国家杜马审议了《俄罗斯信息、信息化与信息保护法》，对信息财产赋予所有权保护。④ 2006 年颁布的《俄罗斯联邦信息、信息技术和信息保护法》第 6 条明确规定，信息资源是财产的组成部分和所有权的客体，有关信息资源所有权的关系由俄罗斯联邦民法调整。

2015 年 6 月 17—18 日，德国各州司法部部长第 86 次会议决议向学界提问：“数字化数据的法律属性是否应由法律来决定，例如设置绝对权（如数据

---

① 参见[美]劳伦斯·雷席格：《网络自由与法律》，刘静怡译，商周出版社 2002 年版，第 396 页以下。本书即 *Code and other Laws in Cyberspace*，中文译者台湾学者刘静怡为了表达形象起见，将该书名字做了转换；转引自龙卫球：《数据新型财产权构建及其体系研究》，载《政法论坛》2017 年第 4 期。

② 参见齐爱民：《论信息财产的法律保护与大陆法系财产权体系之建立——兼论物权法、知识产权法与信息财产法之关系》，载《学术论坛》2009 年第 2 期。

③ 参见李雅琴：《从〈欧盟数据库指令〉谈中国数据库立法设想》，载《重庆工学院学报(社会科学版)》2008 年第 12 期。

④ 参见齐爱民：《论信息财产的法律保护与大陆法系财产权体系之建立——兼论物权法、知识产权法与信息财产法之关系》，载《学术论坛》2009 年第 2 期。

所有权）？”欧盟委员会在其《关于建设欧洲数据经济》的2017年通讯中，也将在商业数据上设定绝对权作为一种可能方案予以提出。①物权作为一种绝对化的赋权模式，有利于保护数据控制者对数据的收集、存储和处理的劳动付出，其方案的存在有其实际的意义。

4. 资产说

美国的2014年《大数据白皮书》中对数据集合运用数据资产(data assets)进行表述，还将数据资产分成了三个等级，分别是公共数据(public)、限制数据(restricted public)、非公共数据(non-public)。② 经济合作与发展组织(OECD)也确认了大数据代表了能够为企业创造重要竞争优势的核心经济资产。③

5. 人格权客体说

1997年德国法学家梅迪库斯（Medicus）在其《德国民法总论》里就将“个人数据受保护权”编排在“特别人格权”（而非“一般人格权”）之中，并明确指出数据保护“也有发展成特别人格权的趋势”。④ 瓦格纳（Wagner）教授在2017年出版的《德国民法典慕尼黑评注》中表明个人数据权应该是一项独立的民事权利，而不应该委身于一般人格权之下。⑤ 于2017年7月14日修订的法国《信息、档案与自由法》(LIFL)，赋予了数据主体各项具体权利。2018年欧盟出台的《通用数据保护条例》(*General Data Protection Regulation*，简称GDPR)系统地明确了数据保护权为一项独立的权利。GDPR表示数据控制者获得的个人数据需要征得数据主体的同意，表明了个人数据的人格性。

(四) 数据是一种新型财产

人类的生存依赖资源，资源稀缺，必定引发人与人之间的利益争夺，权利

---

① 参见纪海龙：《数据的私法定位与保护》，载《法学研究》2018年第6期。

② 参见白宫官网：https：//obamawhitehouse. archives. gov/sites/default/files/docs/big_data_privacy_report_5. 1. 14_final_print. pdf，最后访问时间：2021年2月14日。

③ OECD, Supporting Investment in Knowledge Capital, Growth and Innovation, 319 (2013).

④ [德]迪特尔·梅迪库斯：《德国民法总论》，邵建东译，法律出版社2013年版，第802页；转引自叶名怡：《论个人信息权的基本范畴》，载《清华法学》2018年第5期。

⑤ Münchener Kommentar Zum BGB, 7. Auflage 2017, Wagner, § 823 Schadensersatzpflicht, Rn. 296；转引自叶名怡：《论个人信息权的基本范畴》，载《清华法学》2018年第5期。

则是定纷止争，维护社会秩序而生。① 社会论者耶林认为个体的善是实现社会目的的手段，由此并不是所有的利益都会受到法律保护，只有那些受到法律保护的利益才是权利。

第十三届全国人大常委会第二十二次会议审议的《个人信息保护法》规定了个人在个人信息处理活动中的权利，规定个人对个人信息的处理享有知情权和决定权，而不是规定个人信息权。从立法视域来看，我国并没有参考欧盟 GDPR 的规定将个人信息纳入权利的保护中。在数据权益愈发重要但尚未被立法正式确立为具体权利的情况下，数据是否有必要赋权保护，适用何种权利进行保护，作为什么样客体进行保护仍是需要思考的问题。

1. 数据有必要赋权保护

数据究竟是采取权益保护还是权利保护？从上文的学说之争不难看出反对赋权保护的理由有二：一是认为从数据的法律特征来看，其无法构成权利的客体；二是认为赋权保护易引发信息垄断。②

法律上的财产需具备使用价值、稀缺性和可控性。我国明确规定数据是一种生产要素；《民法典》第 127 条规定法律对数据、网络虚拟财产的保护有规定的，依照其规定，《民法典》将数据与网络虚拟财产并列，且使用顿号进行连接，可以推测数据具有与网络虚拟财产的相似的性质即财产属性。在实践中，数据进行交易，双方主体可以对数据进行定价，也培育出一系列的大数据交易平台，如贵阳大数据交易所、武汉东湖大数据交易中心等。数据的价值与使用价值逐渐凸显。

有学者认为数据的无形性使其必须依赖于一定的载体而存在，而其价值属性也需依赖数据上的信息。首先，数据的无形性不能说明其不能构成民事权利的客体，从财产制度发展来看，财产权的范畴一直根据社会发展不断更新。如知识产权、权利质权、虚拟财产等都满足了事实层面的财产需求，而以传统的物权和债权为中心通过赋权来保障其合法性。其次，对数据价值属性的分析不宜从分离的角度来讨论。这就如同作为所有权客体的动产和不动产当然是由各种化学元素组成的，但法律上绝不会讨论元素能否成为民事权利客体的问题，

① 邱本：《经济法的权利本位论》，中国社会科学出版社 2013 年版，第 27 页。

② 孟涛：《基于“丰鸟数据之争”的数据财产的法律属性与保护路径》，载《大连理工大学学报(社会科学版)》2019 年第 2 期。

更不会认为某个特定的民事主体可以享有某一元素的所有权。①

稀缺性是指并非人人都可获得的有限资源。数据的流通性、复制性与非竞用性使数据并不能为单一的主体所享有，有学者从此角度认为数据不宜赋权保护，但是可以基于某种需要与价值判断，人为地制造或界定其稀缺性而使其获得民事权利客体的特性。

笔者认为数据在立法及实践中都展现出其财产属性并符合法律赋权保护的基本要件，而权益保护模式并不能更好地促进数据的发展，赋权保护有利于强化数据控制者的利益的保护，形成对数据收集、处理和利用的有效激励，由此对数据宜采取权利保护。

2. 数据适用何种权利保护之辩

那么数据应该采取何种权利保护呢？民事权利保护分为人格权保护与财产权保护。我国对数据法律属性的学说如上文所述有财产权客体说和人格权客体说。财产权客体说包括物权客体说、知识产权客体说、数据资产说等。

数据的财产属性在立法与司法和经济学中都有凸显，人格属性的探讨聚集于个人数据，那么个人数据是具有财产属性、人格属性还是财产属性兼具人格属性，在下文进行探讨。数据的属性符合财产权客体的要件，知识产权、物权、债权属于财产权保护范畴。

物权是一种绝对权、支配权，依据一物一权原则，一个物体上只能由一种权利并只能被权利主体享有，排除一个权利的多人占有。而数据的流动性与可复制性使得多人可以占有和使用数据，并不能排他使用；依据公示公信原则，数据并不能具备明显的公示的可能。

数据是知识产权的客体，知识产权中主要包括汇编作品说与邻接权说。依据 2020 年 11 月 11 日全国人大常委会第二十三次会议修订的《著作权法》修订稿的第 15 条规定，汇编若干作品的、作品片段或者不构成作品的数据或者其他材料，对其内容的选择或者编排体现独创性作品，为汇编作品。

此条对汇编作品的解释看似简单易懂，实则抽象。我国学者王迁教授认为，此处的数据是资料的意思，以现有的资料为前提，进行具体含义和艺术美

① 程啸：《论大数据时代的个人数据权利》，载《中国社会科学》2018 年第 3 期。

感的独创性的汇编称之为汇编的作品，而不是作品的汇编。① 由此可见对数据的收集、处理与编排由于缺乏独创性而不能称之为作品，更不能称之为汇编作品。

其次有学者认为作为数据、材料及作品的集合，信息的集合过程也是一个选择的过程，而选择就意味着某些材料从一个大的信息领域被排除了，数据集合也就不是汇编作品。

在实践中，运用汇编作品进行保护也存在相关问题，著作权强调作品的独创性，而我国对独创性的举证较为严格，采取与美国相似的最低程度创造性原则。难取证则表明维权较困难，并不能起到有效保护数据的作用。

最后，知识产权的保护具有垄断性，而数据的本质特征是流通性与共享性，垄断的数据将加速数据孤岛或数据烟囱的产生，阻碍数据产业的良性循环。

而邻接权的实质是保护"大全型"数据库的传播和利用价值，而非实际投资。② 变通使用邻接权来保护数据库不符合数据劳动理论而获得保护的理由，也不符合邻接权要求的独创性。

主张运用商业秘密并辅以反不正当竞争法的观点有其合理性，但是商业秘密具有秘密性、价值性和保密性。就秘密性而言，大数据与商业秘密的不同在于组成企业数据的单一数据可以通过不同的合法途径获得，但将这些可以从不同渠道获得的数据由企业集中收集形成的企业数据具有整体的价值。③ 由此，作为数据集合组成部分的个别数据，便很难受到商业秘密制度保护。且企业是否采取了保护措施在实践中也难以确定，由此运用商业秘密进行保护也不是最佳方案。

知识产权保护的是无形的财产，但是这种无形财产体现的是一种具有创造性的智力成果或商誉等。而数据虽经过处理，但是其核心的价值体现的并不是独创性，换句话说知识产权客体对创造性的要求高于数据。数据有其特殊性，运用知识产权保护数据也存在无法内化的问题。

---

① 参见王迁：《论汇编作品的著作权保护》，载《法学》2015 年第 2 期。

② 梅夏英：《在分享和控制之间 数据保护的私法局限和公共秩序构建》，载《中外法学》2019 年第 4 期。

③ 梅夏英：《在分享和控制之间 数据保护的私法局限和公共秩序构建》，载《中外法学》2019 年第 4 期。

3. 数据是一种新型数据财产权

数据的无形性、可传输性、非竞争性等特点,[①] 是传统的法律制度无法涵盖的，另辟蹊径成为当下数据研究者的热点话题。数据新型财产权保护路径是一条值得考虑的路径。

上文提到了数据具有人格属性，这里的个人属性多指个人数据，那么个人数据可以被纳入新型财产权规制吗？个人数据的人身属性在新型财产权中如何构建？

个人数据与非个人数据的区分标准是可识别性，数据能够直接识别或者间接识别到个人之时的数据是个人数据。个人数据的一部分与隐私相关，明显具有人格属性，而这种人格属性是针对于个人。数据企业在搜集个人数据的过程中会对个人数据进行匿名化处理，使其不能识别特定的个人，此时的数据变成一种具有商业性的数据，企业在收集数据的过程中进行了劳动的付出，对于此时的企业，匿名化后的数据具有财产属性。

由此，新型数据财产权的构建有别于传统的财产权构建，其是二元主体的构建模式。以个人为主体的数据应该用人格权进行规制，以企业为主题的数据权利应该用财产权的模式进行规制。这也解决了数据的流通性致使权利主体不一的困境。而具体的权益的类型，需要以明确我国的法律制度，我国对数据经济的相关政策为前提来吸取与借鉴欧盟的 GDPR、美国的 CCPA 等外国先进的法律。

四、数据的财产权理论基础

从数据的法律属性上来说，数据作为一种新型财产，有其特有的理论基础作为支撑。理论基础的基础性和支撑性使得数据财产权在实践中得到反复的验证并不断地更新，为现在及未来夯实基础，并提供坚实的理论保障。因此探讨数据的财产权理论基础，将有助于数据的主体和数据法学研究者尽快了解并应用数据的财产权制度，为完善数据的相关法律法规提供学理依据。研究好这些

---

① 非竞争性是制度经济学用于分析公用品的一个概念，是指多人共同使用并不会要求增加物品的量，准确地说是额外使用者的边际成本为零。转引自纪海龙：《数据的私法定位与保护》，载《法学研究》2018 年第 6 期。

理论基础，不仅能正确认识数据的法律属性，而且能有效促进数据的法学理论发展。

数据的财产权理论基础主要包括三部分，即数据的哲学基础、数据的经济学基础以及数据的法理学基础。哲学基础为数据财产权丰富了研究思路，经济学基础为数据财产权提供了直接理论来源，法理学基础为数据财产权作出了根本指引，它们之间相互影响与相互交融，为数据是一种新型财产提供了相关的依据保障。

(一)数据的哲学基础

作为社会意识形态之一的哲学，它是人类对世界认识所产生的系统化、理论化的高度总结。正如我们所知道的那样，哲学所存在的意义不仅仅是解决问题，更重要的是它为我们开启了认识世界、认识事物的大门。因此，数据的哲学基础能丰富我们的认知世界，使我们更加全面更加立体地认识数据，从而更好地为数据的财产权理论提供新的研究思路。

1. 马克思主义哲学理论

作为一种科学的理论，马克思主义哲学毫无疑问地成为数据的哲学基础。马克思主义哲学所强调的历史唯物主义，就是要用唯物主义的观点看待历史。现代生活是一个数据大爆炸的时代，这在古代生活中是不会出现的。究其根本原因，就在于社会经济的发展、生产生活水平的不断提升，并随着互联网时代的到来，与数据的相关权利日益被重视。

以马克思主义哲学发展的观点来看，发展的实质是新事物的产生和旧事物的灭亡。在2020年4月9日发布的《中共中央 国务院关于构建更加完善的要素市场化配置体制机制的意见》中就已经指出将数据与土地、资本和劳动力等传统生产要素并列，表明了数据由量变发生质变的飞跃。面对“数据”这一新事物，可以认识到其发展道路虽然是曲折的，但总体趋势是前进的，数据最终跃迁上升为生产要素的地位。作为新兴生产要素的数据，如何平衡与适应和传统生产要素之间的关系，势必需要借助马克思主义哲学理论作为指导，把握好事物的主次矛盾，处理好矛盾的主次方面。

马克思主义哲学理论也为数据企业享有数据财产权起到了哲学层面的支撑性作用。它认为商品价值是凝结在商品中无差别的人类劳动，数据企业经过加工处理的数据要想成为“商品”，依据马克思主义哲学原理，就要验证是否存在其使用价值与交换价值的统一。数据企业将收集整理的数据进行分析归纳，并根据这些相关的数据得出结论或者作出判断，这其中必然需要付诸一定的劳动作为代价。“只有劳动才是价值普遍且正确的尺度。”①这便使得劳动产品具有“有用性”，继而具备了使用价值。对于非商品所有者来说，要想获得商品的使用价值，就须以相应的交换价值来体现。第三方企业可以依据加工处理的数据获得较为精准的信息，减少时间投资成本去寻找目标客户；个人可以依据加工处理的数据节约搜索成本，在短时间内获取目标信息等。因此，对于那些经过数据企业加工处理的数据，应当具备相应的商品财产权。

2. 数据人权理论

2010 年，时任英国首相的戴维·卡梅伦首次提出了“数据权”的概念。他认为数据权作为公民的一项基本人权应当得到保障。实际上，数据人权的兴起正是基于信息时代的大背景之下，数据已经成为人们日常生活中不可或缺的重要部分，一切事物都可以被数字化，包括我们的个人兴趣、日常活动轨迹等。然而，在享受数字化带来高效迅捷的数字红利同时，也不得不为公民的个人信息保护感到担忧。人肉搜索、骚扰电话等事件时有发生，数据可以高效便利地帮助工作生活，同样也能轻而易举地暴露个人信息，我们的信息数据仍然面临安全风险。因此，保障公民的数据权利，使数据权成为一项基本的人权已是大势所趋。

以新冠肺炎疫情的防疫措施为例，面对突如其来的疫情，为了避免或减少疫情传播，相关部门需要收集公民个人的健康数据信息，以确保社会大众的知情权，进而保证社会大众的健康权不受侵害。但同时，公民个人的健康状况实际上也是个人隐私保护的一部分，一旦泄露个人的数据信息会给公民个人带来不必要的烦扰。“就疫情中个人健康信息的获取和公开而言，关键是要在公众健康知情权和个人信息保护间求得平衡。”②这就是数据人权理论的目的所在，即要求对数据进行收集、储存、使用的政府和企业能够重视和维护数据权利，加强对数据的保护措施，尊重数据，以此保障公民的数据人权。因此，在数据

---

① ［英］亚当·斯密：《国民财富的性质和原因的研究》（上卷），郭大力、王亚南译，商务印书馆 1972 年版，第 32 页；转引自仰海峰：《〈资本论〉的哲学》，北京师范大学出版社 2017 年版，第 185 页。

② 申卫星：《公共卫生法治的价值取向和机制建设》，载《光明日报》2020 年 4 月 3 日，第 11 版。

人权理论指导下，要在疫情防控中坚持公共卫生安全与公民个人信息数据安全保障的平衡，把握好公共卫生安全与个人数据信息保护两个重点。

数据人权理论主张："以双重空间的生产生活关系为社会基础、以人的数字信息面向和相关权益为表达形式，以智慧社会中人的全面发展为核心诉求……这既包括前三代人权在智慧发展条件下的数字化呈现及其相应保护，也包括日渐涌现的各种新兴(新型)数据信息权利及其相应保护，其本质是在数字时代和智慧发展中作为人而应该享有的权利。"①换言之，数据人权强调人在数据中的全面发展，人在数据中起主导作用。而数据财产权依托这样的理论基础，立足于人的全面发展为核心，满足公民个人的合理需求与发展。数据作为一种新型财产，其本质在于满足数据主体对数据所有权化的需求，即无论从公民个人、数据企业还是国家政府的角度来说，这种新型财产将会为其带来一定的收益，既包括短期的也包括长远的。数据的财产权促进数据资源的流动与良性发展，满足现代社会经济发展的需要。这与数据主权理论所追求的价值目标是一致的，都是为了从根本上促进符合人的发展，保障人的基本权利。

数据人权所强调的保护数据安全，不应机械地理解为只能将数据牢牢地封存。恰恰相反，利用数据分析、精准营销、定向广告、信息交易等一系列行为充分发挥数据的商业价值，使数据成为一种新型财产才是保护数据安全的转变思路。同时，数据人权理论也将指引数据财产权制度建设以协调平衡数据主体的人格尊严与信息流通二者之间的关系作为其价值取向之一。

3. 数据主权理论

随着移动互联网、物联网、云服务等网络技术的飞速发展，数据的流动性显著性提升，跨境的数据流量也在不断增长。预测显示到 2020 年，全球 IP 流量将达到 2. 3ZB。面对这样庞大的数据且又在跨境流动的复杂情形之下，各国如何应对实现数据有效监管的问题受到越来越多的关注。尤其棱镜门事件②的揭露，更是成为数据主权之争的催化剂。

---

① 马长山：《智慧社会背景下的"第四代人权"及其保障》，载《中国法学》2019 年第 5 期。

② 2013 年 6 月，曾为美国中央情报局工作的爱德华 · 斯诺登向《卫报》和《华盛顿邮报》披露，美国国家安全局(NSA)和联邦调查局(FBI)于 2007 年启动了一个代号为"棱镜"的秘密监控项目，直接进入美国网际网路公司的中心服务器里挖掘数据、收集情报，包括微软、雅虎、谷歌、苹果等在内的 9 家国际网络巨头皆参与其中。

事实上，数据主权是社会变革、信息社会大爆炸下的产物。数据主权源于网络主权，是国家主权在大数据时代的核心表现。①数据主权指一国对其本国数据享有的对内最高统治权和对外独立自主权。主要体现为一国独立自主地享有对该国数据占有、管理、控制和使用，并且不受他国或其他组织的干涉。确立数据主权原则，对于维护国家安全在信息科技领域具有重要意义。可以说，当今社会谁掌握了数据，谁就拥有更多的资源，谁就取得了更大的竞争优势。因此，对数据的占有使用已成为国家间相互竞争和较量的重要阵地。

数据主权理论还与数据本地化相关。我国于 2017 年 6 月出台的《网络安全法》第 37 条首次跨行业对数据本地化进行统一规定："关键信息基础设施的运营者在中华人民共和国境内运营中收集和产生的个人信息和重要数据应当在境内存储。因业务需要确需向境外提供的，应当按照国家网信部门会同国务院有关部门制定的办法进行安全评估；法律、行政法规另有规定的，依照其规定。"这也是苹果公司将中国大陆用户所产生的数据存储在贵州数据中心的原因所在。

数据主权理论之所以是数据财产权的哲学基础，主要体现在两个方面。一是数据主权构建的原则是数据财产权必须坚持的。数据主权构建应当遵循主权独立与平等的原则。没有数据主权独立，数据的财产权就无从谈起。倘使一个国家对于本国数据都无法占有或管理，在此基础上所衍生数据的财产权更是空谈，从这个层面上来说，数据主权是数据财产权的首要前提。二是数据主权兼顾数据安全和数据经济发展。随着全球化的发展，国家与国家之间的联系日益紧密。数据的价值在于流动，不能关起门来强调数据主权，而应顺应全球化的发展趋势，做到在数据跨境流动背景下，寻求数据主权与数据经济发展的动态平衡点，这恰恰也是数据的财产权所重点关注的问题。

(二)数据的经济学基础

在我国迈入"十四五"阶段的重要时刻，建构国内经济大循环为主、国内国际双循环的经济发展新格局成为我国在经济上的重要战略布局。只有打好经济基础，抓好经济发展，才能促进上层建筑的法律更加科学化。由于数据的经

---

① 参见肖冬梅、文禹衡：《数据权谱系论纲》，载《湘潭大学学报(哲学社会科学版)》2015 年第 6 期。

济学基础直接与经济息息相关，故而要想构建数据财产权制度必须坚持数据的经济学基础原理。数据的经济学基础是数据财产权的直接理论来源，是数据能够成为一种新型财产的重要支撑理论来源。以庞巴维克的经济学原理、洛克劳动财产权理论的经济学理论及数字经济理论为代表的相关理论构成了数据的主要经济学基础。它们是数据与经济相联系的直接作用纽带，也是数据成为财产的桥梁基础。

1. 经济学理论

运用经济学理论来指导数据的财产权有其必要性。一方面，数据的财产权需要借助经济学的视角来分析数据具有财产权的属性特征，数据的财产权依赖于经济学原理；另一方面，经济学理论能够促进数据与经济的相互交融，使经济学理论与数据的财产权发生“化学作用”，更好地理解数据是新型财产的问题。

以经济学视角观之，数据具有一定的经济利益。这是由于信息数据爆炸时代的到来，不同于传统计算机时代，数据的存储规模呈现出指数性增长的趋势。到 2022 年，全球大数据市场存储将预计增长至 300 亿美元左右，2016 年至 2022 年间复合年增长率约为 20%。①加之数据产业的市场需求不断增大，这也就意味着数据具有极大的潜在市场价值。

以庞巴维克的经济学原理为主要参考，他主张从“有用性”与“稀缺性”两个方面界定有价值的商品。②依此原理，数据的“有用性”表现在随着数据产业的兴起，数据作为一种新型生产要素被加工成了具有经济利益的数据产品；而数据的“稀缺性”在于数据生成源自独立的个人，其生成需要经过个人同意许可，并不是无条件地获取。没有独立的个人生成数据，就无法实现数据的再加工，这就体现了数据的“稀缺性”。基于以上谈及的数据“有用性”和“稀缺性”，可以为数据成为一种新型财产作理论支撑依据。

以洛克的劳动财产权理论为主要参考，他指出：“上帝将世界赠予人类所共有；每个人对其人身享有所有权；每个人的劳动属于他本人；当人们将他的劳动与处于共有状态的某个东西混合之时，他便因此取得该东西的财产权：还

① Market Scenario, Market Research Future Published a Research Report on "Storage in Big Data Market Research Report—Global Forecast 2022"—Market Analysis, Scope, Stake, Progress, Trends and Forecast to 2022, 11/12/18 M2 Presswire 00：00：00.

② 殷赣新：《价值、货币和资本新论》，经济日报出版社 2009 年版，第 14 页。

需给旁人留有足够且同样好的东西；人们不能从共有状态中占取比其享用还多的东西。”①洛克的这一理论能够为数据企业获得数据财产权提供合理性的支持。基于该理论，数据企业要想获得财产权的合理性支持，仅收集个人数据信息并不能当然地获得数据的财产权，而当数据企业对收集的信息付出“劳动”(如进行分析加工比对)混合之时，数据企业就因此获得了对数据加工部分的财产权。

2. 数字经济理论

“数字经济”由日本于1997年率先提出。数字经济随着互联网、AI技术的创新在我国也得到了快速发展，尤其在2016年召开G20杭州峰会将数字经济列为重要议题之后，便越来越受到关注和重视。根据G20峰会上发布的《二十国集团数字经济发展与合作倡议》，数字经济是指“利用数字化知识信息为重要的生产要素，通过现代信息网络的力量，借助信息技术的有效使用从而来提升效率，并且因此进行经济结构的相关优化”。

作为一种新兴的经济形态，与传统经济不同的是，数字经济是一种数字化的经济形态，这也正是数字经济成为数据的财产权经济基础原因所在。数字经济着眼于经济发展，强调数据在经济发展全过程中发挥重要作用，这与数据的财产权在价值目标上基本契合。

数字经济包括数字贸易和数字金融。数字贸易是典型的全球化与数字化结合下的产物，它以互联网为基础，运用数字交换技术为供求双方提供所需的数字化电子信息，实现以数字化信息为贸易标准的新型商业模式。数字金融是在金融领域借助互联网的优势发展金融服务的一种新型模式，发展数字普惠金融已成为当前促进经济新格局建构的关键一步。可见，无论是数字贸易还是数字金融的出现，都与数据的财产权密切相关。在数字贸易交易过程中，数据被赋予了商品化的特征，才能进行贸易往来。数字普惠金融通过大数据、云计算等技术的运用，在享受降低金融服务的门槛和交易成本的便捷同时，实际上是以“牺牲”数据信息换来的。数字经济的兴起与发展构成了数字经济理论的现实基础，数字经济理论又在理论层面上指导数据财产权制度。

首先，数字经济是确立数据财产权的经济基础，数字经济理论为数据的财

---

① 韦稼霖：《自然权利还是功利性选择：对知识产权合理性的反思》，载《党政研究》2017年第3期。

产权提供直接理论来源。没有数字经济这个外部环境，数据的财产权制度就无法得到有效地确立。数字经济的发展直接关乎到相关法律的建设，数字经济理论所包含的“数字+经济”的模式建构自然地成为以数据为主要内容探讨与经济相关的数据财产权的理论基础，数字经济理论强调大数据更具开发利用的价值，强调数据在经济产业中的重要作用，为数据的财产权指明了数据与经济发展的关系。

其次，确立数据的财产权制度又是数字经济发展的必然结果。“由于数字经济总体趋向于垄断，收入差距会逐步扩大，社会财富将进一步集中。同时，网络化带来的技术风险、隐私与安全等问题增多，需要建立新的规则体系。”① 因此，在数字经济快速腾飞的情形下，制定出相关法律法规为其保驾护航是其发展的必然要求。确立数据的财产权制度有利于明确数据的法律属性，充分发挥数据在市场经济中的作用。以财产权的保护形式规制数据，不仅能够给权利人带来经济收益，还将促使数字经济健康有序良性发展。

最后，数字经济与数据的财产权之间相互依存、相互联系。在我国开启下一个百年进程之时，在迈入数字化时代之时，在数字经济推动数字化目标不断前行之时，把握好二者的关系，建立起与发展数字经济相适应的数据财产权制度，对于完善我国经济建设新格局，对于实现我国“十四五”规划都将具有重大的现实意义。

（三）数据的法理学基础

法理学作为法学中的基础性学科，主要研究的对象是整个法律现象的共同发展规律和共同性问题，因而对其他法学学科具有普遍性、根本性的指导意义。作为法学的一般理论，法理学指导法学实践的开展，任何与法律相关的理论制度创设都离不开法理学作为其根本指引。也就是说，确立数据的财产权制度必须遵循数据的法理学根本指引，并沿着它的指引，找到一条探索数据法律属性的正确之路。

1. 数据的公共性价值理论

任何法律的确立都应有其实现的价值目标，数据法律作为一类新兴法律应当确立自身的价值目标，这个目标必须契合反映现实基础，也必须促进数据法

① 陈万钦：《数字经济理论和政策体系研究》，载《经济与管理》2020 年第 6 期。

律更具科学化、规范化。数据的公共性价值理论主张数据是天然的公共品，强调数据的非竞争性和非排他性。这一理论从表面上看与数据的财产权制度内容相违背，实际上，该理论对于数据财产权制度的确立有一定的反面指导意义。

第一，数据在宏观上应属社会控制的公共物品，以利产业发展①；在微观上围绕数据产生的法律关系应纳入契约法涵射，以解决个案纠纷②。数据的公共性价值理论追求数据的公共性，这符合数据的长远发展，将有利于促进数据产业的革新，稳定社会结构。但数据具有财产权已经在现实中得到承认，法律应当及时回应来解决现实纠纷。可见，它们是两种不同视角领域下对数据的不同认识。

第二，虽然在公共性价值理论下，数据是天然的公共品，但是随着数据资源重要性的不断提升，已经不适宜将数据一概地作为公共品来理解。在 21 世纪，数据被誉为"石油"，这已经表明了数据资源受到了高度重视的程度。基于此背景，法律应当对数据的财产权要求作出有效回应。符合当前社会经济发展的需要，才是立足于社会现实的法律。

第三，数据的公共性与私权性二者并不是无法协调的关系，也不是非此即彼的关系。有学者指出，以数据的"分享和控制"作为数据的理论和立法结构，有效避免了将数据的法律理论置于一个相互割裂甚至矛盾的状况之中③。笔者认为，还可以通过对数据更深层次的分类方法来协调二者的关系。如对于那些涉及国家安全、国家机密的数据，以及涉及人类伦理的数据应当明确禁止数据交易；对于那些由政府部门提供的公共服务类型数据应当纳入公共领域，诸如政府部门所掌握的气象、地震、交通等数据信息，应当及时透明地公开。需要说明的是，要建构数据的财产权制度体系，并不意味着不承认公共数据的存在。

数据的公共性价值理论实际上在价值层面对数据的财产权作出了理论指导，一方面它要求在构建数据财产权的同时，要兼顾公共领域的数据问题研究；另一方面它的价值追求促进数据产业长远发展，为数据的财产权体系建构

---

① 高富平：《个人信息保护：从个人控制到社会控制》，载《法学研究》2018 年第 3 期。

② 张阳：《数据的权利化困境与契约式规制》，载《科技与法律》2016 年第 6 期。

③ 梅夏英：《在分享和控制之间 数据保护的私法局限和公共秩序构建》，载《中外法学》2019 年第 4 期。

打下理论基础。

2. 数据产权理论

前文已经指出，数据已被列为新型的生产要素，在市场经济体制的配置中发挥重要作用。我国的数据产业也正高速发展，如贵阳大数据交易所、中关村数海数据资产评估中心有限公司的相继成立，表明我国数据产业链的形成。随着数字经济时代的到来，数据跃升为第一生产要素，在促进社会经济发展繁荣、改善社会治理、提升政府工作效率、推动产业进步等方面都作出了巨大贡献。数据产权理论应运而生，一是基于数据所具有的巨大商业潜在价值，二是基于数据的现代数据存储技术的发展使得数据能够被大量地、低成本地储存，三是基于数据资源的重复使用性，使其区别于自然资源而具有较高的利用价值。

数据产权理论包括多种权利的集合，涉及所有权、使用权、收益权等方面，因其直接是在法律领域里探索数据的相关法律权利理论，故数据产权理论成为数据财产权的法理基础。数据产权理论从其根本目的上来说，注重实现资源的配置最优化和开发利用最大化，根据科斯的"公地悲剧"理论，只有产权明晰，各权利主体在法律范围内行使权利，最终才能达到该资源的最优配置和使用。① 从某种意义上来说，研究数据产权理论为数据财产权制度的建构提供了基本研究思路，具有法理基础的作用。

数据产权的三大核心问题，是数据产权理论的主要内容，包含数据的所有权问题、数据的使用权问题以及数据的收益权问题。切实解决好核心问题对于理解和运用数据作为一种新型财产来说具有重要的指导意义。

第一，在数据的所有权方面。数据从来源途径上被划分为原始数据和衍生数据。由于用户个人是数据信息的初始主体，没有用户的参与和不断更新，数据资源最终将会枯竭，因此，从法理上的私法正义视角来看，原始数据应当归于个人较为合理。企业通过收集获取原始数据并在此基础上加工开发利用，享有衍生数据的所有权。此外，有学者还指出考虑到政府数据往往涉及社会公共利益，将政府数据所有权单独提出的看法。②厘清数据所有权的归属，将有利

① 陈涛：《数据产权的归属问题探究》，载《市场周刊》2020 年第 4 期。

② 参见张莉主编、中国电子信息产业发展研究院编著：《数据治理与数据安全》，人民邮电出版社 2019 年版，第 221 页。

于数据财产权的进一步确立。

第二，在数据的使用权方面。诚然，如何利用数据是数据产业发展的关键问题，也是数据权利开展的核心所在。数据产权理论主张数据的使用前提条件是具备合法性和可利用性。这表现在一方面合法性要求数据信息在使用过程中，不能违背法律法规、不能危及国家社会安全，对数据的财产权建构具有根本指导意义；另一方面可利用性要求数据必须具有利用价值，其若想获得法律保护就必须秉持数据可以为人所用的特性，把握好这一特性就能掌握数据财产权赋权的真正起点。

第三，在数据的收益权方面。数据收益权与数据财产权制度直接相关联，它们均注重数据主体经济利益的获得，这也是它们确立的直接目的之一。在数据产权理论下，数据企业、国家政府以及个人三方主体均参与到分享数字经济红利中来。数据财产权可以依据这三方参与主体作为指导，进行经济利益的分配。值得注意的是，用户个人作为原始数据主体，实践中往往易忽略其收益权的取得。究其原因，一方面是基于用户个人存在不重视保护数据信息的现象，另一方面则是由数据企业逐利趋向所致。我们不能凭借上述原因剥夺用户参与分享数据红利的收益权，可以其他非货币形式使个人参与分享数字经济产业的数据红利，如借助免费享受增值服务，提供优惠券或者代金券等形式。这才是一个完整健康的数据产业链条应有之义，也为数据作为新型财产提供指导借鉴意义。

当今社会，每天都有海量数据产生。数据作为信息的载体，它离不开我们，我们同样也离不开数据。根据中国互联网络信息中心发布的第 47 次《中国互联网络发展状况统计报告》显示，截至 2020 年 12 月，我国网民规模达 9. 89 亿名，较 2020 年 3 月增长 8540 万名，互联网普及率达 70. 4%。中国网民数量接近 10 亿名的规模表明了互联网在我国的蓬勃发展，这意味着数据资源市场正呈现井喷式发展趋势。面对如此浩瀚庞大的数据信息，在数字经济时代背景下如何激励开发数据的最大潜能和最大价值，是当前数据的财产权理论基础重要的价值目标追求。只有流动的数据才不会“腐烂”，才具有价值。数据财产权理论基础让数据流动起来，发掘数据更大价值，为数字经济的创新发展提供坚实理论基础。

五、数据的法律保护

在数字经济时代背景下，数据日益成为重要的生产要素。随着个人不断地被数据化，表征个人信息的海量数据也逐渐成为各种应用的重要源泉，数据价值的开发愈发地依赖于个人信息的“喂养”和技术支持,① 由此而引发的个人信息安全问题成为数据价值释放的“绊脚石”。现下，数字经济发展是时势所趋，数据保护应当顺应数字经济的规律，不能静态地片面强调个人信息保护，而是应该在个人信息保护与企业数据保护之间寻求平衡，既要保护个人信息，又要保护企业数据利益。②

(一)数据的民法保护

1. 数据权益的确定

为适应互联网和大数据时代发展的需要,③《民法典·总则》首次将数据纳入民法视野，这体现出民法典与时俱进的时代特征。《民法典》第127条规定：“法律对数据、网络虚拟财产的保护有规定的，依照其规定。”《民法典》在数据问题上采取的“依照其规定”的立法表述值得肯定。由于司法裁判和理论研究尚未对数据问题达成一致意见，且传统民法体系尚难以容纳有关数据的法律问题，故而《民法典》本身对数据的属性或保护模式等不作具体判断，而交由相关的法律予以调整。尽管《民法典》第127条仅是一条引致条款而无实际规范内容，尚难以发挥应然的效果，但是该条款的意义却不容忽视。一方面，作为私法基础法，《民法典》将数据纳入总则编民事权利一章，明确赋予了数据以民事权利或民事权益的地位，为数据的私法保护提供了一个基础法律判断；④另一方面，《民法典》第127条为后续具体法律规范的构建提供了一个兼容度

---

① 彭诚信：《“〈民法典〉出台背景下个人信息的保护和利用”专题研究》，载《河南社会科学》2020年第11期。

② 龙卫球：《再论企业数据的财产权化路径》，载《东方法学》2018年第3期。

③ 李建国：《关于〈中华人民共和国民法总则(草案)〉的说明》，2017年3月8日在第十二届全国人民代表大会第五次会议上。

④ 梅夏英：《民法典对信息数据的保护及其解读》，载《山西大学学报(哲学社会科学版)》2020年第6期。

极高的制度接口。①

2. 个人信息的民法保护

技术的更新迭代使得个人信息安全遭受到了前所未有的威胁，个人信息收集乱象丛生、信息泄露事件频繁发生。为回应现实中严峻的个人信息安全问题，《民法典》将个人信息保护纳入民法视野，明确了个人信息的民事权益地位，其第 111 条规定：“自然人的个人信息受法律保护。任何组织或者个人需要获取他人个人信息的，应当依法取得并确保信息安全，不得非法收集、使用、加工、传输他人个人信息，不得非法买卖、提供或者公开他人个人信息”。2020 年 5 月 28 日颁布的《民法典》在吸收现有法律法规的基础上，进一步对个人信息保护问题作出回应：一是个人信息的概念界定，《民法典》并非对其他法律法规的简单归纳，而是为适应个人信息的新变化作了进一步扩展。《民法典》采取“可识别性”标准界定个人信息，并立足于互联网、大数据时代背景，将电子邮箱、健康信息、行踪信息等明确纳入类型化的个人信息范畴。② 二是对个人信息进行区分，个人信息中的私密信息适用隐私权的保护规定。③ 三是明确了个人信息处理的基本原则和条件。④ 四是构建自然人和信息处理者之间的基本权利义务框架，⑤ 明确信息处理者的义务及免责情形，⑥ 明确自然人对其个人信息享有的权利⑦。五是规定国家机关及其工作人员的个人信息保密义务。⑧

同时，当自然人的个人信息遭受侵害时，可以通过《民法典》侵权责任编寻求救济：一是，《民法典》总则编第 111 条结合侵权责任编第 1164 条的一般保护路径，适用于一切个人信息侵权行为。第 1164 条规定，“本编调整因侵害

---

① 刘炼箴：《民法典“数据与网络虚拟财产”条款研究》，载上海法学会：《〈上海法学研究〉集刊——数字经济法治文集》2020 年第 15 卷。

② 乔榛、蔡荣：《〈民法典〉视域下的个人信息保护》，载《北方法学》2021 年第 1 期；《民法典》第 1034 条第 2 款。

③ 《民法典》第 1034 条第 3 款。

④ 《民法典》第 1035 条。

⑤ 王晨：《关于〈中华人民共和国民法典（草案）〉的说明》，2020 年 5 月 22 日在第十三届全国人民代表大会第三次会议上。

⑥ 《民法典》第 1036 条。

⑦ 《民法典》第 1037～1038 条。

⑧ 《民法典》第 1039 条。

民事权益产生的民事关系”，同时，总则编第111条明确个人信息构成民事权益，故当自然人的个人信息遭受到侵害时，自然可以通过《民法典》侵权责任编寻求救济。二是，侵权责任编第1194~1197条结合《最高人民法院关于审理利用信息网络侵害人身权益民事纠纷案件适用法律若干问题的规定》的路径，此路径仅适用于利用网络侵害他人个人信息的情形。① 三是，医疗领域的个人信息侵害救济，《民法典》第1226条规定：“医疗机构及其医务人员应当对患者的隐私和个人信息保密。泄露患者的隐私和个人信息，或者未经患者同意公开其病历资料的，应当承担侵权责任。”

《民法典》将个人信息保护置于人格权编“隐私权和个人信息保护”一章，充分体现了《民法典》对个人信息保护的重视，并为进一步完善个人信息保护法律体系提供了重要的立法依据。但是个人信息的民法保护尚具有一定的局限之处。第一，在概念界定上，“可识别性”标准固有的理论缺陷以及司法实践对该标准的误读均导致个人信息范围的不当扩张，② 同时，大数据技术的发展进一步加剧了可识别性个人信息界定的困境③。准确把握个人信息这一概念是个人信息保护的逻辑起点，④《民法典》采取“可识别性”标准虽然将更多的信息纳入个人信息的范畴，有利于强化对个人信息的保护，但我们需要注意的是，当法律过分倾向于个人信息保护必然会导致个人信息保护与利用的失衡，这与大数据时代发展数据经济的大背景是背道而驰的。第二，《民法典》对个人信息的保护存在一定的私法限度。首先，民法对个人信息的保护采取的是法益保护方式而非权利保护模式，保护效果不够。其次，以私法手段保护个人信息对侵权责任构成要件的严格要求亦阻碍了个人信息侵害的救济。事实上，依据现行的侵权法理论和实践，以私法手段保护个人信息，很难符合损害事实这一构成要件。最后，《民法典》侵权责任编对损害赔偿数额的限制无法调动权利人维护自己个人信息权利的积极性。⑤

---

① 叶名怡：《个人信息的侵权法保护》，载《法学研究》2018年第4期。

② 杨楠：《个人信息“可识别性”扩张之反思与限缩》，载《大连理工大学学报(社会科学版)》2021年第2期。

③ 王秀哲：《大数据时代个人信息法律保护制度之重构》，载《法学论坛》2018年第6期。

④ 席斌、汪渊智：《大数据时代个人信息的法释义学分析——以〈民法典〉“个人信息”的概念为中心》，载《贵州社会科学》2020年第12期。

⑤ 杨立新：《私法保护个人信息存在的问题及对策》，载《社会科学战线》2021年第1期。

3. 企业数据的民法保护

(1)合同法保护路径

数据的价值在于流通与利用。随着数据产业的蓬勃发展，在实践中，企业间常常采取数据服务合同来规范数据的流通与利用。数据服务合同属于无名合同，自然可以适用《民法典》合同编的规定。尽管数据服务合同在一定程度上可以保障企业的数据权益，但是此种保护路径存在一定的局限性。合同法保护路径立足于数据的流通和利用，而不问数据权属，① 忽视了数据交易的客体本身，无法对数据资产作出有效解释。如在破产案件中，只依据数据服务合同难以确定数据的归属，无法对相关数据进行处置。② 更为重要的是合同法保护路径无法规制第三方的数据加害行为，以合同法保护企业数据的前提是双方存在合同关系，但是无论合同设计得如何周密、周全，都受到合同相对性的限制，根本无法对来自第三人的侵害行为加以规制，而现实中数据加害往往就是来自企业数据合同关系之外的第三人侵入或者非法利用。③

(2)物权法间接保护路径

数据因缺乏"有体性"这一重要特征，难以被认定为传统物权法意义上的有体物。但是当数据依附于物质载体而存在时，可以借助对数据存储载体的所有权或合法占有的保护，从而实现对数据的间接保护。从侵害数据完整性的视角出发，我国的司法实践存在着将对数据存储载体所有权的保护延伸至其中存储的电子数据的情形，且此类案件的涉案数据基本都是依附于电脑硬盘、服务器等硬件存储载体而存在的。但基于载体所有权的数据保护途径受制于信息技术的发展与进步。随着信息技术的更新迭代，借助存储载体所有权的数据保护路径逐渐开始丧失实际意义。一方面，随着网络通信传输技术的普及，网络用户可以随时随地存储数据，数据存储载体不再属于数据用户，而属于网络服务提供者，此时通过载体所有权对用户进行保护便失去了效果；④ 另一方面，随着云存储和云计算技术的发展，越来越多的数据被存储在云端，数据载体和数

---

① 金耀：《数据治理法律路径的反思与转进》，载《法律科学(西北政法大学学报)》2020年第2期。

② 韩旭至：《数据确权的困境及破解之道》，载《东方法学》2020年第1期。

③ 龙卫球：《再论企业数据保护的财产化路径》，载《东方法学》2018年第3期。

④ 王镭：《电子数据财产利益的侵权法保护——以侵害数据完整性为视角》，载《法律科学(西北政法大学学报)》2019年第1期。

据彻底分离，通过扩张适用载体所有权的保护路径难以发挥效用。①

(3)侵权法保护路径

《民法典》侵权责任编调整因侵害民事权益而产生的民事关系。② 数据作为民事权益的一种，侵害企业数据权益的行为自然可以受到侵权责任编的调整，行为人因过错侵害企业数据权益并造成损害的应当承担侵权责任。③ 但适用侵权法保护企业数据的前提是数据的权属清晰，我国法律并未对企业数据的权属做出规定，无论是实践还是理论层面都存在着巨大争议，数据权属不明是适用侵权法保护的最大障碍。④ 其次，数据的侵权法保护路径也受限于侵权法对侵权责任构成要件、诉讼时效等的规定。最后，侵权法难以为数据流通和数据交易提供充分的保护，⑤ 而企业数据的价值恰恰就在于流通和交易。

(二)数据的竞争法保护

数字经济背景下，数据已然成为经营者的重要商业资源和竞争优势。近年来，企业之间的数据资源争夺“战争”愈演愈烈，各种由数据引发的纠纷层出不穷，如新浪微博和脉脉的数据纠纷、大众点评和百度的数据纠纷、顺丰和菜鸟的数据纠纷、华为和微信的数据纠纷等。现下，企业数据保护正作为一个全新的法律问题而呈现出来。《反不正当竞争法》(以下简称“反法”)的立法目的在于促进社会主义市场经济健康发展，鼓励和保护公平竞争，制止不正当竞争行为，保护经营者和消费者的合法权益，⑥ 在数据权属不明的情形下，通过“反法”对企业数据不正当竞争行为予以规制，从而保护企业通过劳动获取的数据信息，已成为现今数据行业中的通行做法。⑦ 竞争法是企业数据的一种重要保护方式，通过“反法”来保护企业的数据权益有三条路径可循：一是商业秘密保护路径，二是互联网专条保护路径，三是一般条款保护路径。本部分所

---

① 卢扬逊：《数据财产权益的私法保护》，载《甘肃社会科学》2020年第6期。

② 《民法典》第1164条。

③ 《民法典》第1165条第1款。

④ 刘继峰、曾晓梅：《论用户数据的竞争法保护路径》，载《价格理论与实践》2018年第3期。

⑤ 卢扬逊：《数据财产权益的私法保护》，载《甘肃社会科学》2020年第6期。

⑥ 《反不正当竞争法》第1条。

⑦ 田小军、曹建峰、朱开鑫：《企业间数据竞争规则研究》，载《竞争政策研究》2019年第4期。

言数据仅指企业数据，不涉及个人数据和政府数据。

1. 商业秘密保护路径

(1)企业数据符合商业秘密构成要件

企业数据并非必然获得“反法”商业秘密条款的保护，只有符合法定条件的企业数据才能获得保护。“反法”第9条第4款规定：“本法所称商业秘密，是指不为公众所知悉、具有商业价值并经权利人采取相应保密措施的技术信息、经营信息等商业信息。”①一般来说，企业数据构成商业秘密需要符合三个构成要件：秘密性、价值性与保密管理性。② 企业拥有数量庞大的数据，数据类型多种多样，对于其中符合商业秘密的秘密性、价值性与保密管理性特征的大数据，可以通过“反法”商业秘密相关条款获得财产权益的有效保护。

首先，在商业秘密的三构成要件中，秘密性要件处于核心和基础地位，③根据相关司法解释，具有秘密性要求企业数据“不为其所属领域的相关人员普遍知悉和容易获得”④。尽管认定企业数据的秘密性并非易事，但不可否认的是部分企业数据确实符合“秘密性”要件。例如，据《最高人民法院关于审理侵犯商业秘密民事案件适用法律若干问题的规定》第1条，与技术有关的数据可以构成“反法”第9条第4款所称的技术信息，与经营活动的客户信息、数据等信息可以构成“反法”第9条第4款所称的经营信息。⑤其次，在“价值性”的认定上，据《最高人民法院关于审理不正当竞争民事案件应用法律若干问题的解释》(以下简称“反法司法解释”)第10条，“有关信息具有现实的或者潜在的商业价值，能为权利人带来竞争优势的”应当认定为具有价值性。⑥ 企业数据作为企业重要的商业资源和竞争优势，其背后蕴含的巨大经济价值毋庸置疑。司

---

① 《反不正当竞争法》第9条第4款。

② 刘瑛、耿雨亭：《大数据背景下的商业秘密保护》，载《北京工业大学学报(社会科学版)》2017年第17卷第3期。

③ 顾韬：《关于侵害技术秘密纠纷案件审理思路及方法的探讨》，载《电子知识产权》2015年第12期。

④ 《最高人民法院关于审理不正当竞争民事案件应用法律若干问题的解释》(2020年修正)第9条。

⑤ 《最高人民法院关于审理侵犯商业秘密民事案件适用法律若干问题的规定》第1条。

⑥ 《最高人民法院关于审理不正当竞争民事案件应用法律若干问题的解释》(2020年修正)第10条。

法实践中的诸多案例也对数据的经济价值予以肯定，例如，在淘宝诉安徽美景公司不正当竞争纠纷案中，法院认为："数据内容经过网络运营者大量的智力劳动成果投入，通过深度开发与系统整合，最终呈现给消费者的是与网络用户信息、网络原始数据无直接对应关系的独立的衍生数据，可以为运营者所实际控制和使用，并带来显著经济利益。"①最后，在"保密管理性"的认定问题上，反法司法解释第 11 条规定，权利人为防止信息泄露所采取的与其商业价值等具体情况相适应的合理保护措施，应当认定为采取了保密措施。② 鉴于企业数据的巨大经济价值，企业必然会对其拥有的数据采取相应的保护措施。当该种保护措施达到"反法"司法解释所要求的程度时，可以认定为具有"保密管理性"。

综上所述，企业数据可以被界定为商业秘密，从而获得《反不正当竞争法》上商业秘密条款的保护。值得一提的是，2019 年《反不正当竞争法》修订时新增第 32 条，就秘密性和侵犯商业秘密行为的证明责任问题作出了新的规定，相较于反法司法解释第 14 条，极大地减轻了商业秘密权利人在民事诉讼中的举证困难问题，在一定程度上可以有效改善商业秘密权利人维权难的困境。《反不正当竞争法》的这一重大改变，凸显了对商业秘密保护的政策性倾向，③以及随着司法实践在商业秘密的认定问题上作宽泛解释的趋势，④ 通过适用商业秘密条款来保护企业数据愈发具有可行性。

(2)企业数据商业秘密保护的不足

从商业秘密案件审判的司法实践来看，原告败诉的案件数量明显大于胜诉的案件数量。⑤ 秘密性和商业秘密侵权行为难以证明，通常被认为是造成商业

---

① 淘宝(中国)软件有限公司与安徽美景信息科技有限公司不正当竞争纠纷案，杭州市中级人民法院〔2018〕浙 01 民终 7312 号民事判决书。

② 《最高人民法院关于审理不正当竞争民事案件应用法律若干问题的解释》(2020 年修正)第 11 条。

③ 北京市高级人民法院知识产权庭课题组：《〈反不正当竞争法〉修改后商业秘密司法审判调研报告》，载《电子知识产权》2019 年第 11 期。

④ 毛立琦：《数据产品保护路径研究——基于数据产品利益格局分析》，载《财经法学》2020 年第 2 期。

⑤ "原告主张的商业秘密未获得司法保护的案件数量占比为 65%，明显大于原告主张获得支持的案件数量。"参见北京市高级人民法院知识产权庭课题组：《〈反不正当竞争法〉修改后商业秘密司法审判调研报告》，载《电子知识产权》2019 年第 11 期。

秘密权利人维权难的重要原因。① 大数据技术的日益成熟及大数据市场规模的日益扩张无疑会进一步加剧商业秘密认定难和举证难的困境，企业数据的商业秘密保护将面临着更大的挑战与阻碍。

一是，商业秘密所保护的企业数据范围有限，这就涉及商业秘密构成要件的认定问题。一方面，企业数据的秘密性认定存在不确定性。反法司法解释仅从反面规定了六种"不构成不为公众所知悉"的情形，"秘密性"的具体标准却难以获知②。对于研究数据、技术信息等非公开的企业数据，不难认定其秘密性，但更多的数据是源自于企业对用户的个人信息、行为偏好等数据的收集、处理和分析，这些数据是否构成商业秘密尚存在极大的争议，无论是理论界抑或是司法实践对于这类数据是否具有秘密性还存在疑虑。另一方面，保密性的认定也并非全无疑惑。根据"反法"司法解释，权利人为防止信息泄露所采取的与其商业价值等具体情况相适应的合理保护措施，应当认定为"反法"第 9 条第 3 款所规定的"保密措施"。③ 但是，企业对其拥有的数据采取何种程度的保护措施才能达"保密性"所要求的"合理"，法律亦未予以明确。

二是，数据的商业秘密侵权行为更具隐蔽性，增大了权利人的维权难度。相较于其他不正当竞争行为，商业秘密侵权本就具有隐蔽性的特点。④ 尽管 2019 年"反法"修订新增第 32 条极大地减轻了商业秘密权利人在民事诉讼中的举证困难问题，商业秘密权利人仅需提供初步证据合理表明商业秘密被侵犯，⑤ 但是技术的更新迭代无疑也会加剧商业秘密侵权的隐蔽性，从而加大权利人的维权难度。在大数据时代下，侵权行为人很容易运用技术手段，使得数据收集行为根本不会留下痕迹，被侵权者甚至可能都没有意识到自己的数据已经被他人获取，更不会意识到自己的商业秘密已经被侵犯，商业秘密侵权行为

---

① 崔国斌：《商业秘密侵权诉讼的举证责任分配》，载《交大法学》2020 年第 4 期。

② 《最高人民法院关于审理不正当竞争民事案件应用法律若干问题的解释》(2020 年修正)第 9 条。

③ 《最高人民法院关于审理不正当竞争民事案件应用法律若干问题的解释》(2020 年修正)第 11 条。

④ 杨力：《试论商业秘密侵权认定法律制度的完善》，载《云南大学学报(法学版)》2014 年第 4 期。

⑤ 《反不正当竞争法》第 32 条。

的隐蔽性和侵权结果的隐蔽性，无疑会加重企业的举证责任。①

2. 互联网专条保护路径

(1)数据不正当竞争可以纳入互联网专条的规制范围

为应对互联网领域出现的新型不正当竞争行为，2017年修订的《反不正当竞争法》新增第12条就互联网领域的不正当竞争行为专门予以规定，学界称其为“互联网专条”②。互联网专条采取“概括+列举+兜底”的立法模式，第1款表明经营者利用网络从事生产经营活动应遵守“反法”的各项规定，第1款前3项明确列举了三类具体的涉网络不正当竞争行为，即通常所说的浏览劫持、干扰和恶意不兼容，第2款第4项则是作为兜底条款存在，以应对互联网领域未来可能出现的不正当竞争行为。

随着大数据技术的发展，数据不正当竞争行为也多发生于互联网领域。尽管数据不正当竞争不属于互联网专条明确列举的三类不正当竞争行为，但可以通过互联网专条的兜底条款予以规制，从而实现保护企业数据财产利益之目的。这一保护路径在司法实践中亦有所体现，例如，在“饭友App抓取微博数据”不正当竞争纠纷一案中，法院经审理认为复娱公司通过绕开或破坏微梦公司技术保护措施从而抓取和展示新浪微博数据的行为，使得饭友App用户无须注册或登录即可查看新浪全部内容，影响了微梦公司与用户间协议的履行，妨碍、破坏了新浪微博的正常运营，构成“反法”第12条第2款第4项规定的不正当竞争行为。③

(2)互联网专条保护路径的局限性

首先，互联网专条的适用范围有限，兜底条款无法涵盖所有类型的数据不

---

① 聂洪涛、李宁：《大数据下金融交易商业秘密的保护：困境与对策》，载《科技与法律》2020年第1期。

② 《反不正当竞争法》第12条规定：“经营者利用网络从事生产经营活动，应当遵守本法的各项规定。经营者不得利用技术手段，通过影响用户选择或者其他方式，实施下列妨碍、破坏其他经营者合法提供的网络产品或者服务正常运行的行为：(一)未经其他经营者同意，在其合法提供的网络产品或者服务中，插入链接、强制进行目标跳转；(二)误导、欺骗、强迫用户修改、关闭、卸载其他经营者合法提供的网络产品或者服务；(三)恶意对其他经营者合法提供的网络产品或者服务实施不兼容；(四)其他妨碍、破坏其他经营者合法提供的网络产品或者服务正常运行的行为。”

③ 上海复娱文化传播股份有限公司与北京微梦创科网络技术有限公司不正当竞争纠纷上诉案，北京知识产权法院〔2019〕京73民终2799号民事判决书。

正当竞争行为。2017年“反法”修订时增加互联网专条是为了回应互联网领域中反不正当竞争的客观需要。① 然而，数据的不正当竞争行为并非都发生在互联网领域。但即使是发生于互联网领域的数据不正当竞争行为，基于数据的多栖性，当侵权形式主要表现为非法复制，也因其不符合“妨碍、破坏其他经营者合法提供的网络产品或者服务正常运行的行为”这一结果要件，也难以纳入互联网专条的兜底条款予以规制。②

其次，从条文内容出发，互联网专条采取“概括+列举+兜底”的立法模式，看似周延，且为后续互联网领域可能出现的新型不正当竞争行为留出了足够的容纳空间。但仔细推敲其条文表述会发现，互联网专条存在着文本表述不够准确、内部逻辑难以自洽的问题，从而可能将正当的竞争行为也纳入其规制调整范围。反法第12条第2款表述为：“经营者不得利用技术手段，通过影响用户选择或者其他方式，实施下列妨碍、破坏其他经营者合法提供的网络产品或者服务正常运行的行为……”但“利用技术手段”并非一定要规制的行为要件，“影响用户选择”也并非是判断行为正当性的理由，③ “其他妨碍、破坏其他经营者合法提供的网络产品或者服务正常运行的行为”在字面上也并未划清正当和不正当的界限，“新修法第12条第2款将来适用的最大问题是如何严格把握反不正当竞争的精神和条件，防止简单作字面化的理解和过于宽泛的适用”④。此外，如同一般条款，互联网专条的兜底条款在法律适用上也会存在着不确定性的问题。由于缺乏相应的立法或司法上的解释，法院在适用兜底条款应对互联网领域的不正当竞争时，由于对兜底条款内涵的理解不一，可能会导致法律适用上的偏差，⑤ 从而可能造成司法权威受损、企业对其竞争行为的合法性与否难以准确预期等多重问题。

---

① 张茅：《关于〈中华人民共和国反不正当竞争法（修订草案）〉的说明》，2017年2月22日在第十二届全国人民代表大会常务委员会第二十六次会议上。

② 曹胜亮、张晓萌：《人工智能时代数据竞争的法律规制》，载《学习与实践》2019年第10期。

③ 裴轶、来小鹏：《反不正当竞争法中一般条款与“互联网条款”的司法适用》，载《河南师范大学学报（哲学社会科学版）》2019年第4期。

④ 孔祥俊：《论新修订〈反不正当竞争法〉的时代精神》，载《东方法学》2018年第1期。

⑤ 李阁霞：《互联网不正当竞争行为分析——兼评〈反不正当竞争法〉中“互联网不正当竞争行为”条款》，载《知识产权》2018年第2期。

最后，从司法实践来看，互联网专条的实施效果不尽理想。一方面，以互联网专条作为裁判依据的案例少之又少，互联网专条有遭受“闲置”的可能；另一方面，互联网专条的出现没有缓解法院在审理不正当竞争案件过度适用反法一般条款的现状，适用一般条款的情形仍居多数。① 再者，互联网专条兜底条款强调利用技术手段，而较少关注对竞争行为正当性的界定，缺少对不正当竞争行为认定的要件，一旦涉及对互联网领域新型不正当竞争行为的界定，仍然只能回归到一般条款上。②

3. 一般条款保护路径

（1）一般条款保护路径的司法适用

在过去的20余年里，反法一般条款也成为应对各种新型不正当竞争行为的首选。就近些年开始出现的数据纠纷而言，在尚未有具体条款用以规制企业间的数据不正当竞争行为的情形下，通过扩张适用反法一般条款，不仅已在学术界达成共识，更是司法实践中的一种惯常做法。近几年发生的淘宝诉美景公司不正当竞争纠纷案、新浪微博诉脉脉不正当竞争纠纷案、大众点评诉百度地图不正当纠纷案、大众点评诉爱帮网不正当纠纷案、谷米诉元光不正当竞争纠纷案等众多案件，法院在审理案件时均援引了“反法”第2条作为裁判依据。

针对“反法”第2条的适用问题，最高人民法院在“海带配额案”中就“反法”第2条一般条款之地位专门作出了阐述，同时确立了其作为一般条款的适用边界：一是法律对该种竞争行为未作出特别规定，二是其他经营者的合法权益确因该竞争行为而受到了实际损害，三是该种竞争行为确因违反诚实信用原则和公认的商业道德而具有不正当性或可责性。③ 在而就目前的司法实践而言，法院适用一般条款认定不正当竞争行为主要按照“损害+违背诚实信用原

---

① “这与类型化立法无法有效涵盖不断发展和衍生的互联网新型不正当竞争行为有一定关联，也囿于对一般条款便宜性的依赖”，参见陈兵、徐文：《优化〈反不正当竞争法〉一般条款与互联网专条的司法适用》，载《天津法学》2019年第3期。

② 沈贵明、刘源：《数据抓取行为反不正当竞争法规制困境与对策》，载《中国流通经济》2021年第1期。

③ 山东省食品进出口公司等与青岛圣克达诚贸易有限公司等不正当竞争纠纷再审案，最高人民法院〔2009〕民申字第1065号再审裁定书。

则和公认的商业道德”①这一基本思路进行说理②。首先，考察该竞争行为的损害结果，是否对市场竞争秩序、其他经营者合法权益及消费者合法权益这三种“反法”所保护的法益造成损害。随后，在确认损害结果确实存在的前提下，进一步就该种竞争行为的违法性进行分析，即评价其是否违背诚实信用原则、法律和商业道德。③

一般条款是企业数据最重要的竞争法保护路径。相较于商业秘密条款保护路径和“互联网专条”兜底条款保护路径，一般条款保护路径极大地延展了企业数据的保护范围。无论是商业秘密保护路径，还是“互联网专条”兜底条款保护路径都无法将所有数据不正当竞争行为纳入其保护范畴，但法院可以鉴于一般条款的开放性和模糊性，根据“诚实信用原则”和“商业道德”将所有数据不正当行为都囊括其中。④

(2)一般条款保护路径的困境

从现下看来，适用一般条款用以规制数据不正当竞争行为可以回应现实生活中的数据纠纷问题，似乎不失为是保护企业数据权益的一条有效途径，但这却并非长远之计。一般条款因其灵活性和包容性，能够不断地延伸适用于新的市场领域和新型不正当竞争行为，以应对新情况和解决新问题，从而弥补法律的滞后性所带来的问题。适用上的高度灵活性是一般条款路径保护企业数据的最大优势，但这也恰恰是适用一般条款的问题症结之所在。

反法一般条款作为原则性条款，法院在援引一般条款用以规制数据不正当竞争行为实则是不得已而为之，是一种次优选择。⑤ 反法第 2 条作为一般条款，在法律适用上具有较大的不确定性。诚实信用原则和商业道德作为一般条款的核心内容，但其内涵并不明确。司法实践的惯常做法是忽略对诚实信用原则的论述，只要该行为不符合商业道德，继而直接得出其违背诚实信用原则的

① 2017 年反法修订后改为“遵守法律和商业道德”。

② 王红霞、尹玉涵：《互联网新型不正当竞争行为的司法认定——兼论新修〈反不正当竞争法〉的适用》，载《电子知识产权》2018 年第 11 期。

③ 陈兵、徐文：《优化〈反不正当竞争法〉一般条款与互联网专条的司法适用》，载《天津法学》2019 年第 3 期。

④ 参见许可：《数据保护的三重进路——评新浪微博诉脉脉不正当竞争案》，载《上海大学学报(社会科学版)》2017 年第 6 期。

⑤ 参见祝艳艳：《大数据时代企业数据保护的困境及路径构建》，载《征信》2020 年第 12 期。

结论，从而认定该行为违反反法第 2 条，构成抽象的不正当竞争。① 由此可见，商业道德在数据不正当竞争案件中发挥着“举足轻重”之地位。然而，商业道德的表述不但空泛，且其边界模糊，内容具有较大的不确定性，也无法承载任何权利义务内容，其所包含的具体要素也因时因地而各有不同，甚至可能基于对各要素的不同强调比重而导致评判结果不一，② 加之，商业道德的不确定性因数据竞争的普适性进一步加剧，③ 以商业道德作为竞争行为的违法性判断标准赋予法官极大的说理空间和自由裁量权，从而导致一般条款适用上的不确定性和不稳定性。

一般条款适用上极大的不确定性必然也会导致诸多问题：一是，模糊的“诚实信用原则”和“商业道德”赋予法官充足的说理空间和自由裁量度，加之，一般条款下的抽象开放的评价标准在某程度上契合了市场竞争者的诉讼需求，导致一般条款的过度适用，甚至有滥用的可能，在一定程度上影响了反法适用的谦抑性。④ 二是，囿于一般条款的抽象性与模糊性，法院在裁判说理时难免不会带有一定的主观色彩，从而导致法律适用标准不一，可能会造成“同案不同判”的尴尬局面，从而有损司法的公正性和权威性。三是，从企业数据合规的角度来看，一般条款适用的不确定性往往会造成各方困惑，企业不清楚应该遵守什么样的规则，从而导致企业常常面临更高的数据合规成本，⑤ 如此一来，可能会阻碍数据的利用与流通，不利于国家大力发展数字经济的时代规划。

(三)数据的行政法保护

1. 行政法视域下的个人信息保护

(1)个人信息的行政法保护现状

---

① 沈贵明：《数据抓取行为反不正当竞争法规制困境与对策》，载《中国流通经济》2021 年第 1 期；“在反不正当竞争法中，诚实信用原则主要体现为公认的商业道德”，参见最高人民法院：《知识产权案件年度报告》，2010 年。

② 李生龙：《互联网领域公认商业道德研究》，载《法律适用》2015 年第 9 期。

③ 叶明、郭江兰：《误区与纠偏：数据不正当竞争行为认定研究》，载《西北民族大学学报(哲学社会科学版)》2019 年第 6 期。

④ 陈兵：《法治视阈下数字经济发展与规制系统创新》，载《上海大学学报(社会科学版)》2019 年第 4 期。

⑤ 参见丁晓东：《论企业数据权益的法律保护——基于数据法律性质的分析》，载《法律科学(西北政法大学学报)》2020 年第 2 期。

技术的更新迭代使得个人信息安全遭受到了前所未有的威胁，个人信息收集乱象丛生、信息泄露事件频繁发生，如何通过法律保障公民个人信息安全成了迫在眉睫的问题。在行政法领域，中国近些年来在个人信息保护立法方面活动频繁：2007 年 4 月，国务院发布《政府信息公开条例》，明确行政机关不得公开涉及个人隐私的政府信息；2012 年 12 月，全国人大常委会发布《全国人民代表大会常务委员会关于加强网络信息保护的决定》，就网络服务提供者和其他企事业单位收集、使用公民个人电子信息时应当遵循的原则作出规定；2013 年 1 月，国务院发布《征信业管理条例》以规范征信行业的个人信息保护；2013 年 7 月，工业和信息化部发布《电信和互联网用户个人信息保护规定》以规范电信服务经营者和互联网服务提供者在提供服务的过程中收集、使用用户个人信息的活动；2016 年 11 月，全国人大常委会发布的《网络安全法》就网络空间的个人信息保护予以规定；2019 年 8 月，国家互联网信息办公室发布《儿童个人信息网络保护规定》，专门规范通过网络从事收集、存储、使用、转移、披露儿童个人信息等活动；此外，还有数量众多的行政法规、部门规章和规范性文件都或多或少地对涉及公民的个人信息保护，于此就不再一一陈述。

在行政法领域，《网络安全法》是我国现行有效的关于个人信息保护最重要的法律规范，其对个人信息的概念作出了明确的界定，明确了网络运营者收集、使用个人信息的基本原则和条件，明确了信息主体的删除权和更正权，规定了网络运营者的安全保障义务以及个人信息被侵害时的法律责任。

2. 个人信息行政法保护的不足

(1) 缺乏体系化的行政法法律规范

在行政法领域，尽管近些年来我国在个人信息保护立法方面活动频繁，涉及个人信息保护的法律、行政法规、部门规章、规范性文件等法律规范不在少数，但尚未形成完备的法律规范体系。首先，各法律规范中涉及个人信息保护的规定还相当粗糙：一是，除《网络安全法》《侵害消费者权益行为处罚办法》《电信和互联网用户个人信息保护规定》等少数法律规范外，其他法律规范都是概括规定个人信息，没有明确界定个人信息的具体内容；二是，个人信息保护的规定较为简单单一，除为数不多的法律规范外，大部分法律规范对个人信息的保护主要表述为相关主体的保密义务和法律责任；三是，在法律责任的规定上，除相当大部分法律规范没有配套的法律责任外，法律责任的规定也较为简单，多为“依法给予处分”“依法承担民事责任”“依法追究刑事责任”“依法追究法律责任”等高度概括性的规定。① 其次，各法律规范之间的联系并不紧密，各规定之间的协同性差。最后，立法层级不高，立法过程中的部门化倾向严重，立法技术不成熟等因素均使得我国的个人信息保护立法难以形成体系化的法律规范体系。②

(2)对公权力规制不足

个人信息保护法律规范存在着注重规制私主体、较少关注公权力的问题。③《网络安全法》作为行政法领域最重要的个人信息保护规范，其规制的对象主要是“网络运营者”，即网络的所有者、管理者和网络服务提供者，政府机关并不包含在内。④ 其他法律规范即使涉及政府信息处理行为的零星规定，但在内容上较为抽象，对履行相应义务的具体程序、措施以及责任承担方式等内容均没有详细规定，⑤ 可操作性不强，难以达到理想的规制效果。随着电子政务、政府数据开放共享等工作的推进，个人信息收集处理已成为政府行使公共管理的手段之一。无论是个人信息的获取，抑或是处理分析，行政机关都占有天然的优势。相较于企业和个人，我们更需要警惕的是，“当公权力与信息技术的结合已经悄悄地改变了我们的生活和存在方式的时候，我们如果不能使用恰当的方式来加强个人信息权的保障，那么信息技术就可能反过来成为公权力侵害个人权利的利器”。

(3)缺乏有效的行政监管

首先，在我国个人信息保护分散立法的大背景下，个人信息保护在单行法或部门法中处于从属地位，导致部门监管目标呈现出附带性或者从属性的特征。其次，个人信息保护监管呈现明显的部门区隔特征，由于缺乏统一的监管机构，我国个人信息保护监管实践存在着诸多问题：一是部分领域缺乏相应的监管机构来履行监管职责；二是由于法律并未明确指明履行监管职责的“有关

① 参见王秀哲：《我国个人信息立法保护实证研究》，载《东方法学》2016年第3期。

② 刘学涛：《大数据时代个人信息的行政法保护分析：内涵、困境与路径选择》，载《南京邮电大学学报(社会科学版)》2018年第6期。

③ 参见马玉婷：《宪法视域下个人信息保护问题研究》，四川师范大学2017年硕士学位论文。

④ 张新宝：《我国个人信息保护法立法主要矛盾研讨》，载《吉林大学社会科学学报》2018年第5期。

⑤ 石环：《个人信息的行政法保护研究》，华中科技大学2019年硕士学位论文。

行政部门”和“有关机关”,① 故即使在法律规定监管机构的情况下，也存在难以确定监管机构的情况，负有监管义务的机关可能存在互相推诿、逃避职责的情况，使得法律规定形同虚设；三是部分行业或领域受到多头管辖，易引发管辖混乱问题，可能导致监管的“空白区域”或“重复监管”现象。最后，我国的个人信息保护行政监管还存在着缺乏细致和有效的监管措施的问题：一是事前防范缺乏有效机制，法律约束动力不足；二是事中监管多采取“行政约谈”的方式，难以达到有效的规制效果；三是事后处罚力度不够，难以实现有效威慑。②

3. 政府数据开放共享的法律规制

国务院 2015 年印发的《促进大数据发展行动纲要》较早地明确了“政府数据开放共享”的内涵，即政府部门数据共享和公共数据资源开放。政府部门数据共享是指“依托政府数据统一共享交换平台，大力推进国家人口基础信息库、法人单位信息资源库、自然资源和空间地理基础信息库等国家基础数据资源，以及金税、金关、金财、金审、金盾、金宏、金保、金土、金农、金水、金质等信息系统跨部门、跨区域共享”。公共数据资源开放是指“依托政府数据统一交换共享平台，推动政府部门和事业单位等公共机构数据资源统一汇聚和集中向社会开放”。③ 目前，关于政府数据开放共享尚没有形成一致的概念。相关学者在界定政府数据开放共享的概念时，将政府数据开放共享拆分为政府数据开放和政府数据共享两个概念分别进行界定。政府数据开放与政府数据共享实际上有所区别，前者强调政府在法律法规范围内将其拥有的公共数据资源主动向社会公众开放，而后者则强调政府内部之间的数据共享。④

政府数据涉及公共利益、国家秘密、商业秘密、个人隐私等，且政府数据本身具有巨大的价值，政府数据在开放共享的过程中也难免会出现数据安全问

---

① 在消费和网络个人信息保护领域，法律并未对“有关行政部门”(《消费者权益保护法》第 32 条)和“有关机关”(《网络安全法》第 8 条)作出明确说明。

② 邓辉：《我国个人信息保护行政监管的立法选择》，载《交大法学》2020 年第 2 期。

③ 《促进大数据发展行动纲要》，国发〔2015〕50 号，2015 年 8 月 31 日发布。

④ 焦海洋：《中国政府数据开放共享的正当性辨析》，载《电子政务》2017 年第 5 期；彭知辉：《论政府在大数据发展中的作用：以大数据为视角》，载《广东行政学院学报》2017 年第 1 期；朱扬勇：《大数据资源》，上海科学技术出版社 2018 年版，第 18 页；吕凯、赵洋：《人工智能背景下政府的数据开放与共享——以天津市政府为例》，载《东南大学学报(哲学社会科学版)》2018 年第 20 卷增刊。

题。各级政府作为政府数据开放共享的主导者，推动着政府数据开放共享工作的进展，对于政府数据开放共享的范围和方式具有支配和决定作用，就此而言，政府数据开放共享行为应属于行政法规范的范畴。①

(1)政府数据开放共享立法概述

在国家层面，2015 年 8 月，国务院印发《促进大数据发展行动纲要》，提出“加快政府数据开放共享”的主要任务，一方面要大力推动政府部门数据共享，另一方面要稳步推动公共数据资源开放。② 2016 年 9 月，国务院发布《政务信息资源共享管理暂行办法》，明确政务信息资源共享应遵循“以共享为原则，不共享为原则；需求导向，无偿使用；统一标准，统筹建设；建立机制，保障安全”的原则。③ 随后，国务院和国务院办公厅继续发布《关于加快推进“互联网+政务服务”工作的指导意见》《国务院关于印发“十三五”国家信息化规划的通知》《关于加快推进全国一体化在线服务政务平台建设的指导意见》《国务院办公厅关于印发政府网站发展指引的通知》《国务院办公厅关于印发2018 年政务公开工作要点的通知》《国务院办公厅关于加快推进“多证合一”改革的指导意见》等一系列规范性文件，以促进政府数据开放共享工作的推进。上诉系列文件为政府数据开放提供了宏观规划和顶层设计。2021 年 6 月 10 日第十三届全国人民代表大会常务委员会第二十九次会议通过《中华人民共和国数据安全法》，为数据安全和开放共享提供了重要的法律依据，完善了我国数据安全法律保护体系。

在地方层面，有关政府数据开放共享的法律规范主要见于地方性法规、地方政府规章和规范性文件等。④ 截至 2020 年年底，在地方性法规层面，目前仅有贵州、吉林、海南、山西、贵阳、天津、沈阳出台了相关的法律规范，为

① 参见蒋冰晶、李少军：《包容与合作：大数据时代政府数据开放的行政法治理念》，载《河北法学》2019 年第 12 期。

② 《促进大数据发展行动纲要》，国发〔2015〕50 号，2015 年 8 月 31 日发布。

③ 《政务信息资源共享管理暂行办法》第 5 条。

④ 在政府数据开放共享的地方性法规和地方政府规章中，并非所有法律规范使用的都是“政府数据”这个概念，“公共数据”“政务数据”等概念出现频次明显高于“政府数据”。尽管各地方性法规和地方政府规章采纳的概念不尽相同，但从政府数据开放共享的实质内容出发，其均属于对政府数据开放共享的法律规制。大部分地方性法规和地方政府规章明确了“政府数据”“公共数据”“政务数据”等概念的内涵，尽管表述不一，但无一不强调行政机关在依法履行职责的过程中制作、产生、获取的以一定形式记录、保存的各类数据。

当地政府数据开放共享提供法律保障。其中,《贵阳市政府数据共享开放条例》《贵州省政府数据共享开放条例》《沈阳市政务数据资源共享开放条例》是专门针对政府数据开放共享的地方性法规,为地方政府数据开放提供了较为有力的法律保障。其余地方性法规均是将政府数据开放作为促进大数据发展应用或政务数据管理与应用中的一个组成部分来制定的。而在地方政府规章层面,福建、浙江、宁夏、上海、重庆、辽宁、山西、山东、安徽、湖南、成都、贵阳、广州、昆明、南京、无锡、中山、济南、宁波等多地通过了相应的地方政府规章,以规范政府数据开放共享行为。

(2)政府数据开放共享法律规制的不足

第一,法律法规数量匮乏,关于政府数据开放共享的法律法规存在着数量匮乏的问题。一方面,全国范围内的法律规范寥寥无几;另一方面,在地方层面,尽管近些年来各地方政府先后出台相关的法律规范,但仍有不少地方政府尚未制定有关政府数据开放共享地方性法规和地方政府规章。

第二,法律法规效力级别不高,在国家层面上,《促进大数据发展行动纲要》《政务信息资源共享管理暂行办法》《关于加快推进"互联网+政务服务"工作的指导意见》《国务院关于印发"十三五"国家信息化规划的通知》《关于加快推进全国一体化在线服务政务平台建设的指导意见》等法律文件均为国务院规范性文件,效力级别不高。但值得一提的是,2021 年 6 月 10 日第十三届全国人民代表大会常务委员会第二十九次会议通过的《数据安全法》第五章专门针对"政务数据安全与开放"作出了规定。而在地方层面,仅有 5 个省级政府和 2 个市级政府制定了地方性法规,其余地方政府的相关法律法规都为地方政府规章或规范性文件。

第三,法律法规针对性不强,关于政府数据开放共享的法律法规还存在针对性不强的问题。无论是在国家还是在地方层面,专门针对政府数据开放共享的法律法规数量极其稀少,更多的法律法规是将政府数据开放共享作为其中的一部分内容予以规定。

第四,法律责任高度概括,法律责任具备惩罚功能、救济功能和预防功能,在整个法律体系中占有十分重要的地位。① 科学合理的法律责任设置,有

① 张光杰:《法理学导论(第 2 版)》,复旦大学出版社 2015 年版,第 204 页。

助于预防或减少政府数据开放共享中的不作为、慢作为、滥作为现象。① 在政府数据开放共享的地方性立法中，从法律责任的内容来看，规定得过于简单、笼统，除少数几部法律规范规定了具体的法律责任外，绝大部分法律规范均是"依法处分""依法处罚""依法追究刑事责任""依照有关规定追究责任""依法追究法律责任"等高度概括概括性的规定，可操作性不强，难以达到有效的规制效果。

(3)政府数据开放共享法律规制

2021年6月10日第十三届全国人民代表大会常务委员会第二十九次会议通过《中华人民共和国数据安全法》，2021年9月1日生效。共计7章，55条。主要规定了总则、数据安全与发展、数据安全制度、数据安全保护义务、政务数据安全与开放、法律责任和附则。其中第五章规定了数据的安全与开放共享，明确规定了政务数据开放的原则，即国家机关应当遵循公正、公平、便民的原则，按照规定及时、准确地公开政务数据。依法不予公开的除外；具体措施，即国家制定政务数据开放目录，构建统一规范、互联互通、安全可控的政务数据开放平台，推动政务数据开放利用以及法律、法规授权的具有管理公共事务职能的组织为履行法定职责开展数据处理活动时维护数据安全，开放数据等。在法律责任方面，规定了民事责任、行政责任和刑事责任。

(四)数据的刑法保护

以互联网+技术为引领的信息技术的时代变革以一种前所未有的速度与方式促进相关经济产业的向阳发展，在此大前提下，依托数据而发展起来的大数据、云计算、人工智能等新技术开始改变着人们的思维与生活方式。在"数字经济"时代，促进数据产业的持续发展，助力实现我国经济繁荣，也是提升我国综合国力的题中应有之义。通过大数据、互联网+技术的嵌入，人类借助这些高科技载体，逐渐进入了智慧属性更高的数字化社会。随着数字社会的崭露头角，数据开始像物权、债权等其他法律权利走入人们的权利话语体系之中。在数字化时代或大数据时代的话语体系中，无论是"自然人"还是"社会人"或

---

① 刘权：《政府数据开放的立法路径》，载《暨南学报(哲学社会科学版)》2021年第1期。

者“经济人”，在数字经济和数字社会的浪潮中都已经变成“数字人”。① 伴随着对网络数据的深度挖掘应用，集成个体信息的海量数据成为高效分析社会需求、辅助社会决策的基础工具，网络数据因此成为充满高度应用价值和商业价值的“数据黄金”。② 数据权利虽不像物权那些可触及，但在当前的社会治理及商业竞争中，也绝不会被忽视。在此前提下，数据因其自身经济利益诱发的道德甚至法律风险就愈演愈烈。例如个人数据泄露事件呈高发态势，12306 网站用户数据被窃取、第三方滥用 Facebook 用户数据等，数据法益的安全与权利边界都面临更大的腐蚀风险。要想数字产业得到持续发展，必然离不开相关涉及数据法律保护制度的构建。随着大数据时代的来临，规范市场主体对数据的收集、存储、传输、处理和使用行为等规制也应提上议程，完善以保护数据安全法益为核心的网络犯罪刑事规制体系，加强对数据法益的刑法保护是时代的必然选择。

1. 数据刑法保护的必要性

(1)互联网代际更替逻辑下的刑法变迁

自 20 世纪 40 年代末，计算机诞生以及第一代互联网在美国诞生以来，经过计算机领域思维与技术的不断革新。信息技术进行了源源不断的迭代升级。电子信息技术迅猛发展，不断迭代升级。进入 Web3.0 时代，通过对大量数据信息进行深度分析及加工处理，网络为这些数据资源提供了源源不断的动力来源。通过一系列的技术处理，对用户的相关行为进行研判与分析。相关计算机犯罪的形态与方式也在发生潜移默化的改变。不法分子在非法获取公民个人信息后，频频利用网络实施“精准犯罪”如电信诈骗等，防不胜防。我国刑法对数据法益的保护囿于对计算机和信息网络技术代际发展认知的历史局限性和迟延性，经历了从附属保护到间接保护、再趋向独立保护，逐步深化的更新过程。在 Web1.0 时代，在计算机技术为导向因素的初始化时代，信息数据由网站平台单通道定向发布。网络用户只能被动接受，计算机信息系统往往被认为犯罪对象。因此在《刑法修正案(七)》出台之前，《刑法》第 285 条和第 286 条分别以保护计算机信息系统运行安全和计算机信息系统秩序为重心，但这种保

① 参见张新宝：《我国个人信息保护法立法主要矛盾研讨》，载《吉林大学社会科学学报》2018 年第 5 期。

② 参见[英]维克托·迈尔-舍恩伯格、肯尼斯·库克耶：《大数据时代：生活、工作与思维的大变革》，盛杨燕、周涛译，浙江人民出版社 2013 年版，第 57 页。

护却将存储、处理的数据的保护方面剥离了出去。① 自进入信息网络为引领的Web2.0时代，信息的交换分享、实时互动成为网络的发展趋势。网络由于其匿名及隐秘性，被当做了最为便利且违法成本低的犯罪工具。通过变迁，滋生出各种新型犯罪形态，随着计算机犯罪的不断演变与延伸，信息安全开始映入相关部门眼帘。作为信息载体的数据的自身安全性被逐渐本身的安全性开始被唤醒。基于此，《刑法修正案(七)》增设出售、非法提供公民个人信息罪以及非法获取公民个人信息罪两个专属罪名，通过保护公民个人信息的方式实现对网络数据的间接保护，同时在《刑法》第285条增设非法获取计算机信息系统数据罪，这是刑法首次针对计算机信息系统数据保护作出专门性规定，但依然沿用了陈旧的“计算机信息系统数据”的概念，固守数据的封闭性、静态性和从属性，涵摄内容范围较为狭窄。此外，《关于办理危害计算机信息系统安全刑事案件应用法律若干问题的解释》(以下简称《计算机刑事案件解释》)还将犯罪对象严格限缩为与身份认证信息有关的数据，无法适应网络数据内容、类型多样化的特点和要求。保护理念严重滞后，总体上表现为重信息网络安全、但对网络数据的安全保护并不周密。导致数据法益保护的涵盖程度并不理想。以移动互联网为代表的Web3.0标志着大数据时代的到来，在摆脱了网络终端的困局后，以个人为中心，通过此终端可以与整个现实与网络世界进行互动，由此产生的数据量也呈现指数级发展。网络已经全面嵌入和渗透到人们生产、生活的方方面面，也日益成为独立的犯罪空间，甚至被认为是法外之地。所以为净化网络空间以及规范及保护相关运行环境也是刻不容缓。《刑法修正案(九)》进一步加大了对信息安全的保护力度，将侵害个人信息的两个专属罪名合并为侵犯公民个人信息罪，并在立法技术上对主体身份限制和履职或提供服务的条件限制进行重新整合与删除。对客观构成要件进行了扩张解释。并通过法定刑升格加重了犯罪的惩处力度。此外，还增设了拒不履行信息网络安全管理义务罪，其中对网络服务提供者不履行信息网络安全管理义务并拒不改正、导致用户信息泄露的放任侵害信息行为追究刑事责任，周延了刑事法网。但《刑法修正案(九)》颁布时正处于互联网由以信息网络为主导向以网络数据为

---

① 参见高铭暄：《中华人民共和国刑法的孕育诞生和发展完善》，北京大学出版社2012年版，第512页。

主导的代际过渡阶段，立法存在一定方面的滞后性。未以“网络”代替“计算机信息系统”现行的相关法律也并未对数据概念进行扩容和法律地位独立化，而是将网络数据杂糅进计算机信息系统数据以及公民个人信息、无线电信息等概念中予以模糊化处理，模糊了相关罪名的分界。目前我国数据法益的刑法保护呈现多头交叉的复杂局面，这不仅是立法技术上的原因，其中当然也包含数据法益本身属于复合法益，其基本内涵有待于厘清的因素。

(2)数据泄露风险催生网络安全法益

在互联网、大数据时代来临之后，信息电子化浪潮纷至沓来，海量信息都以数据作为其“傍身之地”，并通过一种“数据语言”的形式将其表达出来。借助于流动性更强的数据交换，极大程度拉近了现实社会与虚拟世界的沟通交流，并拉进了世俗社会与网络社会的距离。但我们也应清晰地注意到，由于数据本身富有海量信息及经济价值应成为新经济形势与新业态之下犯罪分子的猎物与目标。近年来因个人信息泄露而引发的刑事案件比比皆是。在造成惨重后果的同时也引发了社会对于数据安全的忧虑，引发公众对数据安全的担忧。依照数据的特性可将其分为保密数据及公开数据，通过用途又可以将其按照作用去细分。通过研究表明，通过脱敏处理之后的数据在大数据的框架之内，通过相关技术手段，仍能寻找出大量富有价值的信息。在网络时代，数据并非是一种“不动产”，无须传统民法理论中的繁琐的交付或登记确权制度。数据以交换与共享成为最鲜明的特征。数据在世俗社会与虚拟世界中也宛如一把“双刃剑”。在享受与利用数据带来方便的同时，也使得其个人信息面临着较大的侵蚀风险。虽然当前数据的广泛利用给予了社会主体的方便，但置身其中的主体要想获取相关服务，必须依托于自己让渡的大量个人信息与数据。但当前的数据安全保护体系尚在建立与构建之中，导致群众让渡的数据处于一个较为危险的透明状态，随时可能出现泄露。由于数据信息的显性与隐形的经济与应用价值引诱着不法分子通过现代高科技技术进行相关法益的侵害。通过非法获取个人信息进行精准诈骗的案件也是屡禁不止。因此，我国《网络安全法》的立法精神中也明确了相关经营主体对于所获取数据之安全保密的义务。如果在信息技术及大数据技术的语境中，相应的保护体系也将成为多维空间，包括从数据的产生到实际运用中的一个全周期的模式。互联网在大数据时代扮演了一个通过技术为中心而发散的数据应用处理系统。① 通过保护数据安全，将此种保护措施延伸到了整个网络空间安全及网络空间法治化建设的纵深向度之中。

(3)数据挖掘利用衍生无形财产法益

网络数据是大数据的主要来源，通过数据的挖掘与爬取，蕴含大量高价值信息的数据成为一定程度下相关现实生活的写照，也对相关研判工作提供了有力武器，成为具有高价值的数据黄金。通过数据推动相关产业的发展，以数据引领创新决策已成为社会的共识。在数据挖掘中所产生的红利是数据法律规制的延伸，使得相关数据资源也成为互联网时代的新型生产要素。以大数据技术开发的相关数据产品也富含着丰富的知识产权，符合法律与现实生活中的财产的价值。但是依据现有的理论与相关案例进行分析，我们发现数据的权利和属性与我国民法理论中的传统的财产客体相比还是存在明显的差别。我国现行的《民法典》以及民法理论都难以将数据归纳于物权、债权、知识产权等相关法律之中。数据是随着大数据时代的发展而衍生出的一种新型财产权利客体或载体。② 要想真正使得数据能够进行流通与交易，将其进行财产化也是势在必行。贵阳大数据交易所是全国首家的大数据交易机构与平台。数据交易产业在全国各地稳步提升，例如游戏之中的 Q 币、游戏装备等虚拟财产也是数据产品的一种，但在其本质上属于无形物。这种虚拟财产大多以数据为载体，通过电磁记录为存贮介质与载体。在物理空间上仅仅以数字或符号表现而已；其价值只能存在于其依托的相关存储介质之内，但通过与现实世界的市场交易建立起相关的价格机制并财产化。我国台湾地区的“刑法”在 1997 年被修正后，在第 323 条以及第 339 条之 3 明文规定将“电磁记录”以动产论，承认数据可以成为财产犯罪的犯罪客体与犯罪对象。

2. 合理确定侵害数据法益行为入罪的边界

由于缺乏对于数据法益的认识与意识，我国《刑法》虽然已将数据纳入了刑法保护的体系与框架。但是对于数据保护的认知仍停留在 Web2.0 时代的认知水平与保护水平。这在一定意义上忽视了数据在 Web3.0 时代的核心地位与独立的价值，造成了数据刑法保护的相对疲软。面对当前数据的普及及数据犯

① 参见赵宝玉：《大数据背景下公民个人信息保护的刑法完善》，载《山东青年政治学院学报》2017 年第 4 期。

② 参见王玉林、高富平：《大数据的财产属性研究》，载《图书与情报》2016 年第 1 期。

罪的发展态势，有必要在保证罪刑法定及刑法谦抑性等基本原则的前提下，以更合乎立法目的的方式合理确定侵害数据法益行为的入罪具体边界，以调整侵犯数据犯罪中的构成要件。刑法将作为最后的兜底方式与严厉的制裁手段，以刑事责任的方式对社会行为进行教育与引领作用。通过以社会实际的结合明确罪与非罪的界限，最终能够做到相关法律的罪责行相适应。

(1)犯罪对象的内涵和范围适度扩充

在现有传统计算机犯罪规制中，立法精神大多着眼于计算机的运行安全。由于数据主要是依托于计算机信息系统为集聚之地，使得其生存场域具有一定的局限性，数据法益的独立保护性较差。而《计算机刑事案件解释》将其进一步限缩解释为“身份认证信息”，使得除身份信息之外的海量信息未能纳入数据保护的范围中。但实践证明，通过技术手段及路径完全可以通过其他信息分析出带有用户的相关信息。数据安全还是面临极大的安全风险，例如在利用上网记录、下载记录、关键词的检索可以通过看似不含有个人信息的数据能够获取相关的个体信息，进行精准的广告推送。大数据时代确立了数据在整个网络空间的中心统帅地位。数据法益的保护也将迈上新的位阶与力度，以更为动态、共享的网络数据代替之前静态、低流动性的计算机数据。因为个人数据是网络数据的核心要素，同时也必然成为个人数据的组成部分，使得法益被侵害的危险性大大增加。德国《数据保护法》则将可识别性作为个人数据的基本特征,① 并得到了大多国家立法精神的赞同。我国也可以重新思考与理解非法获取网络数据犯罪的客体，不能将犯罪客体仅仅做一个文义解释，而是扩张犯罪对象的内涵，将那些能够间接识别出个人信息的数据纳入数据法益的保护范围；反之，能够进行深度脱敏处理的数据就不应被涵摄进来。

(2)类型化侵害行为应以数据为嵌入点

为保护大量非物质化但现实存在的以信息为表现载体的网络数据。《中华人民共和国刑法》规定了非法侵入计算机信息系统罪和非法获取计算机信息系统数据罪两个专门的数据犯罪罪名，确定了相应的犯罪模型以及方式，与支配权限与数据知悉等本质特征相对应。《中华人民共和国刑法》第 285 条第 1 款将本罪的犯罪实行行为限缩为用于对数据进行技术处理的计算机系统内。在此基

---

①　德国《数据保护法》第 3 条规定：“个人数据是指关于私人的或者与特定自然人事实上关系的个人说明。”

础上也对犯罪侵害对象及法益的范围进一步限缩，即仅限于与国防安全及高精尖科学领域息息相关的领域的计算机系统。将犯罪的切入点选择于特定区域，而并未较好顾及数据的访问权限之上，忽视了数据保护的重要性，也混淆了数据与信息系统的界限。应对两者在刑法的适用上予以区分。与我国不同，德国是以数据内容的支配权限为法益保护对象，其《中华人民共和国刑法》第 202 条规定了数据探窃罪，处罚行为人突破数据加密安全控制措施，非法访问没有浏览权限的数据的行为，通过保护文档秘密内容来保护数据安全。此外，《中华人民共和国刑法》第 285 条第 2 款规定的非法获取计算机信息系统数据罪的罪状表述，采取了侵入+非法获取数据的犯罪模型。"非法获取行为"是非法改变数据拥有者对数据享有独占的形态，区别于"非法侵入行为"强调的破坏访问控制安全技术措施。显而易见，两者对"非法"的内涵有着泾渭分明的解释。因此在数据犯罪中，非法侵入与非法获取是两个不同类型的犯罪实行行为，应当以具有差异的犯罪构成要件分别加以规制。

(3)以"情节严重"作为入罪的基本要求

"情节严重"是刑法常见的罪状表述方式，因其边界的模糊性及不确定性被质疑。但作为相关的犯罪构成要件却对罪与非罪起到了重要作用。《中华人民共和国刑法》第 285 条仅在非法获取计算机信息系统数据罪的罪状中规定了"情节严重"的限制要求，对于类似的非法侵入计算机信息系统罪却并未设置类似于"情节严重"的标准，只要行为人存在未经许可并非法侵入计算机系统无论是否获取数据，便构成犯罪既遂。立法目的倾向于以较低的入罪门槛对国家事务、国防建设、尖端科学技术领域的计算机信息系统所代表的国家法益实施最严格的保护，这也渗透着立法精神中对于数据安全的概括性保护措施。但这并非具有较为精准的规制思维，存在罪责行不相适应的误区，因此在本罪中也应增加 "情节严重"要素。《计算机刑事案件解释》对"情节严重"给予了相对明确的列举式说明，对于构成要件中的对象数量标准经济损失等都有了较为完整的覆盖。但是对于犯罪情节认识较为僵化，还应增加累犯等其他要件。① 数据与个人信息是相通的，可以参考《关于办理侵犯公民个人信息刑事案件适用法律若干问题的解释》(以下简称《侵犯个人信息司法解释》)中对非法获取、出

① 参见石聚航：《侵犯公民个人信息罪"情节严重"的法理重述》，载《法学研究》2018 年第 2 期。

售或者提供公民个人信息行为“情节严重”的具体标准来进一步完善。

3. 构建数据法益刑法保护的二元格局

进入 Web3.0 时代，网络主权已成为国家主权的“第五空间”。部分犯罪分子认为网络世界是其信马由缰、肆意妄为的法外之地。网络犯罪兴起，尤其是涉及数据方面的犯罪更是愈演愈烈。数据法益应成为我国现行《刑法》的保护法益之一。目前我国保护数据法益的刑事法律体系较为失序，很难有效应付大数据时代带来的信息与数据爆炸，亟待进一步检视和完善涉及数据的刑法保护体系与路径。构建数据法益刑法专门化保护与财产化保护相结合的双元治理体系则是二元格局是网络时代代际发展赋予刑法的革新之路。

(1)专门化保护：数据安全法益的保护路径

我国《刑法》第 285 条、第 286 条是从保障信息系统安全或数据安全角度专门保护数据法益的主要条文，非法侵入计算机信息系统罪、非法获取计算机信息系统数据罪、破坏计算机信息系统罪等是保护数据安全的专属罪名。其中破坏计算机信息系统罪是我国早在 1997 年《刑法》是就制定的一个条文，制裁的通过物理手段进行恶意删改、添加计算机信息系统中储存的信息。立法目的在于保护计算机信息系统的完整与可靠性。《刑法修正案(九)》对该条的犯罪主体进行适度扩张，将单位犯罪也纳入进来。通过扩大犯罪主体范围，使得法律保护更加严密及加强犯罪的打击力度。在《刑法修正案(七)》增设非法获取计算机信息系统数据罪之前，《刑法》第 285 条的犯罪对象限定较窄，只涉及相关专门领域。《刑法修正案(七)》在《刑法》第 253 条之 1 增加了出售、非法提供公民个人信息罪以及非法获取公民个人信息罪，随着《个人信息保护法》的落地运行，公民个人信息首次被置于刑法保护的框架与话语体系之下，如果将个人信息的价值与保护法益能够有机结合，就实现了虚拟技术与现实法益的联动。通过刑罚有限度的前置达成刑法的预防目的，实现刑法对于数据法益的保护能力。《刑法修正案(九)》将两罪整合为侵犯公民个人信息罪，以非法获取、出售、提供公民个人信息作为客观构成要件中的具体行为类型，取消主体身份限制和履职条件限制并升格法定刑。2017 年“两高”出台的《侵犯个人信息司法解释》进一步明确界定了“公民个人信息”的范围、细化了侵犯公民个人信息罪的入罪标准，并完善了相关规定及配套司法解释。

2021 年 6 月 10 日第十三届全国人民代表大会常务委员会第二十九次会议通过《中华人民共和国数据安全法》规定违反数据安全法的民事责任、行政责任和刑事责任，建立了较为缜密的数据安全法益保护规范体系。

(2)财产化保护：数据财产法益的保护路径

网络数据兼有技术与财富的双重属性，数据法益也是兼顾安全与经济的双重法益。如果依靠提取公因式的保护方法，从一定程度上可以兼顾其固有共性。如果单纯依靠传统的保护手段，客观上无法使数据法益相对更为全面的保护，得到全方位而更富有延展性的财产化保护方式。尽管网络数据在其表现形式及载体上与传统社会的财产有明显差别，但是也兼具财产的基本特征。① 通过大数据技术对网络数据进行深度学习与掘取。通过深度加工与技术分析后的各类数据产品已纷纷进入数据的流通领域。数据财产与商业化的潮流已不可逆转。司法实践中对于数据的财产化认定思维方式也在循序渐进地改革。比如《计算机刑事案件解释》将计算机信息系统数据及其控制权作为一种无形物纳入“犯罪所得”的范畴，视为掩饰、隐瞒犯罪所得罪的行为对象。数额是传统财产类犯罪重要的构成要件与入罪标准。但由于数据本身属于无体物，而且进入公众视野较晚，加之也难以计算其价值。数据财产化保护也遇到了价值评估与预算的发展障碍与发展瓶颈。当前我国数据法益财产化的保护尚在建设之中，对于相关数据类的虚拟财产的行为定性也存在一定争议。司法实践中也有不同认定标准与方式。不同的罪名必然会引发罪责行的不相适应。反对观点持有者对于否定其成立财产犯罪的原因也无外乎在于数据等虚拟财产的数额无法计算。但是，刑法所规定的构成要件具有类型性，符合构成要件的行为就属于相对同类行为。其性质不会因为数额等构成要件的难以计算就难以确定。对于此类犯罪实行行为不能以数额的计算来成为其犯罪事实成立的构成要件。例如，司法解释明确规定，盗窃毒品等违禁品应按盗窃罪定罪，根据情节轻重量刑。虽然毒品等违禁品无法准确估价，但盗窃的行为性质没有发生变化，根据情节轻重定罪量刑，此类司法解释为解决涉及数据类虚拟财产犯罪提供了一种新的思维路径。在实务中也避免出现同案不同判、罪刑失衡的情况。随着大数据产业以及数字经济的兴起，网络数据的经济与使用价值在不断的攀升。针对大数据产品、网络虚拟财产等新型财产利益，要求刑法实行专门化的财产保护方式更符合当前的社会需求，因此数据法益财产化保护在未来数

① 参见张智辉：《网络犯罪：传统刑法面临的挑战》，载《法学杂志》2014 年第 12 期。

据法律保护中将占据主流地位。这种二元保护格局能够兼顾安全与经济效益，也能够更好地适应时代的需要与发展，是当代数据法益刑法保护的新发展路径与思想维度。

六、数据的知识产权法保护

互联网与信息技术的日新月异造就了数据库产业的兴起。数据是信息时代的特殊资源，因为其能够摆脱依赖有体物而存在的传统民法思维，实现了有体物与抽象物的剥离，在此与知识产权的核心要义形成契合，凸显了当前的社会财产与产权保护理念，使得产权的存在不再依赖于有体物。因此，对于数据权利的保护框架的构思与讨论自然落入知识产权法的法益保护之中。数据由于其技术特征，海量数据的云集就具有反复挖掘的可能性，大数据时代的数据库产业因其海量、多元、动态等特征，富有较高的商业价值及附加值。无论在英美法系还是大陆法系针对数据都进行着构建知识产权法与竞争法的保护框架或是单独立法予以保护，但数据库的保护力度究竟如何，以及数据库的保护所涵摄的范围究竟能够构成何种程度的财产权、拟保护数据的涵摄范围、数据的权利期限以及数据的流通都将是整个数据产业的前沿与热点问题。

(一)数据库知识产权法保护的范式

1. 数据库保护的版权范式

版权法是保护有价值的数据库免遭未授权访问或使用的一种手段。最初，版权法被视为保护某些类型的数据库的最明确之技术方法。在包括美国和英国在内的一些普通法国家中，版权法将“汇编”或“数据库”保护为“文学作品”。例如，英国法律规定，如果“由于数据库内容的选择或安排构成了作者自己的知识创造，那么数据库将以这种方式受到保护”。美国版权法也将保护范围扩展到“汇编”和“衍生作品”。但存在限制的是版权保护仅涉及作品作者提供的材料，并不涉及作品中使用的现有材料。根据美国版权法，“汇编”被定义为“一种作品，是通过收集和整理已经选择，协调或安排的现有材料或数据而形成的，从而使所得到的作品成为整体构成了作者的原创作品”。“汇编”包括集体作品，例如期刊、选集或百科全书，其中一些本身就构成了独立的作品，并被汇总为一个整体。我国的《著作权法》也保护汇编作品，但前提是某些作品，某些作品的片段或不构成作品的数据或其他材料的汇编在其内容的选择或布局上具有独创性。

2. 版权法对数据库保护的局限

编辑作品中的版权旨在保护原创作品等知识成果。市场上的竞争者可以通过复制数据库中的相关数据而非对相关数据进行表达或重新排列数据库的内容来避免侵权。版权法一直是保护关于知识产权的表达方式，而不是保护其思想。数据库中的版权不应将保护范围扩展到数据库中的重要元素，即其中包含的事实和信息。版权法的创建和立法框架旨在保护艺术权利，而不是商业权利，即使它已被用来保护商业活动。立法机关应制定一项具有明确商业目的和结构的新法律，其中涉及数据库的商业开发，而不是将版权法进一步推向商业和非艺术目的。① 尽管付出了很大的努力，但那些没有独创性的数据汇编可能不受版权法的保护，但这并不意味着这些数据库没有商业应用价值。信息数据库中包含的信息越多，其商业价值就越大，但是同时，其可以组织的选择就越少。全面的信息数据库通常要求数据库制造商在创建满足市场检索要求的汇编时行使最小的选择性。这导致一个悖论，即数据库的商业价值越大，实现版权保护的可能性就越小。另外，数据库中包含的信息的物理排列将严重降低数据库的实用性。即使数据库生产者希望在存储信息时通过创造性的物理安排来获得版权保护，对于他们来说这样做也是不切实际的。除了在随机存储计算机信息的物理过程中无法避免的格式限制外，任何形式的信息安排都将损害数据库的实用性。数据库的价值体现在以下事实：用户可以在不受限制的数据库中搜索所需的信息。搜索后，用户可以在搜索结果中添加自己的布局，以实现自己的信息表示要求。一般而言，数据库的实用性与数据库中初始排列的程度成反比，并且更多的结构等于更少的效用。因此，将业务流程作为电子数据库的可保护元素既不可行也不实际。②

3. 数据库保护的商业秘密范式

(1)商业秘密法保护的条件

与其他知识产权法相比，商业秘密法的优势在于其保护有价值的商业信息

---

① Jacqueline Lipton, Balancing Private Rights and Public Policies: Reconceptualizing Property in Databases. Berkeley Tech. L. J., 2003(3), pp. 773-852.

② Jeffrey C. Wolken. Just the Facts, Ma'am, A Case for Uniform Federal Regulation of Information Databases in the New Information Age, Syracuse L. Rev V. 1998, pp. 1277-1280.

的能力。具体而言，与专利法相比，商业秘密法保护了更广泛的信息，例如客户列表和营销策略，并且不需要满足专利法所要求的实用性和创造性标准。只要满足其构成要件，它就包括技术知识，经验和信息计划或计划超出了公众所不知道的状态，并且可以为权利人带来经济利益，这是实用且有价值的并采取了合理的保护措施。① 商业秘密具有财产的属性，可以被许可，征税和继承。但是，如果财产的一种属性被认为排除了他人使用该财产的权利，则商业秘密是财产保护的一种较弱形式。商业秘密只能在面临不正当使用加以强制保护，例如被商业间谍活动所窃取，或者在违反机密性的情况下披露商业秘密。这就是为什么人们常说商业秘密保护关系而不是财产利益的原因。在司法实践中还存在通过商业秘密保护数据库的特定案例。在北京阳光数据公司诉上海百彩数据信息有限公司一案中，涉及信息技术合同纠纷和不正当竞争纠纷，法院裁定原告附件为相关数据流，即"SIC 实时财务"。这种格式的设计确实是一种知识产权作品，但并非所有知识产权作品都可以受到版权法的保护。设计这种格式或形式的行为在法律上不具有创造性。这种情况下涉及的商品期货的交易价格信息不具有作品的构成要素，因此不能称为作品。Sunshine 经过处理和分类后形成的数据流"SIC 实时财务"应属于一般形式，该形式不是原始形式，并且不具有版权法意义上的编辑作品属性。但是，原告阳光公司(Sunshine Company)在主观上愿意对其"SIC Real-Time Finance"的数据分析格式保密，并且客观上也采取了保密措施，例如与客户达成保密义务，因此"SIC Real-Time Finance"的数据分析格式是机密的。数据流也根据全面的市场信息进行处理和分类，因此具有很强的实用性和价值。因此，"SIC 实时金融"的数据分析格式是公众所不知道的，并且可以带来经济效益。阳光公司已对这些有利可图、实用且已保密的信息具有商业秘密的构成要求，应予以披露，受《反不正当竞争法》保护。

(2)商业秘密对数据库保护的局限

商业秘密的构成要件也极大地限缩了商业秘密法保护对于商业上有价值的数据库的内容。其中最关键是保密性要件的规定，数据库的商业目的是使数据库中的内容有偿提供给不一定限于特定行业的公众，而保密性要件则使得这些被公众所知悉的数据库内容无法再受到商业秘密法的保护，尽管可以使用合同

① 黄武双：《商业秘密保护的合理边界研究》，法律出版社 2018 年版，第 88 页。

来限制最终用户对数据库内容的使用程度并保持一定的秘密性，但是这些合同面临着起草和执行的难题。商业秘密法中有关反向工程的规定也限制了数据库的保护。反向工程，是指通过技术手段对从公开渠道取得的产品进行拆卸、测绘、分析等而获得的有关技术信息。通过合法的反向工程获取的秘密信息是受到法律保护的。合法的反向工程要求产品必须从公开渠道获得，实施者必须合法取得产品的所有权并且不违反最高人民法院《关于审理不正当竞争民事案件应用法律若干问题的解释》第 12 条第 2 款。但数据库的运营模式决定了其为了保证数据库的盈利一般会设置各种访问权限以排斥未经授权的访问者，而访问权限一般需要付费才能获得。反向工程实施者只需要通过正当与诚实的手段获取了访问权限，并在之后反向发掘了数据库产品的信息和内容，那么该反向工程实施者并不会被认定侵权。对此，反驳的理由可能来自于禁止反向工程条款，禁反条款通常是作为禁止破译程序或技术手段的常用策略，其一定程度上使得商业秘密的保护强度大幅提升，由于其没有技术性要件的要求和保护期限的限制，对于专利制度会形成极大的冲击，因此对于禁反条款的效力一直存在争议。数据库的开发者或经营者若在对数据库的许可开放中附加了强制性的禁反条款，那么其开放受益必将明显下降。

（二）数据库知识产权法保护的困境

1. 私权与公益的较量失衡

当前在数据库的知识产权法保护中出现失衡的状态，在具体的实务与司法实践的过程中，会出现诸多犹豫。就宛如任何事务具有两面性一般，一方面，作者的私权和社会的公益是对立统一的，如果背后保护的法益出现失衡，当过于强调保护之时，虽然在一定程度上保护了智力成果，形成某种垄断，并激发作者的创作热情，让创作者获得更多的利益，但会影响知识甚至本学科的发展，从而影响社会的进步；另一方面，如果对著作权进行了降维保护，会影响作者的创新积极性，影响本学科知识的发展脉络。现在对数据库知识产权保护上，出现了两种截然相反的选择，一个是对数据库制作者的私权保护过度扩张，损害了大众的利益。另一个是原始作品作者的私权未得到充分保护。形成这种奇怪格局的原因是对于数据库权利人定位不清而导致，究竟是类似于原始作者还是其他地位属性仍有待商榷。有些数据库制作者甚至披上了社会公益的外衣，也对原创者的权利地位构成威胁。私权与公益一直是充满矛盾的两个方面，在立法、执法、司法的过程相伴而生。

以现代的著作法的立法精神来看，维护利益平衡在对之前的法益保护理念进行重塑，但实际上仍加强了对数据库的保护，通过技术措施阻止其他人任意的复制、发行、传播、修改数据库，达到实际保护数据库的目的。并且这种技术措施的保护，逐渐被写到立法中，在当前世界各国的相关立法精神多有凸显。技术措施的引入，在保护相关数据库知识产权安全的同时，也宛如给作品上了一把锁，挤压了公众的合理使用空间。①

2. 操作上的困境：　海量信息与高额成本

具有竞争力的数据库必须是唯一、方便、完整的信息数据库。其中，“完整信息”是一个硬指标。想必任何想要搜索信息的人，最重要的目的都是一次获取最全面、最准确的信息。可以说，数据库建设的过程是不断丰富信息的过程。但是这个过程并不容易，它充满了各种问题，将投入大量资金并使用大量人力，时间成本也是一个重要的考虑因素。在知识爆炸的时代，信息已经成为一种人力资源和可以实现的财富。通过这些资源可以编辑各种书籍、金融信息、生命等科学信息甚至地址和电话，形成数据库，由此不仅形成市场并创造财富，而且对整个社会的发展具有极其重要的意义。尤其是互联网的快速发展已成为数据库行业的推动力，并且越来越多的信息正等待编辑、分类和形成数据库。目前，数据库业务拥有大量信息，但是对这些信息数据进行编辑和排序以形成数据库并不容易。此外，必须授权数据库供应商获得此信息，尤其是受版权保护的作品。受时代的限制，这部分作品可能已经包含在数据库中，但是现在很难获得这些作品的授权。历史数据的授权始终非常困难，一些律师已经假设了这样的例子：对假设寻找版权所有者进行联系的成本进行核算，那么一万本书的成本可能就是 1 亿，并且这只是交易成本，不包括版权使用费。在这种情况下，作为一个企业，必须被授权传播书籍和各种信息，这样的高成本必然会存在。由于交易成本太高且交易量减少，版权拥有者与数据库企业之间存在负余额，并且负余额以无交易结束。大量的信息不仅阻碍了数据库的建设，而且大大增加了建设成本，这是数据库构建中的实际问题。

3. 产业发展的困局

数据产业的发展困局普遍集中于同业竞争领域，通俗来说就是市场的份额

---

① 李杨等：《知识产权基础理论和前沿问题》，法律出版社 2004 年版，第 112 页。

极为有限，很容易导致企业之间进行逐利甚至恶性竞争。在司法实践中很多看似是作者与原告之间的法律纠纷，其真正的背后操盘手都是公司。① 这种竞争从实质看符合市场规律及经济规律，相关部门不应进行过分干预，但是目前这种逐利行为已经严重影响了相关产业的进步，并消耗了大量的社会资源，特别是除了在国外市场，与美国、欧盟等发达资本主义国家的数据库产业相比我国也有全方位的优势，近年来，除了加强对本国数据库产业的保护外，欧美等国家也积极支持将数据库产业向国外扩展。这些行业中的巨人公司的年营业额至少为数百亿美元或欧元。但是，国内所有公司的年营业总额仅为数 10 亿元，产业规模差距太大。目前，最著名的国际信息服务提供商或数据库提供商已在中国全面开展业务，并开始争夺我国图书馆的资源，抢夺图书馆的客户。相对而言，国内产业的规模很小，我们面临着“内忧外患”的困境，我们需要所有方面的支持和保护，以使其尽快发展。这是一个需要紧急考虑的问题。

(三)数据库知识产权法保护的探索与对策

1. 利益平衡

任何旨在保护数据库的立法尝试都会被明示或暗示去创建一种新形式的合法财产。因此，立法机关应在新的无形信息产品(如数据库)中创建财产权还是准财产权，如何平衡这些权利与公共利益应该成为核心辩论。信息产品市场充满了各种重要的竞争利益。由于公共利益和私人利益在数据库包含的信息中混合在一起，因此有必要弄清两方之间的关系并缓解冲突。试图开发商业数据库的市场参与者显然希望获得数据库中的私有产权，但是对权利的渴望必须与数据库信息中竞争的公共和私人利益相平衡。例如，个人可能对存储在某些数据库中的个人信息的隐私感兴趣，消费者可能对他们购买的产品感兴趣，科学家技术人员和教育工作者对访问非商业数据库中的科学和教育内容感兴趣。周到和谨慎地创建新的产权可以帮助创造者、使用者在其利益与社会的利益之间找到并保持适当的平衡。产权是一种有效的机制，可以防止不必要地侵犯思想的公共领域。如果创建产权时没有充分考虑数据库创建者的利益以及要求这些

---

① 鲍甬婵、高峰：《图书馆试用数据库知识产权保护问题探析》，载《现代情报》2016 年第 3 期。

权利的人的义务，则会引起市场混乱和利益冲突。这些义务可能涉及财产权、强制许可以及对权利的商业使用的其他限制。尽管类似于强制许可的权利限制一直是一个棘手且有争议的问题，尤其是当人们认为政府不应就商业发展和获取有价值的信息作出决定时。在版权法和专利法领域，已经证明有必要建立合理的权利限制制度。为了确保公众对行政机构及其程序的信任以及权利限制的合理性，法律应在决策职能上要求一定程度的透明性，保留其决策的公共记录，并听取公众的意见。科学的数据库保护范式应提供一个安全的环境，并鼓励人们生产和开发有价值的数据库，而又不会引起对公共领域信息的不公平垄断。

2. 促进商业应用与开发

数据库具有多种用途，其中之一是商业用途。受到法律保护的商业数据库的定义应侧重于既定市场中的商业开发，并排除某些非商业数据库。无论是何种保护范式，法律应严格控制并将活动限制在商业范围内，以保护那些将时间和金钱实际投入他们打算商业化的数据库中的人们，让其有足够的空间时间，使他们能够从其创业活动中获得收益。① 任何的数据库保护范式都应旨在促进商业发展，并使该目标与保护充满活力的信息和思想公共领域的需求保持平衡。如果创建数据库时没有任何商业意图，则应将其保留为公共领域资源，尤其是那些由政府资金支持下创建的数据库。如果存在全部或部分商业目的，则立法计划应协助实现商业化目标，同时防止信息和思想的不公平商业垄断。法律不应要求商业化是创建数据库以获得保护的唯一目的，但是它至少应规定，将数据库商业化的真实意图是其重要目的。在确定将数据库商业化的真实意图时，法律应认识到并非所有数据库生产商都必须计划在创建数据库后立即对其进行商业开发。这是一个棘手的问题，因为它违背法律的目标，即允许任何人在不进行实际商业化或即将进行商业化的情况下就对信息进行财产化。因此，法律有必要设立一个缓冲机制，类似于商标法中的“使用意图”制度，允许申请人在实际商业化使用数据库之前就开始申请获得保护，只要该申请人具有在日后对数据库进行商业化使用的善意目的。

3. 技术措施的辅助作用

在现代技术世界中，工具中立性的基本特征变得越来越明显。需要将技术

① 崔国斌：《大数据有限排他权的基础理论》，载《法学研究》2019 年第 5 期。

问题归还技术解决。法律保护不能也不应该是保护数据库的唯一方法。① 数据库制造商还应尽可能采取可行的技术保护措施，例如加密设备、水印和限时软件机制，以防止未经授权使用数据库内容。在许多情况下，法律补救措施没有有效的技术措施有用。该法律只能帮助所有各方努力保护其信息，但不能解决所有访问和使用问题，尤其是当犯罪者在全球范围内挪用数据库内容并逃避法律或数据库制造商的管辖权时。但是，仅依靠技术手段也有实际限制，正如国家研究委员会报告中指出的那样："几乎可以肯定，每种技术安全方法最终都可以通过利用其他技术优势来加以解决。"因此，法律和技术需要共同努力以提供足够的保护。任何新的数据库保护范式都应支持合同和技术保护措施，只要它们在信息编辑中保护有效的所有权而又不会不必要地干扰竞争的公共利益。但是，技术措施和合同的保护范围应严格限于数据库所有者的合法利益。② 当合同或技术保护措施在垄断信息以损害公共利益方面走得太远时，法律应取消这些措施。因为这是对公共领域的不合理干预。

4. 实现隐私的合理保护

在谈论大数据时代的数据库保护时，不可忽视的是大数据本身的技术和操作特性。大数据在在线营销中的应用主要是收集和分析用户的在线行为数据，例如浏览网页、搜索记录、建立收藏夹和其他在线行为，然后挖掘出他们潜在的需求，以便随后进行准确的广告和推送。该技术的方法不可避免地导致隐私保护和信息共享之间的冲突。一方面，信息共享可以最大限度地防止网络平台中的"数据岛"和"数据缺口"现象，并最大限度地准确描绘用户图像，从而更好地发挥数据技术的作用；另一方面，某些数据具有明显的独特个体属性，可以通过数据直接定位特定个体，对个人隐私和安全构成了严重威胁。③ 合理的数据隐私原则之一是最大程度地减少数据收集：不收集非必要的数据，仅注意那些需要使用的收据。这样可以有效防止非法入侵期间信息的过度泄露。《通用数据保护条例》的有关规定可以作为参考，数据控制者应采取适当的技术和组织措施以实现默认情况下，仅将实现该目的所需的个人数据投入处理。对"与组织相关的数据""用户使用无法识别特定个人的相关程序或信息服务后生

---

① 梅夏英：《数据的法律属性及其民法定位》，载《中国社会科学》2016 年第 9 期。

② 王迁：《论版权法对滥用技术措施行为的规制》，载《现代法学》2018 年第 4 期。

③ 宋青霞：《大数据时代人类"零隐私"？——知识产权法域内的私权博弈》，载《广西社会科学》2017 年第 3 期。

成的数据”和“在对原始数据进行匿名化、数据清理、分析和建模之后生成的数据”①无须施加太多限制。此外，还应重视数据收集的透明度，数据库制造商应有义务告知数据处理范围、数据存储期限、数据访问范围、与第三方共享的数据类型以及第三方的类型。

其次，有必要使用个人同意作为特定数据处理的前提。个人数据具有个性或经济利益，因为它包含有价值的个人信息。如果此信息不可用，则个人数据仅采用二进制形式表示。② 因此，个人应有权拒绝其数据信息的收集和传播。美国消费者数据隐私和安全法（CDPSA）规定，“除特殊情况外，在处理敏感数据并将个人数据传输给第三方时，需要明确同意。这包括根据个人要求提供服务、执行合同、进行交易或采取行动、防止直接的人身危险、防止欺诈以及进行特定的研究等”。

最后，应赋予个人删除和修改其个人数据的权利，可以在被遗忘权的基础上进一步加以改进。首先，应该要求数据库制造商实施适当的技术或操作保障以及其他增强隐私的技术，并建立必要的程序，以验证实体是否遵守了其隐私政策以及对消费者和客户的相关声明。同时，他们还应确保隐私控制完全访问并保护个人或客户偏好表达的有效性。另外，数据库制造商必须有合理的程序来确保数据的准确性，并使个人可以对准确性提出异议并要求更正；数据库制造商应根据已验证的请求更正，取消标识或删除数据。

---

① 丁道勤：《基础数据与增值数据的二元划分》，载《财经法学》2017 年第 2 期。
② 程啸：《论大数据时代的个人数据权利》，载《中国社会科学》2018 年第 3 期。

第二章
数据权利的体系化研究

在大数据时代，数据权利不仅体现为由隐私权衍生出来的个人信息权益,① 而且数据本身就是一种非常重要的生产要素，由此形成的网络大数据产品能够成为企业财产权益的客体。此外，政府以及公共部门在履行公共管理职能和服务职能的过程中所掌握的数据，以及与公共机关履职与服务相关的、具有重大公共利益关切，但由外部机构掌握的数据，也是公共资源的重要组成部分，统称为公共数据。我国《民法典》虽未明确将数据权利进行体系化规定，但其在第 111 条明确了自然人对其个人信息享有的人格权益，第 127 条确立了数据权益保护的引致条款。2021 年 6 月 10 日，第十三届全国人民代表大会常务委员会第二十九次会议通过了《数据安全法》，旨在规范数据处理活动，保障数据安全，促进数据开发利用，保护个人、组织的合法权益，维护国家主权、安全和发展利益。此外，各地还纷纷出台了公共数据条例，集中确立了公共数据的概念、性质、公用性机制的实现方式等。按照立法规划，我国还将于不久后颁布《个人信息保护法》。届时，我国数据权利保护的法律体系将基本成型。

在数据权利的形态如此纷繁复杂的情况下，数据权利体系化的研究离不开类型化的探讨。依据不同的标准，可对数据进行不同的分类。例如，以数据的可识别性为标准，可将数据分为个人数据和非个人数据；以数据的处理形式为标准，可将数据分为电子数据和手工数据；以数据的层次性为标准，可将数据分为内容层数据、符号层数据和物理层数据等。② 而其中最为重要的是以数据

---

① 本书不区分个人信息与个人数据，而一律使用个人信息的概念。

② 杨翱宇：《数据财产权益的私法规范路径》，载《法律科学（西北政法大学学报）》2020 年第 2 期。

的持有主体为标准的分类，即将数据分为个人信息、企业数据和政府数据。尽管这种分类并不足够严谨，因为个人信息是按照识别标准进行的界定，而后两者则是根据持有的主体进行的界定，但这种分类却是能够最直观展现数据所涉及的不同主体，进而提出对其保护的体系化建构思路的分类。

基于此，本章综合运用价值法学、比较法学、实证分析等研究方法，以类型化的视角分别研究企业数据权益、个人信息保护、公共数据利用机制的体系化问题，以奠定数据权利体系化研究的理论基础。

一、企业数据权益的体系化：网络大数据产品的法律本质及其法律保护

在数字经济的发展中，数据越来越成为一种重要的市场交易对象，但是，对于数据的法律性质及其法律地位的认识，无论是法学界还是实务界都处在探索和逐步认识的过程中，而作为裁判规则供给者的《民法总则》虽然号称“面向未来、与时俱进”，但实际上仅提供了“指引性”“法源性”①“原则性”②的规定，制定具体规则的任务仍然是悬而未决的问题。

在之前的司法裁判中，已经提出了保护数据的问题，如有法院认为，“数据作为一种特殊类型的物，在大数据、云计算、数据革命带来的年代，应该得到法律的保护”③，但是，这种所谓特殊类型的物，到底应该如何得到保护(作为何种权利的客体以及用何种法律规范予以救济等)的基本问题，在一般民法、物权法、知识产权法、信息法等领域都有学者提出了自己的主张，“尊重和保护权利过程中的每一场冲突、每一个方案、每一次努力，都会拨动权利价值的敏感神经”④，但是，这些意见和建议尚未得到司法实践的积极回应。

2018 年年底作出终审判决的安徽美景信息科技有限公司(以下简称美景公司)与被上诉人淘宝(中国)软件有限公司(以下简称淘宝公司)不正当竞争纠纷

---

① 崔建远：《我国〈民法总则〉的制度创新及历史意义》，载《比较法研究》2017 年第 3 期。

② 张鸣起：《〈中华人民共和国民法总则〉的制定》，载《中国法学》2017 年第 2 期。

③ 参见江苏省海门市人民法院〔2018〕苏 0684 民初 5030 号民事判决书。

④ 夏勇：《权利哲学的基本问题》，载《法学研究》2004 年第 3 期。

上诉案①作为大数据背景下的新型损害案件类型②，提供了抵近观察司法实践对此类新兴权利之裁判逻辑与保护方式的难得机会，提供了思考当企业利用数据挖掘和大数据技术获取、分析、利用具有高度可识别性的用户画像等数据产品时③，不是如何保护个人隐私，而是如何保护企业合法权益的问题。“权利的法律效力、权利的本质属性等问题只能在诉讼过程中得以验证”④，而“这些无名的权益是否受侵权法的保护或者在何种程度上受侵权法的保护，考验着法官，也检验着法律”⑤。

在该案中，美景公司的被诉侵权行为主要体现为：以提供远程登录“生意参谋”数据产品的淘宝用户电脑的技术服务为招揽，通过组织、帮助他人利用已订购“生意参谋”数据产品服务的淘宝用户所提供的子账户获取“生意参谋”数据产品中的数据内容，从中牟取商业利益。由此涉及了网络运营者在数字经济发展中所面临的三个基本法律问题：一是关于网络运营者收集并使用网络用户信息行为之正当性的判断；二是关于网络运营者对于其所投入市场的网络大数据产品是否享有法定权益；三是被诉侵权行为是否构成不正当竞争行为。

在关于网络运营者收集并使用网络用户信息行为之正当性的判断中，涉及了个人信息与非个人信息的区分标准的模糊与缠绕，也就是如何区分某些信息是否属于个人信息，从而对之适用个人信息保护规范的问题，以及原始网络数据、衍生数据和网络大数据产品的本质及其法律地位的问题。这些问题，恰恰是我国立法上存在模糊和空白的问题。

关于网络运营者对于其所投入市场的网络大数据产品相关的问题，在理论上至少涉及互联网电子商务企业对于其所推出的网络大数据产品是否享有法定权益，享有何种权利，是否包含个人信息，是否需要适用个人信息保护的法律规范等问题。

---

① 参见浙江省杭州市中级人民法院〔2018〕浙01民终7312号民事判决书。

② 叶名怡：《个人信息的侵权法保护》，载《法学研究》2018年第4期。

③ 彭岳：《贸易规制视域下数据隐私保护的冲突与解决》，载《比较法研究》2018年第4期。

④ [法]亨利·莫图尔斯基：《主观权与诉权》，巢志雄译，载《苏州大学学报(法学版)》2019年第1期。

⑤ 张志坡：《认真对待侵权法的保护范围——〈侵权责任法〉第2条之得失与改进方向》，载《苏州大学学报(法学版)》2016年第4期。

在关于被诉侵权行为是否构成不正当竞争行为的问题上，蕴含了对被诉侵权行为(实际上是对被侵权的受害人)提供何种法律救济的问题，该案作为反不正当竞争纠纷予以立案审理，即蕴含了适用反不正当竞争法予以保护和救济的预设，不由得令人想到：司法机关在该案中何以要适用反不正当竞争法之规范予以救济？缘何不适用民事立法中有关权利的本体论性质的规范，配合以侵权责任法之一般性规范予以救济？在此案中适用反不正当竞争法之优势何在？其局限性是否存在，设若存在，其又在何？

在该案中，延伸出关于个人信息与非个人信息的区分标准，个人信息向非个人信息的转变，以及个人信息是否包含网络用户信息、网络运营者收集使用原始数据行为的合法性判断标准、所诉行为是否构成不正当竞争行为等基本问题。

财产秩序通常按照市场经济规律自我运行，由社会自我调整，出现纠纷时由民法介入调整。① 司法机关对前述基本问题的回答和解决，体现了司法实践活动在缺乏必要的立法规范的情况下，以积极的能动的态度和方式，主动回应数字经济发展所提出的基本法律问题的进取姿态和有益尝试，对于个人信息保护和数字经济发展具有极端重要的意义。对这种典型判决的深入分析和研究有时会“影响人们对法律的认识”②，也很难说不会成为未来相关问题被立法解决的重要基础，成为国家理性的法律表达③。有学者已经指出：“由于民法典的功能越来越减缩为纠纷裁决依据，我国民法典应重点面向司法与仲裁实践，按照裁判规范的标准构造法条。”④

(一)网络运营者(数字经济企业)收集使用网络用户信息行为之正当性的判断标准

1. 用户信息的含混性：作为最基本分类的个人信息与非个人信息

在个人信息保护法中，个人信息与非个人信息的区分，是第一位的，

① 陈柏峰：《中国法治社会的结构及其运行机制》，载《中国社会科学》2019年第1期。

② ［美］耶鲁·卡米萨：《法学教授为什么应当学术写作》，刘磊译，《苏州大学学报(法学版)》2018年第1期。

③ 余成峰：《罗马史上习惯法的源起与流变——一个法律思想史角度的考察》，载《比较法研究》2018年第3期。

④ 朱广新：《民法典编纂：民事部门法典的统一再法典化》，载《比较法研究》2018年第6期。

也是首要的。通常，首先通过对个人信息的内涵或本质性规定的描述，界定个人信息的定义，然后以排除的方式将个人信息之外的内容作为非个人信息。

在美景公司与淘宝公司不正当竞争纠纷案（以下简称“该案”）中，一审法院试图以内容和形式的区分去界定和回答信息和数据的关系问题，认为：“信息是数据的内容，数据是信息的形式”，因为“涉案数据产品的数据内容虽然来源于淘宝公司所收集的原始数据，但这些原始数据只是网络用户浏览、搜索、收藏、加购、交易等行为痕迹信息外化为数字、符号、文字、图像等方式的表现形式”，并且作出了“内容高于形式”的判断，即“原始数据所具有的实用价值在于其所包含的网络用户信息内容，而不在于其形式”。

在《网络安全法》和数字经济实践中，普遍使用“用户信息”或“网络用户信息”的术语，但是网络用户信息是否与个人信息视为等同，或者可以直接画等号，不无疑问。从《网络安全法》第 22 条第 3 款的角度看，该立法实际上是将用户信息与用户个人信息做了保护程度上的区分，对于前者的保护仅限于要求网络产品、服务的提供者在提供具有收集用户信息功能的网络产品、服务时，负有向用户明示并取得同意的义务，而对后者还提出了更广泛的但不限于遵守该立法且需要遵守其他法律和行政法规关于个人信息保护之规定的义务。

在该案中，一审法院注意到了这个区别，认为，“用户信息包括个人信息和非个人信息。前者指向单独或与其他信息结合识别自然人个人身份的各种信息和敏感信息，后者包括无法识别到特定个人的诸如网络活动记录等数据信息。由于法律对收集、使用上述信息规定了不同的标准，同时对如何收集、使用用户信息进行了明确的规制”，因此，认为“在评判淘宝公司收集、使用涉案数据信息是否具有正当性时，首先须区分其收集、使用的涉案数据信息属于何种类型”。

该法院将该案中互联网大数据产品（“生意参谋”）所涉网络用户信息，区分为两大类：一是行为痕迹信息，即“表现为网络用户浏览、搜索、收藏、加购、交易等行为痕迹信息”；二是标签信息，即“由行为痕迹信息推测所得出的行为人的性别、职业、所在区域、个人偏好等标签信息”。一审法院对此类用户信息的属性，按照个人信息的识别性功能标准进行了认定，排除了其个人信息的属性，认为："这些行为痕迹信息与标签信息并不具备能够单独或者与其他信息结合识别自然人个人身份的可能性，故其不属于《网络安全法》中的网络用户个人信息，而属于网络用户非个人信息。"

值得注意的是，有些国家与此相反，将网络用户的行为痕迹信息列入敏感信息之列，如 2016 年 12 月，美国联邦通信委员会公布"宽带和其他电信服务中用户隐私保护规则"，将通信交流信息、网页浏览信息、App 使用历史等均认定为敏感信息。①

2. 司法之创造：作为准个人信息的网络用户行为痕迹信息

网络用户信息是否具有个人信息之法律地位的判断，端赖于此类信息是否可以满足能够单独或与其他信息相结合识别自然人身份的功能性要求和标准，在不同的技术背景和应用场景中，可能并不相同，不能一概而论，需要根据具体的情况不断地甚至可能是反复地进行具体分析和具体定性。②

在该案中，一审法院对"网络用户行为痕迹信息"进行了进一步的分析，颇具"准个人信息"的味道，法院认为，尽管《网络安全法》规定了网络运营者对非个人信息的保护，但是出于"网络运营者不仅对于网络用户信息负有安全保护的法定义务"，同时，"因网络运营者与网络用户之间存在服务合同关系，基于公平、诚信的契约精神原则要求"，"网络运营者对于保护网络用户合理关切的个人隐私和商户经营秘密负有高度关注的义务"。由此认为，之前作为不属于《网络安全法》中的网络用户个人信息，而属于网络用户非个人信息的网络用户行为痕迹信息，仍有其特殊性，需要进一步做分析和定位，认为它"不同于其他非个人信息，这些行为痕迹信息包含有涉及用户个人偏好或商户经营秘密等敏感信息。因部分网络用户在网络上留有个人身份信息，其敏感信息容易与特定主体发生对应联系，会暴露其个人隐私或经营秘密"，因此，"对于网络运营者收集、使用网络用户行为痕迹信息，除未留有个人信息的网络用户所提供的以及网络用户已自行公开披露的信息之外，应比照《网络安全法》第 41 条、第 42 条关于网络用户个人信息保护的相应规定予以规制"。无论一审法院是否有意提出或是无意地类推适用（"比照"）个人信息保

① 胡文涛：《我国个人敏感信息界定之构想》，载《中国法学》2018 年第 5 期。

② 丁晓东：《个人信息私法保护的困境与出路》，载《法学研究》2018 年第 6 期。

护之规定于此类特殊的网络用户行为痕迹信息，都在客观上提出了在个人信息和非个人信息的二元格局之外，创造第三类信息类型——“准个人信息”的局面。

二审法院在篇幅有限且较为简略的二审判决中，提到了网络用户行为痕迹信息的定位问题，但是并没有确认也没有回应一审法院的“准个人信息”的观念。二审法院认为：“应当明确，淘宝公司所获取并使用的是用户进行浏览、搜索、收藏、架构、交易等行为而形成的行为痕迹信息，至于行为人性别、职业、区域及偏好等信息不论是否可从行为痕迹信息中推导得出，亦均属于无法单独或通过与其他信息相结合而识别自然人个人身份的脱敏信息，与销售记录属于同一性质”，在这里，二审法院将行为痕迹信息和标签信息区别分析，只分析了标签信息属于脱敏信息，不符合个人信息需具有的识别性功能的要求，因而不适用个人信息保护之规定，从二审法院关于“淘宝公司未收集与其提供的服务无关的个人信息，其收集的原始数据系依约履行告知义务后所保留的痕迹信息，故未违反《中华人民共和国网络安全法》《全国人民代表大会常务委员会关于加强网络信息保护的决定》等法律法规关于个人信息保护的规定”之表述来看，似乎二审法院并不认可一审法院所提出的对特定的网络用户行为痕迹信息，即留有个人身份信息的网络用户信息比照个人信息适用个人信息保护规定的意见，从其逻辑上的表述而言，仍然是维持了个人信息和非个人信息的二分法的基本格局。

笔者认为，在目前世界上个人信息保护发达之国家和国际组织的主流观点而言，并无“准个人信息”之创造，这是因为个人信息与非个人信息的区分标准，也是有其弹性、动态性和限定性的。其弹性体现为功能性标准，也就是所谓的识别性要求作为区分个人信息与非个人信息的核心标准，而对于识别性的判断，又因为不同的技术环境和应用场景而有所不同，体现了其中的弹性空间与对未来发展的前瞻性适应；其动态性体现为个人信息与非个人信息之间，并非一概而论固定不变，相反，在特定的情况下，如经匿名化处理之后，个人信息即变成非个人信息，而在识别技术再行发展而有对非个人信息进行个人性识别之时，这些匿名化处理过的非个人信息要重新成为个人信息，再度适用个人信息保护规范对之进行保护；其限定性体现为，个人信息之识别性的实现，“如果个人的识别需要不合理的时间、努力或资源，则不视为是可识别的”①。所以，在该案中，一审法院所提出的“准个人信息”的创造实无必要，也就是说，在对某项信息是否为个人信息的具体判断中，只要存在识别性功能，且该功能的实现不需要不合理的时间、努力或者资源之投入与花费，则即可认定为个人信息，否则，将被认定为非个人信息，确无创设“准个人信息”之必要。个人信息属性之认定与个人信息保护之规定如影随形，一旦认定为个人信息，则个人信息保护之规范立即对之适用。提出或者维持不具有识别性之非个人信息却又类推适用个人信息保护之规定的中间类型，确无存在之必要性。

3. 个人信息与非个人信息的相互类型转换

在个人信息与非个人信息之间存在着相互转化的可能性，也就是说，个人信息可能转变为非个人信息，而非个人信息也可能转变为个人信息。

个人信息转换为非个人信息的情形，我国《网络安全法》已经在第 42 条第 1 款第 2 句做了规定，即作为但书条款存在的“经过处理无法识别特定个人且不能复原的”情形，而且该条款在目前已经构成我国大数据产业发展的基础性支撑性法律规范基础。正如在本章所研究的案例中，一审法院也指出了“涉案生意参谋数据产品所使用的网络用户信息经过匿名化脱敏处理后已无法识别特定个人且不能复原”，从而认为公开其中的数据内容对网络用户信息提供者不会产生不利影响。

实际上，在《网络安全法》生效（2017 年 6 月 1 日）之前，我国的司法实践已经将匿名化的个人信息排除在个人信息保护的范围之外，如有法院认为，“网络用户通过使用搜索引擎形成的检索关键词记录，虽然反映了网络用户的网络活动轨迹及上网偏好，具有隐私属性，但这种网络活动轨迹及上网偏好一旦与网络用户身份相分离，便无法确定具体的信息归属主体，不再属于个人信息范畴”，因“百度网讯公司个性化推荐服务收集和推送信息的终端

---

① 欧洲委员会在 2018 年 5 月 18 日于埃尔西诺召开的第 128 届部长委员会会议上通过了《关于个人数据处理的个人保护公约》的修订协议，也就是“新修订 108 公约”。其中，对于个人数据的识别性标准做了明确的限定：如果个人的识别需要不合理的时间、努力或资源，则不视为是可识别的。例如这样的情况，识别一个数据主体需要非常复杂、长时间的和昂贵的操作。构成“不合理的时间、努力或资源”的问题应视具体情况加以评估。例如，可以考虑处理的目的，并考虑诸如费用、识别利益、控制者类型、所使用的技术等客观标准。此外，技术和其他发展可能改变构成“不合理的时间、努力或资源”的因素（参看“新修订 108 公约”所附“说明报告”关于“个人数据”条款的解释）。

是浏览器，没有定向识别使用该浏览器的网络用户身份”，故“百度网讯公司在提供个性化推荐服务中运用网络技术收集、利用的是未能与网络用户个人身份对应识别的数据信息，该数据信息的匿名化特征不符合个人信息的可识别性要求”①。

但是，数据分析技术在飞速发展，当前的匿名化不代表永久的匿名化。②从匿名化数据被再识别风险防范的角度而言，我国关于个人信息匿名化的规定，较为简单，应当考虑建立匿名化数据再识别风险的防范机制，对于具有较高再识别风险的匿名化数据的控制者科以额外义务。③ 根据《人权保护指引：大数据时代下个人数据处理》④第 6 条“匿名化”的要求：只要数据能够识别或重新识别个人，就应采用数据保护原则；控制者应根据数据的性质、使用环境、可用的重新识别技术和相关费用、考虑所需的时间、精力或资源，评估重新识别的风险(控制者应证明为匿名数据采取的措施是充分的，并确保去除识别的有效性)；技术措施可与法律或合同义务相结合，以防止相关人员被重新识别的可能性；控制者应根据匿名技术的发展，定期审查重新识别风险的评估。该意见值得作为对于匿名化的再识别风险的防范与救济的参考。对由于新的技术之应用或技术环境与应用场景之变化而导致能够被用于再识别个人的匿名化信息，应当脱离非个人信息的范畴，重新成为个人信息，从而适用个人信息保护制度。

此外，还存在比较特殊的情形，即由于大数据产业的发展，会出现由个人信息与非个人信息组成的数据集。笔者认为，对此类情形，如果其中的个人信息与非个人信息可分，个人信息保护制度适用于数据集中的个人信息部分，而在数据集中的个人信息与非个人信息密不可分的情况下，则应对之适用个人信息保护制度。这一点也与欧盟议会《非个人数据在欧盟境内自由流动框架条

① 参见江苏省南京市鼓楼区人民法院〔2013〕鼓民初字第 3031 号民事判决书；江苏省南京市中级人民法院〔2014〕宁民终字第 5028 号民事判决书。

② 马民虎主编：《网络安全法适用指南》，中国民主法制出版社 2018 年版，第 182 页。

③ 张晨原：《数据匿名化处理的法律规制》，载《重庆邮电大学学报(社会科学版)》2017 年第 6 期。

④ 参见欧盟《关于个人数据自动化处理之个人保护公约》咨询委员会 2017 年 1 月 23 日发布的《人权保护指引：大数据时代下个人数据处理》第 6 条“匿名化”。

例》的规定相同。①

4. 网络运营者收集使用网络用户信息行为的正当性判断规则

对于如何判定网络运营者收集使用网络用户信息行为的正当性问题，尽管该案的判决提到了诸如规则公开性检测、用户同意检测、行为合法性检测和行为必要性检测四个方面，从而认定企业收集使用网络用户信息以及其数据产品公开使用网络用户信息的行为具有正当性，但是局限于一审法院的裁判理由仍嫌不足，有必要从整个裁判的角度来思考其正当性的判断。

整体而言，一审法院在处理该问题时，主要是使用了两步检测。

第一，个人信息与非个人信息的属性检测。首先遇到的就是“网络用户信息”的概念，必须将其放在个人信息与非个人信息的二元区分格局下进行分类上的归纳与整理，确切地定位网络用户信息的性质和归属。在这个过程中，司法机关遇到了网络用户信息的含混性难题，司法机关一方面认为在该案中，主要由行为痕迹信息和标签信息所构成的网络用户信息不属于网络用户的个人信息，而是属于网络用户的非个人信息；另一方面，又认为网络用户行为痕迹信息不同于其他非个人信息。对网络运营者所收集、使用的网络用户痕迹信息，应比照关于网络用户个人信息保护的相应规定予以规制，蕴含了“准个人信息”的观念。显然，在该案中，法院提高了对非个人信息的保护力度。

第二，对非个人信息(网络用户信息)比照个人信息的保护检测。在这个检测过程中，包含了比较个人信息保护规范的实体性与程序性检测。

首先，是网络运营者收集、使用信息行为的“合法、正当、必要原则”检测。司法机关主要是从形式性角度进行的检测，根据《网络安全法》第41条的要求，作为我国个人信息保护的基本原则②，“合法、正当、必要原则”的包括：(1)是否公开了收集、使用规则；(2)是否明示收集、使用信息的目的、方式和范围；(3)是否经被收集者同意，也就是是否尊重被收集者的选择权问题；(4)是否符合“必要与最少限度”要求。

其次，是对网络运营者提供信息行为(公开使用或者许可他人使用其收集的网络用户信息)的“事先另行取得明示同意”检测。也就是说，根据一审法院

---

① 参见欧盟议会2018年10月4日通过的《非个人数据在欧盟境内自由流动框架条例》第2条第2款。

② 梁泽宇：《个人信息保护中目的的限制原则的解释与适用》，载《比较法研究》2018年第5期。

的观点，“网络用户向网络运营者提供信息是基于对该网络运营者信息安全保护能力的信赖，如果网络运营者公开使用或许可他人使用网络用户信息，网络用户信息安全将面临新的不可预测的风险，超出了网络用户对信息安全保护的原有预期。因网络运营者对于网络用户信息的安全负有法定保护义务和审慎注意义务，网络运营者公开使用或许可他人使用其收集的网络用户个人信息、个人行为痕迹信息的，应事先另行取得被收集者的明示同意”。实际上根据《网络安全法》第 42 条第 1 款第 1 句第 2 段的规定，只需要取得被收集者同意即可，但是法院将该要件更进一步明确和提高到了该同意必须是事先的、单独的、明示的，更进一步加强了对网络用户信息的保护力度和强度。但是，在该要件检测中，一审法院并非采取正面的检测，而是使用了《网络安全法》第 42 条第 1 款第 2 句的但书条款——“匿名化信息例外条款”，用以替代“事先另行取得明示同意”的检测，也就是说，只要满足了匿名化信息例外条款的规定，就可以认为是无须或已经通过“事先另行取得明示同意”检测。

最后，对使用来自第三方所收集的网络用户信息还需经过“三重授权许可使用”检测。此种检测主要是针对网络运营者使用来自第三方，也就是其他网络运营者所收集的用户信息的情形，这种情况在《网络安全法》中并无直接规定，唯一可能相关的规定是第 42 条第 1 款第 1 句后半段即“未经被收集者同意，不得向他人提供个人信息”，从其中的文义看，其核心要义只是规定了作为第三方的网络运营者向其他网络运营者提供个人信息时必须经被收集者同意。在这种情况下，网络运营者之间的关系通常是由网络运营者之间的协议来确定的，以此作为使用关系合法化的依据。因此，司法机关在这里认可了大数据产业发展中有关使用其他网络经营者所收集的个人信息的惯例，即所谓的“三重授权许可使用规则”，这个机制通常是通过网络运营者在收集用户的信息时向用户取得的授权加上网络运营者相互之间进行的授权所构成的，也就是网络用户授权网络经营者、网络经营者授权第三方、网络用户授权第三方。已经有学者提出“数据共享也应当获得信息权利人的授权”①。

(二)网络运营者(数字经济企业)对其所提供的网络大数据产品是否享有法定权益：竞争法意义上的财产权益

网络运营者(数字经济企业)对于其所提供的网络大数据产品，到底享有

① 王利明：《数据共享与个人信息保护》，载《现代法学》2019 年第 1 期。

何种法定权益的问题，直接面对网络大数据产品的法律本质以及其权利化的路径和方式问题。

前者意味着必须界定网络大数据产品的法律本质(nature)，也就是其“特征、外观和活动方式”①，特别是要界定出其与个人数据之间的混沌纠葛的边界关系。因为回答这个问题意味着司法机关将要进行财产权利的界定，到底是网络用户的财产权利，还是网络运营者(数字经济企业)的财产权利，这就是在当前数据权利研究中最核心也是最困难的产权界定难题，到底是把该权利归属于网络用户，还是将该权利归属于网络运营者？司法机关在理论界尚未对该问题作出更权威更具共识性和统一性的解决方案时不得不提前面对并且不得不努力对大数据产业发展所提出的这个问题作出解答，尽管其解答可能不是整体性的，而是应激性的决疑式的。

后者意味着对于此类网络大数据产品的法律保护到底要遵循何种路径，由于立法上存在的空白，导致学术界对其提出了各种构想，如物权法模式、知识产权法模式以及独立的权利类型的模式。在该案中司法机关提出了“竞争法意义上的财产权益”定位，又意味着什么？其贡献在哪里？其局限又在哪里？

1. 网络大数据产品的本质：到底是谁的——网络用户抑或者网络运营者(数字经济企业)的财产?

(1)网络大数据产品的法律本质：财产权益方向的论证方法

对于网络大数据产品的法律本质的论证，意味着必须回答长期以来困扰数据权利研究者的一个核心问题，那就是网络大数据产品是否个人信息或者包含个人信息的问题。

一审法院认可了衍生数据的理论，认为：“涉案生意参谋数据产品中的数据内容虽然来源于原始用户信息数据，但经过淘宝公司的深度开发已不同于普通的网络数据。”

一审法院的论证，主要考虑了该案所涉及的数据产品的两个基本特征：一是从数据内容特征上区别，“该产品所提供数据内容不再是原始网络数据，而是在巨量原始网络数据基础上通过一定的算法，经过深度分析过滤、提炼整合以及匿名化脱敏处理后而形成的预测型、指数型、统计型的衍生数据”；二是

① ［美］克罗波西、［美］施特劳斯主编：《政治哲学史(第3版)》，李洪润等译，法律出版社2009年版，绪论第2页。

从其呈现方式特征上区别，认为“该产品呈现数据内容的方式是趋势图、排行榜、占比图等图形，提供的是可视化的数据内容”。由于“数据本身并不能自动带来信息”①，因此，一审法院认为该数据产品作为信息产品已经不是原始用户信息数据，这就意味着不可能将该数据的权益归属于网络用户。二审法院进一步指出：“数据产品是淘宝公司在前述原始痕迹数据的基础上，经综合、计算、整理而得到的趋势、占比、排行等分析意见，其对信息的使用结果与原始痕迹信息本身已不具有直接关联，已远远超出个人信息范畴，不属于对用户信息的公开使用”，这就意味着对数据产品的法律本质的进一步认识，也即由于数据产品的法律性质导致对数据产品的法律规制（法律定位与法律保护），已经不属于个人信息保护立法的范畴，以此彻底切断了数据产品与个人信息保护之间的关联。

同时，一审法院也否定了该数据产品归入“数据库”概念的可能性，认为，“生意参谋数据产品将巨量枯燥的原始网络数据通过一定的算法过滤，整合成适应市场需求的数据内容，形成大数据分析，并直观地呈现给用户，能够给用户全新的感知体验，其已不是一般意义上的网络数据库，已成为网络大数据产品”，这也就意味着将该数据产品作为知识产权立法的保护对象的可能性在司法机关眼中也已经不存在了。

（2）网络大数据产品财产权益配置的正当性论证：财产权益的论证路径

对于网络大数据产品财产权益的配置的正当性问题，一审法院首先是对作为数据产品之内容来源的用户信息和原始网络数据之财产权益化的可能性进行侧面分析，其次是对网络大数据产品自身之财产权益化之可能性进行正面分析。

第一，司法机关否定了网络用户对于其所提供给网络运营者的单个用户信息的财产权或财产性权益之可能性问题。一审法院从法律行为的目的解释出发，认为“网络运营者与网络用户之间系服务合同关系。网络用户向网络运营者提供用户信息的真实目的是为了获取相关网络服务”，由此，一审法院认为“网络用户信息作为单一信息加以使用，通常情况下并不当然具有直接的经济价值，在无法律规定或合同特别约定的情况下，网络用户对于其提供于网络运营者的单个用户信息尚无独立的财产权或财产性权益可言”，司法机关直接地

---

① 泮伟江：《如何理解中国的超大规模性》，载《读书》2019年第5期。

但是有所保留地否定了网络用户对自己的单个的网络用户信息享有财产权①或财产性权益的可能性②，意味着通常所谓的个人信息③或者非个人信息财产说的理论④遭到了司法实践的否定和摒弃。

第二，司法机关肯定了但并未清晰界定网络运营者与网络用户对原始网络数据的复杂权利状态。一审法院认为“鉴于原始网络数据，只是对网络用户信息进行了数字化记录的转换，网络运营者虽然在此转换过程中付出了一定劳动，但原始网络数据的内容仍未脱离原网络用户信息范围”，所以“网络运营者对于原始网络数据仍应受制于网络用户对于其所提供的用户信息的控制，而不能享有独立的权利，网络运营者只能依其与网络用户的约定享有对原始网络数据的使用权”。实际上，在这里存在一个较为模糊的地带，那就是司法机关虽然认为原始网络数据只是网络用户信息的数字化的结果，仍应受制于网络用户对对该用户信息的控制，而且该控制是主要的且优越于网络运营者依照约定享有的使用权，但是司法机关并没有言明这种模糊的“控制”的含义到底是什么，这种“控制”的来源或者基础是什么，是对作为非个人信息的所有权或者其他权利，还是对作为非个人信息但应比照个人信息保护之规范予以规制的准个人信息所蕴含的来自个人信息保护所产生的控制？值得进一步深思。

第三，司法机关从法律本质、市场价值、竞争优势、竞争秩序四个方面提出并论证了所谓网络大数据产品的独立的竞争法意义上的财产性权益说。这种论证路径并非单纯的劳动成果说，而是糅合了前述各项要素的混合论证模式。一审法院注意到了劳动成果说、市场价值说和竞争优势说三个要素，二审法院提出了根据全国性整体性公共性的数据市场竞争秩序保护说。

首先，一审法院从数据产品的法律本质出发，强调数据产品的劳动成果本质——“衍生数据”说，从而要求赋予其独立的财产性权益。一审法院认

---

① 刘德良：《个人信息的财产权保护》，载《法学研究》2007 年第 3 期。

② Jacob M. Victor, The EU General Data Protection Regulation: Toward a Property Regime for Protecting Data Privacy, 123 (2) Yale Law Journal 523 (2013).

③ 曹博：《论个人信息保护中责任规则与财产规则的竞争与协调》，载《环球法律评论》2018 年第 5 期。

④ 张新宝：《普遍免费+个别付费：个人信息保护的一个新思维》，载《比较法研究》2018 年第 5 期。

为：“网络大数据产品不同于原始网络数据，其提供的数据内容虽然同样源于网络用户信息，但经过网络运营者大量的智力劳动成果投入，经过深度开发与系统整合，最终呈现给消费者的数据内容，已独立于网络用户信息、原始网络数据之外，是与网络用户信息、原始网络数据无直接对应关系的衍生数据。网络运营者对于其开发的大数据产品，应当享有自己独立的财产性权益。”

值得注意的是，衍生数据说虽然承认其与网络用户信息、原始网络数据在内容上有关联性，但并不认同其相互之间“直接对应关系”之可能性，而是将其作为在法律上独立于网络用户信息和原始网络数据的衍生数据，从而赋予其独立的财产性权益地位，这也为数据权利研究进一步趋向独立化指明并开辟了道路。

其次，一审法院进一步从数据产品的市场价值角度，强调其与网络运营者而言所具有的财产权益，而且是重要的财产权益。该司法机关注意到：“随着互联网科技的迅猛发展，网络大数据产品虽然表现为无形资源，但可以为运营者所实际控制和使用，网络大数据产品应用于市场能为网络运营者带来相应的经济利益。随着网络大数据产品市场价值的日益凸显，网络大数据产品自身已成为市场交易的对象，已实质性具备了商品的交换价值。对于网络运营者而言，网络大数据产品已成为其拥有的一项重要的财产权益。”

值得注意的是，在该表述中，司法机关对网络大数据产品的特征的描述中，关注到了其无形性、可实际控制和使用性以及其经济利益性等基本特征，并从该特征中提出了对该案原告所主张的其对数据产品享有财产所有权主张的答复，原告的该主张蕴含了要求将极具绝对权色彩的财产所有权制度适用于数据产品的要求。一审法院出于对网络大数据产品适用财产所有制度可能带来不确定的消极后果的顾虑，审慎地以司法权相对于立法权的谦抑态度，以“物权法定”原则为由回避而不是直接否定原告的主张。一审法院认为：“财产所有权作为一项绝对权利，如果赋予网络运营者享有网络大数据产品财产所有权，则意味不特定多数人将因此承担相应的义务。是否赋予网络运营者享有网络大数据产品财产所有权，事关民事法律制度的确定，限于我国法律目前对于数据产品的权利保护尚未作出具体规定，基于物权法定原则，故对淘宝公司该项诉讼主张，一审法院不予确认。”这种对数据产品权利保护之物权法路径的回避态度，并未否定对数据产品权利保护的可能性，而是为进一步研究留下空间，如俄罗斯立法上将信息持有人的权利作为信息法上的独立权利予以保护。① 具体到本章所研究的该案例而言，是司法机关受到该案件之立案案由"反不正当竞争纠纷"的限制所致，而且具体到该案件的情形和特征，适用反不正当竞争法之保护反而有其便利所在(这一点有待下文继续分析)。

再次，一审法院在确认数据产品之劳动成果本质与具有市场价值之特性之后，再次强调了"网络数据产品的开发与市场应用已成为当前互联网行业的主要商业模式"，网络大数据产品作为构成"网络运营者市场竞争优势的重要来源与核心竞争力所在"的意义，凸显作为中国当代民法得以发生的主要动因的"对经济效率的追求"②。一审法院指出："本案中，生意参谋数据产品中的数据内容系淘宝公司付出了人力、物力、财力，经过长期经营积累而形成，具有显著的即时性、实用性，能够为商户店铺运营提供系统的大数据分析服务，帮助商户提高经营水平，进而改善广大消费者的福祉，同时也为淘宝公司带来了可观的商业利益与市场竞争优势"，因此，确认该数据产品系原告的劳动成果，其所带来的权益，应当归原告所享有。

最后，二审法院提出了保护数据市场竞争秩序的正当性论证。尽管一审法院注意到了互联网行业的商业模式、市场竞争优势的来源与核心竞争力所在等要素，但并未从保护数据市场竞争秩序的角度进行论证。二审法院所提出的保护数据市场竞争秩序的论证，与一审法院所提出的仅仅局限于该数据产品相对于网络经营者所具有的市场价值、市场竞争优势来源与核心竞争力所在的个别性具体性论证不同，更具有着眼于全国性整体数据市场竞争秩序保护的公共利益论证色彩。

二审法院在补强性论证中特别指出了四点内容：一是发展大数据成为国家重要战略，大数据资源成为国家与社会的基础性战略资源③，数据成为智能互联网时代的重要生产要素④，即"随着互联网科技的高速发展，数据已日益成为信息行业中的基础资源，数据价值在信息社会中亦日益凸显，发展大数据已

---

① Савельев А. И. Комментарий к Федеральному закону от 27 июля 2006 г. № 149-ФЗ, *Обинформации, информационнвых технолоиях и защите информации*(постатейный). М.: Статут, 2015. С. 64.

② 熊丙万:《中国民法学的效率意识》，载《中国法学》2018 年第 5 期。

③ 左卫民:《迈向大数据法律研究》，载《法学研究》2018 年第 4 期。

④ 马长山:《智能互联网时代的法律变革》，载《法学研究》2018 年第 4 期。

成为国家重要战略”。二是强调保护数据市场竞争秩序的必要性，即“数据产品通过对处于粗放状态的原始数据的提炼整合，将原本单一且价值有限的碎片化数据信息通过云计算、大数据分析处理成倍提升数据的使用价值，极大提高社会各方面活动的效能。因此，赋予数据产品研发者相应权益，及时依法制止侵害大数据产品的不正当行为，营造健康、有序的数据市场竞争秩序，已变得十分迫切”。三是指出维持数据市场竞争秩序的内容，一方面是保护数据研发者的研发利益，即“数据产品研发者应当遵循合法、正当、必要的原则，在严格履行对用户信息的安全保护义务、保障个人信息权利和网络安全的基础上，依法采集、使用各类数据信息，获得相应的数据权益，并不断改进商业模式和提高服务质量，给数据用户带来更新的体验和更多的获得感”；另一方面是打击和制止作为社会主义市场经济体系之重要组成部分的数据市场①上的不正当竞争行为，即“对不正当利用他人数据产品获取竞争优势，扰乱互联网大数据市场竞争秩序的行为应及时予以制止，同时加大惩治力度，给予数据产品研发者充分、有效救济，依法保护数据产品研发者的合法权益”。四是明确提出了数据产业竞争秩序的公共利益目标，即唯有通过反不正当竞争法的保护，“方能保障大数据产业的健康可持续发展，进一步激励数据产品研发者的热情，创造出更多有价值的数据产品，进而推动互联网大数据产业的健康发展，构建公开、公平、公正、诚信有序、兼顾各方利益的数据产业竞争秩序”。由此完整地论证了竞争法保护路径的必要性和正当性。

2. 对网络大数据产品法律保护的竞争法路径：竞争法意义上的财产权益说的贡献与局限

在该案例中，一审法院和二审法院提出了将网络大数据产品作为竞争法意义上的财产权益，并且明确地否定了将其作为知识产权法上的数据库进行保护和作为物权法上财产所有权的对象予以保护的可能性。

特别是二审法院更为清晰和直接地提出了数据产品属于“竞争法意义上的财产权益”的观点。二审法院以竞争法上的合法权益为出发点，指出了相对于知识产权法和物权法的极为宽泛的竞争法意义上的合法权益的特点：第一，包括法定的有名权益，如企业字号、商业秘密等，和法律没有规定的无名权益；

---

① 参见国家工商行政管理局关于抽奖式有奖销售认定及国家工商行政管理局对《反不正当竞争法》具体应用解释权问题的答复（工商公字〔1998〕第143号）。

第二，该无名权益能够带来营业收入，或者属于带来潜在营业收入的交易机会或竞争优势；第三，该无名权益不违反法律的规定，即“不正当竞争的成立以经营者存在经营上的合法权益为前提。该合法权益也可以是不违反法律法规规定的无名权益，只要其可以给经营者带来营业收入，或者属于带来潜在营业收入的交易机会或竞争优势”。具体到该案中，二审法院认为，该案所涉及的数据产品，可以为淘宝公司带来直接经营收入，同时基于其大数据决策参考的独特价值，构成淘宝公司的竞争优势，无疑属于竞争法意义上的财产权益，因而其性质应当受到反不正当竞争法的保护。

竞争法意义上的财产权益概念，作为法律概念，常常负荷根本性或一般性的价值①，意味着回避了将该财产权益在知识产权法、物权法等传统立法面前进行正当性和体系化论证，以求得将其相应的法律规范适用于对该财产权利之保护的逻辑上和法律上的任务，而是直接和独立地适用反不正当竞争法的规范为该含混性的所谓竞争法意义上的财产权益提供法律保护，其优点在于减轻了司法机关在知识产权法和物权法上进行论证的压力和任务，直截了当地将其视为竞争法上的独立的新型的财产权益予以保护。

但是，其缺点仍然是显而易见的，两审法院尽管是回避了或者是放弃了对其该财产权益进行知识产权法上或物权法上的论证，直接适用反不正当竞争法的规范进行保护，不无加剧和增强将反不正当竞争法相对于包括知识产权法和物权法在内的民事立法进一步独立化和孤立化倾向的嫌疑，回避问题不等于解决了问题，不过是将问题的分析和解决留待他人而已。明确指出所谓的“竞争法意义上的财产权益”到底是何种权利，是法律明确规定的权利，还是在法定权利清单之外的亟待进行合法性检验的待定利益②，对该种财产权益如何在民事权利体系特别是民事财产权利体系中进行定位和类型化，仍然是数据法学研究悬而未决且亟待解决的问题。

（三）竞争法如何保护网络运营者（数字经济企业）对其所提供的网络大数据产品之财产权益

尽管司法机关已论述了以竞争法保护网络大数据产品所蕴含的竞争法意义

---

① 黄茂荣：《论民法中的法理》，载《北方法学》2018 年第 3 期。

② 张建文：《新兴权利保护的合法利益说研究》，载《苏州大学学报（哲学社会科学版）》2018 年第 5 期。

上的财产权益之必要性和正当性，但是要运用竞争法的规范完成这个任务，却并非简单直白的三段论式的规范适用过程，司法机关如何将反不正当竞争法有限的且难以直接将被诉侵权行为涵摄其中的规范适用于该案之中，对司法机关而言仍是一个不小的考验。

1. 反不正当竞争法规制范围之最大化扩张

依照反不正当竞争法保护本章所研究案例中竞争法意义上的财产权益的思路，通常首先所必须考虑的核心问题是，该案所诉侵权行为能否落入现有的反不正当竞争法规制的不正当竞争行为之中，需要按照反不正当竞争法第二章第6～12条关于不正当竞争行为的列举(可以称之为"法定的不正当竞争行为类型")，在其中进行检索，如果能够找到相应的不正当竞争行为的类型，即可适用对该种不正当竞争行为类型的描述和构成要件进行法律适用上的操作；如果不能在反不正当竞争法规定的类型体系中，找到相应的不正当竞争行为类型，则需要考虑是否应当以及如何通过对反不正当竞争法之立法目的的解释，扩张其规制的范围，从而在反不正当竞争法规定的不正当竞争行为类型体系之外，建构法定类型之外的但应当适用反不正当竞争法予以规制和救济的不正当竞争行为类型(可以称之为"法定类型外的不正当竞争行为类型")。

但是，遗憾的是，在该案中两级司法机关均未回应是否在法定的不正当竞争行为类型中进行检索，以及其检索结果的问题，也没有回答为什么应当扩张反不正当竞争法适用于其没有规定的不正当竞争行为的问题。一审法院直接从反不正当竞争法的立法目的入手，提出了扩大其规制对象问题，即"反不正当竞争法的立法目的是通过规制市场主体参与市场竞争的行为，阻止市场主体以不正当手段攫取市场竞争优势，维护平等、公平、诚信的市场竞争秩序，其规制的对象不仅局限于同业间的竞争行为，也包括跨行业间的竞争行为"。

一审法院对反不正当竞争法的规制范围更进一步提出了最简洁也是最大化的界定标准，认为："市场竞争优势主要取决于市场主体所提供的商品或服务对于消费者的吸引程度，市场主体只要使用了不正当手段，吸引了更多消费者的消费关注或破坏了他人对消费者的吸引力，即落入反不正当竞争法规制的范围。"这就意味着只要经营者使用了不正当手段，在客观上吸引了更多消费者对自己的消费关注，或者破坏了他人对消费者的吸引力，就落入反不正当竞争法规制的范围，具体到本章所研究的案例之情形，一审法院明言："在网络经济环境下，只要双方吸引争取的网络用户群体存在此长彼消的或然性对应关系，即可认定为双方存在竞争关系。”

笔者认为，尽管《反不正当竞争法》第 1 条对立法目的的规定，明确了该法的基本任务就是“鼓励和保护公平竞争，制止不正当竞争行为”，维护公平竞争市场秩序①成为反不正当竞争法的重要使命，但是对反不正当竞争法之适用范围的最大化扩张，虽然未必是坏事，但是需要对其最大化扩张进行正当性的论证，否则对该法适用范围的最大化扩张将会导致其第二章关于不正当竞争行为的列举性规定失去应有的作为法规范之明确性和稳定性的意义，同时会更进一步助长司法机关无限扩张反不正当竞争法规制范围之冲动，不无导致或者加剧对反不正当竞争法规范适用的混乱与不统一。② 在该案例中，司法机关其实并无必要将该法对不正当竞争之适用范围做一般性的最大化扩张解释，只要将该案例中所遇到的特定情形纳入法定之外的但应受不正当竞争法规制的不正当竞争行为之列即可。

2. 来自技术中立原则的抗辩

技术中立原则，也称为技术条件性原则，堪称信息技术领域中的非歧视性原则，意味着技术本身是中立的，不得以法律的方式规定某种信息技术相对于其他信息技术的优势地位。③ 但技术中立并不意味着技术的使用没有责任方面的要求，正如《人类简史》的作者在其著作结尾时所指出的“拥有神的能力，但是不负责任、贪得无厌，而且连想要什么都不知道。天下危险，恐怕莫此为甚”④。

在该案中，一审法院对于被告所提出的技术中立原则的抗辩，首先从竞争法的视角进行了一般回应，指出：“互联网经济作为高科技产业，其发展政策应当是鼓励科技创新与技术进步。但技术创新与技术进步应当成为公平竞争的工具，而不能用作干涉、破坏他人正当的商业模式，不正当攫取自身竞争优势的手段。技术本身虽然是中立的，但将技术作为不正当竞争的手段或工具时，

---

① 参见《工商总局关于积极开展宣传贯彻新〈反不正当竞争法〉工作的通知》（工商竞争字〔2017〕202 号）。

② 由于笔者并非反不正当竞争法领域的专家，未必能够对该问题提出自己的建议，仅就方法上及后果上提出希望该领域的专家关注的问题。

③ 张建文：《国家的信息职能与信息立法的基本原则》，载《法学杂志》2017 年第 11 期。

④ ［以］尤瓦尔·赫拉利：《人类简史：从动物到上帝》，林俊宏译，中信出版社 2017 年版，第 394 页。

该行为即具有可罚性。”由此区分了技术本身与技术使用，明确技术的创新与进步不能用作不正当竞争的手段或工具。其次从该案被诉侵权行为的特性进行了具体回应，指出：“美景公司以营利为目的，组织、帮助他人利用已订购生意参谋数据产品服务的淘宝用户所提供子账户，擅自获取生意参谋数据产品数据内容，损害了淘宝公司的商业利益与商业模式，其并非是单纯的技术提供者，而是不正当竞争行为的直接实施者。”由此，司法机关拒绝接受以技术中立原则作为不正当竞争行为的抗辩事由，强调技术的使用而不是技术本身的价值取向。

3. 反不正当竞争法的未来：通过恶意分享账户方式获取他人数据分销牟利行为的法律规制问题

在该案二审裁判作出之后不到 5 个月的时间里，全国人大常委会对《反不正当竞争法》进行了修订①，但是在该修订中并未将本章所研究案例的被诉侵权行为类型纳入修订后的条文之中，只是将“教唆、引诱、帮助他人违反保密义务或者违反权利人有关保守商业秘密的要求，获取、披露、使用或者允许他人使用权利人的商业秘密”的行为纳入侵犯商业秘密的不正当竞争行为之中，而与本章所研究案例最为接近的第 12 条关于经营者利用网络从事生产经营活动的条款恰恰没有做任何修改。

笔者认为，出于对反不正当竞争法的明确性和稳定性考虑，应当将教唆、引诱、帮助他人通过分享账户等方式，获取、披露、使用或者允许他人使用权利人数据的行为，无论是否有牟利目的或者动机，均纳入反不正当竞争法关于经营者利用网络从事生产经营活动的条款之中，以减少司法机关在处理此类新型财产权益保护时，面临规范空白或规范不完全的窘迫情势，而不得不动用该法的立法目的条款以对不正当竞争行为做一般性的最大化扩张解释。

(四)小结

在本章所研究的案例中，以反不正当竞争法为规范基础，以竞争法意义上的财产权益的名义，保护(明确和确认②)数字经济发展中的新兴权利，触及了

---

① 参见《全国人民代表大会常务委员会关于修改〈中华人民共和国建筑法〉等八部法律的决定》(2019 年 4 月 23 日第十三届全国人民代表大会常务委员会第十次会议通过)。

② 龙卫球：《如何理解民法总则立法目的和依据》，载《检察日报》2017 年 3 月 23 日，第 3 版。

大数据产业发展和数据市场竞争所面临的基本法律问题，包括网络用户信息、原始网络数据、衍生数据的信息属性定位问题(属于个人信息还是非个人信息的问题)以及由此派生出来的法律保护问题(是否适用个人信息保护规范的问题)；网络用户、网络经营者以及其他网络经营者之间围绕与数据相关的权益所产生的权属界定问题；网络大数据产品的法律本质以及其法律保护方式问题等等。

该案为研究者们提供了一次难得的机会，以真实鲜活的司法案例去观察和分析司法机关的裁判逻辑与裁判立场，从中可以发现：

第一，司法机关将网络用户信息视为由个人信息和非个人信息构成的集合，对其中尽管不属于个人信息的网络用户行为痕迹信息提出了比照适用个人信息保护规范的(准个人信息)的观念。

第二，《网络安全法》第 42 条第 1 款第 2 句的但书条款已经构成我国大数据产业发展的基础性支撑性法律规范基础。

第三，司法机关对于网络运营者收集、使用网络用户信息的行为和公开以及允许他人使用的行为的正当性检验，主要由两步检测构成：以个人信息和非个人信息为区分的信息属性检测，以及对非个人信息(网络用户信息)比照个人信息的保护检测。后者包括网络运营者收集、使用信息行为的“合法、正当、必要原则”检测、网络运营者提供信息行为(公开使用或者许可他人使用其收集的网络用户信息)的“事先另行取得明示同意”检测，以及对于使用来自第三方所收集的网络用户信息的“三重授权许可使用”检测。

第四，司法机关从数据产品的法律本质、市场价值、竞争优势、竞争秩序四个方面提出并论证了网络大数据产品作为独立的竞争法意义上的财产性权益定位；在这个过程中，司法机关否定了适用知识产权法上的网络数据库或者物权法上的财产所有权制度予以保护的可能性。

第五，司法机关没有对《反不正当竞争法》第二章所规定的不正当竞争行为的类型化体系出发，而是直接从不正当竞争法的立法目的出发，对反不正当竞争法规范的范围作了最大化扩张解释，除了法定的有名权益外，法律没有明确规定的无名权益只要不违反法律法规的规定，能够给经营者带来营业收入，或者属于带来潜在营业收入的交易机会或竞争优势者，均属于反不正当竞争法所要保护的合法权益，同时，只要市场主体使用了不正当手段，吸引了更多消费者的消费关注或破坏了他人对消费者的吸引力，即落入反不正当竞争法规制的范围。

总体而言，反不正当竞争法作为新兴权利特别是新兴的财产权益的保护方式，有其优势所在，即可以无须对该权益的法律本质以及其合法性与正当性进行更多的论证，而只是依据较为简单的带来营业收入(或者交易机会或者竞争优势)且不违反法律法规之规定的标准，即认定其为竞争法所要保护的合法权益，只要采用不正当手段侵害前述合法权益，即构成反不正当竞争法上的不正当竞争行为，获得反不正当竞争法的救济。

但是，其中的不足也不容小觑，这种近乎无限最大化扩张解释《反不正当竞争法》的保护对象和规制范围的做法，有脱离并将《反不正当竞争法》上明确规定的不正当竞争行为，而无限膨胀法定类型之外的但应适用《反不正当竞争法》规范救济的不正当竞争行为之危险。毕竟“权利”是社会群体的赞同性意见，而绝不是个人的自我意志或要求①，正确的做法应当是既要尊重和兼顾《反不正当竞争法》第二章关于不正当竞争行为的类型化规定，同时在必要的情况下适度且审慎地将在法定类型之外但应受《反不正当竞争法》规范救济的行为纳入一般条款的保护当中。

二、个人信息保护的体系化：以《民法典》时代个人信息的私密性检验为中心

2020 年 7 月 30 日，北京互联网法院针对微信读书软件未经用户同意，而收集用户个人信息而提起的网络侵权责任案件(以下简称“微信读书案”②)所作出的判决令人惊奇。

一是由于这是在《中华人民共和国民法典》(以下简称《民法典》)已经通过但尚未生效之时所作出的判决，尽管此时《民法典》尚未生效，但该判决还是受到了《民法典》第四编“人格权”第六章“隐私权与个人信息保护”的重要影响，暗示了在《民法典》自 2021 年 1 月 1 日起正式生效后个人信息保护的共同性难题。具体而言：首先，在隐私权和个人信息保护的基本理念上，过于强调隐私权与个人信息的相互独立性，甚至是有意或者无意地将二者作为两个近乎完全

---

① 张恒山：《论权利本体》，载《中国法学》2018 年第 6 期。

② 参见北京互联网法院〔2019〕京 0491 民初 16142 号民事判决书。

独立的民事(人格)权利，将会因为过于强调二者的独立性，而在司法实践中必须对同一行为认定为到底是侵犯两个本质相近的权利中的哪一个问题进行判断。其次，在保护的强度和广度上，隐私权与个人信息保护日趋分裂，私密性标准成为区分二者的显性标准，隐私权更具有尊严性的特征，个人信息保护更具有资源性的特征，隐私权相比较于个人信息更具有人格特性，而个人信息则更具有资源性特征，在保护强度上也有所区别，为打开所谓个人信息的合理使用的“潘多拉盒子”(Pandora’s Box)①奠定了理念上的基础。

二是由于“作为集中管辖互联网案件的基层人民法院”②的互联网法院在该案件中所使用的具体裁判方法和裁判逻辑，展示了在自《民法总则》到《民法典》的“个人信息保护”的裁判方法和裁判逻辑难题。具体来说，那就是由于隐私权与个人信息在本质上的相同或者相近性，使得二者在司法保护的问题上如同“戈耳迪之结”(Gordian Knot)③那样紧密缠绕难以区分，导致司法实践在具体的个人信息保护案件中，不得不追问所遇到的信息是否为个人信息，是否具有私密性，以便区分用隐私权去保护还是用个人信息去保护；更重要的是，司法裁判因此将不得不在所有可能遇到的个人信息保护个案中，必须反复地或者不断地对所有可能的个人信息进行“私密性判断”，亦可称之为“私密性检验”。这就是《民法典》第1034条第3款中“个人信息中的私密信息”的表述以及其优先“适用有关隐私权的规定”的规则所可能产生的令人始料不及的后果。

简而言之，在《民法典》作为保护隐私权与个人信息之立法基础的时代，个人信息保护的难题主要体现在两个方面：一是个人信息到底是资源性的，还是尊严性的？在大数据时代，个人只是作为大数据产业发展的“数据奶牛”，还是作为应当被保护的尊严享有者？二是将个人信息与隐私权严格区分开来，会导致司法机关在裁判个人信息案件时必须依照《民法典》第1334条第3款对个人信息进行必要的且全面的私密性检验，以便确定最终的权利保护的法律适用问题。

---

① 梁德润编著：《希腊罗马神话和〈圣经〉专名小词典》，商务印书馆2015年版，第121页。

② 中华人民共和国最高人民法院编：《中国法院的互联网司法》，人民法院出版社2019年版，第6页。

③ 梁德润编著：《希腊罗马神话和〈圣经〉专名小词典》，商务印书馆2015年版，第60页。

（一）《民法典》时代的个人信息保护：私密性检验的来源

1. 个人信息保护与隐私权是否为两个完全独立的权利：问题史的考察

在本章所涉及的案例中，原告以侵犯隐私权与个人信息为由提起诉讼，法院分别对被告的行为是否构成对原告隐私权和个人信息权益的侵害进行审查，也就是说，在这个案件中，原告是以将隐私权与个人信息作为不同的权利，至少是在司法上可以得到主张的不同民事权利来对待的。

这就涉及个人信息保护中的一个最基本的问题：个人信息与隐私权的关系如何处理？两者是否完全各自独立的权利？

该问题最初产生自《民法总则》第 110 条第 1 款和第 111 条的体系性结构①，《民法总则》形成了将隐私权与个人信息保护的并立结构②，似乎有意将个人信息与隐私权的保护相互独立③，由此埋下了个人信息保护与隐私权严格区分的伏笔。

在《民法总则》之前，在一般民事立法上，并没有独立的个人信息保护的规范，即使在《侵权责任法》上，也只有隐私权的规范（第 2 条第 2 款），而没有个人信息保护的规范。因此，在自《民法通则》实施以来至《侵权责任法》实施前，涉及个人信息保护的问题上，主要是用（非实在法意义上的）隐私权予以保护，具体而言，主要用 2001 年有关精神损害赔偿司法解释所提出的“隐私”利益④予以保护。在《侵权责任法》实施之后，主要是用“隐私权”予以保护。所以，在这个阶段，并不存在个人信息保护是否独立于隐私权的问题。这也符合人们对个人信息保护法律制度发展的认识，即隐私权在信息革命的影响下，因应信息社会的形成，从传统的隐私权概念，即“一个人独处的权利”（the

---

① 张建文、高悦：《从隐私权的立法与司法实践看新兴权利保护的综合方式》，载《求是学刊》2019 年第 6 期。

② 李永军：《论〈民法总则〉中个人隐私与信息的“二元制”保护及请求权基础》，载《浙江工商大学学报》2017 年第 3 期。

③ 王利明：《隐私权概念的再界定》，载《法学家》2012 年第 1 期；王利明：《论个人信息权的法律保护——以个人信息权与隐私权的界分为中心》，载《现代法学》2013 年第 4 期。

④ 参见《最高人民法院关于确定民事侵权精神损害赔偿责任若干问题的解释（法释〔2001〕7 号）》第 1 条第 2 款。

right to be let alone)逐渐发展为现代隐私权概念，即自我资讯控制权说①。因此，“个人资料保护旨在维护个人隐私权中有关资料或资讯者，因此又称为资讯隐私权(Information Privacy)，而该项权利在通讯科技发达时代不加以保护，将会侵及人性尊严及人格权”②。在我国的司法实践中，也主要是将个人信息用隐私权予以保护的③，如在“庞某与北京趣拿信息技术有限公司等隐私权纠纷上诉案”中④；或者，对二者是否为独立权利的问题根本就不置一词，直接适用隐私权予以保护⑤。在隐私权理论上，也将个人自身信息(数据)的控制权被侵犯定义为“隐私权的积极侵犯”⑥。

但是，在《民法总则》第五章“民事权利”中，隐私权和个人信息保护在不同的规范中被确立起来，有意无意地显示二者的独立性。而在《民法典》第四编第六章中，从“隐私权和个人信息保护”的标题中，可以看出在立法者眼中，二者应当是独立的；在规范设计上，首先是“隐私权”和“个人信息保护”在不同的条文中被宣示为受到法律保护；其次是具有统一的规范意义的“隐私”和“个人信息”的立法概念，也被分别规定；最后，对于二者可能的交叉重叠问题(“个人信息中的私密信息”问题)规定了专门的规范适用条款，即个人信息中的私密信息，优先适用隐私权的保护，只有在没有隐私权的规定的情况下，才兜底性适用个人信息保护的规定。这个规范是典型的裁判规范，作为对司法机关具有直接和刚性的约束力的裁判规范，意味着对司法机关的裁判行为的硬约束。

---

① 刘怡君：《资讯化社会隐私权之研究——以日本个人资讯保护为中心》，淡江大学2005年硕士学位论文，第45页。

② 李震山：《论个人资料之保护》，载台湾行政法学会主编：《行政法争议问题研究(上)》，台湾五南图书出版有限公司2001年版，第655页。

③ 中华人民共和国最高人民法院编：《中国法院的互联网司法》，人民法院出版社2019年版，第33页。

④ 二审法院明确指出：“隐私权于1890年提出后经过一百多年经济社会的发展，已经不再局限于提出时的内涵。随着对个人信息保护的重视，隐私权中已经被认为可以包括个人信息自主的内容，即个人有权自主决定是否公开及如何公开其整体的个人信息。”(参见北京市第一中级人民法院〔2017〕京01民终509号民事判决书。)

⑤ 参见广西壮族自治区百色市中级人民法院〔2015〕百中民一终字第1199号民事判决书。

⑥ 肖中华：《大数据时代“合理隐私期待”主客观标准的适用》，载《江西社会科学》2016年第11期。

值得注意的是，《民法典》的这个硬约束条款是《民法总则》中所没有的，所以，司法机关在《民法总则》生效前的具体的个案裁判中，对《民法总则》的隐私权与个人信息保护并立结构进行了评价，认为仅为“专业争鸣”的性质，似为不应具有硬约束的效力。①

由此，在逻辑上就会形成一种全面且必要的“私密性检验”情形：在《民法典》时代，在该硬约束条款下，司法机关在个人信息保护中可能就难以像此前那样，即使在个人信息保护条款在形式上独立化的情况下，仍然可以自由地决定个人信息保护的方式，也就是说，适用隐私权的保护方式，相反，在《民法典》生效后，司法机关必须按照具有规范意义的“隐私”和“个人信息”的立法概念去决定个人信息保护的问题，特别是必须要对全部的个人信息进行“私密性检验”，以便确定最终到底是适用隐私权的规范去保护，还是要适用个人信息的规范去保护。

2. 私密性检验：微信读书案的验证

在本章中，笔者无意研究在微信读书软件案中司法机关对所涉及的具体信息是否为个人信息、是否具有私密性以及如何保护等实体性问题，笔者所关心的是在该案中所展现的裁判方法。

在该案中，法院在判决书的叙明理由部分，首先追问某项信息是否属于个人信息和隐私，然后先判定同一信息是否为个人信息，再追问该信息是否为隐私。

该案中，《民法典》第 1032 条第 2 款关于隐私的立法定义和第 1034 条第 2 款关于个人信息的立法定义，发挥了极其重要的甚至可以说是关键性决定性的作用，尽管在判决书中适用的是《民法总则》的规定，但是，司法机关认为：“现行法律中没有对隐私概念予以明确规定。《中华人民共和国民法典》对隐私

① 二审法院指出：“即将于 2017 年 10 月 1 日实施的《民法总则》第一百一十一条也明确规定自然人的个人信息受法律保护。但是，在对个人信息进行保护的思路上，各国却有不同看法，从而形成了不同的立法例。有的将个人信息归属于隐私权进行保护(美国)，有的则将个人信息归属于一般人格权或直接作为个人信息权进行保护(德国)。与国外的分歧一样，我国法律界对个人信息的保护思路也存在与上述情况相似的争鸣。然而，专业的争鸣本是为了更好地服务于权利保护的实践，如果因为专业争鸣未能达成共识就放弃对民事权益进行保护，岂非本末倒置？因此，无论对于个人信息的保护思路有如何的分歧，都不应妨碍对个人信息在个案中进行具体的保护。”(参见北京市第一中级人民法院〔2017〕京 01 民终 509 号民事判决书。)

的定义、类型予以明确，虽未正式施行，但其对法律概念的定义及相关规范精神可以在本案中作为参考。”①在该案中，尽管司法机关明言对《民法典》相关规定是作为参考，但是，对《民法典》相关隐私权规定的重视程度远远高于一般作为司法裁判之参考的其他材料。

更为重要的是，在该案中，司法机关明确指出：“《中华人民共和国〈民法典〉》第一千零三十四条第三款规定，个人信息中私密信息，适用有关隐私权的规定，因此，私密信息与个人信息之间的关系应予着重考量。”②这就意味着在该案中司法机关试图也的确是参考《民法典》前述条款进行判决。

由此，在《民法典》具体实施之前，不仅是可以预见，而是的确遇到了对隐私权和个人信息保护之关系界定的难题。司法机关已经在沿着《民法总则》开创、《民法典》进一步强化的坚定区分隐私权与个人信息保护的裁判道路前行。司法机关以名为“参考”实为适用的方式，在《民法典》正式生效之前开始了一场对隐私权和个人信息保护规范适用方式的尝试与探索。

“微信读书案”的判决，昭示了中立意义上的不带任何褒贬色彩的《民法典》时代个人信息保护司法裁判方法与保护路径的显而易见的新变化。但变化并不一定就是革新，变化是否就是朝向更好的方向，仍有待进一步深入观察。对于“私密性检验”部分的具体评析留待下文细说。

(二)《民法典》时代个人信息保护的悖论：尊严性与资源性

1. 重新认识《民法典》第1034条第3款的意义

一是该款在原则上严格区分隐私权与个人信息保护的前提下，承认了隐私权与个人信息可能具有相互交叉重叠的部分，即“个人信息中的私密信息”。

二是尽管该款承认个人信息与隐私权具有交叉重叠的部分，也就是说符合隐私权的保护对象的要求，即“他人的私密信息”，但并不意味着所有的个人信息都具有私密性，而是只有个人信息之一部分可能具有私密性，构成隐私权保护的对象。

三是在个人信息保护中，该规范作为具有约束力的裁判规则，对司法机关

① 参见北京互联网法院〔2019〕京0491民初16142号民事判决书。

② 参见北京互联网法院〔2019〕京0491民初16142号民事判决书。

而言，既是积极确定对个人信息中的私密信息适用有关隐私权之规定的法律适用规则，也是消极排除对个人信息中的私密信息适用有关个人信息保护之规定的法律适用规则，它意味着要求面临具体的个人信息保护裁判任务的司法机关必须确定而且须全面检讨所遭遇的个人信息是否具有私密性，是否构成隐私权的保护对象的问题。

四是对于"私密信息"的私密性，也就是"个人信息中的私密信息"的判定标准，无论是在"隐私"的定义中，还是在该条款中，并没有给予任何规定。

2. "微信读书案"中对隐私权与个人信息的差别对待

有学者将广义的隐私区分为两类：资源隐私和尊严隐私。前者意味着隐私只是一种工具，具有某种工具价值，如"为了能够使用某项服务而提供一定程度的访问私人信息的权限"；而后者意味着隐私承载着个人的人格尊严，"个人根据自认为合适的情况来确定自己的界限"①。

在我国《民法典》对隐私权和个人信息保护的设计中，不无这种将广义的隐私做区分的意味，从对隐私的定义上可以看出来，隐私被更多地视为具有"私人"和"私密"的属性，而个人信息则仅仅强调了其"识别特定自然人"的功能。

在本章所研究的"微信读书案"中，司法机关已经充分地揭示了个人信息与私密信息的区分，姑且不论这种区分可以进一步讨论和辨析的空间是否存在以及多大程度存在的问题。在该案中，司法裁判从五个方面对二者进行区分②，其实也是对《民法典》第 1032 条和第 1034 条的解读。

第一，从权利类型上看，"隐私权具有绝对权属性，个人信息是受法律保护的法益，尚未上升至权利"。但该裁判观点值得商榷。笔者认为，个人信息并非仅仅是"受法律保护的法益"，这个命题使我们想起极负盛名的耶林的关于权利的定义。此外，所谓的"受法律保护的法益"的提法，在司法裁判中意味着承认该法益具有可诉性，具有可以在司法上得到强制执行的可能性，而该表述在《民法典》第 111 条第 1 款和第 1034 条第 1 款两个完全相同的文本表述上，意味着立法者已经承认了个人信息就是法律保护的对象，个人信息就是权

---

① ［英］伊莱恩·卡斯凯特：《网上遗产：被数字时代重新定义的死亡、记忆与爱》，张森译，海峡文艺出版社 2020 年版，第 144 页。

② 参见北京互联网法院〔2019〕京 0491 民初 16142 号民事判决书。

利的保护对象，个人信息已经被披上了一层法定权利的外衣①，意味着“人民基于法律规范所赋予之‘法律之力’(Rechtsmacht)，而可为自己之利益，请求他人为特定行为、容忍或不作为之地位”②，包括“请求国家机关为特定作为”。遗憾的是，立法者没有给这个已经被披上权利外衣的个人信息所代表的权利，给予一个适当的法定的名称，从这个意义上说，称之为“个人信息权”也不为错。个人信息明显与仅在个案的司法裁判中被承认的合法利益，甚至是在一般的司法解释中被承认的类型化的合法利益(如前述 2001 年精神损害赔偿司法解释中被承认的“隐私”利益)完全不同，因为司法机关在此情况下根本没有任何对该立法条款——“自然人的个人信息受法律保护”——进行任何审查的余地，也没有对个人信息予以保护的必要性进行论证的余地，司法机关所能够也应当完成的就只能是在将其认定为构成个人信息的情况下，必须对其提供法律保护。

第二，从立法价值取向看，“隐私权与个人信息权益根本上都体现自然人的人格尊严和个人自由价值，但个人信息权益同时涉及信息利用、流通价值”。在这个区分中，就意味着隐私权具有完全的至少是更强烈的人格尊严性，而个人信息则同时具有尊严性和资源性的双重价值。个人信息的尊严性和资源性可能会存在冲突，具体到该案中，所体现的正是这种个人信息在人性尊严与作为资源价值上的冲突。个人信息的尊严性体现在“人性尊严是相关于人理性的自我决定”，“人性尊严在当代作为伦理的基础：它关于当代正义的讨论，它决定当代科技与伦理的关系”③。该案中，原告所愤怒的正是被告未经其同意而收集和使用原告的微信好友关系数据、阅读信息，而这些“信息属于原告并不愿向他人展示的隐私信息”。在这种情况下，司法机关所面临的必须作出的决断，就是这些信息到底是事关当事人的人格尊严的信息，还是仅仅是具有资源价值的信息，也就是说，意味着“个人信息是数据的重要来源之一，而数据作为新型生产要素又是数字经济发展的基础，对于个人信息的采集和利

① 张建文：《新兴权利保护的合法利益说研究》，载《苏州大学学报(哲学社会科学版)》2018 年第 5 期。

② 李惠宗：《主观公权利、法律上利益与反射利益之区别》，载台湾行政法学会主编：《行政法争议问题研究(上)》，台湾五南图书出版有限公司 2001 年版，第 143 页。

③ 黄忠正：《人性尊严的概念与界限》，载《月旦法学杂志》2013 年第 221 期。

用必然会带来商业价值和经济利益”①。

第三，从利益内容看，“隐私权主要体现精神利益，而个人信息权益可能同时包括精神利益及财产利益”。从这一点看，意味着在《民法典》第四编第六章的框架内，隐私权与个人信息保护的完全区别化，在我国《民法典》意义上的，也就是说，在实在法意义上的隐私权，并不是至少不完全是现代隐私权的概念，恰恰相反更多的是传统的极具消极色彩和防御性功能的古典隐私权概念，以此将“可能同时包括精神利益与财产利益”的个人信息切割开来，形成独立的个人信息保护的领域，是要极力减少个人信息保护问题上隐私权所可能发挥的作用和空间，这也就是意味着在《民法典》第 1034 条第 3 款的意义上，尽管规定个人信息中构成私密信息的个人信息优先而且专由隐私权规范予以保护，但与其说这要给予整个个人信息以更好的保护，毋宁说是要将这一小部分的由隐私权调整的个人信息切割出去，将更多的不属于私密信息的个人信息统统划归个人信息法律保护制度的适用范围之中，以便将其作为经济资源，降低其保护强度，从而促进所谓的大数据产业的发展。②

第四，从保护客体和损害后果来看，“隐私权保护具有私密性的信息，一经泄露即易导致个人人格利益受到损害；而非私密信息的个人信息，仅在被过度处理的情形下才可能使得信息主体受到人格或财产损害”。

第五，这一论断，意味着在司法机关看来，私密信息具有更强的人格尊严性，需要更大强度的保护；而对不属于私密信息的个人信息来说，只有在构成“被过度处理”的情况下才能给予司法救济，这种所谓的“被过度处理”的表述，一方面意味着在不被认定为“过度处理”时，即在可能的“合理使用”的情况下，不会给予司法救济；而另一方面又意味着对“自然人的个人信息受法律保护”的一般性立法表述，附加了过重的条件，而且是限制性条件，这不能不令人合理怀疑：这种判断和裁判是否符合《民法典》立法者所规定的“自然人的个人信息受法律保护”的一般表述的原意。从权利特点和保护方式上看，“隐私权更注重消极性、防御性，保护更为严格；而个人信息权益在注重预防侵害的同时，还强调信息主体积极、自决的利用权益，如选择、访问、更正、删除

① 参见北京互联网法院〔2019〕京 0491 民初 6694 号民事判决书。

② 法院在判决书中进一步指出：“如果把所有与公共事务无关的私人领域信息都纳入隐私范畴，给予绝对权保护，不利于正常的信息利用及流动，因此应对个人信息进行相对合理的层级划分。”（参见北京互联网法院〔2019〕京 0491 民初 16142 号民事判决书。）

等”。即强调分层级保护的隐私权和个人信息。

第六，在包括个人信息在内的广义隐私权的保护问题上，除了我国的一些司法机关和一些学者来说，包括俄罗斯在内的欧洲主要国家并未提出过要严格区分隐私权和个人信息保护的范围，并要求对隐私权和个人信息进行分差等的保护。《俄罗斯联邦民法典》第1522条将个人信息放在隐私权（公民私生活）的保护之中①。英国的学者也认为，“主张拥有和控制我们的个人数据，以维护我们作为个人的尊严和完整性”。②

值得注意的是，在隐私权和个人信息保护上，必须重申隐私权是个人信息保护的基础，个人信息保护的大厦是在古典隐私权的地基上建筑起来的。③ 个人信息法律保护制度修正并适应了在个人信息处理和流通背景下的对隐私权保护的需求，而不是要试图独立于隐私权而构筑所谓的个人信息保护的孤堡。在个人信息保护问题的研究上，不能脱离隐私权的语境去研究个人信息保护，个人信息保护本身就是隐私权保护对象的明确化、具体化和权利内容体系化。正如2012年《关于个人数据自动化处理的个人保护公约》（*Convention for the Protection of Individuals with regard to Automatic Processing of Personal Data*）修订之际，专家们否认了对数据保护和隐私权下定义的必要性，“在数据保护公约中试图界定隐私权是没有用的。因为隐私权本身是在不同的场景有不同表现方式的一组权益（a set of interests），有时需要与其他权益进行平衡。将其表达为一组宽泛的原则更适当，存在其他公约（如《欧洲人权公约》等）和判例来解释它，这样可以运用不同机制来实现保护”④。

3. “微信读书案”中个人信息合理使用的扩大化倾向

在理论上，要求降低或者放松对个人信息保护的论调，来源于所谓的“隐私悖论”。一方面，意味着担心隐私安全；另一方面又热衷分享个人隐私信

---

① 张建文译：《俄罗斯联邦民法典（第一部分）》，华中科技大学出版社2019年版，第110页。

② ［英］伊莱恩·卡斯凯特：《网上遗产：被数字时代重新定义的死亡、记忆与爱》，张森译，海峡文艺出版社2020年版，第140页。

③ 张建文：《被遗忘权的场域思考及与隐私权、个人信息权的关系》，载《重庆邮电大学学报（社会科学版）》2017年第1期。

④ 转引自高富平：《个人信息使用的合法性基础——数据上利益分析视角》，载《比较法研究》2019年第2期。

息，这种矛盾的行为即隐私悖论。① 具体来说，体现为在信息化时代，用户利用个人信息换取各种服务②，同时又面对着隐私安全问题。英国心理学家伊莱恩·卡斯凯特认为"在寻求即时满足的过程中，人们确实会为了相对微小的回报而交出自己的个人信息"，但是"不管我们在隐私问题上付出多大的代价，当隐私和公众的界限发生冲突时，当我们失去对信息的控制，发现我们选择共享的个人数据并没有如我们预期的那样得到妥善管理时，隐私的保护便显得很重要"③。有学者也注意到以公共场所中的隐私期待的"消退"与"强化"现象，敏锐地指出"科技发展""政府监控以及商业化信息收集的不断增强"以及"直播成为潮流"导致国人对公共场所中的个人隐私期待的退化。④

在"微信读书案"中，司法机关一方面明确反对给予个人信息以绝对权的保护，"如果把所有与公共事务无关的私人领域信息都纳入隐私范畴，给予绝对权保护，不利于正常的信息利用及流动"，提出要对个人信息进行分级保护，即"应对个人信息进行相对合理的层级划分"；另一方面含混地提出对被划入隐私的个人信息之外的"其他信息"，对于该种信息信息处理者"可以依法进行利用，进而可以通过加强科技研发、资金投入，为广大用户提供丰富、高质、价格低廉的互联网产品，或更好地维护公共利益"⑤，更加凸显了个人信息作为资源的经济价值⑥，实现信息的商业化利用。

结合判决书的裁判主文来看，在整个判决中，司法机关对于原告提出的侵犯隐私权主张全部没有予以认可，尽管法院也意识到了"微信读书存在较高的

---

① Dienlin T, Trepte S, Is the Privacy Paradox Are Lic of Thepast? An In-depth Analysis of Privacy Attitudes and Privacy Behaviors, European Journal of Social Psychology, 2015, 45(3), pp. 285-297.

② 刘婷、邓胜利：《国外隐私悖论研究综述》，载《信息资源管理学报》2018 年第 2 期。

③ ［英］伊莱恩·卡斯凯特：《网上遗产：被数字时代重新定义的死亡、记忆与爱》，张淼译，海峡文艺出版社 2020 年版，第 141 页。

④ 李延舜：《公共场所隐私权研究——法理、要素及类型》，载《法学论坛》2018 年第 6 期。

⑤ 参见北京互联网法院〔2019〕京 0491 民初 16142 号民事判决书。

⑥ 在"抖音 App 案"中，司法机关明确提出："被告对个人信息的采集和利用必然会为其商业运营带来利益。被告在未征得原告同意的情况下采集原告的个人信息并加以利用，应当进行一定的经济赔偿。"（参见北京互联网法院〔2019〕京 0491 民初 6694 号民事判决书。）

侵害用户隐私的风险”①，并且鼓励和赞赏互联网公司“通过个性化设置不断完善用户个人信息及隐私保护功能”，“为用户宣告不愿为他人知晓提供清晰路径”②，造成司法机关在此类裁判中对构成私密信息的私密性的要求过高，而对个人信息的保护力度较弱。

（三）《民法典》时代个人信息保护的私密性判断

1. 个人信息的私密性判断义务的来源与范围

《民法典》第 1034 条第 3 款，关于“个人信息中的私密信息”的表述，构成了我国个人信息立法上对私密信息和非私密信息相区分的规范依据，而该款关于个人信息保护的法律适用的规定，则构成了在司法裁判中对个人信息是否构成私密信息的私密性检验义务的来源，也是《民法典》相比较于《民法总则》的规定所做的进一步的创新，由此更加凸显了隐私权保护对象与个人信息保护对象的相互区别与独立，同时也将在之前的司法裁判中本属于司法机关在保护个人信息时所享有的选择保护方式的裁量自由，转变为司法机关必须选择对个人信息中的私密信息的隐私权进行保护的义务。该条款意味着，对于司法机关来说，在个人信息保护中，有义务对所可能面临的所有个人信息进行私密性检验，以便最终确定对个人信息的法律适用问题。

2. “微信读书案”对个人信息私密性检验的判断标准

《民法典》试图用私密性标准来界定隐私的内涵，以便修正《侵权责任法》和《民法总则》没有规定隐私权之范围与内容的缺陷③，同时实现精准切割和严格区分个人信息与隐私权保护对象，姑且不说这个标准是否能够完成《民法典》条文设计者所希望达到的功能，仅就“私密性标准”而言，它本身仍然是一个极具概括性的一般概念，仍然需要依赖司法实践的不断阐明。

---

① 参见北京互联网法院〔2019〕京 0491 民初 16142 号民事判决书。而在“抖音 App 案”中，司法机关明确提出与《民法典》第 999 条所规定的个人信息合理使用（立法上的个人信息合理使用）不同的，可以称之为裁判上的个人信息合理使用的新主张：“在没有对信息主体造成不合理损害的前提下，认定某些个人信息的利用行为可以不必征得信息主体的同意。”（参见北京互联网法院〔2019〕京 0491 民初 6694 号民事判决书。）

② 参见北京互联网法院〔2019〕京 0491 民初 16142 号民事判决书。

③ 方新军：《一项权利如何成为可能？——以隐私权的演进为中心》，载《法学评论》2017 年第 6 期。

在本章所研究的“微信读书案”中，司法机关在《民法典》尚未生效的情况下，试图探索对个人信息中的私密信息的界定问题。

第一，面对数字化生存的社会生活现实，司法机关强调检验个人信息的私密性的目的在于，“划入隐私的个人信息，应强调其私密性，进而与其他层级的个人信息在收集、存储、使用、加工、传输、提供、公开等方面形成相区别的授权同意规范、技术安全规范、信息处理规范等”①，也就是说，强调对此一小部分之具有隐私意义的个人信息的突出和保护，意在将其与没有被划入隐私的“其他信息”相区分，降低对“其他信息”的保护强度和力度，即“授权同意规范、技术安全规范、信息处理规范等”，进一步说，就是强化对不具有尊严性意义的个人信息(没有“划入隐私的个人信息”)的资源性价值。

第二，在该案中，司法机关遵循《民法典》第 1032 条第 2 款的规定，特别强调私密信息之“不愿为他人知晓的主观意愿”的层面。司法机关特别指出：“关于不愿为他人知晓的私密性，强调其主观意愿，该主观意见不完全取决于隐私诉求者的个体意志，应符合社会一般合理认知。”笔者认为，在《民法典》中“不愿为他人知晓”的“私密性”概念本身，也是一个价值判断工具，尤其是在司法机关将其不完全置于隐私诉求者的个人意愿之下，而是施加以“社会一般合理认知”的限制之下时，意味着对于“不愿为他人知晓”为基本内容的“私密性”的判断本身，在不考虑隐私诉求者本人的意愿时，成为一个不易把握的概念。

第三，根据司法机关的裁判立场，个人信息私密性的判断，要考虑以下因素：

首先，社会一般合理认知受到一系列完全不取决于个体意愿的因素的影响，“可能受到地域、文化传统、法律传统、习惯风俗、经济发展状况、社会普遍价值观等因素的影响”②。实际上，对该案中的司法机关而言，私密性就是指“符合社会一般合理认知下‘不愿为他人知晓’的标准”。

其次，司法机关更进一步描述了一种数字社会的现象，即“即使在相对统一的社会背景下，由于互联网产品的多元性和丰富性、用户的广泛性和差异性，不同用户就个人信息的期待也可能存在消极防御与积极利用的差异。如在

① 在本部分，引用部分没有特别指明文本来源者，均为来自于北京互联网法院〔2019〕京 0491 民初 16142 号民事判决书。

② 参见北京互联网法院〔2019〕京 0491 民初 16142 号民事判决书。

具有社交功能的应用软件中，有用户厌烦‘可能认识的人’的推送，有用户则欢迎就此迅速建立软件上的社交关系；如在购物应用软件中，有用户反感基于用户画像的产品推送，有用户则享受该推送带来的便捷”，从而拒绝“将用户隐私期待强烈程度不同的信息笼统划入某相对固定的概念”，提出私密性检验的“场景化模式探讨”的方案。①

最后，司法机关以“合理隐私期待”和“场景化模式探讨”方式，对个人信息进行类型化。

从合理隐私期待的维度，实现了对三种个人信息的类型化及其法律地位：一是“符合社会一般合理认知下共识的私密信息”，从其用列举方式所表述的对象——“性取向、性生活、疾病史、未公开的违法犯罪记录”来看，基本上与“特种个人资料”②的范围相当，而且在其保护强度上与之相当，“此类信息要强化其防御性保护，非特定情形不得处理”③。二是所谓的“不具备私密性的一般信息”，此类个人信息“在征得信息主体的一般同意后，即可正当处理”，对这里所谓的“一般同意”的含义有待进一步明确④。三是“兼具防御性期待及积极利用期待的个人信息”，“需要结合信息内容、处理场景、处理方式等，进行符合社会一般合理认知的判断”，司法机关进一步指出“对这类信息保护的重点在于赋予信息主体自主决定其消极防御或积极利用的权益”⑤。

以一般的用户读书信息为例，在该案中，司法机关根据场景化原则，对用户的读书信息是否具有私密性进行了判断。在两种情形下，用户的读书信息具有私密性，一是认为“某些特定的阅读信息落入了共识的私密信息范畴”；二

---

① 参见北京互联网法院〔2019〕京 0491 民初 16142 号民事判决书。

② 张建文：《俄罗斯个人资料法研究》，载《重庆大学学报(社会科学版)》2018 年第 2 期。

③ 笔者认为，从这句话来自判决书原文而言，在某种意义上说，可以认为在我国的司法实践中承认“特种个人资料”，也就是所谓的“敏感个人信息”的制度。

④ 值得注意的是，在“抖音 App 案”中，司法机关明确提出某些个人信息的利用行为甚至可以被豁免一般同意的基本要求，即“在没有对信息主体造成不合理损害的前提下”，“可以不必征得信息主体的同意”(参见北京互联网法院〔2019〕京 0491 民初 6694 号民事判决书。)

⑤ 参见北京互联网法院〔2019〕京 0491 民初 16142 号民事判决书。笔者认为，从最后这句话判断，似乎不排除有将消极防御或者积极利用委之于信息主体的自主决定的意图，但是，在是否具有私密性之判断问题上，信息主体的自主决定能够发挥多大的作用仍不明确。

是“虽然各阅读信息分别不属于共识的私密信息，但在积累到一定数量时，结合主体的身份，该信息组合可以达到对信息主体人格刻画的程度，则一经泄露可能造成其人格利益损害”①。尽管司法机关提出了这样的标准，但是，在对该案所涉特定用户的读书信息的场景化分析时，法院否定了其具有私密性。

3. 个人信息的私密性判断的未来

个人信息的私密性检验的难题，一方面是由于以隐私权本身的含义广泛，而且需要因应不同的技术发展与社会现实而不断扩展，隐私的含义本身也未能够完全定型，对立法和司法来说，都是处在不断累积经验材料的过程中，另一方面由于我国《民法典》对“隐私”的定义本身所使用的“不愿为他人所知”和“私密”的表述的一般性和含混性，导致缺乏更多的指引。

在本章所研究的“微信读书案”中，尽管司法机关在《民法典》尚未正式生效的情况下，以参考相关规定之精神的名义，对个人信息的私密性检验问题的尝试和探索是首创性的。司法机关所提出的“分层保护”裁判立场，在一定程度上弥补了我国立法缺乏特种个人资料制度(也即敏感个人资料制度)的缺憾，不排除将来建立司法实践上的“特种个人资料制度”的可能性；司法机关在该案的裁判中，使用了“合理隐私期待”的“框架性理论工具”②，试图填补“不愿为他人知晓”的内涵不无积极意义，但是司法裁判对“合理隐私期待”的理论内涵和具体操作方式，仍有进一步充实和发掘的空间；司法机关也提出了“场景化模式探讨”具体个人信息的私密性问题，所谓的“场景化原则”不外乎就是具体问题具体分析而已(case by case)，其如何操作和实现的问题有待进一步开发和纯熟，从在该案中具体应用来说，效果难谓令人满意，足见该理论立意甚高，见效极难。

个人信息中的私密信息判定问题，无疑会成为《民法典》生效后个人信息保护司法实践中的重大且困难的问题。司法裁判中的价值立场问题，若隐若现，个人信息保护到底是保护个人的尊严还是保护企业的资源，这个基本问题是绕不开的。《民法典》关于个人信息保护所确立的保护方式模式，决定了个人信息保护司法实践的路径依赖，如何科学地和富有弹性地确定私密信息的构成问题，仍然是个人信息法学最根本最重大的任务。

---

① 参见北京互联网法院〔2019〕京0491民初16142号民事判决书。

② 高仲劭：《合理隐私期待理论的本土化适用与理论建构》，载《哈尔滨师范大学社会科学学报》2019年第1期。

（四）小结

与《民法总则》时代不同，在《民法典》时代，由于其第 1034 条第 3 款所预先确定的个人信息保护与隐私权保护的刚性分野，导致司法裁判者在确定个人信息的保护方式时，不得不对个人信息进行所谓的私密性检验，以便确定个人信息是属于《民法典》所确定的隐私权保护的对象——“个人信息中的私密信息”，还是《民法典》所规定的个人信息保护的对象，即前述“个人信息中的私密信息”之外的个人信息。然而这种私密性检验义务存在的必要性和正当性并非不容置疑。这种区分保护的必要性和正当性，来自于在产业发展视角下为了能够在产业竞争中胜出有意地降低个人信息的保护力度和强度，这种区分在立法上体现为具有个人尊严保护价值的作为隐私权保护之一部分的“个人信息中的私密信息”和其他的不具有尊严性仅仅具有“资源价值”的个人信息，这种区分不仅在立法上被承认，而且决定了本质上相同或者相近的事物——“在大数据时代，除表征功能外，个人信息人格利益仍应归入隐私范畴”①——的不同保护方式（力度）。

对个人信息的私密性检验所导致的后果，一方面是加大了裁判机关所面临的在保护个人信息时必须进行私密性检验的裁判负担，耗费有限且宝贵的司法资源；而另一方面则有降低对不具有私密性的个人信息的保护力度和强度之嫌，以便为互联网企业或者大数据产业的发展提供更多的数据原料。借助于所谓的“尊严性”个人信息和“资源性”个人信息的区分，强硬割裂和人为隔离隐私权和个人信息保护之间的本质性关联，背离了《民法典》第 111 条第 1 句和第 1034 条第 1 款所承诺和宣示的“保护自然人的个人信息”的基本价值。

三、公共数据利用机制的体系化：公共数据的公用性实现机制研究

目前社会正处于大数据变革时代，数据涵盖了经济社会发展的各个领域，已成为重要的生产要素。由此产生的革命性影响也将重塑生产力发展模式，而

---

①　房绍坤、曹相见：《论个人信息人格利益的隐私本质》，载《法制与社会发展》2019 年第 4 期。

对数据的有效利用是提升国家治理现代化的重要环节之一。各地方政府陆续出台了地方性政府公共数据管理办法。因此对于公共数据利用的机制设置十分重要也十分迫切。然而，目前公共数据开放和使用仍面临诸多挑战，大部分政府部门的数据基础还很薄弱，存在数据分类标准不清、数据质量参差不齐等问题，各领域数据出现孤岛化，阻碍了数据开发使用。

公共数据的性质如何界定，以何种方式进行保护，这是公共数据立法乃至整个数据立法都必须回答的，也是最基本的问题。总体而言，有关公共数据开放与利用的理论基础尚未达成共识，公共数据的法律性质与法律定位不明确，相关制度设计过于简单化。本章主要以公众对公共数据的使用为中心，探讨公共数据的公用性实现机制，以期助力公共数据法律规范的完善。

(一)我国公共数据的法律定位和二元属性

1. 公共数据的法律定位

博登海默所说："概念乃是解决问题所必需的、必不可少的工具。没有限定的专门概念，我们便不能清楚地、理智地思考法律问题。"①正确界定公共数据的概念对于围绕公共数据的理论和立法建构有着基础性作用。

(1)公共数据的概念厘清

目前我国公共数据地方立法中，对于公共数据的来源机关主要有三种不同的范围限定：一是小范围的规定，即数据仅来源于政府部门。二是中等范围的规定，即公共数据的来源包括政府部门以及履行公共管理职能和服务职能的事业单位。② 中等范围的公共数据包含三种层次：行政机关或具有公共职能的机关在管理国家公共事务的过程中收集的数据；给予行政机关授权而获得公共事务管理权限的机构在行使公共职能的过程中收集的数据；在有公共利益的领域内，与公共利益有关的数据。三是大范围的规定，即数据的来源不仅包括政府部门和事业单位，还包括具有一定公共管理和服务性质的社会团体和企业，③其中包括政府部门掌握的数据和由外部机构掌握但与公共部门履行职责相关的

---

① [美]博登海默：《法理学 法哲学法律方法》，邓正来译，中国政法大学出版社2004年版，第504页。

② 参见《上海市公共数据开放暂行办法》第3条。

③ 参见《福建省政务数据管理办法》第2条。

具有公共性的数据①，这部分数据并非通过政府履职或授权履职产生，但其存在于公共领域或空间，涉及公共利益，例如进入了公有领域的知识产权作品。另外，由私人控制但涉及公共利益的数据控制与处理一般不经过公共机关，公共机关对这类数据以管理为主，通过个案中的行政授权取得处理的权限，因此本文中更多地讨论由公共机关和公共部门掌握的公共数据。

(2)公共数据的法律性质

在说明公共数据是公共信息资源前，应当首先明确什么是公共信息资源。公共资源是具有非排他性的公共物品，是“属于人类社会共有、公用的自然与社会资源”②，不仅有矿产、土地等有形自然资源，还包括文化、教育等无形社会资源。③

数据文件可被低成本或零成本地无限复制，因此数据中蕴含的信息在经济上具有较强的非竞争性。④ 数据特别是具有公共利益性质的数据是公共资源的一种，党的十九届四中全会将数据作为新的生产要素。公共数据作为信息资源，与传统的物理资源存在较大不同，传统物理资源的价值产生主要体现在分配环节，而公共数据的价值更多体现在生产环节。公共数据可以不转移占有而同时授权多主体进行开发，且只需要开放接口就可以完成交易。公共数据作为公众使用的信息资源，特定或不特定的公众均可以在不妨害他人利用的情形下，按照公共物品的使用规则和用途进行使用。

2. 公共数据的二元属性

公共数据具有准公众用物和准公务用物属性。以“准”字开头的概念与原有概念之间法律效果基本相同，共性大于个性。⑤ 传统公用物一般是指“国家

---

① 莫力科、王沛民：《公共信息转变为国家战略资产的途径》，载《科学学研究》2004年第3期。大范围的公共数据不仅包括政府以及公共部门所掌握的数据，还包括外部机构为公共部门所创建的数据，以及由外部机构掌握但与政府履职与服务相关的、具有重大公共利益关切的数据。

② [美]格林沃尔德：《现代经济词典》，商务印书馆1981年版；转引自李燕、唐卓：《国有企业利润分配与完善国有资本经营预算——基于公共资源收益全民共享的分析》，载《中央财经大学学报》2013年第6期。

③ 鲍丹：《公共资源出让收益，如何全民共享?》，载《当代广西》2012年第9期。

④ 纪海龙：《数据的私法定位与保护》，载《法学研究》2018年第6期。

⑤ 崔建远：《准物权研究》，法律出版社2003年版。第18页。

或公共团体直接为了公共目的而提供使用的有体物”①，但随着时代发展和社会进步，传统财产概念扩张，无体物也被纳入了公物的范畴，例如领空、海洋以及知识产权（即公共知识产品）。个人数据主要反映了个人生活状态，个人数据背后的个人信息与人格权有着很大的联系，同样，企业信息和政府信息产生于经营或履职的活动中，因此围绕公共数据进行的政府公务活动本身就代表了公共利益，公共数据被定义为公用物也无可厚非。

数据公共物品与其他物理性的公用物有着以上共性，但也存在个性。数据和知识产权类似，都具有非消耗性、可低成本复制传播的特点。公共数据可以授权多个主体同时获取、同时开发而不转移数据权属，这是公共数据与传统公用物最大的区别。因此公共数据应当是准公用物。

（1）公共数据的准公众用物属性

公共数据的公众用物属性是指，为公众生活或生产需要，依公共数据的性质和用途的合目的性利用②与受益③，主要体现为公众的使用权。

在公共数据的使用关系中，法律法规规制的重点是确立和保障公众对公共数据的使用收益，对公共数据的使用是公众的权利。公众用物的使用应当尊重特定的原则。合目的性原则，即公众对公众用物的使用应当合乎公物设置的目的，在公共数据的使用中，就是公众对公共数据的获取及使用应当合乎公共数据本身的目的，不得违法使用。

（2）公共数据的准公务用物属性

公务用物又称行政用公物、行政财产或公务用公物，主要由公权力主体自己使用，以服务于公共目的，完成公共任务。作为公务用物的公共数据主要体现为公共机关对其的管理权。在公共数据的管理关系中，法律法规规制的重点是确立主管机关的管理权力，核心在于对公共数据的利用与管理。④ 以《深圳经济特区数据条例（征求意见稿）》为例，主管机关负责协调解决公共数据管理工作中的问题，作出决策，建立公共数据标准体系等，并有权在必要性和最小化原则下，授权第三方开展数据收集、处理活动。⑤

---

① ［日］盐野宏：《行政法》，杨建顺译，法律出版社 1999 年版，第 742 页。
② 林腾鹞：《行政法总论》，台湾三民书局 2012 年版，第 285 页。
③ 梁慧星、陈华彬：《物权法（第 2 版）》，法律出版社 2003 年版，第 11 页。
④ 张杰：《公共用公物权研究》，武汉大学 2011 年博士学位论文，第 75 页。
⑤ 参见《深圳经济特区数据条例（征求意见稿）》第 34 条。

通过公共数据的二元属性之间的关系，可以看出，公共数据的使用权是公众的权利，管理权是国家即公共机关的权力。公共机关对数据管理权的正当性来源于公众对公共数据使用的需求，因此公共数据管理权的存在目的就是保障公众对公共数据的使用，不得非法阻碍对公共数据的使用。

(二)公共数据准公众用物属性的实现：公众使用的类型化

数据作为公共资源，在目的性用途上即为公众使用，因此，公众在不妨碍他人合法利用的前提下，可按照公共数据的使用规则和用途获取并使用公共数据。自然人和法人、其他组织均有权以合法方式和手段创建、收集、聚合、储存、处理、分析、营销、分配、使用和重复使用信息,① 这也是公共数据权益的核心。笔者认为，应当在公众对公共数据使用的类型化基础上建立使用机制。

1. 自由使用： 公众公共数据权益的核心

(1)公共数据的自由使用与限制

公共数据的自由使用是指在不妨碍他人使用的前提下，任何人都可以在目的性用途范围内无须许可地使用公共数据。② 自由使用意味着除非法律基于对特定利益的保护而作出限制，任何自然人和法人无须许可，均可以直接且便利地获取并使用公共数据。

自由使用的一项基本的规则是免费使用，在数据平台获取公共数据时，免费使用还应当意味着数据获取的前置流程应尽量简化。自由使用还意味着平等使用，即公共数据平台应当给使用者提供平等的获取和使用机会，不得实施使用歧视。③

公共数据的自由使用并不具有绝对性，而应受到目的性用途的限制。例如，利用自由使用的公共数据爬取个人信息，利用技术手段去匿名化，非法获取他人个人信息甚至侵犯他人隐私，这类侵权行为不能因自由使用而豁免。而公共数据从业者的活动，则应在很大程度上受到公共利益维护和个人信息保护的考虑，由法律授权或行政许可的方式管理、限制其数据活动。

---

① 参见《上海市公共数据和一网通办管理办法(沪府令 9 号)》第 18 条。

② 张建文：《公众用国有财产之公用性实现机制研究》，载《经济法论丛》2009 年第 2 期。

③ 参见《浙江省公共数据开放与安全管理暂行办法》第 16 条。该条提到，在受限公共数据开放时，应当注重公平开放，不得设定歧视性条件。

(2)公共数据自由使用的性质

对公共数据的自由使用是否可以作为个人在法律上可以主张的权利？换言之，使用人在其对公共数据的使用需求被否定或侵犯时，可否依照侵权责任机制寻求诉讼法上的救济？按照耶林的观点，并不是所有旨在保护利益的法律都能赋予利益人以主观意义的权利，即法律请求权，① 这一问题的实质是，公众对公共数据的使用利益是否属于权利？

笔者认为，若将公众对公共数据的使用利益作为反射利益，断绝使用人通过司法手段进行救济的可能性，没有体现在公共数据开放使用领域中国家和公民之间的平等关系。随着福利国家时代的来临，公众对公共财产的利益由反射利益逐渐加强为社会经济权利已成为趋势。② 公共数据的使用利益虽然不属于类型化的权利，但也不应被视为反射利益而排除法律上的救济。在使用人对公共数据的使用受到数据管理机关或者平等第三人的侵害时，应当赋予使用人通过行政诉讼或民事诉讼恢复自由使用权益的司法救济权。③

(3)自由使用的数据种类

在法律明确规定须许可才允许的利用外，公众对公共数据的非排他、非营利性利用皆应自由。公共数据应当以自由使用为原则，许可使用或特许使用为例外，我国各地方立法也对自由使用的数据范围有着共识，即以开放为原则，以有条件开放或不开放为例外。因此，自由使用的数据应当是范围最广、数量最大的。在保障信息安全与个人隐私等价值追求的前提下，最大程度地促进公共数据的开放与共享，更好地实现信息公开与数据价值的利用。欧盟《PSI 修正案》④第 8 条第 1 款提到了公共部门资料再利用：“公共部门可以允许无需任

---

① [德]奥托·巴霍夫：《公法中的反射作用以及主观权利》，乌尔海希·巴迪斯编，于安译，高等教育出版社 2006 年版，第 296~297 页。

② 陈国栋：《法律关系框架中的自然人资源国家所有权》，载《如何理解“国家所有”：〈法学研究〉青年公法论坛专题研讨会论文集》，2015 年，第 268 页；转引自张力：《国家所有权遁入私法：路径和实质》，载《法学研究》2016 年第 4 期。

③ 实际上，在部分地方立法中也点明了自由使用权的性质，如《浙江省公共数据开放与安全管理暂行办法》第 24 条第 2 款规定：“公共数据利用主体因公共数据依法开发利用所获得的数据权益受法律保护。”

④ 2013 年 6 月 26 日，欧盟通过了欧洲议会及欧盟理事会第 2013/37/EU 号指令(即《PSI 修正案》)，以修改第 2003/98/EC 号关于公共部门资料再利用的指令(即《PSI 指令》)。Public Sector Information，为公共部门资料，简称“PSI”。

何条件的资料再利用，如有需要，可以设置许可条件，但是这些条件不能对再利用的进行形成不必要的限制，且不可用于限制竞争。”

2. 许可使用：自由使用的特殊类型

(1)公共数据许可使用的法律性质

许可使用在一些地方立法中也被称为有条件开放或受限开放。公共数据的许可使用与自由使用并无本质上的区别，应当看作是自由使用的特殊类型。公共数据的开放共享并不表示可以对一切数据进行无限制地开放①，与自由使用相比，许可使用须经过主管机关的许可，且该许可有某些情况下可以撤销。因此，许可使用相对而言具有不稳定性。许可使用的数据一般为申请开放，通过开放平台向保存该数据的部门提出开放申请，并说明利用目的、保密条件等。②

公用物的许可使用是何性质，学界仍有争议，有人认为是管理机关的行政自由裁量行为，有人认为是羁束性行政行为。值得注意的是，部分地方立法要求公共数据的许可使用应当签订开放利用协议③，并对协议应当约定的内容进行了规定。首先，公共数据利用主体应向开放主体(即公共数据平台)定期报告利用情况，不得用于约定利用范围外的其他用途。其次，数据利用主体应当履行安全保障的职责，并接受监督检查。协议签订后还需报公共数据主管部门备案。许可使用的协议主要针对的是利用许可使用的数据进行数据处理和分析的企业。

笔者认为，公共数据的许可使用应当被看作是行政自由裁量行为。理由如下：第一，许可使用是为了平衡特定数据敏感性和公共利益，但使用人对特定数据的使用情况复杂，法律难以详细、穷尽规定。第二，许可使用是特殊情况下的自由使用，所以许可使用的性质应当在自由使用的性质项下讨论。第三，公共数据管理机关对许可使用的自由裁量并不意味着不受限制，管理机关仍需依照公共数据的使用目的和规则管理与授权使用。

---

① 王利明：《数据共享与个人信息保护》，载《现代法学》2019年第1期。

② 例如在《宁波市公共数据管理办法》第25条中，申请获取许可使用的公共数据时，应当同时提供数据用途、应用场景和安全保障措施等。

③ 例如《浙江省公共数据开放与安全管理暂行办法》第17条明确列出了受限开放数据利用协议的内容，《宁波市公共数据管理办法》也规定在对有条件开放数据进行利用时，应当对数据用途、应用场景和安全保障信息等签订数据利用协议。

(2)许可使用的公共数据种类

公共数据的许可使用即作为自由使用的特殊类别，其数据种类是自由使用数据种类的延伸，许可使用主要考虑到具有一定敏感性的公共数据若直接公开可能会引起对公共利益或个人信息的不利影响。在地方立法中，许可使用的数据种类一般为商业秘密和个人信息，也有个别立法将涉及国家秘密的公共数据列入许可使用的数据①。涉及商业秘密的数据开放情况应当尊重企业数据主体的意思自治，以合同约定为准，没有约定时应当就个案征求商业秘密持有企业的意见，同意申请人获取的，公共数据平台可以授权开放。另外，数据的许可使用还应考虑数据处理能力。出于对数据准确性、可读性和安全性的考虑，对处理要求较高或时效性强的数据，也可适当设置获取条件，② 开放后将严重挤占公共数据基础设施资源，影响公共数据处理运行效率的，也可以列入许可使用的范围。③

公共数据集合中不可避免地会出现个人数据。一方面，个人数据的收集和使用可以提高数据实用性和完整性，更好地保障公众知情权；另一方面，个人数据中蕴含的个人信息和隐私受到法律保护，若收集或使用不当，则会侵犯数据主体的数据权益，甚至侵害公民基本权利。④ 因社会公益目的使用个人信息，最适宜的分析样本就是我国新冠肺炎疫情下公民个人数据的使用。疫情期间，各地区分别推出健康码，公布确诊患者、疑似感染者的行踪与接触人群，使得公民个人数据在作为公共数据被使用时公民让渡了部分权益。

综上所述，笔者认为，许可使用的数据包括一般个人数据、匿名化的敏感个人数据、合同约定可以在一定条件下开放的商业秘密以及对处理要求较高或时效性较强的数据。

---

① 例如在《浙江省公共数据开放与安全管理暂行办法》第 13 条中，涉及国家秘密的公共数据，在评估和开放前，应当进行保密审查。

② 例如《上海市公共数据和一网通管理办法》第 11 条关于公共数据的分级分类中规定，对数据安全和处理能力要求较高、时效性较强或者需要持续获取的公共数据，列入许可使用的数据。

③ 例如《浙江省公共数据开放与安全管理暂行办法》第 15 条中，将开放后将严重影数据处理运行效率，挤占数据基础设施资源的数据列入受限开放类。

④ 时诚：《疫情防控中个人信息使用的合法性基础》，载《图书馆建设》2020 年第 3 期。

3. 特许使用： 有限范围内的知悉

(1)公共数据特许使用的法律性质

特许使用一般是指管理机关在不妨碍公共财产公用性的前提下为特定人设定的排他性使用的权利。然而，以数据形式表现的公共资源与一般性的有体物公共资源不同，有体性的公共资源无法多个主体同时进行开发利用，只能通过类似特许经营等方式开发利用，将受益上缴国库以实现全民受益。与传统公共资源不同，数据资源可以同时授权多个主体开发使用。此外，授权开发使用的实质是使用权的授予，而不是所有权的转移。因此，公共数据的特许使用应当是指一般不予开放，只有特殊情况下依申请审查后才可获取，并在利用目的范围内有限使用。

特别许可行为本质上是公共机关的市场管制，是对市场资源的分配，这种权利是由公法调整的行政管理行为。① 公共数据的特许使用与传统公共物品的特许使用最大的区别在于，传统公共物品的特许使用意味着排他性使用权，意味着超越了该原本目的性用途，赋予了使用者继续使用的特别权利，② 因此特许使用权也被称为准物权，例如采矿权、取水权等。但是公共数据的特许使用不同，数据本身可以无限复制的特性与传统有体物需要占有才能使用完全不同，因此公共数据的特许使用没有设置排他性使用权能的必要，且公共数据的特许使用一定要在目的性用途之下，严格程度甚于许可使用。因此，在公共数据特许使用的场景下，应重点分析公共机关的授权使用行为的性质，而非公众特许使用权的权能。

笔者认为，公共数据主管机关授予使用者以特许使用权的行为属于行政许可行为，根据《行政许可法》第 12 条的规定，特许经营的种类包括自然资源特许使用、公共资源特许使用以及公用事业特许经营。对公共数据的授权属于公共资源的特许使用。

(2)特许使用的公共数据种类

特许使用的数据一般涉及重大公共利益或他人权益，不得随意开放。一般包括涉及国家秘密的数据、涉及商业秘密和个人隐私的数据、受知识产权保护

---

① 欧阳君君：《自然资源特许使用的理论建构与制度规范》，苏州大学 2015 年博士学位论文，第 58~59 页。

② 林素风：《论行政法学上的公物制度》，台湾中兴大学法研所 1987 年硕士学位论文，第 85 页。

的数据、依协议禁止开放的数据等。① 特许使用的公共数据可分为约定不公开的数据和法定不公开的数据。

约定不公开的数据是指在数据收集阶段，数据主体明确表示不得公开，或虽没有明示不公开但数据性质要求数据主体知情同意后公开的数据。此外，约定不公开的数据还包括商业秘密，例如在商业秘密保密协议中约定该秘密一般不得公开，此时即使公共机关掌握了该商业秘密且该商业秘密被纳入了公共数据池中，他人对其知悉也应当受到严格的限制。

法定不公开的公共数据指依据法律、法规和规章不公开的数据。公共数据地方立法一般规定，涉及国家秘密、国家安全、社会安全和稳定的公共数据，在一般情况下不应当公开。国家秘密涉及国家安全，具有重大的公共安全关切，国家秘密知悉范围以外的人员，因工作需要知悉国家秘密的，应当经过机关、单位负责人批准。因此，涉及国家秘密和国家安全的数据应当列入特许使用的数据类型，只有在特殊情况下经过严格的审查批准，并签订保密协议，②才可以允许申请者在使用目的范围内获取，且使用过程也应当受到监督。另外，公共数据涉及个人敏感信息和私密信息的，也应当列为特许使用的数据。

禁止开放的数据并非无法获取，而是需要根据申请、评估后在目的范围内获取，或将该类数据进行匿名化或脱敏、脱密处理后向公众或特定主体开放。③ 确需开放的，公共数据管理机关应当对数据使用者的资质、利用目的、用户资质以及保密条件等进行审查，严格控制数据获取和利用的范围，并做好监督工作。④

（三）公共数据准公务用物属性的实现：业务管理权的引入

公共数据作为公共产品，寄希望于一般民事主体的民事行为来满足其公共利益的实现是不现实的，只有国家才能负担得起公共利益维护者的职责。⑤

---

① 参见《浙江省公共数据开放与安全管理暂行办法》第 14 条第 1 款。

② 参见《中华人民共和国保守国家秘密法》第 30 条。

③ 各地方立法对特许使用的公共数据有着脱敏、脱密处理后公开的规定，例如《浙江省公共数据开放与安全管理暂行办法》第 14 条第 2 款规定，特许使用的公共数据在经过脱敏、脱密等技术处理后，若符合开放条件，可以列为自由使用或许可使用的公共数据。

④ 参见《成都市公共数据管理应用规定》第 27 条。

⑤ 赵万一：《民法概要》，华中科技大学出版社 2014 年版，第 163 页。

以适当的管理权能规制数据处理，是公共数据作为公用物的合目的性机制的重要组成部分。① 目前各地方的公共数据立法都重点对公共数据的管理进行了规定，从数据的收集、开放到监管，设置了较为完善的管理和责任机制。公共数据的管理机关，主要有各地方政府主管部门、网信部门和大数据中心。主管部门负责制定公共数据收集使用的标准规范等，统筹公共数据管理工作。网信部门负责指导数据平台建立公共数据网络安全管理制度，加强网络安全保障，推进关键信息基础设施网络安全保护工作。市大数据中心应当对公共数据资源平台、公共数据云存储以及灾难备份中心加强安全管理，定期开展安全测试、风险评估和应急演练。②

1. 公共数据管理权的私法性质

我国对于公共资源一直坚持国家所有权论。③ 有地方立法明确提出公共数据属于国家所有，纳入国有资产管理。④

对国有资产管理权的性质，学界存在不同的观点。公权力说认为国家对该特定公务用物享有公法上的管理权，对该物的保存和管理就是公共行政的一部分，⑤ 可以看作行政法上的所有权。德国公法上的所有权模式，可以看作是私人所有权的逻辑结构辅以公法上的“专用”(dedication)概念。⑥ 在公权力说下，公共数据是为全民利益而存在，国家对公共数据的管理也不适用民法规范。

此外，从霍菲尔德的权利理论角度来看公共数据管理权，其与民法所有权结构基本相同，即作为公共数据的控制者(即所有权人)，国家有权力（claim）控制公共数据，有自由（privilege)使用公共数据，有权力(power)对公共数据

---

① 张力：《国家所有权遁入私法：路径和实质》，载《法学研究》2016 年第 4 期。

② 上海市人民政府：《上海市公共数据和一网通办管理办法》(上海市人民政府令第 9 号)第 43 条，2018 年 9 月 30 日发布，2018 年 11 月 1 日实施。

③ 朴勤：《公共信托、国家所有权与自然资源保护：美国经验与中国发展》，载《科学社会主义》2013 年第 6 期。

④ 《福建省政务数据管理办法》第 3 条明确规定，政务数据资源属于国家所有，纳入国有资产管理。

⑤ 张杰：《公共用公物权研究》，武汉大学 2011 年博士学位论文，第 151 页。

⑥ 王涌：《私权的分析与建构：民法的分析法学基础》，北京大学出版社 2020 年版，第 243 页。

进行处分。①

笔者认为，公共机关对公共数据的管理的性质与国家对公共资源的管理的性质相同，是国家的行政职能。但是，对于国家是否对公共数据享有所有权，应当审慎下结论。目前，数据主体与数据控制者相分离，数据处理者对原始数据与衍生数据所享有的收益、处分权能也有所区别，因此，数据的权属仍是一个十分不明朗的问题。在“私”　“私”的数据权属关系尚不明确时，直接将组成复杂的公共数据判定为国家所有，也许并不利于数据流通与公共利益的最大化。事实上，公共数据的国家所有，只是公共数据归属与利用的逻辑起点——国家所有权并非专属于公法的所有权概念，除了管理权外，国家所有权还包括立法权和收益分配权等公法权能，以及私法权能和宪法义务。② 围绕着公共数据上不同主体之间的关系③，是公共数据国家所有后应当重点规制的法律关系。但是，在国家所有权中的“业务管理权”框架下解释公共机关对公共数据的管理，是一种较为合理的方式。

2. 公共数据业务管理权的内容

对公共数据管理权的理解，可以参考俄罗斯民法中的业务管理权。业务管理权包含占有、使用和处分权能，是管理国有财产的物权方式，也是一种独立的法律机制。因此，公共数据管理权就是指公共数据管理机关在法律规定的权限范围内，根据自己活动的宗旨、公共数据的目的性用途，对其所掌握的公共数据享有的占有、使用和管理的权利。④ 公共数据管理权能主要有数据控制权、数据许可权和数据开发权。

(1)数据控制权：公共数据的自主管理

公共数据的控制权是指主管机关依法对公共数据进行管理，包括公共数据的整理校核与评估等。公共数据的整理校核是指公共数据管理机关在大数据平

---

① 王涌：《私权的分析与建构：民法的分析法学基础》，北京大学出版社 2020 年版，第 69 页。

② 王涌：《自然资源国家所有权三层结构说》，载《法学研究》2013 年第 4 期。

③ 林来梵：《针对国家享有的财产权——从比较法角度的一个考察》，载《法商研究》2003 年第 1 期。林来梵老师认为，宪法上的财产权与私法上的财产权应当有所区分，区分的重点不在于主体或是客体的不同，而反映在同一客体上不同主体之间的关系。

④ 张力：《继承与超越——论俄罗斯联邦民法典中的单一制企业经营权与业务管理权》，载《河北法学》2005 年第 2 期。

台或数据企业的技术支持下，对收集的原始公共数据池进行分类整理，按照不同的分类标准形成若干主体的数据库，在使用中发现有异议或明显错误的，应当及时校核、处理和回复。另外，数据整理中有一项重要的职能，就是数据开放目录的编制。公共数据开放目录编制，是指公共数据管理和服务机关应当在合法、必要和适度的原则下，对公共数据进行全面梳理，根据数据的属性和提供单位等标准对数据进行目录编制、动态更新。公共数据开放的目录编制是数据分级分类的前期实践，数据分级分类对于数据资源的利用和保护有着重要的作用，因此公共数据开放目录的编制是公共数据管理的基础。公共数据的开放评估是指公共数据主管部门定期组织对公共数据开放情况进行评估，评估内容应当包括数据的可用性、完整性、准确性、及时性等，确保汇集到公共数据平台或大数据中心的数据与原始掌握的数据的一致性。具体而言，公共管理机关对公共数据的开放评估应当包括：制定数据质量标准；建立数据质量控制机制，对数据质量持续监测；制定数据定价规则与数据价值评估准则。①

(2)数据许可权：公共机关间的数据共享

数据许可权是公共机关许可其以外的公共机关利用其掌握的数据的方式，公共机关在保留数据的控制权的同时，允许其他公共机关获取其掌握的数据，主要通过共享的方式进行数据许可。数据共享也分为无条件共享、有条件共享和不予共享三类。无条件共享的数据可提供给所有数据生产应用单位，有条件共享的数据仅能够部分提供或提供给相关部门，不予共享的数据不得共享。②其中有条件共享的数据和不予共享的数据应当由法律、行政法规或国家政策作为依据。

数据提供的部门有公共数据共享的义务，这也是公共数据共享的应有之义。数据提供的部门应当及时维护和更新数据，保障公共数据的真实准确，及时可用。另外，公共数据的使用部门也应当依据履职需要依法使用数据，不应用于其他目的，也不应提供给予履行职责无关的第三方。

---

① 吉林省人民政府：《吉林省公共数据和一网通办管理办法(试行)》第 22 条，2019 年 1 月 4 日实施。

② 除《成都市公共数据管理应用规定》第 20 条外，《上海市公共数据和一网通管理办法》第 26 条、第 27 条，《吉林省公共数据和一网通办管理办法(试行)》第 24 条、第 25 条，《福建省政务数据管理办法》第 24 条、第 25 条等，都对公共数据在公共机关间的共享作出了类型化规定。

(3)数据开发权：公共数据的第三方开发

数据开发权是指公共机关引入具有数据开发和处理能力的第三方进行公共数据授权开发和合作开发，主要通过公开竞标等方式进行。

实际上，无论是公共机关对公共数据的管理，还是公众对公共数据的获取，公共数据平台是主要的媒介。因此，公共数据管理机关可以授权第三方机构开展数据活动，建立公共数据平台。授权行为可以看作是由数据控制者到数据处理者的授权，不转移公共数据的管理责任。公共数据管理机关应按照必要性原则进行授权①，做好对第三方机构或公共数据平台的指导与监管。应当注意的是，在公共数据的特许使用场景下，第三方机构或公共数据平台无权特许使用，应当报公共数据主管机关裁量。

(四)我国公共数据公共目的性的维持与监督：数据信托

数据信托，顾名思义，是指数据主体将其个人数据委托给受托人，由受托人在特定用途或目的下，对数据进行管理和使用的行为。在公共数据的语境下，数据信托实际上可以看作是公共信托的一种，即公众将其个人数据交由公共机关，由公共机关为公共目的进行处理。数据信托产生是大数据时代数据管理的需要，其目的是更高效地管理数据权利。② 信托理论不承认公共数据集合作为一个数据库属于私人财产，而认为公共数据应当属于全体公民所有。为了将公共数据的价值发挥到最大，数据平台对所有用户负责，并在收益的同时承担数据安全和个人信息安全的保障义务，承担社会责任，例如《网络安全法》中强调平台对个人信息的保护。

1. 公共数据信托的法理基础

(1)知情同意是公共机关使用数据的前提

知情同意原则(Informed Consent)是指在信息的收集前，数据主体应充分知情同意。传统信托关系中，信托的成立除了当事人的合意外，还需要财产权的转移③，需要委托人对受托人的委托行为。在公共数据的语境下，公共机关若要

---

① 深圳市司法局：《深圳经济特区数据条例(征求意见稿)》第 34 条、第 77~82 条，2020 年 7 月 15 日发布。

② 冯果、薛亦飒：《从“权利规范模式”走向“行为控制模式”的数据信托——数据主体权利保护机制构建的另一种思路》，载《法学评论》2020 年第 3 期。

③ ［日］能见善久：《现代信托法》，赵廉慧译，中国法制出版社 2011 年版，第 20 页。

依法取得个人数据，应按需要向公众告知使用目的等，获得数据主体同意。

各地方立法对公共数据的收集作出了原则性的限制，规制数据收集者的行为，在数据的收集阶段保障数据主体权益。一是数据收集的目的限制，即数据的收集须按照使用目的在目的范围内进行收集，不得超出必要的范围。① 二是一数一源，不得重复采集，各公共数据持有者之间可以通过共享获得的数据，不得再向数据主体重复采集。② 三是尊重数据主体意愿，信息主体对个人信息的使用享有同意、拒绝、删除等权利。③ 在收集法定职责范围外的数据时应当征得数据主体的同意。④

(2)公共机关的控制地位是数据信托关系的特征

传统信托关系的典型特征，就是受托人享有财产的绝对控制权。受托人往往具有明显的信息优势(Information Advantage)，委托人可能由于专业知识的缺乏或信息不对等而无从知晓受托人的行为。同样，在公共数据关系中，公共机关对数据的控制相对于公民个人而言，也具有绝对强势地位。公共数据收集后如何存储，将经过怎样的分析，将与哪些其他数据进行对比，公共机关授权数据处理的第三方是谁，数据将会共享给哪些其他的机关，将以何种方式被开发成哪些公共数据产品，将会具体用于哪些场景等等问题，都只有在公共机关主动披露时才能被公众知悉。公共数据在被收集后经过的一系列打乱重组、挖掘、共享等，皆是数据主体不可控的。因此，对公共机关数据处理行为的法律规制及监督机制的设置十分必要。

(3)公共数据的公共目的性是公共信托的基础

公共信托最重要的特征，就是保护公共资源上的公众权利。公共资源上的公共利益具有分散性(diffuse interests)⑤，因此公共信托制度运行的根本目的

---

① 如《浙江省公共数据开放与安全管理暂行办法》第31规定，公共管理和服务机构只能在职责必要范围内采集数据，没有法律法规依据不得采集数据主体的数据。

② 如《无锡市公共数据管理办法》第15条规定，公共数据采集应当遵守一数一源原则，不得重复采集。

③ 高富平：《个人信息保护：从个人控制到社会控制》，载《法学研究》2018年第3期。

④ 如《上海市公共数据和一网通管理办法》第20条中明确提出，公共管理和服务机构在采集未作规定应当采集的数据时，应取得被采集人同意。

⑤ 吴卫星：《论自然资源公共信托原则及其启示》，载《南京社会科学》2013年第8期。

是实现公共利益的最大化。

公共数据的“公共”，并非依据数据资源的经济属性，而是依据数据资源的社会属性。① 公共数据来源于公众，其中蕴含巨大社会价值和经济价值。公共数据的公共目的性，是对其进行公共信托的基础。公共机关围绕公共数据的一切数据处理行为所获的利益，应当最终有益于公共目的的实现。

2. 公共数据信托的运行机制

在公共数据信托关系中，数据主体即公众，既是委托人，也是受益人。公共机关是受托人。其主要方式是公众将个人数据提供给公共机关，公共机关基于公共目的处理和使用这些数据，最终由公众受惠。

(1)依法收集个人数据，保障数据主体的知情同意

知情同意原则是个人信息保护中的“帝王条款”②，是保障数据主体数据权益和隐私权的第一道防线，也是保障公共数据的利用不偏离个人权益保护的方式之一。因此，对知情同意原则的设置十分必要。

一个有效的同意应当满足四项要件，一是数据收集者的告知内容必须是具体的、翔实的，具体化个人数据的使用目的，明确所收集的信息与其他信息的界限。二是同意的意思表示应当充分尊重数据主体的意思自治，不得直接或间接地对数据主体施加可能左右其决定的影响。具体而言，即知情同意不得作为格式条款的一部分，数据主体有权在不受损害的情形下拒绝或撤回同意③。三是数据收集者应当清晰明确地告知数据主体数据控制者的身份、收集数据的内容、数据处理中可能存在的风险和数据撤回的行使流程等。四是数据主体的同意应当是明确、肯定的，例如沉默或不作为不得作为同意的意思表示。

(2)保障数据质量，防范个人信息再识别

所谓数据质量保障，是指公共数据持有者应当保障数据的可公开性、真实性、完整性和及时性。数据保障制度既有对信息的本身质量的要求，也蕴含了对数据流通的制度建构需求。④ 数据保障要求公共数据的控制者应当依据公共

---

① 魏鲁彬：《数据资源的产权分析》，山东大学 2018 年博士学位论文，第 52 页。

② 田野：《大数据时代知情同意原则的困境与出路——以生物资料库的个人信息保护为例》，载《法治与社会发展》2018 年第 6 期。

③ Article 29 Working Party Guidelines on consent under Regulation 2016/679.

④ 张建文：《国家的信息职能与信息立法的基本原则》，载《法学杂志》2017 年第 11 期。

数据开放目录对本单位公共数据进行定期评估和审查。① 明确主管机关的数据质量保障义务。此外，数据保障制度不仅要求在公告数据开放前进行校核，还要求对公共数据开放后的可用性等定期进行评估。但是，地方立法对公共数据中的个人信息没有设置专门的信息保障，个人信息经匿名化处理后，面临着与其他信息相结合或者在新的技术条件下重新识别或关联至特定个人的可能性，即匿名化处理的再识别风险。由于信息社会的不断发展变化，匿名化处理的再识别风险是必然存在的。

公共数据在吸收了个人数据后，应针对可识别的部分作出匿名化处理，以保障数据主体权益，便于匿名化个人数据的使用。公共数据的控制者应从数据的收集阶段、数据的使用中和使用后各个阶段防范再识别风险。首先在个人数据收集后，应当结合使用的场景，初步进行匿名化处理。在公共数据使用者获取和使用个人数据前，通过加密等技术手段阻止使用者对信息的再识别。

(3)设置公共数据的非歧视获取规则

非歧视制度也称为技术中立制度，意味着立法不应当设立某种信息技术，使得某一群体相对于其他群体，在公共资源的获取和使用上处于劣势地位。《浙江省公共数据开放与安全管理暂行办法》明确规定公共数据的开放不得设定歧视性条件。② 在非歧视制度下，不特定公众对公共数据的获取和使用都应当是同样便捷的。技术中立主要通过数据获取方式的技术设计，避免算法歧视或算法黑箱。

公共数据的非歧视性获取首先应当是免费的，付费会为公共数据的获取增加门槛。在数据平台获取公共数据时，非歧视性获取还意味着数据获取的前置流程的尽量简化，例如简化或取消平台的注册。目前，对公众用物的免费使用已逐渐得到社会认同，例如各个省市的博物馆、公园等。③

非歧视性获取还意味着便捷、不受技术阻碍地获取。因此，公共数据平台应当通过技术手段增加平台兼容的浏览器和设备，尽量减少由于技术问题导致的部分公众的数据获取困难。例如，部分公共数据平台或信息公开网站在提供

---

① 参见《浙江省公共数据开放与安全管理暂行办法》第 13 条。

② 《浙江省公共数据开放与安全管理暂行办法》第 16 条规定：“公共数据开放主体应当向社会公平开放受限类公共数据，不得设定歧视性条件。”

③ 免费使用并不意味着绝对杜绝收费，出于管理成本等考虑收取一定费用是合理的，但收取的费用不得以营利为目的，或是用于公用物维护以外的目的。

数据服务时，指定浏览器或要求下载插件等，都可被看作是对部分用户的歧视。

但是，对公共数据的非歧视性获取不意味着每个人都可获得绝对一致的服务，对于专门从事公共数据分析利用的企业，对数据平台使用的深度和广度就大于仅为行使知情权获取公共数据的普通公众。在使用上的合理差别不意味着对平等使用原则的背离。

(4)建立多元化公共数据分级分类机制

公共数据的数据主体和性质并不单一，若不进行合理的分级分类，忽视差异，进行完全统一的规制，是不妥当的。以自然资源为例，将自然资源类型化，不同的自然资源使用不同的法律规制。公共信息资源与自然资源存在共性，同样可以类型化思维规制。目前各地方立法没有对公共数据进行准确、周延的分类，但数据的分级分类是数据使用和管理的前提和基础，不能仅仅依靠地方立法或行业规范调整。因此，数据分级分类应当既有国家部门的主导，同时也与数字经济发展部门进行充分有效地沟通，合理确定重要数据范围以及保护方式，平衡安全与发展的价值需求。

应将个人数据与重要数据分别管理。个人数据和重要数据所保护的法益和泄露造成的风险是有区别的。① 个人数据与个人信息权益、隐私权息息相关，而重要数据的保护主要是以国家安全和公共利益为考量，二者的价值取向不同，立法重点也应当不同。因此，个人信息和重要数据分开监管是一种较为恰当的思路。②

(5)完善监督管理制度，强化政府数据责任

公共数据的监督管理主要分为主管部门的监督和社会监督。主管部门监督是指由主管部门指导、规范和促进公共数据的开放、利用并定期考核，并将考核结果纳入市政府绩效考核。③ 社会监督是指由公众通过提出意见建议的方式

① 张茉楠：《跨境数据流动：全球态势与中国对策》，载《开放导报》2020 年第 2 期。

② 陈际红：《打造中国版的 SCC——〈个人信息出境安全评估办法(征求意见稿)〉评析》，载搜狐网：https：//www. sohu. com/a/320395066_120051855，最后访问时间：2020 年 12 月 15 日。

③ 《北京市公共数据管理办法(征求意见稿)》设置了主管部门考核，市经济和信息化部门会同市政府办公厅作为考核主体，对行政机关的公共数据管理情况进行考核，考核结果纳入市政府绩效考核。

对公共数据的开放和数据质量进行监督。如公众可在数据开放目录不符合规范、数据存在错误或遗漏等情况出现时，向主管部门提出意见。①

法律责任主要针对公共数据持有者和数据利用者，通过责任制度的设置，保障数据持有者依照法律对公共数据进行管理，避免数据利用者利用公共数据侵犯他人合法权益。各地方立法对于数据持有者——即公共数据管理部门的法律责任规定较为完善。公共数据既然作为公物，那么公共数据上即存在公物法上的连带权。② 在公共信托中，也存在着公民诉政府违反公共信托。因此，应当赋予公众更多的使用权的救济，将权利受侵害者的诉讼资格赋予使用人，并在公共数据相关立法中明确："公共数据主管部门违反法律法规的规定，拒绝提供公共数据，或数据错误造成申请使用人损失的，申请使用人有权依法向法院提起诉讼。"

四、结论

数据权利体系化的研究离不开对我国立法、司法裁判的系统总结和全面观察。本课题以类型化的视角分别研究企业数据、个人信息、政府数据的体系化保护问题，相关研究结论如下：

1. 构建企业数据保护体系化的关键在于确定企业数据的法律本质及其保护方式问题

对此，司法实践倾向于将网络大数据产品作为竞争法意义上的财产权益，否定了适用知识产权法上的数据库或物权法上的财产所有权制度的可能性。反不正当竞争法作为新兴权利的保护方式，其优势在于可以依据数据能够为商业主体带来营业收入(或交易机会或竞争优势)且不违反法律法规之规定，即认定其为竞争法所要保护的合法权益，只要采用不正当手段侵害前述合法权益，即可获得反不正当竞争法的救济。但也存在将反不正当竞争法上明确规定的不正当竞争行为架空而无限膨胀法定类型之外的不正当竞争行为的危险。正确的做法是既要尊重和兼顾反不正当竞争法关于不正当竞争行为的类型化规定，同

① 参见《浙江省公共数据开放与安全管理暂行办法》第 21 条。

② 应松年主编：《当代中国行政法》下卷，中国方正出版社 2004 年版，第 438～439 页。连带权是指基于人与人的连带关系，当相关主体害及所在群体的共同利益时，利害关系人或群体中的个体所拥有的代表群体进行公益诉讼的权利。

时在必要的情况下适度且审慎地将在法定类型之外但应受反不正当竞争法规范救济的行为纳入其中。

2. 构建个人信息保护体系化的关键在于正确理解《民法典》第1034条第3款所预先确定的私密性检验条款

在《民法典》时代，个人信息的保护，由于《民法典》第1034条第3款所预先确定的个人信息保护与隐私权保护的刚性分野，导致司法裁判者在确定个人信息的保护方式时，不得不对个人信息进行所谓的私密性检验，以便确定个人信息是属于《民法典》所确定的隐私权保护的对象——“个人信息中的私密信息”，还是《民法典》所规定的个人信息保护的对象，即前述“个人信息中的私密信息”之外的个人信息。在“微信读书案”中，虽然未直接适用《民法典》第四编第六章之具体规定所做的民事裁判，但作为参考第1034条第3款以及相关规范之精神的民事裁判，却揭示了在《民法典》正式生效后个人信息保护所面临的根本性难题。在《民法典》时代，本质上相同的“隐私权”与“个人信息”保护进一步各自独立化，并试图通过“个人信息中的私密信息”表述完全划分清楚隐私权与个人信息保护的界限。司法实践在此基础上通过“私密性检验”将个人信息进一步区分为“个人信息中的私密信息”和“非私密性个人信息”，也就是试图通过判定其具有尊严性意义或者仅具有资源性意义，分别决定其保护的规范基础和权利基础，这种区分为降低对非私密性个人信息的保护力度和强度提供了规范基础和裁判理由，其背后的价值在于促进互联网企业和大数据产业发展。

3. 构建公共数据利用机制体系化的核心问题是建立公共数据的公用性实现机制

公共数据作为一种公共信息资源，不仅包含政府以及公共部门在履行公共管理职能和服务职能的过程中所掌握的数据，还包括与公共机关履职与服务相关的、具有重大公共利益关切，但由外部机构掌握的数据。公共数据具有公用物的属性，因此围绕公共数据公用性实现的机制建设应当以公众的使用权、公共目的性维持与正当使用监督机制展开。公众使用权通过使用的类型化，分为自由使用、许可使用和特许使用。公共目的性的维持机制主要通过从公共数据收集到法律责任承担等一系列制度展开。公共数据的开放与使用，有利于盘活公共机关的数据资源。在保障数据安全、尊重和保护个人信息权益与隐私权的基础上，基于公共数据的公众用物和公务用物的两种属性，建立起以类型化的公众使用权与业务管理权的公用性实现机制，辅之以数据信托为基础的公共目的维持与监督机制，使“取之于民”的公共数据能够“用之于民”，充分发挥出公共数据的经济价值、社会价值与政治价值。

第三章
数据安全的立法体系比较研究

随着现代信息技术的不断发展，全球进入大数据时代。大数据早已深刻改变着社会生产和生活形态，大数据、算法和人工智能的结合正在掀起新一轮的时代变革，数据产生出前所未有的社会价值和商业价值。然而，大数据发展带来的安全问题成为新时代人类面临的新型重大威胁之一，信息泄露、算法控制、算法歧视等现象对个人权利、社会利益乃至国家利益造成安全隐患。因此，把大数据安全管理纳入法制化轨道是大数据管理制度建设的必然，立法的引领和推动是大数据管理的迫切需要。在我国现有立法体系中，数据安全立法远不能满足现实需要，许多安全问题难以找到规制依据，游离于灰色地带，数据安全管理面临条块分割、部门壁垒、利益约束等诸多的现实挑战。数据安全不仅关系到个人信息与隐私保护，更是与国家安全及数据产业的发展息息相关。在加强数据安全工作的现实需要下，本章立足于现有的数据安全问题，在梳理分析国内外数据安全状况、域外数据安全立法模式的基础上，在我国已有的较为完善的数据安全立法体系之制度基础上，提出数据安全立法的基本原则、主要规则，以期为国内数据安全立法提供参考。

一、国内外数据安全管理发展状况

为应对愈加棘手的大数据安全问题，多数国家和地区制定数据安全发展战略，在制定大数据安全法律法规、设立大数据管理机构、加强大数据安全监管等方面投入诸多。本章将从发展战略、立法成果、专门管理机构等方面对我国以及域外国家或地区的数据安全发展现状予以总结。

(一)将数据安全作为大数据发展战略的重要组成部分

显然，占据数据发展之优先地位即占据未来发展之领先地位，因此各国将促进大数据发展作为本国发展的重要战略。基于数据安全问题的紧迫性，各国在数据发展战略中均对数据安全之重要性予以肯认，将数据发展与安全之平衡作为重要战略目标。

美国数据经济发展起步早，安全问题也最早暴露。因此，其在关注到商业发展之外的安全问题后，制定了“三步走”战略，以实现大数据技术研发、商业应用以及保障国家安全的共同目标。其“三步走”战略中，第一步强调技术与应用，加快大数据核心技术研究、积极开发大数据应用；第二步强调安全与规制，制定政策和法律，确保隐私安全和数据安全；第三步是强调信息基础能力建设，强化数据驱动体系和能力构建，提升国家数字竞争能力。2014 年 5 月美国发布《大数据：把握机遇，守护价值》的白皮书，其中涉及美国大数据应用与管理的现状、政策框架和改进建议。白皮书强调数据利用和安全的平衡，就大数据对隐私安全、公平正义价值的冲击进行提示。但整体而言，白皮书反映出美国政府重数据利用、轻数据安全的总体价值倾向。相比较而言，数据技术发展和应用优先于其安全风险，因而尽量避免对数据利用设置过多事前障碍。

英国同样在争取数据经济领先地位，实现数字转型方面下足工夫。现后发布了《工业战略：建设适应未来的英国》(2017 年 2 月)《英国数字战略》(2017 年 3 月)等，希望提高数字经济对本国经济总量的贡献值，积极应对“脱欧”可能带来的经济增速放缓的挑战。2020 年，英国发布新的《国家数据战略》，战略设定五项“优先任务”，其中包括确保促进增长和可信赖的数据机制和确保数据所依赖的基础架构的安全性和弹性。前者意在帮助创新者和企业家以负责任和安全的方式使用数据，避免造成监管不确定性，促使公众在繁荣的数字经济中扮演积极的角色，并对使用数据(包括个人数据)充满信心和信任。后者则认为数据所依赖的基础架构是重要的国家资产，需要保护其免受安全风险。尽管有些方面属于商业风险，但政府也应确保数据及其基础架构对已有的或新的风险保持弹性应对。

欧盟在促进数据发展、确保数据安全方面的学术研究、立法实践一直处于世界领先地位。为确保其保持先发优势，领跑数字竞争，欧盟于 2020 年发布

《欧洲数据战略》。《欧洲数据战略》将构建统一的数据治理框架作为重要的战略内容，呼吁进一步加强治理经济社会中的数据使用，制定监管方法和框架，确保网络安全和数据安全。此外，欧洲数据保护专员公署发布《2020—2024年数据保护战略》，针对数据保护提出前瞻性、行动性和协调性三大目标：继续监测世界各地的法律、社会和技术进展情况，积极跟随数据处理实践的最新进展，以及可能会对隐私和数据保护产生影响的新技术；建立有效的数据保护监督机制；开发工具协助欧盟机构执行数据保护标准，促进欧盟执法机构活动的一致性；保护全体公民的隐私，推动负责任和可持续的数据处理，以公正公平的方式增进个人权益，并使社会利益最大化。

韩国2019年发布了《人工智能国家战略》，提出了"从IT强国向AI强国发展"的愿景。该战略将实现以人为中心的人工智能技术作为重要目标之一，提出升级基于人工智能的网络侵害应对体系；为应对深度伪造等新型负面效应，建立涵盖所有部门的合作体系；推进监测人工智能信赖度、安全性等的质量管理体系建设；制定符合经济合作与发展组织(OECD)等国际规范的人工智能标准，开发普及人工智能伦理教育课程；为保护使用者信息，制定中长期政策支持体系等具体策略。

在我国，数据发展与安全也受到高度重视。2015年8月，国务院印发了《促进大数据发展行动纲要》，将"完善法规制度和标准体系，科学规范利用大数据，切实保障数据安全"作为指导思想之一。在党的十九大报告中，习近平总书记明确指出："推动互联网、大数据、人工智能和实体经济深度融合。""十四五"规划则将加快数字化发展，提升公共服务、社会治理等数字化智能化水平，建立数据资源产权、交易流通、跨境传输和安全保护等基础制度和标准规范，保障国家数据安全，加强个人信息保护作为重要的规划内容。

(二)制定大数据安全法律法规

除了设定总体战略外，许多国家均在立法层面落实数据安全保护，相关立法在近几年来呈现爆发式增长。本部分对全球主要国家、地区和国际组织的数据安全管理立法进行了梳理。

1. 美国

美国数据安全立法采分散立法模式，不存在类似欧盟的数据保护基本法。目前美国数据安全分散立法已经覆盖金融、健康、教育儿童在线隐私以及电信等领域，总体形成了完善的数据安全立法体系。其中，《金融服务现代化法案》突出强调了金融服务中的消费者保护，涉及其非公开信息的安全处理问题；《健康保险流通和责任法案》对所有涉及医疗的机构的健康隐私处理行为进行规制，包括电子健康信息交换标准、健康隐私法保护以及健康信息安全法规三个部分；《公平信用报告法》以促进征信行业和保护个人信用信息安全为目的，对信用信息的法定范畴、准确性保护等进行具体规定，以保护消费者因征信机构的错误记录或者信息滥用受侵害；《计算机欺诈和滥用法》主要通过禁止黑客侵入未经授权的计算机或网络访问行为以保护个人信息；《儿童在线隐私保护法案》则对商业网站或网络服务提供者收集和处理 13 岁以下儿童的个人信息行为进行严格限制，要求收集儿童个人信息必须征得家长同意，并采取合理措施保护儿童的个人信息；《家庭教育权和隐私权法案》旨在保护学生档案信息；《联邦贸易委员会法》则规定企业所作的隐私和数据安全承诺具有约束力。在美国各州层面也形成了数据保护法律体系框架，各州就数据安全出台法律的情况不在少数。其中，最引起轰动的是加利福尼亚州发布的《加州消费者隐私保护法》，其在美国消费者隐私保护力度上有显著突破。

2. 欧盟

欧盟数据安全立法是各国的重要借鉴对象，其在数据安全、个人信息保护方面已形成综合、完整的立法体系。2018 年，欧盟《通用数据保护条例》（以下简称 GDPR）正式生效。作为隐私与数据保护领域 20 年来最引入瞩目的立法变革，GDPR 展示出欧盟大数据时代个人数据保护的新秩序愿景，被称为史上最严格的数据保护法案。GDPR 创建了大量的新概念、新原则、新权利，为实现保护个人信息权利和促进个人数据流动的双重目标提供了范例。2020 年年底，为强化数据平台责任，欧盟公布《数字市场法》和《数字服务法》草案。一方面，数字平台推动创新，为消费者、客户、产业创造价值，帮助市场提升运营效率，提供发展机会；另一方面，数字平台亟待规范，平台安全运行面临巨大挑战。因此，欧盟将构建现代法律体系，保障用户安全和基本权利，维护公平开放的在线平台环境。

3. 其他国家

无疑，GDPR 是 2018 年全球跨国公司数据安全领域所关注的焦点。从 2018 年开始，各国相继开展立法工作，形成了一股数据安全立法浪潮。

同样是 2018 年，巴西通过了《一般数据保护法》（GDPL），印度发布了《个人数据保护法案》，泰国提交《个人数据保护法(草案)》(2020年5月已开始施行)。新加坡则于2020年完成其《个人数据保护法》的修订。

俄罗斯数据保护的最主要法律依据是《个人数据保护法案》，涉及的监管部门主要包括俄罗斯电信/信息技术和大众传媒联邦监管局。除此之外，澳大利亚、阿根廷等国均在考虑对其数据隐私及安全立法进行实质性变革，如扩大法律管辖区域、特定情况下通报数据安全漏洞、增加被遗忘权规定、加大数据侵害的惩罚力度、对数据保护影响进行强制评估等。

4. 中国

随着社会数字化程度加深，我国在促进数据经济发展、充分发挥数据价值以及确保数据安全，强化数据管理方面力度加大，近几年来，重磅数据立法频出。2017年《中华人民共和国网络安全法》施行，2020年，《中华人民共和国民法典》正式颁布，《中华人民共和国数据安全法(草案)》和《中华人民共和国个人信息保护法(草案)》发布并征求意见，2021年《数据安全法》正式出台，中国数据信息安全的基础性法律架构逐渐成熟。《网络安全法》就网络运行安全和网络信息安全进行了全面详细的规定；《民法典》构建了数字时代隐私和个人信息保护的民法基础，确立了数据的法律保护地位；①《个人信息保护法(草案)》确立了个人信息处理的合法正当原则、诚信原则、公开透明原则，围绕个人信息处理活动就一般个人信息处理、敏感个人信息处理、国家机关的个人信息处理、个人信息跨境处理进行规定，赋予个人信息主体知情权、决定权、更正补充权、删除请求权等多项权利。《数据安全法》是我国第一部有关数据安全的专门立法，是我国数据应用进入法治化轨道的重要标志。《数据安全法》明确了坚持维护数据安全与促进数据开发利用并重的立法与监管理念，其担负着保障国家、企业和数据安全，并为未来数据商业创新保驾护航。该法确立的主要安全制度包括数据分类分级保护制度，数据安全风险评估、报告、信息共享、监测预警机制、数据安全应急处置机制、数据安全审查制度等。未来我国个人信息保护和数据安全管理将在《网络安全法》《民法典》《个人信息保护法》《数据安全法》的联合作用下获得更为全面的保障。除数据管理法律体系的主体立法取得显著成果外，相关配套立法的制定、出台确保了数据管理的落实：《网络安全审查办法》颁布，网络安全审查升级；《密码法》配套法规修订

① 参见《民法典》第111条、第127条、第1034~1039条。

制定工作全面启动；《信息安全技术 个人信息安全规范》完成修订；《个人信息安全影响评估指南》正式发布；围绕 App 专项治理工作制定的一系列标准、指南和规范纷纷落地。总体而言，我国数据管理立法体系正逐步完善，主体立法和配套立法同步进行。

除此之外，我国各省市纷纷就数据管理出台相关条例和管理办法，包括《北京市政务信息资源管理办法(试行)》《上海市公共数据和一网通办管理办法》《上海市公共数据开放暂行办法》《天津市促进大数据发展应用条例》《重庆市政务数据资源管理暂行办法》《浙江省公共数据和电子政务管理办法》《广东省政务数据资源共享管理办法(试行)》《海南省大数据开发应用条例》《广州市政务信息共享管理规定》《成都市公共数据管理应用规定》《昆明市政务信息资源共享管理办法》等，这些立法为政府进行数据管理，促进数据共享和数据开放，维护数据安全提供了一定的立法指引。

总结而言，在全球范围内，各国数据隐私安全管理立法进程并不一致，有些国家数据安全管理刚刚起步，有些国家正加速立法促进数据安全管理，有些国家则已经拥有既定监管系统和制度，但基于数据安全的隐忧和数据经济发展的客观需要，数据安全、隐私保护日趋法治化、常态化、全球化。

(三)设立数据监督管理机构

为确保大数据安全发展，世界主要国家纷纷组建数据职能管理机构。

1. 欧盟

GDPR 于 2018 年 5 月 25 日正式生效，其设立了欧盟独立的数据监督管理机构——欧盟数据保护委员会(European Data Protection Board)，正式取代此前的数据保护监管第 29 条工作组(WP29)。欧洲数据保护委员会的主要职责是保障 GDPR 在所有欧盟成员国的一致执行；促进各成员国国家监管机构之间的合作；协助国家监管机构之间的争议调解并提出指导方针和建议；在数据保护相关问题上向欧盟委员会提出建议；评估第三国或国际组织的保护程度，包括评估第三国、某个地区、或该第三国的一个或多个特定部门，或国际组织是否仍然提供足够程度的保护等。① 除此之外，与第 29 条工作组不同的是，GDPR 授权欧盟数据保护委员会可以作出具有约束力的决定，以确保 GDPR 的一致

---

① 参见《欧盟通用数据保护条例》第 70 条。

执行。

此外，GDPR同样对各成员国设立独立的数据保护监督管理机构、各监督管理机构的权限和职责以及各成员国数据监督管理机构之间的合作与协调进行了细致规定。GDPR第58条规定，为了保护自然人在处理过程中的基本权利与自由，以及促进欧盟内部的个人数据的自由流通，每个成员国应当建立一个或多个独立公共机构，负责监控本条例的实施。各国监督管理机构设置目的在于促进GDPR在欧盟范围内的一致性适用、加强与其他成员国监督管理机构以及欧盟数据保护委员会之间的合作。各成员国数据监管机构的职责主要包括：监控和执行对GDPR的实施；提高公众意识和对与数据处理相关的风险、规则、安全保障和权利的理解，对针对儿童的活动保持特别注意；提高控制者与处理者对GDPR所规定责任的意识；加强与其他监管机构合作，包括分享信息和提供相互协助；对GDPR的适用情况进行调查评估。除此之外，GDPR还赋予各成员国数据管理机构调查权、矫正权（主要行使方式包括警告、申诫、命令和发布禁令）、授权和提出建议的权力①。各成员国应当为本国数据监管机构行使职权提供必要的人力、技术和资金支持。

2. 美国

美国联邦贸易委员会（Federal Trade Commssion，以下简称FTC）是执行反垄断和消费者保护法律的联邦机构，是美国联邦层面拥有广泛的保护消费者权益的执法权力机构，也是美国数据和隐私保护的主要执法机构。在个人信息保护方面，FTC的主要职责是保护消费者隐私和个人信息。长期以来，FTC已经形成了成熟的联邦执法机制，对未遵守隐私政策和未经授权泄露个人数据的公司采取了强有力的执法行动。FTC负责确保隐私与安全项目的全面落实，建立两年一次的独立专家评估制度，实施对消费者的赔付救济，不当得利的追缴，删除非法获取的消费者信息，为消费者提供高透明度和选择机制保障。②

FTC主要授权来自《联邦贸易委员会法》第5条，FTC有权禁止商业领域的不公平竞和欺诈行为，同时通过防止反竞争、欺骗和不公平的商业行为来保护消费者。除此之外，《真实借贷法》《反垃圾邮件法》《儿童在线隐私保护法案》

---

① 参见《欧盟通用数据保护条例》第55~59条。

② 参见美国联邦贸易委员会（FTC）《2017年隐私与数据安全保护工作报告》。

《平等信用机会法》《公平信用报告法》《公平债务催收实践法》和《电话营销与消费欺诈滥用防治法》均授权FTC开展具体领域的数据和隐私安全保护执法。① 广泛授权使FTC可以将消费者保护执法延伸至新的技术应用、商业模式和经济形态。此外，FTC也可能根据一些消费者投诉、公司信件、国会要求以及有关消费者保护、经济贸易等案件采取执法行动。②

根据《联邦贸易委员会法》的规定，FTC拥有对案件进行调查、作出行政命令、提起民事诉讼以及禁止令等权力，案件当事人如果对FTC的决议有异议，可以向联邦法院提起复审要求。③ 与此同时，《联邦贸易委员会法》规定在某些案件类型中，FTC可以作出终局性决议。FTC拥有对从事商业服务的经营者的信息收集、利用、安全维护方面的调查权，可以要求其监管的涉及数据和隐私安全的公司提交市场经营和消费者保护的年度保护数据，并给予国会立法保护建议。④

FTC可以基于已有立法确立的隐私保护规则，对违反隐私规则的行为进行民事罚款。处理案件时，若企业涉嫌欺诈和反竞争，违背了FTC有关消费者隐私与数据安全保护的规定，FTC有权向法院申请禁令，并要求法院对违法企业进行民事罚款。

根据联邦贸易委员为发布的《2017年隐私与数据安全保护工作报告》显示，FTC针对隐私保护和数据安全展开了频繁的执法活动。其中，互联网巨头是FTC监管的头号目标，受到调查的企业包括联想(Lenovo)、优步(Uber)、谷歌(Google)、环球蓝联(Blue Global)等企业，隐私保护行动主要针对垃圾邮件、社交网络、行为广告、窃听、间谍软件等。

当然，在FTC调查过程中，和解是最为常见的结果。当“欺诈”并未终局确定或者尚未对消费者造成直接损失时，FTC通常寻求与被调查企业的和解。如2019年，Facebook被指控侵犯用户隐私权，未经用户同意与第三方共享数据。联邦贸易委员会与Facebook达成和解协议，Facebook接受50亿

① 参见彭伶：《FTC调查：中国企业的首要应对》，载人民网：http://finance.people.com.cn/n1/2019/0306/c1004-30960056.html，最后访问时间：2021年6月5日。

② 参见赵丽莉、郑蕾：《美国数据与隐私安全保护制度进展述评》，载《重庆理工大学学报(社会科学)》2019年第10期。

③ 参见《联邦贸易委员会法》第5条。

④ 参见《联邦贸易委员会法》第6条。

美元的罚款。① 除此之外，FTC 就隐私保护问题还与 Zoom、谷歌等达成过和解协议。在达成和解协议之后，被调查的企业还将进一步接受更加严密的监管。FTC 一旦发现和解协议签署主体者违反了和解条款，FTC 则会对其提起民事诉讼。

3. 中国

我国各省市在机构改革中也纷纷成立大数据局。截至 2019 年 6 月，我国省级、地级地方政府已基本完成机构改革任务，在全国 31 个省级行政区中，共有 18 个省(直辖市、自治区)设有省级大数据管理机构，全国 333 个地级行政单位中共有 208 个地区设有大数据管理机构，占比 62.5%。2017 年 2 月，贵州省将省公共服务管理办公室职责全部划入贵州省人民政府办公厅。将贵州省经济和信息化委员会承担的有关数据资源管理、大数据应用和产业发展、信息化等职责，整合划入省大数据发展管理局。此外，贵州省信息中心(省电子政务中心、省大数据产业发展中心)由省大数据发展管理局管理。2018 年 10 月，在新一轮机构改革中，福建省设置省政府部门管理机构数字福建建设领导小组办公室，加挂省大数据管理局牌子。2018 年 10 月，山东省为主动适应数字信息技术的快速发展，打破部门间的信息屏障，加快推进“互联网+电子政务”，建设“数字山东”，组建省大数据局，作为省政府直属机构，履行大数据和电子政务等管理职责。② 2018 年 10 月 25 日，浙江省大数据发展管理局挂牌，负责推进政府数字化转型和大数据资源管理等工作。2018 年 10 月 26 日，广东省政务服务数据管理局正式挂牌。统筹推动“数字政府”建设，促进政务信息资源共享协同应用，提升政务服务能力。2018 年 11 月 14 日，广西大数据发展局作为广西壮族自治区机构改革新成立的直属机构正式挂牌。新组建的自治区大数据发展局将承担推进数字广西建设，统筹全区电子政务基础设施和重要信息系统建设，负责政府数据和社会数据采集、汇聚、管理，推进战略新兴产业发展等方面重要职责，整合相关部门信息化建设、政务服务监督管理等职能。2018 年 10 月，吉林省组建了省政务服务和数字化建设管理局，整合电子

---

① 参见蔡鼎、何剑岭：《因隐私漏洞问题，Facebook 收到 FTC 对科技公司开出的史上最高罚单》，载每日经济新闻：http://www.nbd.com.cn/articles/2019-07-24/1357064.html，最后访问时间：2021 年 6 月 5 日。

② 参见黄璜、孙学智：《中国地方政府数据治理机构的初步研究：现状与模式》，《中国行政管理》2018 年第 12 期，第 31~35 页。

政务、大数据建设、营商环境优化等职责。该局作为吉林省政府直属机构，加挂吉林省软环境建设办公室牌子。2018 年 11 月 26 日，河南省大数据管理局挂牌成立。河南省大数据管理局，是将河南省政府相关部门的电子政务规划建设指导、行政审批与便民服务建设、数据挖掘利用等职责整合组建的，作为省政府办公厅的部门管理机构。2018 年 1 月 3 日，江西省大数据中心日前在江西省信息中心正式挂牌成立，将承担江西省大数据发展核心技术研究和标准制订、基础设施及应用的建设维护、公共数据汇聚共享和开放等工作。2018 年 4 月 12 日，上海市大数据中心正式揭牌。该中心将构建全市数据资源共享体系，制定数据资源归集、治理、共享、开放、应用、安全等技术标准及管理办法，实现跨层级、跨部门、跨系统、跨业务的数据共享和交换。① 省级大数据管理局的普遍设立有利于各省和全国数据管理工作的开展，促进数据汇集、数据共享和数据流通，加强数据安全保护工作的全面开展，促成智慧城市的建设，最终有利于事先建设数字中国的目标。

(四)加强数据安全监管执法

近年来，各国对数据安全、隐私保护问题愈加重视，围绕数据处理集中出现了许多迅猛强劲的执法行为。在世界范围内，数据隐私及安全监管者正在变得更加积极，对缺乏数据安全保护的企业的处罚更加严厉。

1. 欧盟

尽管 GDPR 可以直接适用于欧盟所有成员国，但它同样要求各成员国将其转化为国内法。目前，除了希腊、斯洛文尼亚和葡萄牙，其余 25 个国家均通过不同形式将 GDPR 纳入既有法律体系之中，并同时规定了本国数据保护局(DPA)的职权，包括但不限于：发出违规警告、开展审查、限期纠正、命令删除数据、暂停向第三国传输数据、罚款。② 据 GDPR 执法跟踪数据显示，GDPR 生效的第一年，欧洲各国执法机构共作出了 48 项约 51833345 欧元的处罚决定，特别是自 2019 年以来的群体。2019 年下半年以来，执法机构打破 GDPR 生效初始期的慎重，接连开出了英航、万豪上亿欧元和奥地利邮政、Deutsche Wohnen SE 等上千万欧元的罚单，至今仍牢牢占据着 GDPR 生效以来

① 参见邓刚、海忠、赵平：《政府部门及公共服务机构大数据安全保障研究》，《数字技术与应用》2020 年第 3 期，第 187~191 页。

② 参见中国信息通信研究院研究所等：《欧盟 GDPR 合规指引》。

的罚款榜单前列。进入 2020 年，GDPR 监管执法逐渐形成逻辑体系，随之以风险为导向的数据合规管控方法日益深化。对欧洲经济区数据保护执法态势深入研究和密切监测，有助于企业明确业务线合规治理要点，清晰国别线合规风控重点，有效预防提前预警。截至 2021 年 3 月，GDPR 累积执法案件数量达到 551 件，累积罚款超过 262317788 欧元。GDPR 执法活动最易发生于媒体、电信和广播行业，共计发生执法活动 113 起，而意大利、法国和德国则在罚款数额上领先于欧盟其他国家。在 GDPR 实施期间，诸多有影响力的执法案例为企业敲响警钟。①

2. 美国

FTC 在线下、线上移动数字环境中开展诸多执法活动，其执法侧重于保护美国消费者，但在某些情况下也保护外国消费者免受不公平待遇或欺骗。执法活动涉及侵犯消费者隐私、数据安全与身份盗窃、信用报告和金融隐私、国际执法、儿童隐私、禁止致电(防骚扰)六大方面。FTC 针对各行各业的隐私保护问题开展了执法行动，处理了超过 130 起垃圾邮件和间谍软件问题，提起了 80 多起侵犯隐私权诉讼。消费者隐私方面，如 2019 年 7 月 24 日，FTC 和美国司法部宣布就指控 Facebook 违反 2012 年 FTC 指令一事达成和解。该指控认为，Facebook 违背了其保证用户能控制个人信息的承诺，并且没有对之前误导用户的欺诈性设置和虚假描述作出改变，也未能建立起一个保护消费者隐私的合理方案。Facebook 长期欺骗消费者使用“双重验证”登录机制，实际上将收集到的信息用于向这些用户投放定向广告。FTC 最终对 Facebook 罚款 50 亿美元，并对 2012 年的和解令进行了全面修改，期望改变 Facebook 对隐私保护的整体态度。这也是 FTC 有史以来对企业侵犯消费者隐私的最大处罚。身份盗窃方面，自 2002 年以来，FTC 对涉及数据安全与身份盗窃的问题采取了 70 次执法行动。信用报告和金融隐私方面，FTC 已经对 100 多家违法的公司采取了行动，并处以 4000 多万美元的民事罚款。《金融服务现代化法案》要求金融机构向客户发送隐私通知，并要求保障客户有权拒绝与第三方分享其金融信息。它还要求金融机构必须制订、实施和维护全面的信息安全保障计划。自 2005 年以来，FTC 提起了约 35 起违反《金融服务现代化法案》及其实施条例的指控。

---

① 参见万佳：《罚款 35 亿，我们分析了 GDPR 2 年近 300 起罚款事件》，载腾讯网：https：//cloud. tencent. com/developer/news/632048，最后访问时间：2021 年 6 月 5 日。

在儿童隐私保护方面，自 2000 年以来，FTC 已经处理了近 30 起违反《儿童网络隐私保护法案》的事件，并处以数亿美元的民事罚款。如 Youtube 未经父母同意，通过跟踪儿童频道观众的网络浏览记录，收集和分享儿童个人信息，并投放定向广告，违反了《儿童网络隐私保护法案》规则。Youtube 在此次事件中被罚款 1.7 亿美元，这是迄今为止根据《儿童网络隐私保护法案》开出的最高民事处罚。

3. 中国

我国同样加大了数据安全执法力度，高强度、高密度地开展一系列执法行动。2019 年 1 月，中央网信办、工业和信息化部、公安部、市场监管总局四部门联合发布《关于开展 App 违法违规收集使用个人信息专项治理的公告》，在全国范围组织开展 App 违法违规收集使用个人信息专项治理。2020 年，国内数据保护执法活动仍然活跃，在 App 深度治理和个人信息民事诉讼两大领域表现尤为显著。一方面，《民法总则》实施以来以侵害个人信息权益为由引发的民事诉讼案件也在逐年递增，个人信息侵权案例越来越引发社会关注。例如，国内"人脸识别第一案"——郭兵诉杭州野生动物世界有限公司一案中，法院在一审判决中要求动物世界删除原告办理年卡时提交的面部特征信息，并赔偿原告合同利益损失及相关交通费用，驳回原告提出的确认动物世界店堂告示、短信通知中相关内容无效等其他诉讼请求。另一方面，App 治理正式进入深水区，个人信息持续严管态势。根据从公开渠道获取的行政处罚决定统计来看，截至 2020 年 10 月，因违反《网络安全法》第 41 条①作出的行政处罚，其中一半以上的案例均与 App 非法收集使用个人信息有关。除此之外，我国重点打击侵犯公民个人信息行为，个人信息保护领域刑事执法趋势明显。根据对相关刑事判决统计，2019 年和 2020 年中发生的网络安全与个人信息保护罪名相关安全的整体分布大致相同，其中侵犯公民个人信息罪案件数量最多，其数

---

① 《网络安全法》第 41 条规定，网络运营者收集、使用个人信息，应当遵循合法、正当、必要的原则，公开收集、使用规则，明示收集、使用信息的目的、方式和范围，并经被收集者同意。网络运营者不得收集与其提供的服务无关的个人信息，不得违反法律、行政法规的规定和双方的约定收集、使用个人信息，并应当依照法律、行政法规的规定和与用户的约定，处理其保存的个人信息。

量甚至超过其余网络安全相关犯罪的总和。① 2020 年国内数据保护执法稳步推进、重点突出，未来个人信息保护和数据安全依旧是我国执法关注的核心和重点。

二、数据安全的主要立法模式

有关数据安全的典型立法模式为欧盟模式和美国模式，两种立法模式在立法体系以及具体规则上都存在较大差异，其差异本质上源于欧盟和美国不同的价值选择：数据安全优先抑或数据利用优先。② 本部分就两种主要的立法模式进行总结、优劣势分析，以期为我国数据管理安全立法提供借鉴。

（一）欧盟模式

欧盟的数据安全立法目前已经形成成熟体系，总体上而言，其仍然采用统一立法模式，构建了个人数据和非个人数据规制的立法框架。

1. 个人数据保护

保护自然人的基本权利和自由，尤其是个人数据权利是 GDPR 的立法宗旨。GDPR 以基本权利保护为宗旨，突出个人数据权至上原则，赋予个人广泛的数据控制权，并严格限制数据控制者和处理者收集、利用和转让个人数据，以实现个人数据权的有效保护。

在个人数据权利方面，GDPR 主要通过个体赋权增强个人对抗数据控制者和数据处理者的力量，尽可能防止数据世界的博弈走向极度失衡。GDPR 赋予个人广泛的数据控制权，包括知情权、访问权、修正权、删除权、被遗忘权、限制处理权、可携带权、拒绝权。知情权搭建知情——同意框架，数据控制者处理个人信息应当征得个人同意，并向个人提供相关处理信息以保障个人知晓数据控制者身份、处理目的及方式、权利维护途径等内容。访问权既访问个人正在被处理的个人数据的权利，个人有权从数据控制者那里得知关于其个人数据是否正在被处理的真实情形，如果其数据正在被处理，数据主体应当有权访

---

① 参见《回顾 2020 年中国数据保护执法，对 2021 年数据合规有哪些启示》，载风闻网：https：//user. guancha. cn/main/content？ id=442626，最后访问时间：2021 年 6 月 5 日。

② 参见张玉洁、李佳文：《互联网时代个人信息保护机制研究》，载《政法学刊》2020 年第 3 期。

问其个人数据并有权获知相关信息。修正权是指数据主体有权要求数据控制及时地修正错误的个人数据。删除权是指个人有权要求数据控制者及时删除其个人数据。限制处理权是指在特定情况下，个人有权限制数据控制者处理数据。可携带权是指个人有权以结构化、通用和机器可读的格式接收其提供给数据控制者的与其有关个人数据，数据主体有权将这些数据传输给另一个数据控制者，而被要求转移数据的控制者应当配合数据主体的相应要求。拒绝权，是指即使数据处理活动符合 GDPR 有关规定，个人亦有权随时提出反对。上述权利囊括数据处理的开始到结束，转移到退出，体现了 GDPR 个人数据控制权至上的立法保护思路。

与数据主体端广泛赋权相对应的是对数据控制者的繁重义务和严厉监管。在监管体制和行政处罚方面，各成员国之间互相协作，通过“一站式监管”对欧盟全境进行统一监管，增加 GDPR 的统一适用性。创设数据保护官制度，加强欧盟数据保护的监督，政府机构和部门同样需要设立数据保护专员，像企业一样遵守数据保护规则，真正做到公共领域和私人领域的有效监督。此外，GDPR 设置了严苛的行政处罚措施，数据控制者和处理者侵犯个人数据权利，违反数据保护义务和监管命令，都面临承担巨额罚款的风险。对违反本条例规定的企业，GDPR 设置的行政罚款最高达 2000 万欧元或者上一年度全球年营业额 4%(以较高者为处罚标准)。①

GDPR 被业界誉为“史上最严格的数据保护法”，其对个人数据权利的绝对优先保护，表现出明显的优劣势。GDPR 创设性地赋予数据主体诸多数据权利，规则涵括数据的收集、使用和移转，为数据控制者和数据处理者设置明确的行为规范，就监管体制进行整体性、层级性安排，设置明确的责任承担方式和责任内容，有效地保障了数据主体的个人信息权。然而，设置严格的知情同意规则和严苛的罚则，虽然彰显了保护个人数据的决心，但也在一定程度上对企业挖掘和利用个人数据、充分发挥数据价值、发展数据经济造成阻碍，不利于企业能动性的发挥和产业的发展，因此 GDPR 也遭受了来自学界和实务界(尤其是作为数据控制主体的企业)的质疑。

2. 非个人数据管理

在非个人数据管理方面，欧盟 2018 年颁布《非个人数据自由流动条例》。

---

① 参见《欧盟通用数据保护条例》第 83 条第 5 款。

该条例以促进非个人数据在欧盟境内自由流动和充分利用为目的，其立法思路为通过增强数据的可访问性和再利用性，打破欧洲数据驱动型竞争经济的壁垒，具体涉及数据本地化要求、主管当局的数据获取及跨境合作、专业用户的数据迁移等方面。同时，也通过促进非个人数据流动减少数据集中对公共利益或个人利益造成的损害。①

《非个人数据自由流动条例》将与 GDPR 协同发挥作用，在个人数据和非个人数据两个层面，建构互补性联动数据保护立法体系，共同促进数据价值发挥和数据安全保护。

(二) 美国模式

美国个人信息保护模式表现出行业性和分散性。具体而言，立法对公私领域进行区分。首先，在公权力领域，政府机关收集、处理和利用个人信息的立法规制为分散式立法，个人信息保护多采取单行法进行区分性规制。如《信息自由法案》确定了政府信息公开原则；《公平信用报告法案》提倡保护信用卡客户的信息；《隐私权法案》则是美国隐私保护的主要法律依据，其就政府机构对个人信息的采集、使用、公开和保密问题作出详细规定，由于美国个人信息保护采隐私保护模式，《隐私权法案》成为信息时代个人信息保护的主要法律工具。

其次，在私权关系领域，美国主要以行业自律而非强制立法规制信息处理。原因在于，美国尽力为新兴产业发展留出空间，鼓励数据行业自由竞争、充分创新。在其政策的价值取向中，数据经济发展和商业模式创新被置于首位。美国政府希望通过对隐私保护采取平衡的规制方式，创造有利于新兴产业的最佳增长环境。行业自律模式即在个人信息保护中，主要依靠行业协会自发制定行为规章或行为指引来规范个人信息处理行为。行业自律主要包含两个方面：其一，建议性行业指导，即行业协会为行业内成员提供个人信息保护的指导建议，但指导建议无强制约束力，行业协会无监管权限；其二，认证计划，即通过引入第三方专业机构，建立独立的监督执行机制，包括申诉机制、评估机制、争端解决机制、制裁机制等，保障行业自律的公信度和执行力度。认证

---

① 参见宋建宝：《欧盟〈非个人数据自由流动条例〉概要》，载《人民法院报》2019 年 7 月 26 日，第 8 版。

计划许可成员在网站上张贴隐私认证标志，并要求这些成员必须遵守其要求的相关在线资料收集行为规则、服从其监督管理，只有符合要求的企业或组织才能获得认证。①

上述立法模式难以应对新型数据安全威胁，因此，为了寻求更全面的数据保护体系，联邦和各州均加强相关立法。联邦立法在上述美国立法概况中已有阐述，不再赘述。从美国各州立法来看，最典型是加利福尼亚州，其制定的《加州消费者隐私保护法》被称为美国史上最严隐私保护法。与传统的保护模式对各个行业分散规制不同，《加州消费者隐私保护法案》在借鉴 GDPR 的基础上，体现了一定的整合性，其适用于任何收集加利福尼亚消费者个人信息的企业，对法案的适用范围作出界定。出于保护消费者隐私的目的，法案对所保护的个人信息进行了扩展，以无穷尽式的列举来体现个人信息覆盖范围的广泛性。新增的消费者各项权利和监管体制，也体现了加州对加强隐私保护的决心。不同于 GDPR 的严格责任，在保护隐私的同时，也注重信息保护与产业发展的平衡，避免过高的罚则影响经济的发展，所以法案没有采用 GDPR 规定的高额罚款，而是处以一定程度的行政罚款，避免损害企业的发展创造。《加州消费者隐私保护法案》在适用范围上，明确规定了法案规范的企业类型和规模，变相对中小企业进行保护。

《加州消费者隐私保护法案》显示了加利福尼亚州在隐私保护和产业发展之间作出的努力平衡。相比于美国之前的隐私保护立法而言，《加州消费者隐私保护法案》显然加强了数据安全保护力度，但与 GDPR 相比，该法案显然继承了美国在数据规制上的传统理念，即仍然将充分发挥数据价值，促进数据流通利用置于价值衡量的首位。

（三）两种立法模式比较分析

1. GDPR 与《加州消费者隐私保护法案》（以下简称 CCPA）的对比

CCPA 和 GDPR 的立法目的十分相似，都是通过规范企业处理数据的行为，强化数据控制者的相关责任，加强对个人数据和隐私的保护。而在立法的具体内容上，两者之间也存在许多共性：比如，关于个人信息的定义都较为广

---

① 参见侯富强：《我国个人信息保护立法模式研究》，载《深圳大学学报（人文社会科学版）》2015 年第 3 期。

泛；都为个人新设了一些权利，如数据可携带权、删除个人信息权等；都要求企业告知用户收集、使用、共享数据的具体信息，要求企业及时修改隐私政策，定期更新并确保在适当时间收到所需的通知；都强调尊重个人对其信息的自决权；都对儿童数据的同意规则作了具体规定；都设定了较严格的处罚方式，为个人提供了自行维权的途径。此外，在通过例外规则为数据保护铺陈多种合规路径，在鼓励数据流通等方面，也有较强的共通性。

相较于美国以往针对特定行业或特定隐私权事项的法案，CCPA 显得尤为特别，它承接了 GDPR 的主要精神和一些规范性内容，并在此基础上有所补充和创新。CCPA 与 GDPR 的区别点主要体现于以下几个方面：

一是立法语境的区别，GDPR 是欧盟个人信息保护的统一性立法，立法者站在监管者的立场上，对个人信息保护进行全方位立法；而 CCPA 则具有典型的区分立法风格，是美国加州在商业领域针对消费者个人信息保护的特别立法，并不涉及其他场域。

二是立法目的不同，GDPR 在保护基本人权的原旨之下，进一步对个人数据权进行保护，因此立法设计以个人数据权的设置、落实和保护为中心。而 CCPA 则是在确保充分的数据商业利用的前提下，保护消费者的个人信息和隐私。

三是在适用范围上，GDPR 同时采取属人原则和属地原则，对个人数据处理进行长臂管辖。其第 3 条规定，本条例适用于与数据控制者或数据处理者在欧盟领域内所设机构活动相关的个人数据处理，无论该处理行为是否发生在欧盟领域内；在欧盟领域内没有设立机构的数据控制者或数据处理者对欧盟内的数据主体的个人数据进行的与以下事项相关的处理活动；在欧盟领域内没有设立机构，但依据国际公法应当适用欧盟成员国法律的数据控制者的个人数据处理。CCPA 的适用范围则狭窄得多，一方面其适用属人原则，只约束处理加州居民个人数据的商业主体；另一方面，其仅仅约束的是营利性实体，并对受约束的营利性实体设置年度总收入、处理个人信息体量等门槛：年度总收入超过 2500 万美元，或为商业目的购买、出售、分享超过 50000 个消费者、家庭或设备的个人信息，或通过销售消费者个人数据取得的年收入超过总收入 50%。

四是合法性基础不同，在个人信息保护优先的价值指引下，GDPR 充分考量了多种理论与实践因素，于第 6 条设定了多层次合法性基础，为企业处理数据提供了合法性判定依据，体现了数据保护和数据价值利用的价值平衡。合法性基础包括取得数据主体明确同意，企业是基于履行合同之必要或执行公共利益或公务行为等情况处理数据。此外，GDPR 还引入“合法利益”的概念，允许能够证明“合法利益”的企业在某些情况下可以未经同意合法处理个人数据，比如预防犯罪、欺诈监测、进行员工背景调查。而在 CCPA 中，除特殊敏感信息的处理(如未成年人的个人信息)处理需要取得事前同意外，其他消费者信息的处理往往以充分告知和设置退出机制作为保护方式。

五是在个人赋权上，GDPR 赋予个人充分的数据权利，个人对其数据享有知情权、同意权、删除权、限制处理权以及被遗忘权、可携带权等；而在 CCPA 框架内，消费者的权利主要涉及知情权和退出权，包括消费者有权要求企业披露收集的个人信息的类别和具体要求，有权要求企业删除收集的有关消费者的个人信息，有权要求企业披露收集个人信息的目的及与之共享信息的第三方，有权选择不出售个人信息等。对比之下，CCPA 规定了更为广泛的访问个人数据的权利，且没有 GDPR 所规定的一些例外情况。在个人信息删除问题上，两部立法有不同的处理方式，规定了不同的例外情况。为激励消费者提供个人数据，CCPA 还提出了“财务激励计划”，在提前通知消费者并征得其同意的前提下，企业可因处理数据的行为向消费者提供财务激励。

六是在同意的依据上，GDPR 采取选择加入的方式，个人同意是企业处理数据的重要依据，因此企业需主动获取；而 CCPA 采取选择退出的方式，消费者有权指示企业停止向第三方出售其个人信息。对此，企业须明确发布其隐私政策和标题为“不要出售我的个人信息”的链接，并指导消费者行使该权利。

七是数据跨境限制上，GDPR 在这方面作了较为严格的规定，而 CCPA 则没有进行限制，二者的区别归根结底来自欧盟和美国不同的数据管理价值取向，前者注重安全，后者注重利用。

八是处罚和救治机制不同，两部立法都对违规行为设定了较重的处罚。GDPR 规定企业会面临最高处以 2000 万欧元或上一财年全球营业额 4%的行政处罚(以较高者为准)；而 CCPA 规定企业会面临支付给每位消费者最高 750 美元的赔偿金以及最高 7500 美元的罚款。在救济机制上，GDPR 规定了包括申诉权、针对控制者或处理者的司法救济权、求偿权等救济权利；而 CCPA 的一大亮点是将授予个人损害赔偿请求权，为民事集体诉讼开展提供依据。同时，为了避免产生集体诉讼泛滥，CCPA 为集体诉讼设置程序性前提要件等门槛，如须对企业进行书面违规通知，给予其 30 日解决违规行为的机会，从而对私人诉讼权加以约束。

总之，尽管 GDPR 与 CCPA 之间存在着许多相似性和趋同之处，但两者受本土立法土壤、执法环境的影响，生成了各自特殊的规范理念和规范特点。

2. 欧盟模式的优劣

欧盟统一立法模式为全球创设了一种数据安全保护标杆，其立法模式的主要优点在于法律规范清晰、保护力度空前，可以快速填补个人信息保护的法律漏洞。具体而言，第一，个人信息保护涉及复杂的利益平衡问题，统一的个人信息保护立法有利于确定价值排序指引，明确个人信息保护的价值目标，为整个个人信息保护和数据利用立法奠定统一基调；第二，统一立法为所有领域的个人信息保护制定原则性规范，从而为各领域分散立法提供指引，防止出现价值偏离和立法冲突；第三，统一式立法相比行业自律规则而言，刚性更甚；第四，GDPR 设置绝对性的个人信息控制权，将个人信息保护的强度提升至空前高度，在当前个人信息安全问题层出不穷，非法个人信息处理屡禁不止的当下，具有现实必要性。

当然，由于极力强化个人信息控制权，忽视数据利用，GDPR 从草案公布到实施至今都一直非议不断。第一，统一式立法的首要缺点便是灵活性不足。个人信息保护涉及复杂的利益衡量，且新型安全问题层出不穷，统一式立法很难灵活应对，频繁的法律修改或者法律解释则有损法律权威和稳定性。第二，数据安全保护涉及多个主体、多种行为的规制，不同主体的权利行为、不同数据处理行为的安全风险、不同数据场域的价值平衡均存在区别，统一立法难免遭遇统筹上述差异的困境。第三，GDPR 个人数据控制权的构造与现实不符，强行的控制权构造因无法实现而使法律规制落空。第四，GDPR 过于强调个人数据控制权，忽视数据的流动性和数据利用价值，大大增加了企业的数据处理成本，阻碍数据充分流动和应用，进而阻碍数据经济发展。为应对 GDPR 的监管，不少企业不得不暂停有关也无，如许多广告交易平台及其他广告发布商的欧洲广告需求量有明显下降，一些美国广告发布商已暂停其欧洲网站上的所有程序化广告。甚至有观点认为，GDPR 强化私权的做法反而削弱了网络安全的防护能力。GDPR 极端强调个人私权的立场，迫使大量域名注册机构清除用来查询域名的 IP 及其所有者信息的数据，致使无法及时发现恶意域名关联的账户名、电话号码、邮箱地址，亦无法即时封堵同一黑客注册的多个恶意域名，加大了制止网络钓鱼、软件勒索、版权保护及其他攻击的难度。①

3. 美国模式的优劣

美国的分散式立法与行业自律模式的优越性恰恰在于其针对性和灵活性。一是，可以结合行业和领域特点，开展针对性立法。由于不同的领域对个人信息收集与处理各不相同，该种立法模式能够根据相关领域或事项的特点，制定出更有针对性的规定。二是，美国模式的价值指引具有灵活性，可以在不同领域实施个人信息保护优先或者数据利用优先的价值指引。三是，立法规范的灵活性，可以灵活应对新出现的数据安全问题，或对已有规则进行调整。但是，美国立法模式也存在一定的局限性。首先，分散立法亦发生法律衔接问题，不同立法之间可能会相互抵牾；其次，行业自律模式强制力不足，一方面，其为自律性规则，参与行业自律协议的企业可能并不会遵守，或者不存在监督实施的有力机构；另一方面，自律规则的规制范围有限，仅涉及加入自律协议的企业。此外，行业自律模式本质是逐利企业自我规制，因此在缺乏明确经济激励和外在强制的前提下，难以产生强有力的规制。

(四)我国采取的立法模式

2021年，《数据安全法》出台，《个人信息保护法(草案)》也已经二次审议。《数据安全法》是我国数据安全领域首部基础性法律。《数据安全法》和未来的《个人信息保护法》，共同构建其我国体系化的数据安全立法体系。

《数据安全法》共55条，分七章，依次为总则、数据安全与发展、数据安全制度、数据安全保护义务、政务数据安全与开放、法律责任和附则，将对在我国境内开展数据活动的组织、个人进行行为约束和指导。

目前，我国以《数据安全法》为统领，构建了数据安全立法体系：早在2016年11月7日，第十二届全国人民代表大会常务委员会第二十四次会议即已经通过《网络安全法》，自2017年6月1日起施行。该法首次以法律形式对数据安全提出了要求。在此后的几年，各类数据安全相关法律法规相继发布：2017年，发布了首个针对个人信息数据安全的标准GB/T 35273-2017《信息技术安全个人信息安全规范》；2019年，接连发布《数据安全管理办法(征求意见

① 参见许可：《欧盟〈一般数据保护条例〉的周年回顾与反思》，载《电子知识产权》2019年第6期。

三、数据安全立法的基本原则

数据安全立法首先要明确立法的价值取向与目标，并以基本原则的形式予以宣示。数据安全立法的基本原则应当包括数据安全与国家安全并举原则，数据安全与数据利用并举原则，统筹规划、战略布局原则，市场主导、开放共享原则。

(一) 国家安全与数据安全并举原则

大数据时代，国家安全内涵和外延比历史上任何时候都要丰富。数字经济和技术的发展，进一步延展了国家安全的内涵，数据安全早已成为国家安全的核心内容之一。① 网络攻击、数据霸权和跨境数据流动直接影响国家安全。② 因此《数据安全法》应当以国家安全与数据安全并举为基本原则。

首先，数据技术的发展对国家安全保护提出新挑战。数据聚集效应模糊了传统国家秘密与非国家秘密之间的界限。在数据汇聚和分析技术支撑下，传统上被认为与国家秘密无关的数据在达到一定规模后，通过与其他数据进行汇聚、整合、分析，很可能造成危害国家安全和社会公共利益的严重后果。此外，由于企业成为主要的数据收集主体，可能掌握大量影响国家安全的数据，这些数据并不在传统国家安全部门控制之下。从目前来看，现有法律未对这部分数据予以充分关注，尚未为政府管理这部分数据提供制度依据，有必要对此部分数据安全治理进行立法。习近平总书记“在网络安全和信息化工作座谈会上的讲话”中明确指出：“要依法加强对大数据的管理。一些涉及国家利益、国家安全的数据，很多掌握在互联网企业手里，企业要保证这些数据安全。企业要重视数据安全。”

其次，数据安全现已成为国家安全与权力博弈的重要内容。自 2018 年以来，随着 GDPR 的生效，全球范围内掀起数据保护的浪潮。从 GDPR 对数据保护进行长臂管辖开始，以“国家安全”为盾抵御数据跨境流通带来的风险似乎

① 参见安静：《审视数据安全在国家层面的重要意义》，载《中国社会科学报》2021 年 2 月 23 日，第 008 版。

② 参见周若涵：《数据安全风险对国家安全的挑战及法律应对》，载《上海法学研究》2021 年第 1 卷。

已成为各国善用的有效举措，甚至成为各国政治、经济博弈的重要手段。2020年6月29日，印度电子与信息技术部以有损印度主权和完整、国防安全、国家安全和公共秩序为由封禁59款有中国背景的手机应用程序。该部门称其收到了来自各种渠道的投诉，Android和iOS平台部分应用程序以未经授权的方式窃取和秘密传输用户数据到印度境外的服务器，若境外机构将这些数据汇编集合，并对印度国家安全和国防数据进行挖掘分析，最终将影响印度的主权和领土完整，因此需采取紧急措施予以封禁。2019年11月18日，美国参议员提议制定《2019年国家安全和个人数据保护法(草案)》，该法拟禁止将数据存储或传输至威胁美国国家安全的关注国，认为该等国家的隐私和数据安全规定会对美国国家安全构成重大威胁，并明确指出关注国包含中国和俄罗斯。2020年8月5日，美国国务卿宣布“清洁网络”计划，拟从电信服务商、应用程序、云存储等五个方面清除来自中国的技术和网络服务，以保护美国公民隐私和公司最敏感信息不受侵害。8月6日，前美国总统特朗普签署两项行政命令，其中指出TikTok“可能会被用于虚假信息活动”，微信“自动获取用户的大量信息”，并以国家安全之名禁止任何美国公司或个人与TikTok的中国母公司字节跳动及微信所属公司腾讯进行交易。面对国际社会在数据安全方面的发难，确定国家安全与数据安全并重的基本原则是维护国家安全的必要法律武器。

《数据安全法》应当充分意识到数据安全之于国家安全的重要意义，在数据安全立法中保护国家安全和国家利益，坚持数据安全与国家安全并举的原则。

(二)数据安全与数据利用并举原则

《数据安全法》第13条规定，国家统筹发展和安全，坚持以数据开发利用和产业发展促进数据安全，以数据安全保障数据开发利用和产业发展。依据该规定，数据开发促进数据安全，数据安全保障数据开发。该原则的确立旨在促进数据安全与数据利用的良性互动，防止为避免安全问题而阻断数据利用，或者为数据利用而罔顾数据安全。安全与发展并重原则是平衡权利保护和社会发展应当坚持的原则，其符合“十四五”规划的发展与安全并重的系统理念。①

---

① 参见许玖玖：《数据法治安全与发展价值的衡平路径——以〈数据安全法(草案)〉的突破与困境为视角》，载《山东科技大学学报(社会科学版)》2021年第2期。

数据安全问题伴随大数据应运而生，系统遭受攻击，数据丢失和泄露事件频发，传统安全措施难以适配，轻则危及个人人身财产安全，重则引发国家安全危机。我国数据安全风险广泛存在于各种数据活动中，数据收集、储存、利用等数据活动中普遍面临严重的数据泄露风险、数据篡改风险、侵犯隐私风险，对数据安全管理工作不重视、数据安全管理措施落后、数据安全管理工作缺乏工作指引，导致数据安全管理漏洞暴露无遗，随时可能触发数据安全事故，造成国家秘密泄露、公民隐私遭受侵犯、企业商业秘密泄露等严重后果，国家安全、社会安全和公民安全受到冲击。因此，明确数据安全管理的规范指引，确保数据收集的合法性、数据储存的完整性和稳定性、数据利用和数据共享的安全性迫在眉睫。然而，我国数据安全管理措施过于常规化，不能适应数据发展的新需要。大数据具有海量、多源、异构、动态的特征，传统的数据安全管理措施不能解决新的安全问题。比如多源数据的大量汇聚增加了访问控制策略制定及授权管理的难度，过度授权和授权不足现象严重，原有的数据访问控制策略面临失效；复杂的数据存储和流动场景使得数据加密的实现变得异常困难；针对大数据平台网络攻击手段呈现新特点，传统的检测、防御技术暴露出严重不足；数据流动路径的复杂化导致追踪溯源变得异常困难，特别是数据溯源中数据标记的可信性、数据标记与数据内容之间捆绑的安全性等问题更加突出。面对日渐棘手的数据安全难题和风险，制定和完善数据安全立法刻不容缓，而确保数据安全应当成为数据安全立法的核心目标。

数据是未来经济、社会发展的驱动力，应当坚持数据发展原则。数据在经济发展、社会治理方面具有巨大价值。数字经济已不再是传统经济的补充，而成为经济的新动能和就业的蓄水池。数据的应用场景不断扩大，企业不仅能够将运营产生的数据进行收集整理分析，服务于自身经营决策、业务流程，还能将处理后的数据形成数据商，例如芝麻信用和数据银行等。党的十九届四中全会首次将数据纳入可参与分配的生产要素之中。2020 年 4 月和 5 月，中共中央、国务院先后发布《关于构建更加完善的要素市场化配置体制机制的意见》和《关于新时代加快完善社会主义市场经济体制的意见》，提出“加快培育数据要素市场，推进政府数据开放共享，提升社会数据资源价值，加强数据资源整合和安全保护，发挥数据资源价值”等新要求。《数据安全法》的颁布也将在法律层面为推动数据发展增添活力、指明方向。

事实上，我国各省市相关立法中有关数据管理的原则均体现了安全与发展并重的基本原则。如《北京市政务信息资源管理办法(试行)》的管理原则为政务信息资源遵循统筹管理、按需共享、鼓励开放、充分利用、安全可控的原则。①《天津市促进大数据发展应用条例》的管理原则为坚持统筹规划、创新引领,依法管理、促进发展,共享开放、深化应用,繁荣业态、保障安全的原则,发挥大数据在商用、民用、政用方面的价值和作用,构建大数据发展应用新格局,培育数据驱动、人机协同、跨界融合、共创分享的智能经济形态。②《重庆市政务数据资源管理暂行办法》的管理原则为政务数据资源管理遵循统筹管理、集约建设、充分应用、安全可控的原则。③《浙江省公共数据和电子政务管理办法》遵循公共数据和电子政务管理遵循统筹规划、集约建设、汇聚整合、共享开放、有效应用、保障安全的原则。④《成都市公共数据管理应用规定》规定公共数据管理应用应当遵循"统筹协调、集约建设、充分利用、共享开放、安全可控"的原则。⑤

(三)统筹规划、战略布局原则

我国数据安全立法还应坚持统筹规划、战略布局原则。

首先,数据安全立法应坚持统筹规划原则,确保管理措施的整体性和系统性。我国数据安全管理措施缺乏系统性、整体性。大数据应用体系庞杂,逐步加快的数据共享和交换促使数据流动路径变得交错复杂,数据从产生到删除的整个生命周期内并非是单向、单路径的流动模式,也不仅限于某一实体流转。因此,数据安全风险一旦兑现,往往会波及整个数据系统的正常运行。然而,目前各政府部门的数据安全管理措施相互孤立,缺乏联动,数据安全管理事前预警不足,事后应急处理不力。各政府部门在数据安全管理中各自为营,搭建各式各样的数据中心、信息中心,采用不同的技术标准、数据标准、接口标准,多头重复建设不仅造成人力、物力浪费,且阻碍了大数据安全管理工作的统筹协调开展,急需构建一个统一协调的数据安全管理体系。

其次,数据安全立法还应坚持战略布局。数据是国家基础性战略资源,事

---

① 参见《北京市政务信息资源管理办法(试行)》第5条。
② 参见《天津市促进大数据发展应用条例》第3条。
③ 参见《重庆市政务数据资源管理暂行办法》第4条。
④ 参见《浙江省公共数据和电子政务管理办法》第3条。
⑤ 参见《成都市公共数据管理应用规定》第3条。

关国家安全和发展利益，就数据安全专门立法具有重要的战略意义。有专家认为，我国《数据安全法》勾勒出国家数据安全的整体布局：一是在立法理念上强调坚持国家安全和数据安全并重，将数据安全纳入国家安全观，凸显了我国数据安全从传统管理思维向现代治理思维的历史性转变；二是在立法技术上关注数据处理的动态化和各方利益的平衡保护；三是在适用范围和规制主体上实现公共部门和私营部门的全覆盖，强化法律的域外效力；四是在执法机制上突出了中央国家安全领导机构的决策和统筹协调职能，旨在确保国家数据安全战略和有关重大方针政策的制定和落地。①

(四)市场主导、开放共享原则

数据安全立法还应当坚持市场主导、开放共享原则。在数据安全管理理念上，充分认识和重视数据共享、流通和利用对经济发展、社会进步的重要作用，促进数据要素市场化。在数据安全管理方式上，充分发挥数据安全行业企业的作用，以市场维系安全，充分发挥市场对安全的反哺作用。②

我国数字经济发展呈现出高质量、高增速的特性。数据产业和数据技术早已成为国际竞争和市场竞争的重要领域，欲在竞争中占据领先地位，必须充分发挥数据要素的基础性资源作用，充分鼓励企业创新，以创新驱动发展。③2020 年 4 月 9 日，中共中央、国务院发布《中共中央国务院关于构建更加完善的要素市场化配置体制机制的意见》，提出“土地、劳动力、资本、技术和数据”五个要素领域改革方向，明确数据已经成为新的生产要素，参与到社会生产生活各环节。④ 因此，数据安全管理应当维系数据作为市场要素的生命力，为保障作为生产要素的数据安全，应当正确理解认识数据特性，把握数据安全

---

① 参见《专家：从〈数据安全法(草案)〉看国家数据安全整体布局》，载中国网：http://finance.china.com.cn/qy/20200706/5311157.shtml，最后访问时间 2021 年 6 月 15 日。

② 参见赵秉元：《构建政府数据开放与安全兼顾的市场化机制》，载《中国国情国力》2021 年第 2 期。

③ 参见曾铮、王磊：《数据要素市场基础性制度：突出问题与构建思路》，载《宏观经济研究》2021 年第 3 期。

④ 《中共中央国务院关于构建更加完善的要素市场化配置体制机制的意见》提出，要推进土地要素市场化配置，引导劳动力要素合理畅通有序流动，推进资本要素市场化配置，加快发展技术要素市场，加快培育数据要素市场。

特点，建设以数据为中心的安全保障体系，切实保障数据参与生产过程各环节安全。我国当前数据安全管理重物理安全，轻逻辑安全，注重保护数据储存、访问过程中数据的保密性、正确性、完整性，对于数据流通、数据分析利用等数据行为中的数据安全却关注甚少。未来立法应当更新数据管理理念，将数据开放共享纳入数据安全立法的理念和原则当中。

数据安全管理，还应充分发挥市场的主导作用。目前，数据安全管理面临新的技术挑战和场景应用挑战。一方面，分布式计算存储架构、数据深度发掘及可视化等新型技术能够大大提升数据资源的存储规模和处理能力，但也为数据安全保护带来了新的挑战。为了应对新技术带来的挑战，网络与数据安全技术需要同步演进，打破传统基于安全边界的防护策略，实现更细粒度的访问控制，提升加密和密钥管理能力，从而保证数据安全。另一方面，数据应用浪潮逐渐从互联网、金融、电信等热点行业领域向融合业务、物联网、传统制造等行业和领域拓展渗透。数字化生活、智慧城市、工业互联网等新技术新业务新领域创造出纷繁多样的数据应用场景，使得数据安全保护具体情境更为复杂。面对上述挑战，政府由于缺乏技术支撑，在安全管理上往往陷入困境。为此，应当充分发挥市场主导作用，促进数据安全行业的快速发展。鼓励数据安全管理的市场化，即有利于通过经济驱动刺激企业研发数据安全产品和服务、数据安全技术，从而实现数据安全管理，消化数据市场中的安全风险，实现以发展促安全，以安全保发展的良性循环，又缓解了数据安全管理中企业主动性不足的问题，并有利于促进新型配套行业的发展，形成健康全面的数据产业链。

四、数据安全立法的主要规则制度

（一）数据与大数据的界定

1. 数据

按照通常的理解，数据是电子化的信息，但对于什么是“数据”，理论与实务界界一直没有准确的定义。概念界定是法律适用的前提和基础。因此，对于数据的内涵应当进行统一界定。《数据安全法》对于“数据”采取了全面的界定。《数据安全法》第 3 条规定：“本法所称数据，是指任何以电子或者其他方式对信息的记录。”即除了《网络安全法》所界定的“网络数据”外，还将“其他方式对信息的记录”纳入了数据范畴。按照这一界定，纸质的档案信息以及其他书面形式对信息所作的记录，也属于数据。《数据安全法》所界定的“数据”内涵与我国此前颁布的其他法律法规和有关政策的数据界定并不完全等同。如，国务院 2015 年 8 月 31 日发布的《促进大数据发展行动纲要》(以下简称《纲要》)提到数据主要是基于“信息技术与经济社会的交汇融合引发了数据迅猛增长，数据已成为国家基础性战略资源”的发展背景，数据主要为电子数据。《网络安全法》，并未采取“数据”的表述，而是采用了“网络数据”的定义，网络数据是指“通过网络收集、存储、传输、处理和产生的各种电子数据”。① 但与此同时，《网络安全法》对于“个人信息”则界定为“以电子或者其他方式记录的能够单独或者与其他信息结合识别自然人个人身份的各种信息”。② 按照这一表述，个人信息可以是电子的，也可以是非电子的。显然，个人信息定义与“网络数据”也并非同一内涵。《民法典》未对数据进行界定，仅确立其法律客体地位。③ 针对其他立法界定不明的现状，《数据安全法》采用最具涵括性的概念范畴可以有效避免立法冲突。

2. 大数据

在过去的十几年中，各个领域都出现了大规模的数据增长，而全面的信息基础设施建设、通信工具和智能终端的普及也为海量数据的产生与存储提供了硬件、软件支持。大数据这一术语正是产生在全球数据爆炸式增长的背景下。由于存在多元价值，各界对大数据往往有不同视角的界定。有的立足于数据本身的新特点，有的将其视为一种新型技术，有的将其视为全方位的变革和创新。即使仅在法学领域，大数据也没有公允的定义。无论是与数据本身相关的数据科学、数据技术、数据工程、数据应用、数据集合还是其所带来的经济、文化变革，都构成了大数据不可割舍的一部分。

从大数据的本体角度来解释，大数据即巨量数据的集合，与数据相比，其具备 5V 特征：(1)容量(Volume)是指大规模的数据量，并且数据量呈持续增长趋势。大规模的数据对象构成的集合，即称为“数据集”。不同的数据集具有不同的维度、稀疏性、分辨率，因而处理难度存在差异。(2)速率

① 参见《网络安全法》第 76 条第 4 款。

② 参见《网络安全法》第 76 条第 5 款。

③ 参见《民法典》第 127 条，法律对数据、网络虚拟财产的保护有规定的，依照其规定。

(Velocity)，即数据生成、流动速率快，数据流动速率指指对数据采集、存储以及分析具有价值信息的速度。(3)多样性(Variety)，大数据包括多种不同格式和不同类型的数据。数据来源包括人与系统交互生成与机器自动生成，包括结构化数据、非结构化数据、半结构化数据。结构化数据指遵循一个标准的模式和结构，以二维表格的形式存储在关系型数据库里的行数据。目前，结构化数据的分析方法和分析技术发展最为成熟，分析难度也相对最低。非结构化数据是指不遵循统一的数据结构或模型的数据(如文本、图像、视频、音频等)，不方便用二维逻辑表来表现。非结构化数据在企业数据中占比最大，增长速率更快，其处理和分析难度也更大。(4)真实性(Veracity)，指数据的质量，主要指数据的真实性、即时性。(5)价值(Value)，即低价值密度，大数据的价值主要来源于巨量数据的聚集，单个数据的价值十分有限，因此大数据的价值密度低。

在法学语境下，由于数据与大数据的立法和学术研究均以数据技术和算法技术应用为实践背景，数据往往以聚合形式存在，因而数据与大数据的使用区分并不明显。至于数据和信息的区分，有学者认为二者并无实质区别，前者侧重形式，后者侧重内容;① 也有学者认为数据乃数据控制主体作为生产者生产而来，与信息存在明显区分。② 本书认为，《民法典》明确区分个人信息和数据，因此，信息与数据须在法律适用上进行区分。数据是企业或者国家机关等数据生产者投入生产资料，以记录信息、分析信息等形式生产而来的兼具内容与形式的新的客观实在，其是独立于信息的法律客体，承载着企业和国家机关等数据生产者的数据利益，单纯地未经生产处理地信息并不承载此种利益，此乃信息与数据的根本区别所在。

(二)监管体系与职责分工

合理和确定的职能分工，是落实数据安全管理制度必要前提。因此，在其他各省市的数据安全管理立法中，数据安全管理的职能分工都被作为必要且重要的内容予以单独规定。首先，确定数据安全管理的职能分工，可以为各部门

① 参见梅夏英:《信息和数据概念区分的法律意义》，载《比较法研究》2020 年第 6 期。

② 参见高富平:《数据生产理论——数据资源权利配置的基础理论》，载《交大法学》2019 年第 4 期。

开展数据安全管理工作提供明确的法律依据，有助于促进各个部门依法有序地开展工作，形成各司其职、相互配合的数据安全管理局面。其次，确定数据安全管理的职能分工，还可以防止其他部门越权办事，扰乱数据安全管理工作的正常进行。因此，各部门在数据安全管理中应当行使何种职能，扮演何种角色，必须在立法中予以明确。

合理有效的数据安全管理体系不仅是技术问题，更涉及政务系统的管理问题，而有效的组织架构是实现政务大数据管理的基础。目前，从中央到地方，我国各级政府均已建立起初步的政务大数据管理组织架构。例如，以 2018 年 4 月北京市大数据工作领导小组第 1 次会议的召开为标志，目前北京大数据行动计划工作已全面启动。目前北京市已经建立了较为合理、高效、保障有力的四级政务大数据平台管理组织结构。通常，政务大数据平台管理以大数据工作领导小组为核心，并在其指导下设置专属部门(如经济信息化委或大数据管理局等)为大数据监管部门，统筹协调大数据行动计划工作和管理工作，联合市相关互联网管理部门，如：市网信办、市经信委、市密码管理局、市公安局，以及下属的市安全测评中心、市政务信息安全应急处置中心等职能机构，构成较为完善的专业性管理队伍，统筹管理政务云计算平台，实施大数据和云计算发展行动计划。

在上述管理组织结构中，大数据监管部门负责具体的政务信息资源管理工作，会同有关部门制定政务信息资源管理总体规划、实施方案和标准规范，统筹推进本市大数据管理平台等技术支撑体系的建设、运行、管理和维护工作，依据授权提供政务信息资源共享和开放服务。同时，大数据监管部门也负责组织开展本部门政务信息资源目录编制、采集、共享和开放等工作，开展基于信息共享的业务流程再造和优化，指导所属企事业单位开展政务信息资源管理工作。因此，大数据监管部门在上述组织架构中对政务大数据安全负有重要的管理责任。

《数据安全法》同样明确了数据安全监管体系，由中央国家安全领导机构负责数据安全工作的决策和统筹协调。①《数据安全法》的规定是在数据安全领域秉承《国家安全法》第 5 条的精神，中央国家安全委员会整体负责数据安全工作，研究制定、指导实施国家数据安全战略和有关重大方针政策。

---

①　参见《数据安全法》第 5 条。

在具体实施层面，则由行业主管部门、公安和国家安全部门负责数据安全监管，由网信部门进行数据安全和相关监管工作的协调。尽管《数据安全法》明确提到工业、电信、自然资源、卫生健康、教育、国防科技工业、金融业、公安机关、国家安全机关负责本领域或者本部门范围内的数据安全监管职责，但不排除实践中相关部门进行监管时职权出现交叉重叠。① 此外，《关键信息基础设施安全保护条例(征求意见稿)》规定，国家行业主管或监管部门按照关键信息基础设施识别指南，组织识别本行业、本领域的关键信息基础设施，此处的行业主管部门和监管部门可能也与《网络安全审查办法》中的关键信息基础设施保护工作部门相一致。因此，未来各行业主管部门、监管部门可能需要同时肩负数据安全监管职责与关键信息基础设施保护工作。

我国各省市数据安全管理法规对数据安全监管体系和职责分工进行了规定。《天津市促进大数据发展应用条例》规定的职责分工为：(1)市人民政府领导全市大数据发展应用工作，区人民政府负责本行政区域内大数据发展应用工作。市和区人民政府应当将大数据发展应用纳入本行政区域国民经济和社会发展规划，协调解决大数据发展应用的重大问题。市和区互联网信息主管部门负责大数据发展应用的具体工作，其他有关部门按照各自职责做好大数据发展应用相关工作。(2)市互联网信息主管部门会同有关部门编制全市大数据发展应用规划，报市人民政府批准后公布实施。市人民政府有关部门和区人民政府应当根据全市大数据发展应用规划，编制本部门、本地区的大数据发展应用专项规划，并向市互联网信息主管部门备案。②《北京市政务信息资源管理办法(试行)》规定的职责分工为：市信息化工作领导小组是本市政务信息资源管理工作的领导机构，对政务信息资源管理工作的重大问题进行决策。领导小组办公室负责统筹协调全市政务信息资源管理工作，建立健全政务信息资源管理相关机制，推动各项任务落实。市经济信息化委具体负责本市政务信息资源管理工作，会同有关部门制定政务信息资源管理总体规划、实施方案和标准规范，统筹推进本市大数据管理平台等技术支撑体系的建设、运行、管理和维护工作，依据授权提供政务信息资源共享和开放服务。政务部门负责组织开展本部门政务信息资源目录编制、采集、共享和开放等工作，开展基于信息共享的业务流

---

① 参见《数据安全法》第 6 条。

② 参见《天津市促进大数据发展应用条例》第 4~5 条。

程再造和优化，指导所属企事业单位开展政务信息资源管理工作。① 《重庆市政务数据资源管理暂行办法》规定的职责分工为：(1)人民政府统一领导本行政区域的政务数据资源管理工作，建立工作协调机制，研究解决政务数据资源管理工作中的重大事项。(2)市政务数据资源主管部门统筹全市政务数据资源管理，建立政务数据资源管理制度，组织制定本市政务数据资源标准体系，组织实施政务数据资源管理平台的建设和维护，指导、协调、监督各政务部门的政务数据资源管理工作。(3)各政务部门是本部门政务数据资源管理责任主体，负责本部门政务数据资源汇聚、共享、开放、应用及其相关管理工作。各政务部门主要负责人是本部门政务数据资源管理的第一责任人，负责明确专职机构和专职人员落实政务数据资源管理工作。(4)依托数字重庆云平台建设的城市大数据资源中心是本市政务数据资源管理基础平台。城市大数据资源中心集中部署共享系统、开放系统以及基础数据库、主题数据库、部门政务数据资源池等，集中存储政务数据资源，统一提供政务数据资源管理服务。② 《浙江省公共数据和电子政务管理办法》规定的职责分工为：(1)县级以上人民政府应当加强对公共数据和电子政务工作的领导和协调，将公共数据和电子政务建设纳入国民经济和社会发展规划，统筹推进本行政区域内公共数据和电子政务建设，所需经费列入本级财政预算。(2)省人民政府办公厅，设区的市、县(市、区)人民政府办公室(厅)或者设区的市、县(市、区)人民政府确定的部门是公共数据和电子政务的主管部门，负责指导、监督本行政区域内公共数据和电子政务管理工作。省人民政府办公厅所属的数据管理机构和设区的市、县(市、区)人民政府确定的有关机构，具体承担公共数据和电子政务管理工作。县级以上人民政府有关部门在各自职责范围内，做好公共数据和电子政务相关工作。省级行政机关应当指导、监督本系统公共数据和电子政务管理工作。③ 《广东省政务数据资源共享管理办法(试行)》规定的职责分工为：(1)政务数据主管部门负责统筹、协调、指导和监督本行政区域内政务数据资源管理工作。(2)政务部门应明确本部门负责政务数据资源管理的机构，承担本部门政务数据资源编目、采集、共享、应用和安全等相关工作。省级政务部门应当指导、

---

① 参见《北京市政务信息资源管理办法(试行)》第4条。

② 参见《重庆市政务数据资源管理暂行办法》第5~8条。

③ 参见《浙江省公共数据和电子政务管理办法》第4条。

监督本系统政务数据资源管理工作。(3)运营中心和第三方机构作为服务提供方，为政务数据资源管理工作提供技术支撑。①《海南省大数据开发应用条例》规定的职责分工为：(1)省、市、县、自治县人民政府领导本行政区域内大数据开发应用工作，协调解决大数据开发应用重大问题。人民政府信息化主管部门负责大数据管理工作。(2)省人民政府设立省大数据管理机构，作为实行企业化管理但不以营利为目的、履行相应行政管理和公共服务职责的法定机构。(3)省人民政府信息化主管部门应当会同省大数据管理机构和有关部门，按照适度超前、合理布局、绿色集约、资源共享的原则，编制本省大数据开发应用总体规划，报省人民政府批准后公布实施。(4)省人民政府标准化主管部门应当会同省人民政府信息化主管部门和省大数据管理机构制定数据采集、开发、交换、共享、开放、安全等标准，实现数据准确、完整、规范，促进大数据的开发应用。省大数据管理机构应当制定政务信息资源全过程管理规范。(5)县级以上人民政府及有关部门应当加强大数据开发应用、安全等方面知识的宣传普及、教育培训，增强全社会大数据安全意识，提高大数据开发应用和安全风险防范能力。②《成都市公共数据管理应用规定》划定的职责分工为：(1)市公共数据主管部门负责统筹公共数据基础设施建设，制定本市公共数据管理制度和标准规范，牵头组织公共数据有关目录编制，指导、监督和协调推进本市公共数据管理应用工作。区(市)县公共数据主管部门负责辖区内公共数据管理应用工作。市和区(市)县政务部门应当加强本单位本系统公共数据归口管理，明确专门机构，负责本部门公共数据管理应用工作，指导本行业公共数据管理应用。(2)公共数据主管部门应当会同公安、经信、网信等部门制定公共数据安全等级保护、风险测评、应急防范等安全制度，建立健全公共数据安全保障和安全评估体系。政务部门应当建立健全公共数据安全管理制度和工作规范，构建公共数据安全防控技术体系，保障公共数据安全。承担公共数据采集、存储、清洗、开发、应用的技术服务单位应当与授权单位签订安全协议，建立数据安全管理制度，制定数据安全应急预案，并定期开展安全评测、风险评估和应急演练，确保公共数据安全可控。发生重大安全事故时，应当立即启动应急预案，及时采取补救措施，告知可能受到影响的用户并按照规定向有关部门报

① 参见《广东省政务数据资源共享管理办法(试行)》第5~7条。
② 参见《海南省大数据开发应用条例》第4~9条。

告。(3)市公共数据主管部门组织设立市公共数据专家咨询委员会。公共数据管理应用政策措施制定、技术标准规范编制、公共数据项目评审、申请公共数据采集和系统建设经费等应当经过市公共数据专家咨询委员会评审。①《昆明市政务信息资源共享管理办法》划定的职责分工为：市人民政府统一领导全市政务信息资源共享工作。市大数据行政管理部门负责组织实施本办法，指导和组织市级政务部门和各县(市)区人民政府编制政务信息资源目录和政务信息资源共享目录，定期对政务信息资源共享工作进行检查评估，负责组织市级数据共享交换平台的建设和运行管理，并指导共享平台建设、运行管理单位做好日常维护。②

(三)数据安全责任划分

数据安全责任的划分是本次立法调研过程中各部门普遍反映的问题，也是本次立法需要着重解决的问题。长期以来，数据安全管理责任的主体和内容均不明确，这很可能导致各职能部门为躲避责任而拒绝开展合作性的数据活动，阻碍了数据共享工作的开展。因此，为督促各职能部门切实行使职能维护数据安全，解决责任不明产生的后顾之忧，必须明确数据安全责任的划分。③ 未来立法应当明确规定数据安全责任主体和数据安全管理责任内容，确立谁所有谁负责，谁持有谁负责，谁管理谁负责，谁使用谁负责及谁采集谁负责的原则。《数据安全法》就数据安全责任划分尚无明确规定。我国地方政府数据安全管理立法中对数据安全责任划分进行了细致规定。如《广西政务数据资源管理与应用改革实施方案》规定，建立政务数据安全保障工作协调机制，落实政务数据安全责任制，保障政务数据全生命周期安全。政务数据生产单位承担本单位政务数据源的安全责任，自治区数据共享交换平台和自治区公共数据开放平台的管理单位承担政务数据共享、开放过程中的管理安全责任，政务数据使用单位承担所授权使用数据的安全责任。④《安徽省政务数据资源管理办法》规定，数据提供部门应当按照谁主管、谁负责，谁提供、谁负责的原则，负责本部门

---

① 参见《成都市公共数据管理应用规定》第5~7条。

② 参见《昆明市政务信息资源共享管理办法》第4~5条。

③ 参见《推进数据产权立法，强化平台数据安全责任》，载《21世纪经济报道》2021年3月17日，第001版。

④ 参见《广西政务数据资源管理与应用改革实施方案》“四、重点任务”部分。

数据采集、归集、存储、提供、共享、应用和开放等环节的安全管理。数据使用部门按照谁经手、谁负责，谁使用、谁负责，谁管理、谁负责的原则，负责共享数据使用全过程安全。数据资源主管部门负责保障本级江淮大数据中心平台、政务云和电子政务外网安全运行。数据资源主管部门、政务部门应当依法建立健全大数据环境下数据分类分级安全防护、数据安全风险测评等管理制度，定期开展安全评测、风险评估；落实网络和数据安全管理机构和责任人，加强对网络和数据管理人员的教育、培训和管理；采取数据脱敏、数据备份、加密认证等安全保护技术措施，防止政务数据资源丢失、毁损、泄露和篡改，保障政务数据资源安全。网信部门、公安部门、通信管理部门和其他有关部门应当按照各自职责，做好政务数据安全保护、网络安全审查和监督管理工作，保障政务数据安全。①《河南省政务数据管理办法(征求意见稿)》规定，各级政务数据主管部门负责组织建立政务数据安全保障制度，制定政务数据安全等级保护措施，定期对政务数据进行备份，指导、督促政务数据采集、使用、管理全过程的安全保障工作，定期开展政务数据风险评估和安全审查。各政务部门应当建立本部门政务数据安全管理制度，明确管理程序和责任，依照法律法规和国家有关规定进行安全审查，配合国家安全、保密等主管部门对政务数据管理工作进行国家安全检查、保密检查、技术监管。网信部门负责组织建立政务数据的网络安全管理制度，指导督促政务数据归集、存储、共享、开放等全过程的网络安全保障、风险评估和安全审查工作。其他有关部门按照有关法律法规的规定，在各自职责范围内负责与政务数据相关的安全保护工作；提供部门承担政务数据采集、核准和提供过程的数据质量管理责任；使用部门承担政务数据使用过程的数据安全管理责任。使用部门发生的数据安全事故责任由使用部门承担，提供部门和政务数据主管部门不承担连带责任。②《上海市政务数据资源共享管理办法》规定，市经济信息化委应当建立健全政务数据资源安全管理制度和工作规范，加强资源管理平台安全建设和管理，完善身份认证、访问控制、信息审计追踪等技术防控措施，建立安全应急处理和灾难恢复机制。行政机构应当按照“谁建设，谁维护；谁使用，谁负责”的原则，在各自的职责范围内，做好政务数据资源安全和信息保密的监督和管理工作。③《北

① 参见《安徽省政务数据资源管理办法》第38~40条。
② 参见《河南省政务数据管理办法(征求意见稿)》第24、25条。
③ 参见《上海市政务数据资源共享管理办法》第18条。

京市公共数据管理办法(征求意见稿)》规定，市网信部门会同市经济和信息化部门负责统筹指导本市公共数据安全保障和监管工作，制定本市公共数据安全管理制度并组织实施。市经济和信息化部门和区主管部门应当加强本级大数据管理平台统一身份认证、权限管理、数据加密等技术防护体系，保障公共数据资源在汇聚、共享、开放时的数据安全。行政机关和公共服务企业应当建立本单位公共数据安全管理制度，明确安全管理负责人，制定数据安全应急预案并定期开展安全评测、风险评估和应急演练，采取安全保护技术措施，防止数据丢失、毁损、泄露和篡改。发生重大数据安全事故时，应当立即启动应急预案，及时采取补救措施，告知可能受到影响的用户，并按照规定向有关主管部门报告。① 从地方政府立法来看，我国目前有关数据安全责任的划分，普遍存在规定不明、划分不一的状况，《数据安全法》亦未明确规定，有待未来立法予以补充。

(四)数据安全审查制度

《数据安全法》第 24 条规定国家建立数据安全审查制度，对影响或者可能影响国家安全的数据处理活动进行国家安全审查。依法作出的安全审查决定为最终决定。《数据安全法》并未提出“影响或可能影响国家安全”的判断标准和判断依据，审查部门、流程与材料也需要后续配套法规出台后再进行确认。

2020 年 6 月 1 日起实施的《网络安全审查办法》(简称《审查办法》)，确立了网络安全审查制度，该《审查办法》第 2 条规定了关键信息基础设施运营者采购网络产品和服务，影响或可能影响国家安全的，应当进行网络安全审查。《审查办法》是对关键信息基础设施运营者采购网络产品和服务设定的安全审查，其中，将产品和服务使用后带来的关键信息基础设施被非法控制、遭受干扰或破坏，以及重要数据被窃取、泄露、毁损的风险作为审查的重要内容。《数据安全法》审查的对象包括所有的影响或可能影响国家安全的数据活动，既包括线上的数据活动，也包括线下的数据活动，且对数据活动主体并未作出限制。而《审查办法》所设查的主体仅为关键信息基础设施运营者，审查活动主要针对产品或服务的采购环节，而审查的内容则除了重要数据被窃取、泄露、毁损的风险外，还包括产品或服务是否具有连续性，以及是否收购政治等因素影响，从而威胁供应链的安全。

---

① 参见《北京市公共数据管理办法(征求意见稿)》第 26 条。

数据安全审查制度将数据活动对国家安全的影响作为其规制的价值目标，这也意味着，企业或其他社会主体，在从事数据活动时，应首先进行国家全判断。当然，草案对于审查的程序并未做进一步规定，有待相关细则加以界定。

（五）数据安全行为规范

数据安全行为规范是以数据处理行为为具体规制对象，该种立法模式有助于提升立法的灵活性，适应数据实践的动态性。数据活动实践时刻处于联动复杂的状态，因此对数据行为进行合理划分并在此基础上进行分别规制，有助于构建更为精细化安全管理规则。一方面，不同的数据行为处于不同的数据实践阶段中，面临的主要安全隐患存在差别，数据安全管理规则依数据行为的划分分别展开规定，更加有的放矢；另一方面，数据行为是各部门开展数据工作的主要行为样态，对各行为进行分别规范，符合数据活动实践，有利于增强规则的可操作性。因此如何划分数据行为并分别进行规制是数据安全立法的重点。数据安全行为规范主要是以数据行为为基础，明确数据采集、数据储存、数据传输、数据处理、数据交换、数据开放、数据销毁、数据运用、数据承继和数据空间出租中的具体安全规则，同时兼顾个人信息的保护。① 我国《数据安全法》亦体现了数据安全的行为规制理念，乃本次草案的一大亮点。

1. 数据收集安全

数据采集是企业获得数据资源的起点步骤，即企业在数据收集中应当确保数据收集行为合法、安全。具体要求企业在数据收集中确保数据收集合法，如征得个人数据主体同意或者满足其他合法要件，不得违背法律；数据收集应当遵循最小必要原则，收集数据不得超过法律和行政法规规定的目的和范围；数据收集行为应当具有可追溯性，如数据交易中介服务机构，需要求数据提供方说明数据来源，审核交易双方的身份，并留存审核、交易记录。对于敏感个人信息的收集，则适用更为严格地安全管理规范，如根据《个人信息保护法（草案）》的规定，敏感个人信息保护原则上应当禁止，只有满足合法的特定情形时，才允许收集。②

---

① 参见金耀：《个人信息私法规制路径的反思与转进》，载《华东政法大学学报》2020年第5期。

② 《个人信息保护法（草案）》第29条第1款规定，个人信息处理者具有特定的目的和充分的必要性，方可处理敏感个人信息。

2. 数据存储安全

数据采集后经过清洗即会存入数据库中，而不同数据根据敏感程度不同应受到不同程度的安全保护。若未对存储中的数据进行适当的安全防护，则可能造成数据安全事件。为确保数据储存安全，应当加强安全技术支撑、提高数据存储方法的科学性，如设置访问权限、建立访问追溯制度、完善存储安全日志等。

3. 数据处理安全

数据处理包括但不限于数据的使用、共享、转让、公开等环节。数据处理环节，是数据安全治理最重要的环节之一，在这个环节中，数据风险类型多样，包括以下种类：(1)身份认证漏洞导致他人盗取数据，如未设置身份认证机制，或者身份认证机制薄弱导致无访问权限者盗取数据。(2)敏感数据暴露面过大。如数据可以被内部人员或外部第三方访问获取到的应用层界面。(3)数据处理未进行脱敏处理，如未脱敏、伪脱敏或脱敏规范不合规、API接口缺乏身份认证、敏感数据非必要透出或透出过多等问题。(4)数据权限管理不够精细。如未对数据访问权限进行最小化的权限分配，实施细粒度(字段级)的访问控制策略。(5)数据账号管理缺陷，如访问密码暴露或账号破解、账号共用、未回收的特权账号等。(6)未建立审计和监控等数据处理追溯机制。如对数据的异常访问行为和异常数据流动未进行识别和监控、预警。为防止上述风险发生，确保数据处理安全，企业应定期对数据风险展开全面评估工作，评估内容涉及数据的种类、数量、收集、存储、加工、使用数据的情况，面临的数据安全风险及其应对措施等。尤其是对于重要数据的处理，应当强制性要求定期开展风险评估工作，并向数据安全主管部门进行报送。数据处理应当遵循最小必要原则。此外，若企业承担政务数据的加工处理、共享和转让等工作，则应严格履行数据安全保护义务接受需要国家机关审核和监督。

(六)数据分级分类保护

传统数据安全侧重于静态保护，新一代数据安全处于数字经济繁荣发展和全面数字化转型的新时代，需要适应动态保护的需求，确保数据在各类场景下收集、利用、流转、开放、共享等不同行为时的安全与自由。场景差异会形成不同的正当价值和安全风险，分级分类保护应当成为网络数据安全立法的基本思路。①

最初，数据分级分类是用于对数据资产进行一致性、标准化管理而采用的方法，随后发展成为网络数据安全风险管理的技术方案。根据《网络安全法》第 21 条的规定，网络运营者应当采取数据分类、重要数据备份和加密等措施。《数据安全法(草案)》第 19 条规定，国家对数据实行分级分类保护。由此可见，数据分级分类的主体由“网络运营者”转变为“国家”，国家对数据进行分级分类的方法不仅包括制定重要数据目录，更需要结合典型的数据应用场景制定配套的网络数据安全法规。只有在数据安全配套法规中确立基本的数据分级分类规则，才能为制定数据分级分类目录、技术标准和企业数据安全管理实践提供更加明确的统一指引。

《数据安全法》第 21 条要求对数据实行分级分类保护，并且由各地区、各部门制定本地区、本部门、本行业的重要数据保护目录，对列入目录的数据进行重点保护。在《数据安全法》颁布之前，《网络安全法》规定了数据分类、重要数据备份和加密要求。但无论是《网络安全法》还是《数据安全法》，其本身对于数据分级分类的规定尚属于原则性规定，对数据分类的标准、企业违反数据分级分类的法律后果均未明确。

目前，部分行业已经对数据分类分级进行立法尝试，如《科学数据管理办法》②《工业数据分级分类指南(试行)》③等，但几乎均未设置相应责任，仅《证券基金经营机构信息技术管理办法》规定，证券基金经营机构违反该办法的规定(包括数据分级分类)，将受到中国证监会及其派出机构的行政监管措施，如

---

① 参见左晓栋：《确立重要数据识别标准 完善数据安全监管制度》，载《保密工作》2020 年第 10 期。

② 《科学数据管理办法》第 20 条规定，法人单位要对科学数据进行分级分类，明确科学数据的密级和保密期限、开放条件、开放对象和审核程序等，按要求公布科学数据开放目录，通过在线下载、离线共享或定制服务等方式向社会开放共享。

③ 《工业数据分级分类指南(试行)》结合生产制造模式、平台企业结合服务运营模式，分析梳理业务流程和系统设备，考虑行业要求、业务规模、数据复杂程度等实际情况，对工业数据进行分类梳理和标识，形成企业工业数据分类清单；根据不同类别工业数据遭篡改、破坏、泄露或非法利用后，可能对工业生产、经济效益等带来的潜在影响，将工业数据分为一级、二级、三级 3 个级别。具体参见该法第 5~11 条。

责令改正、暂停业务、公开谴责等处罚。① 可见，目前企业分级分类保护虽由法律依据，但未有相应责任制度予以推进落地，需要在未来安全立法中予以完善。

《数据安全法》第 21 条还使用了“重要数据”的概念。在重要数据的认定方面，应结合数据在经济社会发展中的重要程度，以及一旦遭到篡改、破坏、泄露或者非法获取、非法利用，对国家安全、公共利益或者个人、组织合法权益造成的危害程度进行判定。上述规定概括性强，适用性不足，因此具体范畴还有待国家数据安全工作协调机制统筹协调有关部门制定重要数据目录。此前，《数据安全管理办法(征求意见稿)》《信息安全技术 数据出境安全评估指南(征求意见稿)》对重要数据进行了更为详细的列举和界定。如《数据安全管理办法(征求意见稿)》将重要数据定义为一旦泄露可能直接影响国家安全、经济安全、社会稳定、公共健康和安全的数据，包括未公开的政府信息，大面积人口、基因健康、地理、矿产资源等。②《信息安全技术 数据出境安全评估指南(征求意见稿)》则通过《重要数据识别指南》附则列举石油天然气、煤炭、石化等 27 类重要数据。重要数据的范畴具有灵活性，不同行业应具有不同的识别标准，宽泛定义和有限列举意义有限，难以指导各行业进行重要数据识别和保护。为提供重要数据目录制定指引，全国信息安全标准化技术委员会已正式立项国家标准《信息安全技术 重要数据识别指南》。该标准不再沿用行业分类的方式，而是从数据的作用、数据被破坏后可能带来的影响等角度，将重要数据分为国民经济运行类、安保类、自然资源与环境类、健康类、敏感技术类、用户类及政府工作秘密类。可以预见该指南可以作为相关部门制定重要数据目录的科学参考。

(七)数据安全评估制度

《数据安全法》规定了重要数据之处理活动安全评估制度，评估内容为数据处理的风险，评估对象为数据安全活动，《数据安全法》第 30 条规定，重要数据的处理者应当按照规定对其数据处理活动定期开展风险评估，并向有关主管部门报送风险评估报告。风险评估报告应当包括处理的重要数据的种类、数

---

① 参见《证券基金经营机构信息技术管理办法》第 58 条。
② 参见《数据安全管理办法(征求意见稿)》第 38 条第 5 款。

量，开展数据处理活动的情况，面临的数据安全风险及其应对措施等。除此之外，《网络安全法》《个人信息和重要数据出境安全评估办法(征求意见稿)》还规定了数据出境的安全评估制度。如《网络安全法》第37条则规定，关键信息基础设施的运营者在中华人民共和国境内运营中收集和产生的个人信息和重要数据应当在境内存储。因业务需要，确需向境外提供的，应当按照国家网信部门会同国务院有关部门制定的办法进行安全评估。《个人信息和重要数据出境安全评估办法(征求意见稿)》第9条则规定了多种需要评估的数据出境行为，其中第(五)款提到了"关键信息基础设施运营者向境外提供个人信息和重要数据"，这一规定与《网络安全法》基本一致。

(八)跨境数据安全

《数据安全法》颁布之前，我国对数据跨境流动规制基本处于空缺状态。《网络安全法》第37条概括性的规定了个人信息和重要数据的本地存储、出境评估等法律义务。国家网信办虽于2019年公布了《网络安全审查办法(征求意见稿)》《数据安全管理办法(征求意见稿)》《个人信息出境安全评估办法(征求意见稿)》，但统一客观、可操作性强的数据跨境流动法规仍处于缺位状态，无法适应数据跨境流动合规建设和多元化发展要求，数据出境和入境安全评估亦未落地实施。

《数据安全法》第2条第2款在中华人民共和国境内开展数据处理活动及其安全监管，适用本法。在中华人民共和国境外开展数据处理活动，损害中华人民共和国国家安全、公共利益或者公民、组织合法权益的，依法追究法律责任。与《网络安全法》第75条"境外的机构、组织、个人从事攻击、侵入、干扰、破坏等危害中华人民共和国的关键信息基础设施的活动，造成严重后果的，依法追究法律责任"的规定相比，《数据安全法》拓展了适用范围，使该立法具有域外效力。《数据安全法》还在第2条域外效力的基础上，通过安全审查、出口管制、反制措施和数据调取审批实现数据跨境流动的全方位监管。但总体上，《数据安全法》对数据跨境流通的制度设计仍过于原则性，需要通过配合其他法规或国际条约、协定实现，有待未来进一步完善。

(九)数据歧视的对等制度

《数据安全法》还有一个值得关注的新制度，即针对数据歧视的对等措施。

《数据安全法》第26条规定，任何国家或者地区在与数据和数据开发利用技术等有关的投资、贸易等方面对中华人民共和国采取歧视性的禁止、限制或者其他类似措施的，中华人民共和国可以根据实际情况对该国家或者地区对等采取措施。对等原则是国际投资与贸易的基本原则之一，对此，我国《外商投资法》已经做了明确的规定，任何国家或者地区在投资方面对中华人民共和国采取歧视性的禁止、限制或者其他类似措施的，中华人民共和国可以根据实际情况对该国家或者该地区采取相应的措施。《数据安全法》的规定是投资、贸易对等原则在数据活动领域的特别体现，其出台也强烈反映了当前主要大国激励的数据博弈。《数据安全法》对于与数据和数据开发利用技术等有关的投资、贸易方面的歧视性政策以对等原则进行反制，是维护中国数据安全及中国企业开展正常数据活动的必要措施。

(十)其他制度规则

除上述制度外，我国数据安全管理制度还须在以下方面作出努力：

1. 构建统一数据标准

数据统一储存和高效共享以统一的技术标准和数据标准为基础。为了立法应当注重相关技术标准的统一，以促进政务数据的统一归集、统一管理，确保数据储存传输的流畅，打造市级数据大平台，规范数据汇聚、管理和应用的过程和行为，为数据接入、清洗、融合和分析等提供统一标准，使数据真正落得下、管得住、用得好。

2. 加强政企合作， 发挥企业核心技术和人才优势

在大数据共享和安全管理立法中，既要强调政府在规划引导、业务协调、监督管理等方面的重要作用，又要加强政企合作，发挥互联网企业、基础电信运营商和咨询机构的技术优势，政企携手共促政务信息化统筹建设。积极发挥骨干信息技术企业在资金、技术、人才方面的优势，探索建立政企合作的运营模式，提高工程咨询、工程设计、项目建设、新技术利用、运维服务等工作的专业化水平，推动信息化的资产性建设转化为服务性购买，促进政务信息系统实现由分散建设向共建共享的模式转变。在大数据平台的建设方面，充分发挥好优势企业参与建设的积极性和运营主体作用，有效结合政府数据和企业自身掌握的数据，形成真正的大数据。

第四章
我国数据监管机构的权力构造研究

大数据时代，数据保护面临严峻挑战。目前，我国数据监管如同九龙治水，多头管理、职权交叉、权限不明的弊病严重。华大基因 14 万名中国孕妇数据外泄、万豪酒店 5 亿名客户数据泄露门、支付宝年度账单泄露隐私等事件凸显了我国在数据监管上的不足。2021 年 4 月，《个人信息保护法》草案二次审议稿公布，并面向全国公开征求意见，这部草案将监管体制构建和各部门职权分配作为立法重点。本章将从系统梳理我国数据监督主体和各主体职权配置的具体情况出发，找出目前数据监督权力主体和监管权力分配中存在的问题，并在比较借鉴域外做法的基础上，提出具体的完善建议。本章共分为四部分，第一部分为基本概念的厘定，该部分通过对数据监管机构和数据监管权力的概念界定，以达到明确研究对象的效果；第二部分为我国数据监管机构权力构造的现状分析，该部分将集中介绍我国数据监管权力主体和监管权力的设置情况及其存在的问题；第三部分为域外经验介评，该部分将围绕欧盟以及美国数据监管模式展开介绍，以达到为建议部分提供域外参考经验的目的；第四部分为建议，该部分将在第二、三部分的基础上，提出符合我国国情的数据监管主体和监管权力配置方案。

一、基本概念的厘定

法律的适用是以概念为基础的，法律概念并非措辞和语义上的简单表达，而是通过该术语的语词构成、定义方式等向人们传达法律的调整对象、调整关系。同时概念界定也是明确研究对象的前提条件。要对我国数据监管机构的权力构造进行研究，首先必须了解什么是数据监管机构，什么是数据监管机构的权力。

（一）数据监管机构的概念与内涵

数据监管机构（Supervisory Authorities）最初是欧盟各成员国依据《1995 年个人数据保护指令》（以下简称《95 指令》）所设立的专门的数据监管机构，旨在对成员国国内数据处理主体的数据处理活动进行监督，并负责保障《95 指令》在各个成员国能得到转化，同时确保经国内转化的立法能够得到具体实施。随后，《欧盟通用数据保护条例》（以下简称 GDPR）对数据监督机构做了进一步的规定，要求各成员国的数据监督机构在保证 GDPR 在本国的转化与实施的同时，要重点对其国内数据处理主体的违法数据处理行为进行监督。本书中的数据监督机构的概念是由欧盟数据监管机构而来，指对数据处理主体的违法数据处理行为进行监督的行政主体。要把握这一概念，必须对数据、数据处理主体及数据处理行为有清晰的认识。

1. 何为数据?

就目前的立法情况来看，欧美的立法通常将数据视同为个人信息。如欧盟的 GDPR 将个人数据（personal data）定义为“与识别或可识别自然人相关的任何信息（any information）”。根据 GDPR 的规定，欧盟中的“个人数据”等同于我国的“个人信息”。欧盟 GDPR 在全球拥有广泛的影响力，此种立法例也影响着诸多国家的选择。然而，我国在公布《个人信息保护法》草案的同时，也公布了《数据安全法》，这不仅让人产生这样的疑惑：个人信息和数据能够等同吗？如果能够等同，为什么我国立法要对其分开进行规定？如果不能等同，在我国的立法语境下，数据与个人信息的区别在哪？

根据《个人信息保护法》（草案二次审议稿）第 4 条的规定可知：个人信息是以电子或者其他方式记录的与已识别或者可识别的自然人的有关的各种信息，不包括匿名化处理后的信息。根据《数据安全法》第 3 条规定可知：数据，是指任何以电子或者其他方式对信息的记录。从立法的表达来看，两者的核心区别在于：个人信息侧重于信息的内容本身，而数据则侧重于作为记录信息内容的载体。从形式上看，信息是数据+意义；从实质上看，信息是被加工后对接收者有意义的数据①；数据是对客观事物的性质、状态以及相互关系等进行

---

① Davis G B, *Olson M H. Management InformationSystems*, New York: McGraw Hill, 1985.

记载的物理符号或是这些物理符号的组合，也包含数值数据和非数值数据。而信息是数据经过加工处理后得到的另一种形式的数据，这种数据在某种程度上影响接收者的行为，具有客观性、主观性和有用性。信息是数据的含义，数据是信息的载体。① 随着大数据时代的来临，个人信息通常会用电子化的方式记录并被处理，此时，个人信息即是通过数据表达出来的信息，对两者进行区分的意义不大。

那么，为什么我国要分别制定《个人信息保护法》与《数据安全法》呢？这与对个人数据处理行为除了可能侵犯个人数据权人的自身权利外，还可能影响社会稳定和国家安全息息相关。《个人信息保护法》侧重于保护公民的个人信息，而《数据安全法》则侧重于通过规制数据控制者的数据处理行为，维护社会稳定和国家安全，基于此，这两部法律在立法目的的表达上也存在明显差异。《个人信息保护法》(草案二次审议稿)第 1 条将保护个人信息权益作为立法目的，而《数据安全法》第 1 条除了将个人信息权益作为立法目的外，更强调对国家主权、安全和发展利益的维护。② 本书所谈的数据监管机构，仅指对个人信息权益负有保护职责的机构；通过监管数据处理行为，以保护国家主权、安全和发展利益为目的的机构，不属于本书的研究对象。

2. 何为数据处理主体?

数据处理主体是数据监管机构的监管对象，只有明确监管对象，才能根据监管对象的特点，设计特殊的监管权力，以达到有效监管的效果。在现实的数字社会中，已形成的通信、网络等基础设施和技术形态造成了“寡头格局”，普通用户并没有接近或采集其数据的技术能力，故普通用户并不能实际控制自己的个人数据，甚至连个人数据被谁控制都无法确知。③ 数据处理主体却正是这种格局中的“寡头”，其决定数据处理的目的和方式，实际上控制着个人数据。正因为数据处理主体处于实然的强势地位，数据主体处于现实的弱势地

---

① 黄国彬、张莎莎、闫鑫：《个人数据的概念范畴与基本类型研究》，载《图书情报工作》2017 年第 5 期。

② 《个人信息保护法》(草案二次审议稿)第 1 条规定：“为了保护个人信息权益，规范个人信息处理活动，促进个人信息合理利用，制定本法。”《数据安全法》第 1 条规定：“为了规范数据处理活动，保障数据安全，促进数据开发利用，保护个人、组织的合法权益，维护国家主权、安全和发展利益，制定本法。”

③ 肖冬梅、文禹衡：《数据权谱系论纲》，载《湘潭大学学报(哲学社会科学版)》2015 年第 6 期。

位，故 GDPR 通过对数据监管机构设定职责等来加强数据主体对其个人数据的控制。

GDPR 将数据处理主体划分为数据控制者和数据处理者。数据控制者指单独或者与他人共同确定个人数据处理的目的和方式的自然人或法人、公共机构、代理机构或其他机构。① 数据处理者是指基于委托关系等为数据控制者处理个人数据的自然人、法人、公共机构、行政机关或其他非法人组织。数据控制者为决策主体，能单独或联合决定个人数据的处理目的和方式，而数据处理者则为受委托主体。GDPR 是从委托与受托、决策与执行的视角对数据处理主体进行区分，这一做法与公司法股东与管理层分离的制度设计具有相似性。② 我国《个人信息保护法》（草案二次审议稿）将其数据处理主体统称为个人信息处理者，也就是说我国的个人信息处理者既包括 GDPR 中的数据处理者，还包括数据控制者。③ 我国《个人信息保护法》（草案二次审议稿）根据个人信息处理者是否为国家机关为标准，将其划分为非国家机关信息处理主体与国家机关信息处理主体，并对其分别进行不同的规制。

3. 何为数据处理行为？

数据监管的目的是使能够识别特定个人的数据不被随意收集、传播或作其他处理，侵犯个人的权利。因此，数据监管机构监管的重点与其说是个人数据，不如说是"个人数据处理行为"更为贴切④。GDPR 规定的"数据处理"，是指对个人数据或个人数据集进行的一系列操作，如收集、记录、组织、结构化、存储、改编或修改、恢复、查询、使用、通过传播/分发或以其他使个人数据可被他人利用的方式披露、排列或者组合、限制、删除或销毁。⑤ 数据处理行为不同，监管权力也会存在一定的差异，例如，针对数据违法存储行为，监管机构通常采取的监管权力为行政约谈，而对数据违法传播行为，监管机构则更多地适用行政处罚权。

---

① 参见 GDPR 第 4 条第 7 款。

② 陈文清：《欧盟〈一般数据保护条例〉中数据处理主体的二元划分及其启示》，载《西部法学评论》2020 年第 4 期。

③ 陈文清：《欧盟〈一般数据保护条例〉中数据处理主体的二元划分及其启示》，载《西部法学评论》2020 年第 4 期。

④ 周汉华：《个人信息保护法（专家意见稿）及立法研究报告》，法律出版社 2006 年版，第 29 页。

⑤ 参见 GDPR 第 4 条第 2 款。

（二）数据监管权力的概念与对数据进行权力监管的必要性

1. 数据监管权力的概念

数据监管权力缘起于保护个人数据与规制数据平台的迫切需要，最早萌芽于《欧洲人权公约》(1950)，在《95 指令》中正式确立，并在 GDPR 里进一步强化。数据监管权力是指数据监管机构为达到监督效果必须享有的公权力。不同的数据监督机构所享有的权力会存在差异，因此，在分析数据监督权力的构造时，首先必须明确数据监督机构的设置情况。

欧盟享有数据监管权力的监管机构分别为欧盟层面的机构与成员国层面的机构。欧盟层面的机构主要是为了解决欧盟机构和组织在处理个人数据时存在的问题以及各成员国之间数据自由流动的问题；成员国层面的机构主要是解决成员国中数据主体的权利保护问题。欧盟层面的机构的权力主要有监管权、接受咨询及提供建议权以及监督协调合作的权力①；各成员国数据监管机构的权力主要有调查权、告知权、认证权、参诉权和行政处罚权②。

2. 对数据进行权力监管的必要性

对数据进行监管的主要目的在于保护数据，当下，对个人数据的私法保护已通过《民法典》进行了规定，为何我们还需要通过赋予行政主体数据监管权力来对数据进行保护呢。下文将从私法模式下个人数据保护效果不佳、个人数据的社会公共性、限制行政权力的需要、促进信息化发展的需要四个这方面介绍公法介入数据保护领域必要性。

首先，私法模式下个人数据保护效果不佳。在小数据时代，采用个人赋权的方式来保护个人数据，保护范式适用私人主导的同意权事前预防和民事诉讼事后救济范式，纠纷定位于民事纠纷，采用违约或侵权等民事路径进行救济。③ 小数据时代产生的信息本身较少，能接触到信息的人也往往局限于周遭及公权力机关，加之口头、纸质等原始传播方式的约束，信息主体能够比较充分地支配自己的个人信息，自主决定其信息能否被收集、处理和利用，而且造成侵权后也能相对容易地发现施害者，故通过私法保护由受害者采用违约或侵

---

① 陈菲：《制度同构理论与欧洲一体化——以欧盟监察专员制度的建立与案例》，载《世界经济与政治》2009 年第 4 期。

② 参见《欧盟通用数据保护条例》第 58 条。

③ 杨立新：《侵权法论》，人民法院出版社 2005 年版，第 779 页。

权等民事路径进行救济的方法在小数据时代能够取得较好的效果。随着人类社会进入信息化时代，尤其是智能终端的普及，人们的活动范围不再局限于周遭，层出不穷的终端应用软件在为人们的生活、工作、学习、社交带来便利的同时，有关个人数据也在不断产生并被应用软件搜集、传输、利用。这些数据一旦产生即被记录下来，但控制它们的并不是数据的主体，而是软件的开发者。民法所处理的法律关系讲究地位平等，但专业的信息技术企业作为信息处理者，具有强大的信息、技术、诉讼优势，伴随资本、技术和数据等生产要素高度集中化，其无疑成为时代“巨人”和强者，与之相对的信息主体则处于明显的弱势地位，双方力量明显失衡。① 并且个人数据一旦进入流通领域，数据主体便不知其流向何方、被谁利用，更谈不上支配与控制，遭受侵权之后往往找不到侵权人，也就缺乏主张侵权损害赔偿的适格主体，即使找到了侵权者，也需要花费大量的精力与钱财，这无形中增加了本来就不了解法律的普通人的诉讼负担。从诉讼法的举证原则来看，应当由信息主体进行举证，由于网络空间的特殊性和隐蔽性，非法收集、泄露、买卖等滥用个人信息行为的记录均由侵权人控制且上述证据很容易被销毁，信息主体举证难度大。② 因此私法模式下采用违约或侵权等民事救济的方式收效甚微。

其次，个人数据的社会公共性使然。从个人数据的可识别属性来看，其首要价值是通过信息识别帮助自然人进行社会交往③。小数据时代信息的产生、收集、传播与使用都十分有限，因此对于个人数据，信息主体能够充分地支配，数据呈现出“孤岛”的样态，以数据主体主导的侵权诉讼是主要且有效的救济途径，对个人数据的保护更多是体现个人信息的“个人性”。而在大数据时代，计算机技术的发展与普及使得个人数据的交互远远超过了小数据时代的程度，社会交互日益频繁，使原本相离的“信息孤岛”链接起来，此时个人数据不仅受到信息主体的控制，还体现出明显的社会性，受到交互的另一方以及

---

① 王怀勇、常宇豪：《人信息保护的理念嬗变与制度变革》，载《法制与社会发展》2020 年第 6 期。

② 崔聪聪：《个人信息损害赔偿问题研究》，载《北京邮电大学学报（社会科学版）》2014 年第 6 期。

③ 任龙龙：《论同意不是个人信息处理的正当性基础》，载《政治与法律》2016 年第 1 期。

社会公共利益的控制。① 从个人数据遭受的侵犯来看，小数据时代的数据侵权通常是个体的、单一的甚至以特定人物为打击对象，施害者在小范围内对单个的数据主体实施有针对性的打击。而大数据时代的个人数据侵权更多的是广泛的、庞大的、无针对性的，如2020年轰动一时的圆通速递公司40万条个人信息泄露案件，一经曝光导致民众舆论哗然，因此，大数据时代的个人数据侵权带有严重的社会危害性和广泛的社会影响力。如果按照私法保护方式通过民事诉讼寻求救济，40万名受害者都有权提起诉讼，但具体到特定的受害人，其所受的损害又非常轻微，加上个人数据的隐私利益和使用价值难以被评估，导致诉讼请求难以得到支持，因此保护个人数据不再是某个单一的、孤立的信息主体的个人行为，而是一种社会性事务。从个人数据的利用来看，个人数据在交互的过程中，可能会流向不同的控制者，例如政府、银行以及其他组织，甚至在不同的控制者之间，信息也会进行来回的辗转。如果刻意强调信息的私法性，那么就会阻碍个人数据的流通，此时的排他性和独占性控制也会导致公共价值也难以得到实现。② 层出不穷的移动应用软件产生不计其数的个人数据并汇集成大数据，企业通过对大数据的开发利用，为消费者提供更有针对性、人性化服务的同时也可取得丰硕的经济利益，政府也能更准确地把握国情民情，调整大政方针，实现社会治理与公共管理水平的提升。可见，在大数据时代对个人信息的利用也体现着浓厚的社会性、公共性。

再次，限制行政权力的需要。自从近代民族国家诞生，其渗入公民生活的企图就从未停止过，其中对于个人数据的收集便是国家权力渗入公民生活的重要手段。③ 政府为了更好地履行社会管理信息化的职责，提高社会治理水平与管理效率，必然会利用计算机搜集、整理、提取大量的个人数据，而这个过程中存在着数据不正当利用与泄露风险。事实上，随着政府权力的扩大，在政府——公民这样不平等的关系当中，公民的数据自决已然受到行政权力的限制，个人难以有效支配自己的信息，这就要求政府处理个人数据的行为必须受到法律的控制。法律必须明确行政机关的职责、权限，尤其是在政府信息公开

---

① 丁国民、连浩琼：《我国在个人信息保护模式上的价值选择——以美、德比较法为视角》，载《北京邮电大学学报（社会科学版）》2019年第3期。

② 闫静、吴太轩：《数字经济时代个人信息的公法保护——兼论公私法保护之耦合》，载《理论导刊》2020年第3期。

③ 齐爱民：《论个人信息的法律保护》，载《苏州大学学报》2005年第2期。

中要区分哪些信息可以公开、哪些信息需要经过加工处理才能公开、公开到什么程度。

最后，促进信息化发展的需要。信息化是时代的潮流，谁在信息时代捷足先登谁就掌握了新工业革命的命脉。随着大数据的不断发展，数据在行政领域也不断被使用，例如2016年贵州省大数据发展局设立大数据灾备服务中心，利用科学的技术手段和方法，提前建立系统化的数据灾难应急方式，此后，大数据仲裁中心、管理局等机构纷纷建立；除了行政机关外，京东、腾讯、阿里巴巴、小米、美团等名企也纷纷表示将深入研发大数据技术。数据对于促进信息产业的发展、提升我国社会的信息化程度具有重要意义。由此可见，保护个人数据不再只是事关信息主体权益的私益问题，也关乎重要的公益——数据开放、共享与安全。信息技术创新、大数据产业园建设、数字经济发展、数字政府建设、信息便民惠民服务……当信息化如火如荼推进的同时，数据侵权事件也接连被曝光，引发了强烈的社会反响：某企业为了达到偷税的目的，冒用河南财经政法大学等高校的数千名学生的信息虚假纳税申报；浙江岱山农商银行工作人员故意泄露客户信息，导致该行被罚款30万元；中国电信信息泄露案中涉及个人信息超过2亿条，涉案金额逾2000万元。具体到我们个人，也时常受到推销电话、诈骗短信的困扰。

个人数据的私法保护理论旨在实现对信息的完全支配，提倡信息主体的“个人本位”，要求尽一切可能严格保护权利主体的尊严、隐私、自由。这种私权保护主义观念很容易阻碍个人数据的流通，加剧了个人利益与公共利益和市场利益之间的对抗，结果是个人数据侵权得不到有效控制，信息产业也发展受阻。个人数据的保护与数据市场开发竞争休戚相关，必须施行公法来规范市场，消除阻碍信息共享的障碍，减小个人数据共享和利用过程中的风险，从而营造一个自由的市场环境，以更好地实现个人数据的保护。堵不如疏，公法视野下的个人数据保护聚焦信息的控制与利用，并不对利益的保护进行排序，而是认为可以通过利益的权衡，使数据主体作出让步，为合理的信息需求和利用留出足够的空间和渠道。一方面不能仅为了对自然人的权益进行保护，而将其个人数据的权利边界进行无限度的扩张，这会对数据流动造成损害，不利于数据的分享和利用；另一方面，信息企业为了进一步服务消费者，付出一定的成本而对个人数据进行合法的收集和利用的行为，也应当受到法律的规制。①

---

① 程啸：《论大数据时代的个人数据权利》，载《中国社会科学》2018年第3期。

二、我国数据监管机构权力构造现状及问题

通过设立数据监督机构，并赋予数据监督机构数据监督权力是对数据进行公法保护有效方式。本部分将系统梳理我国数据监督机构的设置状况，并以数据监督机构为基础归纳其享有的监督权力，在此基础上找到目前我国数据监督过程中存在的主要问题，为后文数据监督权的完善奠定基础。

(一)我国数据监管机构的设置现状

根据职权法定原则，数据监管机构必须依法设立，因此，要了解我国数据监督机构的设置现状，必须从数据监管的立法现状入手，从立法规定中，梳理数据监管机构的设置情况。通过立法梳理发现，我国数据监管机构的设置情况经历了“行业分散监管”模式向“专门机关统筹协调+行业分散监管”模式转化的阶段，此外，为顺应设置统一监管机构的国际潮流，我国部分地区也开始了设置统一数据监管机构的尝试。

1. 行业分业监管模式

所谓行业分业监管模式是指根据数据控制者违法数据收集、处理行为所发生的领域确定数据监管机构的模式，例如，对于治安管理领域的数据违法行为，由公安机关作为数据监管机构，对于教育领域的数据违法行为，由教育行政部门作为数据监管机构。2000 年，全国人民代表大会常务委员会发布《关于维护互联网安全的决定》(以下简称《维护互联网安全的决定》)，该决定指出：“利用互联网实施违法行为，违反社会治安管理，尚不构成犯罪的，由公安机关依照《治安管理处罚条例》予以处罚；违反其他法律、行政法规，尚不构成犯罪的，由有关行政管理部门依法给予行政处罚。”《维护互联网安全的决定》确定了行业分业监管的雏形。2012 年，全国人大常务委员会发布《关于加强网络信息保护的决定》(以下简称《网络信息保护的决定》)，该决定明确指出，有关部门需要在其职权范围内依据法律规定履行职责，监管规制侵犯公民个人数据及其他危害网络信息安全的行为。在《网络信息保护的决定》的指引下，各职能部门开始在各自的领域制定数据监管规范。(详见表 4-1)

表 4-1　　　　　　　**主要领域数据监管机构概览**

<table>
<tr><th>监管领域</th><th>监管对象</th><th>监管立法</th><th>监管机构</th><th>监管职能</th></tr>
<tr><td rowspan="2">市场消费</td><td>经营者、监管部门工作人员</td><td rowspan="2">《消费者权益保护法》《电子商务法》《商业银行法》</td><td rowspan="2">市场监管部门和其他有关部门，金融消费领域为银保监会和央行</td><td rowspan="2">在各自的范围内，采取措施，保护消费者合法权益</td></tr>
<tr><td>银行、支付机构</td></tr>
<tr><td>电信领域</td><td>电信业经营者</td><td rowspan="2">《电信和互联网用户个人信息保护规定》</td><td rowspan="2">电信主管部门</td><td rowspan="2">对电信业务经营者、互联网信息服务提供者保护用户个人信息情况实施监督检查</td></tr>
<tr><td rowspan="2">互联网领域</td><td>网络服务提供者</td></tr>
<tr><td>网络运营者、关键信息基础设施运营者</td><td>《网络安全法》</td><td>国家网信部门，电信主管部门、公安机关和其他监管部门</td><td>网信部门统筹协调和监管网络数据，其他部门监管行业网络数据</td></tr>
<tr><td rowspan="2">征信领域</td><td>征信业和金融信用信息基础数据库运行机构</td><td>《征信业管理条例》</td><td>国务院征信业监督管理部门及其派出机构</td><td>对征信业进行监督管理</td></tr>
<tr><td>商业银行</td><td>《个人信用信息基础数据库管理暂行办法》</td><td>央行征信服务中心</td><td>承担个人信用数据库的日常运营管理</td></tr>
<tr><td rowspan="2">社会保障和劳动就业</td><td>社会保险经办机构</td><td>《社会保险法》</td><td>社会保障行政部门</td><td>对社会保险经办机构进行监督管理</td></tr>
<tr><td>用人单位、人力资源服务机构和网络招聘平台</td><td>《就业促进法》《人力资源市场暂行条例》《网络招聘服务管理规定》</td><td>社会保障行政部门和《网络安全法》规定的有关主管部门</td><td>各自职责范围内负责网络招聘用户数据的监督管理工作</td></tr>
</table>

续表

监管领域	监管对象	监管立法	监管机构	监管职能
教育领域	高校、科研机构、教育基础数据库	《教育法》《网络安全法》《高等学校信息公开办法》	教育主管部门	依法保障各教育阶段的学生、教职工、教育机构等基础数据
医疗卫生领域	医疗卫生计生服务机构	《网络安全法》《医疗机构管理条例》《人口健康信息管理办法(试行)》	卫生健康部门	对医疗服务机构进行监督检查

2. 专门机关统筹协调+行业分散监管模式

因“行业分业监管”模式缺乏统一规划，容易导致互联网领域政出多门、难以协调等问题，为此，2011 年，国务院成立国家互联网信息办公室(以下简称国家网信办)，主要负责落实互联网信息传播方针政策和推动互联网信息传播法制建设，指导、协调、督促有关部门加强互联网信息内容管理，依法查处违法违规网站等；2014 年，党中央成立由国家主席担任组长的中央网络安全和信息化领导小组，同时成立了领导小组办事机构即中央网络安全和信息化领导小组办公室，由国家网信办承担具体职责；2017 年，中华人民共和国第十二届全国人民代表大会常务委员颁布《网络安全法》，该法第 8 条明确规定，国家网信部门负责统筹协调网络安全工作和相关监督管理工作。国务院电信主管部门、公安部门和其他有关机关依照本法和有关法律、行政法规的规定，在各自职责范围内负责网络安全保护和监督管理工作，自此，由国家网信部门统筹协调，由行业主管部门对各自行业内的数据违法行为进行处理的“专门机关统筹协调+行业分散监管”模式得以形成。2021 年 4 月 30 日，第十三届全国人大常委会第二十八次会议发布《个人信息保护法(草案二次审议稿)》、这部草案依旧采用专门机关统筹协调+行业分散监管模式。《个人信息保护法》(草案二次审议稿)第 59 条规定：“国家网信部门负责统筹协调个人信息保护工作和相关监管管理工作。国务院有关部门依照本法和有关法律、行政法规的规定，在各自职责范围内负责个人信息保护和监管管理工作。”

3. 统一数据监管机构的地方模式

专门机关统筹协调+行业分散监管模式总体上仍属于分业监督，统筹机关与监管机关存在工作衔接不畅等问题。为此，部分地方尝试由统一机构对数据进行监管。例如，2014 年 6 月成都市成立了市委网络安全和信息化领导小组，领导小组办公室工作由市网信部门承担。领导小组下设网上舆论引导、打击网络违法犯罪、信息化建设、电子商务五个专项小组，每个小组都有一名市领导牵头，具体职能部门负责。在运行机制上，所有的专项小组工作在领导小组的统一部署和日常监督下开展，保证了统筹与协调，同时工作落实到具体部门，责任进一步明确各部门还可以通过重大事项报告制度，报请领导小组协调处理，形成了较为高效的工作机制。领导小组和专项小组的成立，从体制上解决了互联网多头管理的问题。①

（二）我国数据监管机构的权力构造现状

受行为分业监管的影响，数据监管部门的权力除《网络安全法》中规定的行政约谈权、行政处罚权外，大多只能服从于该部门的一般监管权。互联网信息办公室作为数据监管机构的议事协调机构，有其独立的数据监管权力，工业和信息化部门作为负责监管移动互联网的部门，其监管数据监管权力也具有代表性。此外，公安机关作为互联网安全的主管机关，在数据监管方面的权力较为完善，市场监管管理部门作为保护消费者数据权利的机关，立法对其监管权的探索也较为重视。下文将从现有这四个部门的权力构造现状进行分析，以勾勒出目前我国数据监管机构的权力构造现状。

1. 互联网信息办公室的数据监管权力

根据《网络安全法》的规定，网信部门承担网络关键设备的监管和网络个人数据保护的统筹协调和监管职能，但对如何协调与监管没有作出具体规定。根据国家网信办主任王晨在新闻发布会上的介绍，国家网信办的主要职责包括：(1)落实互联网信息传播方针政策和推动互联网信息传播法制建设，指导、协调、督促有关部门加强互联网信息内容管理。(2)负责网络新闻业务及其他相关业务的审批和日常监管，指导有关部门做好网络游戏、网络视听、网

---

① 张志安主编：《网络空间法治化》，商务印书馆 2015 年版，第 358 页。

络出版等网络文化领域业务布局规划。协调有关部门做好网络文化阵地建设的规划和实施工作。(3)负责重点新闻网站的规划建设，组织协调网上宣传工作。依法查处违法违规网站，指导有关部门督促电信运营企业、接入服务企业、域名注册管理和服务机构等做好域名注册、互联网 IP 地址分配、网站登记备案和接入等互联网基础管理工作。(4)在职责范围内指导各地互联网有关部门开展工作。① 然而，对于行使这些职责的执法手段却没有提及。最终落实执法手段的是《互联网信息内容管理行政执法程序规定》(以下简称《规定》)。《规定》第 2 条指出，互联网信息内容管理部门依法实施行政执法，对违反有关互联网信息内容管理法律法规规章的行为实施行政处罚，适用本规定。职权法定原则要求行政主体的权力由法律明确作出规定，此处的法指的是根据规范，而非组织规范，由此可知，网信部门真正能落实到位的仅有处罚权。实践中，网信部门多采取约谈这一柔性的执法手段。

2. 工业和信息化部门的数据监管权力

《电信和互联网用户个人信息保护规定》赋予了工业和信息化部门明确的数据监管权力②，具体而言有检查权③、许可权④、处罚权⑤。这些权力还是基于传统的监管，没有针对互联网领域的特殊性作出独特设计。

3. 公安机关的数据监管权力

2018 年，公安部发布《公安机关互联网安全监督检查规定》(公安部令第 151 号)，专门就公安机关的监管权力进行了规定。该规定赋予了公安机关检查权⑥、行政处罚权⑦。

---

① 参见 http://www.scio.gov.cn/zhzc/9/6/Document/1086658/1086658.htm，最后访问时间：2021 年 5 月 6 日。

② 《电信和互联网用户个人信息保护规定》第 3 条规定：工业和信息化部和各省、自治区、直辖市通信管理局(以下统称电信管理机构)依法对电信和互联网用户个人信息保护工作实施监督管理。

③ 《电信和互联网用户个人信息保护规定》第 17 条规定：电信管理机构应当对电信业务经营者、互联网信息服务提供者保护用户个人信息的情况实施监督检查。

④ 《电信和互联网用户个人信息保护规定》第 19 条规定：电信管理机构实施电信业务经营许可及经营许可证年检时，应当对用户个人信息保护情况进行审查。

⑤ 参见《电信和互联网用户个人信息保护规定》第 22、23 条的规定。

⑥ 参见《公安机关互联网安全监督检查规定》第 2 条。

⑦ 参见《公安机关互联网安全监督检查规定》第 21~25 条。

4. 市场监督管理部门的数据监管权力

市场监督管理部门的具体数据监管权力来源于《消费者权益保护法》《侵害消费者权益行为处罚办法》，主要有责令改正的行政命令权；警告、罚款、责令停产停业、没收违法所得、责令停业整顿、吊销营业执照以及列入黑名单的行政处罚权。①

（三）我国数据监管机构及其权力构造存在问题

我国《网络安全法》等法律规范确立的“九龙治水”般的监管模式看似调动了国家机器的各个部分以应对具有复杂性、隐藏性、多变性的数据侵权和数据泄露问题，但该模式下的监管权配置过于分散，监管边界有明显的重合地带，又有赖于各监管机构通力配合，实现信息共享、风险共担，这在事实上又是困难的。尤其在我国，由于部门自身利益的阻隔，使得部门之间的协调非常困难，如果没有维系共同意志的有力手段，众多监管机构的设立势必使利益综合与协调陷入困境，难以实现分散化治理目标。② 目前我国数据监管机构及其权力构造还存在如下问题。

1. 数据监管机构的独立性和权威性不足

目前我国数据监管机构缺乏独立性和权威性，体现在以下几个方面：

第一，存在“政监合一”。目前的数据监管机构是融合了政策咨询职能、议事协调职能与监管职能的机构，政策咨询与议事协调职能要求多元、协商、妥协与利益平衡，并在此基础上作出决策或提出建议③，然而，数据监管不应该掺入太多的政策考量，影响法律的统一实施。“政监合一”的体制决定了我国数据监管机构除了肩负数字经济、数据保护的具体监管职责外，还要负责数字经济、大数据应用的宏观政策制定。这种制度安排一方面使数据监管机构执法时不得不考虑产业利益的影响，极易削弱监管机构的独立性，并为决策权渗入行业监管领域提供了合法途径；另一方面，也削弱了数据监管机构的权威性和公信力，模糊了监管机构的监管者色彩。

第二，监管权力来源不合法削弱了监管机构的权威性。国家网信办作为数据监管的议事协调机构，在数据监督方面的作用非常大。但由于国家网信办从

---

① 参见《消费者权益保护法》第 56 条、《侵害消费者权益行为处罚办法》第 19 条。

② 参见江必新：《论行政规制基本理论问题》，载《法学》2012 年第 12 期。

③ 周汉华：《政府监管与行政法》，北京大学出版社 2007 年版，第 25 页。

性质上属于办事机构①，没有自我赋权的能力。《网络安全法》第 8 条仅赋予其行政强制(要求停止传输、采取消除等处置措施)、行政约谈等权力，并没有赋予其处罚权，目前国家网信办行使的处罚权来源于其自己制定的《互联网信息服务管理规定》，这实际上违反了《立法法》和《行政处罚法》的规定，处罚权来源不合法，这严重影响了其监管的权威性。《个人信息保护法》生效后，这一问题可以得到一定缓解，但是根据目前的草案来看，数据监管机构仅享有行政命令权、行政处罚权②、提起诉讼权③，这三种权力过于单一，可以预见监管效果不会太大，为了提升监管的有效性，下位法只能寻求突破，创设新的监管权，但如此一来，监管权力来源不合法这一问题仍然得不到解决。

2. 数据监管机构之间的协调机制存在缺陷

虽然根据现有的立法规定，网信部门负责统筹协调各数据监管的监管行为，但在实践中，各数据监管机构权责不清、各自为政、执法推诿、效率低下等问题尚未得到有效解决，网信部门履行统筹协调职能并不顺畅。④“全国人大常委会执法检查报告”显示：多数网络运营单位反映，监管过程中存在不同机构对同一单位、统一事项重复执法且执法标准不统一等问题，不同法律执行机构的执法数据还不能实现“互联互通”。⑤ 以网信部门为牵头机构的统筹协调机制有值得肯定之处：第一，否定了起草过程中许多学者所热衷的统一监管机构的主张，既维持了分散监管的现有格局，又具有一定的前瞻性和可变革性，为今后的机构改革和职能调整留有余地，是一种务实和稳健的立法思路。⑥ 第二，赋予网信部门统筹协调职能，可以弥补目前立法对监管权限划分模糊、重叠的不足，为法律实施阶段可能出现的监管权冲突提供解决机制，保证法律的实施。但也存在许多问题。首先，统筹一词缺乏具体操作机制，由于缺乏长效

---

① 韩大元：《香港基本法第 22 条的规范分析》，载《浙江社会科学》2020 年第 10 期。

② 参见《个人信息保护法》(草案二次审议稿)第 65 条、第 67 条。

③ 参见《个人信息保护法》(草案二次审议稿)第 69 条。

④ 张琴：《“互联网+”时代公民信息安全的法律保护研究》，载《南京邮电大学学报(社会科学版)》2019 年第 3 期。

⑤ 王胜俊：《全国人民代表大会常务委员会执法检查组关于检查〈中华人民共和国网络安全法〉〈全国人民代表大会常务委员会关于加强网络信息保护的决定〉实施情况的报告——2017 年 12 月 24 日在第十二届全国人民代表大会常务委员会第三十一次会议上》，载《中华人民共和国全国人民代表大会常务委员会公报》2018 年第 1 期。

⑥ 周汉华：《政府监管与行政法》，北京大学出版社 2007 年版，第 38 页。

监管机制，往往是数据侵权问题已经严重损害社会秩序和公共利益，引发公众强烈关注时才由某机构牵头联合多部门进行处理，这种“头痛医头，脚痛医脚”式的治理，很容易导致数据乱象迅速反弹，不定期的联合专项整治行动也难以适应日益频发的数据侵权现象；其次，地方层面执法协调机制亟待明确和细化，协调成本高昂。许多地方未明确数据监管的牵头机构，即使设置了牵头监管机构，其职责也处于模糊状态，这导致统筹协调、长效数据监管格局难以形成。① 利益部门化的趋势不断增强和缺少强有力的司法制度，还会使任何建立统筹协调机制的努力都需要付出非常高昂的成本。② 最后，网信部门难以发挥统筹协调的功能。国家网信办与其他监管机构处于同一层级，事实上，与工信部、市场监管总局、中国人民银行等国务院组成部门、直属机构相比，国家网信办的权力明显要弱于其他机构，这就使网信办能否真正发挥实际协调职能存在较大疑问。

3. 数据监管机构职权交叉严重

受我国分散立法模式的影响，个人数据领域没有统一的、专门的主管部门，尤其是国务院各部门颁布的大量部门规章，赋予了不同的行政部门零散的监督管理权力。政府部门职权交叉、政出多门、多头管理是在数据监管领域集中爆发。如前所述，目前，数据监管领域，监管部门有近 20 家，主要涉及网络信息内容、电信、医疗卫生、教育、金融、国防科技工业等，是管理最分散的领域之一。这种监管格局一方面难以优化行政执法资源，造成职权交叉、重复建设和资源浪费；另一方面却又容易导致监管抢位、缺位，有利可图则一拥而上，无利可图、出现事故则推诿搪塞，容易导致重复监管、监管乏力和监管空白。③ 以网络领域为例，国家网信办负责监管网络信息内容和网络传播秩序的维护，工业和信息化部负责监管移动互联网程序，人民银行、银保监会对网络金融也享有监管权，国家邮政局则对网络寄递服务实施监管，各个主管部门在履行网络领域个人数据保护职责时的出发点并不一致，极易导致监管过程中的目标冲突。此外，超级互联网平台广泛涵盖多个业务领域，除了销售业务外，还通过关联企业、关联平台涉猎电子商务、物流、网络金融与支付等业

---

① 梅宏主编：《数据治理之论》，中国人民大学出版社 2020 年版，第 49 页。

② 周汉华：《政府监管与行政法》，北京大学出版社 2007 年版，第 36 页。

③ 参见常健、饶常林、左怀民等：《强化虚拟社会管理与健全网络立法研究》，中国法制出版社 2018 年版，第 306 页。

务，包含了支付转账、购物、投资理财、借贷、生活等不计其数的应用场景。网络支付平台侵害消费者数据权益时，极易导致“重复监管”现象。在“2017年支付宝年度账单未经同意搜集个人信息”事件中，承担监管职责的国家网信办和工信部通讯管理局先后约谈涉事企业负责人即是例证①。又如，当非法泄露快递用户的个人数据发生时，根据《邮政法》第67条规定，负责监管的行政主管部门是邮政部门，而按照《治安管理处罚法》的规定由公安机关进行主管，如果该用户是儿童的话，依《儿童个人信息网络保护规定》第26条的内容，网信部门也有监管职权，这就导致各部门之间分工不明，职权交叉。看似受害人可以在这些职权部门间做选择申诉，实际却是部门间相互踢足球，不愿承担职责、消极执法。

数据监管部门的职权交叉，造成了或长期不执法、或运动式执法、或救火队式执法的现状，给公民维权带来不便。有调查显示，在面对垃圾短信和电话骚扰时，有超过5成的受访者选择不予理睬，在调查分析采取忍耐或消极抵抗的原因时，有近4成的受访者表示不知道该如何维权、向什么机构投诉才有用。② 在地方层面，数据监管机制仍然处于探索期，各地新成立的大数据管理局的定位、功能、权责设定也尚未完善。③

4. 数据监管权力过于单一、执法效果不明显

通过我国数据监管机构的权力构造现状的分析可知，我国数据监管机构享有的权力限于行政检查权、行政命令权、行政许可权、行政处罚权以及行政约谈的权力。这样的权力构造存在如下缺陷：

首先，这些执法手段过于单一，难以达成执法目的。就行政命令权而言，目前数据监管机构通常只会在数据侵权行为发生后，作出责令改正的行政命令，然而，事前责令数据处理者就数据保护重大事项作出说明，提示数据保护面临的风险；事后责令数据处理者消除影响、赔礼道歉，这在预防侵权和弥补损害方面显然更能够发挥较好功效；此外，就行政处罚权而言，目前法律规范赋予数据监管机构的罚款权限并不大，与数据违法行为所带来的收益不成正比，无法起到威慑效果。《个人信息保护法》（草案二次审议稿）也注意到这一

---

① 邓辉：《我国个人信息保护行政监管的立法选择》，载《交大法学》2020年第2期。

② 李爱君：《中国大数据法治发展报告》，法律出版社2018年版，第136页。

③ 肖冬梅、孙蕾：《云环境中科学数据的安全风险及其治理对策》，载《图书馆论坛》2021年第2期。

问题，该法第 65 条规定对于严重的违法行为，数据监管机构在责令改正，没收违法所得的同时，并处 5000 万元以下或者上一年度营业额 5%以下罚款。

其次，这些权力均为禁止性或强制性规定，与激励相容的个人数据治理之道相悖。在大数据时代，信息控制者对于个人信息有很强的利用激励而缺乏同等程度的保护激励。如果法律规则只是简单施加各种禁止性或者强制性规定，势必因为激励不相容影响有效实施。①

(四)我国数据监管机构权力构造存在问题的原因

数据监管机构存在监管职能交叉、多头监管、缺乏独立性和权威性、部门间协调机制存在问题等先天不足，造成其监管乏力和监管措施有限，这些问题存在深层次的体制根源。从我国目前执法状况来看，权责交叉、界限不清、多头执法是行政执法体制中存在的关键问题，其根源就是行政体制问题和立法问题。②

1. 我国行政执法体制相对落后

改革开放以来，我国政府机构历经八次机构改革，但是与数据保护相关的政府部门职能转变与配置相对滞后，监管职权分散、交叉，宏观调控、市场监管与社会管理等职能界限模糊，政府监管与行业自治的定位不明，难以适应日新月异的大数据时代的权利保护需要。数据作为一种新型生产要素，具有区别于传统生产要素的典型特征，数据具有复杂性、多样性、可复制性、易流通性等特征，传统监管模式无法直接适用。传统现实社会中各机构管理职责是明晰的，条块结合的管理体制总体是有效的，但将这套监管体制移植到网络数据领域后却水土不服，即使明确各部门管理职责后，依然存在职权交叉等问题。③由于行政机关设置比较分散，部门权力和利益又被法律所固化，在执法环节自然会导致权责交叉、界限不清、多头执法。④

---

① 周汉华：《探索激励相容的个人数据治理之道——中国个人信息保护法的立法方向》，载《法学研究》2018 年第 2 期。

② 马怀德：《新时代法治政府建设的意义与要求》，载《中国高校社会科学》2018 年第 5 期。

③ 参见唐汇西：《网络信息政府监管法律制度研究》，武汉大学出版社 2015 年版，第 70 页。

④ 马怀德：《健全综合权威规范的行政执法体制》，载《中国党政干部论坛》2013 年第 12 期。

数据监管权作为一种规制权，自然也成为中央政府各部委追逐的对象。拥有规制权的部委工作人员可以在行业市场中进行权力寻租，部门利益可以转化为个人利益。① 在统一的数据保护立法出台前，有些部委就针对市场上的侵害个人信息权益的行为开展执法活动。对于这些部委而言，在统一的数据立法实施后如果不能继续行使这种权力，则其就失去了监管的合法性，其内部所设相关机构、人员和经费就可能面临被撤销的风险，因此，其必在权力调整中尽可能确保其利益不被抛弃，还可以凭借自身在数据保护领域的多年执法经验和话语权来获得更多的权力。② 数据监管职权由国家网信办、工信部、市场监管总局等近 20 个部门共同行使。分散的监管模式在互联网社会初期确实对数据的滥用和泄露起到一定的抑制作用，但是随着数字经济的不断深入发展，面对各类新技术业务特别是大数据带来的巨大冲击，现有的监管权力配置模式逐渐显露其弊端，数据监管机构及其权力构造无可避免地面临着变革。

2. 我国数据保护立法存在缺陷

法律并非圣经，必有漏洞存在。③ 虽然目前我国涉及个人数据和国家重要数据保护的法律规范已有《民法典》《刑法》《网络安全法》《电子商务法》《治安管理处罚法》等近 40 部法律，《电信条例》《互联网信息服务管理办法》《征信业管理条例》等 30 余部行政法规，以及《电信和互联网用户个人信息保护规定》等 200 多部部门规章和规范性文件，但数据保护立法在协调性及立法内容上仍然存在缺陷，主要体现在以下两个方面。

首先，多头立法与内容重复。立法主体多元化且权限不清是产生法律冲突的重要原因。④ 数据保护立法主体除了全国人大及其常务委员会、国务院外，还包括近 20 个国务院部门和不计其数的享有立法权的地方各级人大、地方各级政府。各政府机构在进行数据保护立法时常常基于自身部门管理的便利和权力考量，在数据保护立法主体多元化状态下，很容易造成监管职权重复配置、关键概念重复规定。即使有《网络安全法》《数据安全法》《个人信息保护法》“三驾马车”，但对于教育、通信、金融、医疗等行业的监管，如何实现统筹

---

① 王雨本：《应在市场规制中加强市场定位》，载《法学杂志》2002 年第 4 期。

② 参见谭袁：《反垄断执法权配置问题研究》，法律出版社 2019 年版，第 260 页。

③ 杨仁寿：《法学方法论》，中国政法大学出版社 2013 年版，第 35 页。

④ 参见常健、饶常林、左怀民等：《强化虚拟社会管理与健全网络立法研究》，中国法制出版社 2018 年版，第 150 页。

监管和各行业主管部门的职权分配与协调配合仍然没有解决。① 例如，利用电信网跨境窃取或破坏他人数据的行为，依照《电信条例》《电信和互联网用户个人信息保护规定》，由电信主管部门负责查处，而依照《计算机信息网络国际联网安全保护管理办法》，则应由公安机关负责执法。其次，权力私设与规则混乱。数据保护领域大量存在着下位法与上位法不符的现象，并且普遍存在法外设权的行为，造成我国数据保护法律体系的零散与混乱。依照《立法法》第80条规定，② 国家网信办作为有行政管理职能的办事机构，无规章制定权，亦无行政处罚设定权，却在其制定的多部规范性文件中设定行政处罚。

三、域外数据监管机构权力构造介评

他山之石可以攻玉，在提出完善我国数据监管机构权利构造之前，有必要对域外的数据监管机构及其权力配置情况进行介绍与评价。

(一)欧盟与美国数据监管机构及其权力配置现状

数据保护源于欧洲，欧盟个人数据保护法律文件中所创设的一些法律原则和法律概念，被许多国家和地区所吸收借鉴。近年来，欧盟事实上一直致力于建立"行业行为准则+法律强制性规范"的双重规范体系和"数据控制者自律+政府数据监管机构的监督管理"的双重管理体系。③

1. 欧盟与美国数据监管机构设置情况

第一，欧盟统一数据监管机构模式。欧盟于1995年发布《95指令》，要求各成员国建立专门的数据保护机构，在法律的授权下专司个人数据保护职责，以确保《欧盟指引》和各成员国法的实施。同时，《95指令》还参照德国数据保护法，要求数据控制者内部应当设置数据保护官，负责个人数据处理活动的监督，并配合数据监管机构的执法与监督工作。2009年，欧盟基本人权宪章写

---

① 参见陈甦主编：《中国社会科学院民法典分则草案建议稿》，法律出版社2019年版，第493页。

② 只有国务院各部、委员会、中国人民银行、审计署和具有行政管理职能的直属机构才有权制定规章。

③ 高富平：《个人数据保护和利用国际规则：源流与趋势》，法律出版社2016年版，第88页。

入欧盟宪法，在欧盟层面确立个人数据权力的基本人权性质。① 在《95 指令》的基础上，2016 年 4 月欧洲议会正式投票通过欧盟 GDPR。GDPR 在第 4 章、第 6 章和第 7 章中对数据监管机构的设置模式进行了细化规定，包括成员国数据监管机构的自身独立性问题，成员国监管机构之间、成员国监管机构与欧盟监管机构之间的合作与协调机制设计。根据 GDPR 的规定，欧盟数据监管机构分为两类。在欧盟层面，首先，对于公共机构领域的个人数据保护，欧盟设立统一规范、独立的数据保护机构——欧洲数据保护监管局(The European Data Protection Supervisor，EDPS)。其次，在非公共机构的个人数据保护上，设立欧盟数据保护理事会(European Data Protection Board，EDPB)。欧盟数据保护理事会承袭 GDPR 第 29 条工作组的定位，是一个独立的咨询机构，具有独立的法律人格，由下列人员组成：理事会主席；各成员国指定的数据监管机构负责人和欧盟数据监管机构的负责人或他们的代表；欧盟委员会代表。在成员国层面，GDPR 对数据监管机构作了明确的规定：每个成员国都应该规定一个或多个机关，依据欧盟法和成员国国内法独立行使监管职权。

第二，美国分散式监管机构模式。与欧盟不同，美国没有一部综合性的隐私保护法，也没有统一的数据监管机构。在隐私和数据保护领域，美国采取了分散式的立法模式。分散的立法模式决定了美国横向上有多个数据监管机构，其中最主要的监管机构是美国联邦贸易委员会(Federal Trade Commission，FTC)。在监管层面，FTC 可以被看作一个综合性、跨行业的隐私保护执法机构②，是美国在个人隐私、数据安全、在线广告、网络行踪和其他数据密集型商业行为兜底式监管的范本。③。在特殊敏感的商业领域，相关特别法授权该领域的监管机构实施监管权。例如，在医疗健康领域，根据《健康保险便利和责任法》(*Healthy Insurance Portability and Accountability Act*，HIPAA)的规定，对团体健康计划、医疗结算中心，以及在医疗服务中用电子形式传输医疗数据的医疗服务提供者进行监管的机构是美国卫生与公共服务部。

---

① 个人信息保护课题组：《个人信息保护国际比较研究》，中国金融出版社 2017 年版，第 68 页。

② 王融：《大数据时代数据保护与流动规则》，人民邮电出版社 2017 年版，第 42 页。

③ 个人信息保护课题组：《个人信息保护国际比较研究》，中国金融出版社 2017 年版，第 108 页。

2. 欧盟与美国数据监管权力配置情况

第一，欧盟数据监管机构的权力配置情况。如前所述，欧盟数据监督机构由欧盟与成员国数据监督机构组成。欧盟数据监督机构由欧盟数据保护监管局和欧盟数据保护理事会组成。欧盟数据保护监管局主要有三大职责：一是负责监督数据保护规则在欧盟相关机构的实施；二是向欧盟委员会、欧盟议会、欧盟理事会进行个人数据保护的决策咨询；三是对外交流与合作，如在第 29 条款工作组框架下与成员国进行交流。欧盟数据保护理事会设立目的是确保 GDPR 的一致性适用，主要任务有：向欧盟委员会就数据保护事宜提供专家建议和法律修正案；针对数据保护和法律适用问题向成员国监管机构发布指导方针、建议和最佳操作；编制行为准则和建立数据保护认证机制；针对第三国或国际组织的数据保护水平作评估意见；促进全世界数据监管机构之间的合作、实践与交流。作为一个政策与咨询机构，欧盟数据保护理事会所发布的意见与建议没有法律约束力，但由于这些数据保护意见和建议具有专业性和广泛的代表性，反映了各国监管机构的普遍共识，在监管实践中具有很强的影响力和参考价值。

各成员国的数据监管机构享有广泛的权力，包括调查权、矫正权、行政处罚权、参诉权、认证权等。以德国为例，依据《德国联邦数据保护法》(2009 年修订)，由联邦数据保护委员会负责对国家机关处理个人数据的行为进行监督，非国家机关的个人数据处理行为则由本机构内设的数据保护官和国家数据保护监管局实施监管执法。第一，联邦数据保护委员会独立行使对联邦和各州政府个人数据处理行为的监管权。第二，对联邦铁路局、联邦邮政事业单位等一些特殊的国家机关处理的数据，要求该类机构内部设置数据保护官，由其负责机关内部的数据保护工作，并向联邦数据保护委员会负责。第三，对于非国家机关的个人数据处理，德国要求相关数据处理者内设数据保护官，负责本机构个人数据保护、数据安全维护的监督和宣传教育职责，对接国家数据保护监管局的监管，接受其业务和监管指导。①

第二，美国数据监管机构的权力配置情况。依据 FTC Act，FTC 具有发布规则、发布指南，以及对违反 FTC Act 第 5 条的“商业中或者影响商业的不正

---

① 个人信息保护课题组：《个人信息保护国际比较研究》，中国金融出版社 2017 年版，第 91 页。

当或欺诈性行为”进行调查、处罚、诉讼、制定和解协议等具体职权。FTC 从监管企业履行隐私政策作出的承诺角度，而对数据和隐私保护具有管辖权，形成以“承诺为导向”的隐私监管习惯。在监管层面，FTC 可以被看作一个综合性、跨行业的隐私保护执法机构 FTC 与其他特殊行业数据监管机构的分工界限在于，如果行业特别法授予行业监管机构以数据监管权力，那么 FTC 会对该行业的数据保护保持监管克制。FTC 与其他特殊行业数据监管机构的分工界限在于，如果行业特别法授予行业监管机构以数据监管权力，那么 FTC 会对该行业的数据保护保持监管克制①。

(二) 导致欧盟模式和美国模式差异的原因

作为全球最具代表性、最有影响力的两种监管模式，欧盟与美国的数据保护政策存在明显的差别。② 在监管立法与执法实践中，欧盟建立了一套通用的数据保护规范和标准，设立专门的数据保护机构，构建统一的监管体系和一致的法律适用标准，强化监管机构对于个人数据保护的监管权力，而且监管政策越来越严格。而美国则从公民隐私权保护出发，隐私权保护包含隐私和个人信息，采用实用主义原则，先从与个人数据密切相关的领域(如金融、医疗)、特殊主体(如儿童)等出发，分门别类进行立法，结合自律机构的自治规范进行保护，各州在特定领域制定了特别法和补充性规定，强化隐私权保护。所以美国没有一部综合性的隐私保护法或数据保护法，美国分散的立法特点决定其监管主体也是多元的，由行业主管部门和消费者保护机构推动隐私保护法律实施。欧盟与美国在个人数据(隐私)保护理念、互联网经济发展水平上的差异，决定了二者在法律实施和监管模式选择上的明显不同。

1. 数据价值的差异导致数据监管态度的差异

经济基础决定上层建筑，互联网经济发展水平的悬殊差距使得欧美数据监管模式和监管政策的出发点有所不同。③ 欧盟总共有 20 多种官方语言，语言文化的差异和狭小的各成员国市场，没有为欧盟企业研发、商业化利用和推广

---

① 王融：《大数据时代数据保护与流动规则》，人民邮电出版社 2017 年版，第 50 页。

② 王融：《欧美个人信息保护政策的分歧与妥协以及对我国的启示》，载《现代电信科技》2014 年第 10 期。

③ 参见王融：《欧美个人信息保护政策的分歧与妥协以及对我国的启示》，载《现代电信科技》2014 年第 10 期。

互联网技术提供良好的市场基础。① 除此之外，欧盟高税收政策、数字税态度不统一和民众高福利等因素也限制了互联网创新的积极性。欧盟互联网市场被美国互联网企业牢牢把持，谷歌、脸书等美国企业占据欧盟在线广告业务、搜索引擎、社交网络市场的总体份额分别超过九成和七成。联合国《2019 年数字经济报告》(*Digital Economy Report* 2019)指出，中美拥有全球 70 个最大数字平台占九成市值，而欧洲仅占 4%，几乎无一席之地，互联网七巨头微软、苹果、亚马逊、谷歌、脸书、腾讯、阿里巴巴占总市值的 2/3。

2. 数据保护与利用之间价值排序差异导致数据监管差异

基本立场的分歧导致欧美数据保护政策的价值优先次序不同。② 个人数据保护体现了个人权利、自由以及促进数字经济发展等多元化价值，但不同国家和地区的基本立场、价值取向并不完全一致。③ 欧盟对个人数据的基本立场是保障人权，通过统一立法将公民对其个人数据上的权利作为一种基本人权加以明确规定。从 GDPR 的立法目的可以看出，欧盟在优先保护个人数据但不绝对限制个人信息的自由流通。正在向第三国或者国际组织进行传输的或者是将要进行传输的任何个人数据，只有在满足本章程的其他条款和本章规定的传输方式时才能进行。④ 美国在隐私权的基础上保护个人数据，注重个人数据保护与商业化利用之间的平衡，反对个人数据的滥用是美国的基本立场。美国政府和实务界认为，只有最少的外部规范是可以接受的，而强硬的法律结构“将不可避免的阻碍商业活动”。⑤ 因此，美国在个人信息利用的监管方面，主张依靠商业机构自律和联邦贸易委员会等机构对商业机构的监管。

(三)域外数据监管模式对我国的启示

通过对欧盟、美国数据监管模式的分析可知，各国数据监管机构的设置、权力配置及其运行机制受到本国的政治体制、经济环境、互联网产业利益以及

---

① 参见王融：《欧美个人信息保护政策的分歧与妥协以及对我国的启示》，载《现代电信科技》2014 年第 10 期。

② 王融：《欧美个人信息保护政策的分歧与妥协以及对我国的启示》，载《现代电信科技》2014 年第 10 期。

③ 齐爱民：《私法视野下的信息》，重庆大学出版社 2012 年版，第 192 页。

④ 参见《欧盟通用数据保护条例》第 44 条。

⑤ 齐爱民：《私法视野下的信息》，重庆大学出版社 2012 年版，第 190 页。

语言文化传统等多种因素影响。欧盟统一机构监管模式和美国多元机构相对集中监管模式对我国数据监管体制改革具有很大的启迪。

1. 成立独立的监管机构成主流立法趋势

加强个人数据保护和数据安全监管已成为全球共识。从全球经验审视，执法监管扮演着至关重要的角色。它有利于推动个人数据保护法的实施，有利于增强政府监管的权威。特别是在大数据技术日新月异的今天，仅依靠较为原则的个人数据保护规范难以符合数据保护的现实需求。以德国为代表的欧盟国家率先采用统一专门监管模式，这些国家和地区一般都设立一个独立、专门、统一的数据监管机构，对各领域个人数据的收集、存储、利用、流通等行为实施严格监管。单一的机构、单一的监管规则和程序可以提高监管的公正性和可问责性,① 已成为近年来全球数据保护的一个显著趋势。截至 2015 年年末，全球共有 111 个国家和独立司法管辖区制定了个人数据保护法规，且呈加速趋势。② 其中，有 97 部法规建立了专门的数据监管机构，这些机构具有与其他行政机构不同的职责，它们往往可以针对个人数据保护启动独立的行政处罚程序。③ 我国目前尚未成立统一专门的数据监管机构，各部门是在传统监管领域中延伸管理本行业的个人数据保护问题，均是由行业主管部门履行数据监管职责。例如金融、教育、通信、社会保障、医疗卫生等行业，基本上是由行业监管机构保障各自领域的用户数据安全和非个人数据安全。

2. 数据监管模式设计和制度环境相匹配

欧盟采取由国家立法，统一规范公共机构和市场主体收集、处理个人信息的统一立法模式，进而设立单一数据监管机构，统一、独立行使数据监管权力，此种监管模式在欧盟所提倡后，对世界各国数据立法产生深远影响，日本、韩国、新加坡等发达国家纷纷效仿。美国在公共领域实行分散立法模式，在不同行政领域分别制定专门法保护个人信息和重要数据,④ 形成数据保护的多元立法格局，由此形成以美国联邦贸易委员会为“兜底式”的、特殊行业主

---

① 马英娟：《政府监管机构研究》，北京大学出版社 2007 年版，第 123 页。

② 个人信息保护课题组：《个人信息保护国际比较研究》，中国金融出版社 2017 年版，第 4 页。

③ 王融：《大数据时代数据保护与流动规则》，人民邮电出版社 2017 年版，第 191 页。

④ 齐爱民：《私法视野下的信息》，重庆大学出版社 2012 年版，第 201 页。

管部门辅助监管的多元监管格局。监管模式不是孤立存在的，它根植于一定的社会土壤中，与一国的历史传统、政治文化、经济环境等因素有着千丝万缕的联系。① 现有的数据保护体系，包括法律法规、监管机制都需要适应本国的制度环境，适应大数据的发展作出改革与调整，最大程度地平衡数据安全与数据流通之间的关系。在促进数字产业发展的同时，确保数据安全和加强隐私保护。② 当前，《个人信息保护法》《数据安全法》正在紧锣密鼓地制定中，借鉴欧盟与美国的数据监管模式与其制度环境相匹配的成功经验，我国亦要选择与我国制度环境相匹配的监管模式。

四、完善我国数据监管机构权力构造的建议

《第十四个五年规划和 2035 年远景目标纲要》提出“建设职责明确、依法行政的政府治理体系”。数据监管机构权力改革是一项极其复杂、浩大的系统工程。数据监管机构权力改革一般要经历一段渐进发展的过程，历史证明，任何一项改革都需要循序渐进、稳步前进，而不能一蹴而就。当今中国之社会、经济、政治和文化都处在转型、过渡阶段，与之相适应，数据监管权力改革必须有顶层设计、分步实施、逐步完善，不可能一步到位。③

(一)改革总体思路：改革的渐进性与阶段性

无论是在全球数据立法趋势层面的分析，抑或是在监管实践领域所揭示的经验，都表明变革我国现行数据监管模式，成立独立、专门的数据监管机构，促进个人数据保护、数据安全监管的统一领导与国际合作势在必行。然而，数据监管体制改革是一个系统工程，改革具有渐进性与阶段性，不可能一蹴而就。

首先，数据监管机构改革实质上是行政执法体制改革的内容，行政执法体制改革具有系统性、整体性、协同性、复杂性，统一的数据保护法尚未通过，

---

① 应松年主编：《当代中国行政法(第二卷)》，人民出版社 2018 年版，第 387 页。

② 参见姜禹：《个人数据的民法保护制度研究》，广东外语外贸大学 2018 年硕士学位论文，第 78 页。

③ 参见戢浩飞：《行政执法体制改革研究》，中国政法大学出版社 2020 年版，第 28 页。

如果贸然采用欧盟法的统一监管模式，监管效果可能适得其反。我国长期以来奉行行业执法体制，即“政府下属的一个部门(如市场监管局、通信管理局等)负责一个行业的执法，从中央到地方各级执法几乎没有例外”,① 数据监管职能是非常分散的，各个部门依据相关的部门法规和“三定方案”各自行使数据监管权，突然设立统一的数据监管机构，不但会挑起法律之间的冲突，也会给现行行政执法体制造成巨大的冲击。② 其带来的结果可能是个人数据保护规范在法律实施阶段陷入无穷无尽的争议，出现法律虽然“看起来很美”，但执法成本会很高，甚至实际实施不了的局面。③ 其次，设立统一、独立、专门的数据监管机构虽然是多数发达国家的通行做法，但这种制度设计需要发达的政治、经济、社会和人力资源等制度资源的相匹配。在没有成熟的市场经济条件和健全的行政体制的背景下，如果机械地照搬西方国家的经验，以极高的监管标准来要求监管机构，单纯依靠新设立的监管机构，必定由于监管环境的不成熟和监管惯性的延续而造成社会的混乱和竞争的无序。④ 最后，数据监管具有复杂性、很强的专业性，体现在用户数据遍布于各行业各领域，数据监管业务需要庞大且专业化的队伍，即便现阶段设立统一的监管机构，也无法在短期内培养专业的监管队伍，新成立的机构难以独立承担各领域的数据监管工作。加之监管惯性问题，数据处理和业务内容管理密不可分，例如金融行业数据控制者往往只忌惮于其业务主管部门即金融监管部门，对新成立的监管机构可能视而不见。

改革是循序渐进的工作，既要勇于突破，又要一步一个脚印、稳扎稳打向前走，确保实现改革的目标任务。⑤ 我国改革开放 40 多年之所以能够取得巨大成就，经验之一就是实行了一种“渐进式”的而非“激进式”的改革方式。⑥ 因此，对于数据监管机构的改革，我国同样需要遵循一种能够与我国政治文

---

① 参见杨小军:《行政执法体制改革法律依据研究》，载《国家检察官学院学报》2017 年第 4 期。

② 参见唐晓晖:《日本反垄断准司法性执行机构研究》，湖南大学 2007 年硕士学位论文，第 45 页。

③ 周汉华:《政府监管与行政法》，北京大学出版社 2007 年版，第 35 页。

④ 参见宋慧宇:《论行政监管权运行的法律控制》，载《长白学刊》2012 年第 3 期。

⑤ 习近平:《坚定制度自信不是要固步自封》，载《中国党政干部论坛》2014 年第 3 期。

⑥ 谭袁:《反垄断执法权配置问题研究》，法律出版社 2019 年版，第 41 页。

化、互联网经济等制度环境相适应的“渐进式”思路，但这并不妨碍我们根据数据本身的特性及互联网经济的要求设计出更为有效地保护个人数据权益的监管制度。总而言之，我国数据监管主体改革的总体思路应当是渐进性和阶段性的，中期目标是整合数据监管职权，构建相对集中的综合监管模式，最终目标是设立独立、统一、专门、权威的数据监管机构。目前改革的重点首先是推进统一立法，强化网信部门的机构建设，以发挥其统筹协调和牵头监管的职能。其次，调整各部门的数据监管权，由网信部门行使网络数据和其他行业数据的监管权，教育、医疗卫生、金融、国防科技等行业数据仍然由主管部门监管，主管部门设立专司数据保护职责的内设机构。

(二) 中期数据监管机构权力构造的设计构思

中期数据监管机构权力构造的设想是构建相对集中的数据监管模式。首先，以网信部门作为牵头监管机构，提升国家网信部门的法律地位，授予国家网信部门规章制定权、充分的执法权和准司法权。其次，按照执法权相对集中原则，效仿美国，以行业数据作为分类监管的标准，特殊行业数据(金融征信数据、医疗健康数据、教育数据等)由主管部门监管。最后，协调网信部门与其他数据监管机构、其他行业主管机构的关系。

1. 提升网信部门的法律地位，赋予其监管权、协调合作权、接受各职能部门咨询及提供建议的权力

组织机构是行政执法活动的主体，是政府职能的载体。① 组织机构是互联网治理的关键问题，2011 年成立的国家网互联网信息办公室和 2014 年成立的中央网络安全和信息化领导小组并未完全扭转“九龙治水”的监管格局。前者是国务院办事机构，后者是中央决策议事协调机构。鉴于办事机构的性质致国家网信办陷入尴尬的行政法地位，影响其监管权威和能力，改革势在必行。事实上，国务院已经赋予国家网信办互联网传播秩序的行政管理职能，国家网信办也与相关部门通过联合发布政策文件、联合开展专项行动等形式，调动丰富的组织资源来应对复杂的数据保护实践难题。例如，国家网信办颁发了《网络信息内容生态治理规定》《儿童个人信息网络保护规定》等规范性文件，并联合

---

① 程琥：《综合行政执法体制改革的价值冲突与整合》，载《行政法学研究》2021 年第 2 期。

工信部、公安部和市场监管总局对移动互联网应用程序违法违规收集使用个人数据行为开展多次专项治理行动。由此可知，网信部门的真实面孔不止于“办事”，其乃国家网络治理、数据治理中的一个关键行动者。① 改革的方案是将国家网信办设置为国务院组成部门或直属机构，其职权范围和运行由法律直接规定，国家网信办依法拥有了规章制定权，其监管权威才能树立，监管效果才能增强。并通过中共中央、国务院的“三定方案”给予国家网信办更多的监管人员和监管经费，保障国家网信部门充足的财政预算，其财政预算编制的上级报告单位应为最高行政领导，这样才能确保监管机构的独立性和自主性。② 在赋予网信部门职权时，可借鉴欧盟数据监管机构的做法。具体而言有监管权、协调合作权、接受各职能部门咨询及提供建议的权力。

第一，监管权。我国将政府数据处理者与非政府数据处理者分别进行监管，对政府数据处理者的数据监管，可由网信部门完成。要完成这一监管任务，网信部门应当采取各方面的措施，如(1)向政府数据处理者提供指导性资源和文件来帮助政府进行数据处理工作；(2)对政府数据处理者进行培训，以提升其数据保护意识；(3)对政府数据处理者进行行政检查，以验证实践中的合规性；(4)处理数据主权者对数据处理者的投诉；(5)对有风险的数据处理，要求政府数据处理者及时通知以便进行事先检查并提出建议，在后续阶段必要时能够改进或停止此处操作；(6)对政府违法数据处理行为，享有行政命令权、行政处罚权；(7)在必要的情况下，可以由其代表公共利益向法院提起诉讼。

第二，协调合作权。《网络安全法》规定的统筹协调机制缺乏可操作性，“统筹”一词含义模糊，缺乏配套的保障机制，实践中数据监管机构仍然存在多头执法、权责脱节的现象，网信部门行使统筹协调职能并不顺畅。相对集中的中期执法模式在实践中也可能存在上述缺陷，因此，要进一步完善监管机构协调合作机制，避免条块分割、各自为政，提高执法效率。首先，通过立法明确国家网信办统筹推进个人数据保护和重要数据保护的有关职责。可明确网信部门牵头组织正式协调机制和非正式协调机制的权力。前者如牵头组织行政执法联席会议，产生部门权限争议时或确需开展联合执法活动时，由网信部门负

① 周望：《办事机构如何办事？——对领导小组办公室的一项整体分析》，载《北京行政学院学报》2020 年第 1 期。

② 马英娟：《政府监管机构研究》，北京大学出版社 2007 年版，第 246 页。

责召开执法联席会议。后者如监管部门间的不定期研讨会，基层执法实践经常会出现一些共性的问题与难点，需要从法律、制度上予以明确和改进。① 其次，健全办案信息共享机制。通过案件信息共享和政务数据共享促进业务协同，提升整体治理水平。行业主管部门、消费者保护机构在进行行业监管时发现侵犯个人数据或危害数据安全的行为，应将执法线索通报给数据监管机构。最后，建立区域执法协调常态化机制。由于行政事务具有复杂性、技术性与关联性，随着科技的发展，行政执法实践越来越复杂，很多违法行为呈现出区域性、动态性的特点。例如，数据处理具有明显的电子化场景性、跨区域性和空间不确定性，传统的属地管辖规则已难以适应个人数据保护之场景。② 基于此，要建立相关异地执法协调机制，加大执法协调力度。

第三，接受各职能部门咨询及提供建议的权力。网信部门作为各数据监管机构的协调部门，应当在数据监管领域担当数据监管问题顾问的角色。各数据监管机构如果要制定涉及本行业领域特殊的行政措施时，应当通知网信部门；在采纳保护与数据处理有关的个人权利及自由方面的立法建议时，应当咨询网信部门，并参考其意见。

2. 数据监管权的有限整合：网信+金融、医疗、教育

虽然分散监管模式具有固有的弊端，但这并不意味着分权的对立面——集权统一监管就一定是最佳选择。如前所述，一方面，监管模式要与一国的制度环境相匹配，监管方式的选择由制度运行所依赖的社会经济、政治发展阶段所决定，统一专门监管可能不利于现阶段国家数字产业和行政体制改革的整体部署，过分超前的改革措施可能欲速则不达；另一方面，集中数据监管权力本身还有不同的形式，如果仅仅因为分散监管存在弊端而强调集权统一，将分散在近 20 个部门的数据监管权力予以简单地组合，设立新的机构，这种机械地组合也难以发生整体大于部分的效果。对于数据监管权力改革这一命题，要认识到“理想制度设计”的渐进性与阶段性，不能仅提出远大的目标而忽视了符合实际情况的阶段性制度设计。③ 通过数据监管权的有限整合，解决监管权力交叉等问题，可以说是目前可采取的可行改革路径。

第一，由网信部门作为网络数据安全和电信用户个人数据保护的职能部

① 戢浩飞：《行政执法体制改革研究》，中国政法大学出版社 2020 年版，第 282 页。
② 王锡锌：《个人信息国家保护义务及展开》，载《中国法学》2021 年第 1 期。
③ 参见谭袁：《反垄断执法权配置问题研究》，法律出版社 2019 年版，第 210 页。

门。目前由网信部门负责监管网页生态和用户信息保护，电信主管部门即工业和信息化部负责监管 App 用户个人信息保护和通信、能源、工业等行业数据安全，而负责互联网金融用户信息保护工作的部门仍有争议。工信部是全国工业、电信产业、航天及核能工业的主管机构，个人数据保护只是工信部相对边缘化的延伸职能，监管力量、资源投入有所欠缺。相比之下，作为互联网信息内容主管部门的网信部门更具专业优势。2018 年党和国家机构改革，也已将信息化推进和网络数据安全统筹协调等职权划给了国家网信办。国家网信办拥有充足的监管资源和组织资源，改造后的国家网信办也享有规章制定权，比工信部更适合网络数据安全和电信用户个人数据保护的监管。

第二，在金融消费领域的数据监管权划分，不区分互联网金融和金融机构，金融数据统一由金融监管机构监管。理由是金融是对电子信息技术依赖度极高的领域，数据是金融系统最为核心的资产，数据安全隐患将使金融系统变得脆弱，极易引发经济动荡、秩序混乱。① 与网信部门相比，金融监管机构在预防和化解重大金融风险以及保护金融消费者合法权益方面具有丰富的监管经验和优势，这是现阶段网信部门无法替代的。在金融监管机构中，证监会和银保监会的性质是事业单位，不享有规章制定权，履行职责存在法律障碍，2018 年国家机构改革和职能调整，将起草法案和审慎监管制度的基本职责划归中央银行。央行具有更大的监管权限和执法资源，现阶段可采取由央行履行证券期货、银行、保险市场的消费者信息保护和重要数据监管职责，证监会和银保监会只承担金融业务监管权，逐步退出个人金融信息和数据安全监管领域。依照《征信业管理条例》第 27 条，国家金融信用信息基础数据库由央行及其分支机构管理。央行内部设有金融消费者保护局和征信管理局，对个人金融信息和征信信息的保护具有良好的基础，改革成本低且收益高。

第三，在医疗卫生领域，卫生健康部门监管医疗机构收集、处理个人医疗卫生数据具有天然的优势，仍由其行使个人医疗卫生数据的监管权。在教育领域，教育行政部门是各级学校、科研机构的主管部门，其监管个人教育信息具有天然优势，仍由其行使个人教育信息的监管权。侵犯他人隐私、通过破坏计算机系统窃取数据涉嫌治安违法或涉嫌犯罪的，由公安机关处理；窃取、泄露

---

① 马颜昕等：《数字政府：变革与法治》，中国人民大学出版社 2021 年版，第 354 页。

国家秘密的行为由国家安全机关处理。如果其他数据的特别法或其他行业的特别法授予了行业监管机构以监管权力，网信部门应对该行业的个人数据保护和数据安全保持监管克制。通过监管职权调整，明确主要监管机构如网信部门、央行、教育主管部门、卫生健康部门之间边界。对于确实需要多个机构共同执法的领域，为避免分权导致监管效率降低，应通过法律建立科学的沟通和协调机制，做到权责清晰，实现多机构之间的合作与制衡。①

3. 明确数据监管机构的调查权、矫正权、告知权、认证权、参诉权和行政处罚权、行政奖励权

赋予数据监管机构调查权是让数据监管机构及时发现与查处数据处理者的违法行为的前提。调查权主要有：(1)有权访问特定数据处理者的数据，并收集履行监管职责所必需的信息；(2)可以实地搜查数据处理者，不受任何机构的领导与干预。矫正权能让数据监管机构对数据处理者发布从警告到禁止其处理数据到包括责令其删除数据等改正行为的命令。告知权类似于信息公布权，即数据监管机构有权将数据处理者的违法行为向社会公众公开。认证权则赋予数据监管机构建立数据监管认证机制，促进数据处理者自觉提高数据监管水平。参诉权则赋予数据监管机构代表被侵权群体将违法的数据处理者诉诸司法机关的权力。在赋予行政处罚权时，需要处理好处罚幅度与违法收益之间的关系，实现“过罚相当”。为了达到激励相容的效果，有必要赋予数据监管机构行政奖励权。

(三)长期数据监管体制的设计构思

数据监管模式改革是一个过程，不会一蹴而就，也不会一劳永逸。在中期阶段构建相对集中的监管模式，首先，这种执法模式既有集中又有分散，体现了我国行政执法体制改革适度集中的特点。② 其次，这种执法模式充分考虑了各个监管机构的执法优势和监管惯性，体现优势互补的特点。最后，随着制度环境走向成熟，可以把相对集中的数据监管职权整合到一起，构建和制度环境相匹配的统一监管模式。

1. 未来成立统一监管机构的必要性与可行性

2015 年国务院发布《促进大数据发展行动纲要》(以下简称《大数据纲要》)

---

① 谭袁：《反垄断执法权配置问题研究》，法律出版社 2019 年版，第 260 页。
② 参见周汉华：《政府监管与行政法》，北京大学出版社 2007 年版，第 36 页。

已经提出了“大数据和专家咨询委员会”的概念，为大数据发展的相关政策和法律制定提供意见和建议，并要求其他部门予以配合。虽然委员会的具体职权安排没有在《大数据纲要》中做进一步的阐释，但也从一个侧面反映出我国未来成立专门统一的数据保护机构的必要性。统一立法和统一监管可能会出现具体行业数据保护不足的问题，为了克服具体行业领域数据保护的不足，采用统一监管模式的国家和地区也会针对不同的行业制定行业数据保护指引，引导并规范不同领域的数据处理活动。① 例如我国香港和澳门采用统一监管模式，监管机构发布了相关行业指引，督促该领域的数据控制者遵守个人资料条例。因此，未来在我国设立统一的数据监管机构具有可行性。成立专门统一的数据监管机构，整合监管权力，由分工协作向集中统一监管是大势所趋。数据治理与互联网治理密不可分，数据侵权具有匿名性、快传播、广影响、难控制等特征，对监管机构的功能和组织资源提出了很大的挑战。互联网、大数据的发展已经远远超出了单个管理部门和机构的管理能力范围，非常需要一个具有全局视野、独立超脱、权威高效的机构来解决数据治理问题。② 无论是欧洲、北美洲还是亚洲，很多国家都成立了专门统一的数据保护机构，如德国的联邦数据保护局、英国的信息专员办公室、韩国和日本的个人数据保护委员会等。GDPR 第 51 条要求各成员国都应该至少规定一个负责监测条例实施的机构，致力于保护个人信息权利。③ 面对来自大数据技术滥用、算法歧视等新问题，数据保护事宜纷繁复杂，技术性要求极高，设立统一的监管机构不仅有利于数据保护法律的实施，也有利于纠纷解决和国际监管合作。

2. 统一数据监管机构的职权配置与机构设置

借鉴国际通行做法，监管机构具体职权包括：向立法机关提出修订个人信息保护立法的建议；依据个人数据保护法等基本法律，对个人数据保护法律法规的具体适用作出解释和指引；制定个人数据保护相关规范和具体监管政策，推动立法和政策的落地实施；依法受理公民的个人数据保护请求，对数据控制者实施监督检查、行政处罚、行政强制等手段；开展数据保护教育活动，提高

---

① 张继红：《大数据时代金融信息的法律保护》，法律出版社 2019 年版，第 328 页。

② 唐汇西：《网络信息政府监管法律制度研究》，武汉大学出版社 2015 年版，第 79 页。

③ 李爱君、苏桂梅主编：《国际数据保护规则要览》，法律出版社 2018 年版，第 377 页。

公众对数据处理风险、规则的了解程度和维权意识，提高数据控制者负担义务的意识；代表国家参与国际个人数据保护的合作与交流。其中，核心是将监管机构在个人数据和国家重要数据领域的监管职权予以具体化，提高监管机构的执法积极性和提升监管机构对违法行为的惩处力度。

设立一个独立、统一、权威的数据监管机构，有两种思路。其一，设立新的专门数据监管机构并转移职权，将隶属于互联网主管部门、金融主管部门、教育主管部门等行业主管部门的数据监管权整合起来，划归专门监管机构行使，专门监管机构可在中央部委层面可称为数据安全部，性质属于国务院组成部门，或者称为数据监管总局，性质属于国务院直属机构。其二，只转移各主管部门的职权而不设立新的机构，可由某个综合性监管机构统一行使数据监管权力，网信部门是互联网信息内容主管部门，其执法权有扩大趋势，将其打造为综合性的监管机构无疑最合适。

（四）余论：数据监管机构行政管辖权分配

数据监管机构所监管的数据处理行为发生在网络空间中，在现实社会空间中，已经存在长期适用且实用的传统行政管辖制度，该制度将各类需要政府治理的社会问题通过划分地理区域、区分问题的大小级别和社会影响程度，以及界定问题的类别和性质之不同，将这些问题交由相应地方、对应级别、相关部门的行政机构，使得纷繁复杂的社会问题得到有序、高效、合理地解决；然而，网络空间相比现实社会空间，有着跨地域性、虚拟性、瞬时性、动态性等本质特征，针对其进行治理和管辖，传统的行政管辖制度已经不能完全适用，随之产生的社会问题逐渐暴露。依照当前实施的法律规范来看，我国数据监管的行政管辖制度依附于传统行政管辖制度，仍旧是按照部门、地域、级别进行管辖权限的基本划分。对跨行业、跨地域的管辖问题，主张各相关部门协同合作、信息共享。在级别管辖上，日常管理、执法活动由县级及以上的相关部门负责。对行政管辖的权限边界、争议解决缺乏具体规定。在坚持对数据进行分散式监管原则下，可以借鉴美国的管辖权分配原则，以网址作为网络管辖权基础，在数据监管领域实施“长臂管辖权”，通过“最低联系原则”将原本不属于某地数据监管机构监管的对象纳入其管辖范围。

第五章
政府数据开放与公共数据治理的法律机制

随着大数据时代来临,① 数据治理概念已经全面引入公共行政领域,② 2015 年中国政府发布《促进大数据发展行动纲要》，强调“大数据成为提升政府治理能力的新途径”。2017 年 12 月在中央政治局就实施国家大数据战略开展的集体学习中，习近平总书记提出“要运用大数据提升国家治理现代化水平”。可见，政府数据已经成为政府行政权行使中一个普遍性的问题，在行政主体的职权履行中很难想象缺失政府数据而作出行政行为的情形。这就使得政府数据与行政法治已经紧紧地勾连在一起，它已经不是行政法治的空缺之地。有些学者甚至将政府数据及其利用上升到宪法的高度予以认知，如最近就有学者提出政府数据一旦与公共治理联系在一起，对于社会公众而言

---

① 2011 年麦肯锡全球研究院(McKinsey Global Institute，MGI)发布研究报告《大数据的下一个前沿创新、竞争和生产力》，首次提出“大数据时代”已经来临，认为“大数据正逐渐成为重要的生产要素，并渗透到各个行业和领域中；海量数据应用将促进生产力的提升，并预示着新一波消费者盈余浪潮来临”。参见 Big Data：The Next Frontier for Innovation，Competition，and Productivity，https：//www. mckinsey. com/business-functions/mckinsey-digital/our-insights/big-data-the-next-frontier-for-innovation.

② 2009 年美国政府率先推出数据开放门户 Data. Gov，发布开放政府指令，Open Government Directive. https：//obamawhitehouse. archives. gov/open/documents/open-government-directive。2011 年 9 月美国、英国、菲律宾等国共同签署《开放政府宣言》，成立开放政府合作伙伴联盟(OGP)，截至 2021 年 4 月，有 75 个国家加入这一联盟，Open Government Declaration，https：//www. opengovpartnership. org/process/joining-ogp/open-government-declaration/。

它就是第四代人权。① 无论如何政府数据的开放，政府数据的利用以及其他相关问题都已经是行政法治中绕不过去的环节，然而就目前我国行政实在法来讲，政府数据的开放及其合理利用的相关法律规范还存在着一系列问题，甚至绝大多数政府数据还没有得到行政法的有效调整，而学界对该问题的关注也尚且不足，正是基于这样的考虑笔者撰写本书拟对政府数据开放及其利用的相关法律问题作一系统探讨。

一、政府数据相关立法的梳理

（一）我国目前有关政府数据开放与公共数据治理的主要法律形式

1. 有关政府数据开放与公共数据治理的专项立法

政府数据的法律问题究竟是行政实体法上的问题还是行政程序法上的问题，抑或既是行政实体法的问题又是行政程序法的问题等，在学界尚未达成共识，所以在我国相对较高的法律位阶上还没有对政府数据开放及其治理从实体法上作一规定，也没有对政府数据从程序法上予以规定。换言之，政府数据开放及其公共治理在我国目前的行政法规范体系中至少在国家层面上是缺失专项立法的。② 令人欣慰的是在我国地方立法的层面上有关政府数据开放与公共数据治理已经有一些专项性的立法，说它们是专项性的立法是说它们对政府数据作了相对集中的规定，使政府数据的开放与公共数据治理有一个统一的规则，

---

① 马长山教授认为："当今信息革命带来的并不是现有生产方式、生活样态的简单拓展和延伸，而是新兴智慧社会对传统工商业社会的总体性替代，由此便产生了'第四代人权'——'数字人权'。"参见马长山：《智慧社会背景下的"第四代人权"及其保障》，载《中国法学》2019 年第 5 期。当然也有学者反对，刘志强教授指出："所谓'数字人权'，不仅不是人权升级换代的新兴类型——第四代人权，甚至不宜作为人权的下位概念。"参见刘志强：《论"数字人权"不构成第四代人权》，载《法学研究》2021 年第 1 期。

② 虽然《中华人民共和国数据安全法》已于 2021 年 6 月 10 日在第十三届全国人民代表大会常务委员会第二十九次会议通过，《中华人民共和国个人信息保护法草案（二审稿）》于 4 月 27 日下午在十三届全国人大常委会第二十八次会议行了分组审议，国家互联网信息办公室也在 2019 年发布了《数据安全管理办法（征求意见稿）》，但上述法律、法律草案和征求意见稿都仅仅涉及政府数据的某一个方面的问题，而不是政府数据开放所有方面的问题，所以它们还不能够被认为是政府数据开放专项立法。

在这个统一规则中涉及政府数据开放与公共数据治理的主体问题，例如《上海市公共数据开放暂行办法》第 5 条规定：“市政府办公厅负责推动、监督本市公共数据开放工作。市经济信息化部门负责指导协调、统筹推进本市公共数据开放、利用和相关产业发展。市大数据中心负责本市公共数据统一开放平台(以下简称开放平台)的建设、运行和维护，并制订相关技术标准。区人民政府确定的部门负责指导、推进和协调本行政区域内公共数据开放工作。其他公共管理和服务机构根据相关法律、法规和规章，做好公共数据开放的相关工作。”涉及政府数据开放的相关条件问题，例如《贵州省政府数据共享开放条例》第 14 条规定：“政府数据以共享为原则、不共享为例外，按照共享属性分为无条件共享、有条件共享和不予共享三种类型。可以提供给所有行政机关共享使用的政府数据属于无条件共享类。可以提供给相关行政机关或者仅能够部分提供给其他行政机关共享使用的政府数据属于有条件共享类。不宜提供给其他行政机关共享使用的政府数据属于不予共享类。列入有条件共享类或者不予共享类的政府数据，应当有法律、行政法规或者国家有关规定作为依据。”涉及政府数据开放及其利用的行政程序规则问题，例如《重庆市公共数据开放管理暂行办法》第 23 条规定：“对列入无条件开放类的公共数据，经身份认证后，自然人、法人和其他组织可以通过开放系统获取。”这些相对集中的政府数据立法在各地的法律表现形式是有所不同的，有些地方是以地方性法规的形式出现的，例如《浙江省公共数据开放与安全管理暂行办法》；有些地方则是以政府规章的形式出现的，例如《福建省政务数据管理办法》。总体上讲我国各个地方已经引起了对政府数据开放与公共数据治理的高度重视，诸多省市都针对政府数据开放制定了这样的专项立法，但同时应当看到目前有关政府数据的这种专项立法还较为分散，各地在法律行文上有非常大的差异，即便有关政府数据的概念也似乎没有形成共识。① 还有一种情形就是存在立法照抄和照搬

---

① 如《贵州省政府数据共享开放条例》第 3 条规定：“本条例所称的政府数据，是指行政机关在依法履行职责过程中制作或者获取的，以一定形式记录、保存的各类数据，包括行政机关直接或者通过第三方依法采集、管理和因履行职责需要依托政府信息系统形成的数据。”《福建省政务数据管理办法》第 2 条第 2 款规定：“本办法所称政务数据是指国家机关、事业单位、社会团体或者其他依法经授权、受委托的具有公共管理职能的组织和公共服务企业(以下统称数据生产应用单位)在履行职责过程中采集和获取的或者通过特许经营、购买服务等方式开展信息化建设和应用所产生的数据。”《无锡市公共数据管理办法》第 2 条第 2 款规定：“本办法所称公共数据，是指行政机关以及履行公共管理和服务职能的企业、事业单位和社会组织(以下统称公共管理服务机构)在依法履行职责的过程中采集和产生的数据。”

的问题，有些地方将另一些地方有关政府数据利用和开放的相关规定予以照搬照抄，这导致此一地方的政府数据的行政法规范与彼一地方的政府数据行政法规范在内容上高度重合。这是目前我国政府数据开放及其利用有关专项立法存在的问题。同时也应当看到这种专项立法对我国政府数据治理有着较大的积极意义，因为它使得政府数据的治理有了相对集中的法律依据，有了相对统一的规定，有了相对一致的治理模式，这也为中央层面制定统一的政府数据治理的法律规范作了立法上的尝试，提供了一定的立法经验。

2. 有关政府数据开放与公共数据治理的行政程序法

数据问题说到底是一个实体法上的问题，因为数据不仅涉及政府权力的行使，它更涉及公民所享有的权利的范围，一个可靠的数据可以给行政权的行使带来直接的行政效果，一个可靠的数据可以直接给行政相对人带来物质或者精神利益。① 这都足以证明政府数据首先是一个实体法上的问题，但是政府数据一旦到了开放和利用的层面上，它就必然从实体法律问题变成了程序法律问题，也正因为如此，我国在中央层面上的相关行政程序法已经对政府数据作了规范，就是将政府数据纳入行政程序法之中，在这里比较典型的就是我国在2007年制定的《中华人民共和国政府信息公开条例》(以下简称《政府信息公开条例》)。《政府信息公开条例》对政府信息及其公开作了全面规定，将政府信息分为政府必须主动公开的信息和经由相对人申请政府应当公开的信息。② 这个分类比较科学地体现了行政法治中行政主体与行政相对人之间的互动关系，体现了行政主体和行政相对人在信息公开中的权利和义务关系。在服务型政府的格局之下，政府应当主动为公众提供服务，以此而论政府便应当主动地公开相关的信息，正如《政府信息公开条例》所规定的若干需要公开的事项。有些行政行为的启动是在当事人申请之下而为之的，即是说当事人的申请是该范畴行政行为作出的依据和前提，与此相适应《政府信息公开条例》中就确立

① 《中华人民共和国国民经济和社会发展第十四个五年规划和2035年远景目标纲要》专章规定了“加快数字社会建设步伐”并要求：“聚焦教育、医疗、养老、抚幼、就业、文体、助残等重点领域，推动数字化服务普惠应用，持续提升群众获得感。”

② 《政府信息公开条例》第19条规定：“对涉及公众利益调整、需要公众广泛知晓或者需要公众参与决策的政府信息，行政机关应当主动公开。”第27条规定：“除行政机关主动公开的政府信息外，公民、法人或者其他组织可以向地方各级人民政府、对外以自己名义履行行政管理职能的县级以上人民政府部门(含本条例第十条第二款规定的派出机构、内设机构)申请获取相关政府信息。”

了行政系统在行政相对人请求之下所应当公开的信息的范围。当然政府信息不一定完全都是政府数据，两者在概念上不能够完全予以对等。同时我们必须强调政府信息之中必然包含着政府数据，一定意义上讲政府数据是政府信息的主要内容。比如在行政许可中当事人就有权利了解自己所申请的许可事项中其他当事人的情形，当某一个当事人申请开一个个体诊所，他就有权利从卫生行政管理部门那里了解到已经取得资质的其他个体诊所的相关情形，包括在一个区域内有多少个体诊所、这些个体诊所纳税的情形、这些个体诊所营业的情形、这些个体诊所是否有违法行为的情形等，这些都需要有数据予以支撑。《政府信息公开条例》对政府数据的规制是毋庸置疑的，它的规制过程就是有关政府数据开放及其利用的程序化的运作过程，无论政府主动公开信息的行为还是当事人申请公开信息的行为，如果涉及数据问题那都必然是程序上的问题，由此可见有关政府数据开放及其利用的行政程序法在我国已经有相关的规定。《政府信息公开条例》就具有代表性，而最近刚刚通过的数据安全法，以及正在制定中的个人信息保护法也都会涉及政府数据开放及其利用的程序规则。①

3. 有关政府数据开放与公共数据治理的其他相关法律

政府数据是掌握在政府行政系统手中的那些数据，该数据由公法调整，这是没有争议的。不过，在当代社会机制中有相当一部分数据其表现形式极其复杂，其反映出来的权利义务也极其复杂。即便是行政系统所掌控的数据也经常与私方当事人的利益有关，同时有些从形式上看仅仅属于个人的数据也会在行政法治中被行政主体所利用。行政主体实施行政许可行为、实施行政处罚行为、实施行政强制行为都需要以行政相对人的个人信息为前提条件，这些个人信息中不乏个人数据。这些数据在进入行政法治程序之前可能归为其他法律规范所调整，如《民法典》第1034条规定：“自然人的个人信息受法律保护。个人信息是以电子或者其他方式记录的能够单独或者与其他信息结合识别特定自

① 《中华人民共和国数据安全法》第38条规定：“国家机关为履行法定职责的需要收集、使用数据，应当在其履行法定职责的范围内依照法律、行政法规规定的条件和程序进行；对在履行职责中知悉的个人隐私、个人信息、商业秘密、保密商务信息等数据应当依法予以保密，不得泄露或者非法向他人提供。”《中华人民共和国个人信息保护法草案（二审稿）》第34条规定：“国家机关为履行法定职责处理个人信息，应当依照法律、行政法规规定的权限、程序进行，不得超出履行法定职责所必需的范围和限度。”

然人的各种信息，包括自然人的姓名、出生日期、身份证件号码、生物识别信息、住址、电话号码、电子邮箱、健康信息、行踪信息等。个人信息中的私密信息，适用有关隐私权的规定；没有规定的，适用有关个人信息保护的规定。”第 1035 条规定：“处理个人信息的，应当遵循合法、正当、必要原则，不得过度处理，并符合下列条件：（一）征得该自然人或者其监护人同意，但是法律、行政法规另有规定的除外；（二）公开处理信息的规则；（三）明示处理信息的目的、方式和范围；（四）不违反法律、行政法规的规定和双方的约定。个人信息的处理包括个人信息的收集、存储、使用、加工、传输、提供、公开等。”第 1038 条规定：“信息处理者不得泄露或者篡改其收集、存储的个人信息；未经自然人同意，不得向他人非法提供其个人信息，但是经过加工无法识别特定个人且不能复原的除外。信息处理者应当采取技术措施和其他必要措施，确保其收集、存储的个人信息安全，防止信息泄露、篡改、丢失；发生或者可能发生个人信息泄露、篡改、丢失的，应当及时采取补救措施，按照规定告知自然人并向有关主管部门报告。”这几个条文都涉及了个人信息、个人数据，在民事法律关系中如果有这样的数据出现，它就属于私人所有，由私法调整也是顺理成章的。然而，一旦行政主体在行政执法中涉及了这样的信息，它就从私人信息转化成了由政府行政系统所掌握的信息，这样的信息究竟如何定性还需要进一步探讨。但无论如何，在政府数据开放与公共数据治理中，《民法典》所规定的个人数据和个人信息也是行政法的渊源，因为行政系统不能在违反民法规定的情形下来利用和处置这样的信息。在依法治国的体系中法治政府、法治社会以及法治国家是三个有机联系的法治范畴，可以从理论上对三者作出区分，而在法治实践中三者常常交织在一起。例如，政府行政系统的职权行使便与法治社会密不可分，正如前不久我国所制定的《法治社会实施纲要》所规定的：“法治社会是构筑法治国家的基础，法治社会建设是实现国家治理体系和治理能力现代化的重要组成部分。建设信仰法治、公平正义、保障权利、守法诚信、充满活力、和谐有序的社会主义法治社会，是增强人民群众获得感、幸福感、安全感的重要举措。”政府行政系统的职权行使无论如何也会渗入法治社会之中，而与我国法治社会相关联的法律部门除了民法以外还有经济法、社会法、诉讼法及程序法等。这些与法治社会关联的部门法也会涉及相关政府信息和个人信息的内容，该信息若与行政执法关联在一起，行政主体便必须从这些部门法中寻找有关个人信息或者个人数据。这就自然而然地使政府数据及其开放的法律渊源有所拓展。这是政府数据相关立法的另一个范畴。

4. 有关政府数据开放与公共数据治理的行政规范性文件

行政规范性文件在我国行政法体系中有着非常特别的地位和功能。由于规范性文件在行政系统中占有量较大，其究竟处于什么样的法律地位，当年在制定《中华人民共和国立法法》(以下简称《立法法》)时就作了非常谨慎的处理。《立法法》没有认可行政规范性文件的法律地位，因为其将我国行政法渊源的最低层次框定在政府规章层面上。然而，在行政法治实践中规范性文件大量存在的事实无法回避，这才使得诸多地方针对规范性文件制定了相应的政府规章，如《湖南省行政程序规定》专节规定了行政规范性文件，① 而有些地方则针对规范性文件专门制定了地方政府规章，如《上海市行政规范性文件管理规定》《广东省行政规范性文件管理规定》《新疆维吾尔自治区行政规范性文件管理办法》等。到目前为止几乎每个省级人民政府都对规范性文件作了专门规定，足见在我国行政法治体系中人们已经引起了对行政规范性文件进行规范的重视。在笔者看来，行政规范性文件是一把双刃剑，从不利的一方面来看，它可能会导致一部分行政主体专门通过行政规范性文件进行行政管理以规避上位法；而从正向方面看，行政规范性文件常常可以在行政管理和行政执法中先行先试，就是如果针对某一方面的行政管理和执法事项制定规章的时机尚不成熟，便可以率先通过规范性文件予以规定。在政府数据开放与公共数据治理中诸多地方便通过规范性文件对其作出率先规定，如北京市大数据工作推进小组办公室就发布了《关于通过公共数据开放促进人工智能产业发展的工作方案》，还如《福州市政务数据资源管理办法》《福州市公共数据开放管理暂行办法》《福州市政务数据资源共享开放考核暂行办法》等。应当说目前诸多对政府数据开放进行规范的行政法形式都是行政规范性文件。

上列诸方面是我国目前有关政府数据开放与公共数据治理的主要法律形式。

---

① 《湖南省行政程序规定》第三章“行政决策程序”第二节“制定规范性文件”，专门对行政规范性文件作出规定。

（二）我国目前有关政府数据开放与公共数据治理的主要立法方向

笔者在北大法宝上以“政府数据”“政务数据”“公共数据”“政务信息；共享”为关键词进行检索，对当前我国有关政府数据的法规进行了梳理。其中以“政府数据”为关键词共检索到现行有效的地方法规 17 个，其中包含 2 个地方性法规以及 3 个地方政府规章，未检索到与政府数据相关的中央法规；以“政务数据”为关键词共检索到现行有效的中央法规 2 个和地方法规 71 个，中央法规中包括 2 个部门规章，地方法规中包括 2 个地方性法规以及 10 个地方政府规章；以“公共数据”为关键词共检索到现行有效地方法规 28 个，其中包括 8 个地方政府规章，未检索到中央法规；以“政务信息；共享”为关键字进行检索，共检索到现行有效的 9 个中央法规，277 个地方法规。9 个中央法规中包括 2 个行政法规，6 个部门规章，1 个党内法规；277 个地方法规中包括 5 个地方政府规章。综上所述，目前有关政府数据开放与公共数据治理的主要立法，效力级别在地方规范性文件之上的共 41 个。对相关立法进行梳理，可以得出我国有关政府数据开放与公共数据治理的主要立法方向可大致分为以下四个方面：第一，关于政府数据管理的立法；第二，关于政府数据整合共享的立法；第三，关于政府数据开放的立法；第四，其他方面。笔者对上述四个方面的部分有代表性的相关条文分类梳理，具体如下：

1. 有关政府数据管理的立法方向

此方向具有代表性的法规共 23 个，是 4 个立法方向中立法条文最为法繁多的一个方向。此方向的法规效力级别集中于地方政府规章，且立法时间大多集中于 2018—2020 年这个时间段。虽说是以政府数据管理为立法方向，但以下 23 个法律文本中几乎都对政府数据共享作出了相关规定，如重庆市与山西省对于数据共享都要求政务数据资源以共享为原则、不共享为例外，《山西省政务数据资产管理试行办法》中并未规定此项原则但该办法中也与其他两个地方一样将政务数据资源按照共享属性分为无条件共享、有条件共享和不予共享三种类型。这也是立法条文繁多的一个原因。对于政府数据的管理，各地都在条文中规定应当对政府数据分类分级，并按照相关标准进行管理，这也是将以下条文（详见表 5-1）归为一类立法方向的一大重要原因。

表 5-1

序号	名称	效力级别	发文字号	发布日期	实施日期
1	文化和旅游部办公厅关于印发《文化和旅游部政务数据资源管理办法(试行)》的通知	部门规章	办信息发〔2020〕148 号	2020. 11. 18	2020. 11. 18
2	山西省政务数据管理与应用办法	地方性法规	山西省人民代表大会常务委员会公告第 65 号	2020. 11. 27	2021. 01. 01
3	湖北省政务数据资源应用与管理办法	地方政府规章	湖北省人民政府令第 419 号	2021. 01. 25	2021. 04. 01
4	安徽省政务数据资源管理办法	地方政府规章	安徽省人民政府令第 299 号	2020. 12. 30	2021. 03. 01
5	中山市政务数据管理办法	地方政府规章	中山市人民政府令第 16 号	2020. 05. 15	2020. 06. 15
6	山西省政务数据资产管理试行办法	地方政府规章	山西省人民政府令第 266 号	2019. 11. 28	2020. 01. 01
7	辽宁省政务数据资源共享管理办法	地方政府规章	辽宁省人民政府令第 330 号	2019. 11. 26	2020. 01. 01
8	南京市政务数据管理暂行办法	地方政府规章	南京市人民政府令第 329 号	2019. 08. 07	2019. 09. 20
9	重庆市政务数据资源管理暂行办法	地方政府规章	重庆市人民政府令第 328 号	2019. 07. 31	2019. 07. 31
10	福建省政务数据管理办法	地方政府规章	福建省政府令第 178 号	2016. 10. 15	2016. 10. 15
11	贵阳市政府数据资源管理办法(2020 年修改)	地方政府规章	贵阳市人民政府令第 77 号	2020. 12. 23	2021. 02. 01
12	宁夏回族自治区政务数据资源共享管理办法	地方政府规章	宁夏回族自治区人民政府令第 100 号	2018. 09. 04	2018. 11. 01

续表

序号	名称	效力级别	发文字号	发布日期	实施日期
13	湖南省政务信息资源共享管理办法	地方政府规章	湖南省人民政府令第 301 号	2020. 11. 28	2021. 03. 01
14	昆明市政务信息资源共享管理办法	地方政府规章	昆明市人民政府令第 151 号	2019. 07. 24	2019. 09. 01
15	广州市政务信息共享管理规定	地方政府规章	广州市人民政府令第 165 号	2019. 04. 10	2019. 07. 01
16	河北省政务信息资源共享管理规定	地方政府规章	河北省人民政府令〔2015〕第 5 号	2015. 11. 12	2016. 01. 01
17	国务院关于印发政务信息资源共享管理暂行办法的通知	行政法规	国发〔2016〕51 号	2016. 09. 05	2016. 09. 05
18	济南市公共数据管理办法	地方政府规章	济南市人民政府令第 269 号	2020. 09. 30	2020. 11. 01
19	宁波市公共数据安全管理暂行规定	地方政府规章	宁波市政府令第 254 号	2020. 09. 25	2020. 12. 01
20	浙江省公共数据开放与安全管理暂行办法	地方政府规章	浙江省人民政府令第 381 号	2020. 06. 12	2020. 08. 01
21	无锡市公共数据管理办法	地方政府规章	无锡市人民政府令第 171 号	2020. 02. 26	2020. 05. 01
22	上海市公共数据开放暂行办法	地方政府规章	上海市人民政府令第 21 号	2019. 08. 29	2019. 10. 01
23	上海市公共数据和一网通办管理办法	地方政府规章	上海市人民政府令第 9 号	2018. 09. 30	2018. 11. 01
24	成都市公共数据管理应用规定	地方政府规章	成都市人民政府令第 197 号	2018. 06. 06	2018. 07. 01

2. 有关政府数据整合共享的立法方向

关于单一指向政府数据共享的立法方向的法规较少，大部分地方都将政府数据共享以及数据管理这两个立法方向合并为一个文件，在其之间进行体现。

国务院办公厅对于政务信息系统整合共享实施方案的通知中对于政务信息系统的整合作出了思想构建，各部门根据该通知制定出符合本部门实际的立法条文，这是该立法方向的一大鲜明特点。（详见表 5-2）

表 5-2

序号	名称	效力级别	发文字号	发布日期	实施日期
1	交通运输部办公厅关于印发部省水运政务数据共享工作方案的通知	部门规章	交办水函〔2019〕1156 号	2019. 08. 09	2019. 08. 09
2	沈阳市政务数据资源共享开放条例	地方性法规	沈阳市人民代表大会常务委员会公告第 19 号	2020. 08. 14	2020. 10. 01
3	国务院办公厅关于印发政务信息系统整合共享实施方案的通知	行政法规	国办发〔2017〕39 号	2017. 05. 03	2017. 05. 03
4	国家粮食局办公室关于印发《国家粮食局政务信息系统整合共享工作方案》的通知	部门规范性文件	国粮办发〔2017〕278 号	2017. 10. 29	2017. 10. 29
5	体育总局办公厅关于印发《加快推进体育总局政务信息系统整合共享工作方案》的通知	部门规范性文件	体办字〔2017〕206 号	2017. 08. 22	2017. 08. 22
6	教育部办公厅关于加强政务信息系统整合共享解决群众办事堵点问题的通知	部门规章（工作性文件）	教技厅函〔2018〕52 号	2018. 06. 04	2018. 06. 04
7	贵阳市政府数据共享开放实施办法（2020 年修改）	地方政府规章	贵阳市人民政府令第 77 号	2020. 12. 23	2021. 02. 01

3. 有关政府数据开放的立法方向

政府数据的开放问题是现如今最热门的，但所涉及的立法却较为稀少，对于政府信息的开放全国各地已陆续出台法规并且已修改多次，但针对于政府数据开放的立法却鲜少。以下 2 个法律文本(详见表 5-3)都规定行政机关在开放政府数据前，应当对拟开放的敏感数据进行脱敏处理，防止泄露国家秘密、商业秘密、个人信息和隐私。

表 5-3

序号	名称	效力级别	发文字号	发布日期	实施日期
1	贵州省政府数据共享开放条例	省级地方性法规	贵州省人民代表大会常务委员会公告 2020 第 12 号	2020. 09. 25	2020. 12. 01
2	贵阳市政府数据共享开放条例	设区的市地方性法规	市人大字〔2017〕4 号	2017. 04. 11	2017. 05. 01

4. 有关公共数据治理的其他立法方向

以上三个立法方面已囊括大部分有关政府数据的法律文本，所以在其他立法方向上的法律文本就显得较为贫瘠，此方向的效力级别集中于中央法规这个层面上。(详见表 5-4)

表 5-4

序号	名称	效力级别	发文字号	发布日期	实施日期
1	国务院办公厅关于印发国家政务信息化项目建设管理办法的通知	行政法规	国办发〔2019〕57 号	2019. 12. 30	2020. 02. 01
2	国务院关于“十三五”国家政务信息化工程建设规划的批复	行政法规	国函〔2017〕93 号	2017. 06. 30	2017. 06. 30

续表

序号	名称	效力级别	发文字号	发布日期	实施日期
3	国务院办公厅关于印发《政务信息工作暂行办法》的通知	行政法规	国办发〔1995〕53号	1995. 10. 27	1995. 11. 01

二、政府数据开放及其利用中存在的问题

政府数据的开放和利用即便放置在行政法治体系中来考量也是一个极其复杂的问题。一方面政府数据有相当一部分是由政府行政系统所掌控的，还有一部分虽然不是由政府行政系统掌控，但政府行政系统有利用、支配甚至处置这些数据的权利。另一方面在当代大数据化的社会机制之中数据的泛化贯穿于整个行政治理和社会治理机制之中，而这些泛化的数据直接与当事人的权益关联在一起，对于这些数据政府究竟应当采用什么样的态度，政府究竟应当掌控到什么样的程度等都非常复杂。面对海量的数据及数字化社会的不断深化，即便是法治发达国家也常常束手无策，应当肯定地讲无论在发达国家还是在发展中国家，数据本身与数据立法还存在着非常严重的断层现象。换言之，政府数据的立法必然落后于政府数据开放及其利用的现实，人们即便不断地努力仍然不能够解决政府数据立法与政府数据同步化的问题，更不能够使政府数据立法能够超前处理政府数据开放及其利用的新问题。我们虽然不能够说目前政府数据开放和利用中的所有问题都是由立法的滞后性导致的，但政府数据相关法律的空缺确是带来政府数据开放及其利用相关问题的关键因素。当然，我们首先必须将政府数据开放及其利用中所存在的问题梳理出来，笔者认为从我国行政法治实践来看，主要存在下列问题。

（一）政府数据开放和利用中的个别性

在我国行政法治中有一个非常重要的原则就是法治统一原则，该原则早在国务院2004年制定的《全面推进依法行政实施纲要》中就有规定：“法律、法规、规章得到全面、正确实施，法制统一，政令畅通，公民、法人和其他组织合法的权利和利益得到切实保护，违法行为得到及时纠正、制裁，经济社会秩

序得到有效维护。政府应对突发事件和风险的能力明显增强。"①该原则究竟应当如何理解呢，其核心内容究竟是什么呢？笔者认为该原则要求一个行政执法行为不仅仅具有个别性，它存在于行政法治体系之中，它必须保持时间上的先后连贯性，就是后续的行政行为与前端的行政行为应当保持应有的一致性，这可以叫做行政行为的同一律。从空间上讲，不同区域的行政行为也应当保持行为类型和行为状态上的同一性。我国是一个地缘结构极其复杂的国度，有城乡之分，有沿海和内地之分，有一般管理区域和特区之分，等等。无论地理区域上有多么复杂的区分，这些区分都不能够影响行政法治中的一致性。政府数据的开放与公共数据治理可以说与上面我们所讲的前后的一致性、不同区域的一致性存在着非常大的反差。以区域性所导致的反差为例，我国有些省份的城市就建构了较为完整的政府数据库或者政府数据平台，② 而有些地方则没有建立起相应的政府数据库或者政府数据平台，这样的反差得出的结论就是政府数据开放与公共数据治理是一种个别行为而不是一种普遍性的行为。正如上述，由于政府数据开放与公共数据治理尚未有统一的法律渊源，所以行政主体在行政执法中对数据的开放也都是由其进行自我判断的。这样的判断不是决定于行政执法的总体意识，而是决定于行政执法者作为个体的素养，如有些行政执法人员出身于理工科背景他可能就对政府数据开放有特殊的偏好，反之有些具有人文社科背景的执法者对数据的敏感度与前者不同。在法无统一规定的情形下这样的不同是导致政府数据开放和利用的关键因素，这些因素是普遍存在的，而且在笔者看来还将继续存在。

（二）政府数据开放和利用中的任意性

政府数据在行政法治中的开放和利用从一个角度观察是一个刚性问题，反之从另一个角度观察则是一个柔性问题。所谓刚性问题是指作为数据，它是确定的，因为任何数据都是对某种客观事物的量化，这些量化了的东西是没有伸缩性的，是不可以作出两种以上选择的，这便为政府数据贴上了刚性化的标签。所谓政府数据的柔性化则是指在数据处理中有一个算法的概念，该概念在

---

① 2004 年 3 月 22 日国务院发布《全面推进依法行政实施纲要》。

② 如广东省的"数字政府"建设、浙江省的"最多跑一次"改革和"城市大脑"建设、上海市"一网通办"和"一网统管"建设等。

我国行政法治中也是非常流行的。① “算法（algorithm）就是任何良定义的计算过程。”②简单地说对数据对象的运算既可以用乘法也可以用除法进行运算，既可以用加法也可以用减法进行运算，既可以用逻辑运算也可以用关系运算还可以用数据传输。算法不同得出的数据也必然不同，以城市职工平均工资为例，不同部门所统计出来的职工平均工资就有所不同，如中新网财经频道 2012 年 8 月 23 日将全国 22 个省会城市和 4 个直辖市已公布的 2011 年城镇单位在岗职工平均工资进行排名，其中广州以 57473 元排名第一，而成都以 34008 元排名最末。数据公布后成都不少市民提出不满，成都市统计局对此作出回应，中新网榜单排名的统计口径是 2011 年城镇单位在岗职工平均工资，但成都的 34008 元却是另一个口径——全部单位职工的平均工资。如果按照相同算法，那么成都的位次将明显上升，排在第 13~16 位。③ 这其中就包括各自采用不同的统计标准，实质上也是各用各的算法。而政府数据中的算法问题到目前为止还是一个绝对的法律空白问题，这便使得不同的算法有着不同的政府数据状况，导致完全可能出现在一个行政系统内部不同的执法人员采用不同算法而导致政府数据有所不同的情形。对于行政主体来讲可能并不重要，但对于行政相对人来讲、对于社会公众来讲可能就是一个非常关键和敏感的问题，因为不同算法所得出的不同数据关系到当事人获取利益的多或者少。算法的复杂性所导致的最终结果就是政府数据开放和利用中具有任意性，这是政府数据开放及利用中存在的另一个问题，在算法问题短时间内还不能够解决的前提下，政府数据开放及利用中任意性的问题便必然长期存在。

（三）政府数据开放和利用中的选择性

大数据时代究竟具有什么样的时代特征？有学者有过这样的论断：“与通常将大数据时代的特征描述为 4V，即规模（Volume）、多样（Variety）、价值

---

① 近年来有关算法及其法律规制的研究成果逐年增加，算法规制已成为行政法学界和实务部门关注的一个热点。参见丁晓东：《论算法的法律规制》，载《中国社会科学》2020 年第 12 期；苏宇：《算法规制的谱系》，载《中国法学》2020 年第 3 期。

② ［美］Thomas H Cormen，C：《算法导论》第 3 版，殷建平等译，机械工业出版社 2013 年版，第 3 页。

③ 参见王楠：《市统计局：统计口径不同》，载《成都商报》2012 年 8 月 24 日，第 6 版。

(Value)、速率(Velocity)不同，我们从另一个角度可以将大数据时代的基本特征定义为五个无所不能(在)。"①该论断表明大数据是当今社会的时代特征，在整个社会机制中存在着海量数据，这些海量数据与社会公众的日常生活紧密联系在一起，也与政府行政治理紧密联系在一起。应当说在我国制定政府信息公开条例的时候大数据时代还只是一个雏形，十多年以后问题发生了质的变化，近年来大数据时代特征日益明显，而且大数据时代格局每天都在发生深刻变化。习近平同志指出世界正处于百年未有之大变局，这非常精辟地揭示了当代时代特征，该论断隐含着这样一个判断那就是唯一不变的东西就是变。当初我们制定政府信息公开条例的时候对大数据的时代特征变更没有作出充分的估计和评判，所以我们在这个重要的有关政府数据的行政程序法中对政府可以公开的信息作了选择性的规定，即我们通过列举将政府应当主动公开的数据信息予以细化，这在当时来讲是一个好的立法技术，但是从目前大数据时代来看必然挂一漏万，因为在条例列举应当主动公开的信息背后还隐藏着极其丰富的数据及其材料。同时在行政法治中公众是否要求政府公开信息也由公众个体进行判断，这样的个体判断也具有非常明显的选择性。我们可以说在目前的政府数据开放及其利用中选择性是主流，而与选择性相左的普遍性则不复存在。选择性必然不是大数据时代所需要的，选择性所导致的结果也使政府数据开放及其利用的效果大打折扣。

(四)政府数据开放和利用中的利益勾连性

行政法治中行政系统对利益的追逐是一个不争的事实，尽管长期以来行政系统内部并不认可行政执法中行政主体具有追逐自身利益或者追逐局部利益或者追逐地方利益或者追逐部门利益等倾向，但是行政系统的所有行政执法行为是否均与公共利益完全契合？诸多学者认为行政系统在实施行政行为时常常会下意识地将自身利益考量进去。以行政处罚为例，无论是 1996 年制定的《中华人民共和国行政处罚法》，还是 2021 年 1 月 22 日才修订的《行政处罚法》都将行政处罚中的利益追逐作为行政处罚法要解决的问题之一，1996 年通过的《行

① 何哲：《大数据时代，改变了政府什么？——兼论传统政府的适应与转型》，载《电子政务》2016 年第 7 期。

政处罚法》就确立了行政处罚决定权和执行权分离的制度,① 2021 年新修订的《行政处罚法》对这个制度作了进一步强化，同时还有一系列去利益化的制度设计。② 行政处罚中行政主体对利益的追逐只是行政系统在行政执法中与利益勾连的个别情形，该情形在政府数据开放和利用中同样存在，政府行政系统出卖或者变相出卖个人数据的情形有之，政府行政系统为了局部利益或者部门利益而不当使用个人数据的情况有之，政府行政系统为了自身利益没有有效保护个人数据的情形有之。政府数据以及与政府数据相关联的个人信息保护之所以近年来引起了社会的广泛关注，实质上还是政府数据开放和利用中的利益问题，可以肯定地说政府数据开放和利用中的利益勾连并不是个别现象，这是政府数据开放和利用中存在的另一个问题。

(五)政府数据开放和利用中的无序性

上面已经指出政府数据以及与政府数据相关联的个人数据如果从法律地位上讲都属于实体法律问题，因为每一个数据无论归于行政主体还是归于行政相对人都是实实在在的物质利益或者其他利益或者都与实实在在的物质利益或者其他利益勾连在一起。利益性以及对相关主体的有用性都证明了它是一个实体法律问题，这是就政府数据或者个人数据的静态方面来看的。而在行政法治实践中政府数据的开放和利用则把静态状况转化为了动态状况。实质上政府数据或者个人数据只有当它动起来以后或者当它被利用以后它才具有实实在在的物质价值，它才能够从一个抽象的法律问题变成具体的法律问题。政府信息的运用在当代行政法治中就存在于相应的程序机制之下，例如哪些主体可以对什么样的政府数据有所诉求，而当该主体诉求这样的政府数据时需要什么样的主客

---

① 1996 年 3 月 17 日通过的《行政处罚法》第 46 条规定：“作出罚款决定的行政机关应当与收缴罚款的机构分离。除依照本法第四十七条、第四十八条的规定当场收缴的罚款外，作出行政处罚决定的行政机关及其执法人员不得自行收缴罚款。当事人应当自收到行政处罚决定书之日起十五日内，到指定的银行缴纳罚款。银行应当收受罚款，并将罚款直接上缴国库。”

② 新《行政处罚法》关于行政处罚去利益化的约束有一些新的规定，一是要求行政处罚要进行公示，强化行政处罚进一步公开；二是要求行政处罚全程记录，对相关的程序和证据进行归档保存；三是有关罚款、没收违法所得等财产罚不得与处罚机关及其公职人员的考核、考评等相挂钩；四是对行政处罚进行全方位的监督，这实质上都是非常好的去利益化的制度设计以及对去利益化的强化。

观要件。数据从本质上讲也是一种信息，而信息的最大特点在于它的时效性，即时过境迁以后原来具有信息价值的东西便不再具有信息价值，这便使得政府数据的开放和利用中还有一个期限的问题。不仅如此，政府数据在开放和利用过程中还受到一些内外在条件限制，如有些政府数据牵涉国家秘密，它只能够在一定范围内开放和利用甚至不能开放利用，一些政府数据或者个人数据牵涉商业秘密也要有限地予以开放利用，有些政府数据牵涉个人隐私的开放利用同样要受到限制。这些复杂的内容构成都是政府数据开放及其利用中的程序规则，而我国目前行政法治中与上列因素相关联的绝大多数程序规则并不存在，无论行政主体还是私方当事人，在对这些数据开放和利用过程中就缺失相应的有序性，换言之，目前政府数据开放及其利用至少在一定范围内存在着比较严重的无序性。有序和无序并不是一个小问题，即便在我们强调协商治理的社会治理格局中协商也要走有序化的道路。政府数据的开放和利用有些在协商治理的范畴之内，而绝大多数则在协商治理的范畴之外，协商治理范畴之外的政府信息开放和利用应受严格的程序规则的限制。令人遗憾的是我国目前在这些程序限制中基本上还处于空缺状态，这是笔者对我国政府数据开放和利用存在问题的另一个揭示。

三、政府数据开放与公共数据治理所涉及的法律问题

政府数据开放与公共数据治理可以有诸多选择的治理路径，以我国的治理体系为例，政府数据开放与公共数据治理的合理路径至少有下列选择：一是通过有关的党内法规或者政策对政府数据开放和利用进行治理。党内法规是我国法治体系的有机构成,① 与党内法规密切联系的便是党的政策也包括行政政策，笔者注意到目前我国党内法规和政策对有关政府数据治理尚无统一规定，应当说在这个治理路径上我国尚未有选择。二是司法审查的路径。该路径是指一旦政府信息开放和利用中发生纠纷、引起相关的行政案例便可以由司法机关作出处理，该路径在目前情况下可以作为一个正当的路径，我国虽然不是判例法国家但在法治实践中若遇到了纠纷或者行政权行使中的阻滞，司法机关介入

---

① 2014年中国共产党第十八届四中全会通过《中共中央关于全面推进依法治国若干重大问题的决定》，其中党内法规体系是与法律规范体系、法治实施体系、法治监督体系、法治保障体系相并列，共同纳入“中国特色社会主义法治体系”。

其中也是顺理成章的。所以如果有关政府数据公开及其利用遇到了阻滞或者产生了冲突，通过司法机制进行解决并不为过。三是政府行政系统根据行政命令对政府数据开放及其利用进行管控。在我国长期的行政实践中该路径是可以选择的，政府数据开放和利用本身就是行政权行使的问题，在立法资源还没有对政府数据开放和利用进行补足的情形下，政府行政系统通过行政手段对该问题作出处理也合乎行政管理的逻辑。四是将政府数据开放利用完完全全纳入法治的轨道，通过立法、执法、司法等正当的法治手段对其进行调整和规范。2020年11月16日我国依法治国办公室通过相关文件正式确认了习近平法治思想，而习近平法治思想的核心内涵就是依法治国，就是通过法治体系构建国家治理体系，通过法治体系构建社会治理体系，通过法治体系构建政府治理体系。习近平法治思想的诞生使我们有充分的信心在政府数据开放利用中回归法治治理。政府数据开放与公共数据治理的相关法治构建便是我们必须关注的问题，在构建之前我们必须梳理出政府数据开放与公共数据治理所涉及的具体的法律问题。

(一)政府数据开放与公共数据治理的主体资格问题

谈到法律问题首先需要考量的就是该问题所涉及的法律关系，而法律关系中最为核心的概念就是法律关系的主体，有学者对法律关系的主体及其重要性做过这样的评说："法律关系的主体是指在法律关系中享有权利和履行义务的个人或组织。主体是法律关系中的主导性因素。没有主体，法律关系就无从谈起。在很多情况下，主体直接决定着法律关系的形成、变更和消灭。"①由此可见，如果具体到政府数据开放与公共数据治理就涉及政府数据的界定、判断、保存、利用、处置等的法律主体资格。政府数据天然地与政府职能联系在一起，如果没有政府职能的基本判断，相关的数据可能就不是政府数据，这便使我们得出一个结论，政府数据中最为重要的主体便是行政主体。一方面在行政执法中每一个行政主体都是相关政府数据的主导者，都具有处置相关政府数据的主体资格，另一方面在信息化的社会中政府行政系统中也应当有专职的管控政府信息的机构，如我国中央层面上的工业和信息化部与地方层面的工信机

① 张文显：《法理学(第三版)》，高等教育出版社、北京大学出版社2007年版，第161页。

关，它们就是专职的政府数据管控者。当然，从另一个角度看政府数据只有当它对行政相对人的权利义务产生影响时它才有可能从行政问题变成法律问题，从内部行政法问题变成外部行政法问题。也就是说政府数据开放与公共数据治理法律主体的关键因素之一是行政相对人，他们是政府数据开放的受益者，他们也是政府数据的利用者，他们的主体资格是当然的，但是行政相对人和行政主体在政府数据开放与公共数据治理中是否具有等值的主体资格的效应，则是需要探讨的。

(二)政府数据开放与公共数据治理的行政职权问题

在我国行政法治中有这样一些概念，即行政管理秩序，就是由行政系统所主导并形成的行政法上的有序性，行政秩序的形成依赖于行政主体，其行政决定和后续的行为都足以形成行政秩序；行政职能履行，就是行政主体对行政管理职能的履行，行政管理职能通常会在宪法和政府组织法中作出规定，① 从行政组织机制的过程来看行政主体的行为方式表现为对政府职能的履行；行政执法，我国有些地方制定的行政法文件对行政执法有所界定，如《河南省行政执法条例》第 3 条规定："本条例所称行政执法，是指行政执法机关在对公民、法人和其他组织实施行政管理活动中，执行法律、法规、规章的行为。"行政执法是行政主体依据行政权能对行政法规范的执行，它发生于行政主体和行政相对人之间；行政行为，所谓行政行为是指"行政主体基于行政职权，为实施国家行政目标而作出的，以作为或者不作为形式表现，能直接或间接引起法律效果并受行政法规制的法律行为"。② 是由行政主体所实施的并对行政相对人产生影响的那些行为。上列四个概念或者四个命题实质上其本质含义并没有太大的区别，只是在表述时所处的语境不同而已，之所以这样说是因为上列诸方面都是行政主体依法而为之的，都是行政主体的一种行为方式，都会对行政相对人产生影响，所以我们不需要纠结它们之间的区分。在政府数据开放与公共数据治理中用行政职权来表述似乎更适合相关的法律语境，即是说政府数据开放与公共数据治理中所涉及的第二个法律问题就是行政职权问题，我们要强调

---

① 如《中华人民共和国宪法》第 89 条规定国务院行使的职权范围，《中华人民共和国地方各级人民代表大会和地方各级人民政府组织法》第 59 条规定县级以上地方各级人民政府行使的职权范围。

② 胡建淼：《行政法学(第四版)》，法律出版社 2015 年版，第 124 页。

它是一种职权，是一种公法上的权力，在政府数据开放与公共数据治理中必须对相关主体的行政职权进行规范和框定。

（三）政府数据开放与公共数据治理所涉及的权利义务问题

权利和义务在通常情况下发生在行政法关系之中，行政法关系由两方主体构成，一方是行政主体，另一方是行政相对人，把两者联系在一起的并不是行政法关系这个空框子，而是行政法关系中具体的权利义务。有学者对法律关系中双方主体的权利义务有这样的表述："每项'权利'似乎都有作为其对象的物质利益，而每项'义务'似乎都有作为其对象的特定的行为方式。"①上面我们指出政府数据开放与公共数据治理是行政主体的行政职权，它带有权力的性质、带有相对强迫的性质等，然一旦进入行政法关系当中，一旦具体到行政主体和行政相对人的权利和义务上，双方的关系则变得较为柔和甚至双方处于相对平等的地位。即是说一方的权利就是他方义务，反过来说一方的义务就是他方权利。对于这种平权关系有学者有过这样的分析："平权型行政法律关系意味着，相对人和行政主体平等地拥有相当的权利，并利用其进行相对应的交往。其理想目标是实现政府与公民关系的最大和谐，具体表现为公共利益与个人利益之间由不协调以至紧张对峙走向良性互动，政府与公民之间由猜疑或者对抗走向信任合作。"②政府数据开放中行政相对人若享有知悉和了解政府数据的权利，那么掌握数据的行政主体便有提供该数据的义务，反过来说若行政主体享有从行政相对人收集和索取相关数据的权利，那行政相对人便有不折不扣地提供该数据的义务。政府数据的法律问题中权利和义务是一个核心问题，这也是政府数据开放与公共数据治理法律问题的精髓之所在，因为通过它可以使政策性的政府数据调控、行政性的政府数据调控变为法律性的政府数据调控。

（四）政府数据开放与公共数据治理中的私方当事人权利保护问题

政府数据中有一部分是由政府行政系统掌控乃至于掌管的数据，它是一种公共资源，与公权力有关。例如政府行政系统中的各种材料及其数据、政府行政系统中的各种指标及其数据、政府行政系统中的各种办公用品及其数据、政

---

① ［美］金勇义：《中国与西方的法律观念》，程国平等译，辽宁人民出版社 1989 年版，第 166 页。

② 杨海坤、章志远：《中国特色政府法治论研究》，法律出版社 2008 年版，第 321 页。

府行政系统中的其他能够带来物质利益或者精神利益的物品及其数据。作为一种公共资源，它与每一个社会公众都有关系，对于该范畴的数据政府行政系统应当平等地进行处置。政府数据中还有另一部分数据属于私方当事人的个人数据，如私方当事人的身份证号码、车牌号码、住址及其门牌号码，甚至还有私方当事人的银行账户、纳税情形、缴纳行政费用的情形，等等。当代社会中每一个私方当事人都处于一个特定的社会阶层有相应的社会职业，在社会职业中还有相应的身份，如行政系统中官职的身份，教育系统中教师资格与职称的身份，企业中工人与管理者的身份，等等。这些数据在大数据时代都是敏感数据，其之所以敏感是因为它与每一个私方当事人的权益有关联。我们知道一些不法分子就利用上列这些数据对当事人实施诈骗，而在法治实践中受害者绝非少数也绝非特定社会群体。这其中的原因在于相关的数据被不法分子所利用。也许私方当事人本身在自我保护个人数据方面有意识和行为上的不当，但在法治社会的格局之下行政主体或者特定行政主体对私方当事人相关信息的保护是责无旁贷的。那么政府数据开放与公共数据治理中政府行政系统如何通过履行法定职责保护政府数据中的第二个范畴，即属于当事人的范畴，这是该法律不能回避的问题。

(五)政府数据开放和利用中的其他法律问题

笔者注意到《新加坡个人数据保护规例》专章规定了“个人数据在新加坡境外的转移”，该规定指出：“(4)符合下列情形的，不认为个体已经同意将其个人数据转移到新加坡境外的国家或地区：(a)个体在作出同意之前，未被提供合理的书面摘要，未说明个人数据被转移至国家或地区的保护标准将在多大程度上可以与《法令》所规定的保护相当；(b)转移机构将个体同意转移作为其提供产品或服务的条件的，除非转移是其向个体提供产品或服务的必要条件；(c)转移机构通过提供关于转移的虚假或误导性信息，或使用其他欺骗性或误导性做法，获得或试图获得个体的转移同意的。(5)本章的任何规定均不得阻止个体撤销其作出的将个人数据转移到新加坡境外的国家或地区的任何同意。”①这是对个人数据设置的一个特殊规定就是数据境外转移的规定，该规定

① 《新加坡个人数据保护规例》第三章“个人数据在新加坡境外的转移”第9条第(4)、(5)点。

给我们一个很大的启示，那就是政府数据开放与公共数据治理中所涉及的信息转移问题，尤其境外信息转移问题，该启示还可以让我们思考其他诸多有关政府数据保护的法律问题。例如，与政府数据相关的司法审查问题，《中华人民共和国行政诉讼法》自 1989 年制定之后有过若干次修正，每一次修正都充分体现了新的时代精神，都尽可能地回应所遇到的新的社会问题。但令人遗憾的是政府数据开放与公共数据治理在行政诉讼法中尚未有所体现，这便带来一个问题：政府数据开放与公共数据治理中所出现的什么样的行政纠纷才能进入司法审查的范围，什么样的行政纠纷不可以进入司法审查的范围，这都是司法实践中的空白。另外，我国在 2017 年《行政诉讼法》修法时建构了行政公益诉讼制度，其中将生态环境和资源保护、食品药品安全、国有资产保护、国有土地使用权出让等作为公益诉讼的受案范围，显然该受案范围没有提到政府数据开放与公共数据治理问题，换言之政府数据开放与公共数据治理还没有被纳入行政公益诉讼的范畴。该问题也需要探讨，我们似乎可以在公益诉讼制度中将政府数据开放与公共数据治理引起的纠纷纳入救济路径，这些都是政府数据开放与公共数据治理所涉及的法律问题。

四、政府数据开放与公共数据治理中法治短板之分析

近年来我国的法治体系有了质的飞跃，2014 年我国对依法治国作了全面部署，提出了法治体系的概念，2019 年我国又对治理体系和治理能力现代化作了顶层设计，这都对我国公法体系及其公共治理产生了深远影响。尤其在治理体系和治理能力现代化的语境之下，有关政府数据开放与公共数据治理纳入法治体系已经不可逆转，反过来说如果我们再让政府数据成为法外之地那就会制约治理体系和治理能力现代化的实现。纵观政府数据的法治化问题，笔者认为它与我国法治体系以及公法体系的发展还存在着较大的差距，对于这些差距我们可以作出如下分析。

(一) 政府数据缺失在公法上的界定

大数据时代是人们对现时代特征的一个描述，该描述是广义的，它既指存在于社会系统中的海量数据，也指由社会个体所拥有的那些数据，当然也包括

国家公权系统在实现社会治理中所关联的数据，在这种复杂的数据体系中政府数据的内涵和外延究竟如何确定并不是一个可以忽略不计的问题，恰恰相反由于政府数据在现代法治社会中都被纳入了公法体系之中，所以政府数据的概念应当明晰，政府数据所包括的数据范畴应当明晰。那么如何使复杂的政府数据概念予以明晰呢，在法律规范上对其作出界定便是必然的。然而，目前我国在中央层面上有关政府数据开放与公共数据治理的行政法文件和其他法律文件几乎都没有对政府数据作出界定，政府数据即便是在学术上也存在众说纷纭的观点，例如有学者将政府数据界定为："政府数据，是指政府在履行职责过程中制作或获取的数据，也称为政务数据、公共数据或公共信息资源。"①还有学者将政府数据界定为："政府数据是指各级人民政府及其职能部门以及依法行使行政职权的组织在其管理或提供公共服务过程中制作、获得或拥有的数据．公共领域信息(数据)是指由或者为政府或者公共机构所产生、创造、收集、处理、保存和保留、传播或资助的信息产品和服务。"②另有学者将政府数据界定为："政府(政务)信息(数据)是与行政机关、法律法规规章授权的组织进行管理或者服务活动中，产生或者收集的包括其组织机构、行为内容和方式、规则、程序以及影响的状态和变化的总和。"③从学者们的这些认知可以看出政府数据在学术上达成共识是有一定难度的，而将这些认知不同的政府数据用行政法规范进行调控必然不会得出合乎逻辑的结论，必然不会使政府数据的管控有序化。基于此通过行政法规范界定政府数据是政府数据治理中首先必须走出的一步，而令人遗憾的是目前我国中央层面上有关政府数据治理的法律文件都规避了这个问题，地方层面上有关政府数据治理的法律文件虽然有个别涉及公共数据、政府数据的概念，但这些概念无论从名称还是从内涵上都各有不同。概念上的缺失便自然而然地影响到了后续对政府数据治理的调控，这是政府数据治理中的短板之一。

---

① 刘权：《政府数据开放的立法路径》，载《暨南学报(哲学社会科学版)》2021 年第 1 期。

② 季统凯、刘甜甜、伍小强：《政府数据开放：概念辨析、价值与现状分析》，载《北京工业大学学报》2017 年第 3 期。

③ 汪梦著：《政府数据开放的法律问题研究》，中国社会科学出版社 2020 年版，第 46 页。

(二)政府数据在法治体系中的地位相对模糊

政府数据仅从概念上进行解读，它应当是由政府行政系统掌控、制作、使用等方面的数据材料，将它的视野放在政府行政系统内部进行考量似乎更加妥当，政府行政系统在作出行政决策时这些数据具有资料价值，政府行政系统在行政立法时这些数据具有支撑立法背景的价值，政府行政系统在行政执法中这些数据则可以促使行政执法的理性化等。事实上行政系统在诸多行政行为作出时都充分利用了这些数据，有些行政系统在行政自由裁量权的行使中也通过数据使裁量权的行使更加自觉和主动,① 然而这只是政府数据的一个视角。换言之，政府行政系统的行为方式所针对的并不是行政系统内部而是行政系统外部即社会公众或者行政相对人。以政府信息公开条例的规定为例，它将有关的政府信息放在行政系统与社会系统关系中进行规范和调整，放在行政主体与行政相对人之间的关系中进行规范和调整。② 政府数据的法律规制的主要精神是要正确处理行政系统与社会系统的关系，正确处理行政主体与行政相对人之间的关系。深而论之，政府数据的两个法律范畴中后者最为关键，但我们注意到目前调整政府数据的行政法规范似乎将重心放在了第一个范畴之中，而应当重点解决的第二个范畴则相对单薄。当然，造成该问题的根本原因在于我们尚没有理清政府数据在法治体系中的地位，正如上述它究竟是内部行政法问题还是外部行政法问题，它究竟是行政系统单方面的问题还是行政系统与社会系统发生勾连以后的问题，它究竟是公权问题还是私权问题等，我们都没有给出合乎逻

---

① 近年来关于行政自由裁量权的控制已经朝着数字化的方向发展，一方面裁量基准的制定实质上是对行政裁量权进行数字化的区隔和控制，因为每一个基准都有着严格的数量上的依据；另一方面有些裁量的事项引入了算法或者其他相应的数据，根据算法和这些数据行政主体便可以在自由裁量权行使中以大量客观的数据为标准选择行政行为，使传统上行政自由裁量权的相对主观性大大减少。当然对于裁量基准的数字化以及将算法引入自由裁量权的操控过程，也有不同认知，有学者就主张行政自由裁量权本身就是行政主体所享有的进行主观判断的权力，而数据和算法的引入则使自由裁量权的行使少了一些人情味和裁量空间，使传统意义上的裁量权已经不再具有裁量的属性。但无论如何算法及其数据在行政自由裁量权中的运用似乎不可逆转。

② 《政府信息公开条例》第 1 条即明确规定：“为了保障公民、法人和其他组织依法获取政府信息，提高政府工作的透明度，促进依法行政，充分发挥政府信息对人民群众生产、生活和经济社会活动的服务作用，制定本条例。”

辑的解释，这才导致有学者认为政府数据或者与政府数据相关的个人数据是第四代人权，而另有学者则对此持强烈的否定态度。政府数据在法治体系中的地位还有其他诸多要澄清的问题，如单独的政府数据有没有实体法律上的价值，或者只有当它在开放和使用时才产生程序法上的价值等。目前这些关键性的问题都相对模糊，所以有关此方面的行政法规范才相对单薄，因为在规范政府数据方面我们尚未找到比较好的切入点。

(三)政府数据调控的法律位阶偏低

政府数据在当代信息化的社会中是一种政府信息，作为政府信息就应当纳入行政法治之中，尤其要纳入行政程序法之中，但是由于历史的原因或者其他主客观原因，我国的行政程序法在行政法体系中是相对滞后的，例如到目前为止我们尚未制定出统一的行政程序法，它的缺失导致我国绝大多数行政行为还没有得到行政法规范的调整。从行政实在法的角度看目前仅仅有行政处罚、行政许可和行政强制等行为得到了由立法机关制定的程序法的调整。① 政府信息在法治发达国家是行政程序法的基本内容之一，例如《葡萄牙行政程序法》(1991 年)、《美国联邦行政程序法》(1946 年)、《意大利行政程序与公文查阅法》(1990 年)都有政府信息的程序规则，而这些有关政府信息的程序规则能够直接或者间接地规范或者调整政府数据。例如《葡萄牙行政程序法》第 65 条规定了开放行政原则："一、任何私人均有权查阅行政档案及记录，即使任何与其直接有关的程序不在进行中，但不得违反规范内外安全、刑事侦查、个人隐私等事宜的法律规定。二、查阅行政档案及记录，由专门法律规范。"②而我国调整政府信息的行政法规范仅处于行政法规层面上，它的法律位阶相对较低，这是一方面，另一方面政府信息与政府数据还不一定能够完全予以契合，即是说有些政府数据并不能够被政府信息所包容。所以有关政府数据开放的专项立法并不多余，至少它可以补充有关政府信息行政法文件所遗漏的政府数据开放，而专门的政府数据调控的法律便有这样的功能。问题的关键在于目前我国有关政府数据调控的法律位阶甚至要低于政府信息公开条例。上文我们对此已经做过分析，诸多这方面的规定都还只是地方立法，在政府数据调控的法律位

---

① 1996 年我国制定了《中华人民共和国行政处罚法》，2003 年制定了《中华人民共和国行政许可法》，2011 年制定了《中华人民共和国行政强制法》。

② 应松年主编：《外国行政程序法汇编》，中国法制出版社 2004 年版，第 346 页。

阶相对偏低的情形下对它进行有效规制就是一句空话。

（四）政府数据与行政执法呈现为两张皮

习近平法治思想中有一个核心含义就是法治实施，习近平指出："法律的生命力在于实施，法律的权威也在于实施。"①这是对我国法治体系短板的一个很客观的概括，就是从我国法治体系的总格局看执法与立法相比相对滞后，法的实施与法的制定相比相对滞后，这是对我国法治体系短板的一个基本判断。该判断在政府数据开放与公共数据治理中有非常充分的佐证，政府数据如果锁在行政系统的保险柜里，如果封存在行政机关的档案里，如果存在于行政执法人员的意识里，那它就必然有价值上的缺失。说到底政府数据必须处于开放状态，政府数据必须得到合理利用。说到政府数据的利用就应当想到作为公法上的资源，它应当具有公共性，与行政主体发生联系的行政相对人有合理利用政府数据的权利，更有机会利用这些政府数据为自己争取更多利益。行政主体在行政执法中，这些数据也是强大的资源，它可以利用这些数据使行政行为更加充实，目前的状况是政府数据和行政执法尚未天然地联系在一起，笔者将这种现象称为政府数据与行政执法是两张皮。当然这不排除个别行政主体在行政执法中能够有效地开放与利用政府数据，但绝大多数行政执法与政府数据并没有天然地予以联系，相当一部分执法机关还没有学会开放和运用政府数据，在大数据时代行政执法与政府数据的脱节是非常不合算的，而且也是有风险的。

（五）因政府数据开放引起纠纷的救济路径不畅通

在行政案件的类型中政府信息公开是一个特有的案件类型，笔者注意到最高人民法院的指导案例中就有政府信息公开类案件，② 而学者们在编撰行政法案例教程或者案例汇编时也普遍将政府信息公开作为一个案件类型，③ 由此可

---

① 《习近平新时代中国特色社会主义思想学习纲要》，学习出版社、人民出版社 2019 年版，第 101 页。

② 最高人民法院指导案例 101 号：罗元昌诉重庆市彭水苗族土家族自治县地方海事处政府信息公开案（重庆市第四中级人民法院/〔2015〕渝四中法行终字第 00050 号/2015 年 9 月 18 日）。

③ 参见章剑生、胡敏洁、查云飞主编：《行政法判例百选》，法律出版社 2020 年版。

见其作为案件类型既有理论上的支持也有法治实践中的依据。而政府信息公开类行政案件与其他行政案件相比在行政法治实践中遇到了一定的阻滞，其中有两种倾向，一种倾向是一些行政相对人滥用政府信息公开的诉权，错误理解政府信息，进而浪费司法资源，如有当事人就在很短时间内起诉了数十个行政机关要求公开相应的政府信息，而这些信息与该当事人自身并没有直接利害关系，这样的滥诉并非罕见。另一种倾向则是政府行政系统对当事人请求公开信息的行为予以无端地抵制，将当事人正当的诉权行为视为对诉权的滥用，这两种倾向都使得因政府信息公开所引起的纠纷在行政救济中不那么畅通。政府数据开放及其利用与政府信息公开还没有完全予以契合，即是说有些政府数据开放和运用的问题，行政主体和司法机关并不认为适合于政府信息公开行政诉讼，社会公众也不知道什么样的政府数据不及时开放或者没有得到合理利用可以提起行政诉讼，什么样的政府数据开放及其利用还不能够提起行政诉讼等。总体而论，因政府数据开放引起的纠纷在救济路径上还不够畅通。当然这与上位法关于政府数据开放与公共数据治理的规则缺失有着密切关系。这是政府数据治理中的另一个法治短板。

五、政府数据开放与公共数据治理的法治对策

大数据时代虽然是人们对当代时代特征的一个描述，但是大数据时代是从什么时候开始的，是否有标志性的事件等人们都无从知晓，最为重要的是大数据时代究竟具有什么样的时代特征也存在着众说纷纭的理论认知，它是否带来了社会结构的变化，是否带来了社会分层的变化，进而是否带来了国家治理结构的变化，是否对法治体系产生了巨大的冲击，是否改变了传统上关于公私法的划分，是否使公法的概念和体系发生了变化等，这些问题至少到目前为止还没有形成共识，很多方面的认知还是非常肤浅的。基于这个状况政府数据开放与公共数据治理的法治问题也不能够操之过急，例如我们也不能够肯定地说要形成一个有关政府数据开放和治理的严密的法治体系等。换言之，目前我们对政府数据治理的法治化问题还应当保持一定的冷静，笔者认为只要我们在下列方面有所思考、有所构型、有相应的制度设计，政府数据开放与公共数据治理的法治化才有可能循序渐进，由浅入深，下列方面也是目前情形下有关政府数

据开放与公共数据治理的最基本的法治对策。

(一)关于将政府数据开放纳入公共治理体系的问题

《中共中央关于坚持和完善中国特色社会主义制度 推进国家治理体系和治理能力现代化若干重大问题的决定》对政府治理有这样的阐述:“坚持和完善中国特色社会主义行政体制,构建职责明确、依法行政的政府治理体系。”①该决定是对我国今后政府治理的超前部署,依该决定的精神符合现代治理体系理念的治理要件或者特征至少要具备这样一些条件,一是综合性,就是在治理体系中包括多种元素,或者说由原来的单元变成了现在的多元;二是科学性,就是符合现代治理体系的特征中要突出相关的技术标准,突显科学的功能;三是法律调控,就是在现代治理体系中不可以缺少法治的手段,要改变传统上通过政策和行政命令进行治理的状况,由法治主导整个治理过程。这三个特性实质上对政府数据开放与公共数据治理在政府治理中的地位作了充分肯定,就治理的综合性而论,政府行政系统必须对所有治理元素有所考量,而复杂的治理元素只有通过相关数据才能予以整合;就科学性而论要求传统上就事论事的治理方式要转化为数据分析的治理方式,要用量化指标对政府的治理行为和治理效果进行测评,而且每一个治理都要有科学依据,数字、数据、与数据和数字有关的所有材料都显得极其重要;就法治性而论,政府的治理过程是法治主导下的治理过程,这便要求哪怕是个别的数据处理也必须有法律上的依据,因此我们认为在公共治理体系中政府数据必须得到充分利用,换言之要将政府数据的开放和利用纳入公共治理体系中,该问题既是治理体系理念的提升问题也是政府数据认知的提升问题。

(二)关于政府数据开放与公共数据治理概念的法律确定问题

法治发达国家在立法中善于澄清一些概念、界定一些概念、明确一些概念,诸多法治发达国家的行政法规范中都有相关的概念界定,例如有些国家在

① 2019年10月31日,中国共产党第十九届中央委员会第四次全体会议《中共中央关于坚持和完善中国特色社会主义制度 推进国家治理体系和治理能力现代化若干重大问题的决定》。

行政程序法中就对行政机关的概念作出了界定,① 有些国家的行政程序法对政府规章作出了界定,② 它们之所以会选择在法律行文中界定相关的概念，是因为一个概念如果放在学术的范畴之中便会有多种解读，通过一个行政法规范便可以将复杂的争论予以排解，将甚至对立的观点予以调和，事实上法律规范有一个非常重要的功能就是统一认知，通过认知的统一达到行为的统一，上面已经指出在我国政府数据治理中有一个较大的短板就是相关概念在公法上的缺失，而解决该短板的方式非常简单，那就是我们将政府数据的概念写在行政法规范中，使政府数据概念由学术用语转化为法律用语，使政府数据有法律上的确切的解读。笔者认为，这是我国政府数据治理中首先必须做的一件事，通过澄清概念可以使政府数据的内涵和外延相对确定，在行政法治实践中由个人占有的信息是否为政府数据存在巨大争议，如果我们在行政法上将该问题予以澄清那后续的规范和调整就比较容易操作。

(三)关于制定政府数据开放的专项立法问题

有关政府数据开放的专项立法笔者作了梳理，例如国务院制定了《政府信息公开条例》，这是目前有关政府数据专项立法中的最高法律位阶。一些地方制定了适合本地方的政府数据的地方性法规或者政府规章，大体上有《贵阳市政府数据共享开放条例》《上海市公共数据开放暂行办法》《深圳经济特区数据暂行条例(草案)》等。应当说分布于地方立法的政府数据开放专项立法其综合性更强一些，有关政府数据规制的覆盖面更广一些，调控的技术手段也更广一

---

① 《美国联邦行政程序法(1946年)》(《美国法典》第551条)：“本节所称：(一)‘机关’是指合众国政府各机关，而不论其是否隶属于或是否受另一机关的监督，但不包括：1. 国会；2. 合众国法院；3. 合众国领地或属地的政府；4. 哥伦比亚特区政府；或除本法第552条的规定以外：5. 由纠纷各当事人的代表或由纠纷各方当事人所在的组织的代表组成的以解决纠纷的机关；6. 军事法院和军事委员会；7. 在战时或在被占领区域的军管当局；8. 根据本法第12编第1738条、第1739条、第1743条和第1744条；第41编第2章；或第50编附录的第1662条，第1884条，第1891条至第1902条，以及从前的第1651条第2款第2项的规定行使职权的机关。”参见应松年主编：《外国行政程序法汇编》，中国法制出版社2004年版，第1~2页。

② 《挪威公共行政法》(1967年)第2条的定义：“出于本法之目的，下列术语的含义为：……‘规章’，与数目不确定或不特定人群的权利义务相关的行政决定。”参见应松年主编：《外国行政程序法汇编》，中国法制出版社2004年版，第400页。

些。如《贵阳市政府数据共享开放条例》第 2 条规定："本市行政区域内政府数据共享、开放行为及其相关管理活动，适用本条例。本条例所称政府数据，是指市、区(市、县)人民政府及其工作部门和派出机构、乡(镇)人民政府(以下简称行政机关)在依法履行职责过程中制作或者获取的，以一定形式记录、保存的各类数据资源。本条例所称政府数据共享，是指行政机关因履行职责需要使用其他行政机关的政府数据或者为其他行政机关提供政府数据的行为。本条例所称政府数据开放，是指行政机关面向公民、法人和其他组织提供政府数据的行为。"第 12 条规定："行政机关应当按照技术规范，在职责范围内采集政府数据，进行处理后实时向共享平台汇聚。采集政府数据涉及多个行政机关的，由相关行政机关按照规定的职责协同采集汇聚。行政机关对其采集的政府数据依法享有管理权和使用权。"与之相比国务院所制定的政府数据的专项立法仅仅涉及政府数据的安全问题，是一个较为微观的问题，它是一个政府数据的专项立法但是选择的规制点相对较小，不利于对政府数据开放和利用的治理。基于此笔者认为国务院可以依目前各地制定的具有综合性的政府数据开放的地方性法规和政府规章为蓝本，制定出具有综合性、统一性、全面性的政府数据开放的行政法规，这也是目前我们关于政府数据开放立法最适合做的事，因为由全国人大制定统一的政府数据法的时机还不成熟，而且这样的立法即便进入立法程序也需要很长时间。

(四)关于将政府数据开放与公共数据治理纳入行政执法领域的问题

行政执法在国家层面上尚未有统一的概念界定，但是国务院在《法治政府建设实施纲要(2015—2020)》中对行政执法有这样的规定："权责统一、权威高效的行政执法体制建立健全，法律法规规章得到严格实施，各类违法行为得到及时查处和制裁，公民、法人和其他组织的合法权益得到切实保障，经济社会秩序得到有效维护，行政违法或不当行为明显减少，对行政执法的社会满意度显著提高。"这表明行政执法虽无概念界定但已经是行政法治中的重要环节，是政府实现行政治理的基本手段，政府数据的立法的出台需要时间也需要成本，而在行政执法领域对政府数据作出处置，例如可以要求执法机关将政府数据的开放和利用作为执法体系中的构成，可以要求政府行政系统在行政执法中重视对大数据的运用，事实上我国一些行政机关已经建构了数据平台。行政执法中还可以强调行政主体对个人数据的保护，个人数据从理论上讲与政府数据是有区别的，它们的界限究竟在哪里一时还难以说清楚，但不争的事实是行政执法每日每时地都涉及了个人数据，执法主体在合理利用这些数据正当保护行政相对人的数据权等方面都可以有所作为。

(五)关于政府数据侵权行为的法律救济问题

数据侵权已经成为一个敏感和普遍的社会问题，例如被称为"人脸识别第一案"的郭兵诉杭州野生动物世界有限公司服务合同纠纷案，涉及动物园强制消费者刷脸入园的问题。① 人脸识别系统是个人数据的有机构成，因为它直接涉及个人的基本信息，而且是核心或者关键信息，"人脸识别第一案"进入司法程序后法院判决该动物园通过人脸识别系统采集个人数据的行为违法，这仅仅是个人数据被滥用的一个案例。在法治实践中还有企业或者其他私权主体侵害个人数据的情形，如2021年央视"3·15晚会"曝光的诸多名品商店在消费者不知情的情况下偷偷采集其人脸信息并上传系统后台。在一方当事人侵犯另一方当事人数据权利时行政系统是否应当介入呢，我们应当作出肯定的回答，即是说保护私方当事人的信息权是行政主体在大数据时代的基本义务。除此之外，行政主体与另一私方当事人共同侵犯个人数据权的情形、行政主体直接侵犯个人数据权的案例并不鲜见。② 一方面因政府数据开放和利用引起的纠纷应当纳入法治的轨道，通过法律救济予以解决；另一方面有关政府数据的侵权行为也应该纳入行政复议和司法审查的范围之中，目前有关数据引起的行政案件日益上升，司法机关可以对此类案件有积极的作为而不是消极地等待有关政府数据开放与公共数据治理的法律规范出台。毋庸置疑，政府数据不当利用或者因政府数据引起的纠纷或者较为普遍的政府数据侵权行为都不应当游离于法律救济之外。

---

① 王姗姗：《"人脸识别第一案"原告上诉 个人信息保护诸多难题待解》，载《中国青年报》2020年12月21日，第04版。

② 2018年5月16日，最高人民检察院发布了6件侵犯公民个人信息犯罪典型案例，其中就有国家工作人员利用职务之便非法获取个人信息并出售的。参见最高人民检察院网站：https：//www.spp.gov.cn/spp/zxjy/qwfb/201801/t20180131_362951.shtml，最后访问时间：2021年4月1日。

(六)关于政府数据开放与公共数据治理中的全球视野问题

上面已经提到新加坡个人数据保护规例在制度设计中有一个数据的境外移转问题，欧盟立法也有同样的内容，例如欧盟《一般数据保护条例》(GDPR)第48条规定：“第48条未经欧盟法授权的转移或披露任何法庭判决、仲裁裁决或第三国行政机构的决定，若要求控制者或处理者对个人数据进行转移或披露，同时满足以下条件时方能得到认可或执行：一是该判决、裁决或决定必须基于提出请求的第三国与欧盟或其成员国之间订立的法律互助协议等国际条约，二是该判决、裁决或决定不会对本章规定的其他转移形式产生消极影响。”①这些较为超前和先进的立法技术对我国政府数据开放与公共数据治理有非常好的借鉴意义，政府数据在大数据时代已经超越了国界，对于该问题无须进行逻辑上的论证，因为在全球化的格局中任何一个政府数据都必然具有全球性。我们在政府数据的法律治理中要有全球视野，如果我们仅仅封闭在我国国内的治理体系中考量政府数据，那就会带来较大的风险，因为政府数据被别的国家所关注、索取和利用几乎不可避免，被相关的国际组织所关注、索取和利用也不可避免，甚至被国外不法行为人所关注、索取和利用同样不可避免。新加坡、欧盟之所以在政府数据治理一开始就关注政府信息的境外移转问题，足见这个问题的重要性，依据这些国家在治理政府数据和个人数据中的经验，我国有关政府数据开放和利用的立法也应当有全球视野，要根据政府信息开放和利用中因全球化所遇到的问题进行针对性的制度设计。

---

① 瑞栢律师事务所：《欧盟〈一般数据保护条例〉GDPR(汉英对照)》，法律出版社2018年版，第61页。

第六章
数据要素市场化配置的法律保障机制研究

近年来，国际和国内层面对于大数据的发展都愈加重视，大数据正成为数字经济下日益重要的战略性和基础性资源。国际层面，大数据的概念较早就被提出和界定，各国对大数据发展的重视程度不断增加，全球范围内抢夺大数据发展机遇的竞争逐渐激烈。2011 年 5 月，全球知名咨询公司麦肯锡发布了一份关于大数据的研究报告《大数据的下一个前沿：创新、竞争和生产力》，对大数据的概念进行了界定，将大数据描述为大小超出了典型数据库软件工具收集、存储、管理和分析能力的数据集，并提出经典的大数据 4V 特征，即数据规模大(Volume)、处理速度快(Velocity)、数据类型多(Variety)、数据价值密度低(Value)。① IBM 公司在此基础上又提出了大数据的 5V 特征，增加了大数据的准确性(Veracity)特征。2012 年 3 月美国奥巴马政府发布了“大数据研究和发展倡议(Big Data Research and Development Initiative)”，正式启动“大数据发展计划”。2013 年德国提出“工业 4.0”的概念，即智能化和数字化革命，其核心在于运用数据和信息技术使制造业向智能化转型。同年，法国提出“新工业法国”战略，学习德国的“工业 4.0”，实现工业生产向数字化、智能化转型。2016 年，日本推出“工业价值链”计划，旨在将传统制造业中的工厂、企业和经销商互联，实现工业制造的智能化，此后其又在 2018 年的发布《日本制造业白皮书(2018)》中明确将互联工业作为制造业的发展目标。2020 年 2 月，欧盟发布《欧洲数据战略》(*A European Strategy for Data*)和《塑造欧洲的数字未来》

---

① Manyika J, Chui M, Brown B, et al. Big Data: The Next Frontier For Innovation, Competition, and Productivity, Analytics, 2011.

(*Shaping Europe's Digital Future*)等报告，提出要赶超中美，提升欧洲的数据竞争力，创建一个欧盟范围内的单一数据市场；同年12月，欧盟发布《数字服务法案》(*Digital Service Act*)和《数字市场法案》(*Digital Market Act*)，以促进欧盟数据市场的创新、发展和竞争。2020年11月，加州通过《加利福尼亚州隐私权法案》(*California Private Rights Act*)，进一步加强了对加州公民隐私数据的保护，规范数据市场的发展。

国内层面，大数据的发展呈现螺旋上升的趋势，新一代数字经济和大数据发展的浪潮或将来临。2014年中国政府工作报告中，"大数据"的表述第一次在中央层面出现。2015年国务院发布《促进大数据发展纲要》(以下简称《纲要》)，标志着大数据正式列入国家发展战略，也是从这一年开始，掀起了中国大数据发展的浪潮。仅2015年到2016年两年间，就有十几所数据交易所成立，数十所数据交易公司兴起，大数据行业协会不断设立，各地政府纷纷设立了大数据管理中心、大数据应用发展管理局等相关机构，研究制定了大数据发展规划。但这股热潮在持续了两年左右便遇冷，数据交易所中的真实数据交易数量寥寥，市场主体对于数据流通利用的积极性低迷，大数据发展陷入冷静期和瓶颈期。这其中既有现实层面的原因，也有立法政策层面的原因。现实层面的原因包括数据权属不清、数据竞争无序、数据交易制度不健全、交易安全缺乏保障等问题导致市场主体对于数据交易持保守和观望的态度，各大数据交易所交易额稀少，大部分交易以"数据交易"之名，行"数据服务"之实。① 立法政策层面的原因包括《网络安全法》的出台和两高关于办理侵犯个人信息刑事案件的司法解释的出台，增加了企业流通利用个人数据的违规甚至违法犯罪的风险，而新的有关数据流通利用的明确规定又并未出台，导致市场主体对于数据流通交易的态度较为谨慎。

中央连续三次对大数据发展问题发文，给大数据的发展带来的新的契机。2019年10月《中共中央关于坚持和完善中国特色社会主义制度 推进国家治理体系和治理能力现代化若干重大问题的决定》正式将数据确立为一种新型生产要素，其后在2020年3月《中共中央、国务院关于构建更加完善的要素市场化配置体制机制的意见》中提出数据要素市场化配置的改革任务，之后在2020年

① 参见大数据产业生态联盟、赛迪顾问编：《2019中国大数据产业发展白皮书》，2019年9月发布，第15页。

5月《中共中央、国务院关于新时代加快完善社会主义市场经济体制的意见》中提出要加快培育数据要素市场，推进数据要素市场化配置。中央对大数据发展的战略部署一以贯之、逐步深化，加之2021年6月10日公布的《数据安全法》和正在制定即将公布的《个人信息保护法》，可能对大数据的应用和发展制度带来新的变革，大数据或将迎来又一个新的发展契机和热潮。在此背景下，2020年8月北部湾大数据交易中心在南宁揭牌成立；同年9月，北京国际大数据交易所设立工作实施方案印发；同年10月，深圳综合改革试点实施方案2020—2025发布，明确提出要研究论证设立数据交易市场或依托现有交易所开展数据交易。从以上趋势可以看出，国内大数据发展正进入一个新的阶段。

面对可能来临的新一代大数据发展浪潮，为把握数字经济发展红利，对数据要素进行市场化配置，以充分发挥数据要素效用，是数字经济背景下的重要改革任务。探究数据要素市场化配置机制应当首先明晰数据要素及其作用机理、数据要素市场的运行机制、数据要素市场化配置及其内在要求等基本问题，其次分析数据要素市场化配置面临的逻辑前提问题及其制度需求，最后从数据交易平台的功能定位和制度保障、数据市场运行的配套制度保障等方面构建数据要素市场化配置机制。

一、作为要素的数据与数据要素的市场化配置

2016年G20峰会上，《二十国集团数字经济发展与合作倡议》中对数字经济作出了定义：数字经济是以使用数字化的知识和信息作为关键生产要素、以现代信息网络作为重要载体、以信息通信技术的有效使用作为效率提升和经济结构优化重要推动力的一系列经济活动。① 简言之，数字经济就是运用数据对传统的生产过程和方式进行引导和变革，提高生产效率，优化经济结构，激发新产业和新业态的一种新型经济模式。

数据作为数字经济时代的新型市场要素，与劳动力、资本、技术等传统生产要素共同构成了推动经济发展的重要资源。数据要素的市场化配置，是在发挥市场机制决定性作用的基础上，借助市场机制和政府调节的有机结合，实现

---

① 参见《二十国集团数字经济发展与合作倡议》，载G20官网：http://www.g20chn.org/hywj/dncgwj/201609/t20160920_3474.html，最后访问时间：2020年1月14日。

资源的优化配置，充分发挥数据要素的积极效用。明确数据作为生产要素的重要地位和作用机理，探析数据要素市场化配置的基本要求，是探讨数据要素市场化配置法律保障机制的前提。

(一)作为生产要素的数据

1. 数据的要素性质：数据何以成为一种新型生产要素

《政治经济学大词典》中将生产要素定义为：生产要素(Factor of Production)是生产某种商品时投入的各种资源。① 从农业时代到如今的数字时代，生产过程中所需要投入的物质资源不断丰富，这使得生产要素理论也在不断地变化。在农业时代，土地是最核心的要素。经济发展主要体现在农业产出的增加，农业活动又紧紧围绕土地展开，生产过程主要是劳动者和土地的结合，其他新的资源尚未形成或暂时不成为生产过程的要素，因此农业时代劳动力和土地是主要的生产要素。威廉·配第在其《赋税论》中将两种要素形象地比喻为“土地是财富之母，劳动是财富之父”。②工业时代，科学技术的发展和两次工业革命的完成让技术成为大幅提高生产效率所必不可少的资源投入，以货币和物资为代表的资本要素也发挥越来越重要的作用，资本的投入与否往往决定了一个产业能否发展和勃兴。因此在工业时代，技术和资本成为生产过程中必不可少的资源要素，萨伊在《政治经济学概论：财富的生产、分配和消费》中对资本作为生产要素进行了详细的论述③，马歇尔在《经济学原理》中将技术作为生产要素进行了详细的论述④，由此“生产要素四元论”基本形成。

从生产要素二元论到四元论的演变历程看，生产要素理论并不是一成不变

---

① 张卓元主编、中国社会科学院经济研究所编：《政治经济学大词典》，经济科学出版社1998年版，第371页。

② 参见[英]威廉·配第：《赋税论》，马妍译，中国社会科学出版社2010年版，第68页。

③ 参见[法]萨伊：《政治经济学概论：财富的生产、分配和消费》，商务印书馆2009年版，第117页。

④ 参见[英]阿尔弗雷德·马歇尔：《经济学原理》，周月刚、雷晓燕译，中国城市出版社2010年版，第142页。马歇尔在书中将技术称为“产业组织及经营能力”，实际上可以视为是技术要素的前身。

的，而是随着社会经济和科学技术的发展而不断变化的①，对一种新的生产要素的确认往往是对经济发展到一定程度的确认，也是对新的生产方式的确认，当社会经济和科学技术发展到一定程度时，将会有新的生产要素加入。从劳动力和土地，到资本和技术，要成为一种生产要素需要具备以下条件：一是生产投入的必要性，即该要素是开展某种生产活动或提高该生产活动效率所必须投入的资源要素；二是商品化和流通性，即该要素能够以商品的形式在市场上通过交易顺利地流通和配置。数据之所以能成为一种新型生产要素，因其同样具备以上两个条件。

首先，数据是数字经济下生产活动中必须投入的资源要素。网络技术和数字化出现之前，信息是数据的前身。传统经济学认为，信息凝结在商品价格中，交易各方对信息的获取是完全对称且无成本的，因此信息不作为一种生产所必须投入的资源。随着 20 世纪 40 年代信息经济学的发展，信息不对称的概念被提出，信息资源所具有的价值被发掘，为降低信息不对称的成本、获得决策的优势，生产者需要搜集大量的有效信息以指导生产活动、作出更优决策，信息由此成为生产活动中所必须投入的资源要素。一方面，数据作为信息的一种表现形式，同样能够解决信息不对称的问题，为市场主体提供生产决策优势；另一方面，数字经济时代下数据还成为大数据、云计算、人工智能等领域不可或缺的资源要素，因此具有生产投入的必要性。

其次，数据具有使用价值和交换价值的双重属性，能够作为商品随着市场主体的交易行为在不同领域、不同行业、不同部门和不同主体之间流通和配置。从政治经济学角度，某种物品要成为商品需要具备使用价值和交换价值的双重属性。一方面，数据具有现实的经济应用价值，能够给掌握这种数据的经济活动主体带来实际的经济利益，提高其经济活动的效益水平，即数据具有使用价值；另一方面，数据产品耗费了人类劳动力进行生产，凝结了人类的无差别劳动，因而本身又具有交换价值，符合商品的双重属性。并且数据能够作为商品通过经济活动主体的交易在市场中流通和配置，满足生产要素商品化和流通性的条件。

---

① 参见王建冬、童楠楠：《数字经济背景下数据与其他生产要素的协同联动机制研究》，载《电子政务》2020 年第 3 期。

2. 数据的作用机理：数据如何发挥生产要素的作用

数字经济时代的来临将深刻地改变着人们的生产和生活，一方面，数据要素是基础性战略资源，催生了众多新产业、新业态、新模式的变革和发展，数据采集存储、数据分析挖掘、数据清洗加工、数据可视化、数据安全保障等在数字经济下成为炙手可热的新兴行业；另一方面，数据具有对其他要素资源的乘数效应，可以推动传统行业的改造和革新，使劳动力、资本等生产要素在各行业中发挥更大的效用，从而提高全要素生产率，促进社会经济的整体发展。① 具体而言，数据的生产要素作用主要体现在两个方面，一是可以缩短生产时间，二是可以降低生产成本，从而在整体上促进生产经营，推动经济发展。

首先，数据可以缩短生产时间。在生产过程中，劳动者和生产资料的结合需要时间，包括生产决策时间和物理结合时间②，其中生产决策时间取决于生产者知识、能力和经验的积累，物理结合时间取决于技术设备水平，数据的作用主要在于可以减少生产决策时间并提高决策质量，从而在整体上提高生产效率。例如传统的农业生产中，生产者需要根据生产经验来判断天气、土壤和农作物的习性，从而调整对农作物阳光、水分和养料的投入；传统的制造业中，生产者需要根据生产经验来判断产业政策、运营模式和产品组合，从而决定生产资料数量和种类的投入。这些决策的优劣取决于生产者的生产经验和个人能力，尤其是对于初入行的生产者而言，生产决策往往是其进入该行业的最大门槛。大数据的作用在于可以整合生产者决策所需要的信息，为生产者提供直接的决策结果或间接的决策参考，缩短决策时间、提高决策质量，从而提高生产效率。北京云杉世界信息技术有限公司基于物联网大数据技术打造的“互联网+”现代农业供应链一体化平台对农产品的生长数据进行采集，将采集到的数据与作物的生长模型耦合，从而预测农产品的产量③，生产者可以根据数据

① 参见于施洋、王建冬、郭巧敏：《我国构建数据新型要素市场体系面临的挑战与对策》，载《电子政务》2020 年第 3 期。

② 参见王胜利：《论数据生产要素对经济增长的贡献》，载《上海经济研究》2020 年第 7 期。

③ 参见国家工业信息安全发展研究中心编著：《大数据优秀产品和应用解决方案案例集(2019) · 产品及政务卷》，人民出版社 2019 年版，第 286 页。

耦合的预测结果调整对作物的生产投入，通过数据整合来优化农业生产者的生产决策，从而达到减少决策时间、提高决策质量、缩短生产时间的效果。

其次，数据可以降低生产成本。第一，数据可以降低生产过程中的资料损耗成本。生产过程中，生产资料的物理结合伴随着一定的损耗，生产资料的投入大于生产所需的商品时，造成了生产资料的闲置和浪费；生产资料的投入小于生产所需的商品时，一方面使生产者错失了赚取更多利润的机会，另一方面会造成劳动力和仪器设备的超负荷运作，加快生产资料的折损，不利于生产经营的长期可持续。大数据的运用可以使生产资料的投入向集约化和精细化发展，根据生产需要尽可能地最大化利用生产资料，同时减少生产资料的闲置浪费和不必要的损耗。第二，数据可以降低生产者寻求交易机会的成本和宣传成本。传统的商品交易中，买方需要"货比三家"，卖方需要"自卖自夸"，无论是买方还是卖方都需要在商品流通交易的前期投入大量的时间和精力成本以寻求最佳的交易机会。但通过大数据对比分析，卖方可以通过分析市场上买方的消费能力、消费偏好和消费需求来构建买方画像，从而确定商品需求者的范围和特征，预估商品的生产数量和种类，实现产品广告的精准推送甚至产品的"私人定制"，在解决商品销路问题的同时大幅减少了粗放式投放广告的宣传成本。淘宝作为中国最大的网络电商，收集存储了大量的消费者在网络购物时搜索、浏览、收藏、交易和评价的数据，先后推出了"量子恒道""数据魔方""生意参谋"等大数据产品。淘宝"生意参谋"大数据平台对消费者数据进行整合，分析用户的消费能力、消费偏好和消费习惯，勾画出中国最大的网购消费者画像群，网络卖家根据网购市场行情和消费者偏好调整销售策略、精准推广产品，减少了卖家寻求交易机会的成本和宣传成本，促进了网购市场的发展和繁荣。第三，数据可以减少生产过程中的仓储成本。大数据的运用使得生产活动向集约化、精细化发展，实现按需生产，避免了生产资料的闲置和产品压库等问题，减少了仓储成本，从而整体提高了产品的利润空间。

(二)数据要素市场及其运行机制

要素市场的形成，是某一资源要素发展到一定程度的产物①，是生产活动

---

① 参见杨玉川:《生产要素市场结构与运行机制研究》，经济管理出版社 1998 年版，第 2 页。

中各生产者对该资源要素实际需求的反映。在社会经济分工越来越精细的趋势下，市场中的各生产者必须根据自身的特长和优势来选择合适的行业进行生产，否则将被严重同质化的竞争所淘汰。因此，市场中的生产者不可能都同时拥有生产所需的所有要素，生产要素的交换和流通成为必然。① 数字经济时代，数据成为一种新型生产要素，少数生产者可以实现数据要素的自给自足甚至对外供给，但大多数生产者尚不具备自主生产数据要素的条件，只有通过流通交换的方式获得，数据要素市场的产生有了现实需求。

数据要素市场是指数据作为生产要素在生产者之间交换和流通的市场，可以界定为数据作为生产要素进行交易的场所及其交换关系的总和②。数据要素市场可以分为数据平台交易市场和数据私人交易市场，前者是指数据在数据交易所、数据经纪商等数据中介机构组成的交易平台上进行交换流通的市场，后者是指数据不经过交易平台和中介机构，直接在供需方之间通过协议交换流通的市场。数据平台交易市场有众多中介机构和数据供需方的参与，市场交易机制更为透明和规范，交易规则相对统一、交易程序较为便捷，对数据安全、数据质量等方面更有保障，但对于交易准入条件也有较高的要求。数据私人交易市场相对而言更加自由，交易主要建立在双方的信任和意思自治基础之上，但交易谈判和磋商的成本高，在交易安全、数据质量等方面也相对缺乏保障。数据的特性使得数据易被篡改、复制和泄露，需要有专业的技术和严格的制度以保障数据流通交换的安全，加之统一规范的数据要素平台交易市场是数字经济时代大规模数据流通交换的需要，因此应当重点培育数据平台交易市场，引导数据在平台交易市场中流通交易，以集中提供交易中介服务、实施交易安全监管，提高交易效率，促进数据要素的有序流动和高效配置，数据私人交易市场则可以起到辅助和补充的作用。

数据要素之所以能够在数据要素市场上流通和利用并实现在不同领域和不同主体间的配置，主要是数据要素的市场机制在发挥作用。数据要素的市场机

---

① 参见于刃刚、戴宏伟：《生产要素论》，中国物价出版社 1999 年版，第 252 页。

② 参见国家工商行政管理局市场监督管理司编：《生产要素市场管理概论》，经济管理出版社 1996 年版，第 13 页。文中将“生产要素市场”界定为“生产要素交易的场所及其交换关系的总和”。

制即数据要素市场的运行机制，包括利益机制、供求-价格机制和竞争机制①。利益机制是指数据要素市场主体为了追求自身经济利益的最大化，根据市场行情作出决策买卖数据，完成数据要素的交易流通，数据要素通过市场主体的买卖行为实现在不同领域的流动和配置。供求—价格机制是指数据要素的供求关系影响价格水平，价格水平的波动又将引起供求关系的变化，市场主体根据价格的变化在利益机制的驱动下实施不同的买卖行为，推动数据要素在不同领域的流动和配置，数据需求更迫切的领域数据的价格相对较高，数据根据利益机制和供求—价格机制朝着相对价格高的用途和领域配置②，由此发挥数据的最大效用。竞争机制是指通过市场竞争实现优胜劣汰，只有顺应市场规律的主体才能更好地生存，形成对数据市场主体的激励和约束，使其自发地遵循市场规律进行决策和经营，实现市场机制的持续运行。数据资源在数据要素市场机制的作用下在市场中交易流通，从而实现在不同领域、不同主体之间的配置。

（三）数据要素市场化配置及其内在要求

资源配置包括两种基本方式，一是市场化配置，二是行政化配置，市场化配置下资源通过市场机制实现竞争性配置，突出市场决定作用和市场需求偏好，行政化配置下资源通过政府的行政权力和宏观调控手段来实现配置，反映政府的意志和偏好。③ 数据要素的市场化配置可以理解为，发挥市场决定性作用，通过市场机制实现数据生产要素在不同领域、不同行业、不同部门和不同主体间的竞争性和公平性配置。合理的数据要素市场化配置可以实现物尽其用，使数据资源配置在最需要的使用领域和使用方向，引导其他生产要素和资源围绕数据而进行配置，从而发挥各资源要素的最大效用，避免资源的重复投入和闲置浪费，提高全要素生产率。

---

① 参见朱红涛：《供给侧结构性改革下的市场决定资源配置》，经济管理出版社 2018 年版，第 52 页。此外，也有学者提出资源配置过程中的市场机制要素包括市场价格机制、市场供求机制、市场竞争机制和市场风险机制。参见施镇平：《资源配置与市场机制》，立信会计出版社 2000 年版，第 7 页；有学者提出生产要素市场运行机制包括价格机制、供求机制、竞争机制和风险机制，参见徐善长：《生产要素市场化和经济体制改革》，经济管理出版社 2005 年版，第 91 页。

② 参见刘文秀：《市场资源配置的决定因素》，清华大学出版社 2016 年版，第 106 页。

③ 参见施镇平：《资源配置与市场机制》，立信会计出版社 2000 年版，第 7 页。

要素的配置是通过市场主体的活动而实现的，某种意义上，对要素的配置就是对市场主体权利的配置。① 要实现数据要素的市场化配置，首先需要赋予市场主体平等地获取数据要素的权利。只有市场主体能自由地开展数据相关的活动，数据资源才能随着市场主体的活动实现在不同领域的流动和配置，因此需要由法律制定相应的产权制度和竞争规则，保证数据主体平等地参与数据流通利用的权利。其次，需要有完善的市场交易制度。② 数据要素的市场化配置需要通过数据资源的流通利用来实现，而数据的流通利用的主要方式为数据要素市场中各数据主体之间的数据交易，因此完善的市场交易制度是数据要素市场化配置的内在要求。实践当中，数据要素市场主体往往因为缺乏安全高效的数据交易场所和普遍认可的数据交易规则而对数据的交易流通持较为保守的态度。为改变这种现状，需要建设成熟的数据交易场所和健全的数据交易制度，完善相应的数据交易配套制度，为数据资源的交易流通提供保障。此外，需要发挥市场的决定性作用，同时配合政府的规制手段。数据要素市场化配置意味着应当将市场决定作为数据要素配置的核心和首要原则，最大限度地减少政府对数据要素的直接配置和对微观数据活动的直接干预，充分发挥市场的主观能动性，以市场无形之手代替政府有形之手，通过市场主体的自主活动和市场机制的自我调节完成数据要素的流通配置。但市场具有盲目性和自发性③，应当在必要时需运用政府的调控和规制手段，合理规制数据泄露、数据滥用、数据垄断、数据不正当竞争等问题，协调运用市场机制和行政手段，充分发挥两者的耦合作用，实现数据要素市场化配置的最优效果。

二、数据资源有效流动的逻辑前提与制度保障

数据要素的市场化配置主要通过数据的流通利用和数据要素市场的有效运行来实现，数据有效流通利用面临一系列的逻辑前提问题，需要建立相应的制

① 周晓唯：《资源市场化配置的法学分析》，中国社会科学出版社 2005 年版，第 2 页。

② 朱红涛：《供给侧结构性改革下的市场决定资源配置》，经济管理出版社 2018 年版，第 23 页。

③ 参见李昌麒主编：《经济法学》，法律出版社 2016 年版，第 26~27 页。

度保障。首先，相对明晰的数据权属和较为有序的数据流通竞争秩序是数据自由充分流通利用的基础，前者提供了数据流通利用的静态条件，后者提供了数据流通利用的动态条件。此外，充足和标准的数据资源、有利于大数据发展的个人信息保护政策是促进数据资源有效流通利用的重要条件。实践中数据资源的有效流动面临着数据权属不清、数据竞争失序、数据资源分散、数据利用与个人信息保护取向不明等一系列问题，需要明确相应的制度需求，建立配套的制度保障，促进数据资源的有效流动。

(一)数据权属与产权保护

对经济权利主体产权的界定是资源配置活动的起点①，数据的产权界定是数据要素市场化配置的前提。产权的相对明晰一方面能够保护数据权利人的合法权益，另一方面也能避免不必要的纠纷，减少数据供需方的交易风险，提高数据的流通效率。

数据产权问题主要分为两个方面，一是数据权属的界定，二是数据产权的保护。在数据权属界定方面，数据的权属界定相比于传统物品的产权界定存在难点。首先，不同于传统物品占有主体和所有权的唯一性，数据具有非竞争性②和一定的排他性③，同一项数据或数据产品上可以同时存在多个控制主体且彼此互不影响。数据的生命周期包含多个参与者，例如数据原始提供者、数据收集者、数据加工处理者等，每一个阶段的参与者都赋予了数据不同的价值，需要对数据权属在不同主体之间合理划分，以实现对各参与方的激励。例如，网购过程中用户的原始数据先被购物平台收集，出于备案的需要数据还可能经过国家监管部门的收集，此时数据的权属就涉及个人数据、企业数据和公共数据④，对三者之间的产权划分如何界定是一个难点。其次，对数据权属的界定还应当考虑到社会成本，如果对产权的法律界定导致数据流通利用的成本

① 参见周晓唯：《资源市场化配置的法学分析》，中国社会科学出版社 2005 年版，第 54 页。

② 参见于李、王建林：《生产要素理论新论——兼论数据要素的共性和特性》，载《经济与管理研究》2020 年第 4 期。

③ 参见崔国斌：《大数据有限排他权的基础理论》，载《法学研究》2019 年第 5 期。

④ 参见于施洋、王建冬、郭巧敏：《我国构建数据新型要素市场体系面临的挑战与对策》，载《电子政务》2020 年第 3 期。

过高，抑制了数字经济的发展，那么这种产权界定将变得无效①。正如数字经济时代下如果对产权的界定过于严格，限制了数据的开放共享和交易流通导致错失数字经济发展红利，将得不偿失。在数据产权的保护方面，同样存在难点。一是出于数据易复制、易篡改、易泄露的特性，数据权益往往极易受到侵害，需要运用合适的保护路径来对数据权益进行保护；二是数据权益的转移较为特殊，传统物品的所有权转移需要通过登记或转移占有，而对数据权益的拥有有时只需要通过浏览即可，这也使得数据权利在流通交换过程中面临更多的风险。

1. 数据权属界定

数据权属的界定上，关键在于对不同数据权利主体产权拥有程度的界定。实践当中，最为突出的是个人数据在企业数据和公共数据中的权属界定问题。根据企业参与程度的不同，可以将企业数据划分为企业自生数据和企业非自生数据。② 企业自生数据是指主要由企业自行产生或加工处理的、与其他数据主体没有直接关联的数据，包括企业生产经营数据和匿名化的企业数据产品。企业生产经营数据是指企业在生产经营活动中对自身生产经营的记录而产生的数据，与其他数据主体无关，如有关仪器设备产生的物理状况数据或企业的销售数据、财务数据等；企业将收集而来的基础数据经过加工处理后就成为匿名化的数据产品，这部分数据最初来源于其他数据主体，但随着匿名化的处理后不再归因于特定数据主体。企业非自生数据是指企业从其他数据主体处收集并能归因于其他主体的数据，例如经营过程中收集、储存的未经加工处理的用户原始数据集或者尚未完全匿名化的数据产品。对于企业自生数据，企业享有完全的数据权利。根据洛克的劳动财产权理论，财产权的取得源于劳动，生产者的劳动使得原本带有自然状态的东西脱离自然的状态，基于此掺杂有人类劳动的被物化的劳动成果即构成人的财产。③ 数据产品是经过企业大量的人力、物力、财力投入，经过对数据的深度分析和挖掘而最终呈现出来的具有独立性的数据产品，其独立于原始用户数据之外，与用户个人数据没有直接联系，企业

① 参见田杰棠、刘露瑶：《交易模式、权利界定与数据要素市场培育》，载《改革》2020 年第 7 期。

② 参见苏成慧：《论可交易数据的限定》，载《现代法学》2020 年第 5 期。

③ ［英］洛克：《政府论》(下篇)，叶启芳、瞿菊农译，商务印书馆 1964 年版，第 20 页。

应当对其享有独立的财产性权益，即使用户作为原始数据提供方具有一定的经济贡献，但也因享受到企业提供的服务而被支付对价，不宜再体现在数据产品的权属当中。对于企业非自生数据，企业对其享有一定的使用和支配权利，但仍需受制于用户对数据的控制权利。因企业在对用户个人基本信息和产品使用习惯的采集、数字化转换和储存的过程中投入了一定的成本，作为对价应当享有对该原始数据集一定的使用和支配权利，但其对该原始数据集的使用和支配应当限于服务运营或其他合理范围内的目的，且仍应受制于用户个人的控制，未经用户的同意不得任意处置。如此规定一方面是基于对用户个人隐私和信息保护的考虑，因为非企业自生数据中包含有大量的其他数据主体的个人隐私和信息，另一方面也因为企业的投入尚不足以享有完全的数据权利，因此需要受到原数据主体的限制。

公共数据中，数据权属的划分较为特殊，公共机构对数据拥有主要的权属，公民仅有对数据的受益权和特定情况下的损害受偿权，即公民可以从公共数据的开放共享和流通利用中享受到红利，可以在公共数据中包含的个人数据被侵害时享有要求损害赔偿的权利。如此设置的原因在于，公共数据的收集和产生来自于国家财政的投入，因此公共数据具有很强的公益属性，个人数据虽作为公共数据的原始数据基础，但个人对公共数据中个人数据权益的主张需要受到一定的克制，一方面是因为个人与国家签订的“社会契约”使个人在国家行使公共管理时需要让渡部分的个人权益，另一方面也是个人在享受公共数据服务时所需支付的对价①。

目前我国尚未形成统一的数据权属界定规则，要形成一套完善的数据确权机制不仅需要理论上的研究还需要实践中的探索。在企业数据的权属界定中，需要根据企业的参与和投入程度结合洛克的劳动财产权理论、个人信息保护的基本原则和社会经济成本来确定个人数据在企业数据中的权属，可以尝试根据不同主体对数据形成的贡献来源和程度的不同，设定数据原发者拥有数据所有权与数据处理者拥有数据用益权的二元权利结构，以实现用户与企业之间数据财产权益的均衡配置。② 在公共数据的权属界定中，应当明确国家对于公共数据的主要权属，公民对公共数据享有受益权和特定情况下的损害受偿权，例如

① 参见袁康、刘汉广：《公共数据治理中的政府角色与行为边界》，载《汉江论坛》2020 年第 5 期。

② 申卫星：《论数据用益权》，载《中国社会科学》2020 年第 11 期。

2020 年 7 月公布的一审稿《深圳数据条例(征求意见稿)》中，直接将公共数据界定为一种新型的国有资产，数据权归国家所有，由深圳市政府代为行使区域内公共数据的数据权①，虽然在后续 2021 年 6 月新公布的二审稿中将此规定删除，但也一定程度上体现了公共数据权属立法的一种可能方式。需要注意的是，如果严格采取“先明晰产权，再发展交易”的模式不仅使得产权规则的制定缺少实践基础，也无法满足市场主体对数据流通交易的迫切需求，可能错失数字经济发展的红利。应当坚持“在实践中规范，在规范中发展”的原则，允许来源合法和权属争议不大的数据作为可交易对象，以保障数据要素市场有充足的可交易数据资源，再根据市场实践中数据流通交易过程中发生的产权争议问题不断地修改权属界定规则，以形成逐渐完善的数据产权界定和权属划分规则。

2. 数据产权保护

数据产权的保护关键在于选择合适的保护路径，使得对数据权益的保护在事前预防、事中规制和事后救济上均能发挥相应的作用。为此，理论界、实务界和立法上给出了不同的方法。理论界有物权说、债权说、邻接权客体说、商业秘密说、数据库特殊权利说和信托机制说等，实务界中有“商业秘密说”“竞争法上的财产权益说”，立法上则倾向于将数据权利界定为一种新型的财产权利，采取新型的财产权利保护路径。

理论层面，物权说将数据权利定义为民法上的物权，认为物权的追责形式和流转方式更加多样，更有利于保护数据所有人的权利。② 但物权“占有、使用、收益、处分”的四权能理论难以在数据上被完全适用，且物权作为一项对世权，意味着不特定多数人将因此承担相应的义务，直接赋予数据权利以物权的属性过于激进。债权说将数据作为服务的一部分，认为数据交易合同本质上是一种数据服务合同③，可以通过合同方式保护数据权利。但这种保护方式并未赋予数据独立的财产权利客体地位，随着数据产业的不断发展，数据包、数据产品等独立的具有财产权益的客体已经脱离数据服务行为而独立存在，仅仅

---

① 参见一审稿《深圳经济特区数字经济发展条例(征求意见稿)》第 20 条。

② 参见周林彬、马恩斯：《大数据确权的法律经济学分析》，载《东北师大学报(哲学社会科学版)》2018 年第 2 期。

③ 参见梅夏英：《数据的法律属性及其民法定位》，载《中国社会科学》2016 年第 9 期。

以合同方式显然无法提供充足的保护。领接权客体说认为，以邻接权保护数据可以保护数据生命周期中其他数据参与者的权利。但这一学说也存在问题，首先，邻接权存在的前提是原始著作权的存在，大部分原始数据不具有独创性的特征，因此不具备著作权属性，邻接权的存在也无从谈起。其次，邻接权本质是为了鼓励和保护传播，旨在保护传播者所投入的人力、物力和财力，数据生产和加工处理的主要目是挖掘和发挥数据的效用，并不是为了传播，与邻接权的保护目的存在背离①。最后，邻接权既有财产权特征也有人身权特征，但在数据生命周期中，除原始数据提供者与数据有人身联系外，其他参与者几乎与数据没有任何人身上的联系，也与邻接权的理论基础不契合。② 商业秘密说认为，满足秘密性、保密性和实用性的数据可以作为商业秘密进行保护，在一些情形下，符合条件的数据可以被作为商业秘密来进行保护，但并非所有的数据均符合商业秘密的特征，不符合商业秘密条件的数据无法套用商业秘密的保护手段。③ 数据库特殊权利说借鉴欧盟 1996 年《关于数据库的法律保护的指令》(*Directive 96/9/EC on the Legal Protection of Databases*)中的做法，对不构成作品、不受著作权法保护但有实际性投资的数据库给予特殊权利保护，但数据库特殊权利作为一种新设的权利保护途径缺乏理论积淀和实践基础，更倾向于保护投资的产业政策而不是法律规则，在实践上存在争议，且实际运用得也比较少。此外，还有学者认为传统的“赋权—维权”保护路径适用在数据权利上存在行权难题，数据的财产性体现为数据主体的数据权利和控制人的控制权而非数据本身，应当通过信托机制对数据控制人施加以义务与责任。④

实务层面，有法院将数据权利作为“竞争法意义上的财产权益”，利用竞争法上的相关规范对数据权利进行保护，例如在“淘宝诉美景案”中，法院认为凡是不违反法律法规规定的经营上的合法数据权益均可以纳入竞争法上财产

---

① 参见张素华、李雅男：《数据保护的路径选择》，载《学术界》2018 年第 7 期。

② 参见林华：《大数据的法律保护》，载《电子知识产权》2014 年第 8 期。

③ Josef Drexl, Designing Competitive Markets for Industrial Data-Between Propertisation and Access, Journal of Intellectual Property, Information Technology and Electronic Commerce Law, Vol. 8(4), pp. 257-292(2017).

④ 参见冯果、薛亦飒：《从“权利规范模式”走向“行为控制式”的数据信托——数据主体权利保护机制构建的另一种思路》，载《法学评论》2020 年第 3 期。

权益的保护范围，运用《反不正当竞争法》第 2 条的一般条款来保护数据权益。① 其优点在于运用该种保护路径无须在物权、债权、知识产权等传统财产权中进行正当性和体系化的论证，可以直接运用竞争法规范来对数据权利进行保护②，且解释弹性大有利于对数据权利的兜底保护，但缺点在于这种方式赋予法官较大的自由裁量权，一方面使得案件的裁判结果不确定性较大，同类案件可能裁判结果迥异，另一方面也有脱离法定类型不正当竞争行为的危险，导致对数据权利的保护过于膨胀。此外，实践中法院通过确认数据的商业秘密属性来保护数据权益的案例也较为常见，例如在衢州万联网络技术有限公司与周慧民等侵害商业秘密纠纷上诉案③中，法院即将万联公司的网站用户注册信息认定为商业秘密并给予保护。

立法层面，我国立法机构倾向于将数据权利作为物权、债权和知识产权外的一种特别权益或权利客体来对待。《民法典》中将数据与网络虚拟财产并列，置于总则编的第五章民事权利部分，采取财产化的保护路径④；一审稿《深圳数字条例(征求意见稿)》中也规定了个人数据权，在权利谱系上，其赋予数据权决定、控制、处理、收益和利益损害受偿等多项权能；在数据权利保护路径上，其通过赋予个人数据权、规定知情同意规则和撤回同意规则来保护个人的数据权利，虽然由于直接赋予个人数据权的条件尚未成熟，该规定在二审稿中删除，但仍然将数据权利视为一种区别于传统物权、债权和知识产权的新型权利。

数据产权的保护需要综合考虑不同场景和数据的不同类型选择最恰当的路径，既要在理论上符合数据作为一种新型财产权利的特性，也要在实践上达到切实保护数据权利的效果。以债权、邻接权客体、商业秘密和竞争法意义上的财产权益等方式在特定情景下可以对数据权益起到一定的保护，但也存在局限

---

① 参见杭州铁路运输法院〔2017〕浙 8601 民初 4034 号民事判决书，浙江省杭州市中级人民法院〔2018〕浙 01 民终 7312 号民事判决书，浙江省高级人民法院〔2019〕浙民申 1209 号民事判决书，安徽美景信息科技有限公司与淘宝中国软件有限公司商业贿赂不正当竞争纠纷一案。

② 参见张建文：《网络大数据产品的法律本质及其法律保护——兼评美景公司与淘宝公司不正当竞争纠纷案》，载《苏州大学学报(哲学社会科学版)》2020 年第 1 期。

③ 参见上海市高级人民法院〔2011〕沪高民三(知)终字第 100 号民事判决书。

④ 参见《中华人民共和国民法典》第 127 条。

性，通过信托机制来对数据控制人施加义务与责任，从关注数据本身转向关注数据控制人的义务，可以一定程度上突破传统“赋权—维权”的难题，实现对数据权益的保护。① 此外，立法上《深圳数字条例（征求意见稿）》将数据作为一种新型财产权益来对待的尝试也为数据权利保护提供了思路。

（二）数据竞争秩序及其制度保障

资源配置活动是通过竞争来达到最佳配置的，正当的竞争有利于个体和整个社会的进步，但超越合理界限的竞争将导致市场失序和社会危害②，为实现资源要素的市场化配置，需要建立规范的竞争制度。自由平等的数据竞争秩序一方面可以鼓励数据产品和数据服务的创新③，推动大数据产业的发展；另一方面，使得数据经营者拥有自由进入市场和进行数据经营的权利，数据随着经营者的自由活动在不同领域和不同主体之间交换，实现数据资源的有效流动和配置。

实践中数据竞争的失序主要表现在数据不正当竞争和数据垄断两个方面。数据的易复制性和易篡改性使得其极易被违法违规利用，具体体现在违法数据爬取、违规使用他人数据等数据滥用行为。类似的数据不正当竞争行为将侵犯数据经营者的合法权益，扰乱市场秩序，损害数据经营者的数据交易积极性，影响数据的交易流通。此外，在先进入数据市场的经营者可能形成市场支配地位并实施垄断行为。数据市场中，在先进入市场的经营者拥有更多的用户，可以收集更多的数据改善服务，进而吸引更多用户，形成“用户反馈循环（user feed-back loop）”；不断获得的用户数据可以提高广告投放的精准度和服务的盈利水平，获得更多的收益用于提高服务质量，从而收集更多的用户数据，形成“货币反馈循环（monetization feedback loop）”④。两者构成了“数

① 参见冯果、薛亦飒：《从“权利规范模式”走向“行为控制式”的数据信托——数据主体权利保护机制构建的另一种思路》，载《法学评论》2020年第3期。

② 参见周晓唯：《资源市场化配置的法学分析》，中国社会科学出版社2005年版，第3页。

③ Daniel L. Rubinfeld & Michal S. Gal, Access Barriers to Big Data, Arizona Law Review, Vol. 59, pp. 375-377 (2017).

④ Graef, Inge, Market Definition and Market Power in Data: The Case of Online Platforms, World Competition: Law and Economics Review, Vol. 38(4), 2015, pp. 473-505.

据驱动的网络效应”①，使得较早进入市场的数据经营者能够不断积累其获得的先发优势，形成和维持市场支配地位。一方面，经营者为了保持市场支配地位和竞争优势不愿对关键数据进行流通和共享，并利用会员制、积分制等手段提高用户黏性；另一方面，用户在某一数据产品或服务上积累的使用习惯、账户好友、图片视频文字记录等使其向同一类型数据产品或数据服务转移的成本高、意愿低②。由此形成了不同数据经营者之间的数据割据和分裂以及进入数据市场的巨大壁垒，数据的流通利用被限制在封闭的范围内。

为保障数据经营者自由平等参与数据流通利用的权利，促进数据资源的有效流动和配置，应当建立良好的数据竞争秩序，合理规制数据不正当竞争和数据垄断行为。首先，需要严格规制数据不正当竞争行为。一方面需要利用现有的不正当竞争规制手段来对数据不正当竞争行为进行规制，例如司法实践中常采用的商业秘密条款和不正当竞争法一般条款；另一方面需要优化不正当竞争法的规制路径以适应数字经济背景下的数据竞争。其次，需要合理界定和规制数据垄断行为，打破数据壁垒，保障数据自由流通。合理的数据专享行为和通过改善经营获得的市场支配地位应当被允许，但以签订垄断协议、排除限制竞争方式获得或维持数据市场支配地位，以数据专享为由排除、限制市场竞争、影响数据流通利用的，则应当被视为数据垄断行为而予以规制③。需要综合考虑数据经营者的市场支配地位和数据专享行为对数据竞争、产业创新和数据流通可能产生的负面影响④，平衡数据专享和数据流通之间的关系，平衡数据经营者利益和社会公共利益之间的关系，对于确有产生负面影响效果的数据垄断行为采取强制措施，维护良好的数据竞争秩序和平等的数据经营权利，保障数据资源的流通利用。

---

① OECD, Big Data: Bringing Competition Policy to the Digital Era—Background Note by the Secretariat (November 2016), https://one.oecd.org/document/DAF/COMP(2016)14/en/pdf, 2020-12-20.

② 参见殷继国：《大数据市场反垄断规制的理论逻辑与基本路径》，载《政治与法律》2019 年第 10 期。

③ 参见殷继国：《大数据市场反垄断规制的理论逻辑与基本路径》，载《政治与法律》2019 年第 10 期。

④ 参见杨东：《论反垄断法的重构：应对数字经济的挑战》，载《中国法学》2020 年第 3 期。

（三）数据资源整合与数据标准化

要维持数据要素市场的持续运行和数据的有效流通利用，基本的条件是市场上需要充足的数据资源，种类丰富、数量充足的数据资源能够吸引数据需求方的参与，数据需求方的参与增加了市场中数据提供方的交易机会，进而又吸引更多的数据提供方参与到市场中，由此形成数据要素市场发展的良性循环。此外，标准化的数据有利于规范数据的内容和形式，便于数据的储存、传输、查询、运算和处理，提高数据流通利用的效率。因此需要对数据资源进行整合和标准化，丰富可流通利用的数据资源，提高数据流通利用的效率。

1. 数据资源整合

在对数据资源进行整合前，首先需要明确数据资源的来源。目前立法上对于数据来源的分类和不同类别数据的内涵还未形成统一的界定，不同法律文件存在不同的分类和表述，从中央和地方的政策文件和法规规范来看，对数据来源的分类主要有二分法①、三分法②和四分法③，具体采用何种分类方式将直接影响数据资源整合的效果。“二分法”虽然在分类上整齐划一，但未体现出数据来源的特征，对实践的指导意义有限。“公共数据”“社会数据”“个人信息”的三分法将具有明显区别的企业数据和社会团体数据混为一体，在分类依据上

---

① 二分法，即“公共数据”“非公共数据”的二分，参见《浙江省数字经济条例（草案）》和《广东省数字经济促进条例（征求意见稿）》。两者无论是在数据的分类还是内涵的界定上都极为相似。其中《浙江省数字经济条例（草案）》将“公共数据”定义为，行政机关以及具有公共管理和服务职能的单位在依法履行职责、提供公共服务过程中获取的数据；将“非公共数据”定义为，公共管理和服务机构以外的企事业单位、其他组织和个人在日常生产、生活过程中获取的数据。《广东省数字经济促进条例（征求意见稿）》将“公共数据”定义为，行政机关以及具有公共事务管理和公共服务职能的组织在依法履行职责、提供公共服务过程中制作或者获取的数据；将“非公共数据”定义为，公共管理和服务机构以外的其他机构和个人在日常生产、生活过程中产生或获取的数据。

② 三分法，一是“公共数据”“社会数据”“个人信息”的三分，参见《电子商务法》和《网络安全法》；二是“政府数据”“企业数据”“个人信息”的三分，参见国务院《促进大数据发展行动纲要》。

③ 四分法，一是“政务数据”“企业数据”“社会数据”“个人数据”的四分，参见《中共中央、国务院关于构建更加完善的要素市场化配置体制机制的意见》；二是“公共数据”“企业数据”“社会数据”“个人数据”的四分，参见一审稿《深圳经济特区数据条例（征求意见稿）》。

存在瑕疵。“政府数据”“企业数据”“个人信息”的三分未将履行公共管理服务的事业单位的数据纳入考量，也未将社会团体等开展活动所收集储存的数据纳入考量，概念的包含程度上有所欠缺；此外，“四分法”中“公共数据”相较于“政务数据”在包含程度上更为合理，因此采用一审稿《深圳数据条例(征求意见稿)》中的“四分法”对数据来源进行划分较为合适。一审稿《深圳数据条例(征求意见稿)》不仅对数据来源的分类较为合理，对各类数据的概念定义也较为细致①，可以作为数据资源来源分类和概念定义的主要参考。

在明确数据来源的分类后，应当分类施策，通过开放共享和交易流通对各类数据资源进行整合。首先是公共数据的开放共享。公共数据是指公共机构在依法履职或提供公共管理和服务过程中收集或产生的，以一定形式记录、保存的各类数据及其衍生数据，其具有体量大、内容全、真实性高的特点，是数据资源的重要来源之一。随着数字经济时代的到来，包括公共机构自身在内的各行各业均对数据提出了越来越迫切的需求，公共数据的资源整合具有必要性。公共数据开放共享的价值主要体现在社会治理和资源利用两个方面。② 从社会治理的角度来看，公共机构利用公共数据可以提高其决策的准确性和科学性，增强其社会治理能力，上海市的“一网通办”、广东省的“数字广东”、杭州市的“城市大脑”等都是以公共数据开放为基础的数字政府、智慧城市建设，提升了政府的业务效率，提高了政府的政务水平；从资源利用的角度来看，企业可以利用公共数据促进生产经营或对公共数据进行再加工处理后投入交易流通，社会组织和个人也从公共数据的开放共享中获得数据红利。需要注意的

---

① 一审稿《深圳经济特区数据条例(征求意见稿)》将数据分为“公共数据”“企业数据”“社会数据”“个人数据”四类，将“公共数据”定义为各级行政机关和依法授权行使行政职能的组织以及具有公共管理和服务职能的企事业单位在依法履职或提供公共管理和服务过程中收集或产生的，以一定形式记录、保存的各类数据及其衍生数据；将“企业数据”定义为企业开展经营活动过程中，合法制作或获取的，通过自动化等手段记录的各类数据及其衍生数据；将“社会数据”定义为行业协会、学会、商会等组织在开展活动中依法收集的各类数据及其衍生数据；将“个人数据”划分为个人信息数据和隐私数据，前者指通过自动化等手段记录的能够单独或者与其他数据结合识别自然人个人身份的数据，后者指与自然人私人生活安宁和不愿为他人知晓的私密空间、私密活动、私密信息密切相关的数据及其衍生数据。

② 张钦坤、朱开鑫：《关于数据要素交易流通模式的新思考》，载微信公众号“数字经济与社会”：https：//mp. weixin. qq. com/s/3iIOr9UNmu3hs_C1MnbvRg，2020 年 11 月 5 日上传。

是，我国公共机构不宜直接参与公共数据的交易。一是因为公共数据是公共机构行使公共权力的过程中收集或产生的，其使用和处理应当符合公益目的，而不能直接将其用于交易对公众进行收费。二是政府承担着数据交易市场监管者的角色，如果允许其作为数据交易市场的主体，则容易产生角色冲突，在利益诱导下导致公共数据的提供产生寻租和腐败的风险。① 三是公共机构所拥有的公共数据体量庞大，若允许其作为交易主体进入市场，则可能成为数据市场最大的垄断主体，消解和排斥其他数据市场主体的竞争，不利于数据要素市场的培育和发展。公共数据的开放共享应当在开放共享的基本原则、核心目的和具体方式上有合理的安排。因此，公共数据资源应主要通过开放共享的方式进行整合。在公共数据的开放共享原则上，应当以无偿开放共享为原则，以有偿开放共享为例外，以无条件开放为原则，以有条件开放为例外。在公共数据的开放目的上，应当以追求社会治理和资源利用效益的最大化为目标，避免以经济激励为目的的公共数据开放与出售导致数据产业发展的扭曲与公共利益的损害，避免以成本为导向的公共数据开放共享不能覆盖公共数据生产维护的成本导致难以持续。② 在公共数据的开放方式上，应当打通公共机构内部部门和层级间的数据壁垒，融通各级各部门的数据资源，设置统一的接口平台来负责数据的对外开放，避免重复建设，同时便于安全监管和数据管理，建立省、市一级的统一开放平台，并按要求与国家、省相关平台对接互通，通过统一接口平台对外开放公共数据。③

其次是企业数据的交易流通和共享。企业数据是指企业在开展经营活动过程中制作或获取的各类数据及其衍生数据，相比于政府数据的全面性和基础性，企业数据往往精耕于某一领域的生产或服务，更细化和深入，具有较大的商业价值。我国头部的互联网公司在经营过程中掌握了大量的用户数据，例如百度掌握了最多的网络搜索数据，淘宝掌握了最多的网络购物数据，腾讯掌握了最多的网络社交数据，字节跳动、快手科技等掌握了最多的视频观看数据。

---

① 苏成慧：《论可交易数据的限定》，载《现代法学》2020 年第 5 期。

② 夏义堃：《数据要素市场化配置与深化政府数据治理方式变革》，载《图书与情报》2020 年第 3 期。

③ 参见《北京市公共数据管理办法（征求意见稿）》《浙江省公共数据开放与安全管理暂行办法》《无锡市公共数据管理办法》《上海市公共数据开放暂行办法》《成都市公共数据管理应用规定》等对于公共数据开放的相关规定。

目前我国企业数据的交易流通十分有限，企业之间壁垒森严，究其原因，一是数据的权属界定不清晰，数据来源的合法性难以鉴定，数据确权机制缺位，导致数据交易的合规风险大；二是数据交易流通规则不明确，企业间数据交易的谈判和撮合成本大，无法展开便捷高效的数据交易流通；三是数据交易流通制度保障尚不健全，企业数据在交易流通过程中极易发生复制、留存、篡改、泄露、转卖等风险。基于以上种种顾虑，企业间数据的交易流通和共享受到阻碍。为此，一方面应当加快建立数据确权机制、统一数据交易流通规则、健全数据流通保障机制，降低数据交易合规风险，激发企业的数据交易流通积极性；另一方面，在制度尚不完善时，需要积极探索实践经验，总结行之有效的方法，例如微信、支付宝、抖音等大型网络应用平台已经尝试通过开放接口的方式将数据和流量向中小应用开发者开放①，可以分析研究上述平台在企业间数据开放的实践经验，在保障用户数据隐私和平台运行安全的基础上，探索出一套适合企业间数据交易流通和共享的方法。

再次是社会数据的流通利用。社会数据是指行业协会、学会、商会等社会团体在开展活动中收集储存的数据。除全国总工会、共青团、全国妇联等由国家财政拨款的近 200 个社会团体外，大部分社会团体的定位介于公属性和私属性之间，其职能并非如公共机构一般完全履行公共服务和社会管理，因此较难做到数据的无偿开放和分享，由于社会团体的非营利性，其也并非如企业一般可以自由地参与数据市场交易并自由分配利润，交易所得只能用于维持组织的运营。因此无论于公还是于私，社会团体都缺少数据开放共享或交易流通的根本动力。为此，需要从两个方面来促使社会数据参与数据流通，对于由国家财政拨款的社会团体，应当要求其采取和公共机构一样的措施对社会数据进行无偿开放共享；对于其他社会团体，应当给予一定的激励措施，使参与数据流通的社会团体在组织发展上能够获得一定的优惠，以激发其参与数据流通的积极性。

最后是个人数据的安全利用。个人数据是指以电子或其他方式记录的能够单独或者与其他信息结合识别特定自然人身份或者反映自然人活动情况的各种信息。个人是经济生活最基本的单位，个人数据在多数情况下成为公共数据、

---

① 张钦坤、朱开鑫：《关于数据要素交易流通模式的新思考》，载微信公众号“数字经济与社会”：https：//mp. weixin. qq. com/s/3iIOr9UNmu3hs_C1MnbvRg，2020 年 11 月 5 日上传。

企业数据和社会数据的基础，对个人数据的资源整合将深刻影响大数据资源整体的运用和处理。在国外的数据交易实践中，已经出现了原生个人信息单独用于交易的情况。① 但在我国，原生个人信息直接用于交易的现实条件暂不具备，实践案例也较为少见。我国《网络安全法》第 42 条规定，网络运营者不得泄露、篡改、毁损其收集的个人信息；未经被收集者同意，不得向他人提供个人信息。但是，经过处理无法识别特定个人且不能复原的除外。因此在我国，个人数据要直接用于交易需要解决两个问题，一是个人信息和隐私安全问题，二是技术成本问题。由于个人往往不具备将自己的数据匿名化处理的能力或匿名化所需投入的成本过高，因此个人数据多为原生数据，包含大量的个人隐私和能够识别个人身份的信息，若直接用于交易流通需要频繁的征求同意，不仅影响了个人用户的生活和服务体验，也大大增加了数据处理者的合规成本，在数据交易流通机制尚未完全成熟的情况下，原生个人数据的交易流通往往难以实现。相较而言，个人数据参与流通更为合适的方式是通过企业、社会团体或政府收集后加工处理，以数据包或数据产品的形式参与数据要素市场的流通，而原生个人数据一般不作为数据交易流通的对象。为此，应当完善收集处理个人数据的规则，保证个人数据在收集处理过程中的个人隐私和个人信息安全，保障个人对数据的合法权益，促进个人数据能够安全、合理、高效地参与数据流通和利用。

2. 数据标准化

为保证数据流通利用的效率和质量，数据要素市场中流通交换的数据在形式上和内容上应当满足一定的条件，即数据的标准化。数据的标准化包括数据表现形式上的标准化和数据实质内容上的标准化。表现形式上的标准化即数据的结构化，使数据统一以结构化的形式参与流通利用，实质内容上的标准化是指数据应当具有真实性和合法合规性，真实性指数据非经捏造或篡改，合法合规性是指数据的来源合法且权属相对清晰。

首先，为便于流通利用，数据的形式应当标准化。从数据的存在形式上

---

① 例如美国纽约大学的一名学生费德里科·赞尼尔(Federico Zannier)将记录自己生活的电子数据进行出售，获得了 2733 美元的报酬；又如荷兰学生肖恩·布克斯(Shawn Buckles)以竞拍的方式出售包括其位置信息记录、医疗记录、电车乘坐记录、个人简历、电子邮箱等内容的个人数据，最终拍卖到 350 欧元。参见[日]城田真琴：《数据中间商》，邓一多译，北京联合出版社 2016 年版，第 67~74 页。

看，数据有结构化数据、半结构化数据和非结构化数据。结构化数据是指可以用二维表结构表示和储存的数据，具有易于输入、存储、查询和分析的特点，① 包括关系型数据库数据等。非结构化数据是相对结构化数据而言，不方便用二维表来表示的数据，包括图片、音频和视频信息等。② 半结构化数据介于两者之间，具有一定的结构性，但又无法完全用二维表结构来表示，包括所有格式的办公文档、XML、HTML、各类报表、日志、邮件等。非结构化的数据各自孤立，无法在数据处理系统中进行统一的识别、运算和处理，数据间的联系难以察觉，数据的聚合效应无法发挥。相较而言，结构化数据中，数据以行和列的方式进行储存，所有数据都在二维表的特定位置中，便于统一查询、运算和处理，有利于发现数据之间的联系，挖掘数据的潜在价值，并且随着二维表结构中的数据不断增多，数据间的联系和潜在的价值也将被不断发现和挖掘，数据的规模效应递增。数据结构化不仅是发挥数据最大效用的前提，也是数字经济时代数据进行大规模流通的应然要求，应当鼓励数据以结构化的形式参与流通利用。

其次，为提高数据的流通利用效率，保证交易数据的质量，数据的内容应当满足真实性和合法合规性。一是数据的内容应当具有真实性。篡改和捏造的数据不仅不能发挥数据在提高效率、促进生产上的作用，还可能给应用主体造成经济损失，扰乱数据市场秩序，破坏数据流通利用的市场环境。二是数据的内容应当合法合规且权属相对清晰。一方面，数据的来源应当合法，违法数据的流通利用将侵害他人合法权益、公共利益和国家安全，扰乱社会秩序；另一方面，数据的权属应当相对清晰，以避免在流通利用中产生过多的纠纷，提高数据交易流通的效率。

（四）数据利用与个人信息保护

数字经济时代，个人作为经济生活的最基本单位，其产生的数据在多数情况下构成企业数据、社会数据和公共数据的基础，某种程度而言，对大数据的运用就是对个人数据的利用，对个人信息的立法政策和保护手段将直接影响数

① 参见郝爽：《结构化数据清洗技术综述》，载《清华大学学报（自然科学版）》2018年第12期。

② 参见高宁、刘洋：《数字研发系统中结构化与非结构化数据的融合及实现》，载《计算机应用》2017年第S2期。

据流通利用的受限程度和相关规则构建，因此，如何权衡数据利用和个人信息保护的关系成为不得不讨论的问题。欧美国家在数据利用和个人信息保护方面已经形成了一定的立法和实践经验，而我国暂时还未有相关的统一立法，需要立足我国的立法土壤和执法环境，结合他国的立法和实践经验，根据我国的产业现状和发展需要来寻求契合我国实际的数据利用和个人信息保护政策。

欧盟最早展开对于数据利用和个人信息保护的统一立法，主要的法律文件是《通用数据保护条例》(*General Data Protection Regulation*，以下简称“GDPR”)。GDPR 对个人数据的处理采用“选择进入(opt-in)”原则，即知情同意规则①，只有数据主体(data subject)明确同意后，数据控制者(data controller)、数据处理者(data processor)才能对数据进行收集、加工和处理。对于知情同意的豁免情形，GDPR 规定了五种情形，包括：出于履行合同的必要或在签订合同前基于数据主体的请求、数据控制者履行法定义务所必需、出于保护数据主体或其他自然人核心利益所必要、为公共利益或基于官方权威而履行某项任务、出于数据控制者或第三方所追求的正当利益的必要(但不得损害数据主体尤其是儿童的优先性或基本权利与自由)，其中第五种情形是一个兜底条款。此外，GDPR 还赋予了数据主体多项数据权利，包括获取权(the right to access)②、更正权(the right to rectification)③、被遗忘权(the right to be forgotten)④、限制处理权(the right to

---

① (EU) 2016/679, General Data Protection Regulation, point(a) of Article6(1).

② (EU) 2016/679, General Data Protection Regulation, Article15. 数据主体有权从数据控制者处得知，其个人数据是否正在被处理，若正在被处理，数据主体有权获知数据处理的目的、相关的个人数据类型以及个人数据已经或将被披露给接收者的情况、个人数据的储存期限及其他相关信息。

③ (EU) 2016/679, General Data Protection Regulation, Article16. 数据主体有权更正数据控制者处有关其的不正确的个人数据，有权要求将不完整的个人数据补充完整。

④ (EU) 2016/679, General Data Protection Regulation, Article17. 数据主体有权要求数据控制者删除关于其个人数据的权利，控制者有责任在以下特定情况及时删除个人数据：第一，用户已经撤回自己个人信息的；第二，如果用户的个人信息进行了公开传播，但用户已经撤回或者数据控制者不再享有合法理由继续处理个人信息的。在以上情况中，数据控制者有责任采取合理方式删除用户个人数据信息，并且有责任通知处理该数据的其他控制者删除个人数据链接和复印件。但被遗忘权的行使也有一定限制，以下几种情形并不适用被遗忘权：第一，基于表达自由和信息自由；第二，基于公共利益和履行法律职责需要；第三，基于历史、统计和科学研究目的；第四，基于提出、实施和保护合法权利的需要等。

restriction of processing)①、数据可携权(the right to data portability)②和异议权(the right to object)③，其中被遗忘权和数据可携权极大地加强了数据主体对个人数据的控制力。整体而言，欧盟对个人数据采取的是严格保护的态度，即使牺牲一定程度的数据流动和利用效益，也要保证个人数据的安全。④ 这与欧盟自身的网络产业发展程度和社会经济水平有关。一是深厚的人权思想使得其对个人权利的保护相对重视；二是缺少网络产业巨头的现实使其数据和云服务市场被美国大型科技公司主导，制定严格的个人数据保护规则能够加强美国科技企业的数据收集处理合规成本，防止美国科技企业不当获取和滥用欧洲个人数据，通过充当裁判员来弥补无法充当运动员的遗憾，把握欧盟范围内的数据收集处理规则的话语权。

美国在数据的利用和保护方面较有代表性的法案为《加州消费者隐私权利保护法案》(*California Consumer Privacy Act*，以下简称“CCPA”)和2020年11月签署公布的《加州隐私权法案》(*California Privacy Rights Act*，以下简称“CPRA”)。CCPA于2018年6月签署公布并于2020年1月1日正式实施，在个人信息处理的基本规则上其采用了“选择退出(opt-out)”原则⑤(但对于16岁以下个人数据采取“选择进入”原则)，即企业要出售消费者信息时，无须获取消费者的同意和授权，只需通知消费者，消费者没有明示拒绝即视为同意。在个人信息权利的赋予上，CCPA仅赋予了消费者知情权(notice of collection)⑥

---

① (EU) 2016/679, General Data Protection Regulation, Article18. 存在如下情形之一时，数据主体有权要求控制者对处理进行限制：一是数据主体对个人数据的准确性有争议；二是数据控制者对数据的处理是非法的；三是控制者不再需要个人数据而数据主体出于某些原因需要该个人数据；四是处理个人数据已不符合目的。

② (EU) 2016/679, General Data Protection Regulation, Article20. 数据主体有权获取其提供给数据控制者的相关个人数据，其所获取的个人数据形态应当是结构化的(structured)、通用的(commonly used)和机器可读的(machine-readable)，且数据主体有权将此类数据无障碍地从该控制者处传输至其他控制者处。

③ (EU) 2016/679, General Data Protection Regulation, Article21. 当数据控制者是为了直接营销而处理数据等情形时，数据主体可以提出异议权，一旦数据主体提出异议，数据控制者就应当停止处理其个人数据。

④ 参见何治乐、黄道丽：《欧盟〈一般数据保护条例〉的出台背景及影响》，载《信息安全与通信保密》2014年第10期。

⑤ A. B. 375, California Consumer Privacy Act of 2018, § 1798. 120.

⑥ A. B. 375, California Consumer Privacy Act of 2018, § 1798. 100, 110, 115.

和删除权(the right to request deletion)①。CPRA 于 2020 年 11 月签署公布，将于 2023 年 1 月 1 日生效，其在 CCPA 的基础上又进一步地加强了个人信息保护的力度，具体体现在三个方面：一是扩大了敏感个人信息的范围，二是赋予了个人数据更正权，三是成立新的执法机构专门负责个人信息的保护。② 但 CPRA 并没有改变美国个人信息流通利用的主要规则和框架模式，个人信息的收集和处理在美国仍然处于较为宽松的态势。相比于 GDPR，美国的 CCPA 和 CPRA 在数据处理上给予了数据运营企业更大的自由③，“选择退出”的基本规则降低了企业数据收集处理过程中征求同意的成本，较少的个人信息权利也减少了企业在收集处理个人信息过程中的负担，有利于激发企业开发利用数据信息资源的积极性。美国对个人信息的流通利用较为宽松的条件与美国的社会经济和网络数据产业的发展程度相符，其目前在全球范围内的数据市场具有明显的优势，鼓励数据流通利用和鼓吹自由市场有利于其继续扩大自身影响力并持续抢占全球数据市场。

我国尚缺乏数据流通和保护的统一立法规定。有关于个人信息利用和保护的现行规定散见于《消费者权益保护法》《网络安全法》《电子商务法》《民法典》等法律规范中。此外，《深圳数字条例(征求意见稿)》《个人信息保护法(草案)》尝试着对个人数据的流通和利用作出了更为细致的规定。从我国现有的立法状况来看，在个人数据利用和保护方面，立法上表现出以下三个趋势：一是数据收集处理的“知情同意”规则基本确立。这一规则最早在《消费者权益保护法》中有规定，此后在《网络安全法》《电子商务法》《民法典》《深圳数字条例(征求意见稿)》《个人信息保护法(草案)》中被持续规定并且基本确立④，体现了我国重视个人信息保护的基调。二是“知情同意”规则的豁免情形持续增加，从《网络安全法》的仅限于匿名化的个人信息，到《电子商务法》和《民法典》的

① A. B. 375，California Consumer Privacy Act of 2018，§ 1798. 105.

② California Privacy Right Act：An Overview，https：//privacyrights. org/resources/california-privacy-rights-act-overview，last visited on February 6，2021.

③ 参见吴沈括：《2018 年〈加州消费者隐私法案〉中的个人信息保护》，载《信息安全与通信保密》2018 年第 1 期。

④ 从最初的《消费者权益保护法》第 29 条第 3 款对知情同意规则的提出，到《网络安全法》第 41 条第 1 款、《电子商务法》第 23 条、《民法典》第 1035 条、二审稿《个人信息保护法(草案)》第 13 条对知情同意规则的持续规定，个人信息的收集处理中的“知情同意”规则被基本确立。

几种新增情形，再到《深圳数字条例(征求意见稿)》和《个人信息保护法(草案)》的多种情形，知情同意的例外不断增多①，体现了知情同意规则为适应社会发展和日益复杂多变的信息收集处理活动而作出的合理调整。三是个人数据权利不断丰富，从《网络安全法》仅规定数据主体的删除权和更改权，到《电子商务法》增加查询权和注销权，再到《民法典》中规定的多项权利和《个人信息保护法(草案)》中建立的数据权利行使的申请受理和处理机制，个人对数据的控制程度不断加强②，企业在收集处理数据过程中可能面临的限制也逐渐增多。综观我国对个人数据利用和保护的立法趋势，“知情同意”规则确立了个人数据利用规则较为严格的基调，但通过扩张“知情同意”规则的例外情形以适应社会发展和日益复杂多变的数据收集处理情形，一定程度上减轻了企业征求同意和数据合规的负担，在此基础上，又通过不断丰富个人的数据权利并建立个人数据权利受理处理机制以加强个人对数据的控制，增加了对企业收集处理数据的限制和负担。对于个人数据主体而言，拥有“知情同意”和数据权利的双重保护，对于企业主体而言，仅能通过知情同意豁免来减轻数据合规负担，因此在整体上看我国的个人数据利用和保护的立法趋势偏向于个人信息的严格保护，这与欧盟的立法政策较为相似。

应当注意的是，我国与欧洲的社会经济和数字产业发展水平不尽相同，相比于欧洲，我国拥有更明显的网络数字技术实力、数字市场优势和更为广阔的个人信息数据资源，应当在保障个人信息安全的情况下以更为积极的姿态充分利用和发挥数据的效用，把握数字经济时代的发展红利，保持和扩大我国在全球范围内的数字竞争优势。为此，可以尝试从三个方面对现有的个人数据利用

① 从《网络安全法》第 42 条第 1 款规定的匿名化的个人信息除外，到《电子商务法》第 25 条增加有关主管部门依照法律、行政法规要求经营者提供有关数据信息的除外，到《民法典》第 1036 条增加自然人或其监护人同意的范围内、自然人自行公开或其他已经合法公开、为维护公共利益或自然人合法权益等情形除外，到二审稿《个人信息保护法(草案)》第 13 条规定的订立或履行合同所必需、履行法定职责或法定义务所必需、突发公共卫生事件或紧急情况保护自然人生命健康和财产安全所必需、为公共利益实施新闻报道和舆论监督所必需、法律和行政法规规定的其他情形除外，“知情同意”豁免情形不断增多。

② 从《网络安全法》第 43 条中规定的数据主体的删除权和更改权；到《电子商务法》第 24 条规定的用户查询、更正、删除权；到《民法典》第 1037 条中规定的数据主体的查阅权、复制权、更正权、删除权；到二审稿《个人信息保护法(草案)》第 45～48 条规定的查阅、复制权、更正、补充权、删除权、要求解释说明权，数据主体的数据权利不断丰富。

与保护政策作出完善：一是需要适当丰富个人数据权利，但同时应当注意防止个人数据权利的滥用。数字经济时代，自动化决策在网站和网络应用程序中越来越常见，网络用户在使用网站和网络应用程序时面临频繁甚至强制的自动化决策结果展示，可能造成“信息茧房”的效应，为此需要给用户提供选择权，以保证用户自由获取信息的权利。但同时也应当防止个人数据权利的滥用，合理运用个人数据权利行使申请受理机制对个人数据权利行使请求进行筛选，对查询权、复制权和删除权等主导性较强的数据权利设置一定的权利行使标准，避免数量庞大和较为随意的个人数据权利行使请求给运营企业造成过大的负担。二是可以尝试引入特定情形下的“选择退出”机制。在知情同意的数据收集处理基本规则下，数据的收集处理只有征求同意和无须征求同意两种情形，随着社会经济的发展和科学技术水平的进步，数据收集处理的情形日益复杂，“选择退出”规则的引入可以为数据收集处理中出现的新情形提供一定的过渡缓冲，避免规则过于僵化。三是需要对匿名化信息的范围作合理的界定。《网络安全法》《民法典》《个人信息保护法(草案)》中均规定，匿名化的个人信息在交易流通中无须通过信息主体的同意，为知情同意规则的豁免留下了空间。但需要注意的是，完全不能识别特定个人且不能复原的匿名化个人信息在技术上是不可能实现的，因为随着技术的不断发展和关联数据的持续积累，曾经不能被识别特定个人的信息和数据在未来某个阶段也将存在被识别和复原的风险，无法保证数据信息的永久匿名性①。如果追求数据信息的绝对匿名化，将导致匿名化的标准过高，阻碍数据的流通利用，应当结合现实的数据市场发展程度和科学技术水平确定一定时期内匿名化的标准，以使匿名化数据的自由流通成为可能。

三、数据交易平台的功能定位与制度保障

数据市场的建设包括必要的交易场所和市场主体普遍接受的交易条件②，

① 参见张晨原：《数据匿名化处理的法律规制》，载《重庆邮电大学学报(社会科学版)》2017 年第 6 期。

② 参见于刃刚、戴宏伟：《生产要素论》，中国物价出版社 1999 年版，第 249 页。文中提出，要素市场的形成需要有三个基本条件：一是有买卖双方，二是有可供交换的商品，三是有可供交易的场所和买卖双方都能接受的交易条件。

数据交易平台不仅作为数据要素流通利用和交换的主要场所，还为市场主体的数据交易提供交易规则和交易制度，其功能定位的厘清和相关制度的建设对数据资源的有效流通利用和数据要素的市场化配置具有重要意义。应当在明确数据交易平台功能定位的基础上，分析数据交易平台的典型模式和市场实践，论证数据交易平台的法律地位和制度空间，进而尝试提出数据交易平台发展与治理的制度方案。

（一）数据交易平台的功能定位

1. 数据交易的特殊需求：信任搭建

数据交易相比于一般商品的交易具有诸多特殊性，这种特殊性使得数据交易相比于传统的商品交易需要有更多的保障。首先，数据交易存在质量检验的难题。传统商品交易中买方可以较为直观地获知商品的质量和功能，甚至可以通过试用来判断商品是否满足自身需求，以此决定是否需要购买，但对于数据交易而言，买方在购买前若不被允许浏览数据则无法确定数据的效用是否符合描述和预期，而一旦买方浏览了该数据即获得了数据权益，无须再购买。其次，数据交易存在权属和来源界定上的难题，一般商品经登记或占有即宣告着卖方对该商品的合法权属，但在数据交易中，数据需求方缺乏足够的技术水平和专业能力对数据的权属和来源进行检验，来源违规或权属不明的数据可能对后续的使用埋下隐患。最后，数据交易存在潜在的负外部性。传统交易商品多为有形物或类知识产权的权利，交易完成后双方的权利义务理论上相对清晰，而数据的交易则容易产生外部性。一方面，数据需求方担心提供方对数据进行转卖，影响其对数据的所有或使用权益；另一方面，数据提供方也担心需求方对数据滥用和泄露，侵害其合法的数据权益。并且在数据极易复制、传播和秘密使用的情况下，即使一方实施了这些违约行为，往往仅凭另一方的认知范围和技术能力也难以发现，增加了数据供需方对数据交易外部性的担忧。在这种情况下，数据供需方只能通过不断的谈判和磋商以及充分的调查来减小交易风险，导致交易所需的时间和精力成本高，交易效率低下，数据市场主体的数据交易意愿较低。要改变这种现状，需要交易各方对于对方严格遵守约定的行为有较强的信任，因此交易各方之间的互相信任是数据交易顺利开展的核心。欧盟委员会在其《欧洲内公司间数据共享研究》（*Study on Data Sharing between Companies in Europe*）中也指出，数据提供方和数据需求方之间建立信任关系是实现数据交易的重要成功因素。

为此，实践中发展出关系契约、数据担保和数据经纪人三种建立交易双方信任的策略。① 关系契约通过股权、资产、业务关系实现与交易方正式的或半正式的控制，以遏制当事人的投机行为，实践中常表现为关联企业和合作伙伴间的数据交易。数据担保是指交易双方互相让渡各自的数据使用权，通过互换的数据和共享的数据池形成对各方履约的担保。数据经纪人可以在购买收集、汇总处理数据时对数据交易方资质和数据质量进行审核，以保证出售给数据需求方的数据质量。但以上方法都存在一定的局限性，关系契约的使用范围狭窄，仅限于关联企业或合作伙伴之间，若为了进行数据交易而取得交易方的股权、资产或业务控制可能成本过大。数据担保的适用条件严格，多数时候数据需求方本身并没有可供互换的数据，自然无法进行数据担保，且即使进行数据担保也难以判断双方用于担保的数据质量和价值是否对等，导致数据担保的效果较难体现。数据经纪人角色在美国较为活跃，美国的数据交易主要由数据经纪商组织和开展②，而这一角色在我国则面临一系列的问题。一是我国的数据交易市场尚处于初级发展阶段，市场厚度和流动性尚不充足，数据经纪商在短时间内难以在我国发挥其活跃数据交易的作用。二是相比于美国，我国法律政策对获取和交易个人数据的限制较为严格，数据经纪商仅能通过获取开放的公共数据、爬取的网页数据和采购的少量企业数据来用于交易，对数据市场主体的吸引有限，因此数据经纪商策略在我国数据市场尚未培育成熟的情况下也较难发挥作用。

在此背景下，需要一个具有权威性的第三方机构来搭建交易双方信任的桥梁，以促成数据交易的顺利开展，大数据交易平台应运而生。这在地方立法政策层面已有体现，《深圳经济特区数字条例(征求意见稿)》中提出要引导数据要素市场主体通过依法设立的数据交易平台进行数据交易，《深圳建设中国特色社会主义先行示范区综合改革试点实施方案(2020—2025年)》中亦提出要研究论证设立数据交易市场或依托现有交易场所开展数据交易。

---

① 参见许可：《北京大数据交易所能成功吗?》，载微信公众号“数字经济与社会”：https://mp.weixin.qq.com/s/lhzMVxiuiEn8fR2iMBl1eQ，2020年10月9日上传。

② Otto, Paul N., Anton, Annie I., Baumer, David L., The Choice Point Dilemma: How Data Brokers Should Handle the Privacy of Personal Information, IEEE Security & Privacy Magazine, Vol. 5(5), 2007, pp. 15-23.

2. 以信任搭建为核心的数据交易平台功能定位

数据交易平台的首要功能即在于搭建数据交易各方的信任桥梁。一是需要对数据质量进行检验，确保数据的真实性，确保数据符合效用描述，避免数据篡改、数据伪造、数据效用表述不符而给数据需求方造成损害。二是需要对数据来源进行检验，保障数据的来源合法和权属相对清晰，消除数据需求方的合规隐患，避免不必要的纠纷。三是需要对数据供需方的交易资质进行检验，一方面可以通过审查其资信来对其数据交易行为的可信程度作综合判断，另一方面可以保证数据交易各方有足够的技术水平和专业能力履行相关的数据处理和数据保护义务，保证数据交易的安全和顺利进行。四是需要对数据需求方的使用行为和数据提供方的买卖行为进行一定的监督，防止数据需求方对数据的滥用或泄露，规制数据提供方的违约转卖行为，消除数据交易的负外部性。数据交易各方信任的搭建有利于降低数据交易的风险和成本，提高数据市场主体交易的积极性，破除数据交易的信任顾虑和障碍，促进数据的交易和流通。

其次，数据交易平台的职能包括组织和撮合数据交易，发挥数据汇集功能。一是提供统一的数据交易规则，使交易各方对数据交易的各项流程达成共识并逐渐标准化。统一的交易规则和标准化的交易流程一方面有利于减少谈判和磋商的成本，提高交易的效率，另一方面也便于分环节对数据交易进行监管，提高数据交易的安全性。二是提供合理的数据定价机制，激发数据价值，促进数据资源变现。数据交易价格是数据交易中的重要因素，合理的数据价格可以获得数据交易主体的认可，增强其对数据交易市场的信任，提高其数据交易的积极性，还可以在一定程度上消除数据供需方的信息不对称，使数据交易相对公平。三是提供必要的交易场所和设施，保障数据交易的顺利进行。数据的储存、传输和使用都依赖于专业的技术和设施，普通数据交易者难以具备，数据交易平台应当提供相应的技术支持和设施服务，为数据交易构建一个相对安全可控的数据存储、传输和使用环境，保障数据交付的顺利进行。四是提供数据交易登记结算服务。一方面，随着数据交易主体数量日益庞大和数据交易频次不断增大，分散的数据交易登记结算面临的压力和风险不断升高，需要具有较强权威性和专业实力的统一的数据交易登记结算机构来对数据交易进行登记，以准确记录和真实反映数据交易结果，保障数据交易各方权益；另一方面，由于数据具有易复制、易篡改和易泄露的特征，为防止交易过程中的负外部性，需要有严格和详细的数据交易和使用的记录追溯制度以保证数据权利人的合法权益，维护数据交易的公平和秩序，由此对于数据交易登记结算具有较高的专业要求，因此需要有专门统一的数据交易登记结算机构负责。数据交易平台以上各项职能可以为数据交易提供充足的激励和支持，充分发挥平台的聚集和融通效应，吸引更多数据供需方参与，带动更多高质量、有价值的数据向数据交易平台汇集，促进数据交易市场的繁荣。

对数据交易秩序进行监督。一是进行及时必要的信息披露，既包括对数据权属和来源的披露，也包括对数据交易主体资质的披露，还包括对数据泄露、数据篡改和数据转卖等数据违规行为的披露，营造公开透明的数据交易市场，加强数据交易各方对于市场的信任。二是监督数据的按约交付和合规使用，一方面需要监督数据的质量、效用是否符合数据交易需求方的要求，另一方面需要监督在交易完成后数据是否在许可的范围内使用，形成对交易全周期的监督，加强对数据交易各方权益的保障。三是确保相关主体的合法数据权益和个人信息安全，要严格防范数据交易过程中可能对他人合法数据权益和个人信息造成的侵犯，建立事前检验、事中把控和事后救济的全过程机制保障，保证数据交易在合法合规的范围内进行。

此外，数据交易所可以积极探索数据资源变现方式。数据作为一种新型生产要素和财产权益，具备一定的财产价值，其价值变现除通过数据交易外，还可以通过金融工具设计等方式，例如通过数据期货、数据融资、数据质押等方式实现对数据的资本化，一方面可以拓宽数据的变现途径，吸引市场主体参与数据利用活动，另一方面可以打通数据要素和资本要素之间的联系，发挥数据要素对其他生产要素的乘数效应。

（二）数据交易场所的典型模式与市场实践

1. 数据交易场所的典型模式

目前我国大数据交易平台种类和数量众多，学界对于大数据交易平台的分类也存在不同的观点①，较为典型且符合行业实践的是中国信通院对数据交易

---

① 有学者根据大数据交易所成立依托的背景将其划分为政府主导、企业主导和产业联盟性质的交易平台三类，参见何培育、王潇睿：《我国大数据交易平台的现实困境及对策研究》，载《现代情报》2017 年第 8 期；有学者根据大数据交易所的交易模式将其划分为大数据分析结果交易模式、数据产品交易模式和交易中介模式三类，参见庄金鑫：《大数据交易平台三大模式比较和策略探析》，载《中国计算机报》2016 年 8 月 8 日，第 2 版；还有学者根据大数据交易所是否自身作为数据产品提供方参与交易将其分为综合性大数据交易平台和纯中介大数据交易平台，参见王卫：《国内外大数据交易平台调研分析》，载《情报杂志》2019 年第 2 期。

平台的分类。中国信通院发布的《中国数字经济发展白皮书(2020年)》根据数据交易平台成立基础和依托背景，将我国的大数据交易平台分为四类：第一种是政府主导建立的大数据交易所，例如贵阳大数据交易所、华中大数据交易所、上海大数据交易中心；第二种是企业主导型数据交易平台，即企业数据服务商，例如数据堂、美林数据等；第三种是以产业数据为基础建立的产业联盟交易平台，例如"交通大数据交易平台"、中关村大数据产业联盟、上海大数据联盟；第四种是以大型互联网公司为基础建立的数据交易平台，例如腾讯、阿里、百度、京东等。

美国的数据交易主要有三种模式。第一种是数据平台单向收集用户数据的模式，数据平台向用户给付货币、商品、服务、折扣或积分等作为获取用户个人数据的对价，之后将收集来的数据加工处理后投入应用，例如美国的 car and driver 网、personal. com 公司等。① 第二种是数据交易平台模式，数据交易平台作为数据交易的中间代理人，组织和撮合数据供需方的数据交易，同时提供与数据交易相关的其他中介服务，较有代表性的有 Factual、BDEX、Infochimps、Azure 等。② 第三种是数据经纪商(data broker)模式，数据经纪商通过各种渠道收集数据，将数据加工处理后转让或共享给数据需求方，较为典型的有美国的九大数经纪商 Acxiom、Corelogic、DataLogix、eBureau、ID Analytics、Intelius、PeekYou、RapLeaf、Recorded Future。③美国数据经纪商收集和分析的数据几乎覆盖全美消费者，是美国数据交易市场中最主要、最活跃的参与者。④

不同种类的数据交易平台运营模式不尽相同，各自具有一定的优势。政府主导型数据交易平台以"国有控股、政府指导、企业参与、市场运营"

① 参见罗珍珍：《数据交易法律问题研究》，四川省社会科学院2017年硕士学位论文，第19页。

② Otto, Boris & Aier, Stephan, Business Models in the Data Economy: A Case Study from the Business Partner Data Domain, 2013, 11th International Conference on Wirtschaftsinformatik (WI 2013), Leipzig, Germany.

③ Natasha Singer, You for Sale: A Data Giant Is Mapping, and Sharing, the Consumer Genome, N. Y. TIMES, June 17, 2012, at B1.

④ Anthes, Gary, Data Brokers Are Watching You, Communications of the ACM, 58(1), 2014, pp. 28-30.

为原则①，其行为在一定程度上拥有政府背书和官方色彩，权威性和公信力较强。以贵阳大数据交易所为代表的政府主导型数据交易平台一般采取会员制，提供交易组织和撮合服务，对数据交易方的资格和交易数据进行审查，监督交易的进行，一定程度上能够保证数据交易的质量和数据使用的安全，消除数据市场主体的信任顾虑，吸引和调动数据市场主体的参与，汇集和融通数据资源。企业主导型交易平台多为私主体，主要从事基础数据和数据产品的交易服务，根据数据需求方的要求对数据进行收集采购、加工处理后出售。以数据堂为代表的企业数据服务商业务模式一般包括两种，一是将收集的公共数据、爬取的网络数据、众包采集的数据进行清洗、校对后打包出售给数据需求方；二是与其他数据拥有者合作或购买数据，经过分析挖掘、加工处理后形成数据产品出售给数据需求方②。企业主导的交易平台完全采取市场化运营，其优点在于对于交易参与者的要求门槛低，数据交易主要以需求为导向，避免了不必要的资源投入和浪费，节省了交易平台的运营成本。以行业数据为基础建立的产业联盟型数据交易平台参与者多为行业内企业或机构，其相互之间本身存在一定的业务交流、资金往来或关联关系，具有一定的信任基础，在数据质量和数据使用上有一定的业内声誉制约保证，且交易各方对于本行业的数据价值和数据应用较为了解，更容易就数据定价评估和交易方式达成共识，数据交易更为高效便捷。互联网公司型数据交易平台以大型互联网公司拥有的海量数据为基础建立，以互联网公司拥有的数据资源为中心，向其他数据需求方进行开放共享或流通交易。实践中，互联网公司型交易平台的主要运营目标有两方面，一是挖掘数据效用，例如微信、支付宝、抖音等大型网络应用平台已经通过开放接口的方式向中小应用开发者开放数据和流量③；二是服务关联公司，例如京东建立京东万象数据服务商城，主要为京东云平台运营提供支撑。④

---

① 参见罗珍珍：《数据交易法律问题研究》，四川省社会科学院 2017 年硕士学位论文，第 25 页。

② 参见庄金鑫：《大数据交易平台三大模式比较和策略分析》，载《中国计算机报》2016 年 8 月 8 日，第 2 版。

③ 参见张钦坤、朱开鑫：《关于数据要素交易流通模式的新思考》，载微信公众号“腾讯研究院”：https：//mp. weixin. qq. com/s/hF3jbLjpp2K1YvfZ4DDIcg，2020 年 10 月 26 日上传。

④ 参见中国信通院编：《中国数字经济发展白皮书(2020 年)》，2020 年 7 月发布，第 42 页。

不同的数据交易平台基于自身的特点也存在一定的局限性。企业主导的数据交易平台主要以营利为目的，对公共利益和市场秩序的考虑有限，较难通过其发挥汇集融通数据资源、维护数据交易秩序的功能；且企业数据服务商不仅作为数据交易的中介，自身也可能作为数据交易的参与方，可能造成利益冲突，影响交易的公平性；此外，日渐增加的同业竞争压力、缺乏吸引力的交易数据来源等使得企业主导的数据交易平台面临较多的发展困境，较难满足构建统一数据交易市场的要求。以行业联盟为基础的大数据产业联盟采取纯粹的交易中介模式，既不提供数据储存、数据分析、数据审查等交易服务，也不作为数据产品的交易方，仅仅提供数据交易的渠道和平台①，这种模式一方面缺少对数据交易主体的激励，当行业内企业和机构的数据供需意识不强时，交易平台较难形成有效的数据流通；另一方面平台上的数据过于专业化和精细化，无法满足市场上对于数据资源的多样需求。以互联网公司为基础的数据交易平台主要目的是服务于关联公司，其数据流通利用多在公司内部范围进行，即使向公众开放共享或交易流通，也将面临地位不对等、信息不对称、缺乏中立性等诸多问题，具体方式仍需要实践和论证。美国的数据经纪商在运营过程中也存在一定的问题，一方面，实践中数据经纪商往往在未征得消费者同意的情况下即收集处理和使用消费者的个人数据，数据被出售给相关企业后将对消费者形成服务和销售歧视，给消费者带来困扰②；另一方面，数据泄露、数据违规使用等问题时有发生③，数据安全缺少切实有效的保障。相比之下，政府主导的大数据交易平台通过政府指导和市场化运营，不仅能够发挥交易平台权威性和公信力的优势，提供安全的数据交易场所和专业的数据交易服务，吸引市场主体的参与、获得交易各方的信任，还能充分利用政策手段和市场机制调动和汇聚数据资源，构建和维护数据交易市场秩序，应当作为主要培育和发展的数据交易平台。

---

① 参见庄金鑫：《大数据交易平台三大模式比较和策略分析》，载《中国计算机报》2016 年 8 月 8 日，第 2 版。

② Kuempel, A, The Invisible Middlemen: Critique and Call for Reform of the Data Broker Industry, Northwestern Journal of International Law & Business, 36(1), 2016, pp. 207-234.

③ Bambauer, D. E., Privacy Versus Security, J. Crim. L. & Criminology, Vol. 103(3), 2013, pp. 667-684.

2. 数据交易所的市场实践

自2015年我国第一所数据交易所成立运营①起至今，已有超过20家数据交易所(中心/平台)成立②，这批较早建立的大数据交易所自成立以来进行了一定的市场实践，积累了数据交易和平台运营的经验，同时也总结出数据交易市场目前面临的瓶颈和制约。

首先，在数据确权方面作出了一定的尝试。2016年9月，贵阳大数据交易所出台《数据确权暂行管理办法》，通过交易所的数据平台登记数据所有权以提供数据交易前的确权服务；2017年12月，浙江大数据交易中心发布了大数据确权平台，为数据记录者和数据储存者建立数据银行，保证数据资产交易安全合法转移。但实践表明，大数据交易所提供的数据确权服务在市场上的认可度并不高，主要是因为数据交易所层面的确权缺少法律效力和公信力，数据市场主体对交易平台数据确权的技术和权威性缺少足够的信任。此外，不同数据交易所建立不同的数据确权系统，还可能导致数据确权结果的冲突和不稳定。由于不同数据交易所的数据确权系统技术专业程度和确权范围不同，同一数据在不同确权系统可能得到不同的确权结果，某一交易所的确权效力也可能无法被其他交易所认可，反而割裂了各数据交易所之间数据的流通利用，在各数据交易所数据确权水平不一的情况下，还可能形成数据确权的逐底效应。2019年9月，工信部批准了我国首家全国性的数据确权服务平台——人民数据资产服务平台，该平台针对数据流通使用是否符合国家法律法规、是否符合数据使用约定等内容进行登记确证，同时采用数据标记追踪体系、数据防拷贝、数据全生命周期管理、数字水印等技术，确保数据流通业务可追溯。③ 统一的数据登记确权平台的成立有利于数据权利在全国范围内得到承认，形成公示公信效果，为数据投入交易流通提供有效保障，但目前人民数据资产服务平

---

① 2015年4月14日，贵阳大数据交易所正式挂牌运营并完成首批大数据交易，成为全国乃至全球首个大数据交易所。

② 具体包括：贵阳大数据交易所、上海大数据交易中心、西咸新区大数据交易所、武汉东湖大数据交易中心、华东江苏大数据交易平台、长江大数据交易中心、浙江大数据交易中心、哈尔滨数据交易中心、华中大数据交易平台、钱塘大数据交易中心、北京大数据交易服务平台、中关村数海大数据交易平台、中原大数据交易、重庆大数据交易市场等。

③ 董伟：《人民数据资产服务平台正式启用》，载中国青年网：http://news.youth.cn/jsxw/201909/t20190924_12079704.htm，最后访问时间：2021年1月9日。

台的实际运营情况仍未公布，登记确权的实效较难评价，对于数据登记确权的制度仍需要在理论和实践中不断探索和检验。

其次，在数据交易规则方面也作出了一些尝试。目前已经制定并实施的较有代表性的数据交易规则和数据交易公约有《贵阳大数据交易所 702 公约》《上海数据交易中心数据互联规则》《华中大数据交易平台规则》《数据流通行业自律公约 2.0》等，其他大数据交易所制定的交易规则良莠不齐，多数将以上几种交易规则作为蓝本，有的甚至直接生搬硬抄，仅对名称等内容作了简单修改，有学者曾对十余家数据交易所的交易规则进行分析后得出，交易规则近 90%重复，甚至连交易规则的章节设置、序号排列、条目总数都一模一样。①《华中大数据交易平台规则》是全国首个由数据交易所编制的大数据交易规则，其对交易平台的职责、交易主体的范围和资质、交易内容的种类和范围、数据交易行为的类型和流程、争议处理的方式等做了规定，作为国内第一份大数据交易规则，在公布之初具有较强的示范性②，但该规则在交易平台的权利义务方面规定过于简单，仅有一节共计七个条文，其余则散见于规则的其他章节，且仅有的条文对于交易平台的权利义务方面规定的也不够明确。《数据流通行业自律公约 2.0》作为一个行业自律性公约，拟定时需要考虑的各方利益纷繁复杂，在缺少主导力量统筹的情况下所能形成的合意十分有限，从其条文中也可以看出，全公约共计五章仅 15 条内容③，不仅条文数量少，对数据流通中涉及的问题也仅作了原则性规定，缺乏实际可操作性，仅具有宣誓意义。相较而言，目前仍保持基本运营的贵阳大数据交易所和上海数据交易中心的交易规则可能更具有实践指导意义，两者在交易主体、交易客体和交易流程上采取了差异化的模式，通过比较两种不同模式的实际运作情况可以综合各方优劣，为大数据交易所的发展提供借鉴。

贵阳大数据交易所虽并未直接制定统一的数据交易规则，但在《贵阳大数据交易所 702 公约》和《贵阳大数据交易所数据交易规范》中体现了关于交易规

---

① 参见张阳：《大数据交易的权利逻辑及制度构想》，载《太原理工大学学报（社会科学版）》2016 年第 5 期。

② 参见穆会军：《国内大数据交易平台建设及交易情况的相关分析——以华中大数据交易所为例》，载《信息化建设》2016 年第 9 期。

③ 《〈数据流通行业自律公约〉2.0 版本在京正式发布》，载搜狐网：https://www.sohu.com/a/103057203_162886，最后访问时间：2021 年 1 月 10 日。

则的规定。第一，其规定了交易的数据类型，即不交易底层数据，而是对基于底层数据清洗、分析、建模、可视化后出来的结果进行交易。第二，其规定了个人不允许参与数据交易所的交易，贵阳大数据交易所实行会员制，只有满足一定资质条件的法人机构才能被吸纳成为交易所的会员并参与交易，非会员只能通过委托代理的方式参与交易所的数据交易，且个人不能参与交易所的数据交易。第三，其规定了撮合数据交易的方式，贵阳大数据交易所充当交易做市商，协助双方进行数据定价和交易结算，其于2016年公布的《贵阳大数据交易所数据交易规范》约定了交易所部门间的协调沟通机制，通过对“数据买方/卖方需求信息表”的收集帮助撮合数据供需方的需求，达成数据交易。第四，规定了数据成交和交割的方式，成交方式包括自动成交、卖方选择成交和数据分拆成交，交割方式为贵阳大数据交易所为数据买家提供大数据交易终端，买方可以在终端中使用所需的数据和数据模型，也可以通过大数据接口直接接入买方系统将数据落地。第五，规定了数据交易推荐人制度和数据交易指数编制公布制度，要求数据经交易推荐人推荐并批准后才能在数据交易所挂牌上市，数据交易推荐人应当对数据交易发行人履行相关义务进行持续的监督，要求数据交易所针对每日的数据交易行情编制数据交易指数并公布。第六，对于公约中关于交易规则方面的未尽事宜，其较为全面地规定了交易规则应当包括的内容，为交易规则的制定提供了参考。①

贵阳大数据交易所的相关数据交易规则内容较为全面，在全国范围内都具有相当的示范作用，但也存在一定的局限性。在可交易数据方面，贵阳大数据交易所不进行底层基础数据交易的优势在于可以避免陷入隐私纠纷和数据所有权纠纷的困扰之中，但也错失了对数据潜在价值的挖掘，忽视了不同主体对基础数据进行挖掘分析所能产生的价值。在可参与交易的主体方面，贵阳大数据交易所禁止个人参与交易可能是出于个人主体在交易效率、交易能力和交易经

---

① 《贵阳大数据交易所702公约》第17条规定：“大数据交易所应当制定具体的交易规则。其内容包括：(一)交易数据交易的种类和期限；(二)数据交易方式和操作程序；(三)数据交易中的禁止行为；(四)清算交割事项；(五)交易纠纷的解决；(六)交易数据交易的暂停、恢复与取消交易；(七)大数据交易所的开市、收市、休市及异常情况的处理；(八)交易手续费及其他有关费用的收取方式和标准；(九)对违反交易规则行为的处理规定；(十)大数据交易所数据交易信息的提供和管理；(十一)股价指数的编制方法和公布方式；(十二)其他需要在交易规则中规定的事项。”

济性上的多重考虑，但也可能因此错失了市场上大量对于数据资源有交易需求的个人主体，对数据交易所的交易体量和数据流通性产生影响。在数据交易推荐和数据交易指数编制等制度方面，贵阳大数据交易所的规定高度仿照证券交易所的交易制度，虽然其目的在于借鉴证券交易所成熟的交易制度以促进数据交易所制度的发展，但该种生硬的参照在目前看来仍然过于超前，实践效果并不理想。此外，在统一的数据交易规则制定方面，贵阳大数据交易所目前仍然仅仅在《贵阳大数据交易所 702 公约》第 17 条对交易规则的内容作了原则性规定，对于交易纠纷的解决、交易中的禁止行为等内容目前仍未有具体规定。

上海数据交易中心的《数据互联规则》从交易的基本原则、交易客体的类型和范围、交易的标准体系、交易的具体流程和争议解决的方式等全周期对数据交易规则进行了详细的规定。第一，其规定了数据交易的基本原则，包括个人数据保护、数据互联行为、数据权益保护和数据安全防控四个方面，其中告知同意、有限互联、去身份、禁止再识别等基本原则体现了上海数据交易中心对于数据安全和个人信息保护的重视，将数据安全与合规置于交易规则之首并贯穿数据交易始终。第二，其规定了可交易数据的类型和范围，上海大数据交易中心不进行基础数据的交易，其交易的数据为去身份、格式化和清洗处理后的数据，交易数据类型包括数据集、数据工具集和数据应用集三种，并且明确了危害国家安全和社会稳定、涉及具体个人权益、涉及特定企业权益三方面的数据不能用于交易。第三，其规定了交易数据相关要素的标准化体系和数据互联接入的标准体系，前者包括主体标识标准化、标签维度标准化、标签赋值标准化、一般约束标准化、时间约束标准化和价格约束标准化六要素标准，后者包括数据存储、传输、使用的方式，以实现数据交易整体的标准化，促进数据交易安全、高效开展。第四，其规定了数据互联的具体流程，包括开户联调、对接服务、配送服务、结算服务四个具体阶段，有利于数据交易各方根据不同的交易阶段分配各自的权利义务，有利于数据交易所根据不同的交易阶段为数据交易提供支持和开展监督。第五，其规定了争议纠纷的解决办法，数据交易方可以凭充分的证据向数据交易中心投诉，数据交易中心接到投诉后将立即通知相关主体并暂停投诉涉及的相关数据交易和服务，被投诉方提交证据进行抗辩的，数据交易中心可以恢复其数据交易和服务，双方之间的争议应当诉诸有权处理机构或司法机关解决。该争议纠纷的解决方法充分体现了数据交易中心在提供交易服务过程中的中立性和“避风港规则”的运用，能够为数据交易各方争议纠纷的解决提供一定的途径。

上海数据交易中心的相关数据交易规则规定较为细致，内容较为系统，但也存在可以完善的空间。在可交易数据方面，其与贵阳大数据交易所存在同样的问题，不进行底层基础数据交易，这能缓解了隐私保护和数据所有权界定的问题，但也意味着对数据潜在价值挖掘的舍弃，忽视了不同主体对基础数据进行挖掘分析所能产生的价值开发。在可参与交易的主体方面，上海数据交易中心同样规定只有合法的机构主体才能参与数据交易，将个人主体排除在数据交易范围之外，在我国数据交易尚处于起步阶段，各项交易制度和交易规则尚未健全的情况下该种考虑差强人意，但也可能因此错失了个人数据交易主体对数据交易所的交易体量和数据流通性带来的增长红利。在交易数据相关要素标准化和数据互联接入标准化上，上海数据交易中心作出了严格详细的要求，但应当注意的是，类似一系列标准的实施和执行需要硬件层面和技术层面的充分支持，实施和运营成本较高，实践中并非所有交易所均有条件和能力达到。此外，《上海数据交易中心互联规则》对于数据供应方、数据需求方、数据运营方和数据监管方四个数据交易参与主体仅作了概念上的界定，对各主体的权利义务规定并未明确，不利于数据交易过程中各参与方的权利义务划分和数据交易的有序开展。

再次，在数据定价方面进行了一定的探索。上海数据交易中心和贵阳大数据交易所均根据交易所的各项数据资产评价指标由系统自动定价给出数据参考价格，一定程度上能够消除信息不对称，使交易价格相对公允，避免单方面的随意定价和垄断定价。上海数据交易中心采用多要素决策的价格体系，供应方可以参考平台发布的市场行情自主设定并调整本方价格及相关数据互联要素中的价格影响因素，需求方根据自身需求情况，在数据互联服务平台竞价服务过程中进行择优选定。贵阳大数据交易所采取实时浮动定价和数据自动计价连续交易的价格机制，实时价格主要取决于数据的样本量和单一样本的数据指标项价值，该指标包括数据品种、时间跨度、数据深度、数据完整性、数据样本覆盖和数据实时性六大要素，交易所根据这些指标自动定价，实现价格的实时浮动，数据需求方通过交易系统查询到数据的实时价格，综合实时价格和自身需求与数据提供方确定最终的成交价格。但交易所自动定价所产生的数据交易参考价格不具有决定性效力，最终数据成交的价格仍然由数据供需方根据实际需求和双方协商来确定，本质上仍然是数据协商定价，其缺点在于协商过程可能过于漫长，双方付出的时间和精力成本高，且在数字经济时代大规模的数据交易下，较难满足交易效率上的需求。此外，上海数据交易中心和贵阳大数据交易所也采用集合竞价和拍卖定价等市场化的方式来确定数据价格。但集合竞价需要有多个供需方参与竞价才能最终形成反映市场供需关系的数据价格，在数据交易市场厚度和流动性尚不足够的情况下，集合竞价的效果较难实现。① 拍卖定价也仅适用于数据具有多名潜在的需求方的情况，若数据需求方少，则拍卖可能难以起拍②，且数据的起拍价和拍卖价格增长幅度的确定本质上仍然需要回归到数据的基本定价问题上。

最后，在运营模式上积累了一定的经验。第一，在交易所的设立上，贵阳大数据交易所和上海数据交易中心均由地方政府和相关主管部门批准，由国有企业和其他市场投资者出资设立而成，均登记为有限责任公司法人，在股权结构上均为国有控股，体现了国家对于大数据交易所这一关乎国家重大发展战略的把控。贵阳大数据交易所由贵州省金融办、贵阳市人民政府、国家相关金融主管部门批准同意，登记注册为有限责任公司，注册资本 5000 万元人民币，实缴资本 150 万元人民币，国有控股。上海数据交易中心由上海市人民政府、上海市经济和信息化委员会、上海市商务委员会批准成立③，登记注册为有限责任公司，注册资本 2 亿元，国有控股。但应当注意的是，无论是上海数据交易中心还是贵阳大数据交易所，均未实行资本实缴制，这在一定程度上给数据交易所的持续正常运营带来了风险。第二，在交易所的业务范围上，贵阳大数据交易所和上海大数据交易中心采取了不同的设置。贵阳大数据交易所的业务范围包括组织和监督数据交易以及大数据相关的金融工具设计，其中组织和监督数据交易包括对数据交易方资质的审查、对交易数据质量的审查以及对数据交易行为的审查，大数据相关的金融工具设计包括开展数据期货、数据融资、数据质押等业务。上海数据交易中心的业务范围包括数据流通业务、数据开放业务和数据服务业务，其中数据流通业务即提供数据交易流通相关的资质审查、安全保护、匹配撮合等服务，数据开放业务即为政府部门、科研机构和企

---

① 参见邹传伟：《如何建立合规有效的数据要素市场》，载《环球经济评论》2020 年 5 月 18 日，第 A11 版。

② 参见李成熙：《我国大数据交易盈利模式研究》，载《情报杂志》2020 年第 3 期。

③ 参见《上海数据交易中心成立》，载新华网：http：//www.xinhuanet.com/politics/2016-04/01/c_128856527.htm，最后访问时间：2021 年 1 月 10 日。

业提供有条件和无条件的公共数据和其他相关数据的开放，数据服务业务属于上海数据交易中心的营利业务，包括企业画像服务和数据治理服务，相当于其自身直接作为数据交易方为市场主体提供相关的数据服务。贵阳大数据交易所和上海数据交易中心的业务范围设置提供了不同的市场实践经验，但也存在一定的问题。贵阳大数据交易所大数据相关的金融工具设计业务在实践中并未实际开展，市场认可度也较为有限，在我国数据交易市场尚处于初级阶段的情况下，该种业务设置过于超前。上海数据交易中心的数据服务业务使其不仅作为数据交易的平台，还作为数据产品和数据服务的提供方，具有交易中介和交易主体的双重身份，并具有监管主体和监管对象的双重身份，可能产生利益上的冲突，影响数据交易和数据监管的公平。第三，在交易所的治理模式上，上海数据交易中心并未公布其治理模式和治理规则，贵阳大数据交易所在其公布的《贵阳大数据交易所 702 公约》中规定其对交易平台采取会员大会、理事会和监察委员会的治理模式。会员大会由全体会员组成，是交易所的最高权力机构，理事会由会员和非会员组成，是交易所的决策机构，监察委员会属于理事会的下设机构，负责监察交易所的高级管理人员和其他工作人员的履职情况、监察大数据交易所的财务情况。此外，理事会还设有总经理、副总经理和专门委员会，总经理、副总经理由相关主管机关任免，受理事会领导，负责交易所的日常管理工作，专门委员会属于理事会和总经理的下设机构，根据需要设立以辅助理事会和总经理开展数据交易所的相关工作。贵阳大数据交易所的治理模式具有以下特点：一是交易所的部分高级管理人员由相关主管机关选举或任免，体现了相关主管机关在交易所人员设置上的监督和一定的控制权，例如理事会非会员成员的选举、理事长和副理事长的选举、总经理和副总经理的任免等。二是理事会在交易所的治理中占有主导地位，理事会不仅作为交易所的决策机构，还作为日常事务管理者的领导机构，作为监察机构的监察委员会甚至属于其下设机构，一定程度上使得其对于数据交易所的治理具有较大的主导能力。三是贵阳大数据交易所采取的治理模式与我国的证券交易所治理模式高度相似，除交易所登记注册的性质不同外，在会员大会、理事会的职能设置和人员任免上，贵阳大数据交易所都与我国证券交易所的制度高度相似。但应当注意的是，此种治理模式也存在一定的问题。一是理事会的主导地位过于强烈，缺乏有效的监督，监察委员会作为理事会的下设机构较难发挥对理事会的监督实效。二是贵阳大数据交易所登记注册为公司制法人，我国的证券交易所登记注册为事业单位法人，两者在法律属性上存在本质差异，证券交易所的治理模式不宜直接套用在数据交易所的治理当中，否则可能产生不适应甚至冲突。此外，贵阳大数据交易所作为公司制法人对交易平台采取会员大会的治理模式，公司股东利益和交易所会员利益可能产生冲突，股东大会和会员大会的职能也可能存在交叉和掣肘，如何兼顾各方利益并保证交易所的有效治理和有序运行、如何在营利性法人的属性上发挥交易所的公益定位和职能，需要对交易所的治理模式作审慎考量。

时至今日，目前仍在维持运营的大数据交易所主要有贵阳大数据交易所、上海大数据交易中心、浙江大数据交易中心和其他少数保留运营的交易所，其余大多数交易所均不再有完善的团队支撑相关业务的开展①，主要的原因是实践中大数据交易所对数据市场主体的吸引力不高，市场主体缺乏在大数据交易平台上参与数据交易的积极性。大数据交易所的原本定位为组织和监督数据交易，汇集和融通数据资源，实现数据要素的有效流通，但实际情况是，大部分数据供需方只是通过大数据交易中心来接触一些客户，交易过程本身并不依赖交易中心展开②，这就导致实践中仍在运营的大数据交易所实际上并没有真正的数据交易，不少数据交易所做起了数据撮合、数据应用和数据增值的服务，与交易所建立之初的定位和目标大大偏离。此外，实践中大数据交易所面临着重复建设的问题，大数据交易所的设立门槛过低，同一地区的数据交易所数量众多，重复建设和数据割据现象严重③，以华中大数据交易所、长江大数据交易中心、东湖大数据交易中心三个交易平台为例，三者均处于湖北省境内，但在发展定位和功能定位上界线不清，过多的数据交易平台可能使数据市场割裂，形成“数据孤岛”，无法有效发挥数据交易平台的功能优势。④

---

① 参见李慧琪、程姝雯：《缺少真正数据交易的大数据交易中心真正缺少什么?》，载《南方都市报》2020 年 9 月 9 日，第 GA13 版。

② 参见李慧琪、程姝雯：《缺少真正数据交易的大数据交易中心真正缺少什么?》，载《南方都市报》2020 年 9 月 9 日，第 GA13 版。

③ 参见张阳，《大数据交易的权利逻辑及制度构想》，载《太原理工大学学报(社会科学版)》2016 年第 5 期。

④ 参见雷震文：《以平台为中心的大数据交易监管制度构想》，载《现代管理科学》2018 年第 9 期。

（三）数据交易所的法律地位与制度空间

要优化和完善数据交易所的相关制度，应当在明确数据交易所现存问题的基础上探究数据交易所的法律地位与制度空间，从现存的市场体制中探寻数据交易所的合理法律和市场地位，从相关法律主体的成熟制度中寻找一定的经验，把握数据交易所相关制度的改革方向。

数据效用发挥的关键在于数据价值的激发，全面激发数据要素价值需要经历 3 个阶段，即资源化、资产化和资本化①。资源化是指将分散的、碎片的和无序的数据汇集作为一种有用的物质材料的过程，资产化是指将数据与具体的业务融合，实现数据价值的过程，资本化是指数据要素作为一种财产权益参与资本市场流通和利用的过程。数据要素资源化是数据价值激发的基础，数据要素资产化是激发数据要素价值的核心，数据要素的资本化是数据要素价值激发的最终目的。为此，一方面需要提高收集处理数据的软硬件水平，加强数据基础设施的建设，以促进数据要素的资源化；另一方面需要丰富数据的应用场景，加强数据的应用深度，以促进数据要素的资产化；更为重要的是要明确数据交易市场的法律地位，尝试数据市场与资本市场的连接和融合，形成数据要素与资本要素的良性互动，既发挥数据要素在优化配置、投入替代和价值倍增上的作用，也发挥资本要素在价值变现上的优势，促进数据要素的资本化和数据价值的全面激发。

就目前而言，大数据交易所并未被确认为资本市场的一个部分，虽然大部分数据交易所的设立批准有相关金融监管机构的参与，但从各大数据交易所的运营情况来看，仍然仅能将其界定为独立的数据交易市场，与证券交易所、全国中小企业股份转让系统、区域性股权交易所甚至区域性产权交易所等资本市场仍存在一定的距离。但无论是数据要素交易市场还是资本市场，其定位都在于优化资源配置、为企业发展提供必要的数据生产要素或资金，两者之间存在密切关联，因此论证数据交易所与各大资本市场之间的关系，明确数据交易所的法律地位和制度空间是充分激发数据要素价值、实现数据要素资本化的基础。

---

① 参见何伟：《激发数据要素价值的机制、问题和对策》，载《信息通信技术与政策》2020 年第 6 期。

首先可以考虑的是数据交易市场与产权交易市场之间的对接。我国产权交易市场目前的交易标的涵盖了股权、债权、知识产权、实物资产等，如果将数据纳入作为产权交易市场的一部分，一方面需要论证数据权属和产权的界定方法，使其能够以一种产权的形式投入交易流通；另一方面需要考虑如何将现有的数据交易所在硬件设施、组织机构、人员配置和交易规则上与产权交易所的相应制度进行对接和融合，尤其是在治理模式上，贵阳大数据交易所对交易平台采取的是会员大会的治理模式，而产权交易市场采取的是股东会、董事会、监事会的治理模式，两种治理模式之间如何转换和衔接将成为较大的难题。此外，产权交易市场最初的建立的目的是帮助国有企业资产在市场上流通，助力国有企业改革，产权出让方大多为发展面临困境的企业，虽然国务院在2015年公布的《关于深化国有企业改革的指导意见》中将产权交易市场正式确立为资本市场的一部分，但从市场实践来看其发展仍然不瘟不火，无论是从交易规模、交易频率还是交易参与人员上看都并未展现出其他层次资本市场的活跃和繁荣，假如将数据交易所并入看似已经“掉队”的产权交易市场，可能影响数据交易市场的发展、违背鼓励和支持大数据交易发展的战略。

其次，可以考虑数据交易市场与区域性股权交易市场的对接。两者的相似之处在于，一是大部分数据交易所均呈现出一个省域范围内设立一个的状态，这与区域性股权交易所一省范围内仅设立一个的设置相似；二是数据交易所和区域性股权交易所的运营方均在提供交易平台的同时为交易提供组织和撮合的中介服务。但两者对接的难度在于，区域性股权交易市场中的企业良莠不齐，往往需要有严格的合格投资者认定机制，如果对数据交易所采取这种严格的认定机制，可能导致数据交易所的交易体量和数据流通性降低，影响数据交易的发展。此外，区域性股权交易市场三会一层的公司制治理模式如何与以贵阳大数据交易所为代表的数据交易所对交易平台会员大会的治理模式相衔接也是较大的难题。

再次，可以考虑数据交易市场与中小企业股份转让市场的对接。中小企业股份转让市场属于仅次于证券交易所的全国性资本市场，在数据交易尚未发展成熟时，可以先参照中小企业股份转让市场的运营模式和运营经验。两者的相似之处在于，以贵阳大数据交易所为代表的数据交易所和中小企业股份转让系统均采取主办券商制度，由主办券商为市场上的交易提供推荐业务和经纪业务，增加市场的流通性。但两者的衔接难点在于，现阶段的数据交易所仍然处于各自独立和零散分布的状态，要形成全国统一的交易市场和交易规则不仅在操作技术上存在一定的难度，在具体实施上也面临着较大的成本，且以贵阳大数据交易所为代表的数据交易所对交易平台会员大会的治理结构与中小企业股份转让系统三会一层的治理结构存在较大差异，两种治理模式之间如何取舍和协调也是难点之一。

最后，可以考虑数据交易市场与证券交易市场的对接。经纪人制度、做市商制度、竞价交易制度和专业分析师制度是当前全球证券交易市场上的基本制度，这些制度随着证券交易的发展经过了长时间的市场检验，数据交易与证券交易具有很强的共通性，两者在交易安全和交易公平上均有较为严格的要求，因此证券交易所的很多成熟制度可以为数据交易所的建设提供经验借鉴①。但应当注意的是，数据交易所与证券交易所在本质上仍然存在较大的区别，两者在登记注册属性、法律法规和政策依据、基础设施配套以及运营宗旨上都不尽相同，不宜将证券交易所制度直接套用在数据交易所的制度建设上，而应在充分论证和实践检验的基础上对证券交易所的相关制度加以借鉴。

(四)数据交易所发展与治理的制度方案

首先应当明确以政府主导型数据交易所为主要的培育和发展对象。数据交易平台的职能在于搭建交易各方的信任桥梁，组织和监督数据交易，达到汇集和融通数据资源、促进数据要素流通利用的效果。政府主导型数据交易平台相较于企业主导型数据交易平台、产业联盟数据交易平台、互联网公司数据交易平台等具有更强的公益性和公信力，具有更丰富多样的数据资源，通过政府指导和市场化运营，能够提供安全的数据交易场所和专业的数据交易服务，获得市场主体的信任和参与。此外，政府主导的数据交易所还能充分利用政策手段和市场机制调动和汇聚数据资源，构建和维护数据交易市场秩序，促进数据要素的有序流通，应当作为主要培育和发展的对象。

设立要求方面，应当在数据交易所的设立上设置一定的准入条件，鼓励数据交易所实行资本实缴制。一是要提高数据交易所的设立标准，防止重复建设和市场割裂。在数据交易所设立的资金、人员、交易规则、组织形式和管理制

---

① 参见邢会强：《大数据交易背景下个人信息财产权的分配与实现机制》，载《法学评论》2019 年第 6 期。

度上规定相应的审批要求，以行政许可的方式授权大数据交易所提供数据交易服务，限制大数据交易所的数量规模，保障大数据交易所的发展质量，应当鼓励一个省级地方集中力量建设一个大数据交易所，已经建立了多个大数据交易所的应当积极稳妥推进为一个，并逐步探索建立全国统一的大数据交易场所。二是要鼓励数据交易所实行资本实缴制，为数据交易所的持续正常运营提供资金保障。一方面，数据交易本身作为一种特殊的商事活动需要经过相关部门的批准，对于交易安全和交易公平有较为严格的要求，在数据极易被泄露、复制和篡改的特质下，数据交易的组织和监督具有较大的风险，需要足够的资金支持；另一方面，数据的收集、清洗和加工处理以及数据交易所相关基础设施的维护和运营都需要大量的资金投入，因此对于资本具有较大的需求，在此情况下，应当鼓励数据交易所实行资本实缴制，以使数据交易所的持续正常运营有充足的资金支持。

交易规则方面，应当在整合现有各大数据交易所交易规则的基础上，从可交易数据范围、可参与数据交易的主体、数据交易参与方权利义务三个方面进一步完善。第一，在可交易数据范围上，可以尝试在保证数据权属和个人隐私的情况下逐步放开对基础底层数据的交易。不进行底层基础数据交易固然可以缓解隐私保护和数据所有权界定的问题，但一刀切的规定也意味着放弃了对基础数据潜在价值的挖掘，不利于数据价值的充分激发和释放。因此，需要加强数据权属界定、数据产权和个人隐私保护的制度建设，解决底层数据交易的逻辑前提问题，在此基础上可以尝试分类分步地开放底层数据的交易，以实现对数据价值的充分激发和对数据资源流通利用的促进。第二，在可参与数据交易的主体上，应当在交易制度和交易条件逐步成熟的情况下尝试允许个人主体参与数据交易所的交易。就目前数据交易所的实践而言，贵阳大数据交易所和上海数据交易中心两类具有代表性的数据交易所均不允许个人主体参与数据交易，如此规定一方面是考虑到数据收集和加工处理的成本高而个人对数据的需求量小，个人主体的数据交易无论对于数据交易所还是对于个人而言在成本收益上均不经济，即使向个人主体开放数据交易，参与者也可能寥寥无几；另一方面是考虑到个人在数据分析处理和价值挖掘方面的能力有限，个人购买数据在多数情况下可能是为了短期投机而不是应用开发，且个人在数据安全保护和数据合规使用上也缺少专业设施和技术的保障，在数据交易和流通机制尚未健全的情况下允许个人数据交易主体的大量涌入可能给数据交易市场的秩序带来冲击。但应当注意的是，随着数据行业技术和规则的发展，数据收集和加工处理的成本将不断降低，数据交易和流通制度也将更为完善，此时应当逐步放开个人主体参与数据交易所的交易，否则可能错失体量庞大的个人数据交易主体给数据交易市场带来的增长红利。第三，应当明确数据交易参与各方的权利义务，为数据交易流通全过程提供保障。数据交易过程中的参与主体可以分为四类，即数据供应方、数据需求方、数据运营方和数据监管方。数据供需双方的权利义务在数据交易流程的不同阶段应当清晰明确，以便于认定供需双方是否已履行相应的给付义务，同时为可能出现的数据交易纠纷提供权利义务界定的依据；数据运营方和数据监管方应当根据数据交易流程履行相应的数据服务支持义务和数据交易监管义务，以保障数据交易的公平有序和高效开展。

业务范围方面，应当在发挥数据交易所核心职能的基础上，拓展在公共数据开放、数据服务业务和大数据相关金融工具设计方面的相应职能。首先，应当发挥数据交易所基础的核心职能，组织和撮合数据交易，促进数据要素的流通和利用。在数据交易规模和交易频率尚不高的情况下采取做市制度以增加数据交易市场的流动性，在数据交易规模、交易频率和交易参与者逐渐增多后，可以尝试采取竞价交易制度或竞价交易与做市商交易并存的“混合交易制度”，以增加数据交易市场的流动性、满足客户即时成交的要求，同时保证交易市场的公平和安全。① 其次，应当拓展数据交易所作为公共数据开放平台的职能。数据交易所作为数据交易和流通的平台，汇集众多的数据供需方，是数据交换活动最为活跃的场所，公共数据作为数据资源中占比最大、价值较高的数据种类，借助数据交易所的平台能够得到更为充分和有效的利用，因此应当尝试将公共数据开放作为数据交易所的职能之一，进一步发挥数据交易所在数据资源汇集和融通方面的作用。最后，应当尝试拓展数据交易所在数据服务业务方面的职能。数据服务业务属于营利性业务，一方面可以借助数据交易所的设备和技术优势为市场主体提供更为丰富的数据服务，提高数据交易所的市场吸引力；另一方面也可以实现数据交易所的创收，为交易所的持续运营提供一定的资金支持。但需要注意的是，数据服务业务中数据交易所将作为数据交易的直接参与方，同时具有数据交易中介和数据交易当事人的双重角色，也同时成为

① 参见邢会强：《大数据交易背景下个人信息财产权的分配与实现机制》，载《法学评论》2019 年第 6 期。

数据交易监管方和数据交易被监管主体，可能造成利益冲突和数据交易监管的不公，应当把握营利性和公益性的边界，设置业务隔离，防止利益冲突，确保数据交易所公平公正地履行相应职责。此外，可以尝试拓展数据交易所在大数据相关金融工具设计方面的职能，通过数据期货、数据融资、数据质押等方式实现对数据的资本化，一方面可以拓宽数据的变现途径，吸引市场主体参与数据利用活动；另一方面可以打通数据要素和资本要素之间的联系，充分激发数据要素的价值。

治理模式方面，应当在监察机构的设置和治理结构的协调上作出完善。首先，应当优化数据交易所监察机构的设置。以贵阳大数据交易所为代表的交易平台会员大会的治理模式中，理事会具有较强的主导地位，其不仅作为交易所的决策机构，还作为日常事务管理者的领导机构，实际上掌握着数据交易所治理的最大话语权。从贵阳大数据交易所的治理规则来看，对理事会的监察仅由理事会下设的监察委员会来进行，作为下设机构的监察委员会在体制上要受到理事会的领导，难以发挥对理事会和的监察实效，也无法独立地开展对于数据交易所高级管理人员和其他工作人员、对数据交易所财产情况的监察。应当将数据交易所的监察机构作为独立的机构或至少与理事会平级的机构，以实现对理事会和其他数据交易所相关事务有效监督，形成合理的内部治理机制，保障数据交易所的有序运营。其次，应当协调交易所公司制的法人属性和会员大会的治理结构之间可能出现的不适应。以贵阳大数据交易所为代表的数据交易所登记为有限责任公司，在公司的内部治理上采取的是三会一层的治理结构，但在数据交易平台的治理上却采取了会员大会的治理结构。在公司内部治理中股东会为最高权力机构，在数据交易平台的治理中会员大会为最高权力机构，两者之间可能存在职能范围的交叉和决策效力的掣肘，公司股东利益和交易平台会员利益之间也可能存在难以避免的冲突，此时需要设置合理的协调机制，理顺公司内部治理和数据交易平台治理之间的关系，平衡公司股东和数据交易平台会员之间的利益，实现数据交易所的有序运营。

四、数据要素市场运行的配套体系与制度安排

数据要素市场的有序稳定运行离不开相关配套体系与制度的安排，数据价格是数据交易开展的重要条件之一，其不仅影响着数据交易能否顺利达成，还

直接反映着数据价值，作为数据价值变现的依据，合理的数据定价评估机制能够促进数据交易的繁荣和发展，不当的数据定价评估机制将打击市场主体的交易信任和积极性，因此数据定价机制是数据要素市场运营的重要配套机制。此外，健全的数据治理监管体系和监管制度是保障数据要素市场公平交易、有序竞争的基础，是促进数据自由流通利用和数据交易市场稳定发展的重要配套制度。

（一）数据定价机制与价格的法律调节

数据定价规则是数据交易规则的重要部分，数据价格的公开化和交易的透明化是数据交易市场健康发展的重要条件，合理的价格不仅能够建立起数据供需方对于数据交易市场的认可，还能够激发数据变现的能力，吸引数据主体参与数据交易，促进数据资源的流通利用和配置。此外，数据价值的评估对于数据产权的划分也有重要的影响，探索数据的价格形成机制能够分析不同主体对数据价值所做出的贡献与投入的程度，由此来作为数据权属划分的参考依据之一，因此数据定价机制的研究也将有利于数据权属划分规则的探索。

根据数据的来源可以将数据分为公共数据、企业数据、社会数据和个人数据，公共数据和个人数据的定价基于其特殊性需要另行讨论，社会数据一定程度上可以参照公共数据和企业数据的流通利用和定价评估方式，企业数据是数据要素市场中数据流通利用的核心，因此解决企业数据的定价评估问题是解决数据资源整体定价评估的关键。

数据相较于传统资产具有诸多特性，这使得对数据的定价评估存在一定的难度。一是大数据的价值具有双向不确定性①，一方面数据的价值无法即时直观地体现，往往需要投入使用时甚至是投入使用较长时间后才能发现，其价值的体现具有滞后性，无法事先或在购买时就予以确定；另一方面，数据的价值很大程度上体现在对其的分析挖掘和应用，因此相同的数据对于不同的需求方价值可能存在巨大差异。二是数据显著的异质性使得数据定价难以形成统一的标准，数据种类丰富、类型多样，不同行业、不同种类的数据具有不同的特性，结构性数据、半结构性数据和非结构性数据不仅表现形式不同，价值体现也不同，由此使得单一的数据价值评价指标难以适用到所有类型的数据定价评

---

① 参见刘朝阳：《大数据定价问题分析》，载《图书情报知识》2016年第1期。

估当中。三是数据的实效性和排他性导致的数据贬值给数据定价增加了难度，市场中相当一部分的数据是随着市场情况的变化而不断更新和丰富的，由此使得数据存在过时的风险，经过的时间越长，数据贬值越严重；此外，若某一数据主体对数据的使用将因为其他数据主体对该数据的使用而受到影响，则数据出售的主体越多，数据对于后续购买方的价值将越低，即数据的使用价值在不断降低。四是需求方对数据权益占有程度的不同将催生不同的数据定价模式，虽然目前尚未完全确定数据的完整权利谱系，但已经有学者根据数据所有权、数据收益权、数据使用权的模式对数据采取不同的定价方式①，在需求方对数据权益占有程度不同的情况下，数据定价也需要采取不同的标准，由此也给数据定价机制的设定带来一定的难度。

面对数据定价的难题，行业和学界分别进行了一定程度的市场实践和理论探索。市场实践中，有平台预订价、协商定价、拍卖定价和集合竞价几种数据定价模式。贵阳大数据交易所和上海数据交易中心采取平台预订价的模式对数据进行定价，两者根据交易所制定的各项数据资产评价指标对数据价格进行评估后由系统自动定价给出数据参考价格②，数据供需方结合交易所给出的参考价格协商后确定最终的成交价格。协商定价是指数据供需双方在无第三方介入的情况下对数据价格进行多轮的报价，最终在价格博弈中确定双方都接受的数据成交价格，其优点在于买卖双方沟通的机会多，定价的自由度较高③，且交易双方对于数据的价格均有发言权，数据的最终成交价格体现了双方较大程度的合意。实践中还有集合竞价和拍卖定价等市场化的数据定价方式，其优点在于无须制定特定的数据价值评估标准，而交由市场上的需求方来确定数据最终的成交价格，且拍卖定价有利于将数据权益的转移限制在小范围的目标买家之内，保证了数据买家的利益。④ 理论上，学界探讨了成本定价法、效用定价法、市场定价法和价格区间定价法等数据定价理论。成本定价法即确定生产数

① 参见李成熙、文庭孝：《我国大数据交易盈利模式研究》，载《情报杂志》2020 年第 3 期。

② 参见《贵阳大数据交易所 702 公约》第 12 条数据定价及交易模式；参见《上海数据交易中心数据互联规则》第九节流程体系第 3 款、第 4 款。

③ 参见王文平：《大数据交易定价策略研究》，载《软件》2016 年第 10 期。

④ 参见陈永伟：《数据应该如何定价》，载《经济观察报》2020 年 6 月 22 日，第 36 版。

据所需付出的成本，将该成本作为数据估值或定价的基准。① 数据生产成本包括固定成本和可变成本，前者如必要的硬件设施、人力资源和知识产权等投入，后者如随着业务量增加而增加的服务成本、运营成本等，以成本法评估数据价值或确定数据交易价格有利于恢复数据经营者或生产者的再生产能力，维持数据生产交易的可持续。效用定价法即通过评估数据需求方在使用数据后与使用数据前的预期收益差值来作为数据估值或定价的基准。② 为确定该预期收益，可以采用重置成本法、现金流贴现法、内部报酬率法等方法来预估数据未来的收益流贴现。③ 该方法有利于解决数据因不同主体的不同分析挖掘和应用可能产生不同价值的难题。市场定价法即交由市场主体来确定数据价格，由市场上多个供需主体间的不断匹配形成反映市场供需关系的数据均衡价格④，该方法充分发挥市场作用，一定程度上能够契合市场实际。价格区间法是指由数据提供方给出基于数据生产成本评估产生的数据保留低价作为数据成交最低价，由数据需求方给出的基于数据效用评估产生的数据预期价格作为数据成交的最高价，数据供需方在此区间内再通过拍卖或协商等其他方式进一步确定数据最终成交的价格。⑤ 该方法的优点在于可以缩小供需双方对数据价格博弈的范围，同时防止数据的过高或过低定价，一定程度上能够节省数据供需方确定数据交易价格的时间和精力成本，同时控制数据交易价格范围、维护数据交易秩序。

目前的市场实践和理论探索在数据定价上取得了一定的经验，但仍存在一定的问题。就市场实践而言，数据交易所提供的数据参考价格不具有决定性效力，最终数据成交的价格仍然由数据供需方根据实际需求和双方协商来确定，可能超出数据交易所提供的数据参考价格范围，因此平台预订价本质上仍然是

---

① 邹传伟：《如何建立合规有效的数据要素市场》，载《第一财经日报》2020 年 5 月 18 日，第 A11 版。

② 胡燕玲：《大数据交易现状与定价问题研究》，载《价格月刊》2017 年第 12 期。

③ 参见吴绪亮：《制度设计是数据要素定价的关键》，载《经济日报》2020 年 10 月 23 日，第 11 版。

④ 参见陈永伟：《数据应该如何定价》，载《经济观察报》2020 年 6 月 22 日，第 36 版。

⑤ 参见刘朝阳：《大数据定价问题分析》，载《图书情报知识》2016 年第 1 期；胡燕玲：《大数据交易现状与定价问题研究》，载《价格月刊》2017 年第 12 期；赵丽、李杰：《大数据资产定价研究——基于讨价还价模型的分析》，载《价格理论与实践》2020 年第 8 期。

数据协商定价，其与协商定价一样存在的缺陷在于，供需双方出于对对方低价的小心试探可能导致整个数据成交价格的协商过程过于漫长，双方付出的时间和精力成本高，在数字经济时代大规模的数据交易背景下，较难满足交易效率上的要求。此外，协商定价过程中还可能因为某一方占有市场优势而对于定价拥有更大的话语权①，双方定价话语权的不平等可能造成一方对于另一方的肆意掠夺甚至价格欺诈，使数据价格偏离正常水平。集合竞价和拍卖定价等市场化的定价手段需要有多个需求方的参与才有可能发挥效用，在数据交易市场厚度和流动性尚不足够的情况下，集合竞价的效果较难实现②；在数据需求方过少的情况下，拍卖难以起拍，且数据的起拍价和拍卖价格增长幅度的确定本质上仍然需要回归到数据的基本定价问题上。此外如何设置合理的数据竞价机制和拍卖机制，杜绝恶意串通行为，保证数据竞价和拍卖的公平公正等问题也存在一定的难度③。就学界提出的几种数据定价的理论方法而言，成本定价法无法反映同样的数据对于不同主体、不同时间点以及与其他数据组合时的价值差异，效用定价法高度依赖于未来收益贴现模型的科学性和准确性，存在较大的技术难度。以数据生产成本价和数据预期效益最高价确定的价格区间未必能反映数据市场的实际，在数据收集和加工处理技术尚未完全成熟的情况下，数据成本价格并非绝对低于数据效用价格，市场上主体对于数据产品的投入往往可能大于该数据产品效用所能带来的收益，因此以数据生产成本价作为数据交易价格区间的最低价并非绝对成立。

数据定价一方面需要体现数据本身的价值和数据交易双方的合意，要求定价的准确性；另一方面需要满足数字经济背景下对于大规模快捷数据交易的需求，要求定价的效率性，为此需要研究确定科学合理的数据定价评估机制，兼顾数据定价准确和效率两方面的价值追求。首先，应当明确可进行数据定价评估的数据是经过预处理的数据，未经处理的数据不仅不具备可供交易的商品属性，还可能存在隐私泄露、侵犯他人合法权益和国家利益的风险，而经过预处理的数据不仅可以使数据具备商品属性，还可以在一定程度上消除数据的异质性、保护相关主体的隐私和元数据的安全，便于数据的定价和交易流通。其

① 参见胡燕玲：《大数据交易现状与定价问题研究》，载《价格月刊》2017年第12期。

② 参见邹传伟：《如何建立合规有效的数据要素市场》，载《第一财经日报》2020年5月18日，第A11版。

③ 参见李成熙：《我国大数据交易盈利模式研究》，载《情报杂志》2020年第3期。

次，应当区分不同场景和不同类别对数据定价。不同类别的数据具有不同的效用特征，应当对各项评估指标赋予不同的权重或采取特殊的价值评估标准，还应结合数据具体的应用场景来评价数据可能产生的预期效益，以确保数据价值评估的准确性。再次，要研究确定合理的数据资产定价指标。数据资产定价指标是评估数据价值的重要依据，是数据交易所提供数据参考价格的核心标准，因此需要结合市场实践和相关的理论研究确定科学合理的数据资产定价指标，为数据的合理定价提供标准支撑①。待数据交易的市场厚度和流动性达到一定的程度后，可以采用集合竞价等市场化的方式将数据价格交由市场来确定。最后，应当建立数据价格的反馈机制。鼓励用户在使用一段时间后对数据的质量和效用进行反馈，数据定价机构根据用户的反馈对数据价格进行一定的调整，从而实现数据定价机制的不断优化，但具体的反馈时间、反馈的客观性检验，价格调整的幅度和标准等相关问题仍然需要进一步的研究。

合理的数据价格有利于促进数据交易的繁荣和数据市场的发展，但不正当的数据定价将损害市场主体对于数据交易的市场信任，破坏数据交易的秩序，阻碍数据的交易流通，影响数据产业的健康发展，因此需要建立一定的数据价格法律监督和调节制度，保障良好的数据定价秩序。不正当的数据定价包括垄断高价、掠夺性定价、价格歧视和价格欺诈等，在数据交易尚处于初级阶段的情况下，基于数据交易双方信息不对称而引起的价格欺诈问题在数据定价中尤为突出。倘若不对数据价格欺诈问题加以规制，可能导致市场主体对数据价格失去信任而产生逆向选择等问题。为此，相关主管机关应当建立数据价格监督管理体系，规制数据定价的畸高或畸低现象；数据交易平台和其他数据交易组

---

① 理论上，有学者提出数据实时性、数据样本覆盖面、数据完整性、数据品种、时间跨度与数据深度的六项数据资产定价指标，参见陈簌贞：《大数据交易定价模式的选择》，载《财经研究》2016 年第 18 期；有的学者提出数据量、数据种类、数据完整性、数据时间跨度、数据实时性、数据深度、数据覆盖度、数据稀缺性八项数据资产定价指标，参见王文平：《大数据交易定价策略研究》，载《软件》2016 年第 10 期。实践中，贵阳大数据交易所采用数据品种、时间跨度、数据深度、数据完整性、数据样本覆盖、数据实时性的六项数据资产定价指标，参见《贵阳大数据交易所 702 公约》第 12 条数据定价及交易模式第 1 点数据价格影响因素；一审稿《深圳经济特区数据条例(征求意见稿)》采用了实时性、时间跨度、样本覆盖面、完整性、数据种类级别和数据挖掘潜能六项数据资产定价指标，和贵阳大数据交易所采用的类似。综合而言，数据品种、时间跨度、数据深度、数据完整性、数据样本覆盖、数据实时性的六项数据资产定价指标的认可度较高。

织方应当加强交易数据相关的信息披露，使数据交易双方在相对公平的信息环境下作出数据交易决策。此外，应当优化《价格法》《禁止价格欺诈行为的规定》《反垄断法》《不正当竞争法》《消费者权益保护法》《平台经济反垄断指南》等相关法律法规和指南中价格相关的规定在数据定价中的实施和运用，切实维护公平有序的数据定价秩序，保障数据交易市场的平稳健康发展。

（二）数据要素市场治理监管机制的建立和完善

数据交易市场作为一个新兴的要素市场，在发展初期各项制度尚不成熟，往往具有盲目性和逐利性，导致数据交易市场中各种违法违规现象频发，数据竞争和交易秩序混乱，数据治理监管机制和监管框架的建立和完善，是促进数据要素流通利用和数据要素市场平稳有序发展的重要保障。

建立和完善数据要素市场治理监管机制是数据流通利用的必然要求。首先，数据本身易泄露、易复制和易篡改的特性使得其在流通利用过程中面临诸多风险，对数据安全保护的不当，个人隐私和信息的泄露，对企业商业秘密、社会公共利益和国家安全的侵犯等使得数据流通利用过程中可能产生对其他主体合法权益的侵犯，影响数据流通利用的进行和数据产业的发展。其次，头部数据经营企业和关键数据掌握者对于数据资源的垄断构筑起进入数据交易市场的壁垒，形成不同数据经营者之间的数据割据与分裂，影响了数据交易市场的竞争秩序，限制了不同数据经营者平等参与数据流通利用的机会，阻碍了数据的自由流通。此外，对于数据权属和数据交易产生的争议纠纷，对于数据定价的监督，对于数据经营者和数据交易场所风险的评估与管理等其他问题均在影响着数据的流通利用和数据交易市场的稳定发展。为此，建立起健全的数据要素市场治理监管机制，明确具体的监管主体及监管职责，制定有效的监管策略，实施适当的监管措施，有利于治理数据流通利用中面临的一系列问题，保障数据要素市场的有序稳定发展。

目前我国数据要素市场治理和监管面临一系列的问题，首先，有关数据流通利用的相关法律法规付之阙如，数据治理监管缺乏统一明确的依据。目前与大数据相关的法律或文件主要有国家政策、法律法规和地方性法规三个方面，但均未形成权威统一、具有系统性和操作性的标准和规则。国家政策层面，多为与大数据相关的政策性文件，名称多为“纲要”“决定”“意见”等，强调顶层设计和宏观引导，缺乏配套的规则制度和细化规范。法律法规层面，有关于数据利用的原则性规定散见于《消费者权益保护法》《网络安全法》《电子商务法》《民法典》《数据安全法》《个人信息保护法(草案)》等法律规范和立法草案中，相关规定尚不全面且缺乏体系，难以成为数据流通利用和数据治理监管的具体依据。地方性法规层面，随着《贵州省大数据发展应用促进条例》的推出，天津市、海南省、山西省也相继推出了大数据发展相关的地方性法规，深圳市、浙江省、广东省也相继公布数字经济发展相关的条例草案或征求意见稿，地方层面有关大数据的立法越来越丰富，但相当部分地区的大数据相关地方性法规内容单薄缺乏实质性规范，且不同地区的数据发展规定不尽相同、自成体系，可能导致数据治理监管的标准不一，造成数据资源的割据分裂，不利于统一的数据要素市场的形成和统一规范的数据治理监管体系的形成。

其次，政府层面的数据治理监管体系尚不完善。一是政府的数据治理监管主体和监管职责不明。为迎接大数据发展的浪潮，自 2015 年来近 60%的部级单位印发大数据发展相关的文件，国家发展和改革委员会、工业和信息化部、国家互联网信息办公室、国家安全部门、公安部等对于大数据治理和监管均具有一定的权限，但各部门对于数据监管之间的职责划分并不明晰，以工业和信息化部为主管部门的数据监管机构缺乏对其他部门的统筹协调，监管合力不足，可能形成监管范围的交叉重叠，造成监管职权相互掣肘或监管空白的问题。二是政府的数据治理监管体系和监管标准不统一。有学者统计，全国已有近 80%的省级地方成立大数据管理机构，但成立的机构有的为原有政府机构加挂牌子，有的是新组建的事业单位，表现形式不同、职能范围不同，所属的主管部门也不尽相同①，有的隶属于发改委，有的隶属于工业和信息化厅，有的隶属于地方政府，与中央层面以工业和信息化部为主管的监管体系不相符。不同地方对大数据的治理和监管自成体系，不仅可能造成各地数据治理监管标准上的差异，形成“监管洼地”，产生“逐底效应”，也使得中央层面难以通过统一的机构体系对地方层面的数据治理监管进行指导或监督，不利于全国层面统一的数据治理监管体系的形成。此外，各地设立的大数据管理机构独立程度不同，有的无法对其同级别的政府组成部门的数据行为进行有效监管和规范②，

① 参见于施洋、王建冬、郭巧敏：《我国构建数据新型要素市场体系面临的挑战与对策》，载《电子政务》2020 年第 3 期。

② 参见袁康、刘汉广：《公共数据治理中的政府角色与行为边界》，载《江汉论坛》2020 年第 5 期。

传统条块分割的属地化和部门化的监管模式可能较难适应数据跨区域跨部门的流动特征，传统的以线下监管为主、线上监管为辅的监管模式也需要向数字化的监管模式发展。

最后，市场层面的数据自律治理监管缺位。在我国尚未有统一明确的关于数据流通利用和数据治理监管的法律规范、政府层面数据治理监管体制尚未成熟的情况下，数据治理和数据监管很大程度上需要依靠市场层面的数据自律管理。以大数据行业协会、数据交易平台等为主的数据产业社会中间层主体①是连接政府与市场的重要纽带，其自律管理能力的发挥不仅影响着数据要素市场主体的利益，也影响着国家对于数据产业宏观调控和市场规制相关政策的实施。但在实践中，我国大数据行业协会和数据交易平台的数据自律治理监管规则和制度极不成熟，自律管理实效难以发挥，市场层面的数据自律治理监管实际出于缺位状态。一方面，数据交易平台的自律管理制度尚不规范。仅少数数据交易平台规定了平台的自律法人地位，大多数数据交易平台仅将自身作为数据交易的第三方平台，不对数据交易标的和交易双方的资质进行审核和监督②，且各大数据交易平台制定的数据交易规则、交易平台章程和会员管理办法良莠不齐，有的甚至是对其他数据交易平台交易规则的生搬硬抄，各大数据交易平台并未真正建立起适应自身发展的自律治理监管制度。另一方面，大数据行业协会尚处于起步状态，行业协会在数据自律管理中应有的影响力和作用未有效发挥。我国较早建立的大数据行业协会有深圳市大数据产业发展促进会、广州大数据行业协会、南京大数据产业协会、北京大数据协会等，其余多数大数据行业协会为近三年或近一年才成立，行业协会的各项制度发展尚不成熟，会员数量未成规模，且多数大数据行业协会未登记相应的业务主管部门，即使已登记，所属的主管部门也不尽相同，包括地方统计局、地方网信办、地方大数据管理中心、地方工业信息化厅等，难以形成政府主管部门对行业协会自律管理的统一监管体系。此外，各地大数据行业协会的业务范围五花八门，同一地区的大数据行业协会重复设立，大数据行业协会的设立、维护和运营缺

---

① 关于“社会中间层主体”理论，参见王全兴：《经济法基础理论专题研究》，中国检察出版社2002年版，第524页。

② 参见张敏：《交易安全视域下我国大数据交易的法律监管》，载《情报杂志》2017年第2期。

少规范，其数据自律治理监管实效较难发挥。

数据治理监管体系的完善关乎数据要素市场的稳定有序发展，不仅需要加快填补数据流通利用和治理监管相关的法律法规空白，还要健全政府的数据治理监管制度和体系，此外还应注重发挥市场层面数据自律治理监管的功效。首先，需要加强相关法律法规的配套建设，为数据流通利用和治理监管提供统一明确的依据。大数据产业技术迭代的快速性使得相关法律法规的制定存在一定难度，应当在保障规则相对细化的同时兼顾规则的原则性和稳定性，既要避免过于超前难以被市场接受，也要防止过于保守与产业脱节，确保法律法规的安定性、权威性和可操作性。

其次，要明确政府对于数据治理监管的监管主体和职责范围，探索凝聚各地方政府关于数据治理监管的共识并逐步形成统一的监管体系和标准。一方面，应当明确工业和信息化部作为大数据产业的主管部门，明晰相关的数据治理监管主体和各自的职责范围。在跨部门、跨行业的数据治理监管问题上，应当统筹协调，形成监管合力，由工业和信息化部门协调发改委部门、网信办部门和其他行业主管部门，发挥各自专业优势，采取综合性治理监管措施。对于一般性和日常性的数据治理监管问题，各部门应当形成相应的监管事项清单，明晰各监管机构之间的监管界限和各自的监管职责，形成高效科学的监管分工。另一方面，应当加强地方政府数据治理监管的规范性和管理体系的统一性。各地方政府因地制宜实施治理监管固然有一定的可取性，但也可能在一些原则性问题上产生差异导致各地自成体系，不利于数据治理监管的规范和管理体系上的统一。应当在总结各地方数据治理监管实践经验的基础上，提炼有关于数据治理监管的基础性和原则性共识，确保各地在大方向和标准相对一致的前提下形成符合当地实情的差异化监管。此外，还应当探索逐步将各地方数据治理监管的主管机关统一为工业和信息化部门，以便于形成中央和地方相一致的大数据产业管理体系，更好发挥数据治理监管的实效。

最后，应当充分发挥数据交易所、大数据行业协会等社会性市场监管主体的自律管理作用。相较于政府，数据交易所、大数据行业协会等社会性市场监管主体与市场主体有更为密切的联系，对于市场状况有更为直观和及时地了解，是连接政府与市场的纽带。一方面，其作为协助政府对数据要素市场进行宏观调控和市场规制的管理主体，能够使政府的相关管理政策和精神在适用于市场主体时更为柔和并具有针对性，防止政策实施一刀切的强硬态度，减少市场主体对于政府治理监管的抵触和不满；另一方面，其作为反映数据要素市场主体意志的组织，能够在相关行业标准和规范制定的过程中提出市场主体的意见，增强市场主体的参与治理的积极性，提高相关行业标准和规范的可行性，形成政府和市场协同治理监管的良性循环。为发挥数据交易所和大数据行业协会的自律管理作用，一是应当优化数据交易所和大数据行业协会的内部治理结构，健全内部治理机制。只有在保证自身良好运营的情况下，才能确保自律管理的公正性，发挥自律管理的实效，具体包括内部治理结构的选择、自律性管理章程的拟定、数据交易规则的拟定、行业标准的拟定等。二是应当确立数据交易所、大数据行业协会的自律管理法人地位，赋予其一定的自律管理权限，形成与政府监管相配合的“回应性监管模式”。大数据产业相关监管标准和制度尚不完善、政府监管容错性较低的情况下，可以充分发挥自律管理的优势，政府可以对数据治理监管权限在政府与自律性管理组织之间进行合理分配，将中观和微观、执行与技术性的事务交由自律性管理组织来承担①，首先尽可能地让自律性管理组织发挥作用，政府由直接监管者转变为“构建者”，提供强制手段的战略威慑，对自律性管理组织的自律监管进行监督②，以充分发挥数据交易所和大数据行业协会等社会性市场监管主体的自律管理效用。

此外，在加强政府治理监管职能，充分发挥自律监管的同时，还应当注重发挥政府治理监管和市场自律管理的协同作用。数据交易所和大数据行业协会等社会性市场监管组织本身由经营者组成，其重点维护的利益之一即为组织自身及其成员的利益，因此不可避免地具有自利性的内在倾向③，在实行自律管理时可能偏重市场效率及组织成员的利益，而忽视对市场公共利益的兼顾。为此，应当明确数据交易所和大数据行业协会的主管部门，由主管部门基于公益

---

① 徐家良：《双重赋权：中国行业协会的基本特征》，载《天津行政学院学报》2003 年第 1 期。

② 参见杨炳霖：《监管治理体系建设理论范式与实践路径研究——回应性监管理论的启示》，载《中国行政管理》2014 年第 6 期。

③ 许明月、单新国：《社会性市场监管权主体监管权的法律规制》，载《甘肃政法学院学报》2018 年第 4 期。

和公正的价值追求对其自律管理进行监管，及时纠正其限制竞争、破坏市场秩序或损害其他市场主体权益的不当管理行为，确保自律管理的有序开展，明确自律管理和政府监管的权限和边界，形成行业自律、政府干预的双重监管模式①，更好发挥行业自律和政府监管的协同作用。

---

① 参见张敏：《大数据交易的双重监管》，载《法学杂志》2019年第2期。

第七章
数据市场竞争的法律规制研究

一、数据市场竞争的现实需求与规制困境

（一）数据、大数据及信息的相关概念界分

数据、大数据与信息三者之间的关系宛如传说中的“戈尔迪乌姆之结”，人们反复不断地尝试对其内涵、外延和边界进行界定，却发现三者互有联系、交错难辨，谁能解开这个“结”，似乎就能成为“亚细亚之王”。当前，理论和立法对于“数据”“信息”“大数据”等概念在一定程度上呈现出交互使用现象，使得人们在相关问题的研究上极易陷入调整对象识别及调整方法选择上的困境。为此，有必要对上述概念的内涵进行界定，并确定这种区分的法律意义。

1. 对数据的初步认知

早在第三次工业革命之前，人们的日常生活中早已接触到数据这一概念。彼时的数据亦被称为物理数据，更多倾向于对某一具体问题或现象的数字化表达，如传统行业对销售量、销售价格的统计，其在收集、存储、处理及应用等方面均存在一定的局限性，且多以纸面统计数据、文学、图像等形式显示。随着计算机及信息技术的出现，数字测量和数字存储成为可能，客观事物数据化效率因此得到极大提升，数据的更大价值通过计算机高速运算得以挖掘，文字、语言、方位甚至世间万事万物实现数据化似已成为可能。由此，数据的内涵与外延发生了重大改变，传统数据所表达的将一种现象转变为可制表分析的量化形式过程已不能涵盖其作用及功能，数据一词逐渐成为“计算机信息技术

术语”，即在计算机及网络上流通的在二进制基础上以 0 和 1 的组合而表现出的特定比特形式，即电子数据。① 在此意义上，数据不再是一种把现象转变为可制表分析的量化形式的过程，单单代表着对某件事物的描述，而是已经把模拟数据转换成 0 和 1 表示的二进制码，可以通过计算机来进行处理。依此，与传统数据相比，现代数据便有了两大特点：其一，通过特定应用程序或应用代码转换后显示信息，且该信息的生成、储存与传输均在一定程度上对原始物理数据有所依赖；其二，数据并不能独立存在，必须依赖于特定载体进行一系列活动，这些特定载体包括服务器、移动储存设备、终端等。②

2. 数据与信息的概念界分

承前所言，数据与信息相伴相生，互为依存，也即数据是特定信息生成、储存和传输的载体。基于这种天然的一致性与共生性，“数据”与“信息”在各国立法中经常交替出现。例如，在个人信息保护立法中，欧盟及其成员国较多适用“数据”(Data)一词，倾向于将“个人数据”作为法的调整对象。③ 而我国、加拿大、韩国等国家则主要采用“个人信息”这一说法。④ 值得注意的是，“数据”与“信息”的用语选择并非简单意义上的语义抑或措辞选择，其背后还涉及法律具体调整对象的精准界定及调整方法的具体适用，因此，厘清数据及信息内涵进而明确区分两者的法律意义，对进一步研究数据利用行为便显得尤为重要了。

可以肯定的是，计算机科学领域，个人数据与个人信息作为特定的信息数字化形式，具有共通的意义：特定信息通过现代数据的形式生成、储存并向其他载体传输，在一定程度上，控制了数据即掌握了相关的特定信息。例如，我国《网络安全法》中关于个人信息的定义与欧盟《一般数据保护条例》中关于个人数据的定义虽然表述及称谓不同，却均指向了能够识别自然人个人身份的各

---

① 参见[英]维克托·迈尔-舍恩伯格、肯尼思·库克耶：《大数据时代：生活、工作与思维的大变革》，盛杨燕、周涛译，浙江人民出版社 2013 年版，第 104 页。

② 参见纪海龙：《数据的私法定位与保护》，载《法学研究》2018 年第 6 期。

③ 参见欧盟议会 1995 年颁布的《数据保护指令》(*The Data Protection Directive*)、英国《1998 年数据保护法》(*Data Protection Act* 1998)、法国《数据处理、数据文件及个人自由法》(*Act No*. 7817 *of* 6 *January* 1978 *on Data Processing*, *Data Files and Individual Liberties*)等。

④ 参见加拿大《个人信息保护法案》(*Personal Information Protection Act*)、韩国《个人信息保护法》(*Personal Information Protection Act*)。

种信息。① 我国2021年6月10日颁行的《中华人民共和国数据安全法》更是将数据定义为“任何以电子或者其他方式对信息的记录”。但是，剥离数据和信息所反映出来的人格属性，两者之间的内涵和外延便产生了较大的区别，主要反映在以下几个方面：其一，数据的外延应当远小于信息。数据仅仅是表达信息的一种载体之一，除开一般意义上的电子数据外，文字、影像、声音、符号等方式均能够表达和传递特定信息。② 或者说，数据的首要特征应当是信息传递媒介，而信息的首要特征是反映特定内容，但特定信息却并不仅仅依靠数据（包括传统物理数据与现代电子数据）来传播。其二，信息因其反映的内容而具有意义，因而与传送媒介相分离，在这一点上，数据兼具信息本体与传递媒体双重属性。③ 在现代计算机技术特别是数字化技术的作用下，数据本身既可以显现为特定信息，又可以是具体信息的数字化媒介，这种双重属性使得其与传统信息媒介（文字、影像、声音、符号）相比具有更为独特的信息传播属性。例如，它天然依附于计算机并在由计算机链接的网络空间内流动，更容易传播、复制、存储和删除，其对信息的保护及传播呈现出其自身的特殊规律及特性。可以说，数字化技术使得信息脱离了传统媒介，并且使得信息本身可以由数据这种数字媒介所取代，在由数据形成的系统空间内，任何信息脱离数据后都无法被人们进行有效处理和独立享有。④ 其三，传统信息传播体系下，信息一般先于传播媒介产生，互联网技术使得数据能够产生信息。例如，互联网中存在的虚拟道具、虚拟设备均是由代码产生，它基于数据在计算机网络上显示

---

① 我国《网络安全法》指出，个人信息是指以电子或者其他方式记录的能够单独或者与其他信息结合识别自然人个人身份的各种信息，包括但不限于自然人的姓名、出生日期、身份证件号码、个人生物识别信息、住址、电话号码等。欧盟《一般数据保护条例》将个人数据定义为：任何指向一个已识别或可识别的自然人（数据主体）的信息；该可识别的自然人能够被直接或间接地识别，尤其是通过参照诸如姓名、身份证号码、定位数据、在线身份识别这类标识，或者是通过参照针对该自然人一个或多个如物理、生理、遗传、心理、经济、文化或社会身份的要素。参见齐爱民：《拯救信息社会中的人格：个人信息保护法总论》，北京大学出版社2009年版，第77页。

② 参见陆小华：《信息财产权——民法视角中的新财富保护模式》，法律出版社2009年版，第277页。

③ 郑彦宁、化柏林：《数据、信息、知识与情报转化关系的探讨》，载《情报理论与实践》2011年第7期。

④ 参见梅夏英：《数据的法律属性及其民法定位》，载《中国社会科学》2016年第9期。

为信息，但却在现实生活中缺乏实际的对应事物，一旦脱离网络服务供应商提供的技术支持，数据及信息均会随之灭失。有学者将对数据的概念认知分为数据文件和数据信息两个层面：在数据信息层面，个人信息只是数据信息的一种。这是因为，数据信息除了包括具有公民人格属性的个人信息外，还包含无法识别自然人身份的非个人信息（例如广告的点击量、社交网站的用户流量等）。①

纵使学界关于数据与信息区别与联系的探讨众说纷纭，莫衷一是，但上述观点仍从不同角度分别阐明了本书意欲澄清的两个基本问题：其一，互联网世界中的任何信息传播乃至交易均是通过数据的流通实现的，即便是对信息的侵害和保护亦是通过相关的数据行为来实施或实现，研究互联网体系中数据相关的法律问题除了要重视其所反映的信息价值，更应当关注其背后的数据行为；其二，不能将数据简单等同于信息特别是个人信息。因此，对于关涉数据的法律问题研究便不能局限于民法、个人信息保护法、消费者权益保护法等部门法。如经营者通过数据行为对相关市场内的竞争造成影响，其当然可能使得数据与反垄断法发生关联。②

3. 数据与大数据区别与联系

21 世纪以来，似乎很难再找出一个词如“大数据”这般炙手可热，它仿佛学术界一夜成名的新星，引起了多个领域、多个学科的广泛讨论。然而，时至今日，人们对大数据的概念界定依然尚未形成定论。早期，人们对大数据的理解主要集中于其体量庞大上。如麦肯锡全球研究所将大数据定义为：大小已经超出传统数据大小已经超出传统数据库软件收集、存储、管理和分析能力范围的数据集。③ 在此基础上，美国总统科学技术咨询委员会（PCAST）在其报告中对大数据进行了多层次、多领域的解读：商业顾问指出，大数据是大容量、高速度和多样化的信息资产，借助于高效、创新的信息处理方式，可以助力企业做出更有洞察力的商业决策；计算机科学家提出，大数据是描述存储和分析大量或者复杂数据的一系列技术的术语，包括但不限于：非关系型数据库

① 参见纪海龙：《数据的私法定位与保护》，载《法学研究》2018 年第 6 期。

② Tucker, Darren S. and Wellford, Hill, Big Mistakes Regarding Big Data, Social Science Electronic Publishing.

③ McKinsey Global Institute, Big Data: The Next Frontier for Innovation, Competition, and Productivity, May 2011.

(NoSQL)、分布式计算模型(MapReduce)和机器学习;隐私保护专家则认为,大数据是关于个人或者一个群体的数据,或是可用于通过分析来识别个人身份的数据。

然而,如仅从"体量庞大"对大数据进行概念界定,则可能忽略了大数据与市场竞争之间的关联性,更有可能使得相关研究一直停留在概念辨析这一问题上陷入泥淖。① OECD 曾指出,不管数据的体量是千兆字节、百万千兆字节,乃至是数十亿千兆字节,单单以"体量庞大"这一特征来定义大数据都是有误导性的。② 在此基础上,不少官方组织或机构因此意欲进一步厘清大数据的内涵。如 OECD 认为:"大数据可以被理解为使用具有大规模计算能力和先进技术的软件来收集、处理和分析以海量、速度、多样和价值为特征的数据。"③美国白宫发布的《大数据白皮书》则将大数据定义为:"若干因素的复合体,包括收集几乎无处不在且来源广泛的消费者数据,数据存储成本的急剧下降,以及通过分析数据来找到相关性,并据此进行推断和预测的强大新能力。"我国《国务院关于〈印发促进大数据发展行动纲要〉的通知》指出:"大数据是以容量大、类型多、存取速度快、应用价值高为主要特征的数据集合,正快速发展为对数量巨大、来源分散、格式多样的数据进行采集、存储和关联分析,从中发现新知识、创造新价值、提升新能力的新一代信息技术和服务业态。"④不难看出,上述定义除了反映出大数据体量庞大这一特征之外,还着重突出其是建立在对海量数据的收集、存储、分析和使用之上的数据复合体。申言之,大数据的价值不仅取决于自身数据体量的大小,还与数据的收集、存储、使用与分析能力密切相关。

关于大数据与数据的关系,有学者曾形象地指出:"大数据好比风能,数

---

① 参见陈志民:《大数据与市场力滥用行为初探》,载《公平交易季刊》(台湾)2018年第3期。

② OECD, Data-driven Innovation: Big Data for Growth and Well-Being, 2015, http://dx.doi.org/10.1787/9789264229358-en.

③ This executive summary by the OECD Secretariat contains the key findings from the discussion held under Item 3 of the 126th meeting of the Competition Committee on 29 November 2016, https://one.oecd.org/document/DAF/COMP/M(2016)2/ANN4/FINAL/en/pdf.

④ 参见《国务院关于印发〈促进大数据发展行动纲要〉的通知》(国发〔2015〕50号),载中央人民政府网:http://www.gov.cn/zhengce/content/2015-09/05/content_10137.htm,最后访问时间:2019年10月19日。

据如同风一样是流动的且能够被获取，但它需要被收集并且转化为有价值的东西，而数据处理技术如同风车一般，是实现和提升数据价值的必要手段。”①在此意义上，与数据相比，大数据便有了区别于一般数据的主要特征。关于大数据的特征，不同学者及研究机构对大数据的认知不尽相同，大数据的特征也由最初 Doug Laney 提出的“3V”特征（大量 Volume、高速 Velocity、多样 Variety）②发展至如今的“4V”（在前述“3V”特征之上增加价值 Value）甚至“5V”特征。③ 本书的研究重点不在于对大数据本质特征的探讨，但有必要对学界普遍认同的大数据的四个特征进行简要论述，以便为后文剖析数据利用与市场竞争之关系奠定基础。

具体而言，大数据的特征主要表现为：其一，大量（Volume）。在互联网尤其是移动互联网高速发展和日益普及背景下，网络用户的数量急剧增长，加之数据收集、存储、分析和使用的成本因技术发展大幅降低，数据总量正以几何级数膨胀。④ 至 2021 年，全球存储的数据总量将达到 1.3 泽字节（ZB），相较于 2016 年的 286 艾字节（EB），增长 4.6 倍。⑤ 毋庸置疑，“大量”使得大数据赋能科技创新与商业决策提供了无限可能。其二，高速（Velocity），数字经济时代，数据的收集速度、传输速度和处理速度均得到了突飞猛进的增长，甚至表现为“实时”收集、传输与处理。⑥ 例如，如今，搜索引擎服务商可以通过“同期预测”（Now casting）的方式实时分析人们的搜索记录来判断人们是否患上了流感，进而依此预测流感疫情的爆发情况及主要发生地，克服了传统疫情监测预测方法所存在的信息滞后等弊病。⑦ 可以说，大数据的“高速”特征体现

① Boutin, Xavier, Clemens, Georg, Defining “Big Data” in Antitrust, SSRN Electronic Journal, 2017.

② Doug Laney, 3D Data Management: Controlling Data Volume, Velocity, and Variety, February 2001.

③ IBM Big Data Hub, The Four V’s of Big Data.

④ ［英］维克托·迈尔-舍恩伯格、肯尼思·库克耶：《大数据时代：生活、工作与思维的大变革》，盛杨燕、周涛译，浙江人民出版社 2013 年版，第 13 页。

⑤ Cisco Global Cloud Index: Forecast and Methodology, 2016-2021, p. 4.

⑥ McKinsey Global Institute, Big Data: The Next Frontier for Innovation, Competition, and Productivity, May 2011, p. 98.

⑦ The Netherlands Ministry of Economic Affairs, Big Data and Competition, June 2017, p. 22.

了经营者快速收集和分析使用大量数据的能力，将对经营者的市场竞争能力产生极为重要的影响。其三，多样(Variety)。大数据的多样性特征主要体现在数据来源渠道的广泛和多元上。如今，数据的类型日趋多元，经营者可以通过文字、图档、邮件、网站乃至音频视频获取到数据提供者的生日、性别、家庭成员、消费记录以及所在位置等信息，这些数据汇集在一起可以描绘出“用户画像”，进而预测用户的消费偏好或行为习惯，完成精准营销、广告精准投放或用户个性化定制等工作。①。其四，价值(Value)。大数据的价值在于给消费者、经营者和社会经济发展带来诸多益处，如针对性的广告投放、更为精确的客户分析、个性化的产品或者服务、产品或者服务的创新与研发、业务流程的改进或者完善、免费的网络产品或者服务等。② 可以说，大数据的“价值”是上述 3V 特征相互作用的结果，在评估大数据有无价值抑或说价值大小时需同时考虑这些因素，即便经营者一时间在大数据的“体积”上占据优势，也并不意味着它可以凭此获得强大的竞争优势，因为大数据的“速度”“多样”对大数据的价值有着重要影响。③

如此一来，大数据至少可以定义为：基于海量、多样、高速和价值等特征之上的数据集合，能够通过特定的技术及方法实现其价值。④ 相应地，理解大数据与数据之间的区别与联系，应当至少从数据体量与对数据的分析应用两个层面进行把握，既需要避免将数据库等简单的扼杀式并购或云计算等单一数据处理分析技术与大数据混淆，又需要明确大数据以数据为起点，是由若干数据累积而成的，相较于数据乃至数据集合，大数据是通过人工方法或者一般软件难以捕获、储存，并且需要借助于新的技术工具才能从中提炼出价

---

① Executive Office of the President, Big Data: Seizing Opportunities, Preserving Values, May 2014, p. 8.

② UK The Competition and Markets Authority, The Commercial Use of Consumer Data Report on the CMA's Call for Information, June 2015, pp. 6-7.

③ Schepp, Nils Peter, and A. Wambach, On Big Data and Its Relevance for Market Power Assessment, Journal of European Competition Law & Practice 7. 2(2016).

④ 尽管大数据的“4V”理论(即大量 Volume、高速 Velocity、多样 Variety、价值 Value)已普遍得到学术界认可，但大数据的“5V”理论目前还尚处于发展之中，第 5V 特征究竟是真实性 Velocity 还是可视化 Visualization 目前还尚未形成统一观点，本书讲究大数据的“4V”特征做简要论述。

值的信息资产。①

（二）数据市场竞争的三维要素：数据、算法及平台

数字经济是数据开发应用的主要场景之一，而数据不仅是驱动数字经济创新发展的核心动能，更是数字经济的关键生产要素。在厘清数据与相关概念之后，考虑到数据市场有着独特的运行机理和体系架构，在探讨数据市场竞争的法律规制之前，首先应当对数据市场的竞争要素构成与竞争特质进行分析，进而明晰数据在该种竞争特质下所起的作用，如此方能为后文中更好解析其法律规制问题的成因与实质提供助力。与传统市场竞争以价格、消费者等要素为核心相比，数据市场竞争的特质则表现为以数据为核心竞争要素、算法为核心竞争工具、平台为核心竞争载体的数据驱动效应。

1. 数据市场的竞争要素构成

作为核心竞争要素，数据是数据市场中经营者提升其产品或服务质量的关键信息来源，也是提升经营者生产效率的重要资源保障。作为大数据、区块链、云计算、人工智能等新兴技术的基础要素，数据正日益深刻地改变着传统生产方式与生产体系。如任何物品一般，唯有物尽其用，方能物有所值，数据亦然。申言之，数据本身是在计算机二进制基础上形成的以 0 和 1 的组合而表现出的特定比特形式，不能直接产生经济利益，不具有独立经济价值。数据唯有依赖于载体、代码和其他诸种要素，为经营者所利用才能实现其价值。具言之，数据的生命周期可以分为数据收集、数据存储、数据分析、数据使用四个阶段，这些阶段层层递进、相互作用，共同使数据的价值得以实现。如果将互联网空间浩如烟海的数据比做数字经济时代的矿石，那么经营者通过计算机技术对数据进行收集的过程则是一个“挖矿”的过程。应当说，数据收集是经营者一切数据利用活动的基础，经营者基于各种目的将网络世界的原始数据进行收集存储后加工成形式多样的数据产品，或者通过数据分析后为网络用户提供个性化服务。根据数据收集行为方式的不同，可以将数据收集分为直接收集和间接收集。直接收集，是指经营者直接从数据源通过线上或离线方式获取数据。其常用方法包括直接获取技术设备获取原始数据，或是通过运用相应技术

① Mauro A D，Greco M，Grimaldi M，A Formal Definition of Big Data Based on Its Essential Features，Library Review，2016.

形成新的数据等。间接收集，是指经营者通过非直接收集手段获取数据的行为。间接收集与直接收集最关键的区别在于其数据来源不再是网络空间的数据源。例如，在 Facebook 收购 Instagram、微软并购领英、滴滴并购优步等并购案件中，收购方通过直接获得企业的控制权从而获得相关市场内其他经营者所控制的数据，不仅单方面增强了收购方在相关市场上的市场力量，还对相关市场内的竞争造成了深远影响。在数据收集之后，经营者又可以通过从海量数据中抽取相关信息，以此帮助经营者更好预测市场趋势并更快作出决策，并根据数据提取相关数据信息后推出相应产品服务或作出商业决策，其具体形态可能表现为提供服务或产品，保护用户权益或按照相关法律规定使用数据，为研究和创新而使用数据，为个人提供服务而使用数据等。①

作为数据市场竞争的重要工具，算法的核心在于对数据的收集与分析，通过对海量数据的收集与分析，经营者通过各种网站或程序背后设置的算法对消费者的行为和偏好进行个性素描，进而对市场需求和市场价格变化作出精准预测，以抓住市场竞争中稍纵即逝的机遇并适当规避风险。② 经济合作与发展组织(OECD)在 2017 年发布的《算法与合谋》报告中对“算法”给出了更为学术的定义：算法是一种极为精确的操作序列，它们系统且机械地被应用于某一对象或一套令牌中，以输入为初始，以输出为终止。③ 在表现形式上，算法并不一定表现为一连串复杂的计算机代码，其可以是计算机语言或图表，也可以是计算机能够读取的某一程序。综合上述定义，算法可以简单地理解为从给定输入生成输出的逻辑实例，不管它是被用于解决数学问题、研制食品配方还是与乐谱对位。④ 通过编写和运行算法解决问题的优势在于：当解决某一问题所需要的数据量极其庞大、运算过程异常复杂时，计算机能够通过算法程序的设定在短时间内获得精准或最佳的结果。可以说，算法的出现极大降低了工业生产和商业运行中的时间与资源成本，乃至于被人们寄希望于解决过去不可能完成的

---

① 参见黄震、蒋松成：《数据控制者的权利与限制》，载《陕西师范大学学报(哲学社会科学版)》2019 年第 6 期。

② 参见施春风：《定价算法在网络交易中的反垄断法律规制》，载《河北法学》2018 年第 11 期。

③ 韩伟：《算法合谋反垄断初探——OECD〈算法与合谋〉报告介评》，载《竞争政策研究》2017 年第 5 期。

④ Maja Brkan, Do Algorithms Rule the World? —Algorithmic Decision-Making in the Framework of the GDPR and Beyond, Social Science Electronic Publishing, 2017.

种种任务。因此，越来越多的应用和研究使算法技术在不断迭代更新中迅猛发展，如今的算法已经可以自动处理复杂的计算和数据处理任务。人工智能的出现更是使得算法的功能与应用达到了新高度，人们能够通过算法处理更为复杂的问题并进行更为准确的形势预测及更为妥当的商业决策。

作为数据市场竞争的主要载体，平台既是承载源自不同市场消费者海量数据的主要载体，亦是参与数据市场竞争的主体，更是数据实现其价值的重要场域。长久以来，尽管学界对于平台的一些特征达成了一定的共识，但对于平台的概念却始终缺乏一个统一的概念。欧盟《数字市场法案》将平台定义为一种平台内经营者接触消费者的媒介，其一般经营社交网络、电子商务、搜索引擎等核心服务，其自身有时直接参与市场竞争，亦可能仅仅为经营者提供商品或服务交换的场域。① 我国 2021 年 2 月 7 日发布的《国务院反垄断委员会关于平台经济领域的反垄断指南》将平台定义为能够使双边或多边主体进行交互并实现价值的商业组织形态。② 事实上，随着数字经济的不断发展与勃兴，平台的双边甚至多边效应日趋明显，其定义可能已经超出了“媒介”“组织”等定义，而成为连接各类市场主体、提供综合性服务的一种经济生态。③ 一方面，通过对数据的收集并通过算法对其分析应用，平台的市场力量不断扩张并延伸，以至于平台的市场影响不再局限于某一相关市场。例如，在前文提及的电子商务、搜索引擎及社交网络领域，亚马逊（Amazon）、谷歌（Google）、脸书（Facebook）已发展成为世界范围内影响深远的平台巨头，其竞争影响的不断扩张也导致近年来受到多个法域反垄断执法机构的重点关注。而国内的阿里巴巴、百度、腾讯等平台派系也在野蛮生长，其产品横跨多个市场，且数据彼此之间极具关联性，形成了庞大的“数据群岛”。

2. 数据市场的竞争特质

如果说数据、算法及平台是数据市场竞争的三维要素，“数据驱动效应”（data-driven effect）则是数据市场竞争的主要特质。可以说，“数据驱动效应”是在探讨与数据相关的反垄断问题时难以回避的重要议题，一如在提及互联网

① 参见杨东、臧俊恒：《数字平台的反垄断规制》，载《武汉大学学报（哲学社会科学版）》2021 年第 2 期。

② 参见《国务院反垄断委员会关于平台经济领域的反垄断指南》第 2 条。

③ Coyle Diane, Practical Competition Policy Implications of Digital Platforms, Antitrust Law Journal, 2019, 82(3).

行业的反垄断问题必然会提及多边平台、需求方规模效应等行业竞争特点一样。具体而言，数据驱动效应应当包含用户反馈效应(user feedback effect)及货币反馈效应(monetization feedback effect)两个方面：用户反馈效应是用户、用户数据及在线服务质量之间存在的正向反馈效应。在用户反馈效应的作用下，拥有大量用户的网络服务提供商可以收集到更多的数据用于提升其产品或服务质量，而这些质量得到提升的产品或网络服务又可以吸引更多的用户，进一步丰富了经营者提升产品或服务的数据收集来源。① 可以说，用户反馈效应的存在使得中小型网络服务提供商几乎无法与大型网络服务商在相关市场内开展竞争，由于前者缺乏足够的客户为其提供持续优化其产品或服务的数据，直接导致其无法提供与后者质量等同的服务。② 例如，谷歌搜索的用户数量远胜于搜索服务市场的其他竞争对手，在收集海量用户数据的基础上，谷歌能够不断优化搜索服务提供更为精准的搜索结果，从而不断提升用户黏性并吸引越来越多的新客户。③

货币反馈效应则是网络服务提供商收集使用数据与其盈利能力的正向反馈效应。在货币反馈效应的作用下，网络服务提供商可以通过收集使用数据来改进广告投放和内容推送，以此赚取的收入可以用于改进其在免费市场的服务，从而吸引更多用户。货币反馈效应的发生主要是基于互联网行业盛行的每点击付费(Pay Per Click)模式，该种模式下，用户每一次的广告点击都能直接为网络服务提供商带来盈利。因此，用户较少、数据较少的中小网络服务提供者将比大型网络服务提供者更难瞄准目标受众和吸引广告主，如此将导致它缺少必要的资金来改善相关产品或者服务。在新产品进入市场初期，初始用户数量和每个用户点击广告的次数都会很少，但是广告主往往要求公司拥有足够的用户

---

① Nils-Peter Schepp and Achim Wambach, On Big Data and Its Relevance for Market Power Assessment, Journal of European Competition Law & Practice, Vol. 7, No. 2, p. 121.

② Frank A. Pasquale, Privacy, Antitrust, and Power, George Mason Law Review, Vol. 20, No. 2, pp. 1009、1015.

③ Google's Transformation from Gateway to Gatekeeper: How Google's Exclusionary and Anticompetitive Conduct Restricts Innovation and Deceives Consumers," Fair Search White Paper, http://www.fairsearch.org/wp-content/uploads/2011/10/Googles-Transformation-from-Gateway-to-Gatekeeper.pdf.

数量，以此确保产生更多的可用于精准投放广告的数据。①

数据驱动效应的存在直接导致搜索引擎、社交网络等市场结构趋于集中，相关市场内具有竞争优势的经营者也将借此持续扩大其市场优势，尽管具有市场优势的经营者可能还未实施任何排除、限制竞争行为，但确实阻碍了竞争对手用户规模的扩张和发展。② 数据驱动效应的作用强度依然受到所涉数据类型、算法类型都将决定着其对相关市场内市场竞争的影响，需要再具体案件中结合个案进行具体分析。然而，该效应的存在却再一次证明了互联网行业存在“赢者通吃”的马太效应。有学者指出，经营者在网络服务市场要获得商业成功需要满足两个条件：一是通过提供高质量的产品、服务来吸引或者留住用户，进而获得抑或维系市场地位；二是为了生成高质量的产品、服务，往往要通过提供广告服务或以其他方式来赚取收入。③

(三)数据市场竞争的法律规制逻辑

任何新兴商业模式及科学技术在诞生之初，几乎都要面临“要不要监管”以及“如何监管”的争论。当前，大量数据经直接或间接收集由企业或其他主体所掌握，在算法及其他技术设备的共同作用下生成具有相应价值的数据集合结果。由于当前缺乏各类数据持有主体数据利用的相应规则，正当数据利用的畏葸不前与“地下”数据利用的猖獗难抑几乎并行不悖，这就给数字经济的行业发展及法律实践带来多重挑战。建立相应的数据利用准则，为各类数据持有主体的数据利用行为划定合理的行为边界刻不容缓。然而，当前国内学者关于数据的法律属性、可利用数据类型、数据利用的主体甄别、数据确权是否具有可行性、数据利用的主体权利边界等一系列基础法律问题众说纷纭，观点与学

---

① Nathan Newman, Taking on Google's Monopoly Means Regulating its Control of User Data, Huffington Post, September 2013, http://www.huffingtonpost.com/nathan-newman/taking-on-googlesmonopol_b_3980799.html.

② This executive summary by the OECD Secretariat contains the key findings from the discussion held under Item 3 of the 126th meeting of the Competition Committee on 29 November 2016, p. 11.

③ Geradin, Damien and Kuschewsky, Monika, Competition Law and Personal Data: Preliminary Thoughts on a Complex Issue, February 2013, p. 4.

说竞艺，理论与实践逐鹿。① 尤其是受制于探讨数据相关法律问题需要追溯数据权属及来源主体的惯性思维影响，由于数据的权属问题始终无法在具体的实践案件中作出绝对划分，致使相关数据争议纠纷的解决逡巡不前。故此，要厘清数据市场竞争的法律规制逻辑，首先应当回答"法律缘何干预数据市场竞争"，尔后明晰"法律规制的对象究竟为何?"最后回应"法律应予何种方式干预数据市场竞争"。

1. 现实需求：数据利用引发的数据市场竞争双向效应

一如硬币之两面，经营者数据利用对市场竞争的影响需要从正面效应和负面效应两个角度进行剖析。一方面，经营者的正当数据利用能够提升互联网服务或产品的质量，甚至在数据驱动效应的影响下使得消费者获得更多的免费产品或服务，极大增进了消费者福利并在一定程度上提升了社会总体福利。然而，经营者的不当数据利用亦可能给市场竞争带来不利影响。例如，经营者对相关市场内的关键数据进行独占拒绝开放，可能使市场高度集中，市场进入壁垒高筑；经营者通过数据利用实施的算法合谋、价格歧视等行为，又可能会直接损害消费者福利；而基于数据驱动效应下的数据驱动型经营者集中，又在一定程度上损害了质量竞争和创新。尽管法学界对数据的关注点集中在隐私保护、数据交易、数据侵权等民商法领域问题上，但当经营者数据利用对市场竞争的影响已经达到无法忽视的程度，有"达摩克利斯之剑"之称的反垄断法便不能再置身事外。

一方面，数据市场竞争主体对数据的利用最显而易见的益处便是能够使消费者享受免费的高质量产品及服务。其基本原理是：消费者主动或被动接受经营者以营利为目的收集和使用其个人数据，经营者据此通过交叉补贴②而为消

---

① 参见梅夏英：《数据的法律属性及其民法定位》，载《中国社会科学》2016 年第 9 期；程啸：《论大数据时代的个人数据权利》，载《中国社会科学》2018 年第 3 期；龙卫球：《数据新型财产权建构及其体系研究》，载《政法论坛》2017 年第 4 期；王融：《关于大数据交易核心法律问题——数据所有权的探讨》，载《大数据》2015 年第 18 期；Benjamin Bai：《从知识产权视野看"数据垄断"问题》，"数据时代下的反不正当竞争与反垄断法律问题"研讨会(2017 年 11 月 17 日，中国社会科学院——上海市人民政府上海研究院主办)等。

② 交叉补贴是一种定价战略。其思路是，通过有意识地以优惠甚至亏本的价格出售一种产品(称之为"优惠产品")，而达到促进销售盈利更多的产品(称之为盈利产品)的目的。

费者提供免费的产品或服务。① 逐利是商人的天性，经营者为了获取更多利益只会通过不断提高其产品或服务质量以争取越来越多的用户，重要的是，这些产品及服务皆是以极低价格或零价格形式提供给消费者。据统计，这种交叉补贴策略在欧洲和美国在线广告服务市场所创造的消费者剩余就高达 1 亿欧元，是生产者剩余的 3 倍以上。也就是说，在线广告服务高收入的背后可能隐藏着消费者能够从中获得的巨额价值。②

另一方面，随着搜索引擎、社交网络、电子商务等相关市场发展日趋成熟，市场格局初步形成，为扩大和巩固自己的市场优势，经营者也可能通过不当数据利用而企图排除、限制相关市场内的竞争。一些学者指出，经营者可以利用数据获得抑或维持不公平的竞争优势，考虑到大多数网络服务都是免费提供的，由此造成的不良后果不是“价格更高”，而是“质量、创新和隐私方面的损失”。③ 通过限制竞争对手获取数据、阻止其他经营者共享数据以及反对数据可移植性政策，经营者可以设置进入壁垒并凭此维系竞争优势。④ 例如，谷歌曾于 2018 年为了维护其在 Safari 浏览器、Siri 及其他苹果设备应用上内置搜索引擎的地位，支付了超过 90 亿美元的高昂价格。⑤ 显然，这种协议使得谷歌在一定程度上成为唯一能够从苹果产品上收集用户各项数据的经营者。

反垄断法的核心在于维护市场竞争秩序、保障消费者权益。⑥ 反垄断法视阈下的公平竞争，应当是经营者在法治框架下为获取更大经济利益而对商品经济活动中产生的交易机会和资源进行自由公平的争夺。⑦ 即便市场在资源优化配置中具有决定性作用，但市场亦会失灵，难以独立担负起维持市场竞争公平

---

① Russell Walker, From Big Data to Big Profits: Success with Data and Analytics, Oxford University Press, 2015, pp. 141-142.

② IAB Europe, Consumers Driving the Digital Uptake: The Economic Value of Online Advertising-based Services for Consumers, September 2010.

③ Maurice E. Stucke, Allen P. Grunes, Big Data and Competition Policy, Oxford University Press, 2016, pp. 2.

④ Nathan Newman, Search, Antitrust, and the Economics of the Control of User Data, Yale Journal on Regulation, Vol. 30, No. 3, pp. 427-428.

⑤ 《谷歌将向苹果支付 90 亿美元保持默认搜索引擎地位》，载搜狐网：http://www.sohu.com/a/257310049_162522，最后访问时间：2020 年 12 月 1 日。

⑥ 参见陈兵：《反垄断法实施与消费者保护的协同发展》，载《法学》2013 年第 9 期。

⑦ 参见孙晋：《反垄断法：制度与原理》，武汉大学出版社 2010 年版，第 20 页。

有序之责任。故此，伴随市场经济高度发展而产生的各类垄断行为不断涌现，其实质是市场经济无度开展的客观结果。① 对垄断行为的规制需要借助法律之手，反垄断法正是规范市场自由公平竞争秩序，惩治各类主体垄断行为的基本法律制度。诚然，经营者通过对用户行为轨迹及浏览痕迹数据的收集、存储、分析、使用进而呈现出数据的多样性及价值，在一定程度上能够为市场竞争甚至消费者福利带来积极效应。然而，经营者通过数据利用和各类算法的设计运用，对市场竞争造成的影响可能远比想象中要复杂，甚至如前文分析的那样产生难以恢复甚至不可逆转的反竞争效果。是故，在以互联网为核心和平台构建经济生态已成为时代主题的当下，反垄断法理应对数据市场的不当数据利用行为做出积极回应，为经营者的数据利用行为划定合理边界。

2. 对象厘清：数据与数据利用之取舍

当前，法学界对数据相关法律问题的研究主要集中在概念界定和属性研判上，尽管“数据垄断”“大数据垄断”“大数据时代反垄断问题”等命题②甚嚣尘上，但大多停留在对数据、大数据本身的竞争法属性及规制意义的探讨上。在现实舆论为经营者的不当数据利用行为感性地贴上“垄断”标签的同时，法学界对数字经济时代反垄断问题的共同特征缺乏关注，对“数据市场竞争的法律规制对象究竟为何”这一问题缺乏法学语境下的追问。

反垄断法的发展历史已经清晰地表明，行为主义已经成为现代各国反垄断立法与实践的主流垄断控制模式。鉴于规模经济亦可以产生正向外泄效应，人们越来越意识到市场主体所实施的垄断行为对市场竞争所造成的损害要远比市场垄断结构更大。可以说，行为主义是经济全球化背景下的一种适应产业发展的规制方法诉求。值得注意的是，有学者曾在总结反垄断法实践的基础上总结：“人们曾一度广泛支持反托拉斯法，但最近反托拉斯法却面临毁灭性攻击，批评者建议将反托拉斯当做一种时代错误而予以废除，而另一些人则仍对沃伦法庭时代的反托拉斯政策有所怀念，催促着加强反托拉斯的实施。”实际

① 参见漆多俊：《经济法基础理论》，法律出版社 2017 年版，第 48 页。

② 参见杨东、李子硕：《审慎对待数据垄断》，载《中国国情国力》2019 年第 8 期；曾迪：《大数据背景下互联网平台反垄断法适用难题及对策研究》，载《重庆邮电大学学报(社会科学版)》2019 年第 3 期；周翔、刘欣：《数据垄断的困境与隐忧》，载《人民论坛》2013 年第 15 期；李荣、陈祉璇：《大数据反垄断的挑战与规制优化》，载《石河子大学学报(哲学社会科学版)》2019 年第 5 期等。

上，行为主义与结构主义垄断控制模式不应是非此即彼的梳理关系，而是相互补足的融合关系。任何反垄断案件的调查，对相关市场内经营者的市场力量进行评估都是判定垄断行为的前置步骤。行为主义对结构主义的替代并非全盘否定，而是经过不断的理论发展与实践探索后寻找到的一种更合乎市场规律且更具操作性的规制手段。

至此，"数据市场竞争的法律规制对象究竟为何"这一命题有了显而易见的答案：具有排除、限制竞争效果的垄断行为自然应当成为现代反垄断法的规制对象。继而，反垄断执法机构自然应当对经营者实施的数据利用行为予以高度关注，判断其是否对市场竞争、消费者福利造成损害并决定是否予以惩治。从我国反垄断立法体系来看，对数据排他性、独占性等竞争法属性的探讨当然具有十分重要的意义，因为那可能是判断经营者是否在相关市场内具有市场支配地位以及经营者所实施的行为是否具有违法性的要素之一。然而，行为的竞争损害性却是判断行为是否应当受到反垄断制裁的关键。我国 2008 年颁布的《反垄断法》显然采取的是行为主义垄断控制模式，明确将"预防和制止垄断行为"作为立法目标，① 且明确将垄断协议、滥用市场支配地位和经营者集中等垄断行为作为反垄断法的规制对象。② 近年来，我国反垄断执法机构对手机芯片、白酒、汽车、医药等行业的经营者所实施之垄断行为进行了一系列卓有成效的规制，在垄断行为的甄别和处罚上积累了一定的经验。可以说，将经营者的数据利用作为反垄断的关注对象具有一定的正当性。再者，反垄断法关注的是相关市场内经营者所实施的市场竞争行为，而数据具有天然的工具中立性，是互联网行业经营者参与竞争不可或缺的生产要素，与竞争行为在本质属性上有极大的区别。在此意义上，将经营者的数据利用行为作为反垄断法的关切对象，进而对其所造成的市场竞争效应进行评估以明确反垄断法应当采取怎样的回应方式，显然更为妥当。

---

① 《中华人民共和国反垄断法》第 1 条规定："为了预防和制止垄断行为，保护市场公平竞争，提高经济运行效率，维护消费者利益和社会公共利益，促进社会主义市场经济健康发展，制定本法。"

② 需要说明的是，我国《反垄断法》亦明文规定禁止行政机关和法律、法规授权的具有管理公共事务职能的组织滥用行政权力实施排除、限制竞争行为，但本书主要是将经营者数据利用行为置于《反垄断法》框架内进行分析，故政府数据垄断可能招致的行政垄断争议不在本书的讨论范围。

3. 规制路径：赋权不能转向行为控制

赋权保护模式与行为控制模式往往是政府面临新兴市场勃兴而采取的两种常见法律干预路径。诚然，数据赋权能够为数据主体提供强有力的法律救济措施，数据市场的各方主体也能够根据所创设的数据权利边界以明晰自身行为边界，更能够实现法律规制的安定性及可预见性。然而，数据在法律属性、权属界定等问题上的争论至今还尚未休止。有学者认为，数据本身由于缺乏一般民事客体所有的特定性与独立性，亦无法构成民法中的“无形物”，更与民法中客体的实体权利表彰功能无法相契合，因此具有非可客体性；同时，由于数据缺乏独立经济价值，数据交易性由其所反映的信息内容所决定以及数据的价值实现依赖于自我控制保护和数据安全之原因，也无法将其归为财产。由此，作为中立工具的数据，实难使法律对其发挥应有的规制功能。① 更有学者指出，在现有理论及实践基础之上，关于企业数据的产权争议应当暂且搁置，设立企业数据的利用准则，即从法学角度回应数据应当怎样被企业使用，以实现法的安定性与数据物尽其用的有机统一。②

事实上，现代政府规制理论将规制与竞争视为两种互联互动的工具，其目的均是增进社会福利。毫无疑问，反垄断法规制既是政府规制的重要组成部分，又是实现市场公平自由竞争的重要抓手，尤其是当经营者数据利用行为对市场竞争带来种种负效应之前提下，反垄断法规制更需担负起其维护市场公平竞争秩序、保障消费者权益及增进社会福利之使命。法律规定实质是对人们权利与利益予以考量后进行分配的结果。市场经济下，利益交换是市场交换活动中最为基本的关系。在市场主体充分自由竞争之前提下，市场中的各类主体被置于形式平等的规则之下统一进行活动，每一市场主体均需要在这种规则下最大化谋求自身利益，相互间的利益关系与冲突自然成为社会常态，尤其是市场主体间强势与弱势差异明显的时候。利润最大化往往是市场经济下经营者的主要目标，在信息不对称及道德风险普遍存在之前提下，前文述及经营者数据利用行为极有可能侵犯消费者权益，尽管《消费者权益保护法》等相关法律规定能够在一定程度上实现对消费者这一弱势群体的群体救济和结构性利益失衡矫正。但是，通过《反垄断法》对经营者克以义务性及禁止性规范的方式能够为

---

① 参见梅夏英：《数据的法律属性及其民法定位》，载《中国社会科学》2016 年第 9 期。

② 参见姚佳：《企业数据的利用准则》，载《清华法学》2019 年第 3 期。

消费者权利的实现提供强制性保障。诚如罗尔斯所言："要求那些处于社会优势地位的人们必须放弃自己的一部分钱财和利益为那些迫切需要的弱势群体提供福利，这不是对强势群体的权利的侵犯，而是这些强势群体应尽的责任和义务。"①

由此可以得出，在数据法律属性与权属界定不明的大当下，数据市场竞争的法律规制不宜采取赋权保护模式，而应当通过反垄断法对经营者的数据行为进行适当限制，即采取行为控制模式。公权限制私权的缘由是多元的，其中一个重要目的便是提供实质公平。② 前文述及，经营者的数据利用行为是其建立在数据收集、存储、分析、使用之上的经营行为，其本身对市场竞争具有双重效应，寓于经营者的基本权利内容之中。然而，除了能够在一定程度上促进产品及服务创新，并在短期内给消费者带来福利，经营者的数据利用行为也可能加速市场壁垒的形成，破坏市场竞争秩序并在长期减损消费者福利。通过我国《反垄断法》规范经营者的数据利用行为，对经营者所实施的具有排除、限制竞争效果的不当数据利用行为予以规制或控制体现了公权对私权的限制，是被誉为"经济宪法"的反垄断法不容推辞的使命，更是经济法维护社会整体利益的必然要求。

(四)数据市场竞争的法律规制困境

1. 数据滥用行为难以判定

数据不仅是网络服务提供者确保和改进产品或者服务质量的生产要素，同时也是后者从盈利端市场获取经济收入所不可获取的投入要素。正因为如此，《经济学人》把大数据比喻为"数字时代的石油",③ 有外国学者称其为"网络时代的新货币"(the new currency of the internet)。④ 毋庸讳言，这两个比喻恰如其分地揭示出大数据蕴藏着巨大的价值。就商业实践而言，对数据的控制已然

---

① 参见何霜梅：《正义与社群——社群主义对以罗尔斯为首的新自由主义的批判》，人民出版社 2009 年版，第 181 页。

② ［美］约翰·罗尔斯：《正义论》，何怀宏、何包钢等译，中国社会科学出版社 2009 年版，第 202 页。

③ Steve Hoffmann, The World's Most Valuable Resource: Data and The New Rules of Competition, The Economist, May 6th-12th (2017).

④ William D. Eggers, Rob Hamill, Abed Ali, Data as The New Currency: Government's Role in Facilitating the Exchange, Deloitte Review, Vol. 13, No. 5.

是经营者获取竞争力、争夺战略制高点的有力武器，围绕数据展开的竞争在近年来更是表现得非常明显且愈发激烈。

由于数据市场竞争的数据驱动效应特质明显，绝大多数用户的海量数据往往被掌握在少数几个互联网平台巨头企业手中，这就使得可能原本在相关市场具有市场支配地位的平台企业又成为实际的数据收集者与控制者，数据滥用行为因此而在数据市场竞争中逐渐产生。当前，具有市场支配地位的平台企业依靠数据优势巩固其市场支配地位，进而实施的数据滥用行为主要可以分为两大类：其一，当数据成为平台经济领域不可或缺的关键生产要素和竞争要素，掌握着绝对数据优势的上游平台企业便可能为了追逐利润而拒绝向下游经营者开放其生产产品或服务所必需的关键数据。一旦这些“关键数据”构成市场竞争和行业生产的“必要设施”，则该行为便可能构成反垄断法所禁止的拒绝交易行为。实际上，围绕拒绝开放“关键数据”，国内外已经发生了不少争议案件，并迅速成为社会焦点。在国外，无论是“hiQ 诉 LinkedIn 案”还是“People Brows 诉 Twitter 案”，案件争议均主要围绕拒绝开放“关键数据”是否违反反垄断法而展开。有趣的是，同样是因数据资源的开放问题而产生的纠纷，国内的“微信华为案”“顺丰菜鸟案”却以数据控制方控告下游经营者不正当抓取数据而备受关注。究其原委，在于反垄断法中的“关键设施原则”这一理论本身就极具争议，国内也缺乏该原则适用的反垄断执法案例或判例作为依循。其二，除了凭借自身市场支配地位和数据优势构筑数据市场壁垒，平台企业还可能通过数据分析和算法利用而对老用户实施差别待遇行为，此即当下社会热议的“大数据杀熟”“数据自我优待”行为。尽管此举可能已经违反个人信息保护法，但在数据法律属性界定依然模糊、权属界定不明且个人对于信息采集和数据收集缺乏知情的前提下，个人权利难以得到救济。如能证明前述行为可能构成反垄断法所禁止的差别待遇，则可能通过适用反垄断法给予实施数据滥用行为的平台企业以惩处，从而保障数据市场竞争活力，维护消费者福利。

然而，无论是关键数据的拒绝开放抑或是经营者的不当收集、不当利用数据行为，要将其纳入反垄断法的审查并论证其应当为反垄断法所禁止均具有较大难度。这主要体现在：其一，相关市场界定是任何反垄断案件的前提，而相关数据市场的界定又是当前一个极富争议的反垄断施用话题；其二，数据市场竞争中，经营者的市场支配地位本来就由于“免费策略”和网络多边效应而难以证明，更何况数据对经营者市场支配地位的认定究竟起到怎样的作用还尚未达成共识，这就使得数据市场中经营者的市场支配地位举步维艰；其三，作为反垄断法历史中颇具争议的理论，必需设施理论的适用往往被认为仅有在极其特殊的情况下才得以适用，而在一些争议案件中，能否就经营者拒绝开放关键数据的行为适用该理论，特别是对何种数据可以被界定为“关键”，尚未形成明确结论。而对于“大数据杀熟”等热点问题，传统反垄断法理论能否解决，亦是值得深入研究的难题。

2. 算法合谋难以甄别

借由算法达成并实施垄断协议，是数据市场竞争中法律规制的又一难题。正如亚当·斯密所言，市场内的同行们仅有在商议如何进行涨价时才会发生聚会。① 正因为经营者之间达成的垄断协议往往表现为产品或服务价格的直观上涨，消费者福利因此显著受损，反垄断法往往对其直接适用本身违法原则予以禁止。然而，数据市场中的垄断协议可能并不是以传统的当面磋商或电话会议的形式达成并实施，而是通过算法达成并实施，这就给该行为的法律规制带来新的挑战与难题。

数据市场中，经营者往往依靠各种算法收集并处理来自用户的海量数据，进而在其商业实践中广泛适用。通过算法，经营者能够迅速推算消费者偏好与其他竞争者实施的产品策略，在此基础上及时改进自身定价模型，并对个人用户实施个性化服务，预测市场价格趋势。② 值得肯定的是，算法的商业运用极大提升了企业运行效率，改善了用户的产品或服务体验，同时在防止信息欺诈、动态定价测算、精准广告推送、个性化商品或服务定制等方面均发挥了极大作用。③ 尤其是在电子商务领域，算法的商业运用更是对电子商务平台经营者的蓬勃发展起到至关重要的作用。根据欧盟委员会关于电子商务领域的初步调研报告，大约有67%的在线零售商使用定价算法追踪竞争对手的定价策略，其中有接近78%的在线零售商根据追踪结果进行价格调整。④ 通常而言，定价

① 参见[英]亚当·斯密：《国富论》，谢宗林、李华夏译，中央编译出版社2010年版，第315页。

② Sokol, D. Daniel, Comerford, Roisin E, Antitrust and Regulating Big Data, George Mason Law Review, Vol. 23, No. 5.

③ 参见施春风：《定价算法在网络交易中的反垄断法律规制》，载《河北法学》2018年第11期。

④ Commission Staff Working Document—Preliminary Report on the E-commerce Sector Inquiry, September 2016.

算法有助于改善商品定价模型、提供个性化价格和分析价格走势，由此带来的经营效率及技术创新无疑会使经营者和消费者受益。然而，定价算法的使用也引发了对它可能产生反垄断问题的担忧，尤其是大数据和算法提高了市场透明度和高频交易的可能性，促使经营者之间更容易达成、实施和维持各种共谋，甚至无须任何正式协议抑或进行人员交互。质言之，在算法的辅助下，经营者之间共谋变得日趋隐蔽化和智能化。可以想见，随着互联网、大数据、人工智能同实体经济深度融合，经营者之间利用算法来实现共谋的风险将不断加大。

具体说来，对数字垄断协议的甄别难点在于：其一，在价格的设定上，经由算法实施的数字垄断协议弱化了人的意志。传统的垄断协议往往通过经营者采取明示或暗示的方式达成，经营者的主观意志成为达成并实施垄断协议必不可少的因素之一。算法辅助经营者实施的数字垄断协议则是在经营者事先设定或完全不需要人为干预的情况下对商品价格、消费者需求与偏好等诸多因素考量之后自动执行。其二，在价格等交易条件的变化上，数字垄断协议具有高度动态性。传统垄断协议一般需要经营者之间达成多轮磋商，以频繁交换价格信息并达成一致，这种信息联动往往需要一定的过程与实践。但算法的自动执行能够极大缩短经营者之间的信息协商时间，当某一经营者经营某类商品或服务的价格发生变化，算法能够第一时间侦测到这种变化并迅速地相应作出调整，与其他经营者保持一致。其三，数字垄断协议扩大了经营者之间的关联形式。传统垄断协议更多表现为相关市场内存在竞争关系的经营者或处于产业链上下游的经营者之间达成一致意见并实施一致市场举动，此即所谓反垄断法上的横向垄断协议或纵向垄断协议。然而，当多个具有竞争关系的经营者与同一个平台经营者在算法的帮助下就价格等交易条件达成一致或采用相同的定价机制，则在外观上看，这些具有竞争关系的经营者并没有实现横向沟通，但却在横向相关市场内达成了排除、限制竞争效果。

3. 平台扼杀式并购难以控制

所谓扼杀式收购(Killer Acquisition)，是指市场上长期存在的企业对与其处于同一市场的初创企业的收购，而其收购的战略是为了停止被收购公司的创新产品的研发与生产，并在未来的竞争中占得先机。① 扼杀式收购即是所谓的

① OECD, Start-ups, Killer Acquisitions and Merger Control - Background Note, DAF/COMP(2020)5, 6.

“强大的市场现存企业对于初创的、有创新能力的企业的收购行为，这意味着这些收购行为的目标意图仅仅在于停止和有效地‘扼杀’这些初创企业的创新产品项目，以达到对于未来市场竞争的‘先发制人’的效果”。① 这种“市场先占”的效果，正是由于通过这样的扼杀式收购，消除了初创企业潜在的竞争威胁，巩固了现存企业固有的市场优势地位甚至市场支配地位。②

随着数据利用在商业实践中的运用日益拓展，数据日益成为企业最关键的战略资产与竞争要素，数据市场中的扼杀式收购亦愈演愈烈。诚然，平台扼杀式收购对于潜在竞争的负面影响是毋庸置疑的，而且如果收购之后的企业所占据的市场份额越大，市场越集中，通过网络效应的放大，其导致的对于潜在竞争的负面影响就越大。③ 可以说，扼杀式收购直接造成了对于未来竞争的极度恶性后果，直接消灭了未来的与收购企业有竞争能力的竞争者。更为关键的是，除了通过前端采集方式进行直接收集数据外，通过企业并购这种间接收集方式取得数据资产成为最为便捷的一种数据收集方式。也即是说，平台企业极有可能通过扼杀式收购进行数据聚集。根据 OECD 的统计报告：“在数据密集型产业中，以获取数据资产为目的发起的并购交易数量不断激增，从 2008 年的 55 宗并购交易增至 2012 年的近 164 宗并购交易，仅仅是 2013 年上半年就已发生 127 宗并购交易。”④数据市场正掀起一股企业并购的交易热潮，谷歌、微软、Facebook 等行业巨头都曾发起过类似的并购交易，我国的互联网行业也逐渐加入这一并购热潮中，滴滴和优步合并、美团和大众点评合并、赶集网和 58 同城合并等并购案例一度成为社会热议焦点。

令人担忧的是，与数量激增的数据市场并购热潮相对应的，是我国经营者集中审查制度尚欠完善。仅 2016—2020 年，我国反垄断法执法机构收到经营

---

① Václav Šmejkal, Concentrations in Digital Sector—A New EU Antitrust Standard for “Killer Acquisitions” Needed?, Journal for International and European Law, Economics and Market Integrations 1, 2 (2020).

② Matt Richards, Killer Acquisitions Are a Recurring Issue, Says Vestager, Global Competition Review, 17 January 2019.

③ Michael L Katz, Big-Tech Mergers: Innovation, Competition for the Market, and the Acquisition of Emerging Competitors, Information Economics and Policy, Forthcoming, 24-25 (2020).

④ OECD, Data-Driven Innovation: Big Data for Growth and Well-Being, OECD Publishing, 2015, http://dx.doi.org/10.1787/9789264229358-en.

者集中申报便有2159件，其中查处违法集中53件，附加限制性条件批准22件。2020年10月20日，国家市场监管总局审议通过了《经营者集中审查暂行规定》。如此庞大的案件审查数量及相应规则的制定，充分表明了我国负责经营者集中反垄断审查的执法部门积极作为，甚至可以说是执法热情高涨。① 遗憾的是，尽管我国经营者集中反垄断审查案件数量不断攀升，至今却尚未正式受理互联网行业甚至数据市场的经营者集中案件，相应地，扼杀式并购问题自然难以受到反垄断执法机构的审查。造成这种结果的原因是显而易见的：一方面，我国经营者集中申报采取营业额标准，加之对未依法申报的经营者集中的惩罚力度不够，并购交易方或者以未到达申报标准为由拒绝申报，或者宁可承担违法成本较低的未依法申报的法律责任，也不愿主动进行申报。另一方面，我国互联网企业大多涉及VIE结构，但凡是涉及VIE结构的，我国执法部门往往不对其是否应该进行申报作出表态。纵使相关反垄断实践暂付阙如，涉及扼杀式并购的经营者集中反垄断审查仍旧在社会上引起极大关注。例如，2016年8月，针对滴滴和优步未经反垄断申报就实施并购，我国新华社刊文指出："滴滴出行和优步合并带来的数据垄断隐忧不可不察。对于互联网巨头的合并，有关反垄断执法机构应该从数据垄断、信息安全的角度加以审视，进行有效审查和监管，防患于未然。"②可惜的是，在该合并业已完成两年多后，在2018年11月国新办举行的《反垄断法》实施十周年新闻发布会上，我国执法机构负责人在回应关于滴滴收购优步案件时表示，对滴滴收购优步未依法申报的反垄断调查仍在进行中。③ 由是观之，社会各界呼吁执法机构在经营者集中反垄断审查中加强对数据垄断问题监管的呼声已经不绝于耳，由此对涉及扼杀式并购的经营者集中反垄断审查进行学理分析的必要性和紧迫性便凸显出来。

需要说明的是，国外不乏反垄断学者结合美欧反垄断法原理、规则和典型案例，对涉及扼杀式并购的经营者集中可能产生的单边效应、协调效应，以及

---

① 参见张光远：《第十七次中欧竞争政策周研讨会开幕致辞》，载《中国价格监管与反垄断》2018年第11期。

② 参见段续、刘怀丕：《滴滴收购优步：大数据垄断尤当警惕》，载http://finance.china.com.cn/industry/kj/20160803/3842828.shtml，最后访问时间：2020年12月3日。

③ 参见：《国家市场监管总局：依据反垄断法及有关规定对滴滴收购优步案件进行调查》，载新华网：http://www.xinhuanet.com/2018-11/16/c_1123725065.htm，最后访问时间：2020年12月3日。

扼杀式并购对隐私保护的潜在影响等问题作了探究。① 相比之下，或许是因为我国缺乏相应的反垄断实践，仅有个别学者基于比较法视角对涉及扼杀式并购的经营者集中反垄断审查问题进行研究。诚然，上述研究对域外先进经验和成熟做法做了很好地梳理、归纳和总结，不少成果具有建设性意义，但是总的说来，它们缺乏对法律条文背后的法理诠释和相关案例的具体场景分析，也甚少关注到我国经营者集中反垄断审查规则的独特性，致使其提出的对策建议地缘针对性不强、本土化建构不足。

二、数据市场数据滥用行为的法律规制

(一)相关市场界定：相关数据市场的提出

自"Google 收购 DoubleClick 案"首次提出相关数据市场这一概念之后，理论界与实务界开始重新反思数字经济时代相关市场的界定方法，并就是否需要根据数据及经营者数据利用的特殊性而创设相关数据市场展开激烈争论。美国联邦交易委员会委员 Harbour 在该案提出，相关市场界定不应仅局限于收费盈利端的在线广告服务市场，而是应当以有助于锁定消费者的数据为目标假定一个相关商品市场，以此来分析该并购导致的数据集中可能对市场竞争产生的潜在影响。② 实际上，相关数据市场的提出与滥用知识产权案件中的相关技术市场的提出如出一辙，③ 即均是无论是一类数据还是一项技术，彼此之间不具有

---

① Sivinski G, Okuliar A, Kjolbye L, Is Big Data A Big Deal? A Competition Law Approach to Big Data, European Competition Journal, Vol. 13; Ohlhausen, Maureen K. and Okuliar, Alexander, Competition, Consumer Protection, and the Right (Approach) to Privacy, Antitrust Law Journal, Vol. 80, No. 1; Harbour P J, Koslov T I. Section 2 In A Web 2. 0 World: An Expanded Vision of Relevant Product Markets, Antitrust Law Journal, Vol. 76, No. 3; Ben Holles de Peyer, EU Merger Control And Big Data, Journal of Competition Law & Economics, Vol. 13, No. 4.

② Harbour P J, Koslov T I. Section 2 In A Web 2. 0 World: An Expanded Vision of Relevant Product Markets, Antitrust Law Journal, Vol. 76, No. 3.

③ 参见《关于禁止滥用知识产权排除限制竞争行为的规定》第 3 条第 2 款规定：相关技术市场是指由行使知识产权所涉及的技术和可以相互替代的同类技术之间相互竞争所构成的市场。

替代性，因而每类数据或每一项技术需要构成一个单独的相关市场，如此才能真实反映持有该类数据或该项技术的经营者的市场力量及其行为所造成的影响。① 所谓相关数据市场，应当是指由所涉及的数据和可以相互替代的同类数据之间相互竞争所构成的市场。需要指出的是，传统相关市场又可以分为相关产品市场、相关地域市场、相关时间市场等维度，其中相关产品市场与相关地域市场是当前反垄断实践中最为关注的两个部分。

实际上，相关数据市场的本质并没有脱离相关产品市场这一维度，虽然它相较于传统产品市场而言内容上更为复杂，但其本身实质上可以看作“产品市场”的一部分。相应地，传统需求替代分析、供给替代分析、SSNIP 测试法、临界损失分析法等相关市场的界定方法根据所涉案件的基本情况可能会有不同的应用。② 需要指出的是，随着互联网行业的高速发展及新兴技术的勃兴，传统需求供给替代分析法可能已经无法适应新型行业的产品高重合性、转换低成本之特征。以定量分析为基础的 SSNIP 测试法克服了传统替代分析法的主观因素，成为当前实务界与学界普遍认同的相关市场界定主流方法。③ 然而，数字经济背景下的各个行业方兴未艾，国内外数据交易流通尚处于初始阶段，在以往数据交易活动中，呈现出了成交量低、定价自由度高、价格波动大、不透明性强等特点，这无疑给严重依赖于价格数据的 SSNIP 测试法的使用带来极大困难。基于此，回归传统替代分析方法，尝试从传统数据来源渠道、收集方式及功用发挥等角度对相关数据市场进行初步界定，不失为一种对相关案件进行初步分析时的思路。

1. 依数据收集方式划分相关数据市场

根据数据收集方式的不同，需要分析设备数据与非设备数据之间的相互替代性。所谓设备数据，应当是指经营者通过交易相对人使用固定设备后上传所

---

① 参见丁茂中：《反垄断法实施中的相关技术市场问题》，载《电子知识产权》2018 年第 5 期。

② 参见国务院反垄断委员会《关于相关市场界定的指南》第 7 条规定：“界定相关市场的方法不是唯一的。在反垄断执法实践中，根据实际情况，可能使用不同的方法。界定相关市场时，可以基于商品的特征、用途、价格等因素进行需求替代分析，必要时进行供给替代分析。在经营者竞争的市场范围不够清晰或不易确定时，可以按照‘假定垄断者测试’（具体见第十条）的分析思路来界定相关市场。”

③ 参见李剑：《多产品下的相关市场界定——基于中国经营者集中典型案例的反思》，载《法学》2019 年第 10 期。

获取的数据。① 近年来，随着通信技术、云服务及低成本传感器的开放与应用，除了移动网络收集用户在线数据，通过物联网设备实时收集用户实时状态、个人位置等数据成为多数经营者的选择。导航数据便是典型的设备数据，因为其只能通过特殊车辆或设备对路况的勘测进行采集，且其对采集数据的精准性要求更高。显然，该数据与其他在线数据之间便不存在替代性。② 这一结论在欧盟"Tele Atlas 收购案"中得到了验证，欧盟委员会认为制作地图导航数据库需要投入大量资源及设备，尤其是地图导航数据库中的部分数据是由勘验车队手动编译并进行更新的，由此，那些用于非导航目的的数字地图数据库中的数据无法成为导航服务数据库所需数据的替代品。③ 欧盟委员会曾在英国"沃达丰并购案"中指出，基于收集的消费者数据类型完全不同，在线广告数据分析服务市场与移动广告数据分析服务市场不应当合并为一个市场。移动广告数据分析服务市场主要通过经营者提供移动设备收集用户的个性化数据，其中最为重要的便是消费者的实时地理位置数据，而这些数据用在线广告服务显然难以收集。基于此，欧盟委员会认为上述两种服务存在功能上的互补，两个相关市场彼此独立并行不悖。④ 可以看出，在数据相关市场的界定上，需要首先对相关数据收集来源是否相同作出评估，尤其是对于设备数据和非设备数据需要进行替代性分析加以研判。

2. 线上数据市场与线下数据市场

所谓线上数据，是经由互联网收集、存储、传输而获得的数据。线下数据则是指实体企业通过非互联网方式获得的数据。须知，尽管数字经济时代的绝大部分数据均是线上数据，但零售商、商业银行保险公司、电信运营商等传统行业经营者依然会通过线下方式收集用户的消费记录、财务状况等数据。对于线上数据与线下数据相关市场的替代性，需结合具体案情进行分析。

---

① Japan Fair Trade Commission Competition Policy Research Center, Report of Study Group on Data and Competition Policy, June, 2017, https://www.jftc.go.jp/en/pressreleases/yearly-2017/June/170606_files/170606-4.pdf.

② Autorité de la Concurrence Française and Bundesbehörde der Bundeskartellbehörde, Competition Law and Data, May, 2016, http://www.autoritedelaconcurrence.fr/doc/reportcompetitionlawanddatafinal.pdf.

③ Case No. COMP/M.4854-TomTom/Tele Atlas, 14/05/2008.

④ Graef I. Market Definition and Market Power in Data: The Case of Online Platforms, World Competition, 2015, 38(4).

“DoubleClick 并购案”中，欧盟委员会认为线上广告服务市场与线下广告服务市场应当分别界定为两个不同的相关市场，因为两者在广告投放的方式、效果及策略制定上均存在明显不同。① 在线上服务市场与线下服务市场的分别界定已经为各国反垄断执法机构所逐渐认可的前提下，线上数据市场与线下数据市场的单独界定似乎亦有章可循。例如，传统零售商与平台经营者均可以直接通过其提供的商品或服务收集用户的消费行为数据，但平台经营者获得的数据面更广。平台经营者可以直接收集用户浏览商品记录，据此足以判断用户的消费偏好从而制定出更为个性化的商品推送与定价策略。显然，传统零售商永远难以如此有效地对每一位消费者的商品浏览都了如指掌。② 由此不难推断，尽管从外观上看某些线下数据与线上数据具有一致性，但其彼此之间可能不具有相互替代性，在对相关数据市场进行具体分析时，除了对数据用途、功能以及获取的难易程度进行分析外，还需要结合线上数据与线下数据应用场景或下游经营者提供的产品或服务等因素进行综合判定。

3. 线上数据市场的再划分

数字经济时代，“体量庞大”本就是以数据为构成要素的大数据之核心特征。面对浩如烟海的线上数据，如不根据经营者的营业范围、数据的功能应用等因素对线上数据市场进行再划分，则很难准确评估某一经营者在如此庞大的相关市场内的市场影响力。例如，在“WhatsApp 并购案”中，欧盟委员会将谷歌、苹果、亚马逊、微软、雅虎等公司均作为 Facebook 收集用户数据的竞争对手，并认为他们在相关数据市场上形成有效竞争。③ 上述经营者横跨电子商务、社交网络、搜索引擎等多个领域，其所收集的数据亦在各个领域所体现的价值、功能各有不同。例如，电子商务经营者不仅要收集关于用户购买商品的数据，还需要收集关于用户喜好、评价及浏览商品的数据；社交网络经营者则需要收集用户在社交平台上的交互数据与用户共享的配置文件信息。而搜索引擎经营者则需要对用户的搜索查询与点击实施跟踪。尽管上述数据均被经营者用来优化其产品或服务，但从来源上看这些数据的差异是明显的，甚至在一定

① Case No. COMP/M. 4731-Google/ DoubleClick，11/3/2008.

② H. A. Shelanski，Information，Innovation，and Competition Policy for the Internet，University of Pennsylvania Law Review，Vol. 161，No. 6.

③ Case No. COMP/M. 7217-Facebook/WhatsApp，3/10/2014.

程度上是不具有替代性。① 更为关键的是，既然近年来的互联网反垄断案件均对线上服务市场进行了精细划分，由此推知的相关数据市场更应当沿用这一思路，毕竟无论是线上服务抑或线上数据均没有脱离传统相关产品/商品市场这一维度。

相关数据市场理论的提出，为经营者间接收集数据行为所涉反垄断纠纷的相关市场界定问题提供了一定的解决思路。尽管对数据本身的法律属性尚存在诸多争议，但无论是前文述及的数据交易行为抑或是扼杀式企业并购，数据成为经营者之间交易甚至争夺的“商品”已成为无可争辩的事实。在此基础上，相关数据市场的提出符合反垄断法理论上产品市场这一界定维度，对数据所涉反垄断纠纷中经营者市场力量的评估及掌握数据这一关键要素的竞争影响分析都将具有重大意义。

（二）市场支配地位认定：数据稀缺性构成非结构性认定因素

在经营者数据滥用的反垄断案件调查或审理过程中，经营者所占有的数据是否具有稀缺性是认定其具有市场支配地位的关键性非结构因素。然而，一部分学者始终认为由于数据本身存在天然的非排他性，故而难以为数据控制者赢得太大的竞争优势，对数据控制者的反垄断审查因而无从谈起。他们认为，在信息技术高速发展的今天，任何经营者都可以自行收集或购买数据，某一经营者的数据收集行为并不会妨碍其他经营者收集同类或相似数据。② 从资源的战略管理角度看，只有在某一资源同时不可替代性、稀缺性与价值性之特征时才被认为能够给经营者带来持续性的竞争优势，而数据不具备上述特征。③ 更重要的是，数据一旦生成，经营者便可以快速且边便捷地从用户处收集数据，这种数据收集产生的生产和分销边际成本几乎为零。④ 况且，互联网行业普遍存

---

① Graef, Inge, Market Definition and Market Power in Data: The Case of Online Platforms, World Competition: Law and Economics Review, Vol. 38, No. 4.

② Tucker, Darren S. and Wellford, Hill, Big Mistakes Regarding Big Data, Antitrust Source, December 2014, https://ssrn.com/abstract=2549044.

③ Anja Lambrecht and Catherine E. Tucke, Can Big Data Protect a Firm from Competition?, December 2015, https://ssrn.com/abstract=2705530.

④ Shapiro, Carl and Hal R. Varian, Information Rules: A Strategic Guide to the Network Economy, Harvard Business Press, 1999.

在多宿主现象，即一个用户可能同时使用多个网络服务，这就更加证明了经营者对用户的数据收集几乎不存在障碍。① 即便某些数据由于技术或其他原因无法被其他经营者任意收集，但由于数据具有较强的可替代性，很多数据完全可以通过其他维度的数据推断甚至计算出来。② 应该说，上述观点从不同角度对数据不具有稀缺性进行了证成，具有一定的参考价值。但上述观点却严重脱离了数据的具体应用场景及具体案件中的市场竞争关系，应该说，单纯地将数据归为稀缺性资源或非稀缺性资源都是片面且武断的。在对确定的某一个或多个经营者进行市场支配地位认定时，应当结合既有的商业实践及相应的技术商业因素对经营者所占有的数据稀缺性进行分析，才能够得出立论更为牢固且考虑更加全面的结论。

1. 数据构成不可替代生产要素

数据是一些行业商品或服务不可替代的生产要素。尽管数据之于数字经济核心生产要素这一论断已经深入人心，但其在某些行业的不可替代性却鲜有人提及。例如，对于一些经营在线第三方评估服务的公司而言，其提供的第三方评估服务高度依赖于某一领域经营者的某些数据。一旦该领域的经营者采取技术手段或其他方式拒绝相关市场内原本开放的数据，这对那些第三方评估公司造成的打击将是毁灭性的。在“hiQ 诉 LinkedIn(领英)案”中，hiQ 作为一家为企业人力资源部门提供员工评测服务的公司，长期依赖于领英这一职业社交平台提供的公开数据。然而，领英公司突然采取多种技术手段阻止 hiQ 对其数据进行抓取，这几乎直接摧毁了 hiQ 公司赖以生存的商业模式。为此，法院最终判令领英公司不得采用技术手段阻止 hiQ 公司对其公开数据的抓取行为。③ 同样地，在“Facebook 诉 Power Ventures 案”中，尽管社交网站 Power Ventures 通过伪装邮箱或其他伪装手段曾经被法院判决违反《计算机诈骗与滥用法》，但该案的主审法官 Mary Murguia 依然认为 Facebook 网站的用户数据对于 Power

---

① Sokol, D. Daniel and Comerford, Roisin E., Does Antitrust Have a Role to Play in Regulating Big Data?, Cambridge Handbook of Antitrust, Intellectual Property and High Tech, Roger D. Blair & D. Daniel Sokol editors, Cambridge University Press, January 2016.

② 参见陈永伟:《数据产权应划归平台企业还是消费者?》，载《财经问题研究》2018 年第 2 期。

③ 参见曾雄:《以 hiQ 诉 LinkedIn 案谈数据竞争法律问题》，载《互联网天地》2017 年第 8 期。

Ventures 的商业模式至关重要。① 正是基于这一原因，Power Ventures 曾经多次以 Facebook 对用户数据不具有所有权而提起上诉。抛开本案的侵权问题不谈，本案过后，Power Ventures 这一社交网络初创平台由于无法再通过原有手段获取用户数据而迅速衰落至少是社交软件市场用户数据具有稀缺性的一个最好例证。②

具体说来，要评估数据对于经营者获取竞争优势的作用，则需要结合经营者掌握数据的多种因素进行综合认定：第一，要评估经营者所掌握的数据规模。通常情况下，数据只有积聚到一定规模才能发挥作用。可以说，数据的效用与经营者收集数据的规模呈正相关关系。因此，对于那些能够有效利用规模产出者而言，其庞大的数据规模无疑将使其具有较大的竞争优势。与之相反，一些初进市场的中小经营者则因为掌握的数据无法达到最小规模临界值而面临竞争劣势。例如，搜索引擎和其他在线平台就能够从大规模数据中受益，正如谷歌在面临质疑时所说的那样："我们并没有研发出比别人更好的算法，只是掌握了更多的数据。"③第二，数据多样性亦是增强经营者竞争优势的因素之一。这是因为，经营者收集数据的来源渠道越多，其数据分析的结果便愈发精准，尤其是通过多种数据的综合分析能够轻松完成对个人身份的识别及个人活动的追踪。④ 在"谷歌收购 DoubleClick 案"中，欧盟委员会直接指出，在经营者围绕数据展开的竞争中，经营者的竞争优势并非仅由数据的体量大小决定，还取决于竞争者能够收集到多少种不同种类的数据。⑤ 数据的多样性能够帮助经营者更为准确地对消费者偏好、流行趋势和市场动态变化进行预测，这将使经营者在双边甚至多边市场立于不败之地。第三，数据的时效性对经营者竞争优势甚至市场支配地位的获取同样重要。面临高度动态变化的互联网市场，具备快速收集数据并加以利用的经营者往往相较于一般经营者更快一步作出反

---

① Facebook, Inc. v. Power Ventures, Inc., No. C 08-5780 JF (RS), 2009 WL 3429568.

② 参见《死不瞑目：社交网站 Power. com 状告 Facebook 求翻案》，载搜狐网：https：//www. sohu. com/a/47931057_124144，最后访问时间：2020 年 10 月 23 日。

③ M. Asay, Tim O' Reilly, "Whole Web" Is the OS of the Future, CNET, March 2010, available at http：//news. cnet. com/8301-13505_3-10469399-16. html.

④ Executive Office of the President, President's Council of Advisors on Science and Technology, Report to the President, Big Data and Privacy: A Technological Perspective, May 2014, https：//bigdatawg. nist. gov/pdf/pcast_big_data_and_privacy_-_may_2014. pdf.

⑤ Commission Decision of 11 March 2008, Case M. 4731 Google/ DoubleClick.

应。如今，绝大多数经营者已经能够实施监测并追踪用户的行为与竞争对手的策略，进而对其经营策略及时作出调整。① 更为关键的是，数据本身经过一段时间后折旧率较高，过期数据对于瞬息万变的互联网市场而言几乎没有任何价值。根据谷歌的研究报告，人们每天搜索内容的15%是新内容，这就需要搜索引擎背后的算法需要源源不断补新数据才能满足用户的使用需求。因此，对这类数据的控制尽管会使经营者具有竞争优势，但往往不会太过持久。②

2. 潜在竞争者难以收集数据

对于已经发展较为成熟的互联网行业，潜在竞争者难以直接收集用户数据。为了收集数据用于提升产品或服务质量，潜在竞争者在进入相关市场之前往往需要搭建一个网络平台或采取其他方式以吸引用户。然而，无论是搭建新兴网络平台抑或是免费策略都需要经营者在研发运营上进行持续且大量的投资，以确保其网络平台或商业模式下的活跃用户能够达到一定的规模。遗憾的是，在数据驱动效应下，由于潜在竞争者本身就因为缺乏足够数据支撑其推出产品或服务的质量，仅依靠免费策略难以长期对大量用户保持足够吸引力，这就使得其用户数量难以达到一个实现盈利的规模。因此，对于诸如社交网络、搜索引擎及电子商务等已经相关成熟的互联网行业来说，潜在竞争者几乎无法依靠搭建新兴平台或其他策略从互联网巨头企业手中抢夺用户，自然无法收集数据。更为关键的是，即便经营者在前期通过完全的免费策略吸引用户，但高昂的数据存储和数据分析设备的搭建又将产生巨大的沉没成本。无论是构建数据中心所需的服务器、存储器抑或是云服务，都将花费潜在经营者巨大的成本，而盈利来源的缺失注定使得这些潜在竞争者的免费策略难以长期维持。

潜在竞争者还可能通过向数据居间商购买或并购的方式间接收集数据，但依然可能受到重重限制。一方面，对于数据居间商而言，其抓取的数据一般是公开数据，这部分数据本身在体量、时效性及有用性上有限。对于核心数据的抓取，则可能涉嫌违反数据保护的相关法律规定。实践中，网络产品或服务的

---

① Daniel L. Rubinfeld & Michal S. Gal, Access Barriers to Big Data, Arizona Law Review, Vol. 59, No. 2.

② The Centre on Regulation in Europe (CERRE), Big Data and Competition Policy: Market Power, Personalized Pricing and Advertising, February 2017, https://www.researchgate.net/publication/314261931.

提供者往往通过各种技术手段对其控制的数据进行加密以防止对手或第三方抓取，基于数据爬取所产生的不正当竞争案件比比皆是。尽管学术界对数据确权的探讨莫衷一是，但实践中法院均确认了经营者对其所控制的数据享有合法权益，将其他公司破坏经营者数据展示规则情况下的爬取行为认定为不正当竞争行为。① 足以看出，数据权益在实践中至少被作为一项法益得到保护，这无异于在从立法层面确立了部分数据的排他性与独占性。更重要的是，如果从数据中间商处获取数据，则将产生一定交付成本和数据清洗成本，当上述成本加起来很高时，无疑会妨碍潜在竞争者通过这种方式来获取数据。② 而另一方面，对于那些资金实力雄厚的潜在竞争者而言，通过企业并购来获取数据的方式依然可能存在较高商业风险。因为他们只能花费高昂的费用去收购那些相关市场内的中小型企业以获取较小体量的数据，而这不足以使其与原本就在相关市场内具有竞争优势的互联网巨头展开质量竞争。

3. 数据利用加速市场力量传导

市场支配地位可以描述为这样一种情形：经营者在相关市场内的力量实在过于强大，以至于完全不用考虑竞争对手和市场动态变化而完全依照自己的意愿对其所提供的商品或服务进行价格或其他交易进行任意调整，其他竞争对手则对此束手无策。③ 竞争法理论上，尽管相继出现过通过利润率标准、市场行为标准、市场份额标准对经营者市场支配地位进行认定，实践证明，市场结构标准即根据经营者在相关市场内的市场份额多寡来认定市场支配地位更具合理性与客观性。④ 我国《反垄断法》亦采用了以市场结构标准为主，市场绩效标准与市场行为标准为辅的市场支配地位认定思路。然而，随着互联网行业与大数据、云计算等技术的兴起却使得经营者的盈利模式发生重大变化，经营者的市场份额因此变得难以证明且随着市场的动态变化而时刻变化，这个传统理论中最能够直观反映相关市场内市场结构与经营者市场力量的结构性因素之适用性

---

① 参见《爬取数据，当心“踩雷”》，载国家知识产权战略网：http：//www. nipso. cn/onews. asp？ id=47459，最后访问时间：2020 年 10 月 23 日。

② Autorité de la Concurrence Française and Bundesbehörde der bundeskartellbehörde, Competition Law and Data, May 2016, http：//www. autoritedelaconcurrence. fr/doc/reportcompetitionlawanddatafinal. pdf.

③ 参见吴高盛主编：《中华人民共和国反垄断法释义》，中国法制出版社 2007 年版，第 52 页。

④ 参见王晓晔：《反垄断法》，法律出版社 2011 年版，第 198 页。

逐渐降低。纵向一体化能力、市场壁垒、交易被依赖性等非结构性因素在市场份额证明力有限之前提下，更能够有效反映出经营者在相关市场内的市场力量，理应受到重视。①

数据驱动效应下，数据是企业竞争追逐的核心生产要素，掌握数据的多寡在某种程度上直接反映一些行业中企业的市场控制力。这是因为，在相关市场内掌握数据优势的经营者不仅可以基于海量数据对其产品或服务进行优化升级以吸引更多用户从而形成“雪球效应”，还能够通过迫使潜在竞争者或新进竞争者接受不公平交易条件的方式阻碍其他竞争者进行有效竞争。② 为此，数据既是经营者确保或者提高产品、服务质量的生产要素，同时也是后者从盈利端获得经济收入的重要投入要素，相对于市场份额因素的弱化，经营者掌握数据的多寡似乎更能够反映数据驱动企业相关市场控制力，自然应当纳入认定经营者具有市场支配地位的非结构因素中。实然法层面，已经有一些法域通过立法将经营者掌握数据的情况作为经营者认定市场支配地位的非结构认定因素。例如，德国《反对限制竞争法》直接将竞争数据的可获取性作为多边市场和网络效应下经营者市场支配地位的考察因素；③ 而我国国家市场监督管理总局在其新近公布的《禁止滥用市场支配地位暂行规定》中将“处理相关数据的能力”作为认定互联网等新兴经济业态之经营者具有市场支配地位的因素之一。④

（三）滥用行为判定：数据排他性滥用与数据剥削性滥用

现代反垄断法理念下，垄断结构并不会招致否定性法律后果，因垄断而产生的滥用行为则可能因为缺乏正当理由而受到惩治。前文述及，根据滥用行为所产生的效果，经营者的滥用行为被分为排他性滥用行为与剥削性滥用行为。其中，剥削性滥用主要是指经营者从包括消费者在内的交易相对人身上获取了

---

① 参见叶明：《互联网行业市场支配地位的认定困境及其破解路径》，载《法商研究》2014 年第 1 期。

② 参见陈兵：《大数据的竞争法属性及规制意义》，载《法学》2018 年第 8 期。

③ Reform of the German Competition Act (9th Amendment), https://www.bundeskartellamt.de/EN/Economicsectors/Digital_economy/digital_economy_artikel.html;jsessionid=02768C0E3C4A51869E800C438FC0BB75.1_cid371?nn=3589784#doc10321670bodyText3.

④ 参见国家市场监督管理总局：《禁止滥用市场支配地位行为暂行规定》，载中央人民政府网站：http://www.gov.cn/gongbao/content/2019/content_5430507.htm，2020 年 11 月 25 日。

一般竞争状态下难以获得的利益。数据市场竞争中，经营者通常会实施拒绝开放“关键数据”“大数据杀熟”“数据自我有待”等数据滥用行为，需要对其进行分类讨论。

1. 排他性滥用——“关键数据”的拒绝开放

可以说，2016年“华为与微信关于用户数据之争”开启了人们对于经营者不正当数据抓取与拒绝开放数据的广泛关注与热烈探讨。2016年，华为推出荣耀Magic智能手机，其引以为傲的特色卖点之一便是能够通过对用户数据的分析而提供人工智能服务。然而，腾讯却公开指责并向工信部投诉华为非法获取微信数据，华为则辩称用户数据的所有权本就不属于腾讯，华为的一切数据抓取均是在征求用户本人同意之基础上。尽管双方围绕用户数据引发的纠纷并未上升到对簿公堂或反垄断介入调查的地步，但该案却开始引起竞争法学界的思考，即腾讯公司是否有权拒绝其他经营者在征求用户本人同意的基础上抓取用户个人数据？① 随后，顺丰与菜鸟关于物流数据引发的纠纷则将竞争法学界对于这一问题的关注推向高潮。作为阿里巴巴旗下的物流信息服务平台，菜鸟网络需要通过向各个物流公司收集物流数据，以更好整合物流信息并反馈给淘宝平台。然而，2017年6月，顺丰物流公司及旗下丰巢快递系统宣布全面关闭对菜鸟网络的数据接口，理由是其被菜鸟网络要求提供与物流无关的用户个人隐私数据。菜鸟网络则坚称其是出于安全方面考虑而需要收集大量数据已完成全网物流信息系统的升级。尽管该起纠纷在国家邮政局的协调下完成了调解，双方迅速恢复了彼此的数据通道及服务。这充分说明互联网领域的潜在竞争已经由过去对产品或服务用户的争夺转而导向对用户数据的争夺。一个不得不思考的问题是，对于处于相同产业上下游的菜鸟网络与顺丰物流而言，用户的物流数据是否扮演着“关键数据”的角色？② 实际上，国内围绕行业内“关键数据”引发的纠纷比比皆是，今日头条与新浪微博、新浪微博与脉脉、大众点评与网易等互联网企业均围绕数据抓取与拒绝开放产生过纠纷。遗憾的是，人们更多的是从反不正当竞争法角度评估经营者数据抓取行为的正当性，而纠纷关涉的数据是否构成行业内的“关键数据”，数据控制者拒绝开放该数据是否

---

① 参见《腾讯华为“数据之争”授权是尚方剑?》，载北京新闻网站：http://www.bjnews.com.cn/feature/2017/08/11/453877_4.html，最后访问时间：2020年11月2日。

② 参见曾雄：《数据垄断的竞争分析路径》，载《金融创新法律评论》2018年第1辑，法律出版社2018年版。

构成反垄断法上的拒绝交易等问题却没有引发诉讼或执法部门的介入。

与国内反垄断法的关注度不足相比，经营者拒绝开放“关键数据”已经在域外引发了多起反垄断司法或执法案例。例如，“hiQ 诉 LinkedIn 案”中，hiQ 曾诉称 LinkedIn 拒绝抓取其网站上公开的用户个人数据的行为涉嫌违反“关键设施原则”，其实质是通过拒绝向交易相对人(潜在竞争者)开放必不可少的数据以实现垄断。美国联邦法院认为，由于 LinkedIn 正在准备进军数据分析市场，进而可以据此判定它拒绝开放数据是为了排挤 hiQ 在该领域竞争，因此判令 LinkedIn 在 24 小时内移除技术屏蔽措施，允许 hiQ 抓取其平台上的公开数据。① 再如，“Craigslist 诉 3Taps 案”中，面对 Craigslist 公司提起的部分侵权诉讼，PadMapper 和 3Taps 则提起了反托拉斯反诉，认为其直接或间接从 Craigslist 处抓取数据的行为是迫于生存，Craigslist 拒绝开放数据违反《谢尔曼法》第 2 条之规定。② 又如，在 2017 年欧盟委员会针对银行业协会与部分成员国商业银行的反垄断调查中，欧盟委员会认为在已经征得银行客户人本同意之前提下，涉案商业银行拒绝向金融科技公司提供客户账户信息且采取技术手段阻止其抓取相关数据的行为涉嫌违反《欧盟运行条约》第 101 条或者第 102 条之规定。③ 尽管该案依然尚未完成调查，但足以证明数据控制者拒绝开放下游市场“关键数据”之行为已经引起了反垄断执法机构的警惕。

无疑，反垄断法中的关键设施理论可以消解因经营者拒绝开放“关键数据”而招致的数据垄断。关键设施理论实际是以美国《谢尔曼法》第 2 条为根据，由美国联邦最高法院 1912 年的 Terminal 案的判例发展而来。关键设施理论下，如果一个经营者所控制的某项技术或产品被认定为相关市场内的“关键设施”，则该经营者不得拒绝该项设施的开放，并应当以合理条件向相关市场内的其他经营者使用。基于关键设施理论对传统契约理念及所有权制度造成了

---

① 该案前文已有所述及，LinkedIn 在职场人力资源关系的领域中处于市场支配地位，hiQ 用于分析的数据来自自动接入 LinkedIn 用户的公开职业档案，可以说 hiQ 的商业模式完全依赖于 LinkedIn 的数据。参见 hiQ vs. LinkedIn，Case No. 17-cv-03301-EMC.

② 遗憾的是，该案虽然由被告提起了反托拉斯反诉，但双方因达成和解而未能就该问题进入实体审判程序。参见 Craigslist Inc. v. 3Taps Inc.，942 F. Supp. 2d 962（2013）.

③ European Commission，Antitrust：Commission Confirms Unannounced Inspections Concerning Access to Bank Account Information by Competing Services，October 2017，http：//europa. eu/rapid/press-release_MEMO-17-3761_en. htm.

前所未有的冲击，其在反垄断领域的适用自提出至今一直饱受争议。①

究其原因，在于对于传统物理设施拒绝开放的适用上存在一些理论难以自洽的障碍。一方面，人们认为垄断者通过拒绝开放关键设施能够获得的直接利益是较少甚至不存在的，因此该行为可能具有一定的效率且不具有竞争损害性；另一方面，这一理论的应用可能会给经营者“搭便车”行为提供契机，减损具备实力的经营者投资研发关键设施的动力。② 在拒绝开放“关键数据”能否适用关键设施理论之问题的探讨中，除了上述两处理论隐忧之外，人们还担心救济措施的实施可能会导致用户隐私的泄露。③ 实际上，数字经济时代数据利用在市场竞争中的普及为关键设施理论带来了新的变化，为其适用带来了新的空间。对于经营者拒绝开放“关键数据”的反垄断法规制，适用关键设施理论能够激发互联网市场竞争活力并激励创新，最终通过数据的开放共享以实现消费者福利的增长。具言之，经营者拒绝开放数据适用关键设施理论有如下几点原因：

其一，“关键数据”能够为企业带来极大竞争优势，并形成市场壁垒。有学者曾指出，如 Facebook、Tinder 等互联网巨头并非相关市场的初创者，而是在相关市场内竞争者已具有强大网络平台的前提下进入市场参与竞争，这些企业在创立之初缺乏用户数据，但均通过经营迅速成功。这说明数据并不能成为经营者获得商业成功的关键因素，该部分数据的垄断享有也并不能为控制者带来竞争优势。④ 该论断显然缺乏对既有商业实践与数字经济时代互联网行业发展的整体性把握。以社交网络为例，如今的巨头企业 Facebook 在创立之初仅几百名用户，而在相关市场内还存在着诸如 Friendster 与 MySpace 这样巅峰用

---

① 参见时建中：《反垄断法——法典释评与学理探讨》，中国人民大学出版社 2008 年版，第 215 页。

② Posner R A, Exclusionary Practices and the Antitrust Laws, The University of Chicago Law Review, Vol. 41, No. 3.

③ 参见殷继国：《大数据市场反垄断规制的理论逻辑与基本路径》，载《政治与法律》2019 年第 10 期。

④ Sokol, D. Daniel and Comerford, Roisin E., Does Antitrust Have a Role to Play in Regulating Big Data?, Cambridge Handbook of Antitrust, Intellectual Property and High Tech, Roger D. Blair & D. Daniel Sokol editors, Cambridge University Press, January 2016, https://ssrn.com/abstract=2723693.

户数量超过1亿的社交网络巨头。然而，Friendster与MySpace创立于2002年，彼时互联网技术刚刚兴起，社交网络市场更是刚刚形成，甚至还没有形成良好的“流量变现”机制及用户锁定效应，Facebook很容易凭其推出的新颖服务及技术吸引大量用户。① 质言之，通过行业发展初期某一经营者的商业成功而推断出数据对于某一行业的商业应用不具有重要作用是武断的，因为行业发展方兴未艾之际垄断格局尚未形成，具有竞争优势的经营者也不具备封锁数据和其他技术条件的实力。而如今，至少在社交网络领域，不同法域多个面向Facebook的反垄断诉讼及处罚足以证明其在相关市场内的市场支配地位且其数据占有已经在相关市场形成了市场封锁。如OECD在其2016年发布的《大数据：把竞争政策带到数字时代》报告中所言，随着大数据、深度学习算法等技术的研发与应用，潜在竞争者已经越来越难以对当前相关市场内的主导者带来竞争压力。② 而关于数据在一些相关市场内具有无可替代作用及其给下游市场带来的市场封锁效应，前文对数据稀缺性进行论述时已有阐释，在此不作赘述。

其二，适用关键设施理论所带来的负面影响较小。强制关键设施所带来的投资与创新动力减损是反垄断实务界与学界普遍担忧的问题。然而，对于数据这一生产要素而言，可能在一定程度上不存在这方面的忧虑。这是因为，从既有商业实践看，作为“关键数据”的用户数据并不像传统产品一样由经营者自主生产，而是在用户使用产品或服务的过程中附带产生。在数据驱动效应下，经营者的投资研发与创新之目的并非获取数据本身，而是提升其产品及服务质量。关键设施理论的要求并非要求经营者开放其产品或服务背后的算法，而是要求共享其所掌握的核心数据。也即是说，至少在经营者拒绝开放数据这一情境下，反垄断法基于关键设施理论要求其以合理条件共享数据并不会带来创新的抑制。这一观点在荷兰《大数据与竞争》调研报告中得到了验证：数据仅是经营者子在商业实践中通过算法获得的副产品，数据的开放共享相较于其他设施的开放所造成的负面影响更低。即使要求数据控制者开放共享其数据，其仍

① 参见《社交网站鼻祖Friendster是怎样失败的?》，载腾讯网：https：//tech.qq.com/a/20130228/000156.htm，最后访问时间：2020年11月11日。

② Big Data：Bringing Competition Policy to The Digital Era：Background Note by the OECD Secretariat under Item 3 of the 126th Meeting of the Competition Committee on 29 November 2016.

然会有十足的动力优化其产品或服务。①

其三，强制数据控制者开放数据具有可行性。解决了关键设施理论适用的理论困境之后，还需要讨论其适用后所带来的实践问题，即讨论强制开放是否具有可行性。有学者指出，数据并非像其他产品一样独立可分，而由于数据控制者所占有的大量数据内容庞杂，往往难以明确划分，如此一来可能造成明确界定数据类别的困难，进而造成开放共享的对象难以明确。② 现有判例能够有效回应这一问题，在“People Brows 诉 Twitter 案”中，法院基于既往数据访问记录判令 Twitter 提供 People Brows 为其 8 个月的数据访问权限。可见，根据数据交易或访问历史记录，可以一定时限内特定数据访问权限的开放作为相应救济措施。更为重要的是，学界对数据强制开放后的个人信息及隐私保护忧心忡忡。例如，有学者担心这种补救措施可能引起严重的隐私问题，令用户感到不安，甚至违反公司隐私政策和相关法规。③ 亦有学者认为，强制经营者开放数据会使得用户数据在相关市场内的经营者之间共享，即使用户对这种共享完全不知情。④ 事实上，这种担忧确有必要，但并非不可解。首先应当明确的是，关键设施理论要求关键设施已经向他人开放或具有可开放性。这就意味着，对经营者拒绝开放数据使用关键设施理论的前提是该“关键数据”属于他用型数据而非自用型数据。对于他用型数据而言，其交易与流转大多符合个人信息保护法及隐私保护相关法律规定，如此一来，要求“关键数据”/他用型数据控制者开放数据并无法律层面的障碍。更何况，在现实的互联网活动中，网络服务提供者通常会预先告知用户个人信息的相关权益遭受侵犯的情形，以此作为向其免费提供网络服务的条件，而且部分法域对数据交易提出了隐匿敏感信息等要求，这充分说明他用型数据的利用与流转建立在用户本人同意之基础上。当然，依然有些经营者在用户不知情的基础上对其数据进行复制、交易，因此有

---

① 参见《荷兰〈大数据与竞争〉调研报告评介》，载搜狐网：https：//www. sohu. com/a/279087793_742371，最后访问时间：2020 年 10 月 25 日。

② Colangelo，Giuseppe and Maggiolino，Mariateresa，Big Data as Misleading Facilities，European Competition Journal，Forthcoming，June 2017，pp. 21-22，Bocconi Legal Studies Research Paper No. 2978465，https：//ssrn. com/abstract = 2978465.

③ Tucker，Darren S. and Wellford，Hill，Big Mistakes Regarding Big Data，Antitrust Source，December 2014，available at https：//ssrn. com/abstract = 2549044.

④ Sokol，D. Daniel and Comerford，Roisin E.，Antitrust and Regulating Big Data，George Mason Law Review，Vol. 23，No. 5.

必要将用户同意作为会界定“关键设施”时的严格条件，否则，便会带来“开放可行性”的问题。

总之，数据驱动效应下，经营者的数据利用为关键设施理论带来了新的变化与适用空间，传统理论对关键设施理论适用过程中的减损投资与创新激励之批判及对强制经营者开放关键设施可行性之质疑都能够得到释疑。需要明确的是，并非所有数据都能够被反垄断执法机构要求或法院审理判定强制向其他经营者开放。关键设施理论下，只有具有市场支配地位的经营者拒绝开放那些被认定为相关市场内的“关键数据”，才有可能使经营者承担相应的反垄断法责任。

2. 剥削性滥用——数据的过度利用

对剥削性滥用行为的规制实质上是将经营者“独占价格”的定价行为本身作为竞争法问题进行对待，这引起了经济学家的极力反对，其观点可以分为以下几个部分：第一，在尚未形成较高市场壁垒的相关市场内，独占价格所带来的超额利润可能会吸引大批潜在竞争者进入相关市场参与竞争，最终市场价格会因为新一轮市场竞争而回落至正常水平。也即是说，市场价格机制具有“自我矫治”性，竞争法的对价格机制的强制干预可能会歪曲这一动态竞争过程。①第二，剥削性滥用行为的构成要件难以确定，因为即使是具有市场支配地位经营者实施的超高定价行为，其获取高额利润也未必是由于经营者利用其市场势力而取得的垄断利润，可能是其在生产多种产品之前提下共同成本的合理分配所带来的效率原因。② 第三，对于需要高额投资且存在具有创新风险的行业来说，超额利润的存在可能反而会促进整体社会福利，尤其是在这些行业内具有市场支配地位企业所获得的超额利润只是将部分消费者福利转移到了经营者身上而已，社会总福利并未因此减损。③ 第四，即便认为规制剥削性滥用行为具有迫切的现实需求，但对于价格是否过高的实践判断标准也难以确立。一方

---

① Richard A. Posner, The Chicago School of Antitrust Analysis, University of Pennsylvania Law Review, 127(4).

② Rittaler, J. B, Schmidt, Critical Evaluation of the Chicago School of Antitrust Analysis, University of Pennsylvania Law Review, 1979, 127(127).

③ Patrice Bougette, Oliver Budzinski, Frrddric M. Marty, Exploitative Abuse and Abuse of Economic Dependence: What Can We Learn from the Industrial Organization Approach?, Social Science Electronic Publishing, 2017.

面，市场竞争的复杂性使得实践中想要确立相关市场内某一商品的适当价格水平和利润水平存在困难；另一方面，由于一些市场存在高度动态竞争，也很难保证确立的价格水平或利润水平的时效性。① 第五，在市场经济下，规制价格与规制竞争存在明显的不同。价格机制是市场经济的核心资源配置机制，政府应当减少对价格机制的直接干预，而是维护自由公平之市场竞争秩序。易言之，只有在市场竞争秩序遭到严重破坏的前提下，竞争执法机构规制经营者的相关价格行为才是必要的。② 由此，对数据市场竞争中主要表现为数据不当收集和“大数据杀熟”等剥削性滥用行为的规制是可欲的。

(1)数据的不当收集

随着符合个人喜好的定向广告、数字化内容等个性化产品及网络服务在电子商务、社交网络、搜索引擎服务等领域不断推陈出新，人们已经普遍认识到数据收集及分析使用给社会带来的巨大便利。然而，由于数据收集这一过程本身存在着高度“信息不对称”，经营者有足够的动机和能力在用户不知情或无力抗拒的情况下对用户数据进行收集和处理，这使得用户隐私几乎暴露在互联网巨头面前。为强化公民个人隐私保护，世界各国和地区大多倾向于加强个人信息保护立法、数据保护立法等方式规范经营者的数据收集及活动，但效果却不尽如人意，作为受害者的互联网服务消费者对其数据被不当收集和过度使用往往并不知情或无能为力，寻求权利救济更是无从谈起。③ 尤其值得注意的是，随着互联网服务行业的市场结构发展日趋集中，在全球范围内形成了以Facebook、谷歌、亚马逊为代表的互联网巨头。它们往往凭借着在相关服务市场内较强的市场势力及庞大的用户群体形成的用户锁定性，通过签订格式条款的方式强迫用户授权同意收集其数据，否则用户便无法享受相应服务。④ 2019

---

① Shiraishi T. A Baseline for Analyzing Exploitative Abuse of a Dominant/Superior Position, 2013.

② Shiraishi T. A Baseline for Analyzing Exploitative Abuse of a Dominant/Superior Position, 2013.

③ European Commission, Special Eurobarometer 431 Data Protection Summary, June 2015, http://ec.europa.eu/commfrontoffice/publicopinion/archives/ebs/ebs_431_sum_en.pdf.

④ Autorité de la Concurrence Française and Bundesbehörde der Bundeskartellbehörde, Competition Law and Data, May 2016, http://www.autoritedelaconcurrence.fr/doc/reportcompetitionlawanddatafinal.pdf.

年2月，德国联邦卡特尔局认定Facebook不当收集和处理用户数据行为构成滥用市场支配地位，并要求其在12个月内停止上述滥用行为。本案系欧洲历史上第一次将数据保护法与反垄断法同时适用于单个案例，也是第一起互联网巨头因“不当收集数据”而被反垄断执法机构认定为滥用市场支配地位的案例，具有反垄断法里程碑式的意义。

德国联邦卡特尔认定Facebook不当收集数据构成剥削性滥用的理由在于：Facebook利用其在社交网络服务市场的支配地位迫使用户接受其单方面提出的格式服务条款，进而违反了《数据保护条例》中关于知情同意规则之规定，根据德国联邦最高法院判例可以将该行为构成剥削性滥用。尽管在该案的后续分析中，德国联邦卡特尔局就Facebook不当收集数据的竞争损害性进行了论述，但上述滥用行为认定在一定程度上依然脱离了反垄断法关于剥削性滥用的一般分析框架。

实际上，数字经济时代互联网服务的提供并非完全免费，用户是在同意经营者对其个人数据进行抓取的前提下享受服务，个人数据在这种情况下是一种支付对价。① 申言之，多边平台商业模式下，用户往往是以个人注意力及个人数据为代价交换互联网服务的使用。② 用户在享受互联网服务的同时，不仅要被迫将注意力花费在经营者精准投放的广告上，还需要被迫接受经营者对其实施的数据抓取行为，而这部分个人数据被用于研发更为精准的算法及优化用户服务。然而，用户的数据对于企业而言往往是极具价值的，对于能够收集数据更为便捷与广泛并能够将数据货币化的数字平台企业来说更是如此。③ 为此，个人数据几乎已经成为数字经济时代的互联网货币，经营者通过提供互联网服务而换取的个人数据在某种程度上可以被视为这些服务的隐藏价格。④ 正如欧盟竞争事务专员所言，包括社交网络、搜索引擎在内的强大互联网服务看似免费，是因为消费者向运营该服务的经营者提供了个人数据这一全新货币。尽管

---

① David S. Evans, The Antitrust Economics of Free, Vol. 7, No. 2.

② John M. Newman, Antitrust in Zero-Price Markets: Foundations, University of Pennsylvania Law Review, Vol. 164, No. 1.

③ H. A. Shelanski, Information, Innovation, and Competition Policy for the Internet, University of Pennsylvania Law Review, Vol. 161, No. 1.

④ Auer, Dirk and Petit, Nicolas, Two-Sided Markets and the Challenge of Turning Economic Theory into Antitrust Policy, The Antitrust Bulletin, Vol. 60.

数据的实际价值难以精准量化，但其绝不应当是免费赠品。为此，作为互联网服务消费者的网络用户有权像支付现金一样得到公平对待。① 在此基础上，作为数据控制者的经营者一旦被认定为在相关服务市场内具有市场支配地位，其强迫用户提供大量数据的行为便有可能被认定为对市场力量的剥削性滥用，甚至能够将该行为定义为不公平高价。② 当然，要将数据不当收集行为归于不公平高价行为，还需要证明事实该行为的经营者对用户的不当数据收集行为“过多”，以此来对应不公平高价制度中经营者定价“过高”这一事实。

需要说明的是，上述认定思路仅是反垄断法理论框架下的逻辑推演，距应用于反垄断实践还有相当的距离。一方面，即便认定了某一网络服务经营者在相关市场内具有市场支配地位，但其能够收集到的用户数据规模可能面临极大困难。在传统不公平高价案件中，某项产品或服务的行业平均价格或利润率完全可以通过经济学分析获得，一旦具有市场支配地位的经营者销售某项产品或服务的价格超过行业平均价格或利润率高于行业平均水平一定幅度，则可以认定该经营者实施了不公平高价行为。③ 然而，不公平高价本身就是反垄断法上一项极具争议的制度，尤其是背后涉及的产品价格与成本计算错综复杂，因此即便作为反垄断发源地的美国也因为担心其适用会破坏市场经济之运行而并未设立该项制度。数字经济背景下，几乎没有可用于评测符合正常竞争要求的个人数据规模基准。如果在此基础上对经营者数据不当收集行为适用这一制度，可能反而会扼杀新兴市场的创新与竞争。

(2)数据的不当利用

作为商务印书馆、央视新闻等单位评选出的2018年十大新词语，“大数据杀熟”首次为人们所认知是出现在《科技日报》2018年2月28日的一篇新

---

① Margrethe Vestager, Competition in a Big Data World DLD 16, Munich, 17 January 2016, https://ec.europa.eu/commission/commissioners/2014-2019/vestager/announcements/competition-big-data-world_en.

② Justus Haucap, Data Protection and Antitrust: New Types of Abuse Cases? An Economist's View in Light of the German Facebook Decision, Competition Policy International, February, Winter 2019, Volume 2(2).

③ 参见梅夏英、任力：《关于反垄断法上不公平高价制度的法律适用问题》，载《河北法学》2017年第4期。

闻报道上。① 该文转述了多名网友发现其在使用互联网产品或服务时被“杀熟”的经历：互联网产品或服务的经营者在对其所掌握的用户数据进行分析的基础上，针对其老用户与新用户实施不同的定价策略，即对于“熟客”而言，其购买同一互联网产品或服务的价格要高于新用户。在对“大数据杀熟”的行为外观进行分析，需要从经营者是否基于同等交易、是否对包括消费者在内的交易相对人实行不同价格以及经营者是否具有市场支配地位三个方面展开论证：

其一，同等交易并不完全等同于同等产品。所谓的同等产品应当是同等等级和同等质量。只有经营者基于同等产品对不同的交易相对人实施了不同的价格策略，才能够说明经营者在生产成本相同的前提下对部分交易相对人实施了剥削与压榨。然而，在特殊情况下，即使两起或两起以上的交易涉及的产品具有同质性，但由于其中所涉及广告成本、运输成本或技术成本存在差异，定价差异自然无可厚非，显然无法将其归为价格歧视。在此基础上，同等交易可以看作经营者在与不同交易相对人的交易中付出的成本相同，这正是我国《反垄断法》第 17 条所述的两处“条件”的精义所在。② 为此，在判定“大数据杀熟”是否具有行为滥用性时，首先应当对所涉交易是否具有“同等性”进行仔细甄别。例如，在线酒店预订服务中，经营者针对不同用户所制定的不同价格是否基于同一类型房源？

其二，在分析所涉产品价格是否不同时，需要通过经济学分析对“价格歧视”与“价格差异”进行识别。经济学家采用价格歧视这一概念，关心的核心是销售价格与边际成本的比率互不相同。③ 质言之，价格歧视关注经营者从不同卖方处获得的回报率或利润额是否不同，也即其在不同交易价格上的差额是否大于其不同成本的差额。为此，如果经营者能够明确举证证明其差异化定价之目的是基于不同成本考量，则可以作为《反垄断法》中的正当理由提出抗辩。例如，网约车服务中，即使不同用户所乘网约车设置的出发点与终点完全相

---

① 参见《别让“杀熟”杀死大数据》，载中国社会科学网：http：//ex. cssn. cn/zm/zm_jfylz/201803/t20180301_3864258. shtml？COLLCC = 867218902&，最后访问时间：2020 年 12 月 23 日。

② 参见许光耀：《价格歧视行为的反垄断法分析》，载《法学杂志》2011 年第 11 期。

③ Richard Posner，Antitrust Law，Second Edition，University of Chicago Press，2001，pp. 79-80.

同，但程序算法也可能基于不同时间段不同路况规划出不同路线，因而在客观上估算出不同费用。

其三，所涉经营者需在相关市场内具有市场支配地位。事实上，经营者利用信息不对称而实施价格歧视十分常见。经营者针对不同的买方实施不同的价格是正常的商业行为，难以对市场竞争造成太大损害。只有经营者对交易相对人实施系统且长期的价格歧视，才能够使得那些交易相对人在市场竞争中长期处于不利地位，而仅在经营者具有市场支配地位之前提下，才能使交易相对人在遭受不公平待遇的前提下无法转向购买其他产品或服务。① 为此，反垄断法仅禁止具有市场支配地位的经营者实施的价格歧视行为。在“大数据杀熟”现象的反垄断法规制中，反垄断执法机构可以参照前文述及思路对互联网服务平台或经营者在相关市场内所具有的活跃用户数量、所掌握数据情况等因素对经营者市场力量进行评估，如果无法认定经营者在相关市场内的市场支配地位，则该类行为不应当受到《反垄断法》的规制，而可能进入《价格法》《消费者权益保护法》的调整范围。②

三、数据市场算法合谋的法律甄别及禁止

（一）算法合谋的概念认知

1. 算法对数据市场竞争的影响

“算法”一词早期是数学领域表述数字运算法则的专有名词，约公元 9 世纪由数学家 al-Khwarizmi 率先提出。③ 计算机问世以后，随着信息技术的高速发展，算法（algorithm）才成为用以编写计算机程序计算复杂问题的特定序列。应当说，尽管算法一词早已存在，但由于其应用以来带来了极大的社会变革，引发了多领域多学科的关注，迄今仍缺乏为人们普遍认同的定义。在计算机领

---

① 参见许光耀：《“相对优势地位”与“市场支配地位”的法理辨析——对〈反不正当竞争法（征求意见稿）〉第 6 条的不同阐释》，载《价格理论与实践》2016 年第 5 期。

② 参见黄勇、刘燕南：《〈价格法〉与〈反垄断法〉关系的再认识以及执法协调》，载《价格理论与实践》2013 年第 4 期。

③ 参见［美］莱维汀：《算法设计与分析基础（第 3 版）》，潘彦译，清华大学出版社 2015 年版，第 2 页。

域，美国学者罗伯特将算法定义为通过规范输入能够在有效时间内得到符合要求的结果的一系列明确指令。算法的基本设定是，当输入值达到预设的某种条件时，自动跳转到下一步骤或是直接显示为某种结果。① 经济合作与发展组织(OECD)在2017年发布的《算法与合谋》报告中对“算法”给出了更为学术的定义：算法是一种极为精确的操作序列，它们系统且机械地被应用于某一对象或一套令牌中，以输入为初始，以输出为终止。② 在表现形式上，算法并不一定表现为一连串复杂的计算机代码，其可以是计算机语言或图表，也可以是计算机能够读取的某一程序。综合上述定义，算法可以简单地理解为从给定输入到生成输出的逻辑实例，不管它是被用于解决数学问题、研制食品配方还是与乐谱对位。③

通过编写和运行算法解决问题的优势在于：当解决某一问题所需要的数据量极其庞大、运算过程异常复杂时，计算机能够通过算法程序的设定在短时间内获得精准或最佳的结果。可以说，算法的出现极大降低了工业生产和商业运行中的时间与资源成本，乃至于被人们寄希望于解决过去不可能完成的种种任务。因此，越来越多的应用和研究使算法技术在不断迭代更新中迅猛发展，如今的算法已经可以自动处理复杂的计算和数据处理任务。值得一提的是，人工智能的出现更是使得算法的功能与应用达到了新高度，人们能够通过算法处理更为复杂的问题并进行更为准确的形势预测及更为妥当的商业决策。

现阶段算法在商业领域的应用可以表现为辅助经营者进行动态定价、辅助决策等方面。所谓动态定价，是指算法可以通过收集消费者在消费偏好、购买力等方面的数据后进行分析，从而在市场条件的实时变化下进行相应调整的一种商业定价策略。如今，这种定价策略能够借由算法准确把握消费者喜好及市场在一定时间内的供求关系，从而在消费者能够接受的价格区间内选择最佳值，使经营者利润最大化，尤其是酒店预订、机票预订、电影票预订等在线服务领域表现得颇为明显。再如，网约车平台使用乘客和司机的数据来调整价

---

① 参见[美]罗伯特·塞奇威克，凯文·韦恩：《算法》，谢路云译，人民邮电出版社2012年版，第6页。

② 转引自韩伟：《算法合谋反垄断初探——OECD〈算法与合谋〉报告介评》，载《竞争政策研究》2017年第5期。

③ Maja Brkan, Do Algorithms Rule the World? —Algorithmic Decision-Making in the Framework of the GDPR and Beyond, Social Science Electronic Publishing, 2017.

格，以此来确保供需平衡，不仅保证支付意愿更强的用户可以顺利打到网约车，而且还激励更多的司机加入平台。① 基于此，一些学者将这种通过复杂算法来优化商业决策看作能够实现竞争差异化的新兴商业模式。② 辅助决策则能够在短时间内帮助消费者作出消费决策，又被称为数字管家，主要是指通过算法打破市场主体间的信息不对称，帮助消费者在尽量短的时间内搜寻到更符合预期的产品或服务，从而作出更为合理的购买决策。③ 近年来，在旅游、地产、保险等多个领域皆涉及算法数字管家的应用，消费者能够通过算法搜索符合其要求的最优产品及最低报价。通过利用算法对产品或服务质量和价格的自动比对，能够显著降低消费者在不同产品或不同品牌之间的转换成本，在客观上为相关市场内新进入的竞争者占据市场份额提供了一定的便利，从而促进有效竞争，激发经营者的创新活力。总的说来，算法的商业运用可以归纳为如下两个方面：一是进行预测分析。随着测量算法的发展，从历史数据中分析预测未来已经成为可能，经营者通常利用算法预测市场需求、价格变化、消费偏好、市场风险和潜在风险等，这些预测结果能够帮助经营者进行商业决策、制定商业战略和从事商业创新。二是优化业务流程。通过降低生产和交易成本、细分消费者或者设定有效应对市场变化的最优价格，经营者可以获得竞争优势。数据利用和算法的结合使得经营者可以获得更多的竞争优势，一场“数据军备竞赛”已然爆发，这种剑拔弩张的竞争压力正在深刻地改变着零售业的经营模式，越来越多的公司有强烈的动机投入算法的研发和商业应用，这反过来又促进了算法的进步和发展。

2. 反垄断法协同行为的分析框架及其理论基础

如亚当·斯密所言，进行同一种产品或商品经营者的人即使是娱乐或者消遣也很少会聚在一起，一旦他们聚集在一起，便是策划抬高价格或是密谋用其他方式对付公众了。④ 在市场竞争中，经营者明白某一商业策略的获利状况主

① Paul A. Johnson, Should We Be Concerned That Data And Algorithms Will Soften Competition?, Competition Policy International, May 2017.

② Ezrachi, A. and M. E. Stucke, Virtual Competition: The Promise and Perils of the Algorithm-Driven Economy, Harvard University Press, 2016.

③ Gal, Michal S, Elkin-Koren, Niva, Algorithmic Consumers, Harvard Journal of Law & Technology, 2017.

④ 参见[英]亚当·斯密：《国富论》，谢宗林、李华夏译，中央编译出版社 2010 年版，第 127 页。

要取决于竞争对手的应对策略，为减少竞争策略博弈所带来的成本损耗，经营者便会选择通过签订协议或以其他方式进行串通以削弱彼此之间的有效竞争，从而使其商品或服务的销售价格维持在一个高度以赚取超额利润。① 经营者实施的该种行为实际上是我国《反垄断法》所禁止的垄断协议，但在理论上，各国学者对其存在不同称呼。如反垄断法发源地美国通常将其称为“联合”（combination）或“共谋”（conspiracy），欧盟则称之为“限制竞争协议”（restrictive agreemengt）。一般来说，单个经营者要想在相关市场上获取一定的定价能力，往往需要经过多年的经营或多次合并以增强市场力量，而具有竞争关系的经营者通过商定、共同减少产品产出而固定或抬高产品销售价格，则可在一夜之间达成并付诸实施。② 因此，垄断协议尤其是横向垄断协议是经营者所实施的最为常见的垄断行为，不仅具有排除、限制竞争的直接危害性，而且还可能严重损害消费者利益，它已成为各国和地区反垄断法严厉打击的对象。③

目前，各个国家或法域在对协同行为进行定性分析时所采取的理论框架基本相同，即认为协同行为的构成要件有三：其一，主体多元。即实施主体应当是两个或两个以上的经营者。其二，具有竞争危害性。经营者实施的协同行为在客观上具有排除、限制竞争效果在各国及地区均已经形成一致认知，甚至直接在立法中有所体现。④ 其三，经营者之间存在意思联络。意思联络通常是指经营者之间就实施一致行为的合意。这也是将经营者之间的协同行为与平行行为区分开来的关键因素。承前所述，由于经营者具有自由参与市场经济活动的基本权利，如若在多个经营者之间出现事先并无沟通联络完全处于对市场运行规律理解而分别实施的限制产量或提高价格行为，则说明经营者实施上述行为

---

① 参见[英]西蒙·毕晓普、[英]迈克·沃克：《欧盟竞争法的经济学：概念、应用和测量》，董红霞译，吴汉洪校，人民出版社 2016 年版，第 171 页。

② 参见[美]赫伯特·霍温坎普：《联邦反托拉斯政策：竞争法律及其实践》（第 3 版），许光耀等译，法律出版社 2009 年版，第 157 页。

③ 参见吴高盛主编：《中华人民共和国反垄断法释义》，中国法制出版社 2007 年版，第 37 页。

④ 参见《欧共体条约》第 81 条第 1 款规定：凡企业间的协议、企业集团的决议以及企业间相互协调的行为能够影响成员国之间的贸易，且以妨碍、限制或者歪曲共同体市场内部的竞争为目的，或者能够产生这样的后果，得被视为与共同体市场相抵触，从而予以禁止。

很可能是迫于个体生存需要或营利需要而缺乏排除、限制竞争之目的，显然不应当纳入反垄断法的规制框架之中。① 就分析处理而言，与欧盟竞争法类似，我国反垄断立法采用的是原则性禁止规定和例外豁免规定。再者，我国《反垄断法》第 13 条列举了较为常见的协同行为表现，如固定或者变更价格、限制产量或者销量、分割原料或者商品市场、限制新技术或者新产品研发和联合抵制交易，同时设有兜底条款，授予执法机构认定其他类型协同行为的自由裁量权。

意思联络难以证明是实践中反垄断法认定协同行为存在困难的主要障碍。实践中，为了免受反垄断法惩处，经营者不再采取传统的电话或视频联席会议、书面或口头协议决定等方式达成合意。转而采取更为隐晦的方式传递信息，从而达成行动上的默契。例如，在威克滚装船务有限公司等 8 家国际滚装货物海运公司实施垄断协议被罚一案中，这些国际滚装船货物公司就曾经以单方致电通知、另一方不做任何表示的方式进行意思联络并实施串通投标。若不是其中的三家企业迫于审查压力主动提供本案的重要证据，这种经营者之间的“心照不宣”几乎难以被反垄断执法机关识破。② 再如，在平台经济背景下，互联网平台经营者往往会与平台内经营者签订“最惠待遇条款”，即承诺在该平台内所出售的商品或服务价格不会低于该经营者的价格。该条款的签订表面上看是为了减少“搭便车”现象以促进非价格竞争、保护特定经营者的利益，但实际上会向该平台内其他经营者传递不得降价的信号，达成事实上的“转售价格维持”。③

3. 算法合谋——算法与协同行为的结合

对新技术、新产品展开的竞争比完全竞争更为重要，它直接冲击了企业的根基与生命。④ 数字经济的发展印证了熊彼特的上述预言，以计算机为载体的

---

① 当然，作出该种判断的前提是单个经营者的市场力量还不足以影响相关市场内其他竞争者的进入或还具备较高的自主定价权，否则便可能涉及滥用市场支配地位或滥用相对优势地位的问题了。

② 参见国家发展改革委价监局：《八家滚装货物国际海运企业串通投标行为被处罚款 4.07 亿元》，载《中国价格监管与反垄断》2016 年第 1 期。

③ 参见孙晋、徐则林：《平台经济中最惠待遇条款的反垄断法规制》，载《当代法学》2019 年第 5 期。

④ ［美］约瑟夫·熊彼特：《经济发展理论》，贾拥民译，中国人民大学出版社 2019 年版，第 78 页。

算法颠覆了传统产业的经济运行模式，促进了数字经济的繁荣发展，极大激发了全球经济增长的活力。如今，经营者可以通过算法设置定价模型，为用户定制特色服务，甚至对市场趋势进行精准预测，企业效率及质量竞争都因为算法的出现得到了长足的进步。然而，算法也使得经营者更轻易和隐蔽地实现并维持垄断协议。① 众多学者曾尝试从不同角度对经营者之间达成并实施垄断协议的外在条件进行讨论，并形成了诸多观点。② 尽管各学者对垄断协议的生成及维持条件看法各异，但供给侧市场透明度、经营者之间的协同可能性、垄断协议的稳定性可以为概括为垄断协议达成与实施的核心因素。事实上，算法正是在上述三个层面发挥了巨大作用，才使得经营者能够在算法的辅助下实施对市场竞争带来反面影响的协同行为，本书将该种算法与协同行为的结合称为"数字垄断协议"，以与传统垄断协议相区分。③

首先，算法直接降低了供给侧信息不对称。反垄断理论认为，市场供给侧透明度越高，竞争者之间的消息就越灵通，如此便可轻易地获取对方的生产或者经营信息，包括产品的特性、企业的定价方式、产品的销售模式等，而这无疑会有助于竞争者之间交换信息，进而促成共谋。反之，如果经营者之间存在高度信息不对称，则处于信息劣势的经营者则可能为了参与市场交易活动付出更高的成本，反而使市场运行效率降低。④ 在实践中，算法能够帮助经营者有效收集并分析海量数据，为了获取竞争对手乃至整个行业的生产或者经营信息，提升预测能力和进行有效决策，经营者往往会加大对算法研发和应用的投入。当某一经营者因为有着强大预测能力和高质量决策的算法应用而受益时，

① 参见周围：《算法共谋的反垄断法规制》，载《法学》2020年第1期。

② 如波斯纳提出卡特尔的生成或维持需要市场上卖方集中，没有外围的小企业存在，缺乏需求价格弹性，进入需要很长时间等多达17个条件。参见［美］理查德·A. 波斯纳：《反托拉斯法》（第2版），孙秋宁译，中国政法大学出版社2003年版，第81~92页。霍温坎普则提出想要长时间维持卡特尔至少需要市场壁垒较高、卡特尔成员联合、市场份额较高等6个条件。参见［美］赫伯特·霍温坎普：《联邦反托拉斯政策：竞争法律及其实践》（第3版），许光耀、江山、王晨译，法律出版社2009年版，第157~158页。

③ 需要说明的是，反垄断学界当前对经营者通过算法实施的垄断协议称谓尚存在分歧，"算法共谋""算法合谋""算法垄断""默示合谋"等说法不一而足。事实上，"合谋""共谋"等词均属舶来品，是美国反垄断实践及理论中的常用词，考虑到垄断协议是我国《反垄断法》上的专有概念，本书将经营者通过算法实施的协同行为称为"数字垄断协议"，至于"数字垄断协协议"与协同行为、默示合谋之关系，将在后文做相应阐释。

④ 参见王晓晔：《反垄断法》，法律出版社2011年版，第115页。

其他经营者为了不被市场淘汰只能加入算法研发与应用中。如此一来，相关市场内的所有经营者便会开始不断收集并监测竞争对手的行动、消费者的选择和供需状况的变化，而这无疑大幅提高了市场透明度，从而创造出一个非常有助于促成共谋的市场环境。欧盟委员会曾经因此指出，价格透明度的提高使得公司能够更容易地监控其价格。大多数零售商跟踪竞争对手的在线价格。三分之二的人使用自动软件程序，根据竞争对手的价格调整自己的价格。利用定价软件，检测偏离“推荐”零售价格只需要几秒钟时间，制造商越来越能够监测和影响零售商价格设置。实时定价信息的可用性也可能触发自动化的价格协调。不过，这种软件的可用性在某些情况下取决于市场条件。①

其次，算法提升了经营者之间的交互频次(frequency of interaction)。交互频次所反映出的是经营者根据收集到的其他竞争者信息而调整自身市场举动的频率。在传统市场上，经营者往往需要付出较大的代价才能够收集到竞争对手的相关信息，并在此基础上作出相应调整。特别是经营者实施的价格调整行为，不仅耗费时间成本高昂，且极易因为价格变动所引起的市场反应而备受反垄断执法机构的关注。例如，德国埃克森美孚、壳牌等石油公司往往在早期需要专人到竞争对手的加油站监控其产品价格，并相应作出调整。该过程通常耗时6个小时以上，面临较大损失。波斯纳指出，经营者对竞争对手价格调整所作出的反应越快，该竞争对手所作出的价格调整便越是无利可图。② 申言之，当经营者之间的调整行为频率较高时，经营者往往单方面作出价格、产量调整的意愿较低，因为竞争对手随时可以根据其调整行为作出匹配性调整。此消彼长，当市场发生微妙变化时，少数经营者更倾向于通过联合的方式进行固定价格或限制产量的行为，以攫取垄断利润。正是基于上述理论，算法的引入使得经营者之间的信息监测和反馈更为便捷，而无须像传统行业那般进行冗长的信息反馈机制以作出竞争反应。如此一来，算法提升了经营者之间的交互频次，显著降低了经营者之间的沟通成本，使得协同行为更易发生。

最后，拓宽了经营者实施协同行为的范围，强化了经营者之间的信任。可以明确的是，当相关市场内经营者过多，将难以确定协调的“焦点”以及消耗

---

① Commission Staff Working Document—Preliminary Report on the E-commerce Sector Inquiry, September 2016.

② 参见[美]理查德·A. 波斯纳:《反托拉斯法》(第2版)，孙秋宁译，中国政法大学出版社2003年版，第91页。

协调的成本，这将削弱企业从事共谋的动机。算法的出现削弱了经营者数量对经营者之间进行协调的限制性影响。在算法的帮助下，几乎每个经营者都能够快速收集数据并交换信息，这使得哪怕是在一个市场集中度非常低的市场上，经营者之间也能够进行协调。① 质言之，算法允许经营者之间实施快速有效的经营信息检索、匹配和监督，从而拓宽了经营者实施协同行为的场域。更为重要的是，在传统市场上，经营者之间达成的协同行为由于利益不均往往是脆弱的。这使得部分实施协同行为的成员可能会出现偷偷降低价格或提高产量的背叛行为，这也使得经营者之间形成的联盟随之土崩瓦解。因此，很多卡特尔在成立之初就会投入很大的精力防范这种作弊行为，从而维持卡特尔的稳定性。一般认为，维持共谋的能力主要取决于经营者作出作弊行为的收益、该作弊行为被发现的可能性以及卡特尔能够对欺骗者进行惩罚。在算法的作用下，行业价格及其他经营信息非常透明，经营者可以通过算法来对其成员的交易行为进行全面且实时监测，该作弊行为及时被发现的可能性会显著增加。而一旦发现某一经营者有作弊行为，其他经营者将对欺骗者进行惩罚，通过减少其收益来弥补其他成员遭受的损失。OECD 曾对算法对实施协同行为的经营者之间的信任强化做了如下表述，在一个完全透明的市场中，当报复滞后趋向于零时，共谋可以始终作为平衡点而持续。如果市场足够透明，并且经营者能够非常迅速地调整其决策，比如实时调整价格，则共谋总是可持续的，而不会受其他因素的影响，比如行业中的企业数量抑或创新将在未来扰乱市场的风险等。这种结果是显而易见的，因为完美的市场透明度和非常频繁的交互的结合完全消除了偏差的盈利能力，因为这种偏差可以很容易地被识别并立即遭到报复。②

（二）“算法辅助型”垄断协议的定性分析

算法是经营者数据利用的技术体现之一，尽管其本身具有工具中立性，一旦经营者利用算法而达成、实施协同行为，市场竞争秩序便很可能因此遭受破坏，反垄断法自然不可能置身事外。如今，世界各国及地区的反垄断执法机构都对经营者利用算法实施的数字垄断协议保持极高的警惕，美国、欧盟甚至已

---

① 参见郑友德：《马克斯·普朗克创新与竞争研究所专题研讨“人工智能、创新和竞争：新工具抑或新规则？”》，载《电子知识产权》2019 年第 8 期。

② OECD, Algorithms and Collusion: Competition Policy in the Digital Age, September 2017.

经查处了几起数字垄断协议案件。诚然，经营者利用算法实施的数字垄断协议仍属于竞争法学科的新兴研究领域，面临实践中隐蔽性极强且多样存在的诸多数字垄断协议，如何理解、甄别其形成机理与竞争损害性，进而将该类行为置于传统反垄断分析框架中予以规制，目前尚未达成共识。尽管我国目前还尚未产生数字垄断协议的相关判例或执法案例，但并不代表商业实践中部分经营者并未存在这样的排除、限制竞争行为。

1. “算法辅助型”垄断协议的反垄断法实践

事实上，早在 1993 年，经营者利用算法实施垄断协议就已经引起了反垄断执法部门的关注。在“联邦政府诉 Airline Tariff 案”中，美国司法部起诉了美国的 Airline Tariff 等在内的全美最大八家航空公司和 ATP 运营商违反《谢尔曼法》第 1 条，利用串通的方式操纵价格和运营它们共同拥有的票价交换系统 ATP。① 在该案中，ATP 是航空公司用于向其他航空公司与旅行社传递票价信息的一个复杂信息交换系统。美国司法部认为，ATP 系统为航空公司就票价进行私人对话提供了一种手段，它使得被告在许多情况下能够达成公开的价格固定协议和促进除了价格固定之外的航空公司票价的普遍协调。囿于当时反垄断理论的局限以及种种因素，该案最终以和解的方式了结。然而，鉴于该案发生的时代背景及其应用，仍然具有重要的研讨价值。通常而言，机票、火车票、电影票等票价信息交换系统在实践中并不少见，它为上述行业的经营者彼此交换信息并就价格等信息沟通联络提供了极大的便利。如前文所述，该类算法的应用使得行业内供给侧信息透明度提升，从而使得经营者之间的协同更易达成，也更为隐蔽和日趋智能。商业实践中，这类算法在经营者之间充当“信使”，却大多包裹着新技术外衣，极难为人们所察觉，这无疑将会给反垄断机构甄别数字垄断协议带来较大的困难。

无独有偶，20 年后发生的“联邦政府诉 Topkins 案”再次证明了算法作为辅助工具对经营者实施数字垄断协议的作用。在该案中，美国司法部调查发现，至少在 2010 年 2 月至 2014 年 1 月这段时间，被告 Topkins 使用商业上可用的基于算法的定价软件来设定在亚马逊商城销售的所涉海报的价格。② 该软件通过收集亚马逊商城上销售的特定产品的竞争者定价信息并应用卖方设定的定价

---

① United States v. Airline Tariff Publishing Co. , 836 F. Supp. 9 (D. D. C. 1993).

② DOJ: Former E-Commerce Executive Charged with Price Fixing in the Antitrust Division's First Online Marketplace Prosecution.

规则来运作。正是由于定价算法的应用，该案中海报销售公司的代表才能够高效地就海报价格进行及时沟通，并及时监测和讨论关于所涉海报价格和销售的信息使垄断协议维持稳定。若失去该定价算法，被告和其他公司之间在价格方面的沟通协调将变得冗长且缺乏效率，而定价算法则能够预先设定好各方均同意的定价规则，使商品价格在预设的规则之下上下浮动并能够依市场的动态变化进行相应价格调整，使经营者之间的意思联络消弭于无形。该案再次说明，算法使得企业数量对经营者从事共谋的限制性影响已被削弱，非寡头垄断市场同样可能出现共谋行为。本案所涉商品为日常生活中最为常见的贴墙海报，该商品利润并不算高，而且在这样一个市场上存在着众多的卖家，按照传统共谋理论，经营者似乎会缺少共谋的动机以及从事共谋的能力，但是在算法的辅助下，数字垄断协议确已发生，这说明算法已对某些垄断协议生成要素产生颠覆性影响，反垄断执法机构须要密切关注使用算法较多的领域，并且提高对数字垄断协议的侦测能力。

实践证明，在算法的辅助下，不具有竞争关系的经营者之间亦有可能实施数字垄断协议，美国“Meyer 诉优步案”与立陶宛“Eturas 案”便是最好的例证。2015 年，美国康涅狄格州的优步用户 Spencer Meyer 向美国纽约州南部地区法院提起集体诉讼，指控优步公司与司机之间施行的定价策略违反《谢尔曼法》。① 本案中，Meyer 认为无论是传统客运服务市场还是在网约车服务市场，Uber 的市场份额均达到 50%以上，Uber 公司与客运司机之间适用的是由其公司设计出来的统一定价算法，依照预设规则对乘客收取相应车费。这给客运司机之间的实施价格协同行为提供了契机，即通过统一定价算法及设定统一的收费标准，并在用车高峰期统一上调使用价格。Meyer 认为，此举使得网约车服务市场产生了超竞争的价格水平，而并非遵循一般价格规律进行公平竞争，严重损害了乘客的利益，极大破坏了市场竞争秩序。尽管这起案件在诉讼程序上存在极大的争议，其究竟是应由法院进行审判还是交给仲裁机构进行强制仲裁亦尚不明朗。但该案依然引起了竞争法学界极大的探讨热情，该案的争议焦点主要在于对不具直接竞争关系的公司与司机之间适用同一定价算法这一行为的定性上。优步与其合作司机通过动态定价算法确定乘车资费这一行为，从反垄

---

① Meyer v. Kalanick, No. 1: 2015cv09796, Doc. 37, Opinion on Motion to Dismiss, (S. D. N. Y. 2016).

断法角度来看，应当如何定性？因为在个别司法辖区，优步与其合作司机之间的法律关系被认为构成雇佣关系，如此就意味着上述行为不可能构成垄断协议，而是更可能涉嫌滥用市场支配地位。① 此外，如果上述行为被认定构成垄断协议，那么究竟是归属于横向垄断协议还是纵向垄断协议？这会对定性分析产生重要影响。例如，根据美国反托拉斯法及反垄断法相关理论，前者可依据本身违法原则直接判定违法，而后者则需基于合理原则进行具体分析。

前述案例足以说明，算法在经营者实施协同行为的过程中所起到的最大作用便是实时传递经营者之间的价格等商业信息，增进达成协同行为过程中的经营者之间的沟通效率，维持实施协同行为的经营者之间的相互信任。在算法的辅助下，经营者可以轻松收集到竞争对手作出商业决策的任何信息，并根据这种信息传递的实时性对其他竞争对手的商业行为实施监督。在此种机制的作用下，行业内的经营者极易达成数字垄断协议，且往往缺乏足够的动机背叛其他经营者。进言之，“算法辅助型”数字垄断协议中，算法要么是在具有竞争关系的经营者之间充当“信使”，辅助传达经营者之间消息并监督数字垄断协议的维持与实施；要么是在不具有竞争关系的经营者之间作为“中心”，通过多个上下游经营者使用相关的算法而在价格等方面形成一致的市场反应。此种情况下，数字垄断协议的达成与实施仍然有赖于经营者具有意识的行为。②

2. “算法辅助型”数字垄断协议的定性分析

承前所述，判定经营者之间有无意思联络是认定经营者协同行为构成与否的关键所在，这意味着有必要对“算法辅助型”数字垄断协议进一步类型化分析，以明确不同算法下经营者协同行为的具体认定思路。更重要的是，根据实施垄断协议经营者之间是否具有竞争关系，我国反垄断法将垄断协议又分为横向垄断协议和纵向垄断协议，而前述起到“中心”作用的算法既在不具有竞争关系的经营者之间统一实施，又在具有竞争关系的横向经营者之间起到了实质性作用，有必要对该类数字垄断协议的法律适用问题予以探讨。基于此，在论述“算法辅助型”数字垄断协议的定性分析时，无疑就要以事实认定和法律适用为切入点。

---

① Basa, Chanakya, Does Price Fixing, by App Based On-Demand Taxi Services Pose a Competition Law Concern in India?, Competition Policy International, February 2018.

② 参见马敬：《试论对价格跟随行为的反垄断法规制》，载《西南政法大学学报》2009年11期。

当算法充当“信使”角色时，其一般在具有竞争关系的经营者之间起到的作用是收集和处理竞争对手信息、披露和传递交易条件信息、帮助竞争者之间进行联络以及对作弊者进行及时惩罚。可以明确的是，该类算法无论实施何种行为，都是在人类的干预操控下进行的。算法通过执行人类设定的计划而进行共谋，这种利用信息技术手段强化现有垄断效果的方式只不过是人类意志的延伸，从本质上来说仍然是人类自己在操纵和实施数字垄断协议，这意味着算法只不过是辅助工具。① 复杂之处在于，传统协同行为认定中，当面交流、电子邮件、参与会议、举办各种活动、传阅相关文件等，都是经营者之间进行意思联络或者信息交流的常见方式，同时也是法院或者执法机构判定这一要件得以成立的关键证据。然而，随着算法在商业活动中的广泛运用，为了降低卡特尔被发现的风险以及提高协调的便捷性，经营者往往会通过算法进行交流，这使得上述证据不复存在，取而代之的则是经由使用算法所留下的相关电子数据，甚或只是基于计算机应用、通信和现代管理技术等电子化技术手段形成的包括文字、图形符号、数字、字母等客观资料。

在算法起到“中心”作用的情况下，其应用不仅直接决定了上下游经营者之间的价格等交易条件的生成及调整方式，还对同一相关市场内经营者的一致行为起到了促进作用。在反垄断理论中，这种行为被称为中心辐射型垄断协议，抑或轴辐协议。② 从外观上看，轴辐协议包括两类垄断协议：一类是由某个处于产业链中心的经营者（以下简称中心经营者）同与它不具有竞争关系的多个经营者达成的纵向协议，另一类则是由上述不具有竞争关系的经营者之间达成的卡特尔。通常情况下，前一类纵向协议是“明面上的协议”，可以通过直接证据加以证明，而后一类横向协议则是“背地里的协议”，只能依赖于经济证据或者行为证据来间接证明。③ 作为反垄断法的发源地，美国当前对轴辐协议规制的主流观点是，就轴辐协议所处的复合型关系而言，这一关系在本质上仍旧是卡特尔关系，所谓的纵向交易关系，仅仅是竞争者之间为了掩盖卡特

---

① 参见［英］阿里尔·扎拉奇、［美］莫里斯·E. 斯图克：《算法的陷阱：超级平台、算法垄断与场景欺骗》，余潇译，中信出版集团 2018 年版，第 53 页。

② 参见张晨颖：《垄断协议二分法检讨与禁止规制再造——从轴辐协议谈起》，载《法商研究》2018 年第 2 期。

③ 参见郭传凯：《美国中心辐射型垄断协议认定经验之借鉴》，载《法学论坛》2016 年第 5 期。

尔关系而采取的一种手段，从其实质效果上看，对竞争者之间在价格、数量的交易条件上构成了直接限制。① 也就是说，轴辐协议只是一种垄断协议的新型形态，其认定及规制并未完全脱离反垄断法传统路径。例如，在“苹果电子书案”中，苹果公司分别与10家电子图书出版商之间签订了独家代理协议，并且在该协议中约定了“最惠国待遇条款”在很大程度上起到了固定电子图书出版商价格折扣的作用，也就是说无异于在它们之间创设了一个包含此内容的卡特尔，上述行为属于典型轴辐协议。对此，法院指出，在认定轴辐协议构成卡特尔时，不需要竞争者之间达成一个“明面上的协议”，于是依据本身违法原则作出了判决。② 回到算法起“中心”作用的数字垄断协议这一情形，算法的引入与应用只是在一定程度上取代了经营者之“轴心者”的作用，其本质仍属于轴辐协议，对其认定与规制亦可沿用上述思路。例如，审理“Meyer诉优步案”的法官认为，优步的经营特点使得优步司机之间很容易通过平台进行协调，它们甚至不需要单独进行价格谈判，并依此判定其实施的行为属于轴辐协议。③

至此，对于“算法辅助型”数字垄断协议的认定思路便较为明朗了。算法在具有竞争关系的经营者之间起到“信使”作用这一情形下，法院或者反垄断执法机构面临的最大挑战是理解算法的运行原理，进而分析算法是如何促成当事人之间进行协调的，同时对算法在运行过程中留下的相关电子数据和电子证据进行解读，以此来证成“经营者之间有过意思联络或者信息交流”这一协同行为的构成要件。在具体案件的调查与审理中引入技术专家对相关技术问题进行厘清是可行方案之一。而当算法居于“中心”地位发挥作用时，便可依托轴辐协议对其予以规制。

(三)“深度学习型”垄断协议的规制隐忧与应对

1. 深度学习算法带来的反垄断法挑战

除了作为辅助工具促进经营者之间达成数字垄断协议，在前述深度学习算法的帮助下，经营者之间还可能在算法的自动运行之下形成具有排除、限制竞

---

① Klein Benjamin, Antitrust Analysis of Hub-and-Spoke Conspiracies (January 31, 2017), http://ssrn.com/abstract=2909341.

② United States v. Apple Inc., 791 F. 3d 290, 314 (2d Cir. 2015).

③ Meyer v. Kalanick, 174 F. Supp. 3d 817, 819-20 (S. D. N. Y. 2016).

争效果的一致行为。易言之，建立在对大量数据进行反复计算与分析基础上的深度学习算法能够通过持续学习，代替市场主体完成市场行为的反复协调，在此种情况下，垄断协议在无须人类进行干涉的前提下便自动形成了。① 相比于前述"算法辅助型"数字垄断协议，这种"深度学习型"数字垄断协议并不一定依赖于经营者的主观意识，从而避免了沟通过程中人类主观情绪带来的意见分歧，从而更易形成使多数经营者利润最大化的价格，相应也将对消费者福利和市场竞争秩序造成更大的破坏。更让人担忧的是，这种"深度学习型"数字垄断协议往往难以认定和判断其存在形式，反垄断执法机关只能根据已经造成的竞争损害结果来确定关注对象范围。② 更何况，"算法黑箱"的存在使得算法决策背后的相关细节往往难以寻觅，一旦在深度学习算法的作用下经营者之间达成了价格或其他垄断协议，反垄断执法机构很难进行事前甚至事中的阻止，最终导致社会资源的浪费和社会总体福利的减损。③

具体而言，这种"深度学习型"数字垄断协议规避了经营者在传统垄断协议形成过程中所应当起到的主导作用，转而通过自主观察、分析市场信号，并根据复杂人工神经网络和预设逻辑对复杂的市场竞争问题进行处理，最终以利润最大化为目的达成并实施垄断协议。④ 尽管目前深度学习算法技术尚处于开发之中，距离人们所期望的强人工智能尚有较大的距离，但已有学者模拟了两个寡头经营者经由深度学习算法实施协同行为的情形。该模型下，在深度学习算法的自我学习及解码作用下，两个经营者之间的价格信息和算法几乎是"透明"的，任何一方均能够快速回应另一方基于算法作出的价格调整。在此基础上，一旦某一方经营者 A 为了实现利润最大化提升了价格，另一方经营者 B 所运用的算法便会将这种行为视为一种"提议"而相应提升自己的价格至同一水平。主要经营者 A 后续不再频繁地修改价格，经营者 B 便会将这种价格的

---

① 参见[英]阿里尔·扎拉奇、[美]莫里斯·E. 斯图克：《算法的陷阱：超级平台、算法垄断与场景欺骗》，余潇译，中信出版集团 2018 年版，第 52~53 页。

② 参见叶卫平：《价格垄断协议的认定及其疑难问题》，载《价格理论与实践》2011 年第 4 期。

③ Ariel Ezrachi, Maurice E. Stucke, Artificial Intelligence & Collusion: When Computers Inhibit Competition, Oxford Legal Studies Research Paper No. 18/2015.

④ 参见金美蓉：《核心卡特尔规制制度研究》，对外经济贸易大学出版社 2009 年版，第 41 页。

提高视为 A 对其作出的承诺，市场机制作用下的价格竞争在此时便不复存在了。① 由于此过程完全不需要人为干预，真正做到了经营者之间价格协同的实时性，价格协同行为于此时便成为运用深度学习算法的必然结果。

深度学习算法的开发与应用给反垄断实践带来的挑战是不言而喻的。它使得协同行为变得更为隐秘。如果说由于“算法辅助型”数字垄断协议还依赖于经营者进行人为的算法内容设置，对于经营者的意思联络因此尚有迹可循的话，“深度学习型”数字垄断协议则可能让经营者在缺乏明确沟通或互动的前提下产生相互信任，引发默示共谋，几乎难觅踪迹。通过深度学习算法的这种自我意识及相互信任，几个经营者在算法的主导下便可以将市场价格推高至垄断水平，这种情形与经济学意义上的寡头垄断问题何其相似。② 不同的地方在于，深度学习算法的研发与广泛应用可能会使越来越多的经营者加入垄断组织中来，从而使得传统理论认为只有在寡头垄断市场才有可能发生的默示共谋亦有可能发生在市场集中度较低的市场中，而这无疑给反垄断执法部门在垄断协议的甄别上带来更大的难题。更为关键的是，这种深度学习算法的应用还可能突破传统反垄断法规制框架下的“人类中心主义”。③ 大量反垄断实践尤其是垄断协议案例证明，反垄断案件的调查将目光聚焦于经营者，这不仅体现在反垄断执法机构更易利用经营者之间的不信任来进行案件的突破，更体现在经营者之间是否存在合意是垄断协议的构成要件之一。深度学习算法的存在使得这种传统反垄断理论中对人类心理的设定无法发挥作用，而算法内部的运行规则更是人类认知难以窥测的隐秘地带。更何况，深度学习算法引发的数字垄断协议还可能面临责任主体认定上的窘境，即如果认为协同行为并非出于经营者本意实施而是由算法之间达成，则存在无法追究法律责任的问题，因为算法本身并非适格法律主体，不具备相应的责任能力。④

---

① Kieseberg, Peter, Schrittwieser, Sebastian, Mulazzani, Martin. An Algorithm for Collusion-resistant Anonymization and Fingerprinting of Sensitive Microdata, Electronic Markets, 24(2).

② Ariel Ezrachi and Maurice E. Stucke, Artificial Intelligence & Collusion: When Computers Inhibit Competition, University of Illinois Law Review, 2017, No. 2.

③ 参见游钰:《卡特尔规制制度研究》，法律出版社 2006 年版，第 11~19 页。

④ 参见钟原:《大数据时代垄断协议规制的法律困境及其类型化解决思路》，载《天府新论》2018 年第 2 期。

2. “深度学习型”数字垄断协议剖析：基于默示共谋理论

在人工智能经济学领域，已不乏国内外学者在努力研究并实现不需要人为干预而由算法自主主导的商业共谋。例如，通过强化学习算法的应用，有学者已经在古诺双寡头垄断市场结构中实现了经营者之间的默示共谋。① 亦有学者在深度学习技术基础之上通过 Q-learning 算法对经营者的默示共谋进行模拟。② 而我国学者更是通过建构线性勒索算法而成功模拟了算法与人类之间达成共谋，以此证明算法在商业决策中展现自主性之可能。③ 这些都表明在深度学习算法的作用下，多个智能主体之间的联合是可预期的，其所带来的经营者默示共谋危险更是真实的。当然，目前技术条件下深度学习算法还面临多重条件限制，因而依靠智能主体自主联合以实现经营者之间的默示共谋可能还需要解决诸如算法函数偏好存在差异、交易信息与市场数据动态变化、自主学习算法的“探索—利用”困境等难题。④ 即便如此，深度学习算法可能引发的默示共谋仍然引起了全世界反垄断执法机构的广泛关注。鉴于大多数法域均未在反垄断法中明确禁止默示共谋，可见讨论“深度学习型”数字垄断协议给传统反垄断法制度带来的颠覆性影响还为时尚早，但探讨备受争议的默示共谋理论的应用空间及其应用对于规制数字垄断协议之作用是可欲的。

在现代反垄断法发展变迁过程中，经济学的影响是前所未有的：经济学理念塑造了反垄断法实体制度，经济学理论丰富了反垄断法概念内涵，经济学分析构建了反垄断法分析模式。可以说，经济学的引入给反垄断法律制度带来了革命性变化。⑤ 但与此同时，经济分析方法和基于法律形式主义的传统法律规制方式之间始终存在着张力，传统反垄断理论中关于默示共谋规制的相关探讨

① A. Ittoo，N. Petit，Algorithmic Pricing Agents and Tacit Collusion：A Technological Perspective，http：//ssrn. com/abstract = 3046405.

② Waltman et al.，Q-learning Agents in a Cournot Oligopoly Model，Journal of Economic Dynamics and Control 32. 10，2008.

③ Nan Zhou et al.，Algorithmic Collusion in Cournot Duopoly Market：Evidence from Experimental Economics，2018.

④ L. Bus，Oniu，R. Babuska，and B. De Schutter，A Comprehensive Survey of Multiagent Reinfocement Learning，IEEE Transactions on Systems，Man，and Cybernetics-Part C：Applications and Reviews，2018(2).

⑤ 参见叶卫平：《在经济分析与法律形式主义之间——反垄断法制度嬗变解析》，载《经济法研究》2018 年第 1 期。

便是典型例子。直至今日，关于经营者默示共谋的反垄断规制争议都仍未停止。① 应当明确的是，关于默示共谋理论的经济学争论无绝对对错之分，在探讨“深度学习型”数字垄断协议的规制可能时应当跳出默示共谋理论背后的经济学争议，避免陷入学说正确与否的思辨循环，而是应当回归实用主义立场，省思默示共谋对于数字化卡特尔反垄断法规制的实际意义。②

值得注意的是，学者们关于默示共谋所达成的为数不多的共识在于，默示共谋只有在极其有限的条件下才能被实施并长期维持，这些条件可能包括市场集中度较高、供给侧存在较高透明度甚至是只存在于双寡头垄断结构市场。承前所述，算法的开发特别是深度学习算法的应用则拓宽了共谋发生的外在场景，使得即便在市场集中度较低、寡头垄断结局尚未形成的一般市场结构下，默示共谋也可能发生。在机器学习乃至深度学习算法的助推下，整个市场的透明度以及经营者之间的竞争策略有了更进一步的发展，在市场特征上已无限接近于寡头垄断市场，这就导致了无须经营者之间意思联络的数字垄断协议更易达成。诚如 OECD 所言，算法正在改变数字市场的特征，增加透明度，提高商业决策的速度以及公司立即对竞争对手的行为作出反应的能力。在这种情况下，算法可以使企业的行为相互依赖，而不需要明示的通信或者进行交互，这增加了默示共谋的风险，并导致更高的价格水平。③ 具体说来，深度学习算法的应用使得经营者提供给客户的条款相对透明，经营者的重大竞争主动权能够被其竞争对手迅速而自信地观察到，相应地，经营者从吸引顾客离开其竞争对手中得到的预期竞争回报会因这些竞争对手的可能反应而显著减少。考虑到定价决策的速度，经营者便将不再需要依赖冗长的时间提前发布价格公告，卖方

---

① 如希尔顿认为：“通过采纳一个能够有效威慑价格削减的策略，一个共谋的垄断价格均衡可能会出现，因而波斯纳得出这一结论是正确的，即协议、监督和实施均是固定价格卡特尔的核心要素，而且一旦出现这些特征，《谢尔曼法》第 1 条的实施就变得正当了。”而反对者则认为，寡头垄断结构不可避免地导致默示合谋，这是相当不可能的，因此质疑在这一领域进行反垄断干预的必要性。参见[美]基斯·N. 希尔顿：《反垄断法：经济学原理和普通法演进》，赵玲译，刘凯校，北京大学出版社 2009 年版，第 69~70 页。

② 参见叶卫平：《反垄断法分析模式的中国选择》，载《中国社会科学》2017 年第 3 期。

③ OECD, Algorithms and Collusion: Competition Policy in the Digital Age, September 2017, http://www.oecd.org/daf/competition/Algorithms-and-colllusion-competition-policy-in-the-digital-age.pdf.

在其生效日期之前公布价格变动，并等待对宣布的价格上涨的竞争性反应。此时，定价算法能够对缺乏勇气的潜在进入者进行限制定价。而由于计算机算法不太可能表现出人类偏见，默示共谋所需的稳定性进一步增强。① 上述种种条件均说明，深度学习算法的研发与应用为默示共谋的产生创造了前所未有的市场条件。

总而言之，在市场结构缺乏集中度的情况下，经营者之间想要达成默示共谋几乎不可能成功，即便成功，也需要经营者之间的市场决策信息足够透明才能够保证默示共谋得以维系。② 深度学习算法的出现及全面普及，将使得整个市场信息变得透明，市场结构无限趋近于适合共谋滋生的寡头垄断结构，且在深度学习算法的作用下，无须经营者任何干预操作便可能实现经营者之间市场信息的交换与市场决策的预判，更有可能出现由算法操控的机器代替人类从事共谋的情形。我们有理由相信，随着算法应用日趋成熟并且越来越广泛，上述情形在未来的出现是可预见的，“深度学习型”数字垄断协议极有可能成为数字经济领域的一种新常态，而这无疑会导致实质性的消费者损害，考虑到既有反垄断法制度普遍没有涵盖默示共谋问题，各反垄断司法辖区无疑需要认真考虑将默示共谋纳入规制范围。

四、数据市场平台扼杀式并购的法律控制

与传统市场相比，数据市场中的扼杀式并购表现更为活跃。在数字市场领域，有报告显示，近五年来，全球最大的五家数字企业，即谷歌、微软、苹果、脸书和亚马逊，一共完成了大约 250 起未经英国竞争和市场管理局（Competition and Market Authority，CMA）经营者集中申报审查程序的收购。③ 同样，根据美国众议院反垄断委员会的调查显示，过去的十年间除微软外，在

---

① Ariel Ezrachi and Maurice E. Stucke, Artificial Intelligence & Collusion: When Computers Inhibit Competition, University of Illinois Law Review, 2017, No. 2.

② 参见[美]奥利弗·E. 威廉姆森:《反垄断经济学: 兼并、协约和策略行为》, 张群群、黄涛译, 商务印书馆 2014 年版, 第 167 页。

③ Digital Competition Expert Panel (chaired by Professor J Furman), Unlocking Digital Competition, (March 2019), para. 3. 45.

其他四家企业的数百起收购之中，也有不少属于扼杀式收购。① 这主要是因为数据市场以平台、数据、算法等要素和技术为中心，打破了传统市场交易的空间与时间限制，② 而产品更新换代的速率也会加快，这使得创新成为维护数字市场竞争的重要途径。③ 然而，扼杀式收购可能会降低市场的创新动机，这是因为根据上述阿罗的替代性效应，具备一定市场支配地位数字巨头们不愿意自我创新，而如果将潜在的具有创新性的竞争者扼杀，则将会消灭一个市场创新的可能性。④ 更何况，数据市场中的平台扼杀式并购可能直接带来数据聚集效果，使大量极具商业价值的用户数据集中于少数平台巨头之手，进一步巩固其市场支配地位，形成强者恒强的“马太效应”。在此背景下，反垄断执法机构更需要对于该种并购对于市场竞争的影响持怀疑态度。经营者集中审查制度可作为一项反垄断法的事前控制制度对于潜在可能造成市场损害的收购、并购等行为进行审查，以确保这一类行为不会损害市场竞争。

（一）平台扼杀式并购的申报标准设立

经营者集中控制制度（审查制度）之目的在于预防和控制相关市场内经营者通过企业并购形成或加强市场支配力，以使市场结构不至于过于集中，维护竞争结构的相对合理稳定。与禁止垄断协议、禁止滥用市场支配地位不同，反垄断法对经营者集中的调整方式并非直接禁止，而是控制。⑤ 经过数年实践，各个法域反垄断监管部门得出的一致共识是，反垄断法应当对那些对竞争存在潜在危害的经营者集中进行必要审查与控制，不应当过多干预企业通过合并、

---

① Subcommittee on Antitrust, Commercial and Administrative Law of the Committee on the Judiciary, Investigation of Competition in the Digital Markets, October 2020, 11, https://judiciary.house.gov/uploadedfiles/competition_in_digital_markets.pdf, accessed 1 Feb. 2021.

② 参见杨东：《论反垄断法的重构：应对数字经济的挑战》，载《中国法学》2020 年第 3 期。

③ 参见郜庆：《优化数字经济营商环境背景下支配地位认定条款之重塑》，载《行政法学研究》2020 年第 5 期。

④ Andrew P McLean, A Financial Capitalism Perspective on Start-Up Acquisitions: Introducing the Economic Goodwill Test, Journal of Competition Law & Economics, Forthcoming, 5 (2020).

⑤ 参见王先林：《金砖国家反垄断法的最新发展与主要制度比较（三）》，载《中国工商管理研究》2012 年第 7 期。

收购等方式追求规模经济效应。① 为此，各个国家或地区均设立了事前申报制度，以实现对那些可能产生竞争负效应的经营者集中进行必要审查。“申报标准+自由裁量”是多数国家与地区选择的经营者集中申报机制，即通过立法对经营者集中“申报门槛”进行量化，一旦经营者集中所涉及的条件达到法定标准，则应当依法主动向反垄断执法机构主动申报审查。此外，对于那些尚未达到法定申报标准但又确有可能给相关市场内竞争带来排除、限制效果的经营者集中，反垄断执法机构可以主动对其进行审查，以避免“合法不合理”的企业并购发生。

1. 我国既有申报标准的先天局限

申报标准是经营者集中控制制度的“门槛”，反垄断执法机构对经营者集中的有效控制依赖于申报标准筛选功能的正常发挥。申报标准的正确设立，能够使反垄断法审查的经营者集中对象更为清晰，进而避免反垄断执法资源浪费在那些对市场竞争并无损害效果的一般企业并购上。② 同时，申报标准可以使那些几乎不太可能损害市场公平竞争的经营者集中能够顺利、及时地完成，防止政府的不适当的、不必要的干预，从而降低交易成本及控制行政成本。是故，科学合理地设定申报标准是经营者集中控制制度有效运行的重要保障。

当前，多数国家或地区通过反垄断立法设立了申报标准，要求符合一定规模的经营者集中向反垄断执法机构申报，这种规模主要基于参与方自身的规模以及所涉交易的规模确定，相应地，经营者集中申报标准分为参与方规模标准（Size-of-Person Test）和交易规模标准（Size-of-Transaction Test），前者即以参与集中的经营者的营业额、总资产额和市场占有率作为申报标准，由此细分为营业额标准、总资产额标准和市场份额标准，而后者则是指所涉经营者集中的交易金额。③ 具而言之，美国《哈特-斯科特-罗迪诺反垄断改进法案》开创了企业合并事前申报程序之先河，其申报标准制度采用了交易规模标准与当事人规模

① 参见史建三、钱诗宇：《企业并购反垄断审查比较研究》，法律出版社 2010 年版，第 61 页。

② 参见徐瑞阳：《论经营者集中申报标准实施机制的完善》，载《法学家》2016 年第 6 期。

③ 参见时建中：《反垄断法——法典释评与学理探源》，中国人民大学出版社 2008 年版，第 264 页。

标准并行。① 欧盟采取了参与方规模标准，并主要对参与并购的企业营业额作出规定。② 与欧盟相比，德国在考虑参与方规模时将满足一定并购交易额增设为需要进行经营者集中审查申报的条件，德国《反限制竞争法》则规定，参与合并的企业上一年度在全球范围内的营业额超过5亿欧元，其中至少一个企业在德国境内的营业额超过2500万欧元，另一个企业在德国境内的营业额超过500万欧元；被收购企业的价格(交易金额)超过4亿欧元，以及被收购企业在德国有相当大的经营范围。③ 与上述国家或地区关注经营者营业额或并购交易额不同，日本关注参与方经营者的总资产额，日本《禁止禁止私人垄断及确保公平交易法》规定，准备实施合并的公司，其中一方总资产额达到100亿日元以上，其他公司中至少一方的总资产额达到10亿日元以上。④ 在此基础上，我国在《国务院关于经营者集中申报标准的规定》中设立的经营者集中申报标准与《欧盟企业并购条例》相似，均采用了单一营业额标准，对参与经营者集中的经营者在全球范围内、中国境内的上一会计年度营业额作出了限制性条件，只有满足该条件的经营者合并才应当依法向反垄断法执法机构进行事前申报。⑤

经过横向比较分析不难发现，除美国规定交易规模标准外，其他国家和地区都只是采用当事人规模标准，绝大部分法域仅是采用营业额标准，这给涉及扼杀式并购的经营者集中反垄断审查带来极大的困难。营业额是指经营者在一定时间和地域范围内提供相关商品或者服务所获得的收入，扣除税金和附加。

① 参见辛群：《英国反垄断执法监管情况报告(三)》，载《中国价格监管与反垄断》2014年第7期。

② 参见刘和平：《欧盟并购控制法律制度研究》，北京大学出版社2006年版，第78-80页。

③ 参见周万里：《〈德国反限制竞争法〉的第九次修订》，载《德国研究》2018年第4期。

④ 参见郭宗杰：《日本禁止私人垄断及确保公正交易法最新发展研究》，载《价格理论与实践》2010年第8期。

⑤ 参见《国务院关于经营者集中申报标准的规定》第3条："经营者集中达到下列标准之一的，经营者应当事先向国务院反垄断执法机构申报，未申报的不得实施集中：(一)参与集中的所有经营者上一会计年度在全球范围内的营业额合计超过100亿元人民币，并且其中至少两个经营者上一会计年度在中国境内的营业额均超过4亿元人民币；(二)参与集中的所有经营者上一会计年度在中国境内的营业额合计超过20亿元人民币，并且其中至少两个经营者上一会计年度在中国境内的营业额均超过4亿元人民币。"

绝大多数涉及扼杀式并购都发生在互联网行业，基于互联网商业模式、盈利模式和成长路径，互联网企业尤其是初创企业在短期内通常不考虑企业营收状况，而只是专注于用户规模的增长。为此，除了免费提供相关产品或者服务外，甚至利用倒贴钱的方式来吸引更多用户。如此便产生一种奇特现象：一些初创企业已成为互联网细分领域的小巨头，并且长期在该领域占有较高的市场份额，凭此掌握了海量数据。但与此不相称的是，这些拥有高估值的初创企业却处于长期亏损状态，如此便无法再用营业额指标估测这些企业的市场力量，而这反过来又会导致营业额标准在该领域的适用深受影响。① 部分互联网巨头愿意以天价收购掌握海量数据的初创企业，按照现有营业额申报标准，不管是互联网巨头还是初创企业的营业额都很可能没有达到申报标准，从而游离于反垄断监管之外。然而，考虑到数据在数字经济中扮演着重要角色，数据聚集不仅会增强收购者在用户端市场和盈利端市场的市场势力，而且还有可能造成下游市场封锁，仅是从对市场竞争的潜在影响角度看，很有必要对这类涉及扼杀式并购的经营者集中进行反垄断审查。较为遗憾的是，囿于依据营业额衡量企业市场势力的传统做法在该领域失效，进而导致单一营业额标准无法适用于涉扼杀式并购，从而有可能放纵原本具有或者可能具有反竞争效果的集中行为，特别是这已在现实案例中初见端倪。例如，在欧盟委员会审查"Facebook 收购 WhatsApp 案"中，市场估值约 1600 亿美元的 Facebook 宣布将以 190 亿美元的价格收购 WhatsApp，这也是 Facebook 自创立以来标的额最大的一笔收购。然而，WhatsApp 的营业额却与该笔收购的交易额相差悬殊。究其原因，在于 WhatsApp 掌握了无可比拟且价值巨大的海量数据。据统计，WhatsApp 的每日新增用户量约为 100 万，月活跃用户达到 4.5 亿人次，仅其信息发送量几乎就已经接近全球短信发送量。②

2. 完善经营者集中申报标准的应然进路

客观来说，营业额标准确实能够在一定程度上直观反映参与并购企业自身的实力及运营情况。然而，数据市场中的初创企业营业额通常较低，达不到营业额标准所设定的高度，加之拟进行收购的数字企业由于长时间进行价格补

① Lina M. Khan, Amazon's Antitrust Paradox, The Yale Law Journal, Vol. 126, No. 2.

② Facebook/WhatsApp, Case COMP/M. 7217, Commission Decision of October 3, 2014.

贴，长期处于“低价模式”甚至“免费模式”，总体净营业额不会很高。① 在此背景下，面对数据市场中频生的扼杀式并购，单一营业额申报标准极易使得本该纳入审查范围的并购因为营业额不够而无法进行审查。有鉴于此，有必要在营业额申报标准的基础上探索丰富我国经营者集中审查制度的申报标准，以增加反垄断执法机构审查企业并购的灵活性。

其一，增设交易额标准。即按照经营者集中的实际交易金额确定是否需要进行申报。如前所述，美国《反托拉斯法》、德国《反限制竞争法》、奥地利《卡特尔与竞争法修正案》均引入了交易额申报标准，由此可见，交易规模标准在其他国家有例可援。更为重要的是，仅靠营业额可能无法反映出经营者在相关市场内所拥有的数据优势，但在数据资产日益被重视的背景下，企业并购交易额在一定程度上能够反映出参与企业并购的经营者在用户数量、数据资产等方面的优势。在这一标准下，前述“Facebook 收购 WhatsApp 案”与“滴滴出行收购优步中国案”均有可能落入反垄断审查范围。

其二，增设市场份额标准。即按照涉及数据聚集的经营者集中所涉标的在相关市场的市场份额情况确定是否需要进行申报。从现有立法来看，目前仅有我国台湾地区规定市场份额标准。② 经营者集中审查潜在制度目的是对企业形成或加强的市场支配力进行事前预防和控制，防止市场力量过度集中，以维护合理的竞争结构。③ 例如，英国竞争和市场管理局（CMA）创制了“供应份额测试”（Share of Supply Test），要求总共大于25%的市场供应份额的企业收购需要向 CMA 进行申报。④ 这意味着供应份额的计算不同于传统上市场份额的计算

---

① Fengliang Jin, The Challenges of Applying Turnover Threshold to the Sharing Economy for Control of Concentrations between Undertakings in China, 35 Computer Law & Security Review 59, 62 (2019).

② 根据我国台湾地区“公平交易法”，结合后的企业市场份额达到 1/3，或者参与结合的企业中有单个企业的市场份额已达 1/4，或者参与结合的企业中有单个企业的上一会计年度的营业额超过中央主管机关所公告之销售金额。参见陈樱琴，郭丰荣：《敌意并购的竞争法管制趋势——台湾“公平交易法”2017 年修正》，载《知识产权与市场竞争研究》2019 年第 1 期。

③ 参见王先林：《金砖国家反垄断法的最新发展与主要制度比较（三）》，载《中国工商管理研究》2012 年第 7 期。

④ The Enterprise Act 2002 (Share of Supply Test) (Amendment) Order 2018, § 3(4).

模式，而是根据例如员工数量、产品数量、产品价格等相关因素合理地估算是否达到了25%的市场供应份额，但也需要与交易额标准（作为基础）结合使用。①考虑到市场份额往往被当做衡量经营者市场支配地位的重要依据，以市场份额作为经营者集中申报标准似乎更具合理性，然而，市场份额的计算依赖于相关市场界定，而界定相关市场是反垄断法上最为疑难复杂的问题，如果经营者集中申报采用市场份额标准，无异于将反垄断审查环节前移，如此将给经营者和执法机构带来极为沉重的负担，所以至今罕有国家和地区采用市场份额标准。当然，对于数据市场而言，市场份额抑或说用户规模对互联网平台企业的重要性已远超传统经济，这意味着它是一个很好的经营者市场势力的测量指标。此外，由于互联网领域具有跨界竞争特点以及普遍采用VIE结构，准确的营业额信息难以获取，而市场份额相对来说更为公开，且很难造假。② 在具体操作上，可以参考各国和地区反垄断法中关于依据市场份额推定市场支配地位的规定，但凡涉及数据聚集的经营者集中的市场份额达到相关要求的，将需要进行申报。

其三，增加其他考量因素。数字经济时代，平台双边或者多边市场的用户数量代表了平台的市场力量，这是由于平台经济具有“用户锁定”效应，其导致用户一旦进入某一平台进行交易行为，其很难再被其他平台所吸引，对于“单栖性”（消费者能够选择一种产品，不能选择多种）的平台来说尤为如此。③因此平台用户的多寡能够直接反映平台在市场的影响力，可以作为辅助于上述营业额、交易额和市场份额的标准对于数字市场的并购进行补充。另外一点则是平台掌控数据的能力和数量，在数据市场，数据是核心的生产要素，平台以数据产品吸引用户而产生交易，进而获取、巩固并扩大市场力量。④ 拥有越多数据的企业，其市场力量就越大，公共属性也就越强，但越有可能造成严重的市场竞争损害。因此，虽然目前为止还没有哪个国家采用了上述标准，其仅为

---

① The Competition Commission and the Office of Fair Trading, Merger Assessment Guidelines, OFT1254 (Sep. 2010), para. 3. 3. 5.

② 参见郭传凯：《互联网平台企业合并反垄断规制研究——以“滴滴”“优步中国”合并案为例证》，载《经济法论丛》2018年第1期。

③ 参见陈兵：《大数据的竞争法属性及规制意义》，载《法学》2018年第8期。

④ 参见杨东、臧俊恒：《数据生产要素的竞争规制困境与突破》，载《国家检察官学院学报》2020年第6期。

学者的相关建议,① 但在未来对于数字市场扼杀式收购的审查上，用户数量、数据规模等因素均可能被纳入企业并购审查标准中。

(二)平台扼杀式并购的竞争效果评估

1. 关注企业并购的扼杀性后果

数据市场中，平台企业扼杀式并购的直接后果是使得相关市场内的初创企业尤其是掌握大量用户及海量数据的小微企业直接灭失。但是，应当严格区分普通经营者集中于扼杀式并购所带来的“扼杀性”后果。具体而言，需要评估参与集中方企业的产品替代性。如若参与集中方经营者的产品相互之间具有替代性，则需要观察收购方如果持有替代性较高的同质产品时，产生的利润和效率是否比仅持有单一产品的利润和效率产出要低得多。同时，需要衡量的是被收购方的企业和产品是否能够继续发展，使其能够在未来与当前收购方的企业或产品有效竞争。数字市场核心产品的可复制性较高，当巨头企业持有单一产品时，通过将收购后的产品的核心技术复制到原来已经取得“先行者优势”的产品之上，而原来被收购产品上“锁定”的用户也会随之转移到复制后的产品上，因此其没有必要再投入时间和经济成本管理和研发收购后被复制的产品，而是选择节约成本，直接关掉该产品的生产研发工作。② 但是，也需要研究用户对于被收购产品的依赖程度，假设“扼杀”被收购产品，收购方可能承担不起失去这些用户的损失，这些用户在有其他选择的情况下，通常也不会选择收购方的产品，这使得收购方“扼杀”的可能性大大降低。③ 另外则是如何衡量被收购企业未来发展的问题，这则需要通过预测的方式进行审查，结合市场与企业的发展状况与用户习惯等因素加以衡量。此外，还需要从主观层面考量收购方是否具有“扼杀”的意图，然而，这种行为由于与企业自身的经营策略有关，

---

① Anthony David Benavides, Shaping Competition Policy in the Era of Digitization-Contribution by Anthony Benavides, (6 July 2018) paras. 1. 3 and 1. 4, https: //ec. europa. eu/competition/information/digitisation_2018/contributions/anthony_benavides. pdf, accessed 10 Feb. 2021.

② Ibid, para. 98.

③ 例如，由于 WhatsApp 用户对其“无广告”策略的严重偏好和 WhatsApp 的产品忠诚度，Facebook 不太敢于将 WhatsApp 和 Facebook 的产品完全同质化。Case No. COMP/M. 7217-Facebook/ WhatsApp, C(2014) 7239 final, para. 174.

从外部行为和公开的信息来说很难推测企业本身的主观意图,① 因此需要企业内部或者企业之间的内部文件进行判断,② 例如英国 CMA 在 PayPal 收购 iZettle 一案中，就分别分析了 PayPal 在官网中发出的收购公告，讲述其收购 iZettle 的原因有哪些，并且审查了 PayPal 的公司内部文件以及收购的经纪人意见等材料，最终得出了该收购不会造成“扼杀”行为以及价格提升。③ 我国《经营者集中审查暂行规定》列出了包括申报书、市场影响情况说明、集中协议、财务会计报表等的申报材料,④ 虽然这些材料有助于申报的竞争效应分析，但缺乏内部文件来判断经营者的收购意图和目的，因此可以在评估初创企业收购时，要求收购方在符合保密规定的情况下提供公司内部材料以供审查。

2. 扼杀式并购的数据封锁效应

由于数据市场中的扼杀式并购大多涉及数据聚集，因而在对其进行反垄断审查时，亦不得不对并购可能产生的数据封锁效应进行考察。尤其是在纵向集中情况下，集中后的企业有可能阻止下游竞争对手获得所涉数据，由于这种获取的限制，很可能削弱下游市场竞争对手的竞争力，进而维持抑或强化该经营者对上下游市场的控制力。通常而言，集中后的经营者可以采取多种策略实施数据封锁，包括停止向竞争对手提供所涉数据，显著提高数据的销售或者许可价格，刻意减损提供给竞争对手的数据质量，故意拖延数据提供时间及其以较不结构化的格式提供数据等。⑤

反垄断理论认为，决定原料封锁是否有可能发生，一个最为关键的重要因素在于潜在的下游竞争者从其他上游供应商那里获取原料的能力及其成本，如果上游供应商可以扩大生产规模来填补因原料封锁造成的市场缺口，则原料封

---

① 参见李凯、樊明太:《我国平台经济反垄断监管的新问题、新特征与路径选择》,载《改革》2021 年第 3 期。

② OECD, Start-ups, Killer Acquisitions and Merger Control—Background Note, DAF/COMP(2020)5, para. 106.

③ Stephen Smith and Matthew Hunt, Killer Acquisitions and PayPal/iZettle, 18 Competition Law Journal, 2019, pp. 162, 165-166.

④ 参见《经营者集中审查暂行规定》第 12 条。

⑤ Ben Holles de Peyer, EU Merger Control And Big Data, Journal of Competition Law & Economics, Vol. 13, No. 4, p. 775.

锁策略几乎很难成功。① 这即是说，在评估数据聚集是否会在下游市场上形成数据封锁时，主要考察的是所涉数据的可替代性和稀缺性，抑或说潜在的下游竞争者能否从其他渠道获取可替代数据。事实上，综观美欧以往涉及数据聚集的经营者集中反垄断审查实践，在评估数据聚集是否会在下游市场上形成数据封锁时，也主要是从所涉数据的可替代来源角度进行分析。“Google 收购 ITA 案”中，ITA 向在线旅游搜索服务提供者供应电子定价和购物系统，助力 Kayak、Orbitz 和 Bing Travel 等该领域的领先者提供比较搜索查询服务。ITA 的系统主要包括两个组件：实时更新的包含航空公司定价、航班时刻表和航班座位信息等内容的数据库，以及可以帮助用户从搜索数据库中找到最符合其需求的航班选项的软件算法。在该案中，美国司法部没有界定一个单独的相关数据市场，但却认为市场上缺乏与所涉数据具有可替代性的数据，谷歌正计划通过收购 ITA 进军在线旅游搜索服务市场，它将具有提高其他在线旅游搜索服务提供者获取数据成本的动机，甚至会拒绝向竞争对手提供所涉数据。最终，谷歌与美国司法部达成和解，并承诺将以公平、合理和非歧视的条件继续向 ITA 的客户提供所涉数据。② “IMS Health 收购 Cegeim Business 案”中，IMS Health 通过该集中控制了客户关系管理软件、医疗专业人员数据库和跟踪销售情况的数据库，在评估 IMS Health 在提供上述产品或者数据库时是否有可能实施搭售行为时，欧盟委员会认为这发生的可能性并不大，尽管 IMS Health 在数据库市场上有一定的市场势力，但是仍然存在很多的实际或者潜在的竞争对手，这意味着 IMS Health 无法单方面实施搭售行为，不然它的市场份额将迅速被其他竞争对手所蚕食。③ 前文多次述及的“微软收购领英案”中，欧盟委员会亦分析了在集中后微软是否有可能给客户关系管理软件的竞争者访问领英用户数据设置障碍，从而形成封锁效应。

3. 扼杀式并购的竞争损害评估

最后，还应当对数据市场的扼杀式并购所产生的潜在竞争损害与创新损害

---

① 参见［英］西蒙·毕晓普、［英］迈克·沃克：《欧盟竞争法的经济学：概念、应用和测量》，董红霞译，吴汉洪校，人民出版社 2016 年版，第 458 页。

② Competitive Impact Statement, U. S. v. Google Inc. and ITASoftware, Inc., No. 1: 11-cv-688 (D. D. C., 8 April2011).

③ IMS Health/Cegedim Business, Case COMP/M. 7337, Commission Decision of December 19, 2014.

加以分析。首先是潜在竞争损害，我国目前反垄断政策上的潜在竞争研究主要集中于对于市场进入壁垒的考察，在联合技术公司收购古德里奇公司一案中，原商务部认为，由于飞机交流发电系统市场的经营者需要有雄厚的资金、先进的技术，还需要为不同型号的飞机量身定制交流电系统，而飞机对于某交流电系统的应用期限较长，因此新的市场进入可能性较低，潜在竞争较小。① 然而，对于扼杀式收购来说，需要衡量的是未来市场的竞争情况，这与传统上欧美对于潜在竞争的定义略微有所不同——其既不是关注潜在竞争者加入市场之后立马发生的竞争状态，也不是考量发生并购后的企业对于市场上其他企业的竞争影响。② 因此如果对于未来市场中的竞争状况适用潜在竞争的测试标准，关注于市场进入是否"及时"，"充分"和"可能"，③ 则可能对于数字市场初创企业收购审查而言太过严格了，④ 因为数字企业合并后的策略多种多样，市场进入标准并不能完全反映日后的竞争情况。因此，需要分析的是被收购企业自身的资产状况、商业价值以及未来的发展状况等因素，以及被收购企业产品与收购企业产品的未来替代性等问题。⑤ 当然，市场份额、市场集中度、市场进入壁垒与网络效应等因素也非常重要，其对于潜在竞争效果的分析也大有益处，特别是在集中度较高、网络效应较强的市场上，潜在竞争者，无论是被收购企业还是潜在进入企业，都会难以继续发展或进入市场，对现有企业构成威胁。⑥

① 参见《关于附加限制性条件批准联合技术收购古德里奇经营者集中反垄断审查决定的公告》(中华人民共和国商务部公告 2012 年第 35 号)；另见王晓晔：《我国反垄断法中的经营者集中控制：成就与挑战》，载《法学评论》2017 年第 2 期。

② 参见郑艳馨：《欧美潜在竞争理论立法体例之比较》，载《宁夏社会科学》2006 年第 2 期。

③ 参见郑艳馨：《论美国潜在竞争理论——兼论构筑我国混合合并控制的理论基准》，载《河北法学》2006 年第 9 期。

④ Jonathan Jacobson and Christopher Mufarrige, Acquisitions of "Nascent" Competitors, 20 the Antitrust Source 1, 11, Aug. 2020.

⑤ John M Yun, Are We Dropping the Crystal Ball? Understanding Nascent & Potential Competition in Antitrust, George Mason University Law & Economics Research Paper Series, 20-26, 49 (2020).

⑥ Jacques Crémer, Yves-Alexandre de Montjoye and Heike Schweitzer, Competition Policy for the Digital Era, 2019, pp. 112-113, https: //ec. europa. eu/competition/publications/reports/kd0419345enn. pdf, accessed 12 Feb. 2021.

还有一点是创新的损害界定，鉴于创新在数字市场的竞争中较为突出，而《平台经济领域反垄断指南》中又列举了创新作为非价格的审查要素，① 初创企业并购经营者集中审查也应当将此纳入考量。至于具体路径，则可结合欧美的审查方式，例如美国采用的是"竞争市场"的衡量标准，评估集中对于上下游市场创新的影响；② 欧盟则建立了多种要素的分析方法，例如市场中有独立创新能力的企业数量，这些企业创新的重复率，合并后企业是否会采用各种手段抑制创新等因素。③ 我国经营者集中审查的分析过程也可以对于这些要素进行结合的引进，考量合并后企业的创新动机，合并是否减少了重复的、无意义的创新，损耗了市场整体创新效率④以及对于上下游企业创新的影响。

（三）平台扼杀式并购的救济措施择取

1. 行为性救济优先：基于数据封锁效应的考量

经营者救济方式的选择，取决于救济的有效性、可行性和妥适性，即可以有效解决竞争关切、救济措施具可操作性以及不会引致新的反竞争问题，相较而言，或许是出于结构性救济简单、便于管理以及在维持竞争方面确定性强，美欧反垄断执法机构主张应当优先选择结构性救济，这可从两者以往经营者集中反垄断审查实践中得到印证。⑤ 具体说来，行为性救济自身特征更加适合用于涉及数据聚集的经营者集中。首先，行为性救济可以有效解决数据封锁问题。从行为性救济的可选措施而言，主要包括要求集中后的经营者开放相关基础设施、无形资产或者有关技术，从前文对于涉及数据聚集的经营者集中竞争影响评估的论述可以看出，不管是单边效应、协调效应还是封锁效应几乎都与

① 《关于平台经济领域的反垄断指南》第 20 条第 5 项。

② Richard J Gilbert and Steven C Sunshine, Incorporating Dynamic Efficiency Concerns in Merger Analysis: The Use of Innovation Markets, 63 Antitrust Law Journal, 1995, pp. 569, 570.

③ Ioannis Kokkoris, Innovation Considerations in Merger Control and Unilateral Conduct Enforcement, 8 Journal of Antitrust Enforcement, 2020, pp. 56, 68.

④ Giulio Federico, Fiona Scott Morton and Carl Shapiro, Antitrust and Innovation: Welcoming and Protecting Disruption, 20 Innovation Policy and the Economy, 2020, pp. 125, 150-154.

⑤ 参见韩伟：《经营者集中附条件法律问题研究》，法律出版社 2013 年版，第 307 页。

数据封锁问题紧密相关，都主要考虑所涉数据的可替代性、稀缺性以及有无其他来源渠道。这即是说，数据封锁问题已然成为此类集中引起的首要竞争关切，如此一来，开放共享类救济的适用可以对症下药，恰到好处地解决这一反竞争隐忧。其次，行为性救济更为契合数字市场的动态性。行为性救济可以避免过度干预市场主体的集中交易行为。结构性救济要求剥离集中双方的资产，这对强调私权自治的市场经济来说显得过于刚硬。① 随着大数据应用越来越广泛，数据的来源和收集渠道将随之拓宽并不难预见，即便数据聚集导致一时的数据封锁问题，也有可能基于技术或者业态的突破和革新而得以解决。此际，便无须再对集中后的经营者附加开放共享要求。这方面，行为性救济的灵活性和可逆性具有可比较优势，即执法机构可依据交易方请求，并基于情势变化调整救济措施。再次，行为性救济可维持数据聚集产生的效率和创新。一般认为，结构性救济有可能减损集中后的效率和创新，而行为性救济则可以做到统筹兼顾。作为一项生产要素，数据既可以助力经营者提供更具针对性的广告投送和营销活动，也能够让消费者享受到免费提供的高质量产品或者服务，此乃数据聚集对市场竞争和消费者福利的积极影响。② 在前述提及的 Microsoft 收购 Yahoo！Search Business 案中，美欧反垄断执法机构正是基于此而无条件通过了该交易。如果强迫集中后的经营者剥离数据资产，则很可能会减损大数据、算法、人工智能等的开发和应用，相比之下，行为性救济提供的开放类措施可平衡市场竞争和技术创新。最后，行为性救济符合执法机构对此类并购的执法惯例。综观国内外反垄断实践，执法机构在具有动态竞争特征的产业中更倾向于采用行为性救济。仅以我国为例，我国最早审结的 28 起附条件批准的集中交易大多来自于高新技术产业，就结构性救济和行为性救济的选择适用而言，其中有 16 起涉及行为性救济，7 起涉及结构性救济，5 起同时涉及结构性和行为性的混合救济。③ 数据聚集活动多发于互联网领域，这一产业已成为经济创新最密集领域，采用行为性救济无疑更为妥适。再者，可将执法机构过去实施行

---

① 参见孙晋：《谦抑理念下互联网服务行业经营者集中救济调适》，载《中国法学》2018 年第 6 期。

② 参见王晓晔：《我国反垄断法中的经营者集中控制：成就与挑战》，载《法学评论》2017 年第 2 期。

③ 参见叶军：《经营者集中法律界定模式研究》，载《中国法学》2015 年第 5 期。

为性救济的经验复制到此类案件中。

从域外涉及数据聚集的经营者集中反垄断审查实践看，执法机构在前述提及的多起集中交易中实施了行为性救济，主要集中于开放类措施的适用。譬如，“微软收购领英案”中，欧盟委员会认为该集中有可能在办公软件市场形成封锁效应，于是要求微软作出不从事排他性预装和开放应用程序编程接口的承诺。① “Google 收购 ITA 案”中，美国司法部要求谷歌在集中后继续授权 ITA 的客户使用所涉数据库和关键技术。② 总之，由于数据聚集主要引致的反竞争效应是数据封锁问题，加之数字市场的动态竞争要求救济措施必须具有灵活性，涉及数据聚集的经营者集中的救济应当首选行为性救济，尤其是侧重于对开放救济措施的适用。

2. 结构性救济适用：所涉数据的合理开放

涉及数据聚集的经营者集中引发的竞争关切是数据封锁，这样一来，此类集中交易涉及的行为性救济主要是所涉数据的开放共享。为此，有必要探讨如何要求集中后的经营者以合理条件开放所涉数据。当前，我国尚无在涉及数据聚集的并购控制中实施行为性救济的实例。不过，在以往涉及标准必要专利的经营者集中案件中，商务部有过在多起集中交易中附加开放救济措施的成功经验，考虑到标准必要专利和数据资源都是作为生产要素使用，主要关涉要素市场的竞争问题，上述经验无疑可以在涉及数据聚集的并购控制中比照适用。在谷歌收购摩托罗拉案中，商务部要求谷歌继续在免费和开放的基础上许可安卓平台，在安卓平台方面以非歧视的方式对待所有原始设备制造商，以及遵循公平、合理和无歧视(FRAND)要求对外许可所涉标准必要专利。③ 在微软收购诺基亚案中，商务部要求双方按照 FRAND 条件对外许可所涉标准必要专利，不得就所涉标准必要专利寻求针对中国企业的禁令救济，在许可所涉标准必要专利时不得强制要求被许可人提供交叉许可；对于非标准必要专利，则要求双

---

① Microsoft/LinkedIn，Case M. 8124，Commission decision of December 6，2016.

② Competitive Impact Statement，U. S. v. Google Inc. and ITASoftware，Inc.，No. 1：11-cv-688 (D. D. C.，8 April，2011.

③ 参见《商务部公告 2012 年第 25 号：关于附加限制性条件批准谷歌收购摩托罗拉移动经营者集中反垄断审查决定的公告》，载中华人民共和国商务部：http：//www. mofcom. gov. cn/aarticle/b/c/201205/20120508134325. html，最后访问时间：2021 年 1 月 6 日。

方在集中后收取的许可费率不得高于集中前，其他非价格条款也需要与集中前保持实质一致。① 通过执法机构在这两起集中交易中采取的开放救济措施不难发出，一个基本思路是：要求集中后的经营者继续开放所涉商品或者服务，而且在开放条件上不得高于集中前的水平，此处的开放条件包含价格内容和非价格内容。

参酌前述国内外相关并购中开放救济措施实施情况的基础上，要求集中后的经营者以合理条件开放所涉数据可选择如下方式：第一，要求集中后的经营者以公平、合理和无歧视的条件开放共享所涉数据。这样做的好处在于：仅是明确数据控制者负担开放义务以及须遵循的开放原则，如此执法机构便能够避免对所涉数据设定合理的开放条件，防止对市场竞争的过度干预，交易方能够基于供求关系协商确定开放条件。如前所述，在 Google 收购 ITA 案、Ticketmaster 收购 Make 案、谷歌收购摩托罗拉案和微软收购诺基亚案中，国内外反垄断执法机构采用了该等开放救济措施。其二，要求集中后的经营者以不高于集中前的交易条件开放共享所涉数据。除了拒绝开放共享外，数据封锁造成的实质性损害是：集中后的经营者很可能以不公平的高价提供数据，抑或在开放共享过程中附加若干不合理交易条件，包括搭售不相关的产品或者服务、要求交易相对人无偿提供交叉许可等，该措施可以解决上述担忧，且相比于第一种方式在维持竞争的稳定性方面更强，缺点是没有顾及市场发展和变化。在微软收购诺基亚案中，商务部使用了此类开放救济措施。其三，要求集中后的经营者在特定期限内以免费的方式开放共享所涉数据。较之于前面两种方式，免费开放共享鲜有被使用，因为这可能会减损投资和研发激励。如前所述，在 Nielsen 收购 Arbitron 案中，美国联邦贸易委员会要求集中后的企业提供为期 8 年的免费许可，主要目的是以此来促进产品或者服务的研发和创新。通常情况下，执法机构应当慎重选用这种方式，如果确有必要，则需要调和保护市场竞争和促进研发创新之间的潜在冲突。

---

① 参见《商务部公告 2014 年第 24 号：关于附加限制性条件批准微软收购诺基亚设备和服务业务案经营者集中反垄断审查决定的公告》，载中华人民共和国商务部：http://www.mofcom.gov.cn/article/b/e/201404/20140400542508.shtml，最后访问时间：2021 年 1 月 6 日。

五、规制数据市场竞争的理论调适与制度因应

（一）数据市场竞争法律规制的理论调适

1. 新兴技术冲击下反垄断法制度的守成与创新

任何新兴技术在产生之初几乎都无法避免经历“要不要规制”以及“如何进行规制”的争论。① 前文已经述及，对经营者数据利用行为进行必要的反垄断法限制具有紧迫性与正当性。而在谈及如何对涉及经营者数据利用的垄断行为进行规制时，学术界则形成了两者截然不同的观点。不乏学者认为，大数据、云计算和人工智能等新兴技术以及互联网商业模式对传统反垄断法理论和制度形成了颠覆性影响，需要对实体规则和分析工具进行重塑。如美国联邦贸易委员会前任委员哈勃等人对 Web 2.0 时代背景下扩展相关商品市场的分析，他们认为，有必要界定相关数据市场和相关隐私市场：前者将反映在某个时间点上的数据收集与在稍后某个日期扩大的数据收集之间的区别，如此可以恰当地认识到互联网活动不断产生的海量数据资源的重要性和价值，还能够全面评估数据聚集给互联网领域商业竞争带来的重要影响；后者则致力于反映竞争者之间就隐私保护展开竞争的情况。尽管隐私一直被认为是消费者保护问题，但不应忽略的是，隐私也是竞争的一个日益重要的方面，这正是为什么现代反垄断法分析必须考虑到隐私的原因。② 在竞争法和消费者保护法之间人为地保持二分法是毫无意义的，尤其是当它们的目标是互补的时候。他们进一步指出，根据传统相关市场理论，对这两类相关市场进行界定面临挑战，但可由商业顾问、执法者和经济学家在个案基础上进行分析，因为其了解关于数据获取和使用的特定事实。

在反垄断基本制度框架上，如前文所指出的，即便是外观颇为新颖的数据滥用行为、算法合谋、扼杀式并购等数据市场中存在的限制竞争行为，仍可被归入垄断协议和滥用市场支配地位范畴，进而参照一般规则进行处理。而对于

---

① 参见殷继国：《大数据市场反垄断规制的理论逻辑与基本路径》，载《政治与法律》2019 年第 10 期。

② 参见韩伟：《数字经济时代中国〈反垄断法〉的修订与完善》，载《竞争政策研究》2018 年第 4 期。

经营者集中涉及的数据聚集问题，亦能够纳入反垄断法的申报及审查制度中进行评估。质言之，仍然可以通过反垄断法的“三大支柱”为经营者的数据利用行为划定合理边界，以避免经营者不当数据利用行为产生排除、限制市场竞争之效果。以不当收集数据为例，除了可将其单独作为一种新型的滥用市场支配地位对待外，还可将其归类为过高定价范畴，从而可参酌该等行为的分析进路。事实上，《法德研究报告》早已明确可将此类行为划入过高定价之列。① 而且，这在一定程度上同知识产权反垄断问题具有可比性，从主要法域发布的知识产权领域反垄断指南抑或法规看，列举了诸如不质疑条款、独占性回授、专利联营等超出传统范围的垄断行为，我国《关于禁止滥用知识产权排除限制竞争行为的规定》同样对此作出禁止性规定。② 就此而言，大数据领域反垄断问题仍然可为反垄断基本制度框架覆盖。

从反垄断法价值构造上看，消费者福利的内涵需要进行微调，即从传统上只是专注于价格和产出的变化，逐渐向以质量或者隐私保护为代表的新型消费者福利指标靠拢，如此便可使得现有反垄断法规则足以涵摄不当收集和处理数据、涉及数据聚集的经营者集中等特殊垄断行为。其实，互联网领域的反垄断早已提出上述理论诉求，从严格的意义上说，这并非一个新问题或者新情况。撇开欧盟向来重视对消费者多元化利益进行保护不谈，美国《横向合并指南》早已将创新和产品种类多样性单列为评估横向合并可能产生的单边效应的一个维度。由是观之，大数据对反垄断法价值目标的冲击并不强烈。

总而言之，数据对反垄断法的冲击和挑战远没有想象的那般强烈，尚不足以产生颠覆性影响，至少在现有技术条件下，反垄断法现有框架仍然能够有效规制经营者利用数据实施的排除、限制竞争行为，仅需要在价值构造、分析方法上作出相应调整。诚然，由经营者数据利用引发的新情况与新问题应当得到重视，传统反垄断法理论与制度框架也需要得到相应延伸与拓展，以此来因应默示共谋、经营者集中申报标准等特殊问题。

2. 数字经济时代消费者福利标准的适用与扩围

现代经济生活中，经营者市场行为所产生的经济效益越来越受到重视，相当长一段时期内，反垄断法评价经营者市场行为的一个重要因素便是它们的经

---

① Autorité de la Concurrence Française and Bundesbehörde der Bundeskartellbehörde, Competition Law and Data, May 2016.

② 参见《关于禁止滥用知识产权排除限制竞争行为的规定》第 12 条、第 14 条。

济效率。① 波斯纳认为，几乎所有从事反托拉斯职业的人都同意将促进经济福利作为反垄断法的唯一目标，而且应当依据经济学家的效率概念来理解经济福利。② 经济学理论中的效率包含两个方面，即关注经营者产出与收入的“生产效率”与关注市场资源分配与消费者需求是否得到满足的“配置效率”。③ 反垄断法关注市场竞争，是因为公平有序的市场竞争能够实现由生产效率与配置效率所构成的整体经济福利增长。在芝加哥学派及美国反垄断实践的影响下，通过提升经济效益以实现消费者福利最大化这一理念愈发深入人心，消费者福利也逐步取代经济效益成为反垄断法的主要福利标准。

然而，传统工业时代，消费者福利主要体现在价格或者产出上，即市场竞争之于消费者的最大益处是更低的价格或者更多的产出，由此便导致传统反垄断法尤其重视对这两个指标的考量，许多反垄断法制度乃至分析方法均以两者为基础。例如，联邦最高法院将市场力量定义为“控制价格或者排除竞争的能力”。④ 再如，作为最主流的相关市场界定方法，SSNIP 测试法完全建基于需求交叉价格弹性理论之上。除了因为价格或者产出是消费者利益的主要载体外，消费者福利原则之所以如此深受追捧，如同霍温坎普所言，还有一个重要原因便是经济学为该原则提供了一套分析工具，可用于评估有利于高产出或者低价格的市场条件，从而检视那些有可能背离这两项要求的做法，尽管这些工具的使用并不容易，但是经过多年的实践，它们的实用性已经得到显著提升。⑤ 质言之，即形成了路径依赖性。然而，在包括互联网产业在内的数字经济领域，大多数产品或者服务都是免费向消费者提供的，这导致价格高低几乎已不再为消费者所关注，其更加重视的是相关产品或者服务的质量，包括用户体验、隐私保护水平等。由此推演开去，传统反垄断法更加注重价格对消费者福利的影响，而大数据领域的反垄断法分析则需要关注其他消费者福利指标，

---

① 参见王晓晔：《反垄断法》，法律出版社 2011 年版，第 11 页。

② Richard A. Posner, Antitrust Law, Chicago: University of Chicago Press, Preface, 2001.

③ 参见张永忠：《反垄断法中的消费者福利标准：理论确证与法律适用》，载《政法论坛》2013 年第 3 期。

④ United States v. E. I. du Pont de Nemours & Co., 351 U. S. 377 (1956).

⑤ Hovenkamp, Herbert, Is Antitrust's Consumer Welfare Principle Imperiled? U of Penn, Inst for Law & Econ Research Paper No. 18-15, August 2018.

比如创新产品的可获得性以及消费者信息与隐私保护等。① 这意味着，至少在数字经济领域，反垄断法上的消费者福利指标不能仅是限定于价格或者产出，而是要将相关产品或者服务的质量、信息与隐私保护水平等作为衡量消费者福利的新指标，凭此因应大数据领域的竞争特质和消费者福利变化。

事实上，在数据驱动效应下，传统消费者福利标准由于过于关注价格与产出正经受前所未有的质疑，尤其是近期兴起的布兰代斯学派对此进行了强烈抨击。该学派的代表人物 Lina Khan 认为，传统反垄断法框架总是将市场竞争与“消费者福利”挂钩，即专注于短期价格效应，但这并不足以捕获现代经济中的市场势力问题。如果只是通过产量或者价格产出的变化衡量竞争，则会忽视诸如亚马逊等大型在线平台引发的反竞争效应，尤其是会放纵在线平台通过掠夺性定价或者拒绝提供必需设施来排挤竞争对手，因此有必要修正既有消费者福利标准。② 作为后芝加哥学派的积极倡导者，霍温坎普虽然不赞同布兰代斯学派的观点，但他认为这足以引起人们对消费者福利标准的反思，或许可以对消费者福利标准进行修正，以便能够对默示共谋、掠夺性定价等垄断行为进行规制，尤其是要重点关注大型科技公司收购作为竞争对手的创新者，当亚马逊这样的巨型平台减少产量、降低质量或者提高价格时，它们应该受到谴责。③

可见，为了对经营者利用数据实施的排除、限制竞争行为进行有效规制，有必要对现有消费者福利标准进行调整，即实现消费者福利指标的扩围，不仅要关注价格或者产出的变化，同时也要注意市场行为对产品或者服务质量、信息和隐私保护水平等的影响。如此一来，可给大数据领域反垄断带来两个方面的有利影响：第一，反垄断执法机构可摆脱路径依赖，从对价格或者产出的单一关注中解脱出来，进而将非价格竞争作为关注焦点，这种执法理念的转变有助于其捕获数字市场上的反竞争行为，包括涉及数据聚集的并购、不当收集和处理数据等；第二，可为新型垄断行为的规制廓清制度障碍，如果正确认识到产品或者服务的质量、创新性产品的可获得性也属于消费者福利，则对不当收集或者控制数据、数据控制者拒绝开放数据等特殊垄断问题进行规制，也就有

---

① 参见仲春：《创新与反垄断——互联网企业滥用行为之法律规制研究》，法律出版社 2016 年版，第 325 页。

② Lina M. Khan, Amazon's Antitrust Paradox, The Yale Law Journal, Vol. 126, No. 2.

③ Hovenkamp, Herbert, Is Antitrust's Consumer Welfare Principle Imperiled? U of Penn, Inst for Law & Econ Research Paper No. 18-15, August 2018.

了制度基础。当然，为了防止反垄断法的实施被泛化，需要积极探索对新型消费者福利指标进行测量的方法。

3. 保护创新视角下数据市场竞争的法律干预限度

数字经济的迅猛发展使得各国反垄断执法机构不得不重新审视创新在反垄断法中的定位，而厘清这一问题的关键首先在于梳理创新与竞争的关系。奥地利经济学家约瑟夫·熊彼特认为，激烈的竞争并不一定会促进创新，更少的竞争反而会提升经营者进行产品或服务研发的动力，因此这将给他们带来更多的创新奖励。进言之，即便相关市场的价格竞争并不充分，但处于市场支配地位的经营者为了维护其在相关市场内的领导地位，必须加大在创新方面的投资以避免其地位被其他经营者取而代之。① 因而，一些学者提出，尤其是在与经营者数据利用高度相关的互联网行业，垄断者只有通过不断的创新才能维持自身的垄断地位，反垄断法无须对这样的市场进行规制②，反垄断规制反而可能会抑制相关产品或服务的创新。③ 在创新与竞争的关系上，肯尼斯·约瑟夫·阿罗与熊彼特的观点针锋相对。阿罗认为，经营者只有在相关市场内进行充分竞争才会激励创新，因为迫于竞争对手带来的竞争压力，经营者唯有努力生产更好的产品或服务才能够超越对手。长期来看，在充分竞争的相关市场内，经营者通过创新而生产的产品并不会对其企业的盈利能力产生影响，因为一项好的产品或服务完全可以帮助经营者从竞争对手那里获得更多市场份额，以填补创新而造成的成本投入。为此，创新前与创新后的产量差异会形成利润差异，从而激励经营者进行创新。④

事实上，熊彼特与阿罗关于创新与竞争的观点看似矛盾无法相容，实际是由为对这一问题的切入视角不同所致。总体说来，阿罗更关注为经营者创新营造更好的事前环境，强调只有竞争性市场才能够有力促进经营者实施创新。而熊彼特则从事后的角度，关注经营者对创新成果的享有及专有，当经营者对创

① ［奥］约瑟夫·熊彼特：《经济发展理论》，王永胜译，立言会计出版社 2017 年版，第 58~60 页。

② Maurice E. Stucke and Allen P. Grunes, Big Data and Competition Policy, Oxford University Press, 2016.

③ Maureen K. Ohlhausen, Alexander P. Okuliar, Competition, Consumer Protection, and the Right［Approach］to Privacy, Antitrust Law Journal, No. 1, Vol. 80.

④ 参见韩伟：《创新在反垄断法中的定位分析》，载《中国物价》2019 年第 8 期。

新成果的预期越高，对产品或服务的创新投资动力便越大。质言之，当竞争政策兼顾保持市场竞争活力与避免过度干预经营者对创新成果的专有，便能够在一定程度上兼容两者的观点，保护经营者在相关市场内的创新。这就为合理设定反垄断法干预经营者数据利用行为的限度提供了思路。承前所言，经营者利用数据实施的市场行为对市场竞争产生的影响具有两面性，唯有在合理限度内对经营者数据利用进行反垄断法限制才能在发挥反垄断法维护市场竞争之功用的同时不至于抑制市场内经营者的数据创新。① 具而言之，将反垄断法对经营者数据利用的干预控制在合理限度，就是要在反垄断法事前预防规则的设计上尽可能完善，以将那些可能对市场竞争造成不利影响的经营者数据利用行为纳入反垄断法审查框架中来，而在事后规制规则的适用上则需要保持审慎，以避免反垄断执法机构将那些本具有效率、创新价值的经营者数据利用行为认定为违法行为而予以惩处。需要说明的是，我国反垄断法制度框架下，相对于垄断协议禁止与市场支配地位行为规制，经营者集中控制制度便属于一种事前规则，其主要功能在于防御经营者通过合并或并购而直接排除、限制了相关市场内的竞争。而垄断协议禁止、滥用市场支配地位规制则属于事后规则，其主要作用是为了对经营者实施的滥用协议或市场支配地位滥用行为进行惩处，以对实施垄断行为的经营者及其他有实施垄断行为意图的经营者达成威慑之目的。

在事前规则尤其是经营者集中申报标准的设计上，由于数字经济时代互联网产品与服务市场大多采用免费商业模式，数据的价值无法在单一营业额标准下进行衡量，这就使得那些涉及数据聚集的经营者并购因为营业额较低而无法达到申报标准，因而无法受到正确的反垄断法评价。在数据驱动效应下，使经营者成为成为并购对象的原因极有可能是一个用户群体或是其掌握的一组用户数据，而这些经营者极有可能还尚未实现盈利，遑论营业额。② 在前文述及的"Facebook 收购 WhatsApp 案"中，Facebook 收购 WhatsApp 金额高达 190 亿美元，然而后者上一年度营业额仅 1020 万美元，这足以凸显 WhatsApp 拥有的 6

---

① 参见孙晋：《谦抑理念下互联网服务行业经营者集中救济调适》，载《中国法学》2018 年第 6 期。

② Margrethe Vestager, Refining EU Merger Control System, https://ec.europa.eu/commission/2014-2019/vestager/announcements/refining-eu-merger-control-system_en.

亿活跃用户数据价值，也反映出我国单一营业额申报标准在数字经济时代的适用窘境。① 为此，前文提及的增设交易额标准这一规则调整方法，能够使那些原本有可能逃脱反垄断法审查的经营者数据利用行为纳入反垄断法规制范围之中，以满足反垄断法限制经营者数据利用之需要。

"宽进"之后，自然应当"严出"。在垄断协议禁止、滥用市场支配地位规制制度的行为认定中，反垄断执法机构或法院应当充分认识到经营者的数据利用行为并不必然违法，应当充分运用合理性原则及多个综合性标准对经营者的数据利用行为进行评估。例如，在认定经营者在相关市场是否具有市场支配地位时，除一般滥用市场支配地位案件中应当考量的因素外，还需要结合经营者所掌握数据的情况、相关市场其他经营者获得数据的难易程度、包括消费者在内的交易相对人对数据的依赖程度等因素综合认定。在对经营者所实施的数据滥用行为进行判定时，则需要将自用型数据与他用型数据、数据正义与数据效率、经营者数据利用行为对市场竞争和创新造成的影响等因素纳入评估体系中。而关于反垄断法中"正当理由"的认定，则需要综合考虑互联网产品或服务的用户隐私保护水平、保护数据安全和商业秘密的必要性及程度、数据专享的正当性、对创新和效率的影响等因素。

（二）数据市场竞争法律规制的制度建构

1. 数据市场竞争的法律规制经验吸收

近年来，数据市场竞争的法律规制问题已成为世界各国反垄断执法机构重点关注的议题，美国、欧盟、德国、法国、加拿大、日本等法域均针对数据市场竞争中的法律规制问题出具了研究报告。例如，早在 2015 年 7 月，欧盟委员会发布了《数字经济领域竞争政策面临的挑战》的报告，该报告阐述了数字经济的特点以及对市场竞争的影响，提出了 10 个有可能涉及数字经济领域竞争政策的问题，逐一解析了这些问题究竟是由竞争法、国家援助规则等来解决，还是由其他领域的政策法规加以解决。② 2016 年，法国和德国竞争执法机

---

① 参见王超：《Facebook 190 亿美元收购 WhatsApp》，载《中国青年报》2014 年 2 月 21 日，第 6 版。

② Policy Department A at the Request of the Committee on Economic and Monetary Affairs (ECON), Challenges for Competition Policy in a Digitalised Economy, July 2015.

构联合发布《竞争法与数据》研究报告，明确在分析数据、市场力量和竞争法之间的互动关系时需要考虑的关键问题和重要因素，以此来回应相关争议。① 2017 年，日本公平交易委员会发布了《关于数据与竞争政策的研究小组报告》，介绍了收集和使用数据的环境变化和现实状况，阐释了考虑竞争政策问题的几个视角，探讨了对数据驱动型经营者集中进行反垄断审查的分析要素。② 2018 年，加拿大竞争局发布了《大数据与创新：加拿大竞争政策的重要主题》，从卡特尔、滥用行为和经营者集中等角度讨论了反垄断法的适用问题。③ 2020 年，美国众议院司法委员会下属反垄断小组委员会正式颁布《数字化市场竞争调查报告》，认定 Amazon、Apple、Facebook、Google 等在社交网络、电子商务、搜索引擎市场具有市场支配地位的平台企业凭借其垄断地位排除、限制竞争，在一定程度上抑制了行业创新，应当通过对反垄断法进行全面修改以应对平台企业的垄断行为。④ 这些研究不仅反映了该问题的研究现状和最新进展，而且揭示出域外法治对经营者利用数据实施排除、限制竞争行为的理解和认识，对我国相关理论研究和反垄断实践有着现实的参考价值和借鉴意义。

为回应数据市场竞争中的法律规制难题，亦有不少国家已经直接启动了竞争法修订，设立了规制数据市场竞争的法律规则。例如，德国在 2017 年生效的《反限制竞争法》(第九修正案)中已将网络效应、数据可及性等作为衡量经营者市场支配地位的新标准。同时，考虑到既有合并申报门槛尚不足以涵盖数字经济和其他创新行业的所有兼并和收购，本次修法增补了以交易价值(购买价格)为内容的申报标准，以便使那些涉及营业额较低但收购价很高的交易也接受反垄断审查。⑤ 同样地，奥地利也在 2017 年对其经营者集中申报标准作

---

① Autorité de la Concurrence Française and Bundesbehörde der Bundeskartellbehörde, Competition Law and Data, May 2016.

② Japan Fair Trade Commission Competition Policy Research Center, Report of Study Group on Data and Competition Policy, June 2017.

③ Canada Competition Bureau, Big Data and Innovation: Key Themes for Competition Policy in Canada, February 2018.

④ Subcommittee on Antitrust, Commercial and Administrative Law of the Committee on the Judiciary, Investigation of Competition in the Digital Markets, 2020, p. 33.

⑤ Reform of the German CompetitionAct (9thAmendment), https://www. bundeskartellamt. de/EN/Economicsectors/Digital _ economy/digital _ economy _ artikel. html; jsessionid = 02768C0E3C4A51869E800C438FC0BB75. 1_cid371? nn = 3589784#doc10321670bodyText3.

了类似的修改，增设了交易规模申报标准，即将并购所产生的实际交易规模作为是否将该起经营者集中纳入反垄断审查的考量因素。① 2018 年，德国联邦卡特尔局与奥地利联邦竞争局 2018 年联合发布了《强制性合并前通知的交易价值门槛指引》，该指引对交易价值申报标准作了进一步明确细化和补充完善，同时就交易价值的定义、评估方法、分析因素等进行明确释义，并以案例的形式加以说明。除了实体法内容外，该指引还对申报程序作了规定。②

当然，随着经营者数据利用越来越广泛以及相关产业蓬勃发展，数据市场竞争引发的法律问题逐步进入各国反垄断法执法机构的视野，主要司法辖区目前已经处理了不少与此相关的反垄断案件，个案中灵活适用反垄断规则，已然成为各国和地区应对大数据提出的新问题、新挑战的首选做法。在垄断协议的禁止上，鉴于人工智能的发展尚处于起步阶段，经营者通过数据利用达成的数字垄断协议案件并不算多。2015 年，美国司法部指控亚马逊市场的一名卖家 David Topkins 与其他卖家协调了 2013 年 9 月至 2014 年 1 月间在线销售的海报价格。根据美国司法部发布的调查细节，David Topkins 和其他阴谋者设计并共享了动态定价算法，这些算法被编程为按照他们的协议行事。③ 据统计，该案是迄今为止唯一被反垄断执法机构发现和处罚的案件，可以说是经营者通过数据利实施垄断协议的标志性案件。④

综上所述，数据市场竞争所引发的法律问题已经引起了世界各国的关注，不仅形成了一批内容翔实的调研报告，也已经产生了一批反垄断执法案例或判例，为我国数据市场竞争的法律规制提供了良好的经验借鉴。数据市场亦不是法外之地，数据市场竞争引发的法律问题关乎数字经济蓬勃发展，理应受到关注和重视。值得注意的是，数据市场竞争引发的法律问题具有一定的复杂性与新颖兴，在"如何监管"的问题上各国和地区基本都采取审慎监管的思路。相

---

① Michael Mayr, Austria to Introduce Transaction Value Merger Notification Threshold, April, 2017.

② Guidance on Transaction Value Thresholds for Mandatory Pre-merger Notification (Section 35 (1a) GWB and Section 9 (4) KartG), https://www.bwb.gv.at/fileadmin/user_upload/Veroeffentlichungen/Entwurf_Leitfaden Transaktionswertschwellen_EN__Konsultationsfassung.pdf.

③ DOJ, Former E-Commerce Executive Charged with Price Fixing in the Antitrust Division's First Online Marketplace Prosecution, April 2015.

④ OECD, Algorithms and Collusion: Competition Policy in the Digital Age, September 2017.

较而言，我国反垄断执法机构目前未发布相关研究报告，尽管目前已经出现数据竞争失序问题，但是大多属于民事诉讼纠纷，更确切地说，主要是在反不正当竞争法制度框架内予以解决。让人欣喜的是，在反垄断实践和法律规则制定上，我国已经有了实质性进展，大有赶超之势。除了前文提及的2020年《经营者集中审查暂行规定》，我国国务院反垄断委员会于2021年2月7日发布《平台经济领域的反垄断指南》，旨在强化平台经济反垄断监管，健全平台经济监管规则，维护市场公平竞争，保障消费者利益。2021年4月10日，国家市场监管总局公布对阿里巴巴集团"二选一"垄断行为的行政处罚决定，对阿里巴巴集团处以2019年中国境内营收4%即182亿元的处罚，尔后又公布了对美团实施"二选一"行为进行反垄断调查的决定。一石激起千层浪，数据市场竞争引发的法律问题俨然已经成为社会各界热议的话题。良法乃善治之前提，在取得反垄断执法实质进展的同时，我们应当清醒地认识到当前解决数据市场竞争法律问题的相关规定法律效力层级过低，难以满足大量的反垄断实践需求，亦无法体现法律的安定性与权威性。故此，积极推进《反垄断法》的修订已然刻不容缓。

2. 修订我国《反垄断法》急需关注的主要问题

时至今日，我国《反垄断法》实施已13年，该法的修订和配套规则完善已经成为各界关注的焦点。如今，关于《反垄断法》修订的研究工作正如火如荼地进行，① 如何通过推进《反垄断法》修订并完善配套法律规范，落实竞争政策在市场经济中的基础性地位，值得期待。② 值得注意的是，尽管经营者通过数据利用实施的排除、限制竞争行为尚未脱离我国反垄断法现有制度框架，但仍然在相关市场界定、市场支配地位认定、数字垄断协议认定、经营者集中申报标准等规定上难以适应数字经济下迅猛的发展趋势。无论是互联网、大数据抑或是人

---

① 2017年9月，中国政法大学召开《反垄断法》修订课题结项会，http://www.ndrc.gov.cn/gzdt/201709/t20170906_860235.html；2017年11月，国务院反垄断委员会办公室组织召开《反垄断法》修订专题研讨会，http://fldj.mofcom.gov.cn/article/xxfb/201711/20171102673084.shtml，最后访问时间：2020年12月23日。

② 国家市场监督管理总局张茅局长撰文指出："更加注重发挥竞争政策对市场经济的基础性作用。围绕建设全国统一大市场，强化竞争政策在国家经济政策体系中的基础性地位。抓紧推进反垄断法修订和配套立法，完善反垄断法律规则体系。参见张茅：《保护公平竞争，促进社会主义市场经济健康发展》，载《人民日报》2018年8月1日。

工智能等新兴技术都使得反垄断法在上述问题的适用上有些捉襟见肘。① 结合前文分析，本书仅在关涉经营者数据利用的反垄断限制上亟待解决的问题予以探讨，并希望我国《反垄断法》能够在修订过程中对这些问题予以有效回应。

首先，修缮垄断协议禁止制度的相关规则。承前所述，在“算法辅助性”数字垄断协议情境下，“信使型”算法的应用在意思联络的证据收集与认定上给反垄断执法部门带来困扰，却并未动摇现有《反垄断法》的规则体系。然而，“中心型”算法的引入却使得相应的数字垄断协议游离于横向垄断协议与纵向垄断协议之外，造成实践中执法部门及法院的行为定性困难。在加深与强化规则理解与适用功能有限的前提下，对现有规定进行一定的调整就显得确有必要。当前我国《反垄断法》中的垄断协议禁止采取二分法，即将垄断协议分为横向垄断协议与纵向垄断协议。实际上，禁止垄断协议二分法诞生于 20 世纪 70 年代的美国“怀特汽车公司案”,② 将垄断协议分为横向垄断协议与纵向垄断协议分别予以禁止的考虑是提高反垄断执法与司法之效率。其最大优势在于清晰、简单，因为具有竞争关系的经营者之间一旦就产品价格、产量等交易条件达成一致，便直接消灭了经营者之间的竞争，鉴于其对竞争造成的损害较为明显，实践中一般采取本身违法原则而无须对其行为损害性进行证明或抗辩。与之相对应，纵向垄断协议的排除、竞争效果则显得颇为复杂，其既有可能造成品牌内竞争的排除限制效果，又有可能是基于某些合理的商业理由而作出。因此，执法部门与法院一般采用合理原则对其进行审慎调查与审理。值得注意的是，随着社会发展，二分法的弊端逐渐开始显现出来。其一，二分法使得垄断协议的案件查处过程中过于关注经营者的竞争关系以便将垄断协议归为形式意义上的横向垄断协议与纵向垄断协议，忽略了垄断协议本身可能造成的排除、限制竞争效果，难免本末倒置。其二，日益复杂的垄断协议使得简单的形式认定不再通用易行。尤其是当某些纵向协议不具有纵向排除、限制竞争效果，但却在客观上造成了横线排除、限制竞争效果，对其究竟应当适用本身违法原则还是合理性原则便成为横亘在执法机构与法院面前的一道难以逾越的鸿沟。总而言之，如同美国学者巴拉克·奥巴赫所言，将垄断协议案形式化地分

---

① 参见时建中：《反垄断法十周年实施成效与强化方向》，载《光明日报》2018 年 7 月 29 日。

② White Motor Co. v. United States, 372 U. S. 253(1963).

为“合理与否”的纵向协议与“坏”的横向协议只是一种天真的想法，这种表象化和简单化的形区分应当予以淡化。①在此背景下，在禁止垄断协议部分增设一条概括性条款显然更为妥当。我国《反垄断法》颁行至今，被誉为“三大基石”之二的禁止滥用市场支配地位、经营者集中控制制度设有概括性条款，唯独垄断协议禁止制度中缺乏一般条款对垄断协议禁止进行统摄。《反垄断法》对经营者垄断行为判定的核心要素应当是具有排除、限制竞争效果而非经营者之间的竞争关系，形式上对垄断协议的严格二分便成为限制反垄断法功能发挥的枷锁。更为重要的是，综观世界各国的反垄断立法，包括美、欧、日等多数国家的反垄断立法中对于禁止垄断协议均设置了一般条款，仅在实践中为了便于法律实施而对垄断协议又进行了区分而已。可见，我国《反垄断法》在法律移植过程中仅考虑到了垄断协议二分的制度合理性，却忽略了其背后的制度基础，形成了如今的法律适用漏洞。是故，为了打破当前垄断协议规定的局限性，对垄断协议禁止规则进行完善，在禁止垄断协议部分增设一般条款，是稳妥可行的做法。

其次，关注数据市场经营者主体的平台化趋势，细化相关市场界定及市场支配地位认定考量因素。由于外部网络效应、平台多边性及动态竞争的存在，数据市场竞争引发的反垄断案件审查中相关市场界定极具难度，市场势力评估及经营者的滥用行为判定更是遇到较大挑战。尽管 OECD 提出在牵涉多边平台的反垄断案件中，相关市场界定可能变得困难，进行相关市场界定的价值因此减弱。② 但是，相关市场界定为评估经营者市场势力和行为所产生的竞争效果提供了场域，如果脱离相关市场界定，势必会影响到市场支配地位认定与滥用行为判定的准确性。值得注意的是，在 2020 年 11 月公布的《关于平台经济领域的反垄断指南》(征求意见稿)中，曾经有关于反垄断执法机构可以不明确界定相关市场的描述，③ 饱受巨大争议，尔后在 2021 年 2 月公布的正式《指南》

---

① Barak Orbach, The Durability of Formalism in Antitrust, 100(5) Iowa Law Review, 2213(2015).

② 参见曾彩霞、朱雪忠：《欧盟对大数据垄断相关市场的界定及其启示——基于案例的分析》，载《德国研究》2019 年第 1 期。

③ 国家市场监管总局《关于平台经济领域的反垄断指南(征求意见稿)》第四章第 3 条规定：对于平台经济领域经营者之间达成的固定价格、分割市场等横向垄断协议，以及固定转售价格、限定最低转售价格的纵向垄断协议，反垄断执法机构在违法性认定上可不明确界定相关市场。

中，该条文被删除。应当明确的是，相关市场界定是任何反垄断案件都无法跳过的前置性步骤，但在涉及多边平台的市场中，则需要评估网络效应是否显著而确定案件相关市场。① 对于牵涉多边平台的反垄断案件，大体形成了两种相关市场界定思路，即将两个或两个以上的市场视为独立的双边或多边市场，还是将双边或多边市场视为相关关联的单独市场。从竞争评估这一目的来看，两种方案的差别似乎微乎其微。但是，对于某些跨平台网络效应显著存在且对市场竞争产生重要影响的行业，为了确保后续竞争效果评估的完整性与连贯性，应当将双边或多边市场视作独立相关市场予以界定，反之则可以分别进行相关市场界定并进行市场支配地位认定与竞争效果评估。而在市场支配地位认定中，应当坚持个案分析原则，对不同案件中直接网络效应、间接网络效应、数据获取的难易程度、市场间的力量传导、数据市场的创新潜力等因素予以评估。② 为此，我国《反垄断法》修订应当将企业的平台化趋势及界定多边市场的相关规则进行细化，在市场支配地位认定中加入数据获取难易程度、跨平台效应、市场的潜在竞争性等因素。

再次，慎重权衡数据在竞争分析中的地位。数字经济时代，数据市场的竞争特质主要表现为以数据为核心竞争要素，算法为核心竞争工具，平台为核心竞争场域的数据驱动效应。在此效应影响下，数据自然成为数据市场中各类市场主体竞相争夺的商业资源，其自然成为对经营者市场力量评估及行为效果评估的关键要素。③ 事实上，无论是在数据滥用行为的判定还是在扼杀式并购的反垄断审查中，数据这一竞争要素均发挥着举足轻重的作用。在数据滥用行为中，判定经营者是否具有市场支配地位的考量因素之一应当是评估经营者是否掌握其他竞争者或潜在竞争者难以掌握的数据。在“Facebook 滥用市场支配地位案”中，德国联邦卡特尔局认为用户数据与社交软件产品的设计及盈利息息相关。而 Facebook 在获取竞争性数据中具有较大优势，尤其是其能够自行收集海量用户个人数据，其他公司完全无法获得相同体量的数据，社交软件市场内可能因此存在较高的市场准入壁垒。而一些网络服务经营者可能不太需要收

① 参见曾彩霞、朱雪忠：《欧盟对大数据垄断相关市场的界定及其启示——基于案例的分析》，载《德国研究》2019 年第 1 期。

② 参见陈兵：《大数据的竞争法属性及规制意义》，载《法学》2018 年第 8 期。

③ 参见詹馥静、王先林：《反垄断视角的大数据问题初探》，载《价格理论与实践》2018 年第 9 期。

集和使用数据。例如，WhatsApp 曾经公开承诺既不收集和存储用户数据，也不依赖于用户数据获取广告收入，其主要营收来自于用户每年支付的 0.99 美元订购费。对于饱受争议的平台拒绝开放“关键数据”，更应当审慎地适用关键设施理论。需要考虑关涉数据是否对下游经营者的产品或服务不可或缺？下游经营者是否无法正常取得所涉数据？数据控制者拒绝开放关键数据的行为是否会妨碍副产品或衍生服务的产生？数据控制者拒绝开放所涉数据的行为是否具有正当理由？这是因为，行业的“关键数据”可能并非用户的原生数据，而是经历了完整数据收集、数据存储、数据分析、数据适用的完整数据利用链条生成的数据集，强制要求数据控制者开放该部分数据，反而可能会抑制相关市场内的创新。而在数据市场中普遍存在且未来可能继续增长的扼杀式并购中，企业进行并购的目的除了“扼杀”相关市场内具备竞争力的初创者，更重要的目的可能是获取这些初创企业所掌握的数据，以完成数据整合。实践中，无论是“微软并购领英”抑或是“Facebook 收购 WhatsApp”案都印证了这一点。日本公正交易委员会在《数据与竞争政策》调研报告中强调，在经营者集中审查案件中，竞争执法机构应当考虑参与合并的企业拥有数据的体量及其合并后收集数据的能力，更应当考量该部分数据在相关市场内是否具有可替代性，以确保该项合并不会导致在相关产品或服务市场中不会因掌握庞大数据而出现新的垄断者。① 由此，我国《反垄断法》的修订势必需要增设条款以体现数据这一竞争要素在竞争分析中的作用与地位。而关于数据在何种条件下构成馆建设是，则需要审慎衡量，类比于知识产权相关反垄断规则的设立不失为一种可行方案。

最后，注重创新竞争、隐私保护等非价格竞争维度。在数字市场的竞争执法中，的确应当重视创新这一要素的作用，数字市场上不断地创新能够改变数据获取、储存、处理和应用的方式，为新产品与新商业模式的开发创造可能，例如线上通讯和移动定位系统的不断改进，为消费者带来了巨大的福利。② 且不论我国《反垄断法》修订草案已经将“创新”这一理念纳为反垄断的目标之

---

① 韩伟、李正：《日本〈数据与竞争政策调研报告〉要点与启示》，载《经济法论丛》2018 年第 1 期。

② Jacques Crémer, Yves-Alexandre de Montjoye and Heike Schweitzer, Competition Policy for the Digital Era, (2019), 12, https://ec.europa.eu/competition/publications/reports/kd0419345enn.pdf, accessed 12 Feb. 2021.

一,① 在近年来欧盟诸多的反垄断案例中，创新已经成为衡量市场竞争的一个标准，独立于价格和产品质量等的因素。② 虽然对于竞争与创新的关系，还存在着熊彼特与阿罗争论等的一系列问题，但在数字市场上，其更多地体现为新的市场进入者带来的产品与商业模式的创新会打破旧企业的市场地位，导致市场发生颠覆性的变革，为市场带来更高的生产力水平，这一类的企业也被称为“破坏性企业”，这与“熊彼特”的“创造性破坏”假说也能够对应。而无论是个人信息保护抑或是隐私保护似乎在现阶段均不适合纳入反垄断法框架中进行分析。值得注意的是，隐私保护水平的确是反垄断案件审查中应当关注的非价格竞争维度问题，这主要在扼杀式并购的反垄断审查中有所体现。因为现代反垄断理论已经开始关注非价格竞争，而隐私保护通常是数据市场中非常重要的非价格竞争维度。例如，在“微软并购领英案”中，欧盟委员会曾经在考虑该起并购对市场竞争造成的影响时，曾经评估了该起并购对社交网络市场隐私保护的影响。，在 Facebook 收购 WhatsApp 案中，EPIC 也表达了异议，指出如果 Facebook 可以使用 WhatsApp 的消费者数据，这将违反 WhatsApp 的隐私政策，从而违反消费者权利保护法。③ 据此，我国《反垄断法》修订过程中应当对创新竞争、隐私保护等问题有所回应，以适应数字经济时代数据市场竞争的法律规制需求。

---

① 《反垄断法》修订草案(公开征求意见稿)，第 1 条。

② E. g. , Case C-413/14 P Intel Corp. v. European Commission [2017] ECR I-632, para. 134.

③ Elec. Priv. Info. Cntr. & Cntr. for Digital Democracy, Complaint, Request for Investigation, Injunction, and Other Relief, WhatsApp, Inc. , March 2014.

第八章
数据犯罪形态及其刑事规制研究

随着我国全面迈入数字经济时代，民众的日常生活、工作和学习已经离不开数据生态，全社会都在积极地拥抱着数字经济时代的浪潮。数据要素的流通是数字经济发展的基础，数据资源的获取成为在数字经济时代拥有主动权的重要因素，因此在数据资源的流通和共享中需要数据的治理规则，以规制数据犯罪行为的发生。本书研究的数据犯罪主要是指《刑法》第 285 条第 2 款非法获取计算机信息系统数据罪及第 286 条第 2 款破坏计算机信息系统罪。数据犯罪在数字经济时代有着与以往不同的特征，而法律法规呈现出滞后的态势，因此在数字经济时代对于数据犯罪的规制呈现出不足之处，急需进行完善，这也是本章的逻辑起点。

数字经济时代的数据犯罪呈现出犯罪类型多样化、犯罪手段智能化、危害后果多元化的特征，但是目前我国刑法对于数据犯罪的规制在很多方面却存在不清晰之处，与刑事法治需要遵循的确定性和明确性原则存在差距。在司法实践中，对于数据犯罪中“数据”的具体法益、对于“计算机信息系统”的涵盖范围等都存在争议，这些争议也进一步导致数据犯罪刑事规制的现实困境。数据犯罪与传统犯罪之间的法律适用争议、数据犯罪与普通计算机犯罪之间的法律适用争议，在目前的司法实务中也呈现出不同的结果倾向。

本章主要从数据安全法益的角度出发，厘清数据犯罪刑法保护法益与传统犯罪刑法保护法益的关系，围绕数据安全法益的保密性、完整性、可用性定义数据安全是否受到侵犯以及犯罪行为是否可以定义为数据犯罪。对于数据犯罪与普通计算机犯罪之间的法律适用争议，数据安全法益的分析方法也有助于区分不同犯罪之间刑法所保护的法益差异，进而清晰适用规则。与此同时，不能忽略数字经济的发展和创新离不开数据要素的流通和共享，因此本书强调对于数据犯罪的入罪应该秉持谨慎区分的立场。

目前我们正全面迈入数字经济时代，全球网络信息技术革命与产业数字化转型浪潮迅速席卷整个世界，大数据、物联网、人工智能、云计算等新兴技术将数字经济迅速推向深入。为了本国数字经济的发展能够在全球占据一席之地，各国不断出台政策法规促进数字经济的发展，并全面应对数据安全问题的新挑战。有效惩治数据犯罪、切实保障数据安全是实现数字经济高质量发展的共同选择。

本书的数据犯罪是指：(1)《刑法》第 285 条第 2 款第 1 项非法获取计算机信息系统数据罪，主要是对数据的获取行为进行规制；(2)《刑法》第 286 条第 2 款破坏计算机信息系统罪，主要是对数据的非法删除、修改或者增加进行规制。通过文献检索发现，目前我国关于数据犯罪的文献数量不多，且多集中于个案分析，例如对于流量劫持案的分析、撞库打码案的定性以及微信外挂软件的定性等。

关于数据犯罪的认定评价标准，不同学者所持观点主要包括以下几个方面：其一，对"数据"的评价是否依附于"计算机信息系统"。"计算机信息系统"是否包括微信等各类移动客户端。如今所有日常活动已经离不开各类移动客户端，有观点认为鉴于数字经济的发展对生活场景的延伸，对于刑法所保护的"计算机信息系统"也有进行扩展延伸的必要性。刑法也应当针对我们在移动互联网时代背景下发生的所涉及的一些具有专业化技术性的词汇作出完整规范的、具有可比性的解释，从而大大地提高其立法与解释本身的适应度和可预见性。①

其二，对于删除、修改、增加大量的数据而对计算机信息系统功能未造成任何影响的违法行为，是否应该被认定为数据犯罪，不少刑事判例把影响计算机信息系统的功能视为其入罪的标准。有研究认为，《刑法》第 286 条第 2 款应该增加导致计算机信息系统功能无法正常使用作为此条的入罪前提。② 而另一种观点却主张另外给该罪第 2 款单独规定添加入罪认定条件，不符合此类犯罪

① 参见周远征、马爱兰：《非法获取计算机信息系统数据罪案》，载《法治论坛》2018 年第 4 期。

② 参见周立波：《破坏计算机信息系统罪司法实践分析与刑法规范调适——基于 100 个司法判例的实证考察》，载《法治研究》2018 年第 4 期。

案件罪刑法定性的原则，只要违法行为人对数据进行的恶意修改等违法操作直接或者间接影响到正常经济社会公共事务管理和企业内部日常生产运营的正常社会秩序，达到了法定“后果严重”的程度，即可被依法判定是《刑法》第 286 条第 2 款罪名。①

对数据犯罪与传统犯罪的适用性争论，学者们观点不一。主要体现在：第一，数据犯罪与财产性数据犯罪的纠纷。例如盗窃互联网上的虚拟财产、修改收款软件上的价格数据、修改电信资费套餐。有观点认为，网络游戏系统中的虚拟化电子数据并不能完全等同于“财产”而且应该被解释为“电子数据”，因此此行为构成了数据犯罪。② 第二，数据犯罪与侵犯公民个人信息罪的刑事适用存在争议。例如非法获取考生信息、学籍管理信息、车辆登记信息等就是通过干扰数据来侵害公民的个人信息权。当个人信息与数据之间发生重叠导致难以辨认时，就容易误将侵犯个人信息保护的法益与数据犯罪保护法益混淆，造成两者之间的模糊。③ 第三，数据犯罪与对侵犯知识产权犯罪的适用性争议，例如非法获取游戏软件源代码、商业秘密等，以及非法修改游戏软件源代码，这些行为应该认定为侵犯国家知识产权的特殊行为犯罪，还是将其侵犯的法益归为数据本身，进而按照数据犯罪的规定对其进行定罪量刑。④

同时，关于数据犯罪的体系化建构这一问题也被提及和研究。现行中国刑法分则中的数据理念呈现概念外延狭窄、内涵滞后的态势。⑤ 在人们以往的认知中，数据泄露多表现于身份证号码、银行卡密码以及其他各类个人具有隐私性保密性的信息的泄露。但是目前却呈现出一个新的态势，随着大数据和数字化技术的不断进步，公民个体的任何数据都有可能成为有价值的数据，例如常见的手机定向广告推送，这是一种对手机用户网络行为数据的追踪和分析，旨

---

① 参见赵宁：《厘清“修改数据式”破坏计算机信息系统罪》，载《检察日报》2020 年 4 月 2 日，第 3 版。

② 参见陈兵：《网络虚拟财产的法律属性及保护进路》，载《人民论坛》2020 年第 27 期。

③ 参见杨志琼：《非法获取计算机信息系统数据罪“口袋化”的实证分析及其处理路径》，载《法学评论》2018 年第 6 期。

④ 参见于志强：《我国网络知识产权犯罪制裁体系检视与未来建构》，载《中国法学》2014 年第 3 期。

⑤ 参见于志刚、李源粒：《大数据时代数据犯罪的制裁思路》，载《中国社会科学》2014 年第 10 期。

在实现精准推送并从中获利。

在人工智能技术下，数据不仅成为智能化机器人的“神经元细胞”,① 并迅速地成为个人、企业、国家据以预知和作出决策的理论基础和依据，淘宝通过网站上的用户浏览和购物记录来准确地分析网站上用户的真实身份和个性特点。因此，在不同数据种类的保护上，刑法条文的设置应该充分体现着眼不同保护对象的区别性，在数据生命周期的不同阶段，对于数据处理行为的规制和处罚应体现出针对性，并提出了进一步增设网络数据作为一个独立的犯罪对象的罪名，从而在立法上对法条进行修改和增加，扩大其保护法益的范围。②

总体来看，学界对于数据犯罪的研究存在一定的不足，研究内容多集中于个案分析，较少研究从数据本身的法益出发，厘清数据犯罪所保护的法益。因此，本章的核心任务是，从数据本身出发，从数据安全“CIA 三性”的视角分析数据犯罪的构成要件，并从这一全新的角度克服目前数据犯罪与其他犯罪之间所保护法益的模糊现状。

一、数据安全与数据犯罪

数据作为新的生产要素，其安全、有序地流动是国家经济社会发展的重要保障。数据安全的重要性已经上升到了国家安全的地位，提升保障数据安全的能力是提升国家竞争力的重要表现，也是促进数字经济不断发展的重要因素。要保障数据安全、有序流动，离不开对于数据犯罪的有效规制，数字经济在蓬勃发展的同时，数据犯罪的数量和形式也不断增多，因此为保障数据要素的正常流通，对于数据犯罪的有效规制是非常必要的。

（一）核心概念厘定

1. 数据安全

2021 年 6 月 10 日，《数据安全法》正式表决通过，引起了各界的关注。本法对数据以及数据安全的定义进行了详细规定。数据是指“任何以电子或者其

---

① 参见王倩云：《人工智能背景下数据安全犯罪的刑法规制思路》，载《法学论坛》2019 年第 2 期。

② 参见梁染：《涉数据网络犯罪的立法防治对策研究》，载《东南大学学报（哲学社会科学版）》2019 年第 21 期。

他方式对信息的记录”。数据安全是指“数据安全是指通过采取必要措施，确保数据处于有效保护和合法利用的状态，以及保障持续安全状态的能力”。“安全”是对数据安全的一项根本性要求。美国棱镜项目的数据监测及Facebook公司8700万个的个人数据被非法使用以干扰美国总统大选等数据安全事件，无不提醒着各个国家应该将作为“非传统安全”的数据安全列入国家安全的范围之中。

有观点认为，对于数据安全内涵应该包含“自身安全”“自主可控”“宏观安全”三个基本维度。首先，“数据自身安全”(data security)的基本概念就是能够确保用户数据自身具有高度的保密性、完整性与可用性。《网络安全法》第76条第2项明确规定了各网络安全部门应当严格地依法保障所有网络数据的保密性、完整性、可用性，即数据的三个特性(CIA三性)。“保密性”(secrecy)主要是指对所有的数据及其他数据活动即对于数据的流通等各个环节都进行了加密处理，强调的是不被非法获取，只有经过授权才允许获取所需要使用的数据，包括对于传输及存储时的保密。“完整性”(integrity)是指在传输和存储的过程中其数据没有被恶意篡改或者在篡改之后可迅速发现及弥补。例如数字签名技术就是保障数据完整性的常用技术，为数据在云端传输的安全完整性保驾护航。“可用性”(availability)是指对于已经获得许可的用户，应该对其正常的系统和网络服务提供保障，不能因为数据泄露、物理设备等问题而导致数据不可使用。其次，“数据自主可控”(data safety)，即一个国家必须能够对重要的数据资源进行实际地直接支配的行使权力，避免被其他国际组织或者特别是其他国家非法地直接操纵、监控、窃取和不受干扰。最后，“数据宏观安全”(data harmony)，即需要有效地加强防控和有效治理因相关数据处理、使用而可能导致的直接影响有关国家主权、公共利益和有关人民公众群体安全的政治风险和社会威胁。

2. 数据犯罪

数字经济的发展，为个人、企业带来巨大的效益、商机与便利的同时，利用数字化技术犯罪引发的数据安全问题层出不穷，数据的不法使用会产生一系列的数据安全问题，伴随着数据安全问题而生的数据犯罪对我国的刑法适用与规制形成了一定的挑战。对于数据犯罪这一概念，在法律规定及学理中都没有具体的规定，因为数据犯罪本身就是一个笼统的归纳，并没有确切的定义。因此本书将部分学者关于数据犯罪的观点归纳为广义上的数据犯罪以及狭义上的数据犯罪。

首先是广义上的数据犯罪。广义上的数据犯罪是泛指以各种数字化的犯罪手段，且以数据为犯罪主体和犯罪对象的犯罪。包括象征保护法益的数据以及各类计算机、可穿戴设备等多个终端的数据。① 其违法犯罪的表现形式主要有技术性的破坏以及非法获取，例如数据利用黑客网站或者其他非法手段窃取、过度挖掘以及买卖滥用数据的行为。犯罪行为的危害后果也就是最终受侵犯的法益，不仅包括数据本身及计算机信息系统安全，还包括个人信息、商业秘密、国家安全等，即侵害数据安全法益的犯罪统称。

其次是狭义上的数据犯罪。有学者指出，数据犯罪主要内容是以破坏计算机系统数据作为直接对象的非法获取、删除、修改、增加等犯罪行为。主要包括我国《刑法》第 285 条第 2 款以及第 286 条第 2 款。② 这里对数据犯罪做了一个限定解释，严格区分了数据与信息的区别，以及将对数据本身的犯罪与通过数据，即将数据作为犯罪工具做了区分。学者将现行的数据犯罪特征与传统的计算机数据犯罪做了区别，提出了传统计算机犯罪应该扩大“数据”的概念而不是仅限定为“计算机信息系统数据”。同时将数据犯罪的“数据”与其他传统犯罪比如表征个人信息权、财产权、知识产权等传统法益的“数据”进行区分。

数据与信息的表现形式不同，但是其核心内容是同构的。③ 无论是狭义上的数据犯罪还是广义上的数据犯罪，数据犯罪都是将数据作为犯罪侵犯法益。本书所讨论的数据犯罪的背景是数字经济时代，利用数据进行犯罪的犯罪形式与犯罪手段具有多样化且智能化，所造成的危害后果是不容小觑的，因此对于数据犯罪应进行细致的划分与分析。其他计算机类犯罪，强调的是对计算机系统即数据载体的保护，而其他的商业秘密、国家安全以及个人信息等都有其他特定的条文进行规定。因此，本书所指的数据犯罪是指狭义上的数据犯罪，即《刑法》第 285 条第 2 款强调对数据的获取，以及《刑法》第 286 条第 2 款强调对数据的删除、修改和增加。

---

① 参见于志刚、李源粒：《大数据时代数据犯罪的制裁思路》，载《中国社会科学》2014 年第 10 期。

② 参见杨志琼：《我国数据犯罪的司法困境与出路：以数据安全法益为中心》，载《环球法律评论》2019 年第 4 期。

③ 参见于志刚、李源粒：《大数据时代数据犯罪的制裁思路》，载《中国社会科学》2014 年第 10 期。

(二)数字经济下的数据安全

1. 数字经济进入高质量发展阶段

近几年，国际经济环境复杂，特别是在新冠疫情的影响下，各国的经济都受到严重影响，但是数字经济的发展却非常迅速，增速较快。以互联网企业为代表的数字经济迅猛发展，我国数字经济在各领域各地区都取得了稳步推进。

(1)数字经济推动传统经济转型升级

数字经济是将数字技术与产业相融合，打造数字化、智能化的新型生态模式。在数字经济时代，数据的全生命周期都被人工智能、大数据、云计算、5G 等技术覆盖。传统的生产方式、销售方式及服务模式已经通过数字技术进行了优化。通过利用云计算、大数据、物联网、5G 等工业信息系统技术与我国传统产业的有机融合，例如工业智能化生产车间、机器人自动操作等新型下一代工业信息系统技术大幅度地降低了我国部分传统制造行业的设备制造费用，提升了传统企业的综合生产经营效率，促进了我国传统制造行业的经济信息化、数字化、智能化转型。通过对人们交易行为、行为轨迹、偏好喜爱等数据的分析，为客户打造一个精准化、个性化的智能服务。与传统的销售宣传相比，智能化、个性化的销售宣传更具有针对性及可行性。不论数字经济的未来发展是在传统的消费场景还是现代化的生产场景，都带动着传统经济焕发出新的活力。

(2)数字经济发展规模不断扩大

近几年我国的数字经济规模增速明显，整体规模再上新台阶，成为我国国民经济增长的核心动力，各数字工业企业已经实现了规模的价值创造。我国数字产业经济园区实现工业增加值规模在 2005 年已达到 2. 6 万亿元，并迅速增长。2019 年，数字经济在全国 GDP 中的占比达到 35. 8 万亿元人民币，同比增长显著，凸显了其在促进国民经济和社会发展方面的领导作用和主导地位的持续扩大。从 2005 年到 2019 年，我国数字市场经济的市场份额从 14. 2%显著提高到 36. 2%，2019 年的份额与上一年相比显著提高了 1. 4 个百分点(详见图 8-1)。①

数字经济持续保持较快发展，已经成为当前我国适应经济发展下行压力的

① 参见中国信息通信研究院《中国数字经济发展白皮书(2020 年)》。

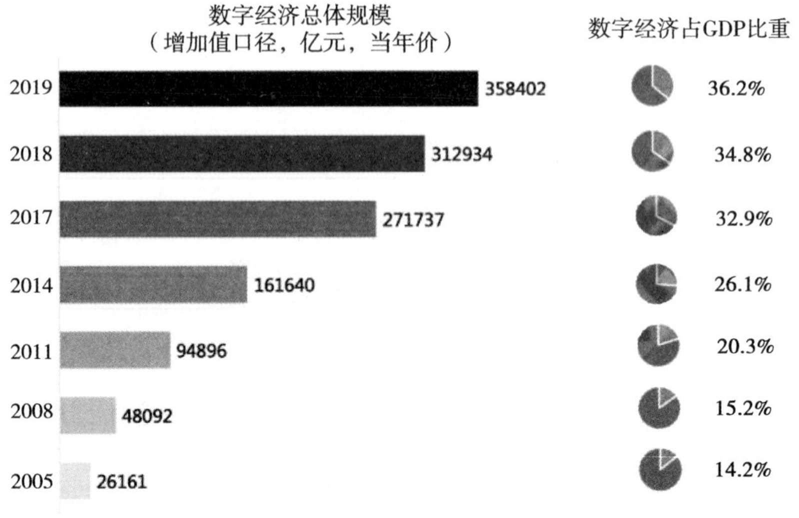

图 8-1　我国数字经济增加值规模及占比

重要关键性抓手。如图 8-2 所示，2019 年 9 月我国数字经济市场发展规模同比平均增长 15. 6%，明显高于同期 GDP 的平均增长速度。同时相比较第一、第二、第三产业，数字经济的增速远高于这三个产业的增速。

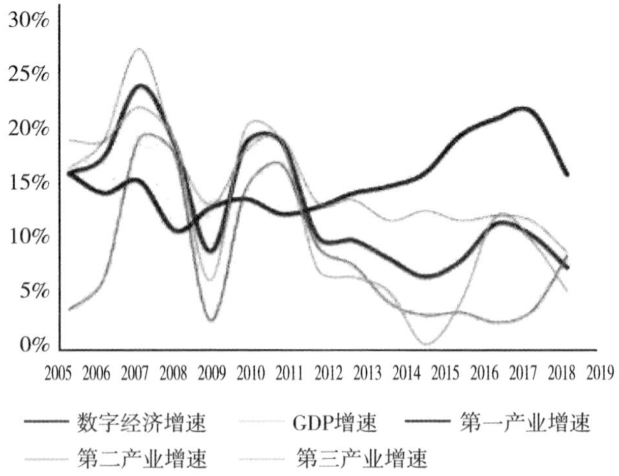

图 8-2　我国经济增速与 GDP 增速(来源：中国信息通信研究院)

从以上两个图可以明显地看出，数字经济不仅在整体国民经济的占比逐年增大，2019 年占比达到 34.8%，而且增速相对比其他产业也高。由此可见，我国数字经济的发展规模呈现不断上升的趋势。

2. 数据安全是数字经济的关键保障

数据是现代的“石油”，在物联网与人工智能包围的时代，数据的海量生成带来了巨大机遇与挑战。《2019 微信年度数据报告》通过数据分析统计结果表明，微信每个人单月的活跃用户微信公众账户累计数量大约为 11.51 亿，比过去去年同期增长 6%。截至 2019 年年底，美团点评年度在线交易平台商家和活跃用户人数总量已经累计达到 4.505 亿名网民，活跃商家用户总量迅速增长攀升至 620 万人，平均每个在线用户交易数为 27.4 次，高于 2018 年的 23.8 次。① 又如一些专门的数据公司，将医疗病例进行大数据分析，形成高质量的医疗大数据，这些分析完成后的大数据又可作用于医疗事业，促进医疗事业的进一步发展。大数据时代，不管是人们的衣食住行还是娱乐生活工作，都在不断地产生海量的行为数据、交通数据、医疗数据、交易数据等不同类型的数据。人工智能技术通过收集分析这些数据来组织生产、消费和投资等活动。

据不完全资料统计，截至 2018 年，每天有 2.5 万亿多个字节的数据被人们创建出来，过去两年里所创造生成的计算数据已经几乎占到了整个全球总数据的 90%。预计从 2020 年到 2022 年，全球基于移动端和互联网的视频流量将可能会继续达到每秒 7.2pb，未来的全球数字视频内容必将在几年之间继续保持着并呈现一个综合指数数量级的高速增长。②

在数字经济时代，经济发展的主动权掌握在拥有海量数据者手中，数据这一新型生产要素，作为现代“石油”资源，不仅能够为企业赋能从而促进我们生产生活的升级换代，更是驱动世界经济发展的强大动力。数据的跨境流动与共享加速紧密了各国之间政治经济的合作与交流，编织全新的生态网络与价值网络。

---

① 数据来源于中文互联网数据资讯网：http：//www.199it.com/archives/1030279.html，最后访问时间：2020 年 12 月 7 日。

② 参见腾讯战略安全研究中心报告《人工智能时代数字内容治理的机遇与挑战》。

(三)数字经济下的数据犯罪

1. 从计算机信息系统数据到数字经济时代的数据

以往传统的计算机犯罪都将犯罪行为和犯罪对象规制于计算机信息系统内部以及计算机信息系统内的数据，此处的数据是指依附于计算机信息系统的数据。但是在数字经济时代，数据的范围远远超过计算机信息系统数据。就内容来说，数据本身以及数据内容的扩张将数据的概念对传统计算机数据范围进行了扩张，数据开始呈现横向和纵向扩张。现实生活也被数据围绕，企业大量数据也在加剧集成和聚合，规模化数据中心将数据进行了横向扩张。数据的纵向应用扩展主要还是体现在云计算数据平台所需要构建的云端数据资源池，数据的实时存储与分析计算已经开始需要充分利用这些云端网络资源，实现从各种元数据采集到各种具有重要意义的数据实时传递的纵向转化，数据的应用价值正处于不断的发展动态和增生中。

2. 数据全生命周期的安全威胁

数据作为一种新型的生产要素，其本身具有可复制且使用边际成本极低的特点，数据因此为数字经济的迅猛发展提供基础。同时，在数据的全生命周期也就是数据的收集、存储、处理、流通、使用等过程中，数据因为其上述特征，在整个生命周期的任一环节可能存在安全问题。例如在数据收集和存储过程中，存储平台容易受到黑客攻击。在数据进行处理过程中，可能因为数据被进行过度挖掘，从而严重地侵害了个人隐私。同时数据泄露事件发生在整个数据生命周期中任一阶段都是很有可能出现。数据泄露极有可能带来各类的下游犯罪，利用数据进行其他犯罪，例如黑市交易等。数据生命周期运行过程中存在的安全风险主要体现在，传统数据的保护设备在保护现行数据的安全存储与处理上应继续加强数据安全能力建设。

3. 信息安全问题进一步凸显

结合法益保护的角度以及我国现行刑法体系，涉及信息安全问题的领域主要包括以下几个方面，具有社会价值的个人信息、具有商业价值的商业信息以及具有政治价值的国家安全信息。

无序数据挖掘泄露个人信息。移动互联网和终端设备的普及将我们的个人信息和数据与互联网络高度地连接起来，智能家电、智慧出行、智慧健康医疗等，在移动互联网和云计算的今天，个人对于自己的信息和数据的使用管理和控制能力正逐渐下降，这在给我们日常生活提供了便利的同时，也给我们的个人信息和数据的安全性带来了风险。大数据能够将那些被认为是看似非真实的个人信息的数据进行有效地关联和挖掘，进而将其与真实的个人信息相互地对接，成为可识别到个人的个人信息。如果对这些个人信息数据不进行合理的保护，则面临数据泄露的危险，可能被用于商业分析、诈骗、骚扰营销、倒卖等，甚至造成侵犯公民信息罪的发生。

企业数据资产受到威胁。我们身处于一个“流量为王”的时代，流量即以数据为代表的资产，成为当今社会的重要资产。特别是在移动互联网时代的中小企业，其核心资产就是其拥有的数据，数据的合理利用给企业带来的是新的发展机遇。如果没有将一个企业的数据信息进行合理化管理，则企业很有可能对其中的数据信息进行非法滥用，造成了数据的泄露等各类数据信息安全事故的频繁发生，甚至还有可能对企业经济利益造成严重损失，违反我国《刑法》第 219 条涉嫌侵害商业秘密罪。

国家安全需要数据安全。《刑法》第 282 条针对国家秘密的保护，在数字经济时代的今天，对于国家安全信息需要更加谨慎地对待，如何使现行刑法更好地适应新时代的数据安全，是急需解决的问题。《数据安全法》将于 2021 年 9 月 1 日起实施，数据安全法的背后正是着眼国家利益的数据管理要求。放眼当今国际，围绕大量数据资源的市场竞争大幅度地扩展，从对境外投资的严格审查、进出口商的监督到积极参与国际市场竞争；从欧盟的 GDPR、非个人数据自由流动条例，到美国云法案、受控非密信息(CUI)制度，再到日、韩、印、新、南非等新兴国家和发达地区的新一代国家数据安全法规立法，无不体现着数据安全的规则博弈不断升级，各个国家都想在数据的话语场中占有一席之地。

二、有关数据犯罪的立法及司法现状

在传统的计算机犯罪中，《刑法》第 285 条和第 286 条被看作以计算机信息系统安全为保护法益，① 在计算机犯罪设立之初，当时刚刚进入互联网时代，

---

① 参见高明暄：《中华人民共和国刑法的孕育诞生和发展完善》，北京大学出版社 2012 年版，第 513 页；于志刚、于冲：《网络犯罪的裁判经验与学理思辨》，中国法制出版社 2013 年版，第 66 页；孙道萃：《网络刑法知识转型与立法回应》，载《现代法学》2017 年第 1 期。

PC 系统是计算机信息技术的主流，因此“计算机信息系统”非常自然地被视为数据犯罪的保护法益。但是现在，数据犯罪的保护法益已经有了更新。

（一）有关数据犯罪的立法现状

1. 立法时序沿革

我国现行刑法关于数据犯罪的立法发展状况，按照时间顺序梳理主要如表 8-1 所示。

表 8-1 现行刑法关于数据犯罪的立法概况

网络 1.0 时代	1997 年《刑法》，初次在扰乱社会管理秩序章节的第 285 条、第 286 条分设了非法侵入计算机信息系统罪与破坏计算机信息系统罪，对非法获取计算机数据问题没有作出直接规定
网络 2.0 时代	《刑法修正案(七)》第 9 条增设了第 285 条第 2 款，即非法获取计算机信息系统数据罪
智能时代	《刑法修正案(九)》第 26 条增设了第 285 条第 4 款，第 27 条增设第 286 条第 4 款，分别对单位犯罪作出规定

(1)网络 1.0 时代

此时的网络服务类型有限，因此计算机信息数据的犯罪表现为个人与计算机系统之间的“冲突”，与如今各种主体的介入以及类型的纷繁复杂不同，当时的形式较为单一。此时数据犯罪表现为涉计算机系统相关犯罪，呈现出“技术性”犯罪的特点。犯罪主体利用自己较高的计算机专业技术水平来针对系统实施破坏或者是非法侵入。① 因此针对这种情况，我国在 1997 年《刑法》中开始针对打击计算机违法犯罪的问题进行了规制，根据当时与计算机有关的犯罪对于社会的影响力，主要规范的是系统正常运行的安全，例如《刑法》第 285 条第 1 款就是为了维护对于国家安全具有重要意义的特定领域计算机信息系统的安全，而第 286 条第 2 款打击的则是破坏其他所有领域计算机信息系统的行为。在此时的网络技术背景下，立法者更多地关注的是系统运行的安全，而其中的数据则被边缘化，尚未成为刑法保护的重心。

① 参见孙苗苗：《做第五空间的维护者》，载《网络传播》2016 年 4 月刊。

(2)互联网 2.0 时代

在 20 世纪末 21 世纪初期，互联网迈上了一个新台阶即互联网 2.0 时代。此时社会上各种社交软件迅速传播，最具代表性的就是腾讯 QQ，随之风靡的各种开放式交互平台如雨后春笋。网络科学技术的发展与进步使得在给广大民众生活提供了便捷的同时，也为网络犯罪者创造了许多可乘之机。在这一阶段，数据与计算机信息系统开始同时成为大家关注的重点，并且随着互联网的覆盖，数据呈现出更多的利用价值，因此单纯以技术的手段来侵害计算机信息系统的犯罪数量呈现明显的下降趋势，犯罪分子的目标转而攻向计算机信息系统数据，例如盗取计算机信息系统数据后，对其进行贩卖、诈骗等从而获利。

立法者们逐步清醒意识并看到普通计算机信息系统中的相关数据安全也应该对其进行安全保护，因此在 2009 年的《刑法修正案(七)》中增设了第 285 条第 2 款与第 1 款相对应，是对普通计算机信息系统数据的保护，对于侵入计算机系统获取该系统中存储、处理、传输的数据且情节严重的行为规定为犯罪。随着数据犯罪的不断多样和复杂，本罪的适用也面临各种亟待解决的问题。同时修正案增加了对于侵犯个人信息的规制条文,① 由于互联网时代公民个人信息与计算机数据高度重合，此时立法者们对于数据和个人信息的保护并未严格区分，公民个人信息数据的保护也可以视为计算机信息系统数据安全的间接举措。

(3)智能 3.0 时代

如今已是物联网时代，智能汽车、智慧小区、智能机器人、智能家居等各种智能设备成为这个时代的标签，人们的日常生活、学习和实践工作都离不开现代互联网。在这次疫情期间，线上办公、线上授课已成为日常。各种线上产品喷涌而出，线上游戏、线上购物等也成为热门行业。这些服务每分每秒都在不断生成海量的数据，这些数据也蕴含了大量的商机以及安全信息。在这个数据如石油的数字经济时代，各行各业都将数据作为重要的资产，同时针对数据引起的犯罪也日渐高涨，数据安全法律规制层面的保护力度亟待增强。面对企业之间的数据竞争，立法者们不能忽视的是单位作为犯罪主体实施的对于数据或者计算机信息系统的破坏，为了打击企业之间通过不正当竞争手段获取数据

---

① 《刑法修正案(七)》中增设非法获取公民个人信息罪，2015 年《刑法修正案(九)》将“出售、非法提供公民个人信息罪”和“非法获取公民个人信息罪”统一规定为“侵犯公民个人信息罪”。

的违法行为，2015 年我国通过了《刑法修正案(九)》，扩大了《刑法》第 285 条的打击范围，增加了单位犯罪主体，在立法层面加大了对数据的保护。

“计算机信息系统”这一表述已经开始了时代的更新，随着物联网与云计算的出现，信息系统的载体已经远远不止于 PC 端系统，而更多的数据出现在了新型的移动终端设备，例如手机、平板电脑、传感器等设备中，因此“计算机信息系统”认定的范围是否该作出一定的调整，是刑法现在面临的问题。对此，2011 年 8 月 1 日两院联合制定的《关于办理危害计算机信息系统安全刑事案件应用法律若干问题的解释》(以下简称《计算机安全解释》)将除了计算机之外的，包括工作中的互联网设备、生活中的通讯设备和企业生产中的自动化管理控制设备等都解释为计算机信息系统，也就是说对“计算机信息系统”“计算机系统”都进行了扩大解释。

2. 立法特点分析

总体上，我国关于数据犯罪立法呈扩张趋势，这一现象的出现与我国网民数量的攀升是紧密相连的。我国网民规模数量从 2020 年 3 月到 2020 年 12 月增长了 8540 万名，达到了 9.89 亿名规模，互联网普及率已经达到 70.4%。①针对如此庞大的互联网用户，数据的私密性和安全性成为必要，数据犯罪的发生率呈现出上升的趋势，数据犯罪立法也有其相应的特征。具体来说，我国的数据犯罪立法有如下特点：

罪名体系增加。从网络 1.0 时代到智能时代，从计算机系统数据到数据本身，数据的重要性不断显现，数据犯罪的发生率的提高同时也促进了数据犯罪立法的不断前进，《刑法修正案(七)》以及《刑法修正案(九)》将罪名体系从无到有进行了扩充。

犯罪主体扩张。数据已经成为新时代的石油，数据资源的争夺成为企业之间竞争的重要方面，因此也诱发了企业作为犯罪主体的数据犯罪，这不仅侵害了公民的数据安全，也产生了市场上的不正当竞争问题。为了规制这一行为，《刑法修正案(九)》第 26 条增设了第 285 条第 4 款，第 27 条增设第 286 条第 4 款，分别对单位犯罪作出规定。

犯罪客体的变化。在网络 1.0 时代，数据与计算机信息系统两者融为一体，数据通过计算机这一载体进行服务，此时的数据犯罪基本上发生于计算机

① 参见中国互联网络信息中心第 47 次《中国互联网络发展状况统计报告》。

信息系统内部的数据，主要受影响的是计算机信息系统本身，这一阶段强调的是犯罪的技术性，例如当时的黑客盛行。但是到了互联网 2.0 时代以及智能时代，此时的犯罪形式与以往截然不同，数据的独立价值已经越来越突出，其不仅是依托于计算机信息系统运行，而是开始存在于信息网络之中，智能时代的智能传感器不必将海量的数据存储于本地，而是可将其存储于云端，此时的系统安全与数据安全已经不再完全挂钩，数据的定义正发生着改变。

（二）有关数据犯罪的司法现状

无论是在学理上还是在具体的法律条文中，都没有提及数据犯罪这一概念，但是新型的数据犯罪并不是只有在智能化时代才会逐渐出现。在智能时代之前，数据犯罪呈现出静态的特点，例如犯罪形式单一，主要以黑客等技术手段侵犯计算机信息系统中的数据。但是到智能时代，数据代表的不仅是其本身，数据被赋予了新的价值。数据犯罪也由原先的静态犯罪演变为如今的动态犯罪，呈现出新的特点。

1. 司法裁判中的数据犯罪特征

本书通过中国裁判文书网的案例检索功能，分别输入《刑法》第 285 条第 2 款及第 286 条第 2 款两个罪名，并筛选出刑事案由的判决书，从时间上对其进行梳理，将数据犯罪的特征进行分析，如表 8-2 所示。

表 8-2　**数据犯罪数量**

年份	非法获取计算机信息系统数据罪(件)	破坏计算机信息系统罪(件)
2013	15	21
2014	71	94
2015	58	106
2016	90	113
2017	198	214
2018	175	273
2019	198	247
2020	133	177

从表 8-2 中我们可以发现，从 2013—2020 年，数据犯罪总体数量呈现上升趋势。从时间变化情况来看，数据犯罪自 2017 年后增幅非常大。第 285 条第 2 款罪从 2016 年的 90 件，到 2017 年增至 198 件，2017 年至 2019 年呈现稳定的趋势，2020 年有所回落至 133 件。第 286 条第 2 款罪也呈现出相同的趋势。2017 年我国颁布了《网络安全法》，数据犯罪数量的大幅度攀升，与我国开始重视数据安全不无关系。直至 2020 年，数据犯罪数量呈下降趋势，这一情况一定程度上受新冠疫情影响，但是与整个社会、行业、企业都开始注重数据安全与数据合规有密切关系。数据犯罪数量的增加也使得数据犯罪呈现出与以往不同的特征，主要特征表现如下。

（1）犯罪类型多样化

人工智能时代各种科学技术可能使得犯罪行为发生“质”和“量”的变化，①技术的进步一方面助力了中国经济的发展，但是在另一方面同时为数据犯罪提供了更多的可能。近年来，各种类型的数据犯罪案件相继发生，与以往传统的以计算机系统为依托的数据犯罪相比非常大的变化，也引起了社会的强烈反响。国内第一例“流量劫持案”②，被告人付某和黄某为了达到“引流”的目的，使用多台租借而来的服务器，并且采取修改路由器 DNS 设置的方式，导致用户在登录浏览器上网时自动跳转至付某和黄某设置的另一个网站。2015 年 1 月至 9 月，被告人谭某妹以非法获取用户信息为目的，通过向另一被告人叶某源购买非法服务，叶某星所提供的服务是通过为“小黄伞”打码软件进行打码服务，被告人谭某妹从互联网电子商务平台上获得了超过 2.2 万余条有关用户的信息。通过上述方式，提供非法服务的被告人叶某星也从谭某妹处取得了 4 万元的服务费。最后谭某妹将打码所获的大量用户信息经过贩卖出售获利超过 25 万元。③ 首起“利用‘爬虫’技术抓取数据案”④，被告人张某、宋某、侯某经多次合作共谋，从 2016 年到 2017 年，采用了各种技术方法在一家技术公司的 Web 服务器上抓取实时保存的视频数据，并由侯某指使协助被告人郭某破解了北京某网络互联网信息技术公司的安全数据防盗和视频抓取技术措施，使

① 参见刘宪权、朱彦：《人工智能时代对传统刑法理论的挑战》，载《上海政法学院学报》2018 年第 2 期。

② 参见上海市浦东区人民法院〔2015〕浦刑初第 1460 号刑事判决书。

③ 参见浙江省杭州市余杭区人民法院〔2017〕浙 0110 刑初 664 号刑事判决书。

④ 参见北京市海淀区人民法院〔2017〕京 0108 刑初 2384 号刑事判决书。

用“tt_spider”文件对视频数据抓取等行为，导致北京某互联网络信息技术有限公司损失了各项相关信息技术和网络服务费共计人民币 2 万元。技术的进步使得数据犯罪的成本不断降低，数据犯罪的类型不断增多。

(2)犯罪手段智能化

在新冠疫情期间，利用大数据的手段分析每一个人的通行大数据，为疫情防控提供了有力保障。但是也难防有部分企业及个人，利用数据分析的技术，采用智能化的手段进行数据犯罪，加大了数据犯罪侦查难度，虚拟网络空间的隐蔽性为数据犯罪提供了非常良好的庇护环境，例如首起“制售微信外挂软件案”①、首起“干扰环保监测系统案”②、首起“获取微信公众号案”③等相继发生。在首起“获取微信公众号案”中，被告人通过利用自己公司经营的微信公众号网站制作钓鱼链接的方式，并且以侵权为由在平台上举报投诉其他微信公众号，诱导其他微信公众号运营者点击已经植入微信公众号网站上的钓鱼链接，一旦公众号运营者点击该链接，则此链接内容将会直接在后台将公众号的账号及密码进行窃取。公众号的账号和密码的泄露，将会使得公众号内容的发布不受控制，大量盈利广告的推送进而成为被告人的牟利之处。

(3)危害后果多元化

在传统的计算机犯罪中，数据犯罪侵害的法益主要是计算机信息系统数据的管理秩序，然而如今数据的价值已经不再局限于数据本身，随着数据在社会生活和各个领域的出现，数据犯罪所造成的后果也是变得更加多元。首先，基建设施等数据库涉及国家的重大发展战略，但可能不属于一个国家的重点保障事务、经济建设、国防建设、尖端科研和技术等重大领域的系统，但是通过各种技术手段将数据进行处理和分析，甚至可能对于国家安全产生威胁。其次，数据造成的犯罪行为可能会严重妨害我们的社会秩序，我们每一个人都是活在数据中，同时每分每秒也在不断地产生无数的数据，数据对于我们日常生活方方面面的意义和重要性已经不言而喻，在此种情况下，任何一个数据系统如果受到破坏，都有可能对我们带来“牵一发而动全身”的危险性和严重后果。最后，对于个人隐私而言，例如人们的追剧喜好，医院用药统方数据、客户订单数据、考试成绩、考试志愿等，这些数据是否可以适用侵犯个人信息罪当中的

---

① 参见广东省广州市海珠区人民法院〔2016〕粤 0105 刑初 1040-1 号刑事判决书。

② 参见陕西省西安市中级人民法院〔2016〕陕 01 刑初第 233 号刑事判决书。

③ 参见广东省广州市珠海区人民法院〔2017〕粤 0105 刑初第 39 号刑事判决书。

个人信息来定义还存在争议。对于这类各种琐碎信息，人工智能时代只需要运用大数据分析方式来对其进行技术手段的处理与拼凑，就有可能轻易地整合拼凑一些足够多地反映自己人格的重要性和关键信息。因此，无论数据犯罪行为的最终目的是否侵害个人隐私，数据犯罪行为都很有可能成为揭开别人面纱的一把利器。

2. 数据犯罪的典型案例表现

(1)撞库打码案

撞库是一种黑客的专用术语，又被称为“扫存”。也就是说，黑客通过大规模地批量搜索不同注册网站中的账号和密码，并通过各种技术手段搜索出其中已经遭到泄露的账号和密码。在搜集汇总此类账号和密码之后，又通过技术处理的方式将这批账号和密码大量尝试登录其他的网站，“撞”出可以登录的账户。① 根据以上技术方法，为了更加高效地获取大量的账户，犯罪行为人开始尝试开发一种程序，这种程序可以利用大量的手机号码作为账号进行不断尝试登录，嗅探各种类型的注册网站，测试并找出与之相直接对应的这些注册网站用户名的登录名和密码，用最简单粗暴的技术手段方式来非法窃取这些注册网站用户的真实身份。也就是说，撞库就是犯罪分子利用一部分已经泄露的账户和密码，利用技术或撞库的工具程序在其他网站中实现自动高速地试验及尝试登录的行为，从而获取大量个人信息或个人身份认证信息。

本书通过登录中国裁判文书网，以“撞库”为关键词检索出 122 篇刑事判决书，以“扫号”作为关键词检索出 166 篇判决书，最终得到 288 篇相关判决。对判决书进行整理分析后可得出，涉及网络撞库行为可分为两类，一类是法院直接针对该行为作出评价，另一类是以该行为作为犯罪的手段，实施其他犯罪目的。本书对上述 288 篇判决文书进行分类，通过阅读与分析上述判决，可以发现针对同一行为不同法院所作出的判断呈现出不同的情况。

如表 8-3 所示，在针对撞库行为的 288 篇裁判文书中，大部分判决都将此行为认定为《刑法》第 285 条第 2 款罪名，其次是将其认定为侵犯了公民的个人信息，认定为《刑法》第 253 条罪名。认定为“盗窃罪”的判决共 68 篇，另有 6 篇判决文书认为撞库行为属于《刑法》第 286 条第 2 款犯罪。可见，上述裁判文

---

① 参见刘权、李东格：《网络黑产：从暗涌到奔流》，载《互联网经济》2018 年第 6 期。

书中的犯罪行为都是直接侵犯网站注册的账户和密码的撞库行为，但是不同情况之下法院所作的判决不同。

表 8-3　　　　　　　　　**“撞库打码”案例统计**

罪名	判决数量(件)
非法获取计算机信息系统数据罪	148
侵犯公民个人信息罪	90
破坏计算机信息系统罪	6
盗窃罪	68
其他	31

对于个人信息的定义，大家普遍认为是指具有识别特定公民身份的信息。对于《刑法》第 285 条第 2 款中的数据是指司法解释中的身份认证信息。但是在这个数字时代，产生了更多的既具有身份识别又属于个人信息的数据，为司法实务的判断带来诸多不便。例如微信、支付宝等账号和密码，具有非常强的社交属性，具有非常明显的身份确认功能，被非法获取后也是对个人信息的侵害。再例如，手机电话号码绑定了非常多的 App，用于所有的社交、电子商务、移动支付等平台，撞库这一非法获取数据的技术手段就是利用这一特点。因此，部分数据在此时代背景下，天然地拥有身份认证信息和可识别特定公民身份的个人信息的特征，依靠信息数据产生的背景来补充划分数据和个人信息的标准并不周延。因此，对于网络撞库行为性质的认定司法实务中没有统一的意见，对此行为进行定罪量刑的自由发挥空间较大。

(2)流量劫持案

流量的高低成为数字经济时代数据要素的重要衡量标准，各互联网产业主体的竞争都是围绕流量数据进行展开，不断利用各种方式提升网站的用户数量和流量。然而流量的获取也可以说是一个需要付出大量成本的过程，现阶段随着互联网和数字经济的不断推进，流量的获取已经绝非一件简单而容易做的事情，需要不断地进行内容和技术的创新，因此也就诱发了流量劫持的违法和非法行为，典型的劫持方式包括 DNS 域名解析、植入木马、弹窗与广告插件等。

在最高法第 102 号指导案例付某和黄某破坏计算机信息系统案中，被告人付某和黄某为了达到“引流”的目的，采取修改路由器DNS设置的方式拦截“流量”，被告人付某和黄某等人就是通过把自己所非法获得的互联网的流量直接售卖从而非法牟利。该判决最终认定针对被告人付某和黄某所犯“DNS劫持”的犯罪对计算机信息系统中的数据进行了修改且后果严重，构成了第286条第2款所规定的犯罪。

而在最高法第145号指导案例张某等非法控制计算机信息系统案中，被告人张某等为了给用户推送特定的网页内容，利用木马程序或者其他技术手段的方式从而取得了其所攻击网站的内部服务器管理权限。在非法获得管理权限后，开始对网站的内容进行修改，也就是刑法中所规定的修改、增加有关计算机信息系统的数据，这一行为符合我国《刑法》第285条“采用其他技术手段”，构成非法控制计算机信息系统的行为。

其实“非法控制”与“非法破坏”两者之间有着紧密的关系，同时“流量劫持”这一行为既具有“非法控制”的特征也符合“破坏”的属性。也就是说，两者是具有内在逻辑的，即前者可视为后者的特殊行为。但是如果根据“从一重”原则处罚的话，则更适用于《刑法》第286条第2款罪名。在2020年度的指导案例中，为了有效指导我国司法实践更好地正确应对上述两者之间的法律差异，特别强调了对该计算机信息系统进行非法控制，但未因此而直接造成系统的基本功能发生任何实质性的严重破坏或者系统无法正常运行使用的，不构成《刑法》第286条第2款，符合《刑法》第285条第2款第2项所规定的，应当明确表示认定其行为构成非法控制计算机信息系统罪。

上述两个案例可以体现目前数据犯罪的特征，在数字化的背景下既表现出类型的多样化，也表现出手段的智能化。但是也可以从案例中发现数据犯罪的司法实践也面临很多的困境，“撞库打码案”中非法获取计算机信息系统数据罪中的数据具体指什么，甚至与其他法益的适用模糊不清。“流量劫持案”中数据犯罪第286条第2款与非法控制计算机信息系统罪之间发生竞合时如何区分。在数据要素成为数字经济发展的今天，数据犯罪刑法规制的正确适用至关重要。

三、数据犯罪刑法规制的实然路径

从上文与数据犯罪相关的现行刑事立法及刑事司法分析可以看出，当前的数据犯罪刑法规制的滞后性已经被体现出来。根据数据犯罪在数字经济时代呈现出的新特点，下文将继续分析，在现行立法及司法情况下，我国对于数据犯罪是如何作出应对措施的，以及现行刑法对于数据犯罪规制的困境分析。

（一）规制数据犯罪的实务路径

数字经济时代，计算机信息系统与数据已经不再是依附关系，各种新型的移动设备等成为数据存储的重要平台，因此对于“计算机信息系统”的解释已经将其扩大。同样，对于数据范围也进行了扩张，这些现象使数据犯罪沦为“口袋罪”的倾向。

1. 对“计算机信息系统”扩大解释

为应对互联网发展趋势，各类信息设备、信息系统与互联网的接轨与融合，《计算机安全解释》的出台有其必要性。实质上该解释是将网络作为一个主要因素对“计算机信息系统”这一关键词进行内容的扩展，以适应互联网发展的步伐。① 该解释的出台打破了传统上对计算机信息系统的理解，无论设备的屏幕大小如何，所有连接到网络终端（包括手机、平板电脑、智能家居设备等）都将扩展并解释为计算机信息系统。② 在全国首例非法获取微信公众号案中，对于涉及微信是否应该认定为刑法保护的计算机信息系统存在很大争议。目前法院支持的观点是将其认定为计算机信息系统，法院认为第二种观点更顺应社会发展的要求，也符合“罪刑法定”的原则，并据此作出了判决。

2. 对“数据”范围进行扩张

数据活动主要是指对数据进行收集、储存、加工、使用、提供、交易、公开等各种行为。数据安全就是指通过各种方式采取必要的措施，确保数据处于有效保护和合法利用的状态，以及保障持续处于安全状态的能力。《计算机安全解释》中的“数据”是指依附于计算机信息系统中的数据，是指身份认证信息③，从《计算机安全解释》中看出，“数据”所限定的范围虽然是有限的，但

---

① 参见于志刚、李源粒：《大数据时代数据犯罪的类型化与制裁思路》，载《政治与法律》2016年第9期。

② 参见于志刚：《“三网融合”视野下刑事立法的调整方向》，载《法学论坛》2012年第4期。

③ 根据《计算机安全解释》第1条，可以理解为：数据，主要包括支付结算、证券交易、期货交易等网络金融服务的身份认证信息或者其他身份认证信息，用于确认用户在计算机信息系统上操作权限的数据，包括账号、口令、密码、数字证书等。

是在当前的实务中，数据已经融入了大量的各类网络犯罪形式中，这些各类网络犯罪不仅仅是以大量的数据作为其犯罪的对象，而是将以大量的数据作为其犯罪的一种主要媒介或者一种工具，将以大量的数据作为其犯罪对象和以大量的数据作为其他方式、工具两种情况混同，都将其用本文所列的数据犯罪进行规制，使得数据犯罪的“数据”范围非常广。

本部分刑事案例统计资料数据来源中国裁判文书网，关键词分别输入《刑法》第285条第2款及第286条第2款罪名，年限选择“2019年、2020年”，从中选择100份有效刑事判决书。分别对这100份判决进行分析，列出其犯罪对象所指的具体“数据”，主要结果如表8-4所示：

表8-4　**案例统计**

犯罪对象		数量(件)	百分比	具体内容
身份信息	身份认证信息	40	40%	网络游戏账号和密码；QQ账号和密码；百度、网易、12306、微信账号和密码；苹果手机lcloud账号和密码；期货证券账号和密码；WiFi热点密码等
	个人信息	10	10%	考生信息；个人姓名；电话、身份证号码、邮箱等信息；公司客户信息等
网络虚拟账产	物品类虚拟财产	23	23%	网络游戏装备；网络游戏道具
	货币类虚拟财产	24	24%	虚拟货币(瑞博币、门罗币)；游戏币
知识产权		2	2%	网络游戏源代码；域名
数据产品		1	1%	Cookies数据

根据上述判决分析，目前的数据犯罪侵犯的对象不仅包括身份认证信息，还包括可以识别特定公民的个人信息。同时涉及属于财产权利的网络虚拟财产和知识产权，数据犯罪的“数据”外延涉及非常广泛。在司法实践中数据犯罪与其他罪名的区别非常模糊，法院对于相关犯罪的规定也缺乏统一的标准，为现如今数字经济时代更为复杂的数据犯罪的规制带来了困难。

3. 存在“口袋化”倾向

“口袋罪”的兜底化现象已经出现在我国刑法很多条文中，诸如非法拘禁罪、非法经营罪这些兜底化的条款，“口袋化”使得我国刑法可能呈现了一种扩张趋势，丧失了刑法所需要的确定性和明确性。刑法中关于罪刑法定的原则要求刑法对公民作出的判决和规定一定要具有确定性和明确性。明确刑法规定后才能有效地规制公民的违法行为和约束国家的刑罚权。数据犯罪中第 285 条第 2 款属于获取型数据犯罪，第 286 条第 2 款属于破坏型数据犯罪，前者主要强调保护数据的机密性和数据的完整性，后者更多地强调保护数据的完整性和数据的可用性。在罪名上，数据犯罪与刑法其他多个章节中的罪名产生交叉重合，例如人身安全、财产安全等。

随着计算机信息系统功能的不断优化和进步，这也为司法实务的惩治带来了空前的挑战。司法解释中对于“计算机信息系统”的扩展性解释也大大加剧了数据犯罪变成“口袋罪”的趋势,① 导致只要涉及计算机信息系统或者利用网络作为工具进行犯罪的行为都可能被归为数据犯罪。

有学者曾经对 43 个案件的司法判例进行了分析并明确指出，在我国司法实践中数据犯罪普遍存在着对于数罪并罚的问题认定方式不一、类似犯罪的评价偏低差异较大、后果严重认定模糊、适用领域范围太广、规则扩展过度等诸多问题，呈现“口袋化”趋势。② 对于数据范围的扩张与定性模糊问题，也加剧了数据犯罪成为“口袋罪”的倾向。数据范围的扩张导致数据犯罪惩治的法益扩张，成为了司法实践中的兜底条款。数据的定性模糊也导致了数据犯罪存在“口袋罪”倾向。

(二) 规制数据犯罪的刑事困境

文章上一部分所分析的“数据”范围扩张，其根本原因是“数据”所表征的权力客体日益多样化，使得其行为符合多个罪名的定义。有学者曾对《刑法》第 286 条第 2 款罪名的判决争议进行过统计和梳理，在其收集的 100 份判决书

---

① 两高于 2011 年颁布的《关于办理危害计算机信息系统安全刑事案件应用法律若干问题的解释》第 11 条第 1 款规定，本解释所称“计算机信息系统”和“计算机系统”，是指具备自动处理数据功能的系统，包括计算机、网络设备、通信设备、自动化控制设备等。

② 参见于志刚：《网络犯罪的代际演变与刑事立法、理论之回应》，载《青海社会科学》2014 年第 2 期。

中最终得出结论，有 56 个判决书中的案例是检察机关与审判机关在认定时出现过争议的案件，占比达到 56%。① 下文将从以下三个方面分析现行刑法对数据犯罪规制的困境。

1. 数据犯罪所涉法益的界定困境

随着数字经济的不断发展，越来越多的犯罪客体已经不具备普遍意义上的物质载体，而是以数据的形式存储、传输和利用，因此这也是数据犯罪保护法益不清晰的原因之一。在不同的法益中，数据所代表的法益不同，同时数据所起的功能也不同。首先，数据仅仅是作为桥梁和媒介的功能，将传统犯罪数字化的形式与传统法益相连接，在表面上形成数据犯罪的表现形式，但这样的犯罪行为在实质上侵犯的是具有数据外表形式的传统法益。例如表征“可识别”个人信息的数据，此类信息以电子数据的方式存储；具有财产属性的游戏币等数据，此类数据又可以表征传统的财产权；具有“创造性”特征的属于智力成果的数据，“创造性”是具有知识产权属性的显著特征，此类数据所表征的即为知识产权。其次，数据除去上文所述的桥梁和工具作用，其本身也具有代表数据安全法益的特征。数据安全三性的提出，要求应该对数据自身安全进行保护。同时，数据对人们日常生活中的影响也不断加深，数据安全的重要性已经对数字化的生活和社会产生了非常重要的影响，总而言之，数据自身独立的法益需要被人们重视起来。

综上所述，数据所代表的法益可分为两种类型，其一是传统犯罪数字化模式的表征，是传统犯罪保护法益的数字化表现形式，本质上还是具有传统法益的特征；其二是对数据安全三性法益的表征，关注数据本身，是数字经济发展至今对于数据保护提出的新的要求。

2. 数据犯罪与传统犯罪的区别适用

数据犯罪与传统犯罪的适用争议主要体现在以下几个方面：

首先是数据犯罪与财产犯罪的区别适用。在这一情况之下，两者之间的联系主要是通过对数据进行获取和修改，形成侵犯网络虚拟财产的外在表现形式，从而模糊了数据犯罪与财产犯罪的区分界线。例如对于游戏币的盗取，其行为方式就是对数据进行非法获取；对于电信资费套餐的修改，其行为方式就

---

① 参见周立波：《破坏计算机信息系统罪司法实践分析与刑法规范调适——基于 100 个司法判例的实证考察》，载《法治研究》2018 年第 4 期。

是对数据进行修改并从中获利。对于网络虚拟财产的法律属性问题，刑法学界普遍认为其既具有财产属性，也具有数据的属性，这也就引发了非法获取虚拟财产行为定性的争议，即引起了数据犯罪与盗窃罪之间的争议。对于虚拟财产的属性的论证，主要有以下几种方向：其一是认为虚拟财产是虚拟的，其不具备财产权的属性；① 其二是认为虚拟财产是具备网络属性的"债权"，其应该具有财产属性②；其三从虚拟经济学理论体系③角度出发，并推演出虚拟财产的实际交换价值和实际使用价值，又将互联网中虚拟财产的基本本质属性确定为虚拟财产。④ 因此，将虚拟资产形式认定为其财产属性的专家学者，认为其所有权侵害了虚拟资产，就应该以财产犯罪的法律加以规制。

但是，数据属性近年来开始在实务中处于优势地位，实务较多地倾向于把侵害虚拟财产的行为归属于《刑法》第 285 条第 2 款罪名。⑤ 有学者认为，从根本上来说，网络游戏中的虚拟物实际上不是一种财物，而是作为网络游戏运营商与网络游戏玩家签订的服务协议或者合同条款项下作为网络游戏合约完全执行所需要的"工具"，是网络游戏的开发者以一个二进制 01 串对其进行的编码，以电磁记录方式存在，本质上它们应该都是一种可以被计算机进行商业化使用利用的数据，因此称之为"网络游戏虚拟物"而非"虚拟财产"更加适宜，非法获得该类网络游戏虚拟物，应以《刑法》第 285 条第 2 款论处。⑥ 因此在实践中，数据犯罪与盗窃罪等违法案件的争议层出不穷，争议焦点也十分相似。尽管我国已经明确提出，对于网络虚拟物的侵害应以《刑法》第 285 条第 2 款论处，⑦ 但在我国司法适用的过程中，这些意见并没有能够得到有效的参考，适

---

① 参见李齐广：《刑民对话视野下窃取虚拟财产刑事责任的认定》，载《武汉大学学报(哲学社会科学版)》2017 年第 2 期；姚万琴：《盗窃网络虚拟财产行为定性的教义学分析——兼与刘明祥教授商榷》，载《当代法学》2017 年第 4 期。

② 参见田宏杰、肖鹏、周时雨：《网络虚拟财产的界定及刑法保护》，载《人民检察》2015 年第 5 期。

③ 参见江波：《虚拟财产司法保护研究》，北京大学出版社 2016 年版，第 127 页。

④ 参见杨志琼：《非法获取计算机信息系统数据罪"口袋化"的实证分析及其处理路径》，载《法学评论》2018 年第 6 期。

⑤ 参见徐凌波：《虚拟财产犯罪的教义学展开》，载《法学家》2017 年第 4 期。

⑥ 参见皮勇、葛金芬：《网络游戏虚拟物数据本质之回归——兼论非法获取网络游戏虚拟物的行为认定》，载《科技与法律》2019 年第 2 期。

⑦ 参见 2011 年 9 月 1 日两高联合发布的《关于利用计算机窃取他人游戏币非法销售获利如何定性问题的研究意见》。

用争议还是非常大。

其次是数据犯罪与侵犯公民个人信息罪的区别适用。这两者的适用争议主要体现在当个人信息与身份认证信息处于模糊状态甚至是重叠状态时，数据犯罪与侵犯公民个人信息罪之间所保护的法益也随之处于模糊状态。例如淘宝账号和密码原本是属于数据犯罪中的身份认证信息，即属于数据犯罪中的“数据”，一般不与个人信息直接挂钩，因为账号和密码无法直接识别特定的个人，难以认定为个人信息。但是，淘宝账号内的数据则属于个人信息，订单的姓名、联系方式等直接可识别特定的自然人。因此，面对同样的淘宝账户信息，行为人非法获取计算机信息系统中存储的淘宝公司订单数据，转卖给他人从而获利，卖方被认定为数据犯罪而买方则被认定为侵犯公民个人信息罪。系统数据机密性的特点与公民个人信息私密性的特点相重合，因此两罪就容易产生冲突。

最后是数据犯罪与侵犯知识产权犯罪的区别适用，数字经济时代，传统出版业也随之进行了数字化创新，越来越多的数字出版业成为顺应时代潮流的事物，因此著作权的载体也逐渐从实体书籍转移到了互联网数据。与此相类似的是，在数字经济背景下产生的源代码等数据形式的知识产权。目前存在着大量类似的情况，对于互联网上的网络知识产权的侵害行为，无法利用知识产权法所规定的条文进行规制，原因是现行刑法关于知识产权犯罪的规定显示出犯罪主体和犯罪手段较为狭窄的不足。网络知识产权具有“独创性”，也就是说通过智力劳动的产出。① 因此，有学者认为，对于互联网内的数据应该一分为二地进行区分。针对具有“独创性”的以数据为载体的作品，应将其认定为传统的著作权犯罪，此时的数据只是承担载体的作用，其本质是对智力成果的体现。针对不具有“独创性”的数据，则根据数据所代表的法益，进行分类认定。②

3. 数据犯罪与普通计算机犯罪区别适用

数据犯罪与《刑法》第285条、第286条规定的其他普通计算机犯罪之间适用争议。主要包括：

---

① 参见吴伟光：《网络环境下的知识产权法》，高等教育出版社2011年版，第32页。

② 参见于志强：《我国网络知识产权犯罪制裁体系检视与未来建构》，载《中国法学》2014年第3期。

一是数据犯罪与《刑法》第285条第3款①的区别适用。如在上文所分析的撞库打码案中，如何界定刑法上的“提供”行为？在“小黄伞”撞库打码案中，有观点主张将叶某、张某制售“小黄伞”软件并利用其获利的行为列入数据犯罪中的“侵入”行为，而也有观点认为制作软件只是“提供”行为。在《刑法修正案(七)》中，为应对互联网发展的趋势，严厉打击网络犯罪行为的危害，修正案对一部分帮助行为进行了正犯化，将帮助行为独立评价，因此，叶某、张某将“小黄伞”软件有偿出售并从中获利的行为应属于“提供”。②

二是数据犯罪与《刑法》第285条第2款第2项③的区别适用。如在上文所分析的流量劫持案中，不同案例中对于“破坏”“控制”的认定不一，这就导致了两罪名之间的适用争议。④ 在数字经济未呈现今天蓬勃发展的状态时，“流量劫持”所产生的影响也未被刑法所关注，在2015年以前对于此行为一般是按照不正当竞争行为进行民事争议的解决。⑤ 此时，人们还未意识到流量劫持所造成的危害的严重程度。但是随着数字经济的进一步扩展，此行为产生的影响不得不被人们所关注，司法机关也开始进行反思对于此行为仅用民事争议解决是否不恰当，此时刑法已经逐渐开始向规制此行为靠拢。2015年5月，全国首例规制此行为的判决在上海宣判，浦东新区法院判决被告人为《刑法》第286条第2款规定的破坏型数据犯罪。同年11月，重庆市渝北区对此行为却认定为“控制”行为。2017年在另一个判决中，重庆市沙坪坝区法院所作判断与前两个判决完全不同，法院判决此行为构成《刑法》第285条第2款第1项的获取型数据犯罪。针对同一个犯罪行为，不同法院所作出的判决却不尽相同。“流量劫持”的司法困难暴露了对于数据犯罪立法的规定仍有漏洞，司法竞合现象也意味着数据犯罪立法规定有待升级整合。

四、数据犯罪刑法规制的应然路径

(一)数据安全视角下的犯罪构成完善

数字经济时代的数据已经不同于以往单一的依附于计算机信息系统的数

① 即提供侵入、非法控制计算机信息系统程序、工具罪。
② 参见杨赞：《撞库打码牟利行为如何定性》，载《人民检察》2018年第4期。
③ 即非法控制计算机信息系统罪。
④ 参见孙道萃：《“流量劫持”的刑法规制及完善》，载《中国检察官》2016年第4期。
⑤ 典型案例有百度诉奇虎公司的不正当竞争案。

据，此时的数据已经具有类型复杂化、多样化等特征，各种类型的数据随着数字化技术的进步而出现在我们的生活中。数据的技术性属性逐渐弱化，其自身的安全法益逐渐显现。① 公众在互联网活动过程对于企业、国家和社会的信赖是促进数字经济发展的重要因素，公众的信赖指的是对于自身在互联网活动所产生的数据能够不被侵犯。也就是说，数据主体对数据具有排他性的保密权和处分权，② 这样才能保障数据要素在促进数字经济发展的过程中是安全可靠的。对于以往纯"技术性"的数据评价机制应该进行调整，数据应该回归其"本体性"，也就是数据自身应该有其独立的评价标准即数据安全的评价标准。同时应该将以往依附于计算机信息系统的数据进行独立评价，对其两者进行区别保护。对于计算机信息系统的安全，这里指的是保护系统功能的安全；对于数据的安全，则应该强调对于数据的机密性、完整性和可用性的保护。③ 数据安全法益是符合数字经济时代对于数据安全保护的需求的评价机制，从此角度出发能够更合理地、更有效地解释数据犯罪的构成要件，并有助于厘清数据犯罪的司法实务适用问题。

1. 对象维度：数据类型与数据安全法益

数据要素是驱动数字经济发展的重要动力。在数据犯罪的研究中，一个重要的前提是要将数据类型进行区分，从而对于不同类型的数据采取不同的规制措施，数据的不同内容和不同类型对于数据犯罪的定罪量刑具有非常重要的意义。

以往学术界普遍理解的"数据"，是指所有来自计算机外部输入系统内部的例如图像、文本、视听资料等，还有人们在互联网上留下的所有痕迹，也就是网络行为数据。④ 随着我国数字经济的进步和飞速发展，当今的"数据"更加重视结构化和非结构性数据的存在以及数据的生成、数据收集、数据存储和数据分析等各个环节的价值链。换句话来说，数字经济时代的数据，对数据的判

---

① 参见[德]乌尔里希·齐白：《全球风险社会与信息社会中的刑法：二十一世纪刑法模式的转换》，周遵友、江溯等译，中国法制出版社 2012 年版，第 303 页。

② 参见许恒达：《资讯安全的社会信赖与刑法第 359 条的保护法益——评士林地方法院 99 年度诉字第 122 号判决》，载《月旦法学杂志》2011 年第 11 期。

③ 参见皮勇：《论欧洲刑事一体化背景下的德国网络犯罪立法》，载《中外法学》2011 年第 5 期。

④ 参见于志刚主编：《网络犯罪公约的修正思路》，中国法制出版社 2016 年版，第 55 页。

断应该改变对其依附于“计算机信息系统”的观点，而应该随着数字化技术的不断进步而从数据自身出发，密切关注数据自身代表的安全法益。本书根据司法实践的归纳和整理，归纳出我国的数据犯罪包括以下两大类型的数据。

（1）非结构化数据

这种单个少量数据所直接组成的数据集合体，即不需要经过任何技术手段处理的大量数据集合，包含无数有价值的少量数据，价值不高的大量数据和“海量”但又缺乏“技术分析、加工”的无价值数据。①《计算机安全解释》中明确规定的“身份认证信息”就是一种非结构化数据。身份认证信息虽然不同于个人信息可以识别特定的自然人，但是任何例如账号和密码的身份认证信息都具有隐私性质，用户对于此类信息也处于保密状态，不会让其内容公之于众，也存在很少的情况会将身份认证信息授权给他人。但是在司法实务中，数据收集者非法收集获取大量的身份认证信息，这些数据大多属于用户的初始数据，数据与数据之间、数据与用户其他信息和行为之间没有进行技术分析，数据收集者在此阶段的目的主要是对非法获取的海量身份认证信息进行下游犯罪，例如利用数据进行诈骗或者是贩卖。数据收集者不会花费更多的技术和时间对其进行大数据分析和加工，因此这类数据只是单个的数据，不是加工的数据产品。对于此类数据，数据收集者的非法获取行为侵犯了数据的保密性。

（2）结构化数据

结构化数据其实是通过非结构化数据而产生的，通过对单个初始数据的分析，并且结合用户的网络行为数据例如网页浏览痕迹等，对初始数据进行数字化技术的加工和处理从而形成用户的偏好数据。② 此类数据区别于非结构化数据之处就在于数据经营者对大量的单个数据注入了时间和技术成本，对其进行了系统化的增值处理，进而形成对于经营者有利的数据集合，数字经济的发展也是得益于对数据要素的分析整理和加工。

例如在公交查询软件盗取后台数据案中，③ 两个同类型的竞争公司，开发了同类型的智能公交 App，被告单位为了能够更快地占领市场份额并提高其用

---

① 参见李学龙、龚海刚：《大数据系统综述》，载《中国科学：信息科学》2015 年第 1 期。

② 参见杨立新、陈小江：《衍生数据是数据专有权的客体》，载《中国社会科学报》2016 年 7 月 13 日，第 005 版。

③ 参见广东省深圳市南山区人民法院〔2017〕粤 0305 刑初 153 号刑事判决书。

户量和智能公交信息的准确度，直接从受害公司的后台利用网络爬虫技术窃取实时公交信息数据，并将此信息直接用于自己开发的 App 上。对于被告单位从后台非法获取的数据信息，其实就是本书所指的结构化数据，公交的运行时间和路线等数据是公开的客观数据，但是当受害公司通过技术对其进行加工并形成有利于人们等车的智能公交数据时，这些客观数据就成为有价值的数据，可以利用此数据带来经济上的收益，被害单位对于其后台分析整理的数据具有处分权，并对此类数据安全的法益具有保护的需求。①

2. 行为维度：侵犯数据保密性与完整性

数据犯罪中的行为方式指的是“获取”和“破坏”两种方式，但是对于“获取”和“破坏”如何具体定义和认定的问题，理论和实务界都未进行回应，因而给司法实务的适用带来不确定性和模糊性。例如数据犯罪所规定的“获取”“破坏”行为已经发生，但是却未造成实质性危害后果，即没有侵犯数据安全的法益。此时对于行为的规范就存在着不同的意见，本书认为应该从数据安全法益的角度对数据犯罪行为进行分析，确认其是否构成了对数据保密性和完整性的侵害，从而认定是否构成犯罪。

（1）“获取”行为侵犯保密性

数据非常显著的特征是具有虚拟性，“获取”行为的发生不存在数据的占有与转移，只存在对数据的知晓和处理，② 也就是说“非法获取”是指破坏数据的保密性状态，非法取得处于保密状态的数据。③ 因此，对于数据犯罪的“获取”行为的认定存在一个前提，那就是数据主体需要对数据具有保密的意思，即数据是非公开的数据，同时在客观上也应采取了数据不被他人知晓的保密措施。④ 总而言之就是，“获取”行为的界定必须从保密性角度出发，因而对于未侵犯数据保密性的“获取”行为，其行为不应定性为数据犯罪中的“获取”行为。

在全国首例“数据爬虫”案中，被害单位对公司服务器的数据具有保密意识，并且也设置了相关的技术安全设施，以防止数据被他人窃取。被告人的数

---

① 参见广东省深圳市南山区人民法院〔2017〕粤 03 民初 822 号民事判决书。

② 参见欧阳本祺：《论网络时代刑法解释的限度》，载《中国法学》2017 年第 3 期。

③ 参见于志刚、李源粒：《大数据时代数据犯罪的类型化与制裁思路》，载《政治与法律》2016 年第 9 期。

④ 参见皮勇：《论欧洲刑事法一体化背景下的德国网络犯罪立法》，载《中外法学》2011 年第 5 期。

据"抓取"行为绕过服务器的技术门槛进而抓取其中的数据，并最终造成被害单位的经济损失。这一行为是可以认定为数据犯罪的"获取"行为，并且被告人的行为构成第285条第2款罪名。① 但是也存在另一种情况，若网站上的数据是公开的，如果数据收集者对此类数据利用"爬虫"技术进行获取，则此行为不构成数据犯罪，原因是数据不具有保密性的特征。例如"新浪微博诉脉脉不正当竞争案"。② 对于这种行为的评价，目前实务中将其认定为不正当竞争，根据相关规定进行处罚，这一举措既是对数字经济的保护也是促进数字经济的发展。

(2)"删除、修改、增加"行为侵犯数据的完整性、可用性

刑法中对于"破坏"行为的罪名有很多，虽然每个破坏行为都不同，包括方式和手段的不同，但是其最终的结果都是需要使事物正常适用或正常运行。③ 其中数据犯罪的破坏行为是指删除、修改、增加三种方式，"删除和增加"的表现形式是对数据数量的影响，从一个数据载体中删除或增加一定的数据。"修改"则是指由于对数据内容的修改所引起的数据的非完整性。这三种破坏数据的行为方式都对数据的完整性和可用性进行了破坏，同时还有一个值得注意的地方是，上述的破坏行为都应达到一定的程度即数据无法正常使用或者计算机信息系统无法正常运行。

从数据的完整性和可用性角度出发，删改增行为的认定应该对以上两个特征造成了影响，未对数据的完整性和可用性造成破坏的删改增行为，则不符合数据犯罪的构成要件。但是随着数字经济的不断发展，犯罪行为的手段更加智能化，删改增行为的形式也不断延伸和扩张，在数据范围不断扩大的同时，删改增行为的认定范围也在不断扩大，这其实给司法实务的操作带来了不确定、不定性的因素。例如在全国首例微信外挂软件案例中，被告人所制作的微信外挂软件主要功能是微信多开等，与其他软件不同的地方是，这一外挂软件并不

---

① 参见北京市海淀区人民法院〔2017〕京0108刑初2384号刑事判决书。

② 《新浪微博诉脉脉大数据引发不正当竞争第一案》，载新浪网：http://news.sina.com.cn/sf/news/ajjj/2017-02-08/doc-ifyafenm3035943.shtml，最后访问时间：2021年3月16日。

③ 参见蒋晋、聂立泽、徐松林等：《开发外挂软件营利行为如何定性》，载《人民检察》2017年第16期。

会造成微信其他功能的无法使用，也不影响整个手机终端设备的使用。① 从这一案例中就可以发现，从表面上来看，微信外挂是对数据的“增加”行为，但是对整个案件进行分析发现，此外挂软件并没有破坏微信数据，反而是对微信功能的加强。② 因此，制售微信外挂软件行为没有造成数据丧失正常的功能且破坏系统的正常运行，不构成《刑法》第286条第2款罪名。

3. 结果维度：补齐数额与情节

(1)补齐数额标准

关于数据犯罪，现有的数额标准包括两方面，一方面是指犯罪结果的违法所得及经济损失数额标准，另一方面是指犯罪行为所侵害的身份认证信息组数以及计算机等设备的数量。根据目前相关的法律及司法解释可知，对于数据犯罪中量刑情节的数额规定只在《计算机安全解释》中出现，并且该解释只对数据犯罪中《刑法》第285条第2款的“身份认证信息”的获取数量进行了规定，对于第286条第2款中所造成危害后果的计算机台数做了相关规定。③ 但是，对于数据安全自身法益的量刑标数量准缺乏具体的规定，而除了身份认证信息之外的数据本身对于数据安全法益的衡量是具有非常重要的意义的。上述对于数据犯罪相关数额的标准主要侧重于“现象”，而忽视了“后果”与“情节”对数据安全法益的影响程度，这些标准也为数字经济时代司法实务的处理带来了难题。若对计算机信息系统的删改增行为不以计算机信息系统为载体，也就是说未对计算机信造成损害，且未对受害者造成直接的经济损失及行为人也没有获得相应的违法所得。针对这一情况，只能用兜底条款即“造成其他严重后果”进行规制。例如实际案例中，被告人对官方微博内容的删除就属于这一情况。④ 因此，关于数额标准的补齐可以弥补司法的空白，指导实务的操作。

(2)补齐情节标准

---

① 参见广东省广州市海珠区人民法院〔2016〕粤0105刑初1040-1号刑事判决书。

② 参见蒋晋、聂立泽、徐松林等：《开发外挂软件营利行为如何定性》，载《人民检察》2017年第16期；聂立泽、胡洋：《全国首例开发微信外挂软件销售案的刑法定性问题研究》，载《南都学坛(人文社会科学学报)》2018年第3期。

③ 《计算机安全解释》第4条规定：“破坏计算机信息系统功能、数据或者应用程序，具有下列情形之一的，应当认定为刑法第二百八十六条第一款和第二款规定的‘后果严重’：……(二)对二十台以上计算机信息系统中存储、处理或者传输的数据进行删除、修改、增加操作的。……”

④ 参见北京市丰台区人民法院〔2015〕丰刑初字第1964号刑事判决书。

数额标准与情节标准是同等重要的，在上述规定的数额标准之外，数据犯罪对于社会各主体造成的实质性影响和危害的恶劣程度就是情节的衡量标准，数据类型对这一标准的影响非常大，重要性程度不同的数据，其产生的情节严重程度是不同的。在数字经济时代发展的过程中，数据犯罪中的数字化技术越来越隐秘与多样化，传统的以数额为主的量刑标准已经不符合时代的要求，情节对于量刑的重要性和可行性已经成为这一时期不可忽视的标准。①

在司法实务中此类型的案例也逐渐增多。例如修改高考志愿案②、修改考试成绩案③以及环保监测数据案④。在这些案例中，对于犯罪行为人的犯罪行为，都无法利用数额标准对其进行量刑，最终都是依据其行为的情节严重性标准进行了规定。修改高考志愿的行为不仅对被害人个人产生严重的危害而且干扰了考试的正常秩序，修改环保检测数据对于政府的公信力造成严重影响，都属于“造成的其他严重后果”的情节。因此，情节标准的补齐在数字化技术不断飞速发展的今天显得尤为重要。

（二）数字经济视角下的刑法规制重点

数字经济已经迈向数据驱动创新的历史新阶段，数据处理活动的合法有序开展成为数字经济健康蓬勃发展的核心保障，由此决定了在数据收集、存储中应该在保持刑法谦抑性。在此基础上，确定是否可以定性为数据犯罪，以及准确厘定数据犯罪与其他犯罪之间的边界。

1. 审慎认定是否为数据犯罪

刑法的谦抑性原则要求在数据收集过程中要谨慎认定相关的行为是否属于数据犯罪。随着对于数据要素重要性的不断增强和提高，在信息化和数字经济的新时期，数据的流通和共享具有非常重要的现实意义和现实需求。因此数据的获取行为在一定程度上也具有其合理和现实必要，甚至在社会上已经出现了

---

① 参见于志刚、郭旨龙：《信息时代犯罪定量标准的体系化构建》，载《法律科学（西北政法大学学报）》2014 年第 3 期。

② 参见山西省高平市人民法院〔2016〕晋 0581 刑初字 290 号刑事判决书；山东省临沂市沂水县人民法院〔2015〕沂刑一初字第 124 号刑事判决书；江苏省徐州市睢宁县人民法院〔2017〕苏 0324 刑初 408 号刑事判决书。

③ 参见广西壮族自治区南宁市青秀区人民法院〔2013〕青刑初字第 758 号刑事判决书。

④ 参见陕西省西安市中级人民法院〔2016〕陕 01 刑初第 233 号刑事判决书。

数据“中间商”。数据“中间商”的数据获取行为是否构成数据犯罪中的获取行为需要审慎认定，在不侵犯前文所述的数据安全法益的情况下，数据“中间商”的行为是数据要素的“采集者”和“搬运工”，对于数字经济的发展起着润滑剂的效果，其行为所创造的数据价值为数字经济时代的数据创新提供了非常多的方向和便利。

值得注意的是数据犯罪获取的数据价值是无法直接进行衡量的，这与传统犯罪所侵犯对象能衡量价值的情况不同。原因是数据的价值无法通过获取这一过程直接体现，数据的价值需要通过海量的加工和处理才能显现出来，数据在不同主体和不同环境中所产生的价值也是不同的，与之相反的就是单纯地非法获取这些数据，如果对于社会的危害性有限，甚至对于数据创新的作用反而是更大的，则本书认为对于此犯罪行为的定罪量刑可以进行从轻的处理。

2. 准确厘定数据犯罪的边界

(1)数据犯罪与传统犯罪的区分

在数据的收集和存储过程中，数字化技术的参与并不会改变收集、破坏数据行为的性质。若从数据安全法益角度分析，表征个人信息权、财产权、知识产权等传统法益的“数据”本质上与代表数据安全法益的“数据”是不同，收集和破坏行为产生的影响也不同。前者主要的数据只是传统法益的数字异化，而后者是数据安全本身的法益，后者只要对数据安全本身的侵害就可以构成犯罪。例如行为人进行犯罪行为时，若其侵害的是具有财产属性的数据，则不论其实施犯罪的手段智能与否，其本质上与传统的财产型犯罪都是一样的。① 因此，数据犯罪侵犯的法益虽然是不同类型，但是在表面上也具有一个非常明显的共性，那就是表现形式的数据化。数据化的表现形式并不会改变其传统法益的本质。

侵害以数据为表现形式的传统法益的行为应认定为传统犯罪。在这一情况之下的数据犯罪，要准确识别数据是否具有可识别性的个人信息的特征、是否属于具有财产属性的特征、是否具有创造性的知识产权的特征。具有这些特征的数据，都应该将其用传统犯罪进行定罪量刑。例如，在高考志愿、考试成绩等信息不具备“可识别”特定自然人的特征，因此不属于个人信息，而是属于

① 参见柯耀程：《“电磁记录”规范变动之检讨》，载《月旦法学教室》2008 年第 72 期。

普通数据,① 则应按照数据犯罪的规定对其进行规制。

以数据为对象侵犯数据安全的行为应构成数据犯罪。这一类型的犯罪侵犯的法益主要就是数据安全法益，其行为最终侵犯的是数据的保密性、完整性和可用性，而未对其他传统法益造成侵害。例如淘宝网差评②这一行为中，利用非法方式获取了淘宝账号和密码并且对其进行重置，登录账号并删除、修改淘宝买家的中差评，最后从中获利。这一行为侵犯的是淘宝网站整个系统的完整性，其删改淘宝数据的犯罪行为符合数据犯罪侵犯数据安全法益的构成要件。

(2)数据犯罪与普通计算机犯罪的区分

首先是数据犯罪与《刑法》第 285 条第 3 款罪名的区分。随着数字化技术的不断深入和完善，一些帮助行为已经成为独立且影响程度非常深的犯罪行为。因此，对其设立专门的罪行进行规制是非常有必要的。《刑法》第 285 条第 3 款的犯罪行为其实是属于数据犯罪中获取型犯罪的帮助行为正犯化的模式。

其次是数据犯罪与《刑法》第 285 条第 2 款第 2 项的区分。这里主要区分的是“破坏”和“控制”的定性，区分两者的一种观点是认为重罪与轻罪的区分，另一种观点是普通与特殊的区分。但是从数据安全法益的角度出发分析，则可以更加清晰地对两者进行区分，“控制”行为更侧重于对计算机信息系统的控制，而未达到破坏数据的严重程度。特别是在数字经济发展的今天，数据已经无所不在，计算机信息系统的操作表现出来的很可能是对数据的修改和增加。因此如果不加以区分，直接都将其归类为破坏计算机信息系统罪，则变相地加重了对行为的处罚力度，且将其他计算机犯罪的适用范围进行了缩小。因此，如果修改数据的目的只是控制计算机信息系统，而且修改行为没有严重破坏数据安全法益，则应用“控制”对该行为进行评价。

五、结论

数字经济时代，数据犯罪的类型会更加多样化，犯罪的手段更加智能化，所产生的危害后果更加严重和多元化。因此，如何让数据犯罪在得到有效、合

---

① 参见辽宁省阜新市细河区人民法院〔2015〕阜细刑初字第 00001 号刑事判决书；山东省菏泽市曹县人民法院〔2016〕鲁 1721 刑初 515 号刑事判决书。

② 参见江苏省宿迁市宿豫区人民法院〔2016〕苏 1311 刑初 520 号刑事判决书；浙江省杭州市滨江区人民法院〔2014〕杭滨刑初字第 106 号刑事判决书。

理规制的同时又能够兼顾数据资源的正常流通与共享，不断促进数字经济的蓬勃发展，这是我们现今及日后需要不断探究的地方。本书所研究的问题及试图提出的观点或许可以为解决此问题尽一点绵薄之力。

本书认为，可以从数据安全三性的角度对数据犯罪的构成进行完善。同时为更好地发挥数据犯罪的刑法规制功能，首先要谨慎认定所评价的行为是否为数据犯罪。数字经济的发展离不开数据的流通，因此对于数据犯罪的入罪要谨慎对待，不能成为数字经济发展的阻碍。其次，要正确厘定数据犯罪与其他犯罪之间的关系。对于传统犯罪，数据犯罪中的数据要进行“去可识别性”“去财产性”“去创造性”，对其运用传统犯罪的定罪量刑进行规制。侵犯数据安全三性法益的犯罪，用数据犯罪进行规制。对于普通计算机犯罪，要区别其行为是对数据安全法益的侵害还是对计算机信息系统安全法益的侵害。

当前，数字经济已经迅猛发展，数据要素的流通和共享也是不可阻挡的趋势。未来，我们要不断完善对于数据犯罪的刑法规制问题，从信息技术层面以及刑事法律层面，双管齐下，不断为数字经济蓬勃发展、国家安全、社会稳定保驾护航。

第九章
国家数据主权视野下跨境数据流动治理的国际合作与协调机制

数据主权是指国家享有对其政权管辖地域内的数据生成、传播、管理、控制、利用和保护的权力，是国家主权在网络空间的核心表现，是保障网络安全，实现信息化的关键所在。跨境数据流动是指数据通过通信系统跨越主权国家边界的运动，它在当前又主要体现为数据基于互联网而在不同国家之间进行传输并存储、处理的现象。本章旨在通过梳理现有研究及理论整合国家数据主权、跨境数据流动相关理论，开展跨境数据流动治理中国际合作与协调实践现状调研，分析其中潜在数据主权风险及需求、国际合作模式及协调需求，最终从法律、政策及技术上构建面向国家数据主权安全需求的跨境数据流动治理国际合作与协调机制，推进国际经济贸易发展的同时维护我国自身数据权益和主权安全，完善全球数据治理体系。

伴随着互联网的兴起与普及，数据时代来临，软件开发、服务外包等数据处理业务的全球分工体系日益成熟，以互联网跨国公司形态存在的社交平台、搜索引擎、电子商务等新业态、新模式更是成为新经济的主要力量，数据已贯穿于日常生活的方方面面。数据主权在一定程度上影响着国家主权，数据主权与一个国家的发展息息相关，一个国家在数据控制方面占据优势，就意味着在全球经济政治文化的发展中把握更多主动权，数据主权时代已然到来。数据主权作为国家主权的一种新形式，重要性不言而喻。信息从数据中提取而来，相比数据更有价值含量，数据主权相当于国家自然资源和领土的所有权，与数据主权相关的权利有信息主权、网络主权、数据权利，先保证了数据主权才有探讨信息主权的基础。网络是各种数据的衍生地和传播媒介，在网络空间中，国家边界依旧存在，对数据的保护和利用是涉及国家主权和利益的一项重要内容。数据主权的重要内容中包括数据跨国流动的管理和控制，表现为数据管理权和数据控制权。

由于历史因素、规制传统及法律系统等方面的差异，各国跨境数据流动规制制度存在显著差异。从不同国家来看，俄罗斯基于国家安全考虑积极主张行使数据主权，全力推进数据本地化；以欧盟及其成员国为代表的国家出于对公民个人数据的严格保护，在实践中也不断强化其数据主权，重视保障国家和个人数据权利，2018 年生效实施的《通用数据保护条例》更是直接扩大了条例的适用范围。而以美国为代表的国家则更加注重大数据所带来的商业利益，虽然其通过 CLOUD 法案确立了域外数据索取权，但整体来看，美国在不同场合积极倡导主张数据跨境自由流动，充分挖掘国内外数据资源价值。总体上来看，各国基于自身数据权益各为阵营，使得通过政府间谈判取得共识进行国际合作治理难以实现。但全球数字经济的这种快速扩张在客观上又要求解决因各国数据规制制度不同而对跨境数据自由流动造成的障碍，促进跨境数据流动治理中的国际合作与协调，形成能兼顾各国数据主权安全与数据跨境流动需求的全球治理机制与体系，因此立足于国家数据主权视野，本书以跨境数据流动治理的国际合作与协调为研究对象，在理论和实证基础上针对性地得出中国方案。

基于目前国家数据主权安全、跨境数据治理的现状及需求，本章首先从国家数据主权兴起与跨境数据流动治理理论厘定切入，系统调研了当前数据主权与跨境数据流动的理论关联及相关研究，界定了两者的具体概念和内涵，为后续研究奠定了理论基础；其次从国际跨境数据流动治理实践调研的实证视角切入，通过文献网络调研了当前国内外为保障数据主权所进行的跨境数据流动治理，探究其治理模式、政策框架、法律体系、技术水平、机构组织等内容，分析其优劣，为后续分析提供实证依据；再次通过国家数据主权视野下我国跨境数据流动主权治理需求研究，结合理论与实证，了解中国目前在跨境数据治理中的大数据主权安全保障现状，分析其中的管辖冲突、利益冲突、标准冲突、知识产权等风险，以及治理需求，从宏微观层面全面剖析治理需求，便于精准施策；复次以国家数据主权视野下跨境数据流动中管辖冲突及成因分析针对国际实际，通过多种渠道调研各个国家、地区的数据流动管辖治理冲突及成因，分析其中的政治经济利益冲突、产权冲突、数据主权矛盾、数据安全风险等方面，以案例分析的方式了解其协调需求，为后期建立合作与协调机制提供参考；最后，基于前文研究，在科学的理论框架内，以国际政策制度为参照依据，以我国的实际需求为起点，从法律、制度、技术三方面搭建面向数据主权安全的跨境数据流动治理的国际合作与协调机制，以国际和我国为主体，提供跨境数据治理提供的对策参考。

一、国家数据主权兴起与跨境数据流动治理理论厘定

本部分通过文献著作、网络调研明确新时代数据主权和跨境数据流动治理的产生背景、理论边界和发展演进，综合应用内容分析及可视化方法明晰其基本内涵、主体边界、行为边界和数据边界，分析其权利体系构成，考察其法理依据、理论基础、形成原因、社会背景及演进机制。

（一）数据主权与跨境数据流动兴起与发展

1. 跨境数据流动带来主权隐忧及国际冲突

数据时代已经到来，加之世界经济一体化发展趋势的快速发展，数据运用打破了传统的本地数据存储模式，开始了数据上传交互融合的流动新形势。数据流动也不只局限于一国的国内范围，更是实现了跨境的数据流动趋势，呈现出整个世界范围内的数据跨境流动势头，彻底打破了原有仅限于一国内部的单一数据流动格局。而大数据时代数据的爆发性增长和急速性传播特点使得数据也很难在固定区域内得以永久保密保存，加之经济发展和文化交流融合的需要，数据的跨境流动已成为不可阻挡的历史潮流。

基于跨境数据流动迅猛发展的全球格局背景和国际上主权国家数据主权维护意识的强化，数据主权的保护被置于至高战略位置。各国纷纷出台众多的数据保护条例和跨境数据流动管理办法，意图建立跨境数据流动管辖权确定依据，进而实现对本国数据主权的维护。各国数据法规的大量建立一方面对于各国的数据运营及流动起到了一定的保护作用，另一方面也带了数据主权下的很多管辖争议和冲突。跨境数据流政策、法律和法规形式因为不同的国家和地区对经济发展量、模型、法律体系的起源和数据主权的目标的独特认同而存在诸

多差异;① 即使在统一的国际法规制下，各国通过国内法确定的管辖权内容、作用对象及归属等规定还是很难实现一致，所以产生了较多基于主权的跨境数据流动中的管辖冲突和矛盾。跨境数据流动中的管辖冲突不仅带来了基于本国制定的数据保护法对本国数据保护的负面影响，使得一国的数据保护成为难题，更是不利于全球范围内的数据自由流动，促进合理管控下数据流动和保护协调统一局面的发展。各国犬牙交错般的数据管辖规定，带来更多的是全球范围的数据管辖局面的混乱、数据滞留、数据贬值和数据无效等负面结果。

2. 相关制度及研究不断涌现但仍需完善和深入

在国际数据权利保护的相关法律制度上，欧盟和美国的法律是研究的核心聚焦点。2018 年 5 月 25 日，欧盟的 GDPR 正式生效。自 2012 年该法案发布草案以来，它就成为个人数据保护领域的焦点。对 GDPR、GDPR 与 1995 年欧盟颁布的《个人数据保护指令》(以下简称《指令》)的比较、重要意义以及会对国际格局和跨国企业发展造成的影响分析不断深入。杨一泽在对 GDPR 进行条款解析的基础上，从理论的角度分析 GDPR 对数据控制者、数据管理者和数据参加者的法律适用性②。在 GDPR 分析的基础上，彭兴建议通过设立信息防御系统，开发系统的信息保护法律体系、设计具体的信息保护条款、明确信息保护监管机构以及构建完善的数据跨境移动规则，来监管中国的征信系统③。除了欧盟的 GDPR 外，美国的域外数据使用有关的法律规范(*Clarifying Lawful Overseas Use of Data Act*，*CLOUD Act*，简称《CLOUD 法案》)于 2018 年 3 月正式生效，颇受关注。许可指出《CLOUD 法案》更新了美国数据主权范围，将其延伸到了技术上的限制，这对国际主权竞争产生了重大影响。④ 洪延青概括了该法案的基本内容，一方面总结了“数据管理标准”的采用，另一方面总结了在美调取存储数据的外国政府机构，认为该法案将允许美国的数据收集走出国门并完全控制美国的数据。⑤ 夏燕和沈天月指出，我国应当借鉴《CLOUD

① 胡炜:《跨境数据流动的国际法挑战及中国应对》，载《社会科学家》2017 年第 11 期。

② 杨一泽:《欧盟个人数据保护条例适用研究》，哈尔滨工业大学 2017 年硕士学位论文。

③ 彭星:《欧盟〈一般数据保护条例〉浅析及对大数据时代下我国征信监管的启示》，载《武汉金融》2016 年第 9 期。

④ 许可:《数据主权视野中的〈CLOUD 法案〉》，载《中国信息安全》2018 年第 4 期。

⑤ 洪延青:《美国快速通过〈CLOUD 法案〉 明确数据主权战略》，载《中国信息安全》2018 年第 4 期。

法案》中的有利思路，在司法协助领域作出前瞻性部署，促进电子数据跨境流动，进而逐步引领跨境数据流动区际或者国际规则的制定①。

关注到跨境数据流动和数据主权的研究也逐渐深入。约翰·伍兹(John Woulds)在《数据保护法则的实践导向》一文中，基于主权维护的角度对于世界上主要国家的数据保护法则开展了细致的对比研究;② 苏姗·艾沦森(Susan Aaronson)认为美欧鼓励双方贸易的同时又限制数据自由流动的重要原因在于跨境数据流动同国家主权的维护有很大关系;③ 伴随着云计算的普及，跨境数据流动导致数据管理规制的难度与日俱增，全球学者对于数据主权给予了更多关注，英国学者朱迪斯·罗霍夫 (Judith Rauhofer)从欧盟的角度，对于跨境数据流动中的数据主权进行了分析探讨④、法国学者普瑞马维拉·德菲利皮(Primavera De Filippi)等基于云计算的集中化处理特点，深层次地分析了跨境数据流动给国家数据主权带来的影响⑤、德国学者马克·莫什加(Marc Mosch)则同样从数据主权维护的立足点，对于跨境数据流动中的用户主体管理方法进行了探讨⑥；美国学者罗博特·比佛利(Robert Beverly)等在跨境数据流动背景下，进一步探讨分析了对数据主权的内涵、分类和边界范围等⑦；而朱迪斯·罗霍夫(Judith Rauhofer)概括性地总结得出数据主权的引入有利于对数据流动

---

① 夏燕、沈天月：《美国〈CLOUD 法案〉的实践及其启示》，载《中国社会科学院研究生院学报》2019 年第 5 期。

② John Woulds, A Practical Guide to the Data Protection Act, http://www.ucl.ac.uk/spp/publications/unit-publications/118.pdf.(2018-07-26)

③ Susan Aaronson, Why Trade Agreements are not Setting Information Free: The Lost History and Reinvigorated Debate over Cross—Border Data Flows, Human Rights, and National Security, World Trade Review, Vol. 14, 2015.

④ Judith Rauhofer, Protecting Their Own: Fundamental Rights Implications for EU Data Sovereignty in the Cloud, University of Edinburgh School of Law Research Paper Series, No. 2013/28, pp. 1-29.

⑤ Primavera De Filippi, Smari McCarthy, Cloud Computing: Centralization and Data Sovereignty, European Journal of Law and Technology, Vol. 3, No. 2, 2012, pp. 1-21.

⑥ Marc Mosch, User-controlled Data Sovereignty in the Cloud, http://www.rn.inf.tu-dresden.de/uploads/Publikationen/ecows2011mosch.pdf.(2018-07-26)

⑦ Zachary N. J. Peterson, Mark Gondree, Robert Beverly, A Position Paper on Data Sovereignty: The Importance of Geolocating Data in the Cloud, http://www.usenix.org/event/hotcloud11/tech/final_files/Peterson.pdf.(2018-07-26)

中的行为主体进行约束，促进跨境流动中的数据保护①。埃哈麦德·莎哈布(Ahmed Shahab)认为跨境数据流动中，由于数据技术的发展和全球各国间的数据保护立法的差异会给国家管辖和数据安全带来威胁，为了解决潜在冲突，最好的解决办法是构建统一的数据管理标准体系。②

(二)数据主权与跨境数据流动理论梳理

1. 数据主权定义及内涵

主权是国家概念的核心。传统的国家主权概念，总是与地理空间因素相关联。随着信息科技的不断发展，网络空间无处不在、无所不及、无人不用，数据资源成为重要的战略资源，网络空间生态与综合国力的格局发生深刻变化，网络空间的国际冲突和安全危机成为国家主权安全的巨大隐患。在此背景下，主权概念开始与地理要素脱离，数据主权成为新的概念分支并占据主权体系版图核心，对国家的日常运行和长远发展产生重要影响，越来越成为综合国力竞争的核心要素。

数据主权是一个国家对其政权域内个人、企业等组织所具备的数据管辖使用、数据获取消除等最高权力，所需承担的数据保护责任包括对个人隐私权和生命财产、企业资产、国家安全的几个方面。根据美国塔夫茨大学的 Joel Zen Ziman 教授的说法，广义上的数据主权既包括国家数据主权，也包括个人数据主权；从行使数据主权的范围的角度来看，当前有两类：窄数据主权和宽数据主权，狭义的数据主权仅指国家数据主权。数据主权的管辖权不仅包括数据本身，还包括与数据关联的设备，技术和数据主体。国内最早提出数据主权包括数据管理权和数据控制权理论的是齐爱民，在此基础上，学者肖冬梅进一步完善了数据权谱系，将数据主权和数据权利作为数据权的两大重要分支，其中数据主权包括数据管理权和控制权，数据权利表示的是数据人格权和财产权，数据人格权包括数据被遗忘权、知情同意权；数据财产权包括数据收益权、可携权。

---

① Judith Rauhofer, Protecting Their Own: Fundamental Rights ImplieatiOIlS for EU Data Sovereignty in the Cloud, University of Edinburgh School of Law Research Paper Series, Vol, 28, 2013.

② Ahmed Shahab, Data Portability: Key to Cloud Portability and Interoperability. https://ssrn.com/abstract=1712565.

2. 跨境数据流动定义及内涵

跨境数据流动是数据的跨越边界的流动传播，但对于“跨境”的定义却不仅仅是简单的物理边界，更多地是指数据传播跨越了无形边界。数据承载着大量的信息，由起初的个人隐私信息逐渐演变为愈发重要的信息资源，正是由于跨境数据流动的作用，各国纷纷出台跨境数据流动管制条例，因而产生了纷繁复杂的数据管辖权冲突问题，处于信息时代社会中，数据以前所未有的方式爆炸增长，网络科技迅猛发展，数据管辖冲突日益尖锐，已迫及国家主权层面。从数据技术处理的角度来看，跨境数据流动指的是数据流动跨越了现有主权国家的实际物理边界的现象，具体体现为一国原有的数据在不同的国家得以搜集整理、分析加工和存储使用。

在进行大量的文献研究之后，在石月学者的观点基础上，本书认为现今跨境数据流动的定义可以从两个维度来理解，第一个维度是数据的流动传输超越了国界；第二个维度是数据在传输过程中虽没有超过物理意义上的国界，但是可以被他国的数据利用主体进行研究和处理。自 1980 年跨境数据流动首次被经济合作与发展组织提出，随着计算机技术等高端的信息处理技术的不断发展和改进，跨境数据流动的相关内涵和定义也在不断发展和完善。

(三)数据主权与跨境数据流动治理关联

进入 21 世纪后，伴随着大数据时代的到来，各国开始意识到国家数据的战略地位，围绕数据这个新型领域建立主权，逐渐成为国家间竞争的新领域①，数据逐渐演变为国家综合竞争的重要资源，数据主权应运而生。数据主权是国家主权的下位权力，是跨境数据流动进程中各国维护本身主权的具体展现形式，是国家主权在大数据背景之下向数据资源领域的延伸体现。

1. 跨境数据流动中的数据主权风险

数据主权是主权国家基于数据客体而产生的权力，因而本书认为数据主权的内容是国家主权相应权利在数据领域的具体展现，它们可分为数据平等权、数据独立权、数据自卫权和数据管辖权，概念定义上同国家主权的相关权利没有太大差异，但需要结合数据领域的特点加以完善。数据平等权体现在跨境数

① Barcomb K, Krill D, Mills R, et al, Establishing Cyberspace Sovereignty J, International Journal of Cyber Warfare and Terrorism, 2013, 2(03), pp. 26-30.

据合作交流中国家能够平等地享有合法的数据资源和国际数据事物中的平等参与地位；数据独立权是指本国的数据管辖使用完全独立自主，不受他国支配影响；数据自卫权是指数据流动上升至国家安危层面，以国家采取防卫行为来实现本国的数据独立和安全防护；数据管辖权是指国家对所拥有的数据和数据相关人事技术、物理设备的支配权力，建立在数据所有权之上，通过使用权展现出来。跨境数据流动已成为不可阻挡的时代潮流，它在给人类的经济政治文化带来繁荣发展的同时，也不可避免地对各国的数据主权造成了一定的冲击。跨境数据流动对于各国的数据主权的影响以数据为载体，具体体现在对数据独立权、数据平等权、数据自卫权和数据管辖权的干涉影响。

(1)数据平等权

数据平等权体现在跨境数据合作交流中国家能够平等地享有合法的数据资源和国际数据事物中的平等参与地位。只有在享有平等的数据资源的前提下，才能保证平等的国际数据事务参与地位，进而实现平等基础上的快速发展。

由于现实中各国数据资源的掌握量并不平均，加之数据也有原始不能直接使用的数据(粗质数据)和经过处理后可直接应用的数据(精质数据)①，两类数据的资源价值差异是较大的，加之跨境数据流动的因素作用，不同发展水平的国家资源实力在数据搜集整理至最终应用的生产线上因为技术能力差异会被进一步拉大。各国在数据资源的占有上存在着巨大差异，美国和西欧地区占有了世界上的绝大部分资源，而其他的国家只占了很少一部分；基于美国在数据资源的绝对优势、西欧地区的地区优势和其他发展中国家的劣势地位，学界以“不平衡三角形”②来概括这种跨境数据流动中的数据资源不均衡现象。跨境数据流动造成了不同发展水平的国家在数据资源的享有上就出现了不均等情况，数据平等权受到了重大影响。基于数据粗细程度的资源差异和经济因素作用下的跨境数据流动更加灵活、便捷和智慧③，拥有技术优势的发达国家在具有原

① 佚名：《外部数据共享应用监控管理平台投标方案》，载百度文库：https：//wenku. baidu. com/view/4913295d0722192e4536f67a. html，2015 年 3 月 31 日上传，最后访问时间：2021 年 1 月 27 日。

② 梁俊兰：《越境数据流与信息政策和信息法律》，载《国外社会科学》1997 年第 5 期。

③ 彭岳：《贸易规制视域下数据隐私保护的冲突与解决》，载《比较法研究》2018 年第 4 期，第 176~187 页。

本资源优势的前提下，因发展中国家没有数据加工提取能力，发达国家便可以低价抢占他国精细数据资源，而欠缺技术的发展中国家甚至会购买由这些国家购买加工后的原本产生于本国的数据，如此，发达国家将实现从发展中国家的资源和经济的双重获取①；与此同时发达国家克服传统经济市场迟缓滞留的难题，凭借跨境数据流动的快捷迅速特点，进一步抢占数据资源，扩充数据优势，数据平等权进一步遭受冲击。

(2)数据独立权

数据独立权是指本国的数据管辖使用完全独立自主，不受他国支配影响。对于独立权，通常人们只是单纯地意识到对外的主权独立，并没有思考对内的主权独立，事实上主权独立包含对内和对外独立两个层面，即国内独立权和国际独立权②，对内主权独立指本国公民和团体均完全服从于本国，对外主权独立指本国国际上的独立自主；以此类推，数据主权也包括对内的国内独立和对外的国际独立，但是由于跨境数据流动的影响，国家的对内对外数据主权独立权都受到了一定冲击。

对内数据主权独立是指本国的数据和数据管制制度、人事技术和物理设备均由本国政府完全管辖，国内公民和其他团队组织均完全服从。针对跨境数据流动对数据主权对内独立权的产生影响较为突出的实例是因为欧洲和美国签署的《安全港协议》，越来越多的欧洲用户数据被传送至美国存储和分析，欧洲很多用户对于本国基于欧盟平台签署的《安全港协议》数据管制制度产生担忧怀疑和不信任，斯洛登事件后，引起了欧洲各国民众的公愤与担忧③，欧洲各国对内的数据主权独立权遭受了重大影响，各国面对国内群众对现有数据跨境制度的担忧不满不得不采取完善措施直至后来《安全港协议》被废除。

对外的数据主权独立是指一国的数据管辖使用完全由本国独立做主，其他国家无权干涉。但由于跨境数据流动致使数据平等权遭受影响，数据资源获取的不平等和国际数据地位的差异致使数据霸权现象产生，严重干涉他国的数据

---

① 卢黎歌、隋牧蓉：《经济全球化的升级与应对：基于人类命运共同体视角》，载《北京工业大学学报(社会科学版)》2019 年第 2 期。

② 周福振：《论国家独立权与国家自由——以〈民报〉为考察对象》，载《太原学院学报(社会科学)》2017 年第 1 期。

③ 马芳：《美欧跨境信息〈安全港协议〉的存废及影响》，载《中国信息安全》2015 年第 11 期。

主权独立。美国于2018年3月正式通过了《澄清域外合法使用数据法案》(*Clarify Lawful Overseas Use of Data Act*, Cloud Act, 即《Cloud法案》), 解释了美国政府访问网络运营商数据的法律域外影响, 但同时限制外国政府访问其的数据, 更引人注目的是建立了以数据控制权取代数据储存位置的司法管辖依据①, 意图建立以自身为主导的数据管理体系。基于跨境数据流动, 数据霸权的扩张将极大程度地干涉冲击他国的数据对外独立权。

跨境数据流动对于数据对内对外的独立冲击带来的不仅仅是一国数据主权的丧失, 更是对全球总体数据保护格局的破坏与腐蚀, 彼此尊重主权独立, 遵循数据主权独立原则, 对于跨境数据流动的合理高效发展大有裨益。

(3)数据自卫权

数据自卫权是指数据流动上升至国家安危层面, 以国家采取防卫行为来实现本国的数据独立和安全防护。数据的战略地位已不再是简单的商业用途, 甚至和一国的国家安危紧密相连, 跨境数据流动的发展给本国数据保护带来了极大的威胁, 若是一国的国家核心数据及相关人事技术、物理设备被外国通过跨境数据流动的渠道所窃取或者干涉, 那么一国基于数据保护的自卫防护战略会泄露或者被破坏, 严重损害一国国内的政治经济稳定和数据自卫权, 进而侵害国家的主权完整。

在跨境数据流动越来越频繁的数据时代, 利用网络等隐蔽渠道进行主权干涉已成为十分严峻的难题, 相比于传统的武力侵犯主权行径, 数据渠道的侵权行为更加具有隐蔽性和迷惑性。不可否认的是数据自卫权的正当地位, 但令人困窘的是自卫权该如何正当行使? 一方面跨境数据流动致使数据流动渠道和涉及主体的查询更加艰难, 这对数据管理技术和法制健全提出了更高的要求, 数据自卫权的行使更加困难; 另一方面, 由于跨境数据流动的广博性, 任何有能力的主体均可参与甚至主宰跨境数据流动进程, 因而成为侵犯他国数据自卫权的主体, 一国的数据自卫甚至将普通公民个体当做防御对象, 数据自卫权的参考面也会更为广阔复杂。

(4)数据管辖权

数据管辖权是指国家对所拥有的数据和数据相关人事技术、物理设备的支

---

① 魏书音:《CLOUD法案隐含美国数据霸权图谋》, 载《中国信息安全》2018年第4期。

配权力，建立在数据所有权之上，通过使用权展现出来。

一国对数据从产生、搜集整理、存储编辑、加工使用及销毁等流程的控制掌握都是数据管辖权的行使形式，但由于跨境数据流动的影响，数据使用流程经历了多个主体，跨越实际物理边界，对国家的数据管辖权行带来了一定的困难。

一方面，跨境数据流动涉及多个数据主体，即从生产者到加工者、最后到服务提供者、再到使用者的流程，而且跨境数据流动也经过了不同的数据传送地点，即发送地—输送地—使用地的地点转换，跨境数据流动所经历的主体和地点均会主张数据的管辖权，因而造成管辖权主张重叠，形成积极冲突。另一方面，当前网络环境中信息传递便是以数据作为依附介质，网络联通本质上就是数据的流动①。网络科技，尤其是云计算技术的迅速发展，使得数据的输送和存储等流程有了更加隐蔽的网络路径，使得数据的管制更加困难。云存储是为了给用户提供存储服务，但云存储还包括有数据的复制、备份、处理及恢复等其他方面的操作②，用户本身上传的数据是唯一的，但经历了云储存等流程之后，数据从用户到存储点再到用户的这个流程中，数据被复制了多次，那么复制的数据的归属权如何？若大量外国用户使用腾讯平台软件，致使原本属于外国管辖的数据全部转移至腾讯公司内部，那么数据管辖权又将为谁所有？各国对此规定不一，没有统一的参考标准，势必造成管辖权的重叠。基于云计算技术的跨境数据流动使各国之间的联系更密切，但同时也加剧了管辖权的冲突。

此外，数据管辖权虽然是国际法给予一国的基本权利，但是各国的数据立法标准不一，尤其是霸权主义的横行对统一的国际跨境数据流动体系造成了巨大威胁，以经济利益为核心的数据流动管制往往追逐利益最大化而非政治稳定最大化，这对各国的数据管辖权造成了重大的损害。跨境数据流动的管辖事关国家的情报搜集、决策制定和技术研发③，世界范围内的数据合法管辖成为广大国家的一致目标。

---

① 顾伟：《警惕跨境数据流动监管的本地化依赖与管辖冲突》，载《信息安全与通信保密》2018 年第 12 期。

② 孙洪洋：《云存储中的数据安全问题研究》，载《信息记录材料》2019 年第 2 期。

③ 张郁安、宋恺：《对新时期跨境数据流动风险的思考》，载《中国信息安全》2018 年第 11 期。

2. 跨境数据流动中管辖权确定的具体原则

本章所指的管辖是国际法上关于国家主权的管辖，即一国在遭遇法律和事实困难的前提下，对本国人和物进行合法管制支配的行为，管辖权的准确划分是国际法的重要问题，目的在于维护主权国家的独立平等①；学界普遍认为国家管辖包含立法管辖、司法管辖和执行管辖三种形式，《美国对外关系法》第401条也将管辖权分为上述三种形式②。这三类管辖权可分为属地管辖权原则、属人管辖权原则、普遍管辖权原则和保护性管辖权原则③。本书管辖权的确立原则也是从这四个方面来进行探讨的。

（1）属地管辖原则

属地管辖，又称领土管辖权或领土管辖权，是指主权国家对在其管辖下的人、物体或事件的管辖权，除了国际法规定的外交特权和豁免外，每个国家可根据本国法律管理和控制这些特权和豁免④。基于主权的至高地位，各国依据属地管辖原则对于国土范围内的人和物都享有最高的管理处理权力，所以各国对于本国境内的人和物都具有管辖权⑤。属地独立划分是主权国家较为直接的体现特征，因而属地管辖原则是主权国家确立管辖权的关键凭据原则甚至是首要参照原则，一国的领土管辖权是排他性的⑥，其领土管辖权优先于其他⑦。依据属地管辖原则，一个国家可以对在该国家领域内进行数据搜集整理传播运输的人员和设备进行合法管辖，并可以要求相关人员和组织遵守本国的相关法律和制度，否则可以予以相应的治理管制，并由此形成了属地管辖模式⑧。

---

① 孟雁北：《竞争法》，中国人民大学出版社 2004 年版，第 3~12 页。

② 中国政法大学国际法学院、国际法大讲堂英文系列讲座第 20 期：《国际诉讼与新的美国对外关系法重述》，http：//news. cupl. edu. cn/info/1016/26850. htm，2018 年 5 月 4 日上传，最后访问时间：2021 年 1 月 28 日。

③ 王顺清：《中国对境外非政府组织境内活动的监管研究》，南京财经大学 2018 年硕士学位论文。

④ 翟语嘉：《“21 世纪海上丝绸之路”框架下能源通道安全保障法律机制探究》，载《法学评论》2019 年第 2 期。

⑤ 英劳特派特：《奥本海国际法》（上卷第一分册），王铁崖、陈体强译，商务印书馆 1989 年版，第 244 页。

⑥ 邵津：《国际法》，北京大学出版社 2008 年版。

⑦ 贺五一、聂小蓬：《近代国际法视野下的“孙中山伦敦蒙难案”和“林维喜案”》，载《太原师范学院学报（社会科学版）》2018 年第 2 期。

⑧ 王锡锌：《网络平台监管管辖需制度革新》，载《检察风云》2018 年第 6 期。

(2)属人管辖原则

属人管辖，又称国家管辖权，意味着国家有权在国内或国外对本国公民行使管辖权，只要是拥有一国的国籍，该国均有权对其进行管辖①。属人管辖原则是跨境数据流动中管辖权确立的重要原则，但在具体的实际跨境数据流动管辖中，属人管辖原则仅适用于某些罪行，例如《联邦共和国法》，其中规定德国有权对在德国境外传播儿童色情制品的德国公民实施司法制裁②；根据《中华人民共和国刑法》第 7 条、第 105 条和第 363 条规定，对于在境外利用互联网等工具进行谣言散布来危害中国主权独立完整的以及传递散发色情低俗信息的犯罪行为都必将受到我国《刑法》的管制和惩罚。

(3)保护性管辖原则

保障管辖权原则是指一国有权对境外外国人侵犯本国利益行使管辖权的原则和标准。③ 在跨境数据流中使用数据保护管辖区是，跨境数据流中的地点和参与者与本国没有联系，但由于跨境数据流，国家是称职的。然而，由于数据的广泛传播和流动，涉及许多国家，这在原则上将在许多国家产生后果。因此，如果盲目采用保障管辖权原则，所有参与跨境数据流动的国家都将申请管辖权，并引起管辖权冲突。根据现有国际法的普遍实践和互相尊重主权的通用原则，主权国家法律对于外国人的约束必须满足长远性或暂时性特点。④ 总结来说，唯独与跨境数据流动中主体和活动发生地直接联系的国家可以凭借保护管辖原则主张管辖权的享有，其他国家不得以争抢政治经济利益为目的滥用保护性管辖原则。因此，保障管辖权原则补充了属地管辖权原则和属人管辖权原则，可以补偿任何一方无法补救的情况，但是保护性管辖原则同时也不得对抗基于领地确立的属地管辖原则以及基于权利主体国籍所确立的属人管辖原则⑤，只能是作为辅助补充性条款。

(4)普遍性管辖原则

---

① 徐开梅:《跨国网络犯罪管辖权研究》，载《中国集体经济》2018 年第 35 期。

② 马章凯:《计算机犯罪与立法完善(上)》，载《中国司法》2001 年第 1 期。

③ 於典:《我国刑法保护性管辖中的双重犯罪原则》，载《法制与社会》2017 年第 32 期。

④ [英]劳特派特:《奥本海国际法》(上卷第一分册)，王铁崖、陈体强译，商务印书馆 1989 年，第 248 页。

⑤ 范复平:《论保护性管辖权的国际法问题》，载《活力》2015 年第 15 期。

普遍管辖原则，是指为了维护全球安全稳定、促进人类社会的和平发展和保障国际共同利益，各国均可以主张对于威胁破坏公共利益的特定行为进行管辖的准则①。普遍性管辖原则也是一项起辅助作用的管辖准则，它的实施须遵循两个前提：第一是严格的地域限制，普遍性管辖原则必须在本国领域内或者其他任何国家都无权管辖的地域内，也就是说在其他国家的领域内无法实行普遍性管辖；第二是严格的被管辖行为种类限制，依据《普林斯顿宣言》②，可依普遍管辖原则行使管辖权的行为主要是明确规定的七种行为，分别是海上盗贼抢夺、运输贩卖奴隶奴役、激发引动战争、实施反和平行为、引发反人类活动、执行种族灭绝屠杀以及实行严酷刑罚。③ 概括来说，普遍性管辖原则在跨境流动中的管辖适用需满足上述两个基本前提，领域限定和行为限定基本上只会在危害国际社会稳定的数据跨境犯罪行为中有所适用。在通常只涉及两国或者少数几个国家间的跨境数据流动引发的经济利益等争夺中，普遍性管辖原则的适用不太现实。

3. 跨境数据流动中的数据主权管辖冲突

跨境数据流动中管辖冲突指对于跨境流动中的数据，两个或两个以上的国家都主张拥有管辖权或拒绝管辖权。本书讨论了一个国家在国际法中的管辖权，具体是指主权国家通过立法活动指定约束管制法规、通过司法行为审判决议法律争端以及通过行政执行行为实施落实审议结果，继而对于跨境数据流动中的基于数据跨境流动创造、变动或者消灭的法律关系进行管理维护，以求实现对于本国的人事主体和物权客体的有序管理，避免因为跨境数据流动引发的政治、经济和文化等领域冲突混乱的权力实施④，同属于主权国家的四大基本权力之一。本书立足于跨境数据流动中的管辖冲突实际，从权属关系上将国家

---

① 高甜：《论普遍管辖原则与国家主权》，载《山西省政法管理干部学院学报》2012 年第 3 期。

② 《普林斯顿宣言》，又译作《普林斯顿普遍管辖原则》，英文全称：*The Princeton Principles on Universal Jurisdiction*.

③ The Princeton Principles on Universal Jurisdiction 28(2001). Prin-ciple 2-Serious Crimes Under International Law 1. For purposes of these Principles, serious crimes under international law include: (1) piracy; (2) slavery; (3) war crimes; (4) crimes against peace; (5) crimes against hu-manity; (6) genocide; and(7) torture.

④ 国家管辖权，https://baike.so.com/doc/6452776-6666461.html，最后访问时间：2021 年 1 月 28 日。

主权引申至下属数据主权领域，将数据理解为“物”或者“元素”，将其视为同领土、领海等实质性元素，研究以数据和相关数据制度、人事设施为管辖对象的管辖冲突，并依据管辖权作用的立法、司法和执行领域，管辖权引起的争议可分为立法、管辖权和执法管辖权冲突。

一般来说，有两种类型的管辖权冲突：消极冲突和积极冲突①。数据管辖权的消极冲突是指具体的某一数据各国均没有设定管辖法律规范，或者各国均拒绝执行管辖的情形；数据管辖权的积极冲突是指不同国家均依据国际法的合法管辖理论确立了本国的数据管辖区域，但不同国家间存在管辖重叠，表现为一种明显激烈的冲突。两种冲突虽然表现形式不同，但是均能造成管辖权无法明确确立的局面，而且管辖冲突的合理解决均需要依据统一的国际法规定。②为了合理解决相应冲突，需要具体情况具体分析，针对消极冲突各国需要明确本国和他国的合法权力以及可能产生对抗的潜在冲突情形，秉承互相尊重主权完整的初衷；对于积极管辖冲突，则需要国际上统一数据管制规定，建立起实际有效的国际规范。③

二、国际跨境数据流动治理实践调研

本部分通过文献网络调研探究当前国内外为保障数据主权所进行的跨境数据流动治理，综合应用比较法、案例法等来探究其中国际合作及协调的治理模式、政策框架、法律体系、宏微观制度、数据流通标准、技术水平、机构组织、共识协议等内容，分析其中的优劣，探讨其可行性和适用性，为后期开展风险厘定和需求分析提供实证依据。

(一)欧盟属地为主属人为辅的区域内效果管辖模式

欧盟主张建立高水平的数据保护基础，在厘清数据主体相关权利、获取数

① 王莘子：《〈协议选择法院公约〉中的国际民商事案件协议管辖制度研究》，载《现代经济信息》2010 年第 18 期。

② Strauss, A. L. (1995), Beyond National Law: The Neglected Role of the International Law of Personal Jurisdiction in Domestic Courts, Harv. Int'l. L. J., 36, 373.

③ 王志安：《云计算和大数据时代的国家立法管辖权——数据本地化与数据全球化的大对抗》，载《交大法学》2019 年第 1 期。

据主体同意、明确跨境流动可信任地区和确保跨境数据流动区域具有同等保护水准的前提下①，实现跨境数据流动的双重价值目标：即跨境数据自由流动和相关数据主体权益保护，且二者缺一不可②。欧盟采用类似《个人数据保护指令》(DPD)③和《一般数据保护条例》(GDPR)④的数据管理政策，这些政策严格限制跨境数据流的自由流动，因此，欧盟对内自由对外限制的跨境数据流动治理体系实际上是为了兼顾内部成员国和外部他国的诉求，是一种折中的治理模式⑤。总体来说，欧盟采取的是一种对欧盟内部鼓励数据自由跨越成员国国界、对外限制数据流出的复合数据政策体系。无论是对内对外，都制定高水平的跨境数据流动管理法制政策，实现有保障的跨境数据自由流动。

1. 对内破除境内数据自由流动壁垒

众所周知，欧盟是由多个欧洲独立主权国家自愿成立的区域性组织，迄今为止，有 28 个成员国，欧盟是世界第二大经济体⑥。虽然欧盟作为个别主权国家的集体共同体在国际政治和经济领域扮演着重要角色，但欧盟的团结一直受到质疑⑦。为了更好地统一欧盟内部市场，在数据管理领域，欧盟主要实施《数字化单一市场战略》(DSMS)⑧、《通用数据保护条例》(GDPR)⑨和《欧盟个

---

① 王赤红、陈波：《跨境数据流动的信息安全策略技术研究与实践》，载《金融电子化》2018 年第 6 期。

② 许多奇：《个人跨境数据流动规制的国际格局及中国应对》，载《法学论坛》2018 年第 3 期。

③ 《个人数据保护指令》，英文全称是 *The Data Protection Directive 95/46/EC*，简称为 DPD 或者为 Directive 95/46/EC，欧盟于 1995 年发布。

④ 《通用数据保护条例》，英文简称为 GDPR，也称为一般数据保护条例，欧洲议会于 2016 年 4 月 14 日通过，在欧盟官方杂志公布正式文本的两年后，即 2018 年 5 月 25 日正式生效，学界普遍认为该政策将会对欧盟的数据保护起到很大的支持作用。

⑤ 沈逸、姚旭、朱扬勇：《数据自治开放与治理模式创新》，载《大数据》2018 年第 2 期。

⑥ 欧盟概况，载外交部网站：https：//www. fmprc. gov. cn/web/gjhdq_676201/gjhdqzz_681964/1206_679930/1206x0_679932/，最后访问时间：2021 年 1 月 27 日。

⑦ 陶短房：《30 名知识分子的大声疾呼和欧洲团结的轻与重》，载《中国经营报》2019 年 2 月 18 日，第 E03 版。

⑧ 《数字化单一市场战略》，英文全称是 *Digital Single Market Strategy*，简称为 DSMS，于 2015 年 5 月由欧盟委员会审核通过。

⑨ 本部分主要探讨 GDPR 在推动实现欧盟数字化单一市场的作用，并非 GDPR 的全部内容。

人数据自由流动框架条例》(以下简称 Regulation)，作为管理该区域数据流动的体系，以促进欧盟内部的各成员国之间的跨境数据流动自由。欧盟于 2015 年 5 月公布 DSMS 的详细计划，提出了 DSMS 下的三大市场支柱：提供优良产品及服务、创造网络数据发展的优势环境和发挥数据流动市场的潜能①，结合跨境数据流动治理研究方向，三大支柱分别对应跨境电子商务数据突破地域以实现跨境便利服务、全面改革欧盟境内的电信通讯制度并加强数据安全管理和推动欧盟范围的数据资源自由流动的欧洲数据自由流动计划②。

通过详细的市场体系规划和监管，欧盟旨在打破欧盟数字市场的障碍，使欧盟的数据的自由流动和经济发展成为现实。在欧盟境内各成员国之间的跨境数据流动问题上，GDPR 明确禁止 1995 年 DPD 确立的以事前备案和许可方式管制个人数据(Personal Data)③跨境流动的政策，只要跨境数据流符合 GDRP 的法律条件④，数据就可以在欧盟成员国内部自由流动，从而规避了之前许可方式引起的官僚主义弊端⑤，GDRP 的使用使欧盟成员国和相应组织无法以保护公民数据为理由限制该区域个人数据的法律流动，消除了欧盟成员国之间数据自由流动的体制障碍。与 GDRP 个人数据条例不同，Regulation 旨在协调欧盟中除个人数据以外的数据自由流动(Non-personal Data)的规则。Regulation 明确规定了三项基本原则⑥，取消了会员国的数据本地化要求，确保会员国当局能够及时获取数据，并确保专业用户能够自由迁移数据⑦。GDPR 和 Regulation 的颁布执行，为个人数据和非个人数据在欧盟境内的自由流动提供了高质量的

---

① 《要闻 · 国际》，载《世界电信》2015 年第 4 期。

② 景珊：《GS1 标准推动〈欧盟数字化单一市场战略〉》，载《中国自动识别技术》2016 年第 5 期。

③ GDPR 第 1 条第 1 款规定：“本条例提出了在欧盟成员国公民数据领域对自然人保护的规则，以及公民个人数据自由流动的规则。”

④ GDPR 第 1 条第 3 款规定：“个人数据在欧盟境内的自由流动，不应出于在个人数据处理领域对自然人的保护而被限制或禁止。”

⑤ 王瑞：《欧盟〈通用数据保护条例〉主要内容与影响分析》，载《金融会计》2018 年第 8 期。

⑥ 闫晓丽：《欧盟数据自由流动立法的启示》，载《中国计算机报》2019 年 2 月 25 日，第 15 版。

⑦ 吴沈括、霍文新：《欧盟数据治理新指向：〈非个人数据自由流动框架条例〉(提案)研究》，载《网络空间安全》2018 年第 3 期。

政策保障和立法支持，在明确 DSMS 规定的核心内容①——推动数据在欧盟境内自由流动的同时，也展现了欧盟数据流动政策对内鼓励数据跨越成员国国界自由流动的特点。

2. 对外制定数据出口限制政策

基于对个人数据隐私的重视，欧盟很早就开始限制区域境内数据的对外传输，并先后制定以 DPD 和 GDPR 等为代表的数据外流的限制体系。在此基础上，还建立了美欧数据流的跨境合作协议，其中以《安全避风港》(*Safe Harbor*)②和《隐私盾协议》③(*EU-US Privacy Shield*)为代表。欧盟对跨境数据流动管理问题实践的研究开始较早，1995 年的 DPD 就将数据流动分成了欧盟成员国内部的跨境数据流动和欧盟对外第三国的跨境数据流动，同时又将欧盟对外第三国的跨境数据流动细分为两种，即符合“充分性原则”(Adequacy)④的第三国和不符合的第三国⑤。之后用来取代 DPD 的 GDPR 也吸继承了这种划分方式，但做了一定的灵活性调整⑥。

根据 GDPR 的规定，跨境数据流动分为五种，第一种是欧盟成员国内部的跨境数据流动。前文已就欧盟境内的跨境数据自由流动做过探讨，故此处不再赘述，余下类别是管理欧盟对外第三国的数据输出。第二种是通过欧盟对外数

① 安全内参：《〈非个人数据在欧盟境内自由流动框架条例〉全文中文翻译》，https：//www. secrss. com/articles/5639，最后访问时间：2021 年 1 月 28 日。

② 《安全港协议》，即 *Safe Harbor*。该协议是 21 世纪初由美国政府同欧盟区域签订的合作协议，主要是针对欧洲数据出口和美国对于欧洲数据的处理等相关内容作了规制，不同于以往的贸易协议，该协议对于欧美之间的个人数据处理和商业发展作了折中约束，但由于棱镜门等事件的影响，于 2015 年 10 月 6 日被欧盟最高法院宣告无效。

③ 《隐私盾协议》，英文全称是 *EU-US Privacy Shield*，于 2016 年 2 月 2 日由欧盟委员会宣布达成，于同年 2 月 29 日正式对外公布，在《安全港协议》被废除之后，欧美之间的数据自由流动并没有结束，而《隐私盾协议》则是美欧双方对于数据经济发展的再次妥协，以求实现数据自由流动中的经济发展和数据保护的和谐统一。

④ DPD 的充分性原则是指欧盟作为数据出口方对数据达到国家的个人数据保护水平认定满足欧盟保护水平进而豁免数据到达国适用数据跨境转移的限制性规定的标准。

⑤ 宋佳：《大数据背景下国家信息主权保障问题研究》，兰州大学 2018 年硕士学位论文。

⑥ 李畅、梁潇：《互联网金融中个人信息的保护研究——对欧盟〈GDPR 条例〉的解读》，载《电子科技大学学报(社科版)》2019 年第 1 期。

据输出的“充分性保护认定”①的“白名单国家”②。相比于DPD规定的“充分性原则”，GDPR的“充分性保护认定”更加灵活：确认国际组织和第三国国内地区、特定行业的保护水平均可以作为评估对象，扩充了评估认定的主体范围。第三种是未通过欧盟向外输出“充分性原则”的国家。这也分为两种情形：一是欧盟境内个别数据输出流动，这只需要个别数据主体同意即可，二是非个别数据向欧盟外第三国输出，需要通过“适当保障措施”③实现数据对外输出，根据GDPR第46条，“适当保障措施”包括具有约束力的商业规则（BCR）④、标准合同条款（SCC）和经批准的行为守则⑤等，即非个别数据向第三国传输需要签订并符合BCR，同时遵守SCC签订跨境数据流动协议，相比于DPD对此内容的规定，GDPR作出了适时的改变：首先，GDPR赋予了正当签订的BCR条款正式的法律规范力；其次，GDPR增加被欧委会承认的欧盟成员国数据监管组织和欧委会共同作为标准合同条款的制定机构；最后，GDPR规定公共机构因数据传输而建立的认证机制、封印或者标示等行为准则被批准后也具有法定约束力。第四种是既不满足“充分性保护认定”又不满足“适当保障措施”的第三国及其企业。此时只有满足一定的例外特殊情形方可实现跨境数据流动，根据GDPR第49条规定，有七种具体情况，包括数据主体在确定风险后仍明确同意数据传输⑥。第五种是连第四种中规定的特殊情况也不满足的情形，此时

① 充分性保护认定是指数据出口国、地区对达到本国、地区个人数据保护充分性要求的国家、地区作出评估认定，对达到本国、地区保护要求的，就可以豁免适用数据跨境转移的限制性规定。

② 充分性保护认定的结果通常以正面名单的形式公布，因此也可称之为“白名单”。例如，欧盟确认了12个司法管辖区具有与欧盟的同等保护水平，包括安道尔、阿根廷、澳大利亚、加拿大、法罗群岛、格恩西岛、马恩岛、以色列、泽西岛、新西兰、瑞士、乌拉圭。

③ 引用自《通用数据保护条例》第46条。

④ 约束性企业规则，英文全称是Binding Corporation Rules，也称为多国企业规章。

⑤ 经批准的行为准则包含认证机制、封印或标识（approved certification me-chanism, seal or mark），引用自《通用数据保护条例》第46条。

⑥ GDRP第49条将特殊情况分为以下7种：(1)提示风险后数据主体仍然明确同意转移；(2)为履行合同义务或缔约前数据主体的请求事项；(3)为了履行对数据主体有利的协议；(4)为了重要公共利益；(5)是立案、起诉或应诉的必要条件；(6)在数据主体由于生理或法律上的原因不能给予同意的情况下，为保护数据主体或他人重要利益所必需；(7)数据转移自依欧盟或成员国法律设置的公示登记簿。

只能在严格满足规定严苛条件①的前提下才能准许跨境数据流动②。

综合而言，欧盟对区域内部的数据管辖采用的是区域化的本地管理，因为统一的法律基础，属地管辖成为其绝对的域内管辖原则；对于区域外的从欧盟流出的数据，GDRP 实现了由“特定区域”到“特定数据搜集行为”的转变，同时具有属地属人原则的虚拟化特性③，欧盟属地原则虚拟化特性体现在仅注重境外数据的域内效果，属人原则的虚拟化特性体现在数据的国际标签进而让数据在境外仍能保持境内受保护的效果。基于此，本书认为欧盟的数据管辖可以概括成一种属地为主属人为辅的区域化效果管辖模式，建立在属地属人的基础之上，但呈现出格外注重因跨境数据流动带来的区域内效果的特点。

（二）美国属人为主属地为辅的全球化扩张管辖模式

从宏观上来看，美国基于经济发展、国家安全和执法便利这三个基点制定本国的跨境数据流动管理政策④。由于美国在技术、信息和经济发展方面长期处于世界领先地位，美国一直主导着政治、经济和文化领域，所以凭借其无与伦比的地位优势坚持认为跨境数据流动应采取自由和开放的办法，以实现数据从世界各国流向本国，并进一步扩大本国的利益；但与此同时，美国通过库存管理严格限制出口数据，特别是相关国家安全数据；此外，美国对于数据出口的严格限制不仅仅体现在核心数据层面，而是对数据主权相关的数据基础物理设施（如与关键数据相联系的技术、敏感数据产品和其他生产设施等）都进行了严格限制。美国旨在在全球数据领域中实现扩张管辖的意图昭然若揭。经过调研探讨，本书认为美国现在正推崇的是一种以属人为主属地为辅的全球化扩

---

① GDPR 第 49 条将严格条件规定为：数据转移不是反复多次进行，且只涉及有限数据主体，且仅为数据控制者追求的合法利益所必需（数据主体的利益、权利和自由更重要时除外），且数据控制者已进行全面评估并据此提供适当保护措施。且数据控制者需要向监管机关通报数据转移，并告知数据主体数据转移及所追求的合法利益。

② 竞天公诚网络安全与数据隐私团队：《如何合法地向欧盟境外转移个人数据?》，载威科先行法律信息库：http：//lawv3. wkinfo. com. cn/topic/61000000515/17. HTML，2019 年 3 月 10 日上传，最后访问时间：2021 年 1 月 28 日。

③ 王志安：《云计算和大数据时代的国家立法管辖权——数据本地化与数据全球化的大对抗》，载《交大法学》2019 年第 1 期。

④ 张衡：《跨境数据流动的国际形势和中国路径》，载《信息安全与通信保密》2018 年第 12 期。

展管辖模式，也有学者①将其概括为长臂管辖(Long Arm Jurisdiction)②。

1. 准许数据自由流入政策体系

在准许数据自由流入政策体系方面，美国通过自身的强国地位与区域、国家等签订合作协议或者成立区域合作组织，主导跨境数据流动的规则制定，进而辅以贸易谈判或是管理共享等方式实现跨境数据流动向美国的自由流动③。其中，具有广泛影响力的政策包括《韩美自由贸易协定》(KORUS FTA)④、《跨太平洋伙伴关系协定》(TPP)⑤、《跨大西洋贸易与投资伙伴协议》⑥(TTIP)⑦、《跨境隐私规则体系》(CBPR)⑧和《美国-墨西哥-加拿大协定》(USMCA)⑨等。

---

① 刘振宁:《"长臂管辖"到底有多长》，载《方圆》2018 年第 24 期。

② 长臂管辖(Long Arm Jurisdiction)，是建立在"最低联系理论"和"效果理论"两种基本原则上的管辖权确定途径。最低联系理论是指案件中的被告若具备在法院所属地实施相应可产生法律效果行为的意思表示，而且可以运用法院所在地的法律来维护自身权益，那么该法院便具备管辖权；效果理论，是指只要境外某一行为对于某国境内产生了"影响"或者"效果"，那么该国便可以依据"效果理论"来主张管辖权，而不需要考虑行为人的国籍和行为的发生地点。

③ 王融:《数据跨境流动政策认知与建议——从美欧政策比较及反思视角》，载《信息安全与通信保密》2018 年第 3 期。

④ 《韩美自由贸易协定》，英文全称是 *Korea-US Free Trade Agreement*，简称 KORUS FTA.

⑤ 《跨太平洋伙伴关系协定》，英文全称是 *Trans-Pacific Partnership Agreement*，简称 TPP，在对于全球区域的经济往来和商业发展做了详细规定的同时，规定内容也扩展到了雇佣职工、国家命脉企业、知识成果法律保护和全球环境等领域。

⑥ 陈浩飞:《论我国竞争中立制度的构建》，湘潭大学 2018 年硕士学位论文。

⑦ 《跨大西洋贸易与投资伙伴协议》，英文全称是 *Transatlantic Trade and Investment Partnership*，简称 TTIP，也被称为美欧双边自由贸易协定，涵盖内容包括商业贸易、物资进口、货物原属产地机制、破除国际商业壁垒、促进农业发展、海上贸易和国际交易便利化等层面。

⑧ 《跨境隐私规则体系》，即《亚太经合组织跨境隐私规则体系》，英文全称是 *Asia-Pacific Economic Cooperation Cross Border Privacy Rules System*，对于满足 CBPRs 数据保护要求标准并予以通过的国家，均可以实现在亚太经合组织区域内部的数据自由流动，展现出了极强的实用性和约束性。

⑨ 《美国-墨西哥-加拿大协定》，英文全称是 *United States-Mexico-Canada Agreement*，简称 USMCA，前身是《北美自由贸易协定》(*North American Free Trade Agreement*，NAFTA)。2018 年 11 月，美墨加三国重新签订了《美国-墨西哥-加拿大协定》，取缔了原有的经济交易协议，该协定顺应了数据时代的发展需求，对于数据经济相关内容作了规定阐述。

特别是，中国和韩国在2012年签署了自由贸易协定。在“电子商务”一章中，KORUS FTA自由贸易协定首次①提到数据自由流动的问题②，并在协定第15.8条中，建议避免对跨境数据流动的障碍和限制，主张缔约国之间的自由流动；而KORUS FTA是在美国于2011年WTO多哈会议上提出破除互联网服务边界限制并促进跨境数据自由流动③却未获得其他成员国普遍赞成④的区域性双边协定，是美国无力主导全球局势后的边界协议。美国在顺利同韩国签订KORUS FTA后，力图将有利于自身利益的数据跨境自由流动政策推广至全球，并设定具有约束力和追溯力的规制款项⑤，在随后的TTP谈判中，美国第一次将具有强制约束力的促进跨境数据流动条款加入协议草案中⑥，强调数据流动的全球属性⑦，旨在打开为维护本国企业发展而阻止国外发达数据服务企业进驻的推行数据本地化存储国家的市场大门⑧，以此夺取市场份额促进自身经济发展。在TTIP中，美国基于大西洋地区(主要是以欧盟为主)没有绝对的对比优势，所以主张对ICT(信息通信技术，即Information Communications Technology，简称ICT)⑨实行趋同监管⑩，以适应欧盟的数据管理体系，基于知识产权的保护也采取了符合美国利益但趋同欧美共同发展目标的合作关系，

---

① 韩静雅：《跨境数据流动国际规制的焦点问题分析》，载《河北法学》2016年第10期。

② 陈咏梅、张姣：《跨境数据流动国际规制新发展：困境与前路》，载《上海对外经贸大学学报》2017年第6期。

③ US and EU Proposal Forbidding Blocking, Inside U.S. Trade, July 5, 2011.

④ WTO Members Seek Services Accord as Doha Stalls, US Says, Bloomberg News, February 3, 2012.

⑤ Susan Ariel Aaronson, The Digital Trade Imbalance and Its Implications for Internet Governance, Institute for International Economic Policy Working Paper Series, IIEP-WP-2016-7: 13.

⑥ Official Says US Tabled Text on Free Data Flow at Vietnam TPP Round, Inside U.S. Trade, July 22, 2012.

⑦ 周念利、李玉昊：《全球数字贸易治理体系构建过程中的美欧分歧》，载《理论视野》2017年第9期。

⑧ TPP Countries to Discuss an Australian Alternative to Data Flow Proposal, Inside U.S. Trade, July 6, 2012.

⑨ 李翔：《通信行业ICT业务发展探讨》，载《通讯世界》2018年第4期。

⑩ 杨文武、谢向伟：《美欧“跨大西洋贸易与投资伙伴协议”对我国的影响及对策》，载《经济纵横》2015年第1期。

在协商基础上减少双方跨境数据流动和经济往来的壁垒①，促进双边贸易的繁荣发展，此外，它还可进一步扩大以 KORUS FTA 自由贸易协定和 TPP 为代表的签署多边协定的进程；事实上欧美之间的《安全港协议》(*Safe Harbor*)和《隐私盾协议》(*EU-U. S. Privacy Shield*)也属于趋同监管数据政策体系，以双边合作监管促进数据自由流动。

针对 CBPR，美国一直积极推行并在 APEC 积极主张跨境数据的自由流动，以便吸收全球数据进入美国，帮助美国企业掌握全球数据控制市场②；美国通过倡导 APEC 成员国在区域内的跨境数据自由流动，实质上促进了美国吸收数据的能力和全球数据的调控③。2018 年 11 月 30 日，在阿根廷首都布宜诺斯艾利斯(Buenos Aires)《美国-墨西哥-加拿大协定》(USMCA)由美墨加三国领导人正式签署通过，取代了原本已有 24 年的历史的《北美自由贸易协定》(*North American Free Trade Agreement*，NAFTA)，USMCA 的通过再次确保了美国在以三方为代表的北美区域的主导地位，确保了区域内美国与其他两国包括经济贸易、知识产权和信息数据的无障碍跨境流动，以达到继续巩固美国在北美区域经济贸易中的核心地位④；USMCA 着重加强了数字经济和知识产权等领域的保护⑤，并单独设第 20 章为知识产权保护内容⑥，目的在于维护以美国为主导的数据信息贸易自由流动，然而这对于他国可能是“毒丸”条款⑦。

---

① 《美欧 TTIP 第二轮谈判结束 双方寻求监管标准一致》，载第一财经日报和讯网：http：//news. hexun. com/2013-11-18/159763361. html，最后访问时间：2021 年 1 月 28 日。

② 洪延青：《美国快速通过 Cloud 法案，清晰明确数据主权战略》，载和讯网：http：//www. globalview. cn/html/societies/info_24334. html，最后访问时间：2021 年 1 月 28 日。

③ 王融：《跨境数据流动政策认知与建议》，载搜狐网：http：//www. sohu. com/a/219667662_455313，最后访问时间：2021 年 1 月 28 日。

④ 李馥伊：《美墨加贸易协定(USMCA)内容及特点分析》，载《中国经贸导刊》2018 年第 34 期。

⑤ [美]杰弗里·弗兰克尔：《美墨加协定的四点变化》，载《中国经济报告》2018 年第 11 期。

⑥ 刘迪、阮开欣：《〈美国-墨西哥-加拿大协定〉知识产权章节评介之商标、版权条款》，载《中国发明与专利》2019 年第 2 期。

⑦ 贺小勇、陈瑶：《“求同存异”：WTO 改革方案评析与中国对策建议》，载《上海对外经贸大学学报》2019 年第 2 期。

2. 限制数据严格流出政策体系

在限制数据严格流出政策体系方面，美国对数据外流管理的限制主要是由于《出口管理法》(EAA)①、《出口管理条例》(EAR)②、《国际武器贸易条例》(ITAR)和医疗服务、经济金融等专业区域的政策法规来进行规制管理的。其中 EAA 的出口管制范围包含商业用途和军事用途，商务部掌管商业用途的相关技术数据、服务设施的出口和流动，而国务院管理军事数据及服务设施出口流动；商业和军事用途的数据流动出口均有专业的管制清单，颁布了《商业管制清单》(CCL)并根据 CCL 将数据分类③进行管理④，数据的跨境流动和出口均需要向商务部和国务院申请得到允许之后方可执行，EAA 对于美国具有保障经济发展和国家安全独立的双重属性⑤。如果说 EAA 是美国物品数据出口的管制基础，那么 EAR 则是数据物资出口的具体管辖实施条例，由商务部审定通过并执行；EAR 对于数据物资的出口国家做了具体分组，即“各国家组”⑥，并用分类编号的方法联系 EAA 区分数据种类和数据流动出口的国家等级⑦，并明确了禁止美国数据出口的以古巴、朝鲜为代表的五个国家⑧；EAR

---

① 《出口管理法》，英文全称 *Export Administration Act*，简称为 EAA。

② 《出口管理条例》，英文全称是 *Export Administration Regulation*。

③ 《商业管制清单》将管制物项分为十个大类：第 0 类：核原料、设施、设备及其他；第 1 类：材料、化学制品、微生物和毒素类物质；第 2 类：材料加工；第 3 类：电子设备；第 4 类：电脑；第 5 类：通信及信息安全；第 6 类：激光与传感器；第 7 类：导航与航空电子设备；第 8 类：船舶；第 9 类：推进系统、空间飞行器及相关设备。在上述每个大类下，都有一个说明，之后按照功能标准又分为 A、B、C、D、E 共 5 组。其中，A 组是系统、设备及零部件，B 组是测试、检验及生产设备，C 组是材料，D 组是软件，E 组是技术。

④ 葛晓峰：《美国两用物项出口管制法律制度分析》，载《国际经济合作》2018 年第 1 期。

⑤ 何婧：《出口管制理论研究》，载《长安大学学报(社会科学版)》2017 年第 6 期。

⑥ 《出口管理条例》740 章附件 1：各国家组。

⑦ 分别为 A、B、D、E 组，C 组保留。A 组国家主要为与美国关系密切的国家或合作国家；D 组和 E 组国家是因特定受控原因而限制适用许可例外的国家，其国家组表格根据受控原因分为 D：1 栏（国家安全）、D：2 栏（核）、D：3 栏（生化武器）、D：4 栏（导弹技术）、D：5 栏（美国武器禁运国家），E：1 栏（“支持恐怖主义的国家”）、E：2 栏（“单边禁运国家”），对每个国家的受控原因在相应栏目中作了标注“X”。B 组国家为与美国关系密切程度次于 A 组国家，未规定限制适用许可例外的受控原因的国家。

⑧ 沈玲：《美国数据出口规则面临重大调整》，载《人民邮电》2013 年 5 月 15 日，第 7 版。

规定凡是从美国国境内出口的技术数据，无论以什么形式到达非美国的服务器，不论是否真的出境，均需申请美国的认可方可执行；EAR 以具体的数据输出国划分分类来严格管制数据的跨境输出，规定全面具体、逻辑严密、体系成熟①，对于美国国内数据的输出起到了严格的管制作用，因而被编写进美国联邦法典第 15 条。

同样因为对于数据输出起到严格管制作用被列入美国联邦法典的还有 ITAR，ITAR 则是专业的军用物品数据管制条例，是以美国《武器出口管制法》(AECA)为基础由国务院编定的具体实施条例②；对于军火数据的管制，ITAR 更为严格，明文规定任何有关军火技术及数据的服务器必须位于美国境内③；基于数据物资民用和军用的分类角度，EAR 和 ITAR 构成了美国现有的主要数据出口跨境流动规则。放眼至医疗和金融等具体的专业领域，美国对于相关数据的出口依旧是采取了严格的管制规定，严格限制美国本土的跨境数据流动。

具体而言，在医疗数据层面，美国立法机构制定并通过了《医疗电子交换法案》(HIPAA)④对其进行管制，对美国公民健康隐私数据进行严格的标准划分和保护规制；在商业金融层面，美国立法机构通过了《金融服务现代化法案》(GLBA)⑤，金融机构对公民私人信息的处理有严格的限制，金融机构必须按照财务隐私原则(Financial Privacy Rule)管理私人金融信息的收集和披露，他们必须按照安全规则(Safeguards Rule)实施安全计划，以保护公民的信息，并遵守预先制定的规则(Pretexting provisions)，禁止使用维护界面来访问或披

---

① 葛晓峰：《美国〈出口管理条例〉许可例外制度研究》，载《国际经济合作》2018 年第 3 期。

② 范海波、李勇鹏：《出口管制为美国固有制度，列入实体清单对相关企业影响有限》，载雪球网：https：//xueqiu. com/8264006640/111548802，最后访问时间：2021 年 1 月 28 日。

③ 沈玲：《美国数据出口规则面临重大调整》，载《人民邮电》2013 年 5 月 15 日，第 7 版。

④ 该法在国内没有统一规范的称呼，一般翻译为《医疗电子交换法案》，也有其他的称谓，美国的规范表达为 *Health Insurance Portability and Accountability Act*/1996，Public Law 104-19，简称为 HIPAA.

⑤ 《金融服务现代化法案》，英文全称是 *Gramm-Leach-Bliley Act*，GLB Act，也称为格雷姆-里奇-比利雷法。

露出口公民的私人信息①，从而实现了对于商业金融数据的严格管控；在电子通信领域，美国外资投资委员会(CFIUS)②要求电子通信的相关基础物理设施应该安置在美国国境内，而与通信相关的用户系列数据、交易转移数据和通信沟通数据只能存储在美国国境范围内③；在关键基础设施领域，美国于2015年通过了《关键基础设施网络安全框架》，对于数据隔离等本地化存储制度做了详细规定，但与此同时又鼓励宽松自由的跨境数据流动政策，并批评抵制他国的数据本地化存储政策制定④，以求凭借自身的技术经济优势来实现对全球跨境数据流动大局的主宰和掌控。

美国凭借自身的技术和经济优势，大力促进跨境贸易数据的自由流动，提倡开放共享的跨境数据流动模式。美国通过对境外数据的准许自由流入和国内数据严格限制流出的差异化政策规制，形成了对自身极为有利的跨境数据流动治理政策，将实现境外数据源源不断地流入，进而实现对数据背后隐藏资源和财富的掌握获取；而国内数据的严格限制出口，则将确保数据主权的极大化保护。综合国内外不同的实践规制，美国的跨境数据流动政策呈现出极强的“对外控制性”⑤。

(三)俄罗斯完全基于属地原则的纯本地化管辖模式

俄罗斯的数据管理政策具有十分明显的本地化存储特征⑥，无论是数据的

---

① 谷安研究院：《国外个人敏感信息与隐私保护法律实践》，http://www.gooann.com/index.php? a=show&c=Index&catid=12&id=235&m，最后访问时间：2021年1月28日。

② 美国联邦政府下属机构，英文全称是The Committee on Foreign Investment in the United States，简写为CFIUS，美国外国投资委员会是一个跨越多个部门的机构间委员会，被授权审查涉及外国在美国投资的某些交易(“涵盖交易”)，以确定此类交易对美国国家安全的影响。

③ 付伟、于长钺：《美欧跨境数据流动管理机制研究及我国的对策建议》，载《中国信息化》2017年第6期。

④ 赵艳玲：《浅谈美国〈提升关键基础设施网络安全框〉》，载《信息安全与通信保密》2015年第5期。

⑤ 沈逸、姚旭、朱扬勇：《数据自治开放与治理模式创新》，载《大数据》2018年第2期。

⑥ 卧龙传说：《俄罗斯“个人数据保护法”任性实施 从“存储本地化”到数据安全之路还有多长?》，载《信息安全与通信保密》2015年第10期。

搜集处理或者存储都必须在俄罗斯境内、使用俄罗斯的数据库。而对于数据主权的重视和保护是俄罗斯制定本地化存储的跨境数据流动管理政策的主要原因①，由于数据搜集整理、处理加工、存储和使用的软件设施数据库等都属于俄罗斯，避免了数据因跨境加工整理或存储等带来的归属权异议，从而建立了基于属地原则的纯本地化的管辖模式。

1. 对内严格执行本地化存储

俄罗斯对于数据的管理和保护的探讨也较早，在本世纪初就建立起比较完善的数据治理保护政策体系②。目前形成了以《关于信息、信息技术和信息保护法》(以下简称《信息保护法》)③和《俄罗斯联邦个人数据法》(以下简称《个人数据法》)④两部专门的国家立法为核心，以《俄罗斯联邦大众传媒法》⑤《俄罗斯联邦安全局法》⑥《俄罗斯联邦外国投资法》⑦等法律为辅助支撑的跨境数

---

① 宋佳：《大数据背景下国家信息主权保障问题研究》，兰州大学2018年硕士学位论文。

② 胡炜：《跨境数据流动的国际法挑战及中国应对》，载《社会科学家》2017年第11期。

③ 《关于信息、信息技术和信息保护法》，英文：*Russian Law on Information, Information Technology and Information Protection*，俄文：Закон о защите информации, информационных технологий и информации，2006年版本由第149号法令颁布通过。

④ 《俄罗斯联邦个人数据法》，英文：*Russian Federation Personal Data Act*，俄文：Закон о личных данных Российской Федерации，2006年由第152号法令通过。

⑤ 《俄罗斯联邦大众传媒法》，英文：*Russian Federation Mass Media Act*，俄文：Закон о средствах массовой информации в Российской Федерации，该法颁布背景为苏维埃社会主义共和国联盟解体前后，由新成立的俄罗斯通过，编号为2124—Ф1，主要是对俄罗斯境内的大众传媒进行规制约束，并对于境外向俄罗斯境内的新闻传媒数据流入进行了规定。在具体内容上，《俄罗斯联邦大众传媒法》对于新闻传媒的主体对象(涵盖媒体及其记者、公民大众和社会组织)、主体间权利义务关系、跨越国境的新闻合作和违约责任承担等层面做了明确的界定约束。

⑥ 《俄罗斯联邦安全局法》，英文：*Russian Federation Security Agency Act*，俄文：Закон об Агентстве безопасности Российской Федерации，该法案于1995年2月由俄罗斯联邦议会审查决议通过，并在同年4月由国家总统签署公布，主要是对于联邦安全局的职能目标、组织建构、法律依据和行动指南等作了明确规定，并对于联邦安全局职能的具体行使区域、权利义务和监督责任等具体内容做出了部署安排，提升了操作的实践性。

⑦ 《俄罗斯联邦外国投资法》，英文：*Foreign Investment Law of the Russian Federation*，俄文：Закон Российской Федерации о иностранных инвестициях，于1999年6月由俄罗斯审议通过，并随后由总统签署颁布。《俄罗斯联邦外国投资法》对于外来国家企业的资金投入相关内容做了细致规定，并明确了外来投资者在俄罗斯国内的投资条件和基准。

据流动管理政策体系①。在2013年的“棱镜门事件”②之后，俄罗斯为了维护本国的数据安全，对《信息保护法》《个人数据法》两部专业立法于2014年先后进行了两次修改，明确规定俄罗斯公民的个人数据必须在俄罗斯境内存储和处理，由此确立了俄罗斯境内留存的跨境数据流动管理体系，具有十分鲜明的本地化存储特征③。俄罗斯境内留存的跨境数据流动管理体系建立在《信息保护法》和《个人数据法》两部专业立法的两次修改基础之上，具体而言，俄罗斯境内留存数据流动政策体系又包括以下几个层面：

(1)俄罗斯公民个人数据、相关数据和数据库必须存储在俄罗斯境内

2014年5月俄罗斯依据普京签发的联邦第97号法令对《信息保护法》进行了修改，修正案规定俄罗斯境内的网络数据运营者必须在俄罗斯公民获取、编辑和传达类似于图片影像、文字语音和其他相近电子数据的半年之内将这些数据以及俄罗斯数据用户信息存储于俄罗斯境内；同年7月，俄罗斯依据第242号联邦法令对于《信息保护法》进行第二次修订，要求俄罗斯用户的数据信息自产生到消灭的全过程行为必须在俄罗斯境内的数据库中运行，且这是法律规制的强行义务，由此确立了俄罗斯个人数据等和数据库必须在俄罗斯境内存储的原则。该修正案于同年8月执行。

(2)俄罗斯公民的个人数据的处理活动必须在境内进行，即使用俄罗斯数据库

2014年7月，俄罗斯依据第242号联邦法令对《信息保护法》修改的同时也对《个人数据法》进行了修订，在网络数据运营商的数据库选择上进行了严格限定，即必须使用俄罗斯国家过境内部的数据存储系统。由此确立了俄罗斯公民数据处理活动必须在俄罗斯境内进行的本地化处理原则，体现了俄罗斯跨境数据流动政策境内留存的特点。

(3)俄罗斯数据使用者对于政府有数据告知、协助相关部门执法的约束义务

---

① 何波：《俄罗斯跨境数据流动立法规则与执法实践》，载《大数据》2016年第6期。

② “棱镜门事件”是指美国对于全球其他国家情报数据进行监听获取的计划泄露事件，该计划自2007年便由美国国家安全局执行，由前中情局(CIA)职员爱德华·斯诺登(Edward Joseph Snowden)将两份绝密资料交给英国《卫报》和美国《华盛顿邮报》报道公开。

③ 胡炜：《跨境数据流动的国际法挑战及中国应对》，载《社会科学家》2017年第11期。

在2014年对《信息保护法》第一次修改中，修正案以行政处罚和一定数额的罚款对俄罗斯境内的数据传播和运营商进行强制义务限定，要求运营服务者配合俄罗斯政府的数据安全保障机构的数据保卫和其他政府机构的数据调查工作，以法定义务约束了本国的跨境数据流动中的数据使用者。在数据使用者义务的过程中，全方位掌握本国数据流动，是一次更进一步的探索，有助于促进本国数据管理和保护战略的完善落实。

通过对数据管理的两次立法，俄罗斯实现了处理和储存本国公民数据环节在本国境内的禁锢，并依据义务约束实现了政府从数据搜集、存储修改和跨境流动等多个环节的全程监督，由此确立了具有鲜明特色的本地化存储的境内留存数据流动管理政策体系①，有利于在国际跨境数据流动中更主动地掌握本国数据。②

2. 对外奉行属地主义政策

(1)公民数据及相关数据、数据库存储地的固定稳定属地原则适用根基

根据2014年俄罗斯对《信息保护法》的两次修改，明确确定了俄罗斯公民数据及相关数据信息、数据库的存储地均为俄罗斯境内，并明确了俄罗斯公民数据从搜集整理、加工提取和储存等流程都务必强制在本国国境内进行的硬性规则，从而稳固了属地原则的适用，俄罗斯可以实现对境内的数据实行独立管辖。

(2)俄罗斯数据库的强制唯一使用继续稳固属地主义原则的适用地位

2014年俄罗斯对《个人数据法》的修改，明确了俄罗斯数据库的唯一选择使用，继而避免了因使用他国数据库或者服务技术等软硬件基础服务设施而产生数据管辖权的争夺问题，避免2018年美国CLOUD法案中“数据控制者标准”在俄罗斯生效就是最好的一个证明，在俄罗斯境内传统的属地管辖原则仍继续适用③。俄罗斯数据库的强制唯一使用避免了因他国数据库适用导致的管辖原则确立不一致的情形，稳固了属地主义原则在确立俄罗斯境内数据管辖权

---

① 何波：《俄罗斯跨境数据流动立法规则与执法实践》，载《大数据》2016年第6期。

② 黄志雄、王楚乔：《谷歌〈数字安全与正当程序：云时代的政府跨境获取标准的现代化〉白皮书评析》，载《信息安全与通信保密》2018年第3期。

③ 《案例丨俄罗斯跨境数据流动立法规则与执法实践》，载中国大数据产业观察网站：http://www.cbdio.com/BigData/2017-01/18/content_5433896.htm，最后访问时间：2021年1月28日。

的适用地位。

(3)俄罗斯数据使用者协助政府和执法部门的义务约束规定体现属地原则

俄罗斯的数据使用者可以依据国籍分为俄罗斯使用者和外国使用者，俄罗斯对于本国数据使用者实行管辖，要求数据收集者承担数据告知义务或者协助政府和相关执法部门，这是非常明显地基于属地原则的一国内部的自我管理控制；对于俄罗斯数据的外国使用者，如同上文中对于“欧盟的数据”属地原则的虚拟性与案例探讨一样，俄罗斯对境内外的数据使用者给予数据告知和协助义务也是属地原则的虚拟拓展，可以避免因实际领土的限制致使域外数据管辖权丧失的情形。

俄罗斯的数据管辖模式建立在数据的本地化存储基础之上，结合俄罗斯对于数据主权的高度重视，我们不难理解俄罗斯留存境内储存模式下的完全属地原则的适用，目的就是实现对于俄罗斯数据主权的维护，避免他国的侵害。他国数据使用者想要使用数据则必须满足俄罗斯 2014 年前后两次颁布的关于主要国家数据立法确定的前提条件。数据的管辖权还是确立在俄罗斯的手中，属地管辖原则在境内留存的数据流动管辖体系下可以实现俄罗斯对其数据的管辖适用。

三、国家数据主权视野下我国跨境数据流动主权治理需求研究

本部分基于理论与实证了解中国目前在跨境数据治理中的大数据主权安全保障现状，综合采用 PEST 分析、博弈分析等方法分析其中存在的管辖冲突、利益冲突、标准冲突、知识产权、技术及国家安全等风险，以及治理机制需求、技术体系需求、公共政策需求和法律制度需求等，分析其风险及需求的层级结构和重要程度，从宏微观层面全面剖析治理需求，便于精准施策。

(一)我国跨境数据治理中的大数据主权安全保障现状

随着国家数据主权安全的风险来源日趋多样、程度加剧，国家数据主权安全制度保障体系的构建已变得不可或缺。如果说在全球数据洪流中筑牢数据边界是一种被动的自卫措施，那么构建制度保障体系捍卫国家数据主权安全更是一种主动的应对。我国在主权域内视角下搭建了较为完善的立法体系，通过法

律、行政法规、司法解释、国家标准等形式对国家安全、网络安全及个人隐私安全等层面构建了全方位的保障体系；在主权域外视角下对特殊领域给予特别重视，通过行业管理办法及管理条例，对行业重要数据类型及存储方式、出境要求及出境方式予以规范，以保障国家的网络安全。下文将分别就主权域内视角下的数据保护、主权域外视角下的数据跨境，以及国内分行业数据应用及相关治理现状进行梳理。

1. 数据本地化与出境安全评估结合治理的政策体系

中国的跨境数据流动治理政策体系体现出一种“松弛有度”的管理智慧①。我国结合数据保护和跨境流动的双重需求，建立起本地化存储同出境安全评估相结合的跨境数据流动治理政策体系。具体而言，分为以下几个层面：

(1)数据本地化存储法制政策体系

数据本地化并不等同于严格禁止跨境数据流动，只是一国将在本国国内产生或者搜集的数据存储在境内限制或者禁止流动，我国现行的跨境数据流动治理政策法制体系从其发展过程来看可以分为具体数据领域管制和统一数据领域管制。

第一阶段(《网络安全法》颁布之前)，即具体领域分散立法阶段。在这一过程中，对于数据本地化的立法规制主要体现在具体的数据领域或者说是国家重要领域，如经济金融、信息通信和医疗健康等关键领域，此时各个领域采取分散的本地化存储立法模式，并没有严格统一的本地化立法参考依据。例如，《网络出版服务管理规定》对于网络出版服务的相关出版设施和数据服务器的存储位置都应该位于中国境内；而《征信业管理条例》则规定只有都在中国境内搜集、整合、加工编辑和保存的数据才能够被采集；而《地图管理条例》和《人口健康信息管理办法(试行)》则仅需要满足搜集数据的存储位置位于中国境内即可……该阶段的每个具体的数据管理条例对于本地化存储的要求和依据原则都不一致，本报告也无法穷尽，但是他们都无一例外地展现出了一定的本地化存储特性。

第二阶段(《网络安全法》颁布之后)，即全国境内统一立法阶段。2016 年 11 月，《中华人民共和国网络安全法》正式公布，由此开启了我国网络治理的

---

① 胡炜：《跨境数据流动的国际法挑战及中国应对》，载《社会科学家》2017 年第 11 期。

新篇章，对于我国网络环境的治理、网络安全的维护和网络未来发展的格局都进行了宏观规划①。《网络安全法》规定，由“关键信息基础设施运营者”在中国境内收集和产生的重要数据②都应该存储在中国境内③，以此为基础确立了中国境内各领域的数据本地化存储统一立法参考依据，并对存储数据类型和义务承担主体做了详细界定，有利于本地化存储法制体系的规范化。《网络安全法》第一次从国家统一立法高度对于跨境数据流动管理进行了规定，立法层级和立法位阶都得到了极大化提升，有利于对于本地化存储的领域覆盖和数据规制类型的扩展，在跨境数据流动管理中起到了关键作用。④

数据本地化立法从具体领域分散立法到我国境内统一立法的发展过程是数据实际发展的需要，也是对于数据保护的需要，但数据本地化不应该是对数据处理的最终结果。我国在实现数据本地化存储以保存数据安全的同时，也应该不断完善跨境数据流动外出的管理机制，正如同改革开放对于中国经济发展的巨大促进作用一样，实现主权独立且安全稳定的数据对外双向流动将进一步促进中国的数据进步和经济发展。

(2)数据出境安全评估政策体系

数据出境，即网络运营商等经营业务人员通过网络等方式，将在中国境内搜集和整理的个人数据或者重要数据，凭借业务开展、服务供给或者产品运营等形式转移至中国境外的数据使用者(包含国家、组织和个人)的活动行为⑤。数据出境安全评估的目的在于规避数据跨境流出后的安全风险，降低因数据跨境流出及被多次转移后，被修改、传播和滥用等途径导致的数据流出产生的危害⑥。现阶段，我国数据出境安全评估政策构建主要包括：《网络安全法》《个

① 《网络安全法出台(内容+解读)》，载中国人才网：http：//www. cnrencai. com/zengche/529041. html，最后访问时间：2021 年 1 月 28 日。

② 肖建华、柴芳墨：《论数据权利与交易规制》，载《中国高校社会科学》2019 年第 1 期。

③ 《中华人民共和国网络安全法》第 37 条。

④ 邓志松、戴健民：《〈网络安全法〉时代数据跨境传输的企业合规挑战》，载《汕头大学学报(人文社会科学版)》2017 年第 5 期。

⑤ 《数据出境首先做好安全评估》，载中国贸易新闻网：http：//www. ccpit. org/Contents/Channel_4131/2018/1122/1090877/content_1090877. htm，最后访问时间：2021 年 1 月 28 日。

⑥ 张金平：《关于数据出境安全评估办法征求意见稿的若干意见》，载《信息安全与通信保密》2017 年第 6 期。

人信息和重要数据出境安全评估办法(征求意见稿)》《信息安全技术数据出境安全评估指南(征求意见稿)》①三项法律文件。

数据出境安全评估制度最先是由《网络安全法》在第37条规定的，该项规定“因业务需要”，的确需要向国外输出数据的，需要由“国家网信部门或者国务院相关部门”对需要出境的数据与本地化存储的内容相比对②，符合条件的方可出境流动。关于数据出境的安全评估制度《网络安全法》仅做了原则纲领上的规定，并没有做详细阐述，缺少实际可执行性，因而需要具体的配套措施③。因而《个人信息和重要数据出境安全评估办法(征求意见稿)》和《信息安全技术数据出境安全评估指南(征求意见稿)》应运出台。

2017年4月，国家互联网信息办公室发布《个人数据和重要数据出境安全评估办法(征求意见稿)》④，构建了关于个人数据和重要数据的出境安全风险评估规则体系。不同于《网络安全法》的宏观原则规制，《个人数据和重要数据出境安全评估办法(征求意见稿)》体现为具体评估规则等内容的规定阐述，这一方面是由《个人数据和重要数据出境安全评估办法(征求意见稿)》的下位法属性决定的，另一方面也展现出《个人数据和重要数据出境安全评估办法(征求意见稿)》的内容制定的详细性和可操作性。《个人数据和重要数据出境安全评估办法(征求意见稿)》在数据安全的基础上，对评估机构、评估人员、公民和私人跨境数据流制定了具体要求，将跨境数据流的关键内容与数据主体的具体自我评估内容相结合通过对监管机构的评估，使跨境数据在明确的参考和实用性基础上流动，同时也有利于我国出境数据的安全维护。

2017年5月，全国信息安全标准化技术委员会发布《信息安全技术数据出

---

① 《数据出境首先做好安全评估》，载中国贸促会网站：http：//www.ccpitly.org/index.php？r=czrz/98/2131，最后访问时间：2021年1月28日。

② 李振辉：《大数据视域下学校教育统计档案工作面临的挑战及其对策》，载《兰台内外》2018年第5期。

③ 瑛明律师事务所：《〈网络安全法〉重要配套措施一览表》，载腾讯网：https：//mp.weixin.qq.com/s？__biz = MjM5NjYwODI4MQ% 3D% 3D&idx = 1&mid = 2651861035&sn = 8e16f56f3f88fa2e45f8b0c951924bbb，最后访问时间：2021年1月28日。

④ 《国家互联网信息办公室关于〈个人信息和重要数据出境安全评估办法(征求意见稿)〉公开征求意见的通知》，载中国网信网：http：//www.cac.gov.cn/2017-04/11/c_1120785691.htm，最后访问时间：2021年1月28日。

境安全评估指南(征求意见稿)》①，是在《个人数据和重要数据出境安全评估办法》的基础上进行了细化和补充。对于数据跨境流出的具体方案、过程和注意事项都做了具体标注阐述，将数据识别的具体指南附在文后②，并列举了含石油天然气、煤炭和电力在内的共28项关键行业的数据分类③。《信息安全技术数据出境安全评估指南(征求意见稿)》作为《个人数据和重要数据出境安全评估办法(征求意见稿)》的具体划分和补充④，具有极强的实际操作性，为行业的数据管理提供了明确的参考依据，有利于对于跨境数据的流出实现合理合法管控。

基于上述三项基本的数据出境管理制度，我国现在形成了数据出境安全防范的风险规避制度，为全国各行业的数据出境管理提供了明确的参考依据，并且保证了实践操作的可实施性，但其也需要一个不断完善拓展的过程。

2. 基于属地管辖的跨境数据流动本地化管辖模式

基于数据本地化存储和出境安全评估的立法及配套的政策规制，我国现行的跨境数据流动管辖模式呈现出极强的依靠领土原则的属地管辖特性。我国一直主张数据强国战略，但在跨境数据流动管辖层面上，还是基于本国的属地确立管辖权，这一方面体现出我国恪守国际平等独立原则，不干涉他国数据主权的大国形象，但另一面也显示出我国在数据管辖上域外效力不足的特性，在数据主权的维护上还是以稳定本国数据保护根基为基础，对外的主权保护主张机制还有所欠缺。

(1)《网络安全法》奠定跨境数据流动属地管辖模式根基

---

① 信安秘字2017024号《关于开展国家标准〈信息安全技术 数据出境安全评估指南(草案)〉征求意见工作的通知》，载全国信息安全标准化技术委员会网站：https：//www.tc260.org.cn/front/postDetail.html？id=20170527173820，最后访问时间：2021年1月28日。

② 《重要数据识别指南》，载全国信息安全标准化技术委员会网站：https：//www.tc260.org.cn/ueditor/jsp/upload/20170527/87491495878030102.pdf，最后访问时间：2021年1月28日。

③ 《重要数据识别指南》，载全国信息安全标准化技术委员会网站：https：//www.tc260.org.cn/ueditor/jsp/upload/20170527/87491495878030102.pdf，最后访问时间：2021年1月28日。

④ 曹诗权：《习近平关于网络安全法治的重要论述研究》，载《公安学研究》2018年第1期。

《网络安全法》不仅仅是我国首部综合型的互联网安全保障立法，更是基于网络强国的注重网络主权提升，为网络参与者提供了具有广泛意义的参考准则和依据。《网络安全法》建立了数据出境安全评估的基本组织框架，要求关键信息基础的运营者在中国的属地管辖范围内因商业运营等途径获取的公民私人数据和关键数据必须存储在中国国内，与俄罗斯的本地化存储有异曲同工之效。基于数据基础设施和数据搜集整理的存储地均限制在中国属地境内，实现了对于数据从产生地域到存储地域的全称管控，可以保障我国建立在属地管辖原则上的数据主权保护，由此确立了我国跨境数据流动的属地管辖模式。另外鉴于《网络安全法》的统一领导规制作用，其他具体配套的数据保护立法和政策体系都确立了以其为原则依据的属地管辖规制体系，形成了"众星捧月"式的跨境数据流动属地管辖立法。

随着《网络安全法》正式通过，国家互联网信息办公室对外发布了《国家网络安全战略》①，继续开展"关键信息基础设施"的保护工作，并将习主席在网络安全治理和网络命运共同体构建中提出的"四项原则"②和"五点主张"③落实在战略要求中，构建了基于属地管辖原则上的网络主权行使诉求。

《国家网络安全战略》作为战略任务时再次强调"保护关键信息基础设施"的重要作用，基于属地管辖的关键信息基础设施的保障不容忽视，继而结合前文已经阐述的出境安全评估体系，属地管辖原则继续被强化。《国家网络安全战略》基于世界互联网发展的现实基础和国家领导层面的战略规划，对于数据

---

① 陶国银：《全球治理视域下网络空间治理的问题研究》，中共中央党校2018年硕士学位论文。

② 四项原则：尊重网络主权（Respect Internet Sovereignty）、维护和平安全（Maintain Peace and Security）、促进开放合作（Promote Openness and Cooperation）、构建良好秩序（Cultivate Good Order）。

③ 五点主张：加快全球网络基础设施建设，促进互联互通（Speed up the building of global internet infrastructure and promote interconnectivity）；打造网上文化交流共享平台，促进交流互鉴（Build an online platform for cultural exchange and mutual learning）；推动网络经济创新发展，促进共同繁荣（Promote innovative development of cyber economy and common prosperity）；保障网络安全，促进有序发展（Maintain cyber security and promote orderly development）；构建互联网治理体系，促进公平正义（Build an internet governance system and promote equity and justice）。

管辖权的保护基于属地原则进一步强化，有利于配合《网络安全法》本地化存储原则实施。

(2)《个人信息安全规范》继续助力跨境数据流动属地管辖

《个人信息安全规范》于2018年5月起正式开始实行，是对《网络安全法》在个人数据领域规定的具体划分。《个人信息安全规范》的最大化亮点是，结合个人主体的"同意"和出境安全评估机制，从而实现中国国境内部的数据的向外流动，体现出基于中国国境内的数据主体同意前提的重要性，但本质还是属地原则的约束作用，即属地范围的数据主体的同意和流出属地范围之外。前文所述的其他数据的安全评估机制同样适用于《个人信息安全规范》，只是数据类别不同，但最终的目的都在于实现基于属地原则确立管辖权获得及维护。但需要指出的是，《个人信息安全规范》并不能自主实现全部的数据出境活动，必须在遵循《网络安全法》同前述的数据安全评估机制方可实现安全保证前提下的跨境流动。

(二)我国跨境数据治理中的大数据主权安全保障现存问题与风险分析

虽然我国在跨境数据流动治理上已经形成了基于本地化储存和出境安全评估的跨境数据流动治理政策体系，并形成了符合主权维护和尊重他国主权的管辖模式，但基于跨境数据的广博性、多样性以及跨境数据流动管辖的复杂性、利益争夺性，从法律法规的具体内容和管制实践的实际成效来看，我国的跨境数据流动治理体系和管辖模式还是存在一定的问题和不足。①

1. 我国现有跨境数据流动治理政策体系的不足

(1)治理目标呈现偏向性

不同于国际上对于跨境数据流动治理的治理政策体系，国际上大多积极促进国际双边或者多边之间的数据双向性的跨境流动，以求实现经济发展和国家数据主权维护，而我国则主要是采取本地化立法和出境安全评估机制限制数据的流出，呈现出极强的单边管控性，但我们应该认识到将跨境数据流动的双向

① 惠志斌、张衡：《面向数据经济的跨境数据流动管理研究》，载《社会科学》2016年第8期。

性简单地转化为限制性管辖并不利于我国的数据对外融合交流，也不利于汲取外在的先进技术和发展经验，现有的单边管控型跨境数据流动管理体系的目标产生了一定的偏差，即跨境数据流动治理的目标并不在于数据管理制度的建立，而是为了实现数据交流进而促进经济发展并保证数据安全。而现有的数据本地化立法和出境安全评估机制对我国数据安全起到重要维护作用，实现了主权独立下的数据安全保障，但同时一定程度上也限制了数据的正常流动，这是我国现有管辖体系不足的影响结果，也是基于国际数据流动缺乏平等性的自我防范方式，随着中国跨境数据流动规制体系的完善和综合国力的增强，这一主旨的偏向性会逐渐改变，增强数据安全前提下的数据交流合作。

（2）治理重心呈现失衡性

不同于以欧盟数据治理体系为代表的基于个人数据权的强化趋势和以美国为代表的重视企业经济发展对于数据的需求鼓励态度，我国的跨境数据流动治理政策体系主要是强调数据主权维护下的以国家为主导的对于个人数据和商业机密的控制管理，缺乏对于个人和组织的数据自我管理权能的肯定与支持，跨境数据流动治理政策体系管理重心呈现失衡性。个人、组织和国家的数据权益维护是一个有机整体，应以数据主权为核心，以国家为引导为主导，但是若过多地强调国家的治理限制将导致对于个人和组织的数据权能剥夺，不利于激发数据市场的活力和潜能，同时也会带来国家跨境数据流动限制范围、力度的扩张和数据治理制度的僵化，不利于实现数据自由流动和保证数据安全的治理目标。

（3）治理力度呈现匮乏性

我国的数据立法和治理体制建设起步较晚，还未能像欧美那样建立起完整系统的数据治理政策体系，在数据管理立法上未能建立起像欧盟的 DPD 和 GDPR 等具有极强约束力和影响力的数据立法，也未能建立起区域间类似于《安全港协议》和《隐私盾协议》等完整的数据协作协议，而是基于单一的数据保护立法和零散的管制条例为主要依据。对于数据管理，松散的保护标准、零乱的管理体系和落后于人的数据制度所带来的结果只能是管理体系的管理力度呈现匮乏性。这具体体现在一方面数据管理立法缺乏权威性，在具体实际中缺乏威慑力，尤其是在对外与数据强国的数据交流中屡屡碰壁①；另一方面法律

① 流年：《探水中国市场屡屡碰壁 Facebook“中国梦”难圆？》，载《互联网周刊》2018年第 16 期。

法规只做粗略性的原则阐述，数据管理政策的具体执行缺乏实际操作性，在实际操作中难以执行。而缺乏强力管理力度的跨境数据流动治理政策体系也很难实现数据主权保护下的跨境数据流动管理和经济发展。

(4)国际协作呈现缺失性

我国现行的跨境数据流动治理政策体系主要是强调数据的本地化存储和出境安全评估结合模式下的数据自主，虽然在一定程度上保证了我国的数据主权独立和完整，有利于我国独立自主地处理我国的数据管理事宜，但是一旦产生数据管理争议或者是政治经济文化领域中基于数据流动产生的具体问题，我国却没有可以依据的已充分建立的双边或者多边合作处理机制，同时也没有同其他国家建立国际合作协议或者是战略同盟，在国际协作上呈现出一定的缺失性。

2. 我国现有跨境数据流动管辖模式现存风险

在跨境数据流动的管辖实际中，我国一直树立对内保障网络主权完整，对外尊重他国主权平等的大国形象，立足于数据主权牢固保障自身的数据管辖，并基于属地原则对数据从产生到毁灭的生命过程进行了认真筹备规划，极力维护自身数据主权，坚守自身主权维护同尊重他国主权两者间的最大化平衡。但由于跨境数据流动管辖的复杂性和多样性，在立法、司法和执行管辖上不可避免地存在着一定的盲区。

(1)立法管辖存在地域倾向和立法空白

第一，跨境数据流动立法地域主义倾向明显。相比于国外例如欧美的跨境数据流动立法管辖效力的域外扩张趋势，我国的跨境数据流动立法管辖呈现出很强的本地化管辖特征，即属地倾向明显，这体现出我国对于自身数据主权维护的重视和对他国数据主权的维护，符合中国始终贯彻彼此尊重互不侵犯的国际关系原则的大国形象，这是令国际社会对中国赞赏有加的重要原因①。但是在跨境数据流动越来越广泛的大数据时代，若不能根据国际形势来正确建立数据立法管辖体系，将很难在国际数据平台上有所作为。我国的《网络安全法》建立了数据本地化存储的基本框架，并经过出境安全评估机制限制数据的外流，在一定程度上可以实现数据的本地化管辖和安全保护，但很难吸引数据的

---

① 丁元竹：《内政外交政策对中国的影响渐隐渐现——特朗普执政的第五个月》，载《中国发展观察》2017年第12期。

流入和数据合作交流。属地化的立法管辖能够保证境内的数据安全，但不利于对于国际数据资源的新发展趋势作出反应，也很难应对现今欧美国家的数据域外管辖权扩张趋势。

第二，跨境数据流动领域存在立法空白。首先，我国截至目前还没有建立起充分的跨境数据流动专门立法体系，对于数据的管理仅限于以《网络安全法》《数据安全法》为代表的一些零散数据立法和行政规制中，对于跨境数据流动的立法大多都是原则性规定，不能够满足跨境数据流动管辖的实际需求；其次，《网络安全法》等零散立法没有就跨境数据流动司法管辖的域外效力以及境外司法管辖的审判效力承认和司法协作等关键内容做具体规定，我国现行的跨境数据流动法律框架还存在立法缺失空白；最后，就地域主义倾向明显的本地化存储和出境安全评估机制而言，在对外的数据管辖立法层面也存在一定的立法空白。

(2)司法管辖上缺乏国际间的司法合作

司法管辖权的独立行使是一国主权完整的必然要求和充分体现，在数据领域也是如此。但我们同时也应认识到跨境数据流动的跨境性和广博性，各国均参与争夺某一案件的司法管辖权，这也不是正确或者期望的司法管辖结果，积极冲突或者消极冲突都是立法管辖在司法管辖上的失效体现①。我国的数据司法管辖建立在属地管辖确权之上，展现出独立自主的司法管辖，这是我国数据主权的充分体现，也有利于实现我国对于数据管辖的司法管辖权的完全独立行使，但不利于融入国际数据司法实际，缺乏国际合作交流基础上的独立司法管辖也不利于顺应时代发展趋势以便针对数据管辖作出适时的司法管辖转变；基于跨境数据流动的跨境性和广泛性，若只是单纯地实行境内的数据司法管辖而未能进行充分的国际交流合作，那么极易造成对他国的司法管辖权的侵犯；另外，缺乏实际有效的国际司法交流合作，不能及时吸取社会实际对于数据管辖的呼声，也不利于促进中国立法管辖的立法完善进程。

缺乏国际交流的司法管辖，一方面不能实现本国的数据管辖争议的合理解决，另一方面也不利于国际统一的司法审判标准，尤其是针对跨境流动中的数据管辖。从立法角度而言，在跨境数据流动管辖的国际司法协助方面，我国还没有建立起完整有效的法制规定，在跨境数据流动的管辖实践中大多参照《中

① 洪靖：《跨境破产管辖权冲突研究》，吉林大学 2017 年硕士学位论文。

华人民共和国民事诉讼法》中有关外国常规民事审判决议的认可处理方式去执行①。从中我们不难看出，首先，我国法律对于中国法院给予了较大程度的自由裁量权力，使得跨国的司法协助还是存在一定的困难；其次，我国现行法律对于司法协助的认可范围仅限于认可和执行审判决议裁定、审判相关文书送达或者相关案例的调查取证等层面，对于中外法院间其他司法协助义务或者约束条件并没有作出明确的法律规定；最后，跨境数据流动的国际司法协助是大势所趋，基于属地管辖确认的司法管辖权行使虽然在一定程度上可以维护我国的数据司法管辖权，保护属地范围内的当事人利益，但在跨境数据流动的全球化和经济一体化发展背景之下，缺乏国际合作的司法管辖的弊端已逐渐体现。若我国只承认国内的司法管辖效力而忽视他国的域外管辖效力，则建立在平等互惠基础之上的国际交往原则将很难实现，我国跨境数据流动的司法管辖域外效力在境外也很难实现，在执行管辖中也不会得到他国的赞同和支持。

(3)执行管辖中中外管辖实践动力不足

鉴于立法管辖的属地倾向及国内数据治理分散化的体系建构，加之司法管辖未能同国际接轨，导致我国的执行管辖在国内管辖中只能是实现基于已有的数据治理体系和国内环境下的管辖治理，并不能发挥立法及司法的威慑示范作用，即法制的参考意义和警示作用在跨境数据流动领域中未能完全体现，进而促使执行管辖只能是“头痛医头，脚痛医脚”，在实际中的管辖力度不足，因为实践管制效果的缺失，后期的执行管辖则可能缺乏落实动力。

此外，执行管辖一般只能在一国国境内执行，不能超越物理边界，但在跨境数据流动管辖中，则很有可能产生需要超越边界的境外执行，但这必须在境外相关国家允许的前提下方可实现，缺乏国际合作的司法管辖达成的审判决议则很难实现境外执行，因而导致执行动力进一步缺失。对于外国法院作出的具体判决在国内的执行相关内容我国现行立法并未作出具体规定②，同我国法律给予中国司法管辖较大程度上的裁量优势一样，境外的判决裁定在境内数据的执行同样缺少详细的立法规定，境外判决裁定在国内的承认和执行仍存在一定的障碍，基于互惠原则，这也进一步限制了中国执行管辖在境外的实践动力。

① 详见《中华人民共和国民事诉讼法》第 276 条。

② 勾阳阳：《跨境海事破产案件的管辖权冲突及对策研究》，大连海事大学 2016 年硕士学位论文。

四、国家数据主权视野下跨境数据流动中管辖冲突及成因分析

本部分针对目前国际实际，通过问卷、访谈、文献、网络资料等方式调研各个国家、地区及跨国组织的数据流动管辖治理冲突及成因，综合采用SWOT分析、博弈分析等方法分析其中的政治经济利益冲突、产权冲突、数据主权矛盾、数据安全风险、法理问题等方面，以案例分析的方式了解其在法律、政策、技术等方面的协调需求，为后期建立合作与协调机制提供参考。

（一）跨境数据流动中的立法管辖冲突

跨境数据流动中的立法管辖冲突是指各国均通过国内立法保障本国的数据主权，但不同国家间的立法管辖可能存在冲突竞合，或是与国际法上相关规定存在冲突，针对同一类型数据主张不同的管辖原则，进而导致管辖权归属争议，引发管辖权冲突。立法管辖冲突是跨境数据流动中最为普遍的冲突体现，各国基于本国数据主权的维护纷纷采取对自身数据保护有利的政策法制，即使是为了实现双方利益共赢而达成的多边协议合作，也只是暂时的动态平衡①。在数据主权越发重要的大数据时代，基于政治、经济、文化和科学等因素的影响，全球各国的立法管辖冲突呈现突破式增长，比以往单纯的领土主权时代的产生频率要高出很多，"绝对主权"历史阶段已经结束②。

1. 立法管辖冲突现状分析——基于《安全港协议》存废

安全港协议(Safe Harbor)，是美国同欧盟签订的跨境数据流动安全规制协议，旨在实现美国对于欧盟境内的获取和使用，以实现美国的商业贸易发展，于2000年5月正式通过。但后来由于"棱镜门事件"的影响，欧盟用户和一些主权国家对于美欧之间的《安全港协议》产生怀疑，最终由欧洲法院审判奥地

① 马芳：《美欧跨境信息〈安全港协议〉的存废及影响》，载《中国信息安全》2015年第11期。

② 杜雁芸：《大数据时代国家数据主权问题研究》，载《国际观察》2016年第3期。

利人马克西米利安·施雷姆斯(Max Schrems)①诉讼美国 Facebook 一案而宣布《安全港协议》无效。"棱镜门事件"后，Max 对于脸书网进行了长达两年的数据泄密诉讼②，这也从侧面反映出了《安全港协议》下的数据管辖的潜在冲突。

(1)《安全港协议》的产生背景

第一，欧盟愈发重视境内的数据安全，希望实现对境内数据提供高水平保障。在21世纪的大数据时代来临之后，伴随着跨国公司等拥有先进科技技术水平和雄厚经济实力的发展，加之互联网等通信技术的进一步普及，跨境数据流在当时成为不可抗拒的趋势。同时，个人数据也开始被赋予了更多的商业经济和政治意识等色彩标示，个人数据的具体分析和积少成多必然会造成信息泄露，欧盟也意识到境内的数据很可能会被以跨国公司为载体而转移至他国，进而被他国分析利用对欧盟成员国的主权保障等产生威胁，所以对于境内数据安全保障一直力图有所突破。

第二，美国对欧洲市场垂涎已久。美国凭借自己世界前列的经济发展水平和国际政治影响力，在国际商业贸易中一直处于优势地位，加之在认识到数据资源的重要战略价值后，一直在实现由实体经济向数字经济发展模式的转变，以求凭借自身的技术和贸易优势实现更大利益的获取。而欧洲作为世界发展前列的经济共同体，欧洲用户广袤的数据市场是美国梦寐以求的扩展区间。

第三，美欧之间数据管理政策之间的冲突。虽然美欧都十分重视境内的数据保护和隐私保障，但是在具体的数据管理政策上却有着很大的不同。欧盟建立了以 DPD 为主要代表的个人数据管理控制体系，将公众数据的境外流动限制为具有同等保护水平的主权国家，并非全球欧洲贸易经济能触及的国家，以求实现对境内数据的有效保护。但美国凭借自身的经济实力和领先经济发展水平，在世界经济贸易和对外数据流动管控中一直处于主导地位，所以一直对外主张全球化和自由化，以求实现以自身为主导的经济格局，对于数据的管理一

---

① Schrems 案的原告并不是一名普通的 Facebook 用户，他原本是在美国大学法学院求学的奥地利籍学生，对于公民私人数据保护本来就有着浓厚的兴趣，加之在美国学习法律知识的锤炼，使他逐渐认识到欧美在数据保护上的显著差异，由此开始了一系列的隐私数据保护活动，包括对于美国数据运营公司 Facebook 的起诉，以求实现对于欧洲公民数据的合法有效保护。

② 李小武：《欧美数据安全港协议被废意味着什么》，载《中国信息安全》2016 年第 3 期。

直采取行业自律的态度，以避免对科技产业的额外干预，所以对于数据的管理保护水平没有达到欧盟的规定标准。

第四，美欧为求共赢实现各取所需开启协议谈判。美国热衷于欧盟境内的巨大数据资源市场但由受限于数据管理水准的不达标，欧盟力图实现境内的数据保护但跨境数据流动又成为大势所趋，双方为了实现自身的利益追求或维护目标，开启了数据保护适用的协议谈判，并最终在 2000 年 5 月签订了促进美欧跨境数据流动的《安全港协议》。

(2)《安全港协议》规制中的立法管辖冲突体现

类似于《安全港协议》的美欧双方协作机制在 1997 年就由美国提出，但因为欧盟对于美国数据保护的水准和诚意的怀疑直到 2000 年才实现突破。作为筹备多年的美欧双方合作协议，《安全港协议》的内容和体系都较为完善全面①，包含了协议签署的背景、双方利益需求、双方数据互动措施、双方数据隐私保护原则要求、数据保护实际履行和可能出现问题及解决方案六项主要内容，其中“双方数据隐私保护原则要求”和“可能出现问题及解决方案”为主要内容②。“双方数据隐私保护原则要求”主要制定了被国外学者称之为“国际安全港隐私原则”③的七项基本原则④，目的在于限制欧盟数据向第三国的输出，即 DPD 所强调的充分性(Adequacy)原则；“可能出现问题及解决方案”则主要是针对美国境内的法律适用规定以及争端的解决，规定了美国数据流动的“企业自律原则”⑤。结合其具体内容，本书认为《安全港协议》的内容制定中涵盖有以下的立法管辖冲突内容。

---

① 罗力：《美欧跨境数据流动监管演化及对我国的启示》，载《电脑知识与技术》2017 年第 8 期。

② 马芳：《美欧跨境信息〈安全港协议〉的存废及影响》，载《中国信息安全》2015 年第 11 期。

③ European Court of Justice 2000/520/EC：Commission Decision of 26 July 2000 pursuant to Directive 5/46/EC of the European Parliament and of the Council on the adequacy of the protection provided by the safe harbor privacy principles and related frequently asked questions issued by the US Department of Commerce(notified under document number C(2000)2441)(Text with EEA relevance.)25 August 2000，retrieved 30 October 2015.

④ 七项基本原则分别是：通知原则、选择原则、向前转移原则、安全原则、数据完整性原则、接入原则、执行原则。

⑤ 张继红：《个人数据跨境传输限制及其解决方案》，载《东方法学》2018 年第 6 期。

第一，“充分性原则”同“企业自律原则”的冲突。欧盟制定《安全港协议》的目的在于保护境内的数据安全，即使数据输出也是有限制性地向同等保护水平的国家输出，即“充分性原则”；而美国在《安全港协议》中采取的却是以企业自我限制约束的“自律原则”，即只要符合联邦政府商业部的要求并承诺遵守协议要求，那么相应的美国企业即可实现与欧洲的数据市场接轨，即使事后发现美国企业未能遵守协议要求，也只是按商业欺诈论处。因此本书认为，“充分性原则”同“企业自律原则”存在立法管辖上的冲突，一是“充分性原则”束缚标准要比“企业自律原则”更为严格，欧盟“充分性原则”的目的在于寻求严格条件下的同等数据保护主体，而“企业自律原则”则展现出美国数据利用的开放自由态势，虽然有规定必要条件下的美国政府介入①辅助“企业自律原则”，但仍只是为了实现商业数据的获取；二是“企业自律原则”背后没有严格的惩罚机制，虽然有着以商业欺诈罪和交由美国政府处置等来进行处罚的法律约束，但若产生数据泄露造成严重后果，事后弥补和欧盟对于数据重视程度的严谨态度相比，对于涉及数据主权的双边违法行为还是显得约束力不足，体现出了一定的立法管辖上的冲突。

第二，《安全港协议》下美国境内数据争议欧盟无权处置和仅有美国有权处置的冲突。为了吸引美国企业进驻欧洲市场，在《安全港协议》中，美国和欧洲同意欧洲数据保护局对美国公司在美国的数据的处理没有管辖权，因为美国与欧洲之间对数据法存在管辖权冲突，虽然依据《安全港协议》，欧洲对于美国境内的美国企业行为没有管辖权，但以数据保护为主旨的欧盟必然会在其他法规中进行弥补和限制，《安全港协议》终究只是美欧双方因为暂时利益缓和妥协的产物。②

第三，协议规制的落后性同数据发展时代的前进性之间的冲突。《安全港协议》签订在2000年，虽然当时数据技术运输和处理水平已经不低，但伴随着大数据时代的到来，原有的协议规定或多或少体现出滞后与不足，使得个人数据的保护同跨境数据流动的矛盾日益突出，美欧数据流动无法保证实现协议中的数据不被泄露和不被滥用问题。法制的落后性同时代发展之间的矛盾，这也

---

① Sammin. K. T. , Note: Any Port in a Storm: The Safe Harbor, the Gramm-Leach-Bliley Act, and the Problem of Privacy in Financial Services, Geo. Wash. Int'l L. Rev. , 36, 2004, pp. 653-657.

② 刘碧琦：《美欧〈隐私盾协议〉评析》，载《国际法研究》2016年第6期。

是诸多立法管辖难以规避的难题。

(3)《安全港协议》废除后的立法管辖影响

由于欧盟境内民众对于数据安全的担忧以及对于“棱镜门事件”的愤慨，加之欧盟单方面宣告《安全港协议》无效，存续长达15年之久的协议不得不被废除。《安全港协议》的废除使得跨境经济贸易首当其冲，美欧双方都承认协议的废除致使自身经济利益受损①。除了对于欧美双方基于数据流动以跨国数据企业为主的经济贸易往来造成重大损失外，《安全港协议》废除后对于美欧双方和世界其他国家的数据立法都产生了重要影响。

第一，欧美双方数据交流的“安全港”不复存在。在《安全港协议》被废除之后，虽然数据流动遭受了重大摧残，双方间的数据协议立法管辖全部失效。但与此同时，美欧双方之间的数据流动并不会完全断绝，而是可以依据DPD中的BCR和SCC继续保持着一定的跨境数据流动，但这必须受到欧盟诸多成员国数据保护组织的监察和审核，且只要有一国提出质疑即可启用监管程序②。

第二，国际数据立法管辖更加注重个人数据保护力度。欧盟法院认定《安全港协议》无效的标准在于美国没有遵守对欧洲数据的严格保护承诺，而是政府利用自身特权凭借跨国公司的技术优势疯狂监听窃取个人数据信息。据此，全球众多国家对于自身的数据保护制度进行改革，譬如前文探讨的GDPR和俄罗斯2014年两次的数据保护立法修改。《安全港协议》被废除之后，各国的立法管辖模式均发生了变化，更加注重境内数据的维护，限制数据流动，以求实现主权博弈下的数据保护和国家安全。

第三，数据保护立法要求考量救济制度和保障措施。因为《安全港协议》存在立法管辖潜在冲突，致使美国利用政府非法干预，原有的数据保护体系分崩离析。所以“棱镜门事件”之后，各国纷纷汲取《安全港协议》立法管辖上的不足，更加注重对立法救济制度的考量以求实现对跨境数据的切实管理。

第四，数据主权保障呼声愈发高涨。不同于以往单纯的个人数据保护目的，《安全港协议》被废除之后，人们对于数据保护的程度已经从个人主体提

---

① 马芳：《美欧跨境信息〈安全港协议〉的存废及影响》，载《中国信息安全》2015年第11期。

② 张继红：《个人数据跨境传输限制及其解决方案》，载《东方法学》2018年第6期。

升到国家主权的角度，即数据主权的维护。全球各国立法越来越重视跨境数据流动的“独占性”“强制性”和“有效性”，以求实现国家主权角度的数据保护，呈现出传统主权基于实际领土管辖的特征。

2. 立法管辖冲突形成的现实因素

基于数据主权的立法管辖权冲突具有区别于以往单一领土主权时代的立法管辖冲突的特点，同时也区别于司法管辖和执法管辖，自成体系。

第一，立法标准不一，缺乏统一国际规制。这是立法管辖冲突的鲜明特点，也是立法管辖冲突产生的重要原因。不同于以往单一的领土主权管辖冲突，国际上目前还没有形成对于数据主权的确认和下属管辖权的具体国际规定，但大数据时代数据的重要作用不言而喻，各国纷纷采取立法注重本国立法，因而产生管辖权的竞合冲突。

第二，数据的流动性导致各国国内法管辖呈现域外延伸态势。主权国家应该根据与本国管辖对象的联系紧密程度来确定管辖范围，即存在国际法承认的主权国家实行立法管辖的连接因素或连接点，但因为跨境数据流动的广泛性和可存储性①，同一数据从流动到销毁的生命过程涉及多国，囿于缺乏统一数据管理标准，很可能多国会对同一数据进行立法管辖，产生冲突。

第三，数据流动以科技发展为基础，发达国家具有领先优势。经济技术的发展不均衡，发达国家相比于欠发达国家在数据获取使用上拥有绝对优势，加之数据的非实体性特征，很多国家很可能在不知情的前提下而被他国调取了境内数据，更可能会受数据霸权主义的干扰。因此，在人人可为的国际环境下，各国竞相主张数据主权维护制定法律维护本国利益，而忽略了他国同等的数据保护权利，引起立法管辖冲突。

第四，立法管辖背后的利益争夺是立法管辖冲突的核心要素。大数据时代，数据也作为重要的生产资料登上国际舞台，并成为各国探索世界发展形势、分析他国政治经济发展程度和确定自身发展道路的战略性资源②，各国正是为了争夺数据背后的巨量隐藏资源而制定纷繁复杂的法律体系，采取多种多样的管辖模式，国家利益争夺是立法管辖冲突产生的决定性原因。

---

① 蔡安怡：《跨境数据流动条款的法律评析——以 TPP 为例》，广东外语外贸大学 2017 年硕士学位论文。

② 雷琼芳：《论大数据垄断的法律规制》，载《湖北经济学院学报（人文社会科学版）》2019 年第 1 期。

第五，立法管辖是司法管辖和执法管辖的前提①。每个主权国家都有着独立自主制定本国法律的权力，只有做到有法律规制才可能实现依照法律规制进行司法审判和执行处理等流程，所以在立法管辖的先决性特征作用下，各国纷纷采取立法以实现本国的数据主权维护，保护国家和公民的数据安全。

(二)跨境数据流动中的司法管辖冲突

本书探讨的跨境数据流动中的司法管辖冲突是指不同国家的司法机关对于某项或某类数据主张本国具有管辖权，并且是在根据本国或国际已有立法的相关基础之上对外宣称具有司法管辖权，从而导致司法管辖冲突。司法管辖是司法机关根据法律规定而采取的具体审判裁决行为，而司法管辖冲突是数据管辖冲突中最为直接的冲突表现。② 立法管辖决定了司法管辖的法律依据和参考标准，立法管辖的冲突则必然造成司法管辖的冲突，但同时也会促进立法管辖不断实现自我完善。同时由于立法管辖冲突的多边形结合数据流动的跨境性，同一数据可能引发多国的司法管辖冲突。对于司法管辖冲突必须给予足够的重视，司法管辖冲突的不恰当解决会导致严重的数据利益损害，更不利于营造良好的司法审判氛围，立法管辖的约束力也会下降。

1. 司法管辖冲突现状分析——基于微软数据诉讼案及 Cloud 法案

微软数据诉讼案，即美国的执法机构联邦调查局(FBI)③2013 年要求微软交出存储位置位于爱尔兰首都都柏林的微软用户(与毒品相关)的个人邮件和相关通信内容，以帮助美国缉毒局(DEA)④调查毒品自私案，但微软予以拒绝，双方之间基于数据归属由谁管辖的意见冲突而来回诉讼的案件。

(1)微软数据诉讼案司法管辖冲突体现

第一，微软拒绝执行纽约南区联邦地区法院签发的搜查令(Search

① 梁雪：《论国际法中立法管辖与司法管辖的区别——以管辖权依据多元化为视角》，载《商》2013 年第 11 期。

② 顾伟：《警惕数据跨境流动监管的本地化依赖与管辖冲突》，载《信息安全与通信保密》2018 年第 12 期。

③ 美国联邦调查局是美国司法部门下属的关键信息搜集机关，在全世界都享有盛名，FBI 为其英文简称，其正式全称为 Federal Bureau of Investigation。

④ 美国缉毒局也属于美国司法机关，对于美国区域内的毒品运输、买卖和使用等活动进行管控规制，简称为 DEA，其正式全称为 Drug Enforcement Administration。

Warrant），并要求废除搜查令。为了获取毒品案嫌疑人与案件相关的信息和证据，FBI 依据 SCA《存储传播法案》①（SCA）颁发了搜查令，在微软已经交出位于美国境内的嫌疑人登录邮箱的具体时刻和方位等元数据（Metadata）的前提下，仍然要求微软储存位置位于爱尔兰的该嫌疑人邮件的详细内容和其他信息②。但微软认为依据 SCA 美国政府无权调取位于外国的美国公司数据，调查令没有域外效力（Extraterritorial Effects），且公布存储位置位于欧洲的个人数据将会违反欧盟的数据保护规定，会导致微软已有客户和潜在客户丧失③，于是要求废除搜查令。

第二，纽约南区联邦地区法院驳回了微软撤销搜查令的请求，微软不服提出上诉，在获取爱尔兰政府和欧盟支持的背景下仍然败诉。在微软认为凭借 SCA 可以确定美国无权管辖处于爱尔兰的数据而提出的搜查令废除动议遭受联邦地区法院的否决后，微软向联邦地区法院提出了上诉，再次重申依据 SCA 美国联邦政府对于境外数据管辖的无效性，但联邦地区法院首席法官罗瑞塔·朴雷思卡（Loretta Preska）再次裁定联邦政府享有对爱尔兰数据的管辖权④，理由在于美国控制着这些数据，美国可以通过美国企业微软公司对于这些数据进行调取，所以搜查令相当于还是在美国“境内”适用，仍然具有效力，并对外宣称问题的关键在于谁控制这些数据，而非数据所在的位置，微软必须提交存储地位于都柏林的数据⑤。

第三，微软拒绝接受联邦地区法院的裁决，并在第二巡回法院向上诉法院提出上诉，获胜。联邦地区法院认定微软已审案后，微软再次拒绝提出上诉，并在 2016 年 7 月赢得审判。第二巡回上诉法院裁定，联邦调查局根据《情报法》签发的搜查令没有域外效力，因为 SCA 没有赋予美国政府签署用于搜查美国境内企业存储在境外的数据的搜查令的权力，美国政府若想获取微软存储在爱尔兰的数据，则需要利用多边司法协助条约（Mutual Legal Assistance Treaty），

① 《存储传播法案》，英文全称：*Stored Communication Act*，简称：SCA。

② 《美国 Cloud Act 法案到底说了什么》，载凤凰网：http：//wemedia. ifeng. com/49857148/wemedia. shtml，最后访问时间：2021 年 1 月 28 日。

③ 微软高管：《美国政府索要海外数据有损企业信誉》，载《计算机光盘软件与应用》2014 年第 12 期。

④ 洪延青：《数字时代，美国政府的手能伸多长？》，载人民网：http：//world. people. com. cn/n/2015/0202/c1002-26494059. html，最后访问时间：2021 年 1 月 28 日。

⑤ 何波：《数据是否也有主权？从微软案说起》，载《中国电信业》2018 年第 8 期。

否则将损害爱尔兰的数据主权①，故微软胜诉。

(2)《Cloud 法案》出台后司法管辖冲突体现

微软同美国司法部的直接对峙，是微软案司法管辖冲突的顶点阶段。基于境外主权国家和业界组织的声援，微软得以在诉讼中一直保持强硬态度，虽然最终《Cloud 法案》否定了前期的判定，但我们不能忽视以微软为代表的爱尔兰政府对于美国境外数据司法管辖的异议，而在最高法院的对峙则是冲突的顶点时刻。综合微软案的始终和《Cloud 法案》的具体内容，我们不难发现虽然微软案已经结束，但这仅仅是关于境外数据司法管辖权争夺时代的开始②，基于数据主权的司法管辖冲突仍未完结。具体而言，《Cloud 法案》出台后，司法管辖冲突体现在以下几个层面：

第一，国外数据获取方面，《Cloud 法案》规定的数据控制者标准扩充了管辖范围，易引发管辖权冲突。《Cloud 法案》确定了前文所探讨的只要是数据由美国控制的三种标准，即拥有(possession)、监护(custody)或控制(control)③，无论数据是存储在美国境内还是境外，美国政府均可以主张管辖权。虽然《Cloud 法案》规定了“数据用户为非美国人或不在美国居住”“服务者调取境外数据会违反‘符合资格的外国政府’(Qualifying Foreign Governments)的立法”“基于整体司法利益的维护保障”三种情况下法律程序的修改例外④，并规定了国家利益间维护的礼让原则(Comity Analysis)⑤，但将美国的数据管辖权扩展至物理疆界之外，尤其是在美国数据通信技术处于世界顶尖水平的前提下，美国《Cloud 法案》下的数据控制者标准透露出一些数据霸权色彩⑥，他国为了维护数据主权引起司法管辖冲突难以避免。

第二，国内数据调出方面，强调外国“适格政府”同美国签订数据合约之

---

① Microsoft Corp. v. United States, Docket No. 14-2985, 2016.

② 梁坤：《美国〈澄清合法使用境外数据法〉背景阐释》，载《国家检察官学院学报》2018 年第 5 期。

③ 洪延青：《美国 Cloud Act 法案到底说了什么》，载 http://www.dgcs-research.net/a/huodongzixun/2018/0224/112.html，最后访问时间：2021 年 1 月 28 日。

④ 许可：《数据主权视野中的 CLOUD 法案》，载《中国信息安全》2018 年第 4 期。

⑤ 洪延青：《美国快速通过 CLOUD 法案 明确数据主权战略》，载《中国信息安全》2018 年第 4 期。

⑥ 魏书音：《CLOUD 法案隐含美国数据霸权图谋》，载《中国信息安全》2018 年第 4 期。

后可以调取美国境内数据，对于“适格政府”和“数据调取约定”都给予了严格的限制标准，且由美国管控，美国主导地位下的数据管辖不可避免地会对他国主权造成影响，引发管辖冲突。美国对境内外的流动采取了不同的管理模式，对于境内的数据给予了一定的外国政府的调取自由，但却严格限制“适格政府”的准入条件，要求外国政府具备包含拥有充足的法制保障并加入由美国主导制定的《布达佩斯网络犯罪公约》、恪守人权至上的美国准则、严格遵守法律自由平等原则、国内有数据保护法制的搜集整理配套程序、拥有公开透明的国内数据利用调取制度和顺应美国主导的全球数据自由流动开放格局在内的共六项确认标准①；而在数据合约的数据调取约定中，美国同样对于“适格政府”数据调取条件进行了严格限制，设定了包含外国适格政府不得刻意针对美国采取数据调取程序、适格外国政府只能针对美国境内的美国人主张数据调取、外国适格政府不得与美国政府及其他第三方政府有任何数据调取的合议或者共享机制、外国适格政府调取数据应当有积极的国内授权或者国际合理事由、外国适格政府应该将数据调取规模控制在最低程度、外国适格政府应当对于调取的美国境内数据尽快处理并限制低水平人员访问、外国适格政府必须给予美国政府同样访问权限待遇和外国适格政府必须接受美国政府定期的数据审核检查在内的共十项数据调取限制条件。②

微软数据诉讼案是数据界司法管辖积极冲突表现较为激烈的案例代表，展现了美国司法同境外数据司法管辖之间的冲突，虽然以美国企业微软为案件的当事人一方，但揭露的还是不同国家间司法力量的博弈，进而引申为基于国家主权保护的数据管辖权争夺战。

2. 司法管辖冲突形成的现实因素

第一，立法管辖权冲突是管辖权冲突的直接原因。司法管辖建立在立法管辖的基础之上，只有在“有法”的前提下方能实现“依法审判”，但同时也只有在拥有适格有效的立法管辖的前提下方能实现司法管辖的公正公平。在数据规制保护立法中，各国国内法规定不一，又无统一的国际法规制，各国均通过立

---

① 洪延青：《美国快速通过 CLOUD 法案 明确数据主权战略》，载《中国信息安全》2018 年第 4 期。

② 北京大学互联网发展研究中心：《依法数据治理，明晰数据主权》，载腾讯网：https：//mp. weixin. qq. com/s？ _biz = MzA5MzE5MDAzOA% 3D% 3D&idx = 1&mid = 2664111725&sn = cb7af0c62fd3f52788aa86f6ed1888cd，最后访问时间：2021 年 1 月 28 日。

法主张自身拥有数据管辖的权力，紊乱无序的立法管辖体制导致了司法管辖上的管辖冲突。

第二，跨境数据流动的流动性致使审判标的涉及多国和多个主体。以互联网等为通道的跨境数据流动经历了多个物理地点并涉及了从数据生产到销毁的多个数据主体，甚至有的数据主体都不会察觉到数据的流动跨境①，依据属人属地原则导致多个国家均可推断出管辖权的合理享有。数据的流动性和交互性是数据受到人们重视的重要特性②，但同时也带来了管辖原则适用的选择难题，进而引发司法管辖冲突。

第三，立法管辖的平等设立和科技经济实力现实限制之间的矛盾加剧司法管辖冲突。在数据主权还未被提及重视的阶段，发达国家对于数据主权的域外扩展可能不会引起欠发达国家的抵制③，因而司法管辖冲突数量减少。但是数据主权成为国际潮流之后，数据主权的维护也成为欠发达国家的主张，但由于科技经济水平上的差异，各国虽有着平等立法管制数据的权力，但在实际上却还是受人所控，维护主权独立便寄托于司法管辖的竞争之上。数据霸权主义在全球数据规制中还是存在一定的倾向，对于各国的数据主权独立与安全具有潜在的威胁。

(三)跨境数据流动中的执行管辖冲突

执行管辖冲突是指一国在依据本国的国内法规定而进行了审判判决，并予以执行判决结果但与其他国家同样基础上的执行行为相冲突的法律情形。相比于立法管辖和司法管辖，在正常前提下，执行管辖基本上认定为只能在本国境内适用，并且仅限于一国的领土境内④。但在跨境数据流动的全球化背景下，数据流动波及全球，数据的立法管辖和司法管辖也呈现出极强的域外扩张形

---

① 孙尚鸿：《传统管辖规则在网络背景下所面临的冲击与挑战》，载《法律科学(西北政法大学学报)》2008年第4期。

② 张冰、王秀峰：《可视化数据新闻交互性提升的探讨》，载《出版广角》2018年第15期。

③ 马宇、李肖肖：《跨境资本流动对资产价格影响的实证研究——发达国家与发展中国家的比较》，载《山东工商学院学报》2019年第1期。

④ [英]伊恩布朗利：《国际公法原理(第五版)》，曾令良、余敏友等译，法律出版社2002年版，第72页。

势，以立法和司法管辖为基础的执行管辖也或多或少地呈现出域外扩张的趋势，但是域外的执行管辖必须建立在合法的基础之上，如果没有，相互干涉内政的基本原则将不得到尊重①。

1. 执行管辖冲突现状分析——基于 Twitter 革命

本书中所研究的 Twitter② 革命特指 2009 年伊朗第十届总统大选中，欧美利用 Twitter 软件对于选举活动进行干预以实现自身政治目的的事件。对于伊朗的 Twitter 革命，学界现大多数的研究角度为文化传播和社会运动，但经过仔细探讨，本书认为 Twitter 革命的爆发其实是国家间执行管辖冲突的一种表现形式，其中体现了美国和伊朗当局政府之间的管辖冲突。

（1）Twitter 革命的产生背景

北京时间 2009 年 6 月 12 日，伊朗第十届全国总统选举大会如期在首都德黑兰举行，保守党领袖艾哈迈迪·内贾德（Mahmoud Ahmadi-Nejad）以 62.63%的选票赢得总统选举，但其他三名候选人表示，选举中存在严重违规行为。其中，米尔·侯赛因·穆萨维（Mir-Hossein Mousavi）和迈赫迪·卡鲁比（Mehdi Karroubi）要求监督委员会取消选举结果并推迟选举③。中俄等过对内贾德的当选发出贺电，但是美欧对此持保留态度④。穆萨维及其支持者对选举结果不满，开始开展反抗活动，在街头游行示威，打砸抢烧，同政府作对，骚乱爆发，而欧美等则站在了改革派穆萨维一方。面对如此压力，政府采取封闭采访报道和手机通信等数据传输业务，禁止“骚乱紧张”等动荡新闻传播。在此背景下，欧美主要的通信工具 Twitter 在数据信息传递上发挥了重要作用，同时使用的还有 YouTube 和 Flickr 等美国企业软件产品，改革派和美欧媒体

---

① 钱芳：《世界秩序危机中的区域国际法缺位问题——基于国际法供给侧的思考》，载《学术探索》2019 年第 2 期。

② Twitter，即“推特”，美国乃至全球范围内都十分流行的社交网络运营公司，类似于中国的新浪微博，于 2006 年成立，至今已发展壮大为世界上用户浏览量排名前十的网络运营站点之一。

③ 梁有昶、车玲：《伊朗宪监会确认第 10 届总统选举结果》，载网易网：http://news.163.com/09/0630/02/5D1A0SIQ000120GU.html，最后访问时间：2021 年 1 月 28 日。

④ 任孟山、朱振明：《试论伊朗“Twitter 革命”中社会媒体的政治传播功能》，载《国际新闻界》2009 年第 9 期。

如CNN、BBC等纷纷借助Twitter平台传递各类数据和信息①，里应外合煽动民意②，支持穆萨维，在伊朗国内的政治混乱中产生了重要的传递数据作用，由此产生了Twitter革命。

（2）Twitter革命中的执行管辖冲突体现

从严格意义上来说，Twitter革命中美欧虽然支持反对派一方，但却没有实行传统意义上的执行管辖干扰。而本书经过仔细研究之后发现，美国基于Twitter企业的管理对于Twitter实际进行了一定的干扰，另外在Twitter革命中具体的传输数据也遭受了美欧的干扰，呈现出基于公共资源由行政机关加以干涉引导的执行管辖色彩，所以本书将其纳入执行管辖的范围。其具体细节展现在以下几个层面：

第一，美国政府对于Twitter的更新服务进行行政干涉。Twitter成为伊朗主要的数据信息交流渠道之后，2009年6月15日，当伊朗在白天时，来自美国的Twitter原本计划暂停服务，并在90分钟内进行系统维护，然后推特突然决定推迟维护时间，将时间定在16日17:00（伊朗17日凌晨）。对此，法国电视台报道了《美国政府希望Twitter推迟停服》的新闻，并证实有不愿意透露姓名的美国政府官员承认了美国政府要求Twitter推迟更改停服时间，因为停服不利于反对派的数据信息传递的事实。③ 虽然美国政府发言人对于这些报道予以否认，只是承认了政府同Twitter进行了未涉及伊朗政治危机的接触。但据美国媒体《华盛顿邮报》报道④，当地时间6月12日下午，一位名叫杰瑞德·科恩（Jared Cohen）的政府工作人员给Twitter总部发布了一封邮件，并在邮件中写道："伊朗大选正值关键节点，你们公司软件的正常运营意义重大，能够保持软件运行吗？"⑤据此我们可以肯定美国政府依据对于国内数据运营公司Twitter的管控权，以行政权力干涉了其正常的运营计划安排，为伊朗反对派的

---

① 迟延年：《网络战正成为一种低风险的颠覆手段》，载《学理论》2009年第19期。

② 陈爽淑聿：《网络话语权与我国政治意识形态安全研究》，湖北工业大学2015年硕士学位论文。

③ 任孟山、朱振明：《试论伊朗"Twitter革命"中社会媒体的政治传播功能》，载《国际新闻界》2009年第9期。

④ Washington Taps Into a Potent New Force in Diplomacy, By Mark Landi. ER and Brian Stelter, http://www.nytimes.com/2009/06/17/world/middleeast/17media.html? ref=weekinreview.

⑤ 王雪：《西方社交网站卷入伊朗危机 帮伊反对派搞串联》，载搜狐网：http://news.sohu.com/20090624/n264734084.shtml，最后访问时间：2021年1月28日。

数据信息输送和外界联络的信息交汇提供了工具平台，以实现政府在伊朗的政治意图，并与伊朗当时政府数据通信执行管辖产生了严重冲突，甚至具有了干涉内政的意味，这在国际法上应是严厉抵制的。

第二，Twitter革命中跨境数据流动有美欧操作干涉的嫌疑。由专业的数据研究团队Berkman Center人员组建了网络生态工程小组(Web Ecology Project)，并对伊朗大选自7日至26日的数据进行了仔细分析，总共约有48万人参加或谈及了总统选举，4800人次发布的推文数占到了推文总量的近66%，且推文的重复率高达75%；但近60%的人只发过一次推文以进行选举，而这些推文总数却不到总量的15%。① 从这些数据我们不难看出，并不是所有的数据都是由普遍的主体所发出的，而是少部分的主体主导着伊朗大选数据信息的扩散。但更具有说服力的是独立于欧美和伊朗的加拿大数据分析公司Sysomos对于伊朗选拔数据的分析探讨：首先，2009年5月伊朗国内的Twitter的注册用户只有不到9000人，即使是在6月中旬也只有不到20000人，仅占总参与人数的4.2%；其次，以11日和19日的"Iran Election"(伊朗竞选的英文)为检索词作为对照，伊朗国内的Twitter的搜索比由51.3%跌至23.8%，而伊朗国外的搜索比却由27%涨至40%②；最后，Twitter中伊朗选举的热词也由最初的"Freedom""Mousavi"和"Vote"转变成后期的"Mousavi""Teheran""Protest"。这三项数据表明伊朗大选的Twitter参与者主体并不是伊朗国民，而是伊朗境外的Twitter用户，他们利用Twitter平台对于伊朗的总统选举进行干涉。而综合美国政府之前干涉Twitter的动作，让人不禁怀疑美欧国家对于伊朗大选进行了以Twitter为平台的跨境数据流动干涉，至少侵犯了伊朗境内的本国Twitter的运营环境，实质上已经构成执行管辖冲突。

综合执行管辖和Twitter革命始末来看，美国作为Twitter这样资金技术雄厚跨国企业的管辖国，利用行政权力的干涉凭借Twitter在伊朗消息封锁之后的普及率，对伊朗大选进行了干涉，体现出了政府间极强的行政力量对抗，更是体现出基于主权国家间的执行管辖冲突。跨境数据流动的发展，使得国家间的政治经济博弈或者影响突破了实体限制，展现出新的发展模式。

---

① The Iranian Election on Twitter：The First Eighteen Days，by the Web Ecology Project，June 26，2009.

② 任孟山、朱振明：《试论伊朗"Twitter革命"中社会媒体的政治传播功能》，载《国际新闻界》2009年第9期。

2. 执行管辖冲突形成的现实因素

第一，立法管辖和司法管辖域外扩张促使执行管辖冲突产生。执法管辖是立法管辖和司法管辖的最终结果，进而体现立法管辖和司法管辖的管辖效果①。而立法管辖的理论冲突最终是通过司法管辖进而演变为执行管辖的实际冲突，三者之间的因果关系促使管辖冲突实现从理论到现实的演变，而最终目的都是维护国家的数据主权利益。

第二，执行管辖具有依据主权或公共资源强制执行的特征。不同于立法管辖和司法管辖的相对柔和的理论约束特征，执行管辖是国家司法机关或者行政机关的实际执行行为，以国家主权和国家资源为凭据对已经司法审判的具体案件进行落实执行②，通常会采取一系列的强制措施来保证判决结果的落实，譬如搜查、冻结财产和扣押等，因而在数据主权下域外的执行管辖中，极易引起他国的执行管辖反抗，造成冲突。

第三，执行管辖具有即时性。不同于立法管辖和司法管辖的长时间持续磨合，执行管辖法令一经通过，通常有一定的时间限制，具有即时性和及时性，因而极容易引起管辖冲突的产生，基于两国或者多国间的执行管辖均具有相应的立法管辖依据，执行管辖冲突的产生更加难以控制。

(四)国家数据主权视野下的管辖冲突成因分析

1. 意识成因：数据主权意识的广泛觉醒

传统领土主权管辖下，主权国家对于实质领土基本上是“寸土必争”，不容自身的领土遭受他人侵占。而如今大数据时代背景下，数据也演变成具有重要意义的产权载体，甚至是具备超强战略价值的国家资源，进而衍生出数据主权的学界认知。基于数据主权保护意识觉醒的主权国家纷纷采取国内立法或者多边协作来实现对自身主权维护，保障国内的数据安全和主权独立完整。数据主权属于国家主权的下属权力，继承了国家主权的相应属性，因而各国要求本国基于国际法赋予的平等地位对于自己国家内部的人、事、物实行独立自主地完全管理，对于属人属地原则实现完全充分地适用。

基于数据主权的跨境数据流动管辖，既是维护数据主权的需要以保证本国

① 蔡晓青：《论涉外民商事诉讼的立法和司法管辖》，载《江苏商论》2016 年第 26 期。

② 丁莲芝：《执行国际海运管辖权条款之对比与策略分析研究》，载《中国海商法研究》2018 年第 2 期。

的数据主权独立，同时也是实行数据管辖权的具体体现。数据主权的行使因此不仅涉及国家物质经济利益的维护，而且被引申至国家的国际地位和外在影响。因此，各国的数据主权维护措施逐渐完善且强硬，严格限制国内相关数据的跨境流动，以求实现数据保护等国家利益和国际形象的维护。对于跨境数据流动积极主张管辖权，尤其是司法管辖中的刑事案件，从现有管辖原则上来说是基于普遍性管辖的具体适用，因此管辖的对象包括物体和主体均可能扩展至其他国家领域，在数据主权纷纷崛起的背景下，普遍性管辖的适用显然是无法奏效的，这也证明了当今国际社会是由主权国家协同构成的这一事实基础。①

数据主权意识的广泛觉醒不能否认带来了各国积极维护数据主权，起到了一定的保护数据利益和国家安全的作用，但是盲目高涨的数据主权意识带来的也有各国之间不断的管辖冲突。

2. 原则成因：管辖原则间冲突未能避免

国际上通用的管辖权确定原则分为前述的属地原则、属人原则、保护性管辖原则和普遍性管辖原则，其中属地管辖和属人管辖是主要的，保护性管辖和普遍性管辖是对传统国际法上国家管辖权的扩展。属地管辖原则要求，主权国家对其领土范围内的一切人、事、物享有专有的排他性管辖权力，不用考虑相应行为者的国籍和来源，当然这要排除国际法中已经规定的管辖豁免规定的要素；属人管辖原则则赋予主权国家对于本国国民及其行为的管辖可以超越实际的属地边界，不论其是否发生于本国境内或是境外；保护性管辖原则则赋予了一国对于由国外行为主体在国外执行但对本国主权维护有害行为的管辖权，跨越了属人属地的限制，展现出极强的主权保护属性。普遍性管辖原则给予了主权国家对于国际上执行的对于全球公共利益有危害的重大犯罪行为的约束和管理权力，旨在实现对全球公共利益的维护。从管辖的初步划分来说是合理清晰的，但具体分析看来还是存在着彼此之间的相互冲突。

从基本的词义解释来看，四种管辖原则之间就存在一定的冲突。属人管辖以主体人的国籍为主要判断依据，当一国公民在外国从事跨境数据流动犯罪行为之时，一国若基于属人原则主张管辖权，那么就会与主张属地管辖权的行为地国家的所依据的属地管辖原则产生冲突，而属人管辖的优先适用则需要得到

① 张小明：《非西方国家的兴起与国际社会的变迁》，载《国际关系研究》2015 年第 2 期。

行为地国家的明确同意方可执行，或者两者基于平等协商确定适格的管辖权依据。保护性管辖原则的适用同样也会导致国家管辖权之间的冲突，每个国家对于不同的犯罪或其他行为都有着不同的立法、司法和执行管辖方式，若将一国的保护性管辖原则放大过多便会影响他国主权的行使，过分强调自身主权唯一而忽略他国主权独立完整，这不是国际法的规制要求，也同主权国家的存在意义不符。普遍性管辖原则虽然只针对国际法规定的特定集中严重犯罪行为，看似清楚明了，但在具体的实践中却也很容易引起管辖冲突，若各国都基于本国主权维护或全球利益保护而主张对于某项具体案例的管辖，管辖冲突不可避免，而最终的解决方式很可能是经济和政治影响力强的发达国家掌握事态发展进程，并不能实现真正全面的基于全人类利益的维护。

3. 基础成因：政治经济差异决定矛盾性

从表面上看，跨境数据流动中管辖权的冲突主要表现为，对于跨境流动数据，很多国家都倾向于行使管辖权，但事实上这只是跨境数据流动中管辖权的显性冲突，不同国家对跨境流动中数据的不同治理模式为隐形冲突，体现为不同的法律规制，如同美国的数据自由开放模式和欧盟的柔性限制模式等。管辖冲突作为一种常见的法律现象，也是各国政治、经济因素的反馈作用，即不同国家间关于跨境数据流动中管辖权冲突的原因从深层次上来讲是各个国家政治、经济因素作用的结果。

前文已经探讨过跨境数据流动对于经济发展的重要推动作用，在此处不再赘述，大数据时代的到来更是推动了跨境数据流动的发展高峰，国家数据主权的保护和经济繁荣发展的矛盾日渐突出；市场经济的同一开放性要求各国破除贸易壁垒，促进经济数据的自由流动，但是由于原本经济技术之间的优劣差异，发展中国家长期处于被压制阶段，为了维护自身的经济和政治独立便会通过立法同优势方抗争，而发达国家为了更多更大的经济利益也会相互争夺碰撞，于是各种各样的双边协定和合作条约大量出现。因为处于压制地位的自我反抗，这便是政治经济因素在跨境流动数据管辖冲突中的一种作用体现。而美国等处于领先地位的发达国家为了进一步提升政治经济影响力，积极推动以自己为主导的全球数据自由流动模式，目的却在于依托于本身已有的政治经济优势进一步提升本国在国际上的话语权，甚至是主导权。

跨境数据流动促进了不同国家之间的经济文化往来，发展中国家受到了发达国家的政治经济文化影响，在意识到自身落后于人的前提下，开始主动寻求政治和经济发展进步，开始寻求自身数据主权独立，以数据要素作为发展资源促进自身发展，进而产生于现有国家的数据管辖权冲突。而发达国家间的基于跨境流动数据的经济和政治文化活动伴随着数据内容的更新变化也在不断地更新迭代，打破原有的国与国之间的依存关系，继而产生相应的管辖冲突。

4. 立法成因：各为其主法制缺乏统一性

数据主权被提出之后，各国逐渐认识到数据的重要意义和价值，纷纷采取法制规范对数据进行管理和运用，以求保证本国的数据安全和主权维护。但现在国际上并没有专门的关于数据规制的专业立法，也并没有建立起全球各国均予以赞同的数据管理体系规范，对于跨境数据流动的管理，往往都是通过多边数据协议来对涉及自身的数据权益进行管理维护，这并不能保证全球数据的治理处于有序状态。一方面，缺乏统一的全球数据管理规范，各国为了维护自身权益，只能通过国内法来管理跨境数据流动，而以国内法执行域外管辖，则无法避免地会产生管辖冲突，造成各为其主的无序数据管辖状态；另一方面，各国之间的立法、司法和执行管辖的实践理念也不一样，即使按照统一的约定进行管辖，可能在实际中也会产生冲突，就如同《安全港协议》的覆灭。

此外，作为对于全球各国进行约束的国际法，其建立基础虽然来自各国法律规定中的对外部分，但是每个国家的具体规定和传统习惯并不相同，而且也并不是所有国家的关于国际关系的法律都被吸收进入先行的国际法，国际法只是多数国家对于可以达成共识的部分的承认，有很多的具体条约规定并不符合所有国家的法制渊源和传统习惯，因此也存在着国际法规则下国家间的管辖冲突和国际法同具体国内法之间的冲突。就如同国际法中没有对于“法人”这一主体进行阐述和界定，而国内法中却有着具体详细的内容介绍和管制。

在缺乏统一规制的前提下，各国虽然重视数据主权的维护，大量的数据管理国内法带来的只能是各为其主的国际混乱局面，在国际上也只能是由有统治力和话语权的国家来进行主宰和引导，甚至是产生数据霸权，所以对于全球数据流动的治理不能仅靠各国的国内法，必须采取符合全球数据流动现实且能为大众接受的平等立法。

5. 本质成因：法制无法与经济基础同步

跨境数据流动的管辖现阶段主要是通过立法管辖、司法管辖和执行管辖来具体实现，都建立在稳固的法律依据或者立法渊源之上，即对依据现实制定法律，再依据法律进行法律的具体执行。但由于法规制定同实际现实之间总是存在一定的滞后性，即法律无法实现同现实的实时同步。

放眼至具体的跨境数据流动实践中，科学技术日新月异，数据流动呈现难以置信的广博性和超前性，不仅仅是在理论主体上细化了以往的信息、知识和情报界限，更是在实践中呈现出现有法律难以述尽的特性和发展趋势，因而对于跨境数据流动管辖的法律从一开始就落后于跨境数据流动的实际，以较为落后的上层建筑去管理经济基础，不可避免地会发生问题，在现实中即表现为管辖冲突。这也再一次验证了马列哲学中"经济基础决定上层建筑，而上层建筑对于经济基础具有反作用"①的辩证观。作为"经济基础"的跨境数据流动发展日新月异，而作为"上层建筑"的法制规定却难以保持实时同步，所以不可避免地会阻碍跨境数据的流动和经济发展。

在跨境数据流动飞速发展的现今社会，面对与日俱进的数据流动给各国主权带来冲击的现实，各国逐渐认识到数据管制法规建设的重要性，然而大量的法制规定还是不能实现对跨境数据流动的同步管辖，强调数据主权维护之上和全球数据流动发展日益频繁趋势之间的不适时性，这是管辖冲突产生的本质原因。

五、国家数据主权视野下跨境数据流动治理国际合作与协调机制建设

本部分基于目前存在的数据主权风险、治理需求及应对策略，综合采用博弈分析、系统仿真及数据生命周期分析等方法，在科学的理论框架内，以国际政策制度为参照依据，以我国的实际需求为起点，从法律、制度、技术三方面搭建面向数据主权安全的跨境数据流动治理的国际合作与协调机制。在法律制度机制中融入技术建设内容，促进技术水平提升，推广安全技术应用，同时也借助技术拓展法律制度建设视野，保障法律制度贯彻执行，从而有力保障个人数据权益，维护国家数据主权与安全，推动国际贸易。

(一)面向数据主权的跨境数据流动治理国际合作与协调法律机制

立法管辖是司法管辖和执行管辖的前提，要想实现司法管辖和执行管辖的

① 徐卉：《国际民商事平行诉讼研究》，载《载诉讼法论丛》2012年第4期。

有法可依，必须先保证立法管辖的完备完善，为具体的法律审判应用和执行实践提供明确可行的法制依据。因此在法律层面上应对立法管辖冲突是跨境数据流动中实现国际合作与协调的重中之重。根据前文分析，结合跨境数据流动中的立法管辖实践，本书认为现有法律机制构建可以从以下几个层面开展。

1. 密切国际交流，加强国际合作

管辖冲突发生于独立的主权国家之间，是国家与国家之间的利益冲突体现。所以，对于跨境数据流动中的管辖冲突也必须加强国家间的交流和合作。大数据时代已经到来，数据化成为当前世界发展变化的主要特征，数据主权也成为当前数据研究领域的重要热点，每个国家都基于本国实际建立了数据保护的国内立法，以求实现本国的数据安全和主权保护，立法管辖冲突也自此而产生。因此国家间应该立法管辖相关对话和交流，针对双边或多边立法管辖作出理论商谈，积极进行国家间的数据立法管辖实践。针对可能出现的管辖冲突进行救济和备用解决法案，以求实现数据立法管辖地有的放矢。针对已有管辖冲突，加强国际学习研讨，汲取经验，为立法管辖提供借鉴依据；针对现有管辖冲突，密切国际交流探讨，分析问题，为立法管辖冲突指点迷津；针对可能管辖冲突，促进国际合作商讨，提前布局，为立法管辖完善弥补努力。

2. 立足平等对话，制定统一规制

立法管辖冲突鲜明的特征便是各国关于数据保护的国内法间的冲突，因为没有统一的国际规制，各国基于数据主权维护制定保障自身利益的国内数据保护法，并尽可能地将跨境数据流动中的保护天平偏向自己。只顾着自身利益的维护，没有统一的国际规制，立法管辖冲突在所难免。因此，对于立法管辖冲突的解决必须依据国家间的平等对话交流，从各国的数据管辖的个性中总结出跨境数据流动中的管辖共性，针对达成共识的跨境数据流动管辖方案予以授权通过成为国际数据流动管辖机制，成为各国制定数据流动立法管辖的参考依据；针对跨境数据流动的管辖难题，予以记录和国际充分交流，提供可解决方案，汲取过往数据治理经验，形成切实有效的国际协议或者共识，为各国跨境数据流动立法管辖提供借鉴。具体来说，便是可以借鉴 CBPRs 体系和 BCR、SCC 标准。

CBPRs 是一种非约束性的国家合作体系，每个国家都建立起基于 APEC 国内的责任监管机组织，以此来监管本国是否遵守了 APEC 下的 CBPRs 体系。在遵循 CBPRs 体系的前提下，便可以实现各国企业间的数据互相访问和传播流动；而BCR和SCC体系则是现今国际上执行效果最好的数据管理协议约定①，在由政府部门对于跨国企业间的数据流动交流合作中的协议标准，即标准合同条款，进行约定后，企业之间便可以实现数据的跨境自由流动而不受约束。另外2015年下旬，APEC的CBPRs相关部门已经和欧盟的BCR的制定机构进行了沟通洽谈，若两者能够实现数据协议的统一规制，那么将极大程度上为立法管辖提供参考依据，减少国家间的数据管辖立法冲突。

若将全球看成一个放大化的国家，那么最好的立法管辖方法便是建立起境内适用的"国内法"，针对国际上数据立法管辖冲突最好的办法也应是建立起全球通用的数据流动法律管辖机制，但在具体的立法和实践层面还是存在一定的困难。

3. 基于独立自主，主权适当让渡

主权国家作为国际社会的重要组成部分，在国际社会的正常运行中，无论国力强弱、领土面积大小或者成立时间长短，都是国际中重要的存在一环。主权国家在强调主权独立，依据国际法对于国内行使完全自主管辖权力的同时，也应该留意自己在国际上应承担的义务。在跨境数据流动管辖中，每个国家都在主张对于数据管辖权的合理性、正当性和必争性，但过度地强调数据主权带来的只能是数据管辖权的冲突。在立法管辖中，各国理应维护自身的数据主权独立完整，但应该注意主张尺度。若在能够数据主权独立完整的前提下，实现更好的国际合作和数据管辖，那么就可以对于数据管辖权作出适当地让渡，实现国际对跨境数据流动更好的管理。《安全港协议》和《隐私盾协议》的签订，反映了美国对外开放强势的数据主权特征，但同时我们也不难发现美国在数据主权管辖的妥协和让步②，这也对全球数据流动的区域合作和治理管辖提供了逆向的思考借鉴模式。

此外，基于数据流动的跨境刑事犯罪行为也成为跨境数据流动中的一个新型特征，对于此类具有重大危害性的严重犯罪事件也要求各国加强对话合作，适当让渡国家主权将有利于跨境数据流动的治理和规范。但需要强调的是，主

---

① 长夏江村：《数据主权之争：跨境数据流动有什么样的游戏规则?》，载360网站：http：//www.360doc.com/content/17/0821/17/38342995_681011027.shtml，最后访问时间：2021年1月28日。

② 王志安：《云计算和大数据时代的国家立法管辖权——数据本地化与数据全球化的大对抗?》，载《交大法学》2019年第1期。

权适当让渡不等同于主权丧失，而是在独立平等的基础之上，为了国际重大利益作出适当让步。

（二）面向数据主权的跨境数据流动治理国际合作与协调制度机制

协调制度是具体的案件管辖中的依据，是立法管辖的实际化体现，也是执行管辖的依据，在三者中起到了中枢作用。制度协调机制的构建对于司法管辖冲突的合理解决十分重要，也关系着立法管辖的实际约束作用展现和执行管辖的顺利实施。基于前文探讨并立足实践，本书认为现有的协调制度构建可以从以下几个层面来考虑：

1. 遵循国际礼让原则

国际礼让原则，即一国在综合考虑案件的始末，在可以保证主权独立和国家利益不受侵害的前提下，根据国际礼让使得案件适用外国法的学说。① 根据国际礼让原则，一国在综合司法管辖中的全部影响因素之后来决定是否承认外国法院的审判及判决的有效性。结合跨境数据流动中具体的司法管辖而言，对于某一数据流动导致的民事或刑事案件的国际礼让，并不意味着司法管辖权的丧失，相反这方面体现出一国的司法管辖权的行使执行，即是否承认他国的司法管辖权。在跨境数据流动司法管辖中，一方面，面对管辖冲突，要是持续地争夺司法管辖权，带来的只有诉讼时间的持续延长，加重诉讼双方的诉讼成本，就如同微软数据诉讼案司法管辖权争夺持续了长达 5 年之久；另一方面，诉讼双方寄托于司法管辖保护的实际利益也难以实现，甚至可能在无限的司法管辖权争夺中已经失去价值，造成诉讼资源浪费。

所以，综上所述，国际礼让原则的适用对于司法管辖冲突的解决将大有裨益，将实现数据主权保护和主权行使的双重目标，也能够最大化地实现司法管辖的实际作用。但国际礼让原则的适用必须强调主权的独立完整，不能以主权丧失为代价。

2. 属地管辖优先原则

属地管辖原则因为基于实际的物理疆界，因而被人们广为接受，从法制发展和当今司法现状来看，属地管辖原则的适用也是广大国家司法管辖的首要标

① 朱玥：《美国〈谢尔曼法〉域外适用中的国际礼让原则》，载《理论观察》2018 年第 8 期。

准。英美法系国家也对属地管辖原则表现出极强的青睐性，并且通常采取排他性的选择方式倾向选择适用属地管辖原则。①

采取属地管辖优先原则来解决管辖冲突问题，是因为本书认为属地管辖在实际应用中有两方面的优势。第一是基于属地管辖原则确认的司法管辖一般不易引起管辖权冲突，就好比国内的管辖权适用一样，而且针对于具体的民刑事案件来说，跨境数据流动管辖冲突的具体民事案例中，数据的产生、搜集、整理和加工等环节基本上都会有固定的地点分配，于此属地管辖原则可以明确数据的管辖权为谁所有；放眼至跨境数据流动引发的刑事案件来看，犯罪发生的行为地确认理论将会是主要参考依据，犯罪行为的犯罪产生行为地因此享有管辖权，而对于外国的刑法一般认为无法适用于本国领域，不然会对他国的主权行使产生影响。第二是采取属地管辖原则可以更好地提高案件的处理效率，具体而言，跨境数据流动民事案件中可以依据数据产生至销毁的主要区域进行证据搜集处理，而在跨境数据流动刑事案件中可以更好地控制犯罪行为和犯罪行为人，从时间使用和经济耗损上都可以实现节省，进而高效率地对于案件进行处理。另外依据属地管辖原则的主客观分类，可以实现对于犯罪行为的预备到结果发生行为的全程管控，这也是国际上的通用惯例。

属地管辖原则基于实际的物理疆界，具有极易辨识的物理特征，因而在实际的司法管辖中经常被作为首要的参考依据。而各国采取属地管辖优先原则，也利于管辖权的合理确认区分，避免司法管辖冲突，但在具体的实际运用中还是得综合参考，不得盲目适用。

3. 推行不便管辖原则

不便管辖原则，也称不方便法院原则或非方便法院原则，即在司法管辖中，原告从同时具有管辖权的法院中选择对自己有利的法院提起诉讼，虽然该法院对于该案件具有管辖权，但是进行审判会有很多不便之处，带来司法资源和诉讼当事人的资金浪费，且不能保证司法管辖的高效特性和利益保证职能，则该法院便可以将管辖权转让给其他具有管辖权的法院，以不便管辖为由来确定案件的管辖权。另外对于正在审理的法院若发现“方便法院”的存在，可以通过中止诉讼(暂时停止诉讼环节)或者撤销诉讼(受诉法院的案件诉讼流程被

---

① 俞世峰：《保护性管辖权的国际法问题研究》，华东政法大学 2012 年博士学位论文。

全部取消)来实现管辖权的拒绝，实现管辖权的转让。这原则一般适用于民事司法管辖中。放眼至跨境数据流动管辖领域，当数据流动中的原告针对自身利益选择不同国家的管辖，引起了国家间的管辖冲突，那么同样具有管辖权的不同国家间的法院则可以依据不便管辖原则来避免司法管辖权的冲突产生。

不便管辖原则的适用，对于拒绝实行管辖权的一国来说并不是管辖权的丧失，反而是基于主权体现的自主选择，是本国基于综合考虑在保证主权独立的前提下的管辖权转让。不便管辖原则的适用，不仅不会对实施不便原则的法院所在国带来利益损害，相反会实现基于司法公正和国家协作的双方共赢。

在刑事领域中，与不便原则殊途同归，具有方便诉讼原则。方便诉讼原则是现今多数国家采取刑事诉讼程序中所遵循的基本准则，现已成为国际刑事司法中的一项基本原则①。与民事诉讼中的不便管辖原则内涵一致，刑事诉讼中的方便诉讼目的也在于当事人或者证人的便利参与和诉讼管辖高效便利。因此，在两个或多个国家针对跨境数据流动中的刑事犯罪主张管辖权时，为了避免管辖冲突，则可以适用刑事管辖中的方便诉讼程序，在解决管辖冲突的同时，降低当事人和司法机构的成本，减少司法资源浪费。

4. 适用效果管辖原则

效果规则，即一国法院针对某具体行为在其管辖区域内产生的实际效果来确定是否行使管辖权的原则②。效果规则在民事案件中应用得较多，根据效果规则只要是当事人中被告一方具有故意的侵权行为，且该侵权行为在一国的管辖范围之内并会给原告一方造成实际损害，那么原告一方所在的国家便具有管辖权。扩展至跨境数据流动领域，一国对于在其管辖区域因跨境数据流动引发的案件中，若另外一国对其管辖权存在异议，便可以借用效果规则来确认本国管辖权的合理性及合法性，但是必须满足效果规则适用的三个前提条件。

效果规则的实际运用产生于美国的司法管辖中，最初的适用范围也只是在美国州立法院之间确定管辖权，在跨境数据流动背景下，可以将其扩展至国家间因数据流动的实际管辖冲突的解决应用之中，但是应该注意效果规则只能应

① 韩东杰：《论国家刑事管辖权冲突及其解决》，沈阳工业大学 2018 年硕士学位论文。

② 孙尚鸿：《效果规则在美国网络案件管辖权领域的适用》，载《法律科学(西北政法学院学报)》2005 年第 1 期。

用在侵权案件中而不能在合同案件中适用①。

5. 最密切联系的适用

最密切联系原则，即在处理国际民商事案件时，选择与案件行为事实和案件当事人联系最密切的法律规定来确立管辖依据具体适用的原则。② 20 世纪 50 年代，美国法院在奥顿诉奥顿案(Auten v. Auten)中提出了这一说法③，强调法院在进行司法审判时，除了注意主要的显性案件标的之外，还应与案件联系最密切、最本质和最深层次的地区法律相结合。虽然最密切联系原则的适用是在司法机关已经确定的前提下进行的司法行为，但对于与案件联系最密切地区的法律适用若引申至跨境数据流动的国际范围中，则具有一定的司法管辖冲突解决效用，体现出对于他国的立法管辖尊重，同时也能促进本国法院司法审判在他国的认同性。

最密切联系原则要求法院在审判时注重法律关系的顺畅性以及法律行为开展的连贯性，除了案件主体的联系之外，还应该注重案件客体的联系，从而进行综合考量，以此来确定管辖依据的适用。

最密切联系原则刚开始只被应用于民商诉讼中的侵权领域及合同领域，但是因为其在实践中展现出极强的科学性和合理性，所以适用范围得到了很大的拓展，在目前绝大多数的冲突法领域下都得到了适用。④

(三)面向数据主权的跨境数据流动治理国际合作与协调执行管辖机制

执行管辖是基于司法管辖或者其他非司法方式开展的执法行为或者惩罚违法活动的行为，而根据国际法的基本准则，每个国家都只能在自己领土上开展执行管辖，执行管辖权通常情况下仅限于本国领土内，若需在他国开展执行管

---

① 李阳：《从判例中研究“美国网络管辖权”问题》，载《法制与社会》2013 年第 31 期。

② 代晓焜：《试论最密切联系原则的司法适用》，载《法制与社会》2019 年第 1 期。

③ 刘懿彤：《德国人身关系的法律适用及对我国立法的启示》，载《华东政法大学学报》2009 年第 2 期。

④ 林明月：《最密切联系原则在我国涉外民商事案件中的适用》，福州大学 2014 年硕士学位论文。

辖则需要得到他国允许。① 但由于跨境数据流动的跨境性和广博性，执行管辖冲突在实际中也有所体现。基于前文探讨并结合具体实际，本书认为管辖冲突可以从以下几个层面来解决：

1. 尊重主权完整， 不得干涉内政

执行管辖以一国的国内法为依据，由司法机关或其他非司法方式（例如行政）来开展，但是一般情况下仅限于本国的领土境内，所以对于执行管辖的具体执行必须注重地域的行使范围，不得超越一国的边界。但在跨境数据流动管辖中，由于数据流动的跨界，对于相关执法行为可能会跨越物理边界，但是一国的执法管辖不得以国内法为依据而冲撞他国的主权管辖，尤其是力量悬殊差异的强国必须坚持尊重国家平等和国家主权完整。任何国家的执行管辖都不得干涉他国内政，必须坚持国际法的约束规制原则。

2. 促进平等协商， 实现跨境执行

对于基于有效的数据立法管辖、司法管辖确认的数据保护执行管辖，若在境外执行是维护本国数据主权的必需，跨越实际物理边界无可避免时，则需要基于平等主权国家间的协商合作，获取司法机关的支持或行政机关的许可，来实现跨境执行管辖，但不得侵犯一国的主权完整和国家内政。具体而言，跨境执行管辖理论上可以依据本国执行管辖人员是否进入他国境内分为他国完全协助管辖和他国部分协助管辖，是两者都应该以主权完整和不干涉内政为前提，借助他国的司法或行政允许，但在具体实践中还是具有一定的难度。

3. 联合国起主导， 推进国际合作

联合国这一在国际法、政治稳定和经济发展等领域都有重要作用的国际组织，不仅仅具有非常强的权威性，更是具有极强的"人类共同体"属性②，在跨境数据流动的管辖中，理应发挥主导和规范作用。而在具体的执行管辖中，联合国可以发挥主导作用，推进国家间的双边或者多边合作，建立执行管辖的相关约定，推进跨进管辖冲突的合理解决。

---

① Matthias Herdegen, Völkerrecht, 8. Aufl. (München, Beck, 2009), p. 170.

② 习近平：《共同构建人类命运共同体——在联合国日内瓦总部的演讲》，载人民网：http://world.people.com.cn/n1/2018/0119/c416882-29775965.html，最后访问时间：2021 年 1 月 28 日。

(四)我国面向数据主权的跨境数据流动治理体系完善对策

虽然我国目前没有同他国产生基于跨境数据流动的正面管辖冲突，但以美国为首的西方国家对于我国数据通信技术的抵制核心在于争夺跨境数据流动的核心技术，避免自身的领先地位被撼动，继续维护以自身为中心的跨境数据流动国际规制体系。所以，鉴于我国的经济实力、科研实力的不断提升和国外反抗势力作祟，在数据管辖冲突的实际分析基础之上，本书得出以下对于中国跨境数据流动中的数据主权维护的启示和建议。

1. 参与国际立法建策， 构建国际统一体系

跨境流动数据的保护不仅仅是对于单一数据的保护，还应该包括数据搜集整理所用软件、数据存储传送物理设施和数据管理人员等要素，而当前国际上并没有对跨境数据流动的相关管理内容作出具体规定，虽然有国情因素和政治经济法律等要素的影响，建立完全统一的国际规制在短时间内不可能完成，但总是需要尝试和实践。中国作为正在崛起的坚守正义大国，一方面理应对全球跨境数据流动管理大任有所担当，另一方面为了维护自身的数据主权也应作出及时反馈，因而在全球跨境数据流动上中国应该积极参与，贡献出自己的力量。具体而言，分为以下几个层面：

(1)积极推动全球数据及传输技术共享机制建立

全球数据交换机制和传输技术的一个关键要素是数据类型和数据传输技术的保护水平。在尊重数据主权和领土完整的同时，建立数据和技术交换机制，实现全球数据和技术交流。但是公开共享的数据和技术一定不能涉及国家机密和关键领域，仅限于数据自由流动可以公开共享的数据和技术。此外，建设的数据及技术共享机制应该建立在国际数据充分发展的基础之上，而我国作为数据生产及使用大国，应该积极推动共享机制的建立。具体说来，我国应该从以下几个层面来推动共享机制的建立：一是完善国内的数据保护机制，确认可以共享的数据和技术类型；二是在保证主权完整独立的前提下，建立同国际接轨的数据和技术的合作机制。

全球数据及传输技术共享机制的目的是打破现有国家主导的全球跨境数据流动机制，消除国家间、区域间的数据自由流动障碍壁垒，以数据自由流动促进经济文化交流，助力人类社会更好地发展。而中国作为世界大国，应该承担起这份责任，促进全球跨境数据流动更好地发展。

(2)积极参与全球数据保护机构及保障机制设定

全球数据保护机构和保障机制的建立，即建立起对全球数据进行管理保护的第三方国际机构和机制，不同于国家内部和双边或者多边协议，类似于APEC中的CBPR体系，只不过管辖区域扩展至全球不再局限于某个区域。

全球数据保护机构和保障机制的建立实质在于寻求全球各国数据现阶段保护和未来发展的共同点，建立起全球范围内的“数据命运共同体”，保障每一个成员国的平等参与和数据安全的全面均衡保护，避免数据霸权和强权政治因素的危害影响。全球数据保护机构及保障机制不是由一国两国主导的，而是应该建立在各国充分平等参与、充分意愿表达和充分数据保护原则之上，进而形成对于国际社会均有强制约束力的数据保护机构和管理机制。中国作为数据领域的新生崛起力量，在原有全球跨境数据流动模式已经逐渐稳固的背景下，应该积极承担全球数据保护机构及保障机制设定工作的大任，推动跨境数据的自由流动。

(3)积极促进全球数据主权的国际维护框架建构

跨境数据流动的跨境性和复杂性，致使数据主权的维护和数据管辖权的划分更加困难。管辖冲突的产生在很大程度上是因为各国的数据主权维护规定“各奔东西”，没有形成统一规制，所以制定全球统一的数据主权国际维护框架显得尤为重要。具体而言，主要是建立关于数据共享和数据管辖等内容的双边或者多边协作条约，并通过建立的条约形成具有连锁反应的“再条约”，甚至可以在此基础上再次签订合作协议，由此形成全球范围数据主权的国际维护框架，以清晰的条约网络实现有级别、有体系的数据主权维护。

中国作为亚太地区的领先发展主体，可以联合周边主权国家签订基于本区域的数据主权维护条约，形成规模效应。在此基础上，同欧美主导的大西洋区域和北美洲区域等实现双边协作，进而共同构建平等基础上的跨境数据流动中的数据主权维护框架，合理合法地区分确定各国的管辖权，避免管辖冲突。

2. 创建共同交流平台，加强国际司法协作

和平与发展仍是当今时代的主题，各国间的共同利益维护则是国际交流合作的基础和前提。在跨境数据流动领域，国际合作与交流同样是数据管理和管辖必不可少的步骤和环节。中国作为数据大国，自古就是友善之邦，在国际数据合作交流平台的建设上责无旁贷，另外基于司法管辖的国际协作趋势，持续发展中的中国理应顺势而为。

(1)踊跃推动全球数据合作，建设国际数据交流平台

跨境流动中的数据，没有绝对单一地为某一国所独有，基于跨境数据流动的国际化背景，流动中的数据管辖权确定不再是一国的内部事务，反而具有国际性特征，单兵作战无能为力，而且各国各自采取不同的管辖标准则只会导致更多的管辖冲突和争议。只有在国际合作交流基础上才能实现数据管辖权的合理合法划分，避免管辖冲突，进而可以实现基于抵制网络犯罪和恐怖主义等共同目标而实现数据主权和国家安全的维护。

建设国际数据交流平台，即建立全球所有国家均可平等参与的数据管理经验分享和呼吁数据管理合作的专业平台。其目的在于抵制数据强国依据现有以其为主导的跨境数据流动管制机制来约束数据保护水平需提升国家的发展趋势，建立一个可以平等参与的数据交流合作国际平台，以此来保证欠发达国家呼吁数据保护的国际话语权，真正实现平等基础上的数据主权维护。中国作为世界上最大的发展中国家，在国际数据交流合作平台的建立重任中理应率先垂范以身作则，推动国际数据交流平台的“落地生根”和“开枝散叶”。

(2)踊跃促进国际司法合作，构建数据司法协助机制

国际上传统的司法合作主要基于犯罪领域，而在跨境数据流动司法实践中，因为数据流动的跨境性、分散性和复杂性，主权国家间管辖权冲突问题在所难免，在维护各国数据主权的前提下实现对司法管辖的有效确认成为所有主权国家的共同愿望，跨境数据流动司法协作机制大有呼之欲出之势。中国在进入TPP中遭受了美国等国家的阻碍，甚至在亚太地区都无法实现区域合作，所以对于跨境数据流动领域的国际司法合作中国理应作表率。

具体而言，中国可以从以下两个层面促进跨境数据流动领域的国际司法合作，从而构建数据司法协助机制。第一是司法合作的范围要适时而变，中国同其他国家的司法合作范围要实现由传统刑事领域往跨境数据流动领域的转变，构建清晰明确的数据司法协助机制；第二是司法合作的维度要不断提升，中国应该学习借鉴《布达佩斯网络犯罪公约》中对于司法合作有着明确规定的内容①，持续提升我国在跨境数据流动领域同其他国家的司法合作维度。在这两点基础上，不断促进跨境数据流动领域的国际司法合作，构建起全球数据司法

---

① 王桂芳：《中国开展网络空间国际合作的思考》，载《贵州省党校学报》2018年第5期。

协助机制。

3. 推动核心技术研发，提高数据保护能力

综合欧美的数据治理体系及数据主权保障实践，我们不难看出欧美的数据技术已经达到世界顶尖水平，在云计算和大数据发展背景下，数据技术的重要性再次凸显，只有保证本国的关键数据技术和重要基础数据设施能够独立自主研发，才能避免跨境数据流动管理陷入为人所控的困境，实现独立平等基础上的数据主权维护，同时也可以避免因为例如美国"数据控制者标准"等数据技术差异而使本国受制于人的困扰。中国目前在数据处理及分析、分布式计算和可视化技术上与世界顶尖水平相差很大①，为了推进数据主权的维护，必须在数据核心技术的研发上加强研究，并开发数据创新的动力源泉。

(1)核心技术继续研发，创造数据无限动力

数据技术和基础软硬件研发的目的在于摆脱受制于人的落后局面，实现独立自主基础上的数据主权维护，进而避免因为技术和基础软硬件的落后导致数据管辖权的丧失。具体而言，涵盖以下几个层面：第一是针对跨境数据流动管理中的数据薄弱技术环节加大研发力度，在跨境数据流动中的关键技术和关键软硬件必须采用本国的研发设施，即使是采用他国数据设施也必须建立完善的数据保障预案，确保数据安全；第二是国家必须加大对数据技术研发、基础设施建构和科研技术人才培养等层面的政策资金扶持，提升自身的数据分析计算水平，实现国家数据发展的独立自主。

此外，必须认识到数据作为新兴资源的可利用性，以科技发展促进数据资源的开发和运用。在跨境数据流动中，之所以会产生利益争夺和管辖权冲突，很大的原因就在于数据的资源性，数据可以转换成社会实际生产力，继而促进国际社会的发展演进。所以在科研技术的创新发展上推动数据资源实际生产力的转换，也是数据研发技术的一个重要出发点和落脚地，以数据促进社会兴盛，以数据推动全球进步将会是人类文明发展的必由之路。

(2)国家政策扶持先行，企业主导发展齐驱

核心数据技术和软硬件基础设施的研发必须建立在国家的战略规划和政策资金扶持基础之上，在与数据主权挂钩的大数据时代，国家的参与更是数据技

---

① 张平文、鄂维南、袁晓如、傅毅明：《大数据分析与应用技术创新平台》，载《大数据》2018 年第 4 期。

术研发不可获取的元素。除了国家的政策资金扶持外，更需要发挥国家国际主体身份作用，对于国际社会中的数据发展信息和基于国际合作的发展需求传达至国内，并在此基础上制定相应的数据发展战略并促进实地转化。

另外，数据技术研发也需要注重企业主体的参与和贡献，作为数据市场的实际参与者，在政府监督下以行业龙头企业主导数据研发更能发挥其积极性和主动性，更快地推进技术研发和创新；而且企业主体对于市场发展的了解和预期可能更加敏锐准确①，在政府监督下以企业主导数据研发能够更贴近跨境数据流动的发展实际和国际动向，从而更加高效、准确地促进跨境数据流动中的数据技术研发进程。

① 张昕悦：《浅谈新时期下中小企业财务风险的成因及对策》，载《财会学习》2018 年第 19 期。

第十章
中国参与数据治理国际规则制定研究

数据治理国际规则制定并不完全是一个新话题。欧洲理事会在1973年颁布的第(73)22号欧洲理事会部长委员会决议①对电子数据库内的个人信息滥用作出规定，其中已经可以看到以个人信息与隐私权为出发点的数据保护理念，1974年颁布的第(74)29号决议②对此又予以补充。1981年欧洲议会出台《关于个人数据自动化处理的个体保护公约》③，是第一份专门涉及个人数据保护的国际公约。但互联网时代，数据的价值不仅更显重大，而且利益关系更加复杂。其结果是，国家更加重视维护数据对于本国的战略价值，并在国际数据治理问题上体现更多的立场差异。④ 中国作为数字经济大国，参与并推动数据治理国际规则符合我国利益。同时，在"人类命运共同体"理念下发展数据治理国际规则也符合全人类利益。⑤ 因此研究数据治理国际规则的体系、内容和理论，探索科学合理的数据治理统一框架，在此基础上形成中国参与全球数据

---

① EU Committee of Ministers, Resolution (73) 22, https: //rm. coe. int/1680502830, visited on Mar. 9, 2021.

② EU Committee of Ministers, Resolution (74) 29, https: //rm. coe. int/16804d1c51, visited on Mar. 9, 2021.

③ Convention for the Protection of Individuals with regard to Automatic Processing of Personal Data, ETS No. 108, https: //www. coe. int/en/web/conventions/full-list/-/conventions/treaty/108, visited on Mar. 9, 2021.

④ 参见毛维准、刘一燊：《数据民族主义：驱动逻辑与政策影响》，载《国际展望》2020年第3期。

⑤ 参见罗昕、杨仰文：《跨境数据流动治理的制度化实践与中国进路》，载《传媒经济与管理研究(年刊)》，2019年。

治理规则制定的话语体系，并通过配套机制使这一话语体系转化为符合我国和全人类利益的国际规则，具有重大意义。①

一、国际数据治理的基本问题

(一)数据治理国际规则的边界确定

如果说网络空间也是一个系统的话，或许我们借用卢曼的系统论会更好地说明数据治理国际规则在网络空间国际法中的位置。

卢曼从帕森斯的结构功能主义出发，提出功能分化对社会系统结构起决定性作用，认为功能决定系统的产生与发展，并决定其结构建构，当代社会是由功能相异的系统构成的功能分化社会("functionally differentiated" society)。②社会系统具有自发生成、功能稳定和内部信任等特征，实现这些特征的关键在于功能的自足性，或者说"自生产性"(autopoiesis)。③ 对照这一特征，我们可以发现，网络空间同样是一个社会系统。网络空间承载着独立的社会功能，即实现信息的强交互传播。由于社会需要，群体逐步通过交往(communication)这一社会系统形成的必要过程聚合在一起，并形成社会空间，这是由内而外的过程，并非受等级权力的影响而生成。④ 功能稳定是自生产性的直接体现。对于网络空间而言，如果我们将其理解为一个内部循环的结构而非主流观点所持的层级结构，则正好解释其稳定的功能输出。主流观点尽管将网络空间阐释为层级架构，但又对其具体分层意见不一，且不能较好地区别互联网与网络空间，不能明确网络空间的准确边界。为此，在 2020 年世界互联网大会发布的中国学者立场文件《网络主权：理论与实践(2.0 版)》(以下简称《网

① 王寅、常桐善：《数据社会主义与市场经济的战略融合——走人类命运共同体发展之路》，载《改革与战略》2020 年第 12 期。

② Niklas Luhmann, Social Systems, John Bednarz, Jr., Dirk Baecker translated, Stanford University Press, p. xxiv.

③ Niklas Luhmann, The Autopoiesis of Social Systems, Sociocybernetic Paradoxes, 1986, 6(2): 172-192.

④ Linda Harasim, Networlds: Networks as Social Space, in Linda Harasim(ed.), Global Networks: Computers and International Communication, The MIT Press, 1993: 15-34.

络主权 2.0 版》)①中，网络空间的结构阐释不再从层级结构切入，而是将网络空间解构为三个范畴：网络设施与运行、网络数据与信息、社会与人。三个范畴的运作并非单向递进，而是循环复始并互相渗透。社会与人范畴实则是指涉网络空间的主体，网络数据与信息指网络空间承载的内容，而设施与运行则是网络空间的运行载体。② 从彼此衔接的角度看，主体不能直接影响内容，只能以运行设施为媒介改变，但网络内容却可以直接影响主体。需要注意的是，有人认为网络内容也需要以运行设施为媒介才能影响主体，这可能犯了先验性错误。数据和信息并非皆存在于客观世界的物质，也可能是人类认知范畴的产物，也就是说并不存在于客观的显示屏上，而是存在于人的脑中，对于一只在屏幕上乱窜的苍蝇而言，信息是根本不存在的或者与人接收的完全不同。因此信息和数据因载体而形成，却可以不再通过载体对主体产生影响，而是直接对主体形成影响。从相互渗透的角度看，首先，由于物联网，特别是生物物联网的发展，作为主体的人和物理设施及技术间的区别趋于模糊，人网合一的"赛博客(cyborg)"③在理论上的可实现性也越来越为人所认识。其次，就数据与信息而言，虽然信息可以直接影响主体，但实际上在设施与运行层面也存在数据，④ 信息虽最终呈现于人脑，但数据却可以通过机器读取⑤。最后，同样基于上述物联网发展和信息可表现为主观认识的理由，主体与数据及信息也是可以相互渗透、互相依附，并不断向更紧密的融合趋势发展。事实上，由设施与运行、数据与信息和社会与人三个范畴构成网络空间的这一表述，也不是《网络主权 2.0 版》的首创，在我国的《网络安全法》中已经体现了将网络空间安全依运行层(第三章)、信息层(第四章)与主体层(第二章)分章规定的立法体例；由"互联网之父"文顿·瑟夫(Vint Cerf)领衔的 ICANN 战略专家组在 2014 年出

---

① 《网络主权：理论与实践(2.0 版)》，载中华人民共和国国家互联网信息办公室网站：http://www.cac.gov.cn/2020-11/25/c_1607869924931855.htm，最后访问时间：2020 年 11 月 25 日。

② 《网络主权：理论与实践(2.0 版)》，载中华人民共和国国家互联网信息办公室网站：http://www.cac.gov.cn/2020-11/25/c_1607869924931855.htm，最后访问时间：2020 年 11 月 25 日。

③ Katherine Hayles, Unfinished Work: From Cyborg to Cognisphere, Theory, Culture & Society, 2006, 23(7-8), pp. 159-166.

④ 纪海龙：《数据的私法定位与保护》，载《法学研究》2018 年第 6 期。

⑤ 纪海龙：《数据的私法定位与保护》，载《法学研究》2018 年第 6 期。

台的报告《ICANN 在互联网监管生态系统中的职责》亦提出技术层、内容层和社会层的网络生态系统分层模式。① 在范畴划分上，这些文件的理念与《网络主权 2.0 版》基本一致，仅仅是未从层级模式向闭合循环模式转变，所以没能体现网络空间的生产自足性。其他分层理念也多会将主体与运行基础分别划为最高层和最底层，② 多层次之间不可回避地遵循运作的循环性，比如美国军方文件③近年基本倾向将网络空间分物理、逻辑和主体三个层次，内容层被并入社会与人的层次中，但整体能形成闭合循环。因此，基于对网络空间边界的共识，其功能稳定性也得到确认。网络空间基于特殊的架构和标准，④ 使人们对其内在信息传播的自由、便捷、安全和可控形成高度信任，这是其他信息传播系统无法媲美的，这种信任也使系统功能的稳定输出得到强化，因此也具备内部信任这一基础特征。

确认了网络空间的系统属性及其内部架构，即能明确网络空间法的适用边界以及数据法规则在其中的位置。如果说网络空间的系统功能是信息传输的话，那么数据在网络空间的流动即是其功能体现。有学者提出，数据治理应以数据为直接治理对象。⑤ 这里排除了包括依靠数据而治理的问题，但也不能限缩于仅适用于网络空间数据与信息范畴的活动规则。由于网络空间三个范畴彼此衔接且相互渗透，任何一个范畴的治理缺失也会对其他范畴造成负面影响，因此当我们讨论网络空间的数据治理规则时，设施与运行、数据与信息和社会与人三个范畴都应当被考察。比如，在设施与运行范畴，网络基础设施应当满足数据安全的技术要求，网络主体方面也需要注意提升数据安全意识，促进组

---

① ICANN 战略专家组，《ICANN 在互联网监管生态系统中的职责》，https://www.icann.org/en/system/files/files/report-23feb14-zh.pdf。

② 例如，《塔林手册 2.0》将网络空间分为物理层、逻辑层与社会层，其中社会层包括参与网络活动的个人和团体。参见[美]迈克尔·施密特总主编：《网络行动国际法塔林手册 2.0 版》，黄志雄等译，社会科学文献出版社 2017 年版，第 58 页。

③ Joint Publication 3-12 (R), Cyberspace Operations, 1-3, https://fas.org/irp/doddir/dod/jp3_12r.pdf, Feb. 2, 2013.

④ Milton Mueller, Against Sovereignty in Cyberspace, International Studies Review, 2020 (22), pp. 779-801.

⑤ 蔡翠红、王远志：《全球数据治理——挑战与应对》，载《国际问题研究》2020 年第 6 期。

织机构间的联动合作能力等。① 这些都在数据治理规则范畴之内，不应被忽视。我国数据治理国内法的主体是《数据安全法》和即将出台的《个人信息保护法》，后者偏向于仅涉及数据处理活动本身，② 而前者中则涵盖了对主体与技术设施的要求，也体现了数据治理规则在三个范畴的贯通。③

需要提出的是，数据治理问题并不独存于网络空间，即使数据的跨国流动也可以通过其他物理手段实现，然而由于网络空间的形成和发展，数据问题才形成特殊趣旨，当代数据治理面临的主要问题也基本是因网络空间而形成挑战。比如，两用技术管控一直是技术出口范畴的问题，在互联网发展起来之前，欧盟、日本、加拿大等大多数国家和地区的两用项目出口由两用货物出口控制体系管理，不涉及技术和数据问题。④ 但互联网的发展促进了两用项目进出口管制规则的改变。首先是在 21 世纪伊始，欧盟通过第 1334/2000 号条例，将进出口管理范围扩大至软件和技术，指出技术是“开发”“生产”或“使用”货物所必需的特定信息，这些信息以“技术数据”或“技术援助”的形式出现，通过电子媒介向境外传输软件与技术也受到控制。⑤ 加拿大⑥、日本⑦等也在本世纪互联网技术的影响下，开始将两用项目的管控范围向信息扩张，由此，两用技术数据管控作为一个需要应对的问题在本世纪被纳入制度化考量。因此，当前应对国际数据治理挑战，也就是要应对网络空间环境所带来的国际数据治理难题。

---

① 《网络主权：理论与实践(2.0 版)》，载中华人民共和国国家互联网信息办公室网站：http：//www.cac.gov.cn/2020-11/25/c_1607869924931855.htm，最后访问时间：2021 年 3 月 18 日。

② 参见《中华人民共和国个人信息保护法(草案)》，载搜狐网：https：//www.sohu.com/a/426584424_780954，最后访问时间：2021 年 3 月 18 日。

③ 参见《中华人民共和国数据安全法》。

④ EU Council Regulation 3381/94，https：//eur-lex.europa.eu/legal-content/EN/TXT/PDF/？uri=CELEX：31994R3381&from=en，visited on Mar. 11，2021.

⑤ EU Council Regulation，1334/2000，https：//eur-lex.europa.eu/legal-content/EN/TXT/HTML/？uri=CELEX：32000R1334&from=EN，visited on Mar. 11.

⑥ 参见加拿大 2007 年修订的《进出口许可法》(*Export and Import Permits Act*)。https：//laws-lois.justice.gc.ca/eng/acts/e-19/FullText.html，visited in Mar 19，2021.

⑦ 参见众议院：《外国為替及び外国貿易法の一部を改正する法律》，平成二十一年法律第三十二号，http：//www.shugiin.go.jp/internet/itdb_housei.nsf/html/housei/17120090430032.htm，最后访问时间：2021 年 3 月 18 日。

（二）数据治理国际规则的体系梳理

对于内在的规则体系梳理，除以上边界的明晰界定外，还需先明确两点：一是数据治理规则与跨境数据流动规则的关系，二是数据治理与信息治理规则的关系。

跨境数据流动同样是当今国际法与国际政治关注的热门问题。但除跨境数据流动治理这一主要议题外，国际数据治理也会关注在单一法域内的涉外数据治理问题。易言之，即使没有发生跨境数据流动，因主权冲突与协调仍不可避免，因此仍会出现国际数据治理需关注的问题。① 比如，跨国企业在将数据本地化存储时，也需应对当地政府对其数据处理行为的监管要求，此时可能出现一系列问题，需要东道国与企业的其他经营所在地政府，特别是企业母国政府协调合作方能解决。最近澳大利亚试图向脸谱网征收链接税未果即表明强大的互联网平台甚至可能具有与国家对抗的实力，需要多边或多方合作方能应对。②

至于信息治理与数据治理，需要理解信息与数据的关系。从信息学角度来看，数据是信息的载体，声音、图像、符号与数字都是传播与表达信息的数据形式。还有学者主张信息可分为三个层面：内容层面、符号层面和实体层面，而数据这一载体也体现于三个层面中。③ 这一观点是值得商榷的。将实体信息视为承载信息的载体或蕴含信息的结构，这一指涉本身即存在自我指涉悖论——信息如何成为自己的载体或容器？此外，作为实体信息的硬盘、CD 或遗传染色体本身不能使人获知信息，而是需要以技术手段从中读取，因此其自身显然不属于信息。从各类规范文件的表述来看，数据也从来不曾被明确指向实体及其载体。国际标准化组织将数据定义为“一种可通过适用于交流、解释或处理的规范化手段重复解译的信息表达方式”。④ 从情报学角度看，将数据

---

① 吴沈括：《数据治理的全球态势及中国应对策略》，载《电子政务》2019 年第 1 期。

② 聂书江：《脸书“霸凌”澳大利亚给我们的警示》，载《北京日报》2021 年 2 月 24 日，第 7 版。

③ 王镭：《“拷问”数据财产权——以信息与数据的层面划分为视角》，载《华中科技大学学报（社会科学版）》2019 年第 4 期。

④ ISO/IEC 20546：2019(en) Information Technology — Big Data，https：//dgn. isolutions. iso. org/obp/ui#iso：std：iso-iec：20546：ed-1：v1：en，Feb.，2019.

定义为信息的表示而非载体，可以避免数据概念的滥用，将实体、数据与信息三者分开，也符合信息网络的运行情境。比如，在实体层面，数据可以是集成电路的内部排列和半导体电路的布局，也可以是声波、光波或电磁波；在符号层面，数据可以是只能被机器读译，并通过实体层面数据转化的算法与代码；而在语义层面，数据能直接组合为可被人收取的信息。① 数据权的行使与保护从三个层面来讲都具有意义，也不会与传统空间的实物所有权混淆。我国《网络安全法》第76条第(4)项虽然将数据限定于电子形式，但不代表网络空间其他范畴不存在数据。且其他立法，如欧盟《通用数据保护条例》(GDPR)②以及我国《数据安全法》③中的定义，都未将数据限定在电子形式之内。因此，数据治理规则，不仅要考虑信息治理问题，也需应对不能直接提供信息的其他形式数据的治理。

由于数字技术运用的无处不在，数据治理国际规则分散于国际治理不同部门。比如，在国际贸易领域，WTO和区域贸易协议都开始关注电子商务中的数据问题；在国际卫生领域，全球医疗卫生数据的共享与管控也不可避免地向制度化方向发展④；在国际金融领域，随着非主权数字货币的影响力不断扩张，所带来的也不仅仅是国际金融的稳定性忧虑，也有金融数据的安全问题；⑤ 在国际反垄断领域，互联网平台滥用算法和数据以排除竞争对手和影响定价损害消费者利益，也激励国家和区域完善相关规则。⑥ 或者可以说，数据作为一种生产资料，其价值在于促进数字社会各行各业其他利益的实现，因此数据治理不仅仅关系到数据资源本身，往往还伴随着其他利益价值。⑦ 因此，从国际法部门的角度构建数据治理问题的体系模型不仅相对零散，而且会因为无法体现其作为专门国际法领域的特殊性，无实际意义。

---

① 纪海龙：《数据的私法定位与保护》，载《法学研究》2018年第6期。

② 参见欧盟《通用数据保护条例》第4条。

③ 参见《数据安全法》第3条。

④ 参见WHO的相关工作，https：//www. who. int/data/collections，最后访问时间：2021年3月11日。

⑤ Martine Lemalet，Libra：Les Enjeux des Données Monétaires et Financières dans la Souveraineté Numérique，International Journal of Digital and Data Law，2020（6），pp. 35-73.

⑥ 李丹：《算法歧视消费者：行为机制、损益界定与协同规制》，载《上海财经大学学报》2021年第2期。

⑦ 邵鲁宁：《数据是一种怎样的新型生产资料》，载《上海质量》2021年第2期。

目前可以确定的是，各国政策对数据治理的关注，基本聚焦于以下四方面的利益：政治安全、社会公益、经济利益和公民权利。① 因此，以涉及的利益为限，可以更凝聚地确立数据治理的国际规则体系。从规则体现来看，数据治理规则可以分为数据治理专门法和其他部门法的数据治理规则。前者比如欧盟的 GDPR 和《非个人数据自由流动条例》，美国的《澄清境外数据的合法使用法》《健康保险流通与责任法案》《加州消费者隐私法案》，我国的《数据安全法》《个人信息保护法》等。后者如 CPTPP 及其他区域贸易协议电子商务章节中的数据治理相关条款、WHO《国际卫生条例》关于信息处理的条款等②。

数据治理专门法和分散条款的存在说明问题的复杂性与普遍性并存。由此会形成疑问，国际立法上如何处理两者关系？理想的做法自然是由专门法规定国际数据治理的具体问题，而由各部门法通过引用条款，建立对专门法的参照指引，或者只对数据治理作笼统的原则性规定，细节问题由专门法处理，这一处理方式犹如国内法中的刑法专门法与分散的刑法条款的关系或国际知识产权法中的专门知识产权公约或章节与分散的涉知识产权条款的关系。然而问题在于，专门的数据治理国际规则是滞后的，数据治理国际法的发展远远落后于需要考虑数据问题的卫生、贸易、金融甚至知识产权等其他国际法领域的发展。因此，现实是，其他部门的国际法条约也往往对国际数据治理作较具体的规定。比如《国际卫生条例》第 45 条，对于个人数据的处理体现了数据处理多项具体原则。《与贸易有关的知识产权协定》也不可避免地广泛规定信息与数据处理问题。③ 这些现象的存在使立法体系更显复杂。

然而，我们也可以发现，分散的条款更提升了建立数据治理统一国际规则的意义，而这一规则的建立并非理论上不可能，因为数据治理的基本原则已经非常明确，涉及的利益关系如何处理，也在不同部门法中形成一致，统一规则所需的具体工作就是将国家实践实际上已形成共识的规则予以集中明确，这不仅有助数据的整体有序流动，避免国家权力和私人权利的扩张过分限制数据利用，而且可以促进一个更清晰聚焦的数据治理国际法体系的形成。而统一规则本身，不仅可以独立的公约为载体，也可以其他国际规则的有机组成来实现。

---

① Lepping J, Palzkill M. Die Chance der Digitalen Souveränität. Digitalisierung: Bildung-Technik-Innovation. iit-Themenband, 2016 (1), pp. 17-25.

② 例如《国际卫生条例》第二编的内容。

③ 例如《与贸易有关的知识产权协定》第二节。

(三)国际数据治理的主要理论

从法理来看，国际数据治理的统一理论并未形成，甚至专门论述国际数据治理法理基础的文献也甚为少见。但我们可以看到规则体系在总体上存在多个理论基础，从不同面向指引各国或区域的国际数据治理实践。

1. 以“知情同意”为基础

无论是国际还是国内数据治理，目前皆以“人格权”保护为规则构建的出发点和核心价值，由此形成“知情同意原则”的立法基础①，即要求数据处理者对个人信息主体发出数据收集请求，说明数据收集后的处理方式与目的，在获得个人明确授权后，依据双方形成的合意收集和处理数据。早在 1973 年，美国卫生、教育和福利部即提出，应基于主体权利保障发展信息的公平利用。② 1980 年经济合作发展组织(OECD)制定《个人信息保护指南》，提出基于“知情同意”的八大原则。③ 这些前互联网时代发展的信息保护框架，其主要理念又与传统隐私保护观念一脉相承，并被 1995 年颁布的《欧盟数据保护指令》(95/46/EC)所采纳。

2. 以“数据分类分级”和“场景一致性”为调整

互联网技术的发展也催生了数据产业的出现。数据的价值不再仅维系于和隐私权的关系，也在于它的公益价值。从数据到大数据，人们对数据的认识出现了从私人财产向公共财产的转向，并着重挖掘在公共属性下的数据价值。由此出现了两种发展倾向：一是数据被分为公共和私人两大类别，对于后者才维持于“知情同意”框架下的主体权利保护；二是“知情同意”的实施方式变得更加复杂，商业机构的隐私协议趋于冗长却依然不能完全涵盖其对个人数据的处理方式，以致即使“知情同意”也不足以保护个人人格权益。④ 由此，“分类分级保护”和“场景一致性”两种理念开始出现。前者主张将数据分为个人数据与

---

① 吕炳斌：《个人信息保护的“同意”困境及其出路》，载《法商研究》2021 年第 2 期。

② ASPE, Studies of Welfare Populations: Data Collection and Research Issues. Fair Information Practices, https://aspe.hhs.gov/report/studies-welfare-populations-data-collection-and-research-issues/fair-information-practices, visited on Mar. 2, 2021.

③ OECD Guidelines on the Protection of Privacy and Transborder Flows of Personal Data, https://www.oecd.org/sti/ieconomy/oecdguidelinesontheprotectionofprivacyandtransborderflowsofpersonaldata.htm, visited on Mar. 3, 2021.

④ 吕炳斌：《个人信息保护的“同意”困境及其出路》，载《法商研究》2021 年第 2 期。

非个人数据，原始数据、衍生数据与派生数据，或者企业数据与用户数据等，同时基于数据敏感性进行分级；① 后者主张除了同意与否外，还应考察数据流动的场景变化，对相同的场景适用相同的隐私性要求，在辨别数据的使用传播范围时，要充分评估并尊重信息主体对信息使用场景的预期，同时还要基于场景差异考虑不同场景中的社会利益，确认数据的处理方式。② 这两种理念在近年的国际数据治理规则中都得到充分体现。比如，欧盟将数据分为"个人数据"与"非个人数据"，分别在 GDPR 和《非个人数据自由流动条例》予以保护，在 GDPR 中，欧盟还增设数据外泄通知、隐私影响评估、第三方认证和遗忘权等知情同意原则所不包含的制度，体现对数据流动场景变化的充分考虑。此外，美国《消费者权利法案》也明确了"情景一致"原则，要求除非法律另有规定，公司应当保证对个人数据的使用和披露，与公司和消费者之间订立的协议以及消费者最初披露数据的情形相符合，如果公司出于其他目的使用或披露个人数据，则必须在收集数据时即通过简明的方式告知消费者，并规定公司只收集为实现"情境一致"目的所必要的个人数据。③ 除非法律另有规定，应以安全方式处理不再需要的个人数据。我国近年也开始接受场景理论，在 2020 年的"黄女士诉微信读书案"④和"凌某某诉抖音案"⑤中，法院都在判决说理中引用了这一理论，中国人民银行《个人金融信息保护技术规范》也提出"应依据服务场景以及该信息在其中的作用对信息的类别进行识别，并实施针对性的保护措施"。⑥ 值得注意的是，2020 年全国"两会"期间，政协委员连玉明也提出

① 项定宜、毕莹：《大数据时代数据的类型化保护研究》，载《重庆理工大学学报(社会科学)》2020 年第 6 期。

② Helen Nissenbaum, Respecting Context to Protect Privacy: Why Meaning Matters, Science and Engineering Ethics, 2018 (3), pp. 831-852.

③ Administration Discussion Draft: Consumer Privacy Bill of Rights Act of 2015, TITLE I—Privacy Bill of Rights, https://obamawhitehouse. archives. gov/sites/default/files/omb/legislative/letters/cpbr-act-of-2015-discussion-draft. pdf, visited on Mar. 3, 2015.

④ 〔2019〕京 0491 民初 16142 号民事判决书。

⑤ 〔2019〕京 0491 民初 6694 号民事判决书。

⑥ 中国人民银行《个人金融信息保护技术规范》，银发〔2020〕45 号，http://www. xinghua. gov. cn/module/download/downfile. jsp? classid = 0&filename = 92c7f69b2a0b483fac7510d5e96e1432. pdf.

"根据应用场景对个人信息进行分类分级保护"的分类与场景结合的数据保护模式。①

3. 以数据主权理念为顶层引领

主权关切即使在前互联网时代也伴随着数据跨境转移而存在，但却并未形成数据治理的特殊趣旨，以致需专门研究应对。但由于互联网时代来临，特别是近十年伴随着移动互联网、大数据与云计算的普及，数据的战略价值被各国所重视，数据主权问题开始进入各国视线。不仅是中俄与广大发展中国家，欧盟和美国等西方国家也出现了维护数据主权的呼吁。虽然表述有别，比如当中国以数据主权为战略主张时，欧盟却在近年大力推进"数字主权"。依据欧盟数字竞争负责人 Thierry Breton 的阐述，"数据控制"是数字主权的三大支柱之一。② 以"数据主权"为顶层引领，也意味着这一概念不仅是国家层面数据主权与管辖权维护的指导理念，也是个人数据权保护的理念基础。因此，很多国家和地区在强调维护本国数据主权时，也加入了维护共同价值观和所谓个人主权等内涵。③ 由此，"数据主权"逐渐演变为融入国家利益、个体自决和价值观基础的混合理念，并通过所谓的共同价值观使国家、组织与个人数据利益统一。

二、国际数据治理规则的发展状况

数据及相关产业发展迄今，已经引发了多边和诸边层面丰富的政策行动。各国政府所致力的政策应对也构成了激烈的全球数字竞争的一部分。各地区的数据治理规则也体现了一定的本地特色，下文仅就其中有代表性的多边、诸边和区域层面规则发展情况作介绍：

（一）多边层面的发展

在多边层面，至少在 20 世纪 60 年代，数据治理已经成为一个被关注的问

---

① 《全国政协委员建议：对个人信息进行分类分级保护》，https：//www. sohu. com/a/397693162_100150040，最后访问时间：2021 年 3 月 13 日。

② Thierry Breton，Europe：The Keys To Sovereignty，https：//ec. europa. eu/commission/commissioners/2019-2024/breton/announcements/europe-keys-sovereignty_en，visited on Mar. 3，2021.

③ Benoît Thieulin，Towards a European Digital Sovereignty Policy，Official Journal of the French Republic，Mar. 2019.

题。1968 年，OECD 启动公共领域计算机运用的研究项目，其中即涉及数据跨境流动议题，在 1971 年，该项目已经完成两份相关报告，分别是《公共行政的计算机化数据库》《数字信息和隐私保护》。第一份国际层面的数据治理规范也是 1980 年的 OECD 的《跨境数据流动和隐私保护指南》(*Guidelines on Trans-border Data Flows and the Protection of Privacy*)。[①] 进入本世纪后，更多的国际组织开始关注数据治理。下面就其中有代表性的规则予以介绍：

1. APEC《跨境隐私规则》

2004 年，为推动各成员方之间的数据流动规范，特别是促进跨境电子贸易发展，APEC 部长会议通过了《APEC 隐私框架》(*Privacy Framework*，以下简称《隐私框架》)。

《隐私框架》提出了九项个人数据处理原则，包括避免伤害(Preventing Harm)、通知(Notice)、收集限制(Collection Limitation)、个人信息的使用(Uses of Personal Information)、选择性原则(Choice)、个人信息的完整性(Integrity of Personal Information)、安全保障(Security Safeguards)、查询及更正(Access and Correction)和问责制(Accountability)。作为无法律拘束力的规范指导文件，《隐私框架》主要作用于指导成员方合作并实现数据共享。[②]

2007 年，APEC 电子商务指导组隐私分组又发起了"探路者倡议(Pathfinder)"，决定依此倡议制定"跨境隐私规则(Cross-Border Privacy Rules System，简称 CBPRs)"。作为软法性规范，CBPRs 为各成员方的隐私规则体系架构提供指引。作为 APEC 规范成员方之间个人通用数据跨境流动，并保障区域电子商务贸易健康发展的多边体系，CBPRs 的规制对象主要为亚太地区的商业机构，并非成员方政府机构。该体系由区域的企业申请后经批准加入。加入的企业在经营活动中涉及个人数据处理时，应依据 CBPRs 规则开展。此外，各成员方可以先行选择受 CBPRs 约束的数据类型，可以对非此范围内的数据施加更强的数据流动限制。比如美国就只申请对消费者数据适用 CBPRs。由于国家通过其对适用 CBPRs 的数据选择而受其部分制约，而且还需依据 CBPRs 设立隐私执法部门，因此 CBPRs 不应被视为纯粹的企业自律准则。它不仅对

---

① Hans Peter Gassmann, 30 Years After: The Impact of The OECD Privacy Guidelines, https://www.oecd.org/sti/ieconomy/44945922.doc, visited on Mar. 21, 2021.

② APEC Privacy Framework, https://www.apec.org/-/media/APEC/Publications/2005/12/APEC-Privacy-Framework/05_ecsg_privacyframewk.pdf, visited on Mar. 21, 2021.

国家作出了一定的权力规制，而且还要求国家介入企业的数据处理活动，这些都不符合企业自律准则的特征。①

总体而言，CBPRs 有两大特色，一个是要求成员方设立隐私执法机构(Privacy Enforcement Authority，简称 PEA)，另一个是要求成员方至少有一个可被 APEC 承认的代理问责机构(Accountability Agent，以下简称问责机构)。

PEA 需加入 APEC 于 2010 年制定的“跨境隐私执法安排”(Cross-border Privacy Enforcement Arrangement，CPEA)。CPEA 是由 APEC 在 2010 年制定的。其功能在于为 PEA 执法活动提供信息分享、执法互助和跨境合作。因程序不便且司法活动周期较长，成员方内个人数据受到其他成员方境内企业侵犯时，将涉外争议交付 PEA 处理可以被更有效、及时地解决，降低时间和诉讼成本。参与 CPEA 的 PEA 应当具有调查权和起诉权，并需要依据《隐私框架》的最低保护标准执法。但如果在加入 CPEA 后再申请加入 CBPRs，则至少需要该 PEA 符合 CBPRs 的具体要求。具体审核和调查由 APEC 的联合督导组(Joint Oversight Panel)负责。一般情况下，成员方通过国内立法赋予隐私执法机构相应执法权力，从而使《隐私框架》得以在本国实施。

问责机构是成员方获批加入 CBPRs 的前提条件之一。但问责机构不同于 PEA，可以是独立的非公共机构，比如美国的隐私认证企业 TRUSTe。问责机构的职责主要是对公司自行制定的隐私保护政策符合 CPBRs 与否予以认证，并受理消费者对相关商业机构数据隐私侵权行为的投诉。对于在常规例检中被发现违规或被消费者投诉的机构，问责机构可要求企业限期改正，拒不改正则取消其认证，并对其作出公开批评或处罚。APEC 对问责机构的准入要求非常严格，在 APEC 全体成员方一致同意时才认可其加入 CBPR 体系，并且每年对问责机构审核一次，以确保其严格依据隐私框架开展活动。

PEA 与问责机构是 CBPR 监管体系的两大支柱，有效利用了市场与政府的功能协作。由于问责机构不具有强制执法权力，因此，可以由 PEA 对拒绝执行其要求的公司予以处罚；反之，问责机构也有效分担了 PEA 的工作压力，使市场与政府力量的效益得到最大的发挥。由此，双方形成了政府与市场的双重监督力量。

---

① APEC Cross-Border Privacy Rules System，https：//www. apec. org/groups/committee-on-trade-and-investment/~/media/files/groups/ecsg/cbpr/cbpr-policiesrulesguidelines. ashx，visited on Mar. 22，2021.

2. 二十国集团数字经济政策推动进程

在 2016 年中国担任 G20 轮值主席国期间，二十国集团(以下简称 G20)开启了关于数字经济政策的讨论。在 2016 年发布的《G20 创新增长蓝图》《G20 贸易部长会议声明》《G20 科技创新部长会议声明》《G20 新工业革命行动计划》《G20 领导人杭州峰会公报》中，各成员国都对数字经济和电子商务、信息技术贸易等数字治理重要领域表达了关切，并提出要打造一个全方位、包容的信息社会，持续推动数字经济议题的探讨。2017 年德国担任轮值主席国期间，G20 举办首次数字经济部长会议，并发布《数字经济部长宣言》。其附件《数字化路线图：数字化的未来政策》提出加强对数字经济的信任、促进消费者线上权利保护、支持中小企业发展等一系列与数据治理法治相关的基本理念。2018 年《数字经济部长声明》除进一步确认要维护多方的数字经济权利外，还要求促进以人为本的政策和公平、可预测、透明和竞争性的商业环境，由此突出了数据治理中保护中小企业，防止网络不正当竞争与垄断的原则。在对数据本身的定性上，该文件也明确了其是一种战略资产，并鼓励政府定性数据的开放性、问责制和透明度。在 2019 年《贸易与数字经济部长声明》中，除了确认既往的部长会议成果外，还特别强调要应对互联网的极端与恐怖主义信息传播，促进人工智能中的算法透明、可解释性、稳健安全、问责和维护人类核心价值观。此外亦对数据自由流动专门阐述了观点，提出要解决数据流动中的隐私、数据保护、知识产权和安全性问题。此声明与数据治理问题有关的主要特色有二：一是提出建立“可信任的数据自由流动(data free flow with trust)”，二是制定了人工智能管理规则。而在当年的 G20 领导人声明中，作为对“可信任的数据自由流动”的立场确认，再次强调了完善国内国际法律框架、促进 WTO《电子商务规则》制定和人工智能监管的重要性。2020 年《数字经济部长宣言》不仅再次明确了各国坚定发展数字经济的决心，延续了“可信任的数据自由流动”的理念，而且对人工智能的国家政策提供了示范蓝本，并在疫情大背景下突出了对智能出行数据处理与共享的规范要求，以取得各方利益的平衡。

3. WTO 与数据治理相关的贸易规则发展

WTO 涉及数据治理的规则可依适用对象分四类。第一类是对信息技术产品适用的规则。信息技术产品即为构成网络空间物理架构的硬件设施，如芯片、存储器和计算机等。由于信息技术产品属于实体货物范畴，因此对其适用的规则很多，有代表性的是 WTO《信息技术协议》。第二类是对互联网基础设施服务适用的规则。这些服务包括通信基础服务、电信增值服务、设施维护服务等，这些规则主要集中于 WTO 服务贸易总协定(GATS)。第三类是传统服务行业在线进行时适用的规则，如金融、医疗、旅行和各种专业服务，以及作为中介而存在的互联网平台。第四类是 WTO 数字内容产品适用的规则，此类产品目前属于服务还是产品存在争议，也是谈判中的 WTO《电子商务规则》主要适用对象。由于目前关于数据治理的主要争议在 WTO 基本通过举步维艰的电子商务谈判体现，在此对《电子商务规则》的发展情况简要介绍。

自 1998 年 WTO 第二届部长级会议通过《全球电子商务宣言》(以下简称《电子商务宣言》)开始，WTO 即启动了电子商务议题的讨论进程。同年，电子商务工作项目启动，各方承诺对包括最惠国待遇、透明度、发展中国家参与、竞争、市场准入承诺、隐私和道德、国民待遇和关税等问题展开研究，并提出电子商务工作项目也会审议与其有关的基础设施发展问题。尽管在发布《电子商务宣言》时，各方已明确对“电子传输(electronic transmissions)”要推动免征关税，但目前一些国家已经发生了立场动摇，比如南非和印度即认为国际形势发生巨变，电子商务导致的发展中国家财产流失十分严重，已经超出发布宣言时的客观形势，因此应当允许成员国对电子商务征收关税。虽然这两个国家没有参加《电子商务规则》复边谈判，但其担忧也是目前谈判的主要阻碍所在。在此后近 20 年的时间里，电子商务议题进展甚微，直至 2017 年第 11 届部长会议，各方才再次承诺恢复相关工作，并指导总理事会对相关 WTO 机构报告展开周期审议。这些机构包括 WTO 货物贸易理事会、服务贸易理事会、TRIPs 理事会以及贸易和发展委员会。而在 2019 年 1 月，共 76 个 WTO 成员方加入的《电子商务联合声明》正式启动了规则谈判工作。自此，包括中美欧在内的许多成员方都向 WTO 提供了有代表性的主张，并在审议时全面公开。由此可以发现，对于是否免税、“电子传输”定义、税收如何实施、电子商务的收益认定等问题各方还有不小的分歧。但对于应对垃圾邮件、促进电子交易、保障电子合同效力等问题各方态度却趋于一致，进展明显。2020 年 12 月，WTO 官网显示 86 个参与谈判的成员方已形成一份规则草案(INF/ECOM/62)，但目前限于内部传阅。① 从非官方渠道流露的版本来看，这份草案对网络基础

① Results list-WTO Documents Online，https：//docs. wto. org/dol2fe/Pages/FE_Search/FE_S_S006. aspx？ Language = ENGLISH&SourcePage = FE_B_009&Context = Script&DataSource = Cat&Query =% 40Symbol% 3DINF% 2FECOM% 2F * &DisplayContext = popup & language UIChanged = true#，visited on Mar. 13，2021.

设施、信息跨境流动、电信行业准入等数据治理相关问题都有广泛涉及。① 由于电子商务议题谈判与当前各国对数据商业利用的监管和财税政策联系密切，因此值得关注数据治理领域的学者密切跟踪。

(二)区域和诸边层面的发展

区域层面的数据治理规则发展更为突出，这体现了当前由共同全球化向利益追求接近者之间全球化转变的趋势。以下择其有代表性的进程作以介绍。

1. 欧洲和欧盟地区的政策发展

(1)欧洲《关于个人数据自动化处理的个体保护公约》

欧洲于 1981 年即通过一项专门的数据治理公约《关于个人数据自动化处理的个体保护公约》，又被称为第 108 号公约。

不同于当下涉及数据保护的条约，第 108 号公约在总则部分只强调目的和宗旨是维护个人隐私权与信息自由，不包含促进和维护数据自由流动。但若干条文可看出已在试图维系公共利益与个人权益平衡。比如第 9 条提出可以公共安全、数据主体权利等理由克减个人数据权，但并未提出可以国家安全限制数据自由跨境流动。限制数据跨境流动理由仅限于本国对特定数据传输的限制和以缔约国为中介向非缔约国传输数据进而规避作为数据发出地的缔约国立法。其中第一种情形又可以数据接收国能提供同等水平保护而排除。

此外第 108 号公约还对跨境数据治理协作予以规定。缔约国个人有权依据公约第 14 条通过缔约方机构协调向其他缔约国请求协助。其他缔约国也可以主权、安全、机构不适格等理由拒绝。

总体上，由于确立了数据收集的合目的、准确必要和数据主体更正删除权等基本规则，提出数据跨境流动协调机制初步构想，因此该公约是划时代的，对后续《欧盟数据保护指令》和 GDPR 产生很大影响。该公约生效后历经多次修改，成员国不断扩大，目前已有 55 国批准，适用范围已从欧洲扩大到阿根廷、佛得角、毛里求斯、墨西哥、摩洛哥、塞内加尔、突尼斯和乌拉圭等非欧国家。因此在新时代，第 108 号公约依然发挥着巨大作用。

---

① WTO Electronic Commerce Negotiations-Consolidated negotiating text，INF/ECOM/62/Rev. 1，https：//www. bilaterals. org/IMG/pdf/wto_plurilateral_ecommerce_draft_consolidated_text. pdf，visited on Jun. 24，2021.

(2)《通用数据保护条例》(GDPR)

2018 年 5 月通过的 GDPR 主要适用于商业相关的数据处理行为，对私人和家庭的数据处理不在适用范围内，并确立了删除权、遗忘权、限制处理权、可携权、同意撤回权等新型数据权利，规定假名化(pseudonymisation)是存储个人数据的必要过程，对于非欧盟企业，只要其在欧盟境内提供商品或服务，或对欧盟境内数据主体的行为进行监视，GDPR 即对其有域外拘束力。同时，GDPR 对于中小企业更友好，一些规则只适用于达到一定规模的企业。比如，对于雇用人数超过 250 人的企业才需要保留数据处理记录，并提出要为中小微企业制定专门的法规以消除法律适用的不确定性。此外，违反 GDPR 的代价最高可达到 20 亿欧元或全球营业总额的 4%。整体来看，GDPR 对个人数据权的保护十分超前，体现了对企业分规模、分地区的差别对待，但也为以国家安全、跨境执法协助和公共利益的目的在未经同意的情况下介入个人数据权利留下余地。

(3)《非个人数据在欧盟境内自由流动框架条例》

2017 年 9 月，欧盟在 GDPR 之后推出了《非个人数据在欧盟境内自由流动框架条例》(以下简称《框架条例》)。《框架条例》于 2018 年 11 月 14 日由欧盟议会和理事会签署，并于 2019 年 5 月生效。

《框架条例》限制成员国的数据本地化行为，并适用于为欧盟境内用户提供服务的非欧盟企业。只有当个人数据与非个人数据不可分割地联系在一起时，才要求《框架条例》的适用不影响 GDPR。《框架条例》鼓励创建云服务准则，促进非个人数据在云服务商之间的转换，确保不同云服务商存储数据的移植便利，鼓励公务数据开放，允许成员国出于公务目的访问彼此境内云服务器。如企业拒绝其在欧盟境内服务器被政府访问，政府部门可实施处罚。如果要求访问用户数据却未获权限，成员国可依《框架条例》第 7 条开展司法或执法协助，并需符合欧盟或成员国的相关程序法与授权要求。《框架条例》不限制成员国以公共安全名义限制数据流动，但提出这些安全措施相对风险应当适当和必要。

2. 美墨加自由贸易区(USMCA)

USMCA 数据隐私规则包含在数字贸易章节中。USMCA 要求美国、加拿大和墨西哥维护一个法律框架来保护个人数据，但将此类法律的内容和可执行性留给各国。具体而言，该协议仅需考虑两个硬性承诺：一是采用或维护保护数字交易用户的个人信息的法律框架；二是发布有关该国向数字贸易用户提供个人信息保护的相关信息，包括个人如何寻求补救措施以及企业如何遵守任何法律要求。

其他数据隐私规则包括对数据收集和使用的限制、安保措施、透明度、个人参与、问责制。此外，USMCA 敦促每个国家考虑相关国际机构原则和准则，例如 APEC 隐私框架和 OECD 理事会关于保护个人数据的隐私和越境流动的指南的建议。

在隐私规则之外，USMCA 还要求禁止对数字产品征收关税，禁止成员要求公司数据存储本地化，还要求任何针对跨境数据转移的新限制都必须基于“合法的公共政策目的”。USMCA 对各国的自主政策留下宽松空间，将跨境数据流动限制限缩于公共政策范畴。

USMCA 成员国同意促进法律兼容性并就各自的机制交换信息，并确定 APEC 跨境隐私规则系统是在保护个人信息的同时促进跨境信息传输的有效机制。

USMCA 数据隐私规则得到大多数利益相关者和评论者的支持。尽管有些人可能希望这些规则更加严格，但在要求数据保护和促进兼容性方面，USMCA 的规则的确比《跨太平洋伙伴关系协议》走得更远。USMCA 特别支持允许不同的数据隐私方法，并促进了 APEC 跨境隐私规则落实。

3.《全面进步的跨太平洋伙伴关系协定》(CPTPP) 中的数据治理规则

CPTPP 在电子商务章节(第 14 章)对跨境数据传输提出要求。第 14.2.1 条规定：“各缔约方意识到经济增长和电子商务提供的机会，以及建立增强消费者对电子商务信心的框架，并避免对其使用和开发造成不必要障碍的重要性。”第 14.11 条规定各方“允许为商业活动通过电子方式而跨境传输信息，包括个人信息”。第 14.13 条规定，禁止以数据本地化为允许企业当地经营的条件。

不过 CPTPP 还规定了可以实施本地化措施的例外情形，第 14.11 条和 14.13 条第 3 款更明确了 CPTPP 不阻止当事方为追求“合法公共政策目标”采取或保持不一致的措施。重要的是这些例外不同于《服务贸易协定》(“GATS”)第 XIV 条关于限制措施实施不得大于实现政策目标所需的规定，而且规则使用“要求的(required)”而不是“必要的(necessary)”一词，因此争端解决中，仲裁庭可能会认为 CPTPP 缔约方不打算对本地化的例外措施施加必要性限制。

4.《区域全面经济伙伴关系协定》（RCEP）中的数据治理规则

RCEP 第 12 章电子商务章节可能对于未来 WTO 层面电子商务规则的形成有很好的预示意义。RCEP 15 个成员国有 12 个都是 WTO《电子商务联合声明》发起方，更重要的是世界主要发展中大国——中国也是 RCEP 的成员。这使 RCEP 对于全球层面统一的电子商务乃至数据治理规则发展方向有明显指向性。

需要考虑的是 RCEP 与另一影响日益扩张的自由贸易协定 CPTPP 之间在数据治理问题上的关联。

尽管两者存在诸多共同点，RCEP 和 CPTPP 在计算设施本地化、通过电子方式进行信息跨境传输、源代码和争端解决方面有所不同。这些规定上 RCEP 允许各国保留较大数据本地化权力，并强加他们想要的任何非歧视监管限制。

5. 东盟数据治理政策

东盟为推进本地区的数据治理而出台了丰富的政策文件，有代表性的政策如下：

（1）《东盟个人数据保护框架》（*ASEAN Framework on Personal Data Protection*）

《东盟个人数据保护框架》（简称《数据框架》）在宗旨上与 APEC《隐私框架》一致，主要是以促进和保障经贸往来中的个人数据有序自由流通为目标保护个人隐私，并作为成员国数据保护立法示范框架。《数据框架》给予各成员国极大自主决定自由，同时明确了若干旨在贯彻于各成员国立法的个人数据保护原则。《数据框架》提出，如果出现争议，各方应友好协商解决。

（2）《东盟数字数据治理框架》（*ASEAN Framework on Digital Data Governance*）

《东盟数字数据治理框架》（简称《治理框架》）确定了东盟数字数据治理的四个战略重点，包括“数据生命周期和生态系统”“跨境数据流动”“数字化和新兴技术”“法律、法规和政策”。该框架还确定了四项举措，包括“数据分类框架”“跨境数据流动机制”“数字创新论坛”“数据保护和隐私论坛”，整体上仅具有指导性。

（3）《东盟数据管理框架》（*ASEAN Data Management Framework*）

《东盟数据管理框架》（简称《管理框架》）是东盟《治理框架》四大举措之

一——《数据分类框架》的更名版。内容上不再以数据分类为主体，而是将数据分类作为数据清单(data inventory)、影响/风险评估、控制这三大数据管理和使用要素的前驱力量。

6. 欧盟与美国的跨境数据流动监管合作机制

欧盟与美国间的跨境数据流动监管合作政策先后通过《安全港协议》(*EU-U. S. Safe Harbor Framework*，以下简称安全港)和《隐私盾协议》(*EU-U. S. Privacy Shield Agreement*，以下简称隐私盾)体现。

(1)“安全港”

“安全港”依据欧盟2000/5205号决定确立，为进入欧盟数据市场的美国企业首次提供了自我认证(self-certification)机制，同时明确了多项保护原则。①为确保“自我认证”约束力，安全港要求加入机构需为信息主体提供一种或多种独立运作的争端解决机制。② 美国政府联邦贸易委员会(以下简称FTC)依据《联邦贸易委员会法案》第五部分审查由隐私权自我认证争端解决机构(如BBBOnline和TRUSTe)或欧盟成员国移送的被认为违反安全港的机构及其行为，依情节对相关机构实施制裁。对于持续违反安全港者，由美国商务部剥夺其认证资格。美国商务部可以从私营部门自我认证监督机构、政府部门或使用信息的机构自身获得关于是否存在持续违反的信息。③

显然，安全港将认定美国公司是否符合欧盟数据保护要求的主要决定权赋予了美国政府。同时，争端解决机制可由美国公司任择其一加入，所谓的机制独立运作在具体执行时也可通过隐蔽利益链规避，私营部门监督机制本身亦难言绝对负责公正，更不用说该协议在文本措辞上还有模糊性，比如关于任何争

---

① Commission Decision of 26 July 2000, pursuant to Directive 95/46/EC of the European Parliament and of the Council on the adequacy of the protection provided by the safe harbour privacy principles and related frequently asked questions issued by the US Department of Commerce (notified under document number C(2000) 2441), (2000/520/EC), Official Journal of the European Communities, L 215/7-47, 11-12.

② Commission Decision of 26 July 2000, pursuant to Directive 95/46/EC of the European Parliament and of the Council on the adequacy of the protection provided by the safe harbour privacy principles and related frequently asked questions issued by the US Department of Commerce (notified under document number C(2000) 2441), (2000/520/EC), Official Journal of the European Communities, L 215/7-47, 21.

③ Ibid., p. 22.

端解决机制的救济结果，协议只要求违反的影响在“可行的情况下”被回转或矫正，并且“在合适的情况下”对投诉者的私人数据处理才会停止。① 因此，在“斯诺登事件”之后，欧盟法院通过“Schrems I”案以安全港不能为欧盟居民提供充分的保护为由认定其无效。

(2)“隐私盾”

欧美重新磋商后，于 2016 年 6 月 12 日达成规制彼此间数据流动的新方案，② 并于 2016 年 8 月 1 日正式实施③，虽然与“安全港”存在许多共同点，但在 GDPR 制定背景下，其规定保护水平和执法严厉程度都有显著突破。比如，不仅对既有基本原则有更明确详细的要求，还增加了敏感数据、新闻材料豁免、间接责任、履行尽调和实施审计、数据保护当局的角色、自我认证、验证、人力资源数据、对连续转移的强制合同、争端解决与执行等 16 条补充原则。④ 在具体条款上又有诸多改变，比如对情报部门信息收集的限制，这在“安全港”中不曾提及，然而在“棱镜门”之后，奥巴马政府承诺将尊重盟友居民的隐私，并改革情报体制，这在其第 28 号总统政策指令(PPD-28)中得以体现，因此“隐私盾”设置专章将 PPD-28 纳入数据保护机制。⑤

整体上“隐私盾”其实是非常有成效的数据保护合作实践。欧盟委员会与透明度委员会副主席薇拉·乔洛瓦（Věra Jourová）认为，“隐私盾”是“成功的故事”，而欧美数字对话会使“隐私盾”更强健。⑥

由此观之，如果不是因为欧盟法院在“Schrems II”案中的独立判决，“隐私盾”也会继续作为欧美数据流动监管合作之基石而存续。

---

① Ibid.

② Martin A. Weiss, Kristin Archick, U. S. -EU Data Privacy: From Safe Harbor to Privacy Shield, May 19, 2016, p. 3, Congressional Research Service, 7-5700, R44257.

③ EU-U. S. Privacy Shield: Third Review Welcomes Progress While Identifying Steps for Improvement, Brussels, Oct. 23, 2019.

④ Annexes to the Commission Implementing Decision pursuant to Directive 95/46/EC of the European Parliament and of the Council on the Adequacy of the Protection Provided by the EU-U. S. Privacy Shield, Annex II.

⑤ Annexes to the Commission Implementing Decision pursuant to Directive 95/46/EC of the European Parliament and of the Council on the adequacy of the protection provided by the EU-U. S. Privacy Shield, ANNEX A.

⑥ EU-U. S. Privacy Shield: Third Review Welcomes Progress While Identifying Steps for Improvement, Brussels, 23 Oct. 2019.

无论“安全港”还是“隐私盾”，其对于欧美企业都具有破除数据本地化藩篱的重要意义，此外也不能忽视几乎在“隐私盾”通过同时所签署的欧美《保护伞协议》(*Umbrella Agreement*)的积极作用。① 如果没有这份涵盖数据保护领域信息共享和执法合作的协议，“隐私盾”的可执行性也只能是纸上谈兵。然而，GDPR 赋予法院对美国立法予以更深入审查的权限与职责。因此，在“Schrem II”案中，法院对美国《外国情报监控法》《第 12333 号行政令》《国家安全指令》及其国内对非美国人提供的司法保护水平与监察员制度的性质作了全面考察，认为美国无法为欧盟居民提供足够的数据保护。因此，即使欧盟标准合同条款会继续有效，也无法保证其在美国境内的有效实施，最终认定隐私盾无效。

三、数据治理国际规则发展面临的主要挑战

(一)国际数据治理面临诸多重理论难题

国际数据治理建立于多项理论之上。尽管前文所述的理论都曾被一些学者视为数据治理的基石，但一份完整的国际数据治理规则并不可能仅居其一即可形成。当前，虽然“知情同意”的基石地位与“场景一致性”“分级分类保护”的补充理念都得到广泛认可，甚至相得益彰，但如何实现理论的统一和形成对实践指导的积极一致效果却仍然不可在短期内寻得答案。至于“主权论”，尽管各国都声称或以行动彰显其承认和维护数据主权的态度，但不同国家之间的分歧更是严重，以致这一国际数据治理的根本问题却体现了格外暗淡的协调前景。② 当然，即使是“知情同意原则”本身该如何适用在当下也越来越让人困惑。③

首先是“知情同意”面临的相关问题。在数据商业价值不断凸显，且在大数据技术日益精湛的当下，数据控制者与数据处理者都会面对多样化的数据处

---

① EU，US Sign “Umbrella Agreement” on Data Protection，Jun. 3，2016，https：//www.euractiv.com/section/digital/news/eu-us-sign-umbrella-agreement-on-data-protection/.

② 周梦迪：《美国 CLOUD 法案：全球数据管辖新“铁幕”》，载《国际经济法学刊》2021 年第 1 期。

③ 林梓瀚：《基于数据治理的欧盟法律体系建构研究》，载《信息安全研究》2021 年第 4 期。

理情境。这对数据主体而言，可能是更加冗长的而具有差异化的数据保护政策。个人需要在将数据提供给不同商业主体时，充分注意到他们的数据保护政策，而企业自身也要将其未来可能的数据使用情景在保护政策中列明，使用户足以知晓不同使用情景的存在和它们对自身权利的影响。这对个人、企业和政府部门都是不小的挑战，以致仅仅通过这种以对用户个人权利尊重为核心建立的“知情同意”框架本身是否还足以适用面临疑问。① 伴随着这一疑问所出现的，不仅仅是后续“场景一致性”与“分级分类保护”等补充性数据治理思路的出现，也是以个人权利保护为核心的数据治理价值取向本身的反刍。② 一些学者开始在不同场合提出数据权利的核心保护主体不是个人，而是群体，需重视群体数据权利的保护，甚至应以此为核心。③ 也有学者主张，数据保护的相关政策应主要体现于公法层面，而非私法层面，数据本身是一种公共资源，应当限制个人权利扩张的倾向，维护和挖掘数据的公共价值。④ 这些理念都在拷问“知情同意框架”的适用价值，并进而带来更多相关议题的争议。特别值得关注的一个基本问题，就是隐私权的界限及其与个人数据权限的关系问题。隐私权本身在西方学者语境中即是一个不确定的意指。概念首创者认为隐私权是一种独处的权利(“right to let alone”)⑤，这里应该指向精神空间的不被干扰。但如何认定“不被干扰”，却有不同解释，如莱斯格提出的隐私存在保护尊严、降低侵犯至最小限度和限制政府权力三种界定。⑥ 这一定义的背景是对美国宪法第四修正案的解读，因此针对的是政府公权力行为，在隐私法一般语境下，政府权力可以对应于一种公共权力或意志。前两种界定并不存在范围的子属关系。侵犯尊严的行为可能不超越最小限度，而超越最小限度的行为也未必侵犯

---

① 郑志峰：《人工智能时代的隐私保护》，载《法律科学》2019 年第 2 期。

② 梅夏英：《在分享和控制之间——数据保护的私法局限和公共秩序构建》，载《中外法学》2019 年第 4 期。

③ 刘士国、熊静文：《健康医疗大数据中隐私利益的群体维度》，载《法学论坛》2019 年第 3 期。

④ 高富平：《个人信息保护：从个人控制到社会控制》，载《法学研究》2018 年第 3 期。

⑤ Samuel Warren, Louis Brandeis. Right to Privacy, Harvard Law Review, 1890 (4), p. 193.

⑥ [美]劳伦斯·莱斯格：《代码 2.0：网络空间中的法律》，李旭、沈伟伟译，清华大学出版社 2009 年版，第 230~233 页。

尊严。但如果我们将第一种界定——保护尊严视为一种更实在的个人利益的话，那么属于个人利益的权利也不限于尊严，在扩展到个人数据或信息权的保护层面时，基于这一理念的权利也包括知识产权、商业秘密、虚拟财产等其他无形权利。而对权利的侵犯应不超出最小限度本身就是权力行使的一般原则，需先明确权利范围方能明确侵犯的最小限度。因此实际上基于对权利的实际价值认定个人数据权的界限，再适用最小限度原则，会最大化实现数据公共价值，这也意味着"知情同意原则"至少在适用对象上将限定于只与实际利益关联的信息。至于如何认定尊严得到维护，还要基于"场景一致性"理论具体列明，供用户选择。但第三种界定，对于信息公共领域的对抗则无疑展示了更大的外延。对于倾向信息的公共价值的人而言，可能更倾向前两种认定，对于个人数据权利的限定也乐于从既有利益是否被侵犯的标准确定。但第三种界定可能更符合基于"知情同意原则"的本意，因此可能需要更复杂的隐私政策，也增加了该原则适用的复杂性。不同立场与利益的数据治理参与方因此会形成较大的分歧。

其次是"场景一致性"理念存在难以操作的问题。"场景一致性"(contextual integrity)又称"情景脉络完整性"，是指需要依据数据流动的具体场景，通过数据发出者、数据接收者、数据主体、数据内容和传输原则等要素具体分析涉及的利益关系，并给予适当的政策对待。"场景一致性"从理念内涵来看，因其包容性，而具有天然的合理性，正如有学者所言，治理行为本身就是一种场景化的活动。① 然而，尽管在美国《消费者在线隐私权利法案》《儿童在线权利保护法》，以及 GDPR 等西方重要立法中已经广泛存在对"场景一致性"理论的表达，其基本上仍停留于原则性要求，缺乏对该理念的具体适用规则的扩展。② 其原因是，作为来自社会伦理学，并经多学科合作建立的"场景一致性"理念体系十分复杂，甚至涉及晦涩的函数公式，③ 并不容易在立法中表述。但在立

① 吕德文：《治理技术如何适配国家机器——技术治理的运用场景及其限度》，载《探索与争鸣》2019 年第 6 期。

② James Rule, Contextual Integrity and Its Discontents: A Critique of Helen Nissenbaum's Normative, Arguments, Policy and Internet, 2019 (3), pp: 260-279.

③ Adam Barth, Anupam Datta, John Mitchell, Helen Nissenbaum, Privacy and Contextual Integrity: Framework and Applications, 2006 IEEE Symposium on Security and Privacy, pp. 184-198.

法中难以体现的理念，在司法与执法实践中同样难以适用。以致同样是适用“场景一致性”理念，不同层级的法院和学者对同一案件的评析会得出不同结论。比如，有学者对“淘宝诉脉脉”一案利用场景一致化理论展开分析，其结论与法院判决结论不同。但脉脉的运用范围主要在于工作和商务圈内，而微博上的言论更倾向于生活中的个性化展示，两者是否属于同一场景，是否存在如这位学者所述的“场景一致性”，却是值得商榷的。① 目前，以理论始创者尼森鲍姆(Nissenbaum)为代表的许多西方学者尽管在力推“场景一致性”理论，试图以此弥补在“概括同意”或“拟制同意”不可完全消避前提下“知情同意原则”的滥用风险。② 但这一需要第三方评判来决定的理论受限于理论复杂性和对控制者或处理者本身的数据与算法透明性依赖而难以推广。现有状况是，基本只能在侵权纠纷出现后，结合具体个案，由司法权力实现“场景一致性”理论的适用，但其中的自由裁量空间不可低估，以致可能出现滥用或在判决结果上有过于偏护商业机构的嫌疑。比如，虽然在中国司法判例中已经出现诸多适用“场景一致性”的判例，但往往都是就个案逐一评判特定信息的传播是否违反此原则，以致在媒体博人眼球的标题渲染下，在社会引发广泛争议。③

再次是“分类分级保护”理念的可适性问题。分类分级是影响最大的数据治理新理念。东盟甚至曾建议企业以此为核心构建其数据管理体系。然而，正如其不得不将《数据分类框架》更名为《数据管理框架》所折射的，这一理念并不适宜作为唯一的治理核心思维。东盟并不能在其政策中清晰说明如何对数据进行细致的分类分级，从而形成切实的数据管理成效。其他地区和国家政府层面在个人数据与非个人数据之外，也难以体现有实质差异的数据分类方案。然而即使个人与非个人，或个人与商业数据本身，也不能对数据治理发挥可观作用，因为数据治理的重点就是个人数据保护，只有在个人数据范畴内作进一步分类的理论才有突出意义。一些立法中提出了一般与敏感个人数据的分类。我

---

① 张忆然：《大数据时代“个人信息”的权利变迁与刑法保护的教义学限缩——以“数据财产权”与“信息自决权”的二分为视角》，载《政治与法律》2020 年第 6 期。

② Helen Nissenbaum, A Contextual Approach to Privacy Online, Daedalus, 2011 (4), pp. 32-48.

③ 比如“微视 App 案”(〔2020〕粤 0305 民初 825 号)判决中，法官利用“场景理论”结合具体案情认定好友关系在此案中不构成侵犯隐私，诸多媒体新闻使用的标题却是“南山法院判定：微信好友关系不属于个人隐私!”，很容易让人产生南山法院与腾讯公司存在某种特殊关系的联想，引起一片非议。

国国家质量监督总局和标准化管理委员会曾两次发布文件，皆将个人信息分为个人一般信息和个人敏感信息，其中“个人敏感信息”被定义为一旦泄露、非法提供或滥用，可能危害人身和财产安全，极易导致个人名誉、身心健康受到损害或歧视性待遇等的个人信息。① 个人敏感信息的收集需要取得消费者的明示同意。② 收集一般个人信息，依据《网络安全法》第 41 条，只需取得个人同意，并遵循其他特殊部门法规定即可。依据《消费者权益保护法》第 29 条，也只需遵循合法、正当、必要的原则，明示收集、使用信息的目的、方式和范围，并经消费者同意和公开收集使用的目的等一般要求。看似以是否需经消费者明示同意为界区分了个人一般信息和个人敏感信息的法律待遇，实则在二者界限不明的情况下，给企业留下了以默示同意的方式取得用户信息授权的空间，因为个人一般信息与敏感信息的分类也是较为模糊的。2012 年出台的《信息安全技术 公共及商用服务信息系统个人信息保护指南》(以下简称《个人信息指南》)第 3. 7 条规定，“个人敏感信息”可以包括身份证号码、手机号码、种族、政治观点、宗教信仰、基因、指纹等。而《网络安全法》第 76 条规定，个人信息不限于自然人的姓名、出生日期、身份证件号码、个人生物识别信息、住址、电话号码等。除了住址、姓名与出生日期，《网络安全法》对个人信息的外延列举基本上都可以在《个人信息指南》对个人敏感信息的列举中找到对应类型。同样，从《信息安全技术 个人信息安全规范》(以下简称《个人信息安全规范》)第 3. 1 条对“个人信息”和第 3. 2 条对“个人敏感信息”的列举来看，同样没有将住址、姓名和生日等个人信息视为个人敏感信息。因此，将住址、姓名和生日等视为非个人敏感信息似乎能达成共识。但对于“行踪轨迹、网页浏览记录、通讯录”等痕迹与关系信息是否为“个人敏感信息”，却存在政策与实践的脱节。比如，“美景与淘宝不正当竞争纠纷案”③一审即认为网页浏览记录是非个人信息，二审也认为至少是一种脱敏信息。“朱烨与北京百度网讯科技公司隐私权纠纷上诉案”④也认定网页浏览记录因与用户身份分离，不属用

---

① 国家质量监督总局、标准化管理委员会：《信息安全技术 个人信息安全规范》(GB/T 35273-2017)，第 3. 2 条。

② 国家质量监督总局、标准化管理委员会：《信息安全技术 个人信息安全规范》(GB/T 35273-2017)，第 5 条。

③ 〔2018〕浙 01 民终 7312 号民事判决书。

④ 〔2014〕宁民终字第 5028 号民事判决书。

户个人信息。而上文引注中提到的“微视 App 案”在结合具体案情后，同样没有将通讯录信息视为个人敏感信息。

事实上，数据分类分级还有其他理念，比如依产生主体分为个人数据、企业数据与政府数据；基础数据与增值数据①、原始数据、衍生数据与派生数据②；语义层面、句法层面与实体层面数据③等，理念众多且差异较大。这亦说明数据分类分级尚未形成成熟的理念体系，同时从以上案例来看，也存在理念与实践脱节，法官主观裁量空间大的问题。这些都决定了这一理念本身难以支配整体数据治理体系。然而，即使有专家提出“根据应用场景对个人信息进行分类分级保护”的观点，仍然不足以支撑整个体系，反而使一般数据治理问题更加复杂，难以分析。而在国际数据治理场景下，伴随着国家间复杂的主权冲突，涌现的种种问题必然更加难以解决。

最后，在其他理论问题上，也存在较多分歧，比如对于“数据主权”的理解，尽管国际社会普遍明示或以行动宣示本国的数据主权，但不同国家对于数据主权的理解有所差异，特别是东西方阵营间的观念明显不同。还有电子商务领域，各国对于 1998 年 WTO《电子商务宣言》带来的诸多问题存在不同的理论解读差异，比如其中对“电子传输”免征关税的承诺是否存在情势变更的例外，“电子传输”的范围如何认定等都存在争议，这些对国际数据治理的未来都会带来显著影响。当然，这些问题的背后已经不单是理论问题，有更深的国家利益角逐，后文详述。

（二）“三大鸿沟”影响国家间合作意向

从前面的介绍来看，目前国际层面的数据治理规则普遍依附于国际经贸协定而制定，由此导致各数据流动规则的内容必须与自由贸易协定促进贸易自由化的基本原则保持一致，因此将允许和促进数据的自由流动作为基本要求。但这会带来多个问题，一是各国都会不可避免地维持一定的本地化需求，这些限制数据流动的例外情形包括政治安全例外，个人数据保护国内法和其他国家政

① 王镭：《“拷问”数据财产权——以信息与数据的层面划分为视角》，载《华中科技大学学报(社会科学版)》2019 年第 4 期。

② 陈兵、顾丹丹：《数字经济下数据共享理路的反思与再造-以数据类型化考察为视角》，《上海财经大学学报》2020 年第 2 期。

③ 参见纪海龙：《数据的私法定位与保护》，载《法学研究》2018 年第 6 期。

策目标等；二是发展中国家参与热情不足，由于经济发展水平差异，过分放宽自由流动意味着发达国家向发展中国家的不对称信息掠夺，具有战略价值的信息可能会倾向于向发达国家汇集而无价值甚至有负面影响的信息会流向发展中国家，因此致使许多发展中国家缺席经贸发展背景下的数据治理规则谈判；三是东西方阵营间的沟通协调趋于困难，由于东西方阵营各自意识形态差异和激烈的政治较量，彼此都对相互之间以数据自由流动为基本原则的数据治理框架有所抵牾。正如联合国秘书长古铁雷斯所言："一个可访问、免费、安全和开放的互联网正面临因数字、社会和政治鸿沟而断裂的风险。"①

因技术发展而带来的数字鸿沟，因社会民情和经济状况差异带来的社会鸿沟和因意识形态与外交利益带来的政治鸿沟不仅对网络治理整体带来影响，也对作为网络治理核心的数据治理前景带来挑战。这不仅从数据治理各种具体规则的国家分歧中有所体现，更是在数据主权这一国际数据治理基础上产生很大影响。

自由流动是数据活动的自然状态，各类国际数据治理规则也普遍将保障自由流动的基本秩序作为数据治理理念的基础原则，而主权则决定了自由流动的例外状态。卡尔·施密特即提出，"主权即决定非常状态"②；在《政治的神学》一文中，他进一步指出："专政就是没有商量。它属于柯特所讲的决断论，它假定极端状态并预期末日审判。"③在西方学者进一步探讨数字领域的主权时，则更是将其限定为一种信任与控制之间的状态。只有当一定程度的信任与控制都为人所接受时，为了平衡两者的关系，从中作出抉择，才会有主权的存在意义。④ 因此，由于数据自由流动为不受干预下的状态，主权的积极行使一般需通过数据控制的例外状态体现。不幸的是，各国都在积极行使主权，将这种例外状态变成常见的情形。作为共同体的欧盟，为了维护单一经济市场和推

---

① 《互联网治理需要全球共同努力》，载环球网：https：//tech. huanqiu. com/article/3w4gtD2rfSV？w=280，最后访问时间：2021 年 3 月 21 日。

② ［德］卡尔·施密特：《政治的概念》，刘宗坤等译，上海人民出版社 2003 年版，第 6 页。

③ ［德］卡尔·施密特：《政治的概念》，刘宗坤等译，上海人民出版社 2003 年版，第 53 页。

④ Julian Stubbe，Von Digitaler zu Soziodigitaler Souveränität：Bürger | Unternehmen | Staat，in Digitale Souveränität，Springer，2017，pp. 43-59.

进一体化，同样也在通过声称自身享有主权来划分纵横沟壑。如果宣示并以主权限制数据跨境流动成为常态，以致在各国和地区之间自发形成一种不可明说的默契，那么为保障数据跨境自由流动或多主权效力并存背景下数据权合理分配而存在的全球层面统一数据治理规则也就丧失了可欲性前提。国际社会虽然整体上仍在努力寻求控制与自由间的平衡，但不同国家对这一平衡的认知和需求不同。发展中国家，包括俄罗斯，普遍会更倾向于强主权下的数据本地化措施范围扩张；而发达国家，一方面希望本土企业能借助数据自由流动的秩序在全球化市场中谋取利益，另一方面也会对他国企业进入本国或全球市场，对其本土企业的利益或个体权利带来的影响产生警惕，同时也会出于意识形态因素对非西方国家势力在数字领域的扩张保持戒备。而这些国家中，欧盟、日本、韩国、美国等各自的价值取舍又会因上述三大鸿沟的影响而有区别，这进一步导致不同国家和地区对数据主权的理解与实践差异。在这一背景下，我们可以看到多种数据主权的阐述方向。一种是坚持威斯特伐利亚时代形成的传统主权观，坚持以领土为界确立不同国家间的数据主权和管辖权效力。一种是从各种角度寻求主权的扩张，比如欧盟基于资产阶级革命时期形成的"主权在民"理念，提出主权最终归宿是个体自决，因此，建立于这一基石之上，不仅国家，而且超国家亦能形成主权，这也暗含另一种理念，就是基于属人关系确立主权效力，因此 GDPR 和欧盟的数字主权政策具有了域外效力。也有国家学者从 20 世纪全球化时代勃兴之际形成的"相互依赖的主权"和"作为责任的主权"理念中提炼出数字化时代的新价值，主张国家间可以基于数据的全球流动和人权的普世价值而主张域外主权。"作为责任的主权"受到美国青睐，因为可以此为其以"云法案"和五眼联盟情报计划为代表的单边境外执法机制提供依据；而"相互依赖的主权"实际上并不鼓励国家可单边实施域外行为，仍然承认域外行为需要属地国的协作，同时基于跨境流动要素(信息、资本与劳动力等)形成主权基础，因此得到以中国为代表的数字技术迅速发展的新兴国家部分学者支持。① 也有其他学者出于不同的国家利益提出各种强主权、弱主权和基于程序正当性的主权的主张，② 这些从主权基础来锚定本国数据治理政策的理念

---

① 刘晗、叶开儒：《网络主权的分层法律形态》，载《华东政法大学学报》2020 年第 4 期。

② 刘连泰：《信息技术与主权概念》，载《中外法学》2015 年第 2 期。

固然抓住了国际数据治理与国家主权之间的根系纽带，但也暴露了种种主张背后的利益动因，反映了因三大鸿沟的存在而使国际社会难以在国际数据治理领域形成一致意见的现实。

各国间的利益冲突也体现在数据治理其他理论与实践的差异中。比如尽管G20近年持续致力于数据治理全球合作，但个别发展中国家成员却对这一议题持消极回避态度。比如2019年6月G20《贸易和数字经济部长声明》发布，然而南非和印度尼西亚却拒绝在声明上签字，印度则直接缺席谈判。还有在WTO电子商务规则谈判中，印度和南非缺席，但却对谈判规则发表意见，提出时过境迁，1998年的WTO《全球电子商务宣言》的“电子传输”免征税是否仍然适宜的质疑。这一观点在谈判过程中亦产生很大影响，尽管美欧仍认为应当免征关税，其他谈判国观点却有所动摇。① 比如，中国提出应将免关税延至下届WTO部长会议召开，② 加拿大③、新西兰④和新加坡⑤等则认为可不征收关税，但应当允许征收国内税费，巴西则主张对电子传输媒介不征收关税，但对于传输内容可在非歧视基础上征收关税和国内税。⑥ 此外，印度和南非对“电子传输”的税基也有不同观点，认为应当依据数字化产品的在线贸易额来计算，而不是以数字产品的物理形式贸易量来计算。⑦ 各国对“电子传输”的定义

① 石静霞：《数字经济背景下的WTO电子商务诸边谈判：最新发展及焦点问题》，载《东方法学》2020年第2期。

② WTO, Joint Statement on Electronic Commerce-Communication from China, INF/ECON/40, 23 September 2019.

③ WTO, Joint Statement on Electronic Commerce-Communication from Canada, INF/ECOM/34, 11 June 2019.

④ WTO, Joint Statement on Electronic Commerce-Communication from New Zealand-Possible Customs Duties Text, INF/ECOM/33, 11 June 2019.

⑤ WTO, Joint Statement on Electronic Commerce-Communication from Singapore, INF/ECOM/25, 30 April 2019.

⑥ WTO, Joint Statement on Electronic Commerce-Communication from Brazil, INF/ECOM/27, Section IV(Taxation), 30 April 2019.

⑦ WTO, Work Program on Electronic Commerce-The E-Commerce Moratorium and Implications for Developing Countries-Communication from India and South Africa, WT/GC/W/774; WT/GC/W/747, 4 June 2019.

也莫衷一是。比如，欧美①和新加坡②等发达国家认为“电子传输”既包括传输媒介，也包括内容；印度和南非认为应当只包括媒介。③ 在征税技术可行性上，发达国家和发展中国家也存在认识分歧，前者认为不可行，而后者中部分国家认为可行。这些观点差异根源实际上并非对具体问题的理论阐述有争议，而是各国因三大鸿沟的存在而出现利益分歧。今后，各国之间的显著利益差异势必继续深刻左右国际数据治理发展格局。

(三)非国家层面的利益阻力较大

网络治理现状除多边层面因利益分歧出现的巴尔干化倾向外，在多方层面，则被很多学者认为已呈现“新中世纪主义”倾向。④ 如同西罗马帝国灭亡后的西欧，君主、教会、贵族和商人都无法完全支配整个社会，当前无论政府、技术群体、企业还是非政府组织，也难以在网络空间凭一己之力掌控全局。无论网络系统还是信息治理，政府都须不同程度地借助其他利益攸关方发力，且越是深入网络技术核心(无论是信息传播核心，还是基础架构核心)，非政府社群越能或明或暗地发挥重要作用。涉及数据治理，由于与网络空间的不可分割性体现于各范畴，且越是网络架构的技术核心(代码、协议等)就越是与数据紧密相关，因此更能体现非国家主体对数据治理的影响力。

前文所述国家在数据治理领域的权力活动是对数据自由流动状态的例外控制措施，而这必然触及受益于数据自由流动的企业与民间技术群体等的利益。因此，它们在各种数据治理议题上往往扮演着十分关键的角色。比如 GDPR 的实施，即为企业施加了非常高的数据治理行为自律要求。企业需发展隐私保护

---

① WTO, Joint Statement on Electronic Commerce-Communication from the United States-WTO Agreement on Digital Trade, Restricted, INF/ECOM/23, 26 April 2019; Joint Statement on Electronic Commerce-EU Proposal for WTO Disciplines and Commitments Relating to Electronic Commerce: Communication from the European Union, INF/ECOM/22, 26 April 2019.

② WTO, Joint Statement on Electronic Commerce-Communication from Singapore, INF/ECOM/25, 30 April 2019.

③ WTO, Work Program on Electronic Commerce-The E-Commerce Moratorium and Implications for Developing Countries-Communication from India and South Africa, WT/GC/W/774; WT/GC/W/747, 4 June 2019.

④ Jeremy Malcolm, Multi-stakeholder Governance and the Internet Governance Forum, Perth: Terminus Press, 2008, pp. 129-131.

政策，申请第三方认证和自我审查。用户的各类数据权利，如删除权、同意撤回权、遗忘权等都需要企业以技术手段实现。这些行为无疑增加了企业的合规成本，因此他们的合作意愿将直接决定规则的实施效果。近年的许多国际数据治理指导性文件也体现了与 GDPR 相同的特点。

然而，如果企业拒绝与政府合作或态度不坚定，国际数据治理政策的推进也会面临困难。比如，“隐私盾”的终止即缘于欧盟法院无法确认美国互联网巨头能确保遵守 GDPR 规则，特别是“剑桥分析案”、美国国内法的影响以及五眼联盟之间的合作，更是加大了欧盟对美国企业的不信任。事实上，即使“隐私盾”的前身“安全港”的终止也与“棱镜门”“阿桑奇事件”所引发的以谷歌为代表的企业和美国政府之间的暧昧不明的关系有密切联系。近年，欧盟内部围绕“数字税”形成的争议，美国对欧盟诸国以及英国、印度征收惩罚性关税，脸书对抗澳大利亚的链接税新政，都让我们看到当数据治理政策对企业不利，以致引发其抵触心态时，政策的推行所受到的显著负面阻力。

这类阻力很难在短期内被克服，甚至在将来会越来越引人关注，成为决定数据治理方向和成败的重要因素。从美国国内情况来看，互联网巨头的行动甚至能成为决定政治生态发展的第三股势力。而其他国家由于无法通过属地与属人因素对互联网巨头充分施加管辖，又在政务、卫生、文化甚至经济等多领域依赖于这些巨头提供的服务，因此更加只能仰人鼻息。近段时间发生在澳大利亚政府与脸书之间的博弈可能会在今后反复上演。

然而，最难以应对的还不是明面上人人可见的对抗，而是内在的不透明。由于技术的专属性，政府和公众很难充分了解企业究竟如何使用信息。算法和其他数据处理技术并不容易被公众了解，由此带来的不仅仅是隐私权难以保障，还有用户自身知情权和信息自由权的掠夺。企业通过算法构建用户画像或对用户行为定性，以追求差别定价、思维引导的目的、无形中剥夺了用户知情权和信息传播自由，从而使用户犹如生活在一个由无形巨网编织的“茧房”之中。这些数据运用的负面后果可能比隐私权损害更加严重、隐秘而影响深远，值得注意，但在国际数据治理中却似乎仍未引起充分重视。即使个别文件已经关注到其中的影响，却只体现于要求企业公开数据使用方式、目的、用途等寥寥数语，能起到的实际监督效果十分有限，这对世界各国都构成挑战，对于发展中国家而言，由于技术和经济实力上的劣势，所面临的危机会更加严重。

四、数据治理国际规则的理论进路

(一)国际数据治理的二阶理论体系

国际数据治理相对国内数据治理，或者说数据治理一般问题的一个显著不同是其需要应对主权国家间的协调合作，由此提出了如何处理主权实践与主权原则适用，以及管辖权配置的问题，这也增加了数据治理的难度。

在主权与管辖权协调合作方面，目前基本应对思路是通过国家层面的谈判以形成多边协调机制来解决。然而，一来如上所述，各国之间的利益诉求差异较大，因此难以形成共同立场，来自数据治理理论自身和非国家主体的抵牾同样不容忽视；二来一些更深刻的问题可能并不容易通过多边规则谈判即能解决，或者说多边条约本身就不是解决问题的关键。由于数据法律问题无处不在，一些问题的解决甚至依赖于数据法领域之外，需要通过网络空间立法或其他卫生、经贸、人权领域的国际法进程甚至技术领域的发展解决。

比如，在国际卫生法领域，世界卫生组织(WHO)是协调组织各项议题的核心，因此在国际卫生数据处理和流动方面也发挥着中坚作用。未来，伴随国际卫生交流深化和公共卫生信息透明共享的呼吁强化，WHO 改革方向可能向着数据强制性权力扩张的方向发展。这意味着，卫生数据的国际流动将在国际卫生法领域内，以 WHO 为组织与技术核心架构，形成一套超主权的新制度。这一制度将可能打破数据治理领域以各种安全和公共政策名义形成的数据流动限制规则。此外，在网络空间法领域，也会形成一套整体统一的国际法秩序，这已是不可回避的国际趋势。而网络空间的国际法制形成，必然也会对数据治理领域的一系列规则造成影响，比如正在谈判中的《联合国打击网络犯罪公约》以及负责任国家行为规范。还有人权领域，联合国人权理事会的运作也出现改革呼声，如果将来以强化联合国人权理事会的职责为方向，重建国际人权秩序，一些涉及网络人权的问题有可能会随之被审议，国家的对内数据权力也可能会受到一定克制。这些变化都可能对数据领域的国际治理规则发展带来影响。

当然，在法律问题之外，技术领域的突飞猛进也很可能对国家主权行使的具体问题造成影响。比如伴随着未来 6G 和量子通信技术的发展，网络空间的安全标准可能会出现变化，通过“太空+量子”的新技术措施和国际组织机制的适应性变革，黑客活动可能会在理论上被彻底遏制。到那个时候，以安全为由对供应链实施限制可能会成为伪命题。数据治理领域的主权协调方式，以及国家安全的合理依据与具体情形也会得到进一步明确。

主权与管辖权之外的一般数据治理问题，如上所述，目前基本形成以“知情同意原则”为基石的“基于场景差异的数据分级分类保护”思路。但这一数据治理思路存在的问题也在上文中具体阐述，大数据、算法等数据技术的发展和数字经济的繁荣必然使相关问题变得更加复杂。这些问题可能永远不能通过国际法甚至国内法彻底解决，在国际法领域可能只适宜作原则性规定，并需要通过具体的国际与国内司法与准司法活动推进。

(二)影响数据法律关系的因素分析

国际社会关于数据治理的种种主张博弈，最终都会从主权或人权上寻求理据。每个国家都会认同主权与人权皆为重要的国际法治价值，差异在于如何平衡两者间的关系。但目前所陷入的窠臼是各自最终落脚依然是价值比较的结论，而无法探究其更深入的理论依据。比如，当欧盟认为主权与人权冲突时，人权价值应当优先，而对于其自身的“数字主权观”，为其正名的思路最终也是确定其人权价值基础，即在个体自决的基础上寻求国家与超国家的主权统一。但这实际上仍不能说是一种理论，而只是以价值观来阐述价值观。不同的主权或人权主张背后应该有其理论归宿，找到它们的理论归宿后才可能寻找共性，进而确立数据治理国际规则共同的法理基础。

在主权与管辖权协调问题上，欧盟在寻求个体自决的过程中存在借“数字主权”推进其自身一体化的动机。如果过分强调尊重国家主权，则意味着成员国的意愿必须得到最大化的尊重，这在内部分歧依然明显的当下，是不利于其实现政策统一的，因此其理念本源与古代中国的“削藩”和近代日本的“攘夷”颇有相似之处。然而，欧盟试图超脱国家主权，直接在个体层面寻求主权基础，却走向了另一个极端。因为欧盟以自由作为数字时代人权的核心价值，从而认为个体自由才是自由的根本，却忽略了个体与群体的利益往往不具有一致性，以纯粹的个体为基础建立主权，不仅将使主权的行使变得困难甚至走向虚无化、无价值化，而且为其他形式的主权主张提供了依据。

从数据法律关系来看，法律关系客体是数据，法律关系主体却是多样性的，有个人、组织和国家。因此，这其中可能存在多个法律关系，也就意味着多样化的权利主体存在。从“场景论”来看，法律关系的内容可以从数据发出者、接收者、主体、内容和传输原则五个方面予以认定。① 这一认定的可行性前提在于社群分析，也就是将个体划归于不同社群，分析不同社群的数据利益，进而形成一套细密的研究范式，再适用于具体场景。因此数据法律问题更关注的是群体的数据法权利，只有从群体视角出发，才能探究数据法研究的适当进路，也只有当群体权利被侵犯时，才能触发国家以公权力介入的合理性。否则，在隐蔽、复杂而强大的企业力量庇护下，个人很难意识到自身权利被侵犯进而启动司法行动。如“剑桥分析案”所展现的，尽管脸书违反了欧盟的个人数据保护规则，但很多个人并不知道自己的权利已经被侵犯，只有政府层面的直接介入才能使权利得到伸张。

由此可知，在数据法律关系中，要把握的是群体权利，而非如欧盟“数字主权”理论阐述者所声称的个体自决。个体意愿的无序性决定了无法在法律适用中考虑到每一个体的微妙利益需求。在此基础上，场景论所借用的社会学分析方法与在此之上的数据分级分类才有进一步发挥的余地。

(三)统一的数据法理研究范式构建

由上可知，各国差异化的数据主权立场本质上都应建立于对群体的数据权保护之上。其根本共同点在于维护社会群体的数据权利。目前我国在“人类命运共同体”理念下推进国际法治，其主张核心在于人类命运息息相关，人类整体就是一个大的社群，内部有着共同利益与价值观。此外，在“命运共同体”理念下，我国还主张不同领域也有自己的共同体，比如“海洋命运共同体”“网络空间命运共同体”“亚太命运共同体”等。实际上，共同体的英译“community”就是社会学里的社群，因此，不论是数据主权还是其他一般数据治理所关注的权利，最终都能在群体层面取得统一。

如果从社会群体视角来寻找数据法治的统一理论，那么需要借助的是社会学的分析方式，此时需要引入另一个社会学概念——社会空间。因为数据治理需要基于不同场景来分析内在规则，其又通过数据接收者、数据发出者、数据

① Helen Nissenbaum, Respecting Context to Protect Privacy: Why Meaning Matters, Science and Engineering Ethics, 2018 (3), pp. 831-852.

所有者等多主体与作为客体的数据本身的关系体现。实际上，这是多种不同社会关系交织下的场景演绎。这种场景之于社会关系之间的总体与构成关系，作为场景论分析展开的基元，实则与社会学的社会空间论有着密切一致性。

在后现代主义社会哲学理念下的社会空间论，已经从传统社会空间理论的物理性空间转型，“地理”一词在社会学中，实现了从物质到抽象观念的转变。这一转变开始于福柯与列斐伏尔。他们敏锐地探查到空间与制度的关系。福柯从内部环境与大众空间诡异却又现实存在的异托邦空间出发，提出这些空间的本质区别在于其内部关系，并从内部关系的集合进一步探索空间的结构。位置替代了广延性，而广延性替代了早期的定位，位置由点和元素间的邻近关系确定，形成群，比如一些树、一些系列、一些栅栏。① 我们生活在关系集合的内部，这些关系确定的位置不可缩减变更。② 在社会空间中，这种关系集合的理念转变为人与人社会关系的集合，每个人就是这样的一个点或元素，相互之间的关系形成不同结构，从而钩织为不同空间。此后，列斐伏尔也从社会关系的视角对社会空间加以诠释，他认为社会空间是生产关系再生产的场所，它是社会关系的容器，社会关系在其中容纳、掩盖和异化。③ 这些二十世纪六七十年代的论述可以让我们看到社会空间从具象经社会关系视角的再诠释而向抽象形式的转变。

后现代主义的社会空间解构此后被继续推进。20 世纪 80 年代，皮埃尔·布尔迪厄(Pierre Bourdieu)对一种开放的公共社会空间——场域进行解读。他认为，场域是一种“关系束”，每个场域都有特定的价值观和调控规则，这些原则和规则界定了社会空间。他以法国政府的科层组织作为社会空间的范例展开阐述，科学、宗教和艺术领域也都被他视为不同的社会空间。在全球化时代向信息化时代发展之际，詹姆逊提出后现代主义下包括时间在内的一切事物都出现了空间化倾向，除了具有物理性的空间外，思维、存在的经验和文化的产品也都空间化了。④ 而当代社会学语境下的社会空间也在这些后现代主义空间学者的影响下完成了从物质性空间向观念空间的转变。正如有学者所言，无论

---

① 福柯:《另类空间》，王喆译，载《世界哲学》2006 年第 6 期。

② 福柯:《另类空间》，王喆译，载《世界哲学》2006 年第 6 期。

③ 列斐伏尔:《空间与政治》，李春译，上海人民出版社 2008 年版，第 35、94 页。

④ [美]弗雷德里克·詹姆逊:《晚期资本主义的文化逻辑》，陈清侨等译，三联书店、牛津大学出版社 1997 年版，第 293 页。

社会空间论被如何表述，在这一研究进程中，空间都被解构为“社会关系的产物”，是“关系的体系”，“越接近的人同质性越多”，而我们“生活在一组关系中”。①

正如社会关系可以交叠，空间同样可以交叠。列斐伏尔认为，空间的关系并非交错或平行展开，而是如同“千层酥（mille-feuille pastry）”②一样层层叠加。因此，我们的位置可能最终由多个社会空间所定义。我们和某方面同质的主体通过社会行为形成社会关系，社会关系因其聚合形成社会空间。所谓聚合，也就是在同一段时间，体现同类关系的活动相对密集频繁的出现，不一定存在数量与规模的特定门槛，但肯定会体现同质关系的相对集中与异质关系的相对疏离，因此即使私人空间或家庭也可以被视为具有社会学观察意义的空间。

此时的社会空间应当具有三个要素，一是社会主体，这是社会空间存在的第一要素，没有主体及其能动作用的发挥，不可能形成社会空间；二是社会关系，这是主体通过社会活动形成的较稳定的关系，它是社会空间的基础，决定社会空间的本质与边界；三是社会价值，稳定的社会关系依赖于特定价值而存续，价值明确空间内部秩序，让我们看到空间内部结构，也是主体在反复的社会活动中形成的产物。由这三个递进要素，我们可以理解社会空间内在正义与外在互动下的秩序演变。

数据作为一种具有流动性的社会要素，将其置于“社群—社会空间”模式下考察，更有着极大的理论趣旨。“场景论”已较成功地将动态的数据流动转化为主体的权利/权力分配考察。然而，将多种主体归于同一场景，在法学上仍存在适用难度。因此，不同场景可以再解构为多个空间，每个空间内部价值可基于社会主体、社会关系与社会活动再作分析，理清其内在空间正义。并对空间之间的价值作比。

比如，医疗卫生数据在医疗机构从患者处收集后，可能会转移给政府机构、商业组织或其他医疗科研机构。在医生与患者之间形成医患关系，同时在特定场所会发生更密集的医疗行为，因此形成特定的医患空间，这个空间有独立的数据治理价值观，包括尊重患者隐私、尊严等，生物数据向空间外的溢出

---

① 何雪松：《社会理论的空间转向》，载《社会》2006 年第 2 期。

② Henri Lefebvre, The Production of Space, Donald Nicholson-Smith Translated., Blackwell 1991, p. 86.

只有在不损害患者利益情况下进行，这些不仅构成患者的权利，而且也构成医生的职业守则。医生在与同侪互动时会形成一个更大的职业共同体，通过他们之间的活动会形成行业关系空间。如果医疗机构将患者数据向政府移交，此时医疗行业人员就处于医患空间、行业空间与监管空间三者之中。

这三种空间虽基于特定场所或接触而形成，但形成之后并不受物理性的场所与接触所限，而是升华为具有观念性的抽象社会空间。此时，医生不会因自己一时未从事医疗诊断或医学交流就脱离医患或行业空间，因为观念性的抽象空间是持续存在的，它基于物理载体而形成，却因社会关系的聚合而延续。对于社会空间，或其解构——社会关系这种来自客观事物却又超出这一客观事物限制的特点，可以 DNA 向蛋白质的转录与翻译过程作比较，以形成更形象的理解。因此，医生不会因不再为特定患者服务就脱离了医患空间并无须再保守患者秘密，行业空间与监管空间也是如此。

此时分析数据流动中的价值取向，可以依据空间关系建立价值位阶。提供人生存根本条件的空间特有核心价值要高过其他空间特有核心价值，原生空间内在特有核心价值要超过次生空间的内在特有核心价值，作为社会活动目的的社会空间特有核心价值要高过相对只是提供一种手段或路径的空间特有核心价值。事实上，在这一空间交叠架构中，我们还需注意其他空间的存在，比如主体作为一国国民，因此必然存在国家或民族空间，这些空间都会有自己的核心价值。如果在这些空间中进行排序，作为人类生存环境的整个人类文明空间自然置于首位。而最高价值是人类文明的存续，主权处于次之的位置，因为它是人类生存和发展得以保障的前提，而人格的独立与完整在不影响主权安全保障作用实现的前提下应得到尊重。

依据这一理念，我们可以适当考察并协调医患、行业与监管三种空间的正义关系。在数据治理问题上，医患空间的特有核心价值在于患者人格权的保障，行业空间的特有核心价值在于促进医学水平的提升，而监管空间的核心价值在于自身的数据治理的有序和效率。由此可以发现，三种空间的正义实现在数据流动过程中存在一定的三角悖论，对其中任意两种空间核心价值的持续追求，都可能使第三种空间的特有核心价值追求受克减。对人格权的维护是医患空间在数据法问题上的特有的核心价值，没有患者就没有行业共同体和相应的监管体系，因此它又是行业空间与监管空间的原生空间。这即意味着在数据流动问题上的其他空间特有核心价值应服从于医患空间的特有核心价值。但更根本的是，所有价值还要服从于作为生存根本和最初原生空间的人类文明空间的价值，即人类的生存与自由，这又是这三种空间内任何活动必然尊重的一般基本价值，因此，对任一空间特有核心价值的追求都不应逾越根本生存需要。因此对于数据流动中这三种核心价值间的三角悖论，在确立后两种核心价值需服从患者人格权保障需要的基础上，还应以更高位阶的一般价值，特别是生命延续这一价值追求予以协调。

然而，以上没有考察数据跨境环境下的新变化。如果还存在数据跨境流动，则需要考虑国家作为一个空间的对外主权价值。在不影响前述基本价值的基础上，国家主权价值应得到维护。由此，也帮助我们更好理解跨境数据流动理论的二阶性。

需要注意的是，并不是任何数据的多空间流动都应如此分析，因为最根本主要的解决手段还是法律或各国已然形成的合意，且有些情境下，何种利益应优先考虑是十分明确的。如果相关规则或准则已然鲜明，没有必要颇费周折地进行一番空间正义分析，只有在规则或准则缺失时，空间正义分析才可作为辅助手段使用。这一过程也需注意对空间特有核心价值的把握，只有在特定空间首次出现或唯一存在的价值才可被视为特有核心价值。

五、中国参与数据治理国际规则制定的理论进路

（一）当前我国关于数据治理国际规则发展的主要立场主张

当前我国在国际数据治理领域的主张主要受本国的网络空间国际治理主张影响，同时我国也曾发布过独立的数据治理国际规则立场文件。

在网络空间领域，中国曾在不同场合多次阐释自身主张，多数主张与国际数据治理联系密切。在2019年联合国信息安全开放式工作组会议上，中国提交立场文件，其中包括大量涉及数据治理的负责任国家行为规范主张。比如，中国主张各国不得利用信息通信技术实施有悖于维护国际和平与安全的行为，提出各国对境内信息通信基础设施、资源及信息通信活动拥有管辖权，不得以网络手段干涉他国内政和破坏他国政治、经济和社会稳定，应平等参与互联网核心的管理和分配，不得利用自身优势削弱他国的信息技术产品自主控制权。中国还特别主张各国不得攻击和干扰他国关键基础设施保护，不得利用自身优

势损害他国基础设施的安全与完整性，各国之间建立关键基础设施保护的标准和经验分享、风险预警和情报共享机制。在数据安全问题上，中国在这份文件中特别提出注意技术、商业和社会公共利益三者的平衡，各国有保护重要数据和本国个人信息安全的权利，不得对他国采取网络间谍活动，推动数据依法有序流动。此外，中国还在这份立场文件中对供应链安全、网络反恐、新技术准则制定方面的国家行为规范提出主张。在国际网络治理整体体系上，中国支持多边、民主和透明的治理原则。①

2020年世界互联网大会发布的《携手构建网络空间命运共同体行动倡议》也反映了中国在网络空间治理问题上的立场，首先是促进互联网的接入和联通水平，这意味着在国际数据治理问题上，中国仍以保障数据的自由流动为主要原则。其次，营造良好网络生态、保障个人信息权和数据安全、保护信息基础设施、增强网络空间互信、打击网络恐怖主义、共享发展红利和机会等与数据治理相关的主张也被提出。最后，在多边治理之外，这份文件还明确了多方治理对于实现公正合理全球互联网体系的重要性。②

2020年9月，中国在一场国际研讨会发布了专门关注数据治理的倡议文件《全球数据安全倡议》。该倡议重申了数据安全的重要性，并将供应链安全视为保护数据安全的重要条件。同时，这份倡议书提出要秉持发展和安全并重的原则，平衡处理技术进步、经济发展与保护国家安全和社会公共利益的关系。在数据治理中，应当坚持开放、公正和非歧视的基本原则，推动共同发展，互利共赢，深化交流合作。该份倡议反对对他国的大规模监控和非法采集他国公民个人信息。另外，对于数据本地化，该文件并没有按常规表述为各国有数据本地化权利，而是反向表述为各国不得要求企业将在他国产生、获取的数据存储于境内。对于执法数据协作，供应链安全等问题，该文件也作了相应阐述。③

---

① 《联合国信息安全开放式工作组中方立场文件》，https：//unoda-web. s3. amazonaws. com/wp-content/uploads/2019/09/china-submissions-oewg-ch. pdf，最后访问时间：2021年3月3日。

② 《世界互联网大会组委会发布〈携手构建网络空间命运共同体行动倡议〉》，载中华人民共和国国家互联网信息办公室：http：//www. cac. gov. cn/2020-11/18/c_1607269080744230. htm，最后访问时间：2021年3月13日。

③ 人民网：《全球数据安全倡议》，https：//baijiahao. baidu. com/s？id=1677231700606824744&wfr=spider&for=pc，最后访问时间：2021年3月22日。

这份文件反映了中国对于很多数据治理关键问题的具体主张。首先，中国坚持数据主权，作为网络主权的重要组成部分，数据主权也是题中应有之意。中国在这份文件中再次申明，对于数据主权、司法管辖权和安全管理权，各国应当尊重，而且数据主权的行使，基本确定是以地域为界，或者说属地的数据主权效力高于属人的数据主权，因此提出各国不得未经同意调取他国境内的数据，而未认可可以有条件地单边获取他国境内任何数据。其次，中国注重数字经济中的安全问题，对于本国个人信息安全、社会稳定、公共安全和国家安全，各国有权加以维护，并依此限制数据开放，但不会超越地域。再次，供应链问题和不正当竞争、系统不透明等企业经营问题也属于数据安全议题的一部分，应当引起重视。复次，各国应当协调好控制与开放间的关系，开放、安全、稳定是数据治理中都应当予以考虑的原则，各国不得恣意以安全之名限制开放，不得对他国企业采取不公正的、歧视性的限制措施，安全标准是否满足则可以该倡议中列出的规范为参考。最后，中国欢迎多利益攸关方参与全球数据治理。

结合以上多份文件，我们可以适当了解关于未来符合我国期待的数据治理国际规则框架。首先，这一框架不应仅讨论数据本身，也包括与此相关的网络空间不同架构的安全问题，特别是供应链安全，这不仅与本书的观点相符，也与我国《网络安全法》在不同章节都讨论数据安全问题的立法模式相符；其次，这一框架要体现对数据流动开放的支持，数据的经济价值应当得到最大化的尊重，开放原则的核心基础意义应当在未来数据治理国际规则中体现；再次，这一框架对于国家权力要以地域为限给予限制，地域内需尊重国家主权，超出地域的单边国家行为不应被允许；复次，该框架应当不仅考虑触及隐私利益的个人数据权保障，还有非隐私的权利保障，因为企业滥用市场地位、技术优势与影响力的行为而谋取不正当利益，侵犯消费者知情权与其他人格与财产权利的行为同样应当得到约束，这与前述的结论相符；又次，这一框架应当体现各国与多利益攸关方的合作，多利益攸关方的责任义务应当明确；最后，必须以比例原则为基础，明确以各种安全名义施加权力干预的限度。

以上构想，大部分可以在国际社会多边框架中得到认同，最具难度，或者说影响数据治理规则前景的最大阻碍来自如何细化安全名义下的限制措施依据。此外，尽管围绕数据商业利用形成的税收争议也十分激烈，但从电子商务谈判的中方立场表达来看，中国在这一问题上似乎仍处于观望态度，且发展中国家中也出现了不可回避地支持对数据流动征税的声音，因此未来或许不会在专门的国际数据治理规则中触及，需要各国通过电子商务规则谈判逐步理清。前文述及，WTO 电子商务谈判已经取得重大突破，因此对于未来这一问题的妥善解决我们有理由保持期待。

(二)寻求统一理论范式与我国理念的契合点

我国倾向于以地域为界确立各国在数据治理领域的权力分配，重视安全问题，但并不主张安全名义的滥用，整体上仍倾向数据获取和利用的开放性，避免安全问题脱离实质意义，走向政治化。这首先需要明确相应的价值位阶。此时，国家主权固然重要，但不可再以主权之名滥加杀伐。在人类命运共同体理念下，主权行为是为了维护人类共同利益而服务，这与多空间冲突下的正义分析理论契合，建立于对不同群体权利关注的理论从根本上也较易为世人所接受。其次，需要通过比例原则的实践使价值位阶得以诠释，并进一步使我国所主张的与现实利益相适应的安全限制措施应基于合理充分条件的观点得以体现。最后是围绕这一理念的其他规则构建。

依此思路，在规则上必然需要对国家行为予以更明确的限制，这种限制模式不仅要强于一般意义上的国际法，使国际法实现走向强法的新阶段，而且可能会在很大程度上类似于国内行政法与经济法的立法模式，亦即依据不同情形明确各国可以适用的限制措施。具体而言，在整体许可国家采取多种措施实现其公共政策目标时，也要对不同的违反数据治理规则情形的措施实施梯度予以明确。比如，对于实施不正当竞争行为的，应当给予一定范围内的罚款或要求企业结构与关系调整，对于侵犯用户隐私权的行为，则给予一定范围的罚款。对于严重侵犯公民权利和社会公共利益且屡教不改者可考虑限制企业经营，对于未经同意将境内数据向境外提供者，最高可施以暂停或吊销业务许可等直接禁止经营的措施。同时明确反对仅基于意识形态与国家政治体制差异实施的歧视性限制行为，政治体制差异本身不构成施加安全限制措施的依据。

这一具有梯度的国家管理措施规范机制不仅可以约束国家滥以安全名义施加过分严苛、缺乏一致性和明确预见性的处罚，而且可以显著防止安全问题意识形态化。将整体的安全问题分解为具体的涉及侵犯国家主权、公共利益与个人权利的情形，且在满足保密必要性的前提下政府必须提供相应证据为行为的正当性予以支持，使各种以潜在的国家安全问题存在的名义施行的行为受到限制，预先推定存在安全问题而在无证据的情况下直接限制企业进入此时更不应被允许。因为不同空间的价值损害必须是实实在在存在的，而不是臆想或莫须有的。如果不对空间利益的确定性进行明确，在多元正义的环境下，价值之间的比较会十分困难。我们可以通过空间变幻理解空间核心正义价值的高低，但在事实面前，还需要考虑价值存在的明确性。如果国家安全问题从各种事实与常识的角度来推断是公认而明确的，我们当然可以确信其价值，但如果单纯是意识形态上的担忧，没有明确证据，甚至无任何先例可以证明这种担忧的必要性，很难说明安全问题应当置于绝对排除其他利益的位置。因此，价值比较之前，应当先与“事实确定性”这一参数结合来考察。如果依据这一理念，那么西方国家大做意识形态文章，渲染中国对其带来的人权与安全威胁，不仅是不合理的，而且存在明显歧视。因为，同样是社会主义国家并因人权问题而存在大量异见人士且受到明显民间层面非议的越南，以及尽管有亚洲民主典范的美誉，但国内人权状况实则非常令人担忧的印度，居然在欧美国家内部备受青睐。① 因此，过分渲染意识形态带来的威胁，不仅不会真正形成符合全球利益且被普遍接受的国际数据治理方案，而且容易制造更多不公正、摩擦和冲突。

目前许多国家和地区已经建立了内部的，形成体系的数据治理规则体系。这些规则体系可以为数据治理国际规则的形成提供参考。其中 GDPR 即体现了鲜明的梯度化规制特点，对不同的企业违规行为施加不同力度的处罚。国际法中进行如此细密的规则设置尽管困难，但有可能是数据治理未来的必由之路。目前已经有大量文献讨论国际行政法的构建。虽然这些国内外文献集中于已有的 WTO 法甚至欧盟法展开，而且讨论的国际行政主体也囿于国际组织，但合理理解的行政法精髓，应当是对行政行为中的地位不平等的行政主权者与行政相对人的关系调整。国际数据治理规则约束国家对境外企业的行为，应当也属于国际行政法的范畴，而在学界与各国政府的共同推动下，以更具强制性的国际行政法约束国家的数据治理权力滥用，也必然是可行的和可期的。

因此，在空间正义分析呼唤强国际法的同时，也需通过建立体系化的国际

---

① 比如，2020 年 11 月 24 日，世界著名智库法国国际关系研究所发布研究报告《新冠肺炎时代法国公众对中国的看法：政治不信任胜过经济机遇》（*French Public Opinion on China in The Era of COVID-19: Political Mistrust Trumps Economic Opportunities*），介绍了法国公众对十三个国家或地区的评价的民意调查结果。结果中国排名倒数第二，仅高于朝鲜，而对越南和印度，法国民众都有很高的评价。

数据治理行政法机制以提供保障。其根基是从国内到国际社会的一整套体系化的司法与准司法机制。在国际层面，未必需要重新设立专门处理数据争端的新机制，而是依赖或扩张现有机制，或在现有组织下设立相关争端解决机构。这可以是现有的国际争端解决机制，比如 WTO 的争端解决机制、国际投资争端解决中心或其他各国协议所约定的裁决、仲裁或国际司法机制；也可以是在特定国际组织下新设立的解决机构，比如在世界卫生组织或联合国人权理事会下设立的对与其职能相关的国际数据流动问题的处理机制，还可以是对现有国际司法机构的职能再诠释。比如，在特定情况下，通过国家间约定，将国家之间甚至个人与国家间的国际数据治理相关纠纷，在用尽国内和区域的自愿与强制解决机制的前提下，提交国际法院处理。

不得不承认，实现全球统一的数据治理机制道阻且长。在理论困境、三大鸿沟和各利益既得群体的重重挑战下，即使可以形成统一的治理规则，也很难寄望于解决真正困扰全球数据治理的深层问题，或具有相当的强行法机制。但正如前文所反复强调，统一的国际数据治理路径和理念是可以被理清的，当前的发展趋势也是在不断取得实质性进步的，因此不应对此放弃希望，特别是在电子商务这一重要领域有可能先行一步形成全球性的数据治理规则的情况下，我们更应对未来发展抱有希望。

(三)在具体情景下的理念运用

数据的全球自由流动最主要的价值是对经贸活动的促进。因此，在经贸领域的国际协议中，数据法律问题能得到最大的发展。此外，数据流动因和人权有关，因此在涉及人权及其子领域的国际组织或国际法中，也可以看到数据全球流动方面的可适用规则，最后是发展中的网络空间国际法，数据治理作为网络空间治理核心问题，网络空间各范畴都与数据治理密切相关，因此但凡网络空间的国际法发展都会影响到数据治理，是数据国际法发展的另一主要背景。所以国际数据治理理念的具体情景主要通过这三个领域体现。

经贸领域的规则谈判作为推动数据国际治理的主要途径，相关规则涵盖的内容有扩张之势，特别是电子商务规则上。通过对“电子商务”概念的新解读，以及在数据贸易与人权、社会安全等问题联系日益密切的客观现实推动下，国际经贸协议中的涉电子商务规则大有发展为国际数据治理领域专门法之势。因此电子商务领域的数据流动情景是考察数据治理理念运用的重点。

在电子商务领域，数据流动会涉及多个场景，形成多个空间交叠。一种常见的情形是为电商跨境交易提供平台中介服务。平台会存储交易信息，个别信息只会涉及用户隐私、商业秘密等，但如果形成海量商务数据，可能会帮助境外机构通过数据分析了解关于国家安全的重要情况。在跨境电商活动中，存在商务交易形成的商务市场空间、因主体的属地性而形成的国家主权空间以及我们所生存的人类文明空间本身。个体隐私不仅涉及人格完整独立，其核心价值亦与个人和集体的安全存续密切相关，因此需作为首要考虑因素。国家因民族安全与发展需要而形成，是实现人的根本福利与自由的主要手段，因此主权价值次之。然后才是市场空间追求财富积累与公平竞争的商业利益。从这三个空间的形成先后与原始或衍生关系我们也能得出这一结论。但国家安全利益是存在于每一次商务交易中的吗？显然不是。从已经发生的案例来看，如果一般商务数据只是存在于电商平台的服务器中，不提供给他国政府，也不被电商平台作非商务用途，则并不存在明显的公共安全风险。因此，需要放开对商务平台交易数据的流动限制，但要限制可跨境购物种类，确保平台不擅自向任何第三方提供收集的个人隐私或商业秘密信息，要求平台数据处理算法透明并保证未经同意不对他国政府提供本国数据，不向他国政府保留后门。

为保证规则的公正性，经贸协议各成员方可以确立既有的或构建新的争端解决机构，赋予其解决此类问题的强制管辖权和裁决拘束力。特别是当发现企业未经许可向他国政府提供数据时，应当以国际争端解决机制作为处理争议的最后保障。

在其他领域，则可能有不同的评判结论，比如 WHO 协调下的公共卫生数据流动问题。公共卫生关系到人类基本生存问题，因此公共卫生活动空间维护全人类健康的核心价值应被最大化地尊重，这也是人类文明的共同价值，然后才是隐私与主权问题。而且当公共卫生事件发生时，前者的利益已经非常迫切，而对于主权的损害实质难以预测，对个人隐私的损害也可以避免。甚至在必要时，后二者的利益应当在人类健康面前得到克减。因此，WHO 对于国际公共卫生数据流动应该更具强制性的超国家权力，并对涉及公共卫生数据问题的国际争议有管辖权以保障其行为强制力，但具体实施规则需要成文国际法的形成。在这一过程中，个人隐私与国家主权的必要价值也需要得到考虑并明确具体的保障方式。

以上提供以理念实现为前提的运用情境，但目前我国也面临着向国际社会提供合理科学数据治理方案的重重障碍，这涉及具体的实现机制问题，需要在法学或社会学理论之外寻求答案。

六、中国参与数据治理国际规则制定的实现进路

（一）当前中国参与数据治理国际规则制定面临的挑战

首先，从国际格局来看，当今世界整体形成三大权力重心，这三大重心分别是以美国为首的资本主义经济与技术实力核心势力，以欧盟为代表的传统但有边缘化趋势的资本主义价值观核心势力和以中国为代表的新兴发展中国家势力。其他国家的对外战略和行动都受这三股势力牵扯，或者已鲜明地倒向其中一方，或者在其中一方或多方之间徘徊，试图寻求平衡并找准自身定位。

比如，俄罗斯作为曾经的世界主导力量之一，在西方国家的压力之下当前已呈显著衰落之势。尽管从地理位置来看，横跨欧亚大陆的俄罗斯具有天然的地缘政治优势。因为欧亚大陆本身从古至今就是决定世界政治格局的主战场，而连接欧洲与亚洲两种截然不同文明形态的中欧至中西亚地区自然就是这一战场的战略要冲。① 俄罗斯占据这一重要地缘优势，同时又继承了曾经的超级强国苏联主要遗产，因此在从 20 世纪 90 年代至 21 世纪头 10 年的时间里通过在东欧和中亚地区的轴辐作用对世界局势形成主要影响。然而，由于自身的战略误判，特别是因对地缘政治理论过分笃信而带来的地区战略误判，以及在人口、经济结构和技术发展上的劣势，该国在全球进入超地缘的数字时代后，对世界的影响力已经明显衰落。因此，在面对美欧双方的敌意攻伐之时，其无可犹疑地选择与中国坚定结盟，与俄罗斯作出类似选择的还有巴基斯坦、伊朗等国。欧盟以法德为首的老牌资本主义强国并不甘于在数字经济浪潮下被边缘化，于是一方面力求通过树立“欧盟数字主权”强化其自身对欧盟成员国的掌控力，另一方面也不愿意放弃在殖民时代所积累的在非洲和部分亚洲国家的影响力。美国则拉拢英语圈的主要资本主义发达国家和资本主义国家中主要的数字技术强国日本、韩国等，试图依靠经济与技术硬实力维持其超级强国的地

① H. J. Mackinder, Democratic Ideals and Reality: A Study in The Politics of Reconstruction, London: Constable and Company Ltd., pp. 147-235.

位。对于世界其他国家，要么选择适应这种三足鼎立的局面，通过与三方之一结盟或与三方都充分合作来谋求本国发展机遇，比如印度、巴西、南非等国；要么只能被世界发展浪潮所孤立，最终可能逐渐被其他国家甩下身段，比如如今的海合会国家。

推动这一超越麦金德式地缘政治理论格局形成的正是网络技术带来的数字经济大发展。因此，数据治理本身就是这一三方格局世界关注的焦点。各方都渴望以自己的意志主导国际数据治理问题，维护自己的利益。从法理上看，数据治理涉及个人权利、市场利益和国家利益，其他如科研、卫生等领域无非是为这三大根本利益服务。抛开国家政治影响，个人权利与市场利益的衡量往往是无法通过准入前的评估确认的。企业是否会影响个人权利与市场活力，只有进入后才能以行为判断，而且从国际公认的行政比例原则与非歧视原则考虑，在企业未明显违反相关法律时，是不足以依此对企业采取巨额罚款、资产拆分甚至拒绝准入等实质打击措施的，因此能被用以实现国家充分自由裁量，并实质性发挥战略性经济打击作用的就只有国家安全问题了。所以在国家或公共安全问题上，或者说在国家领土主权的绝对性上，中美欧都不会轻易妥协。这是建立于价值观和利益差异之上的数据治理最大的国际挑战。

在国内，中国目前面临的最大问题是如何管理好国内的互联网平台。大型互联网平台通过先入局的优势，能够在特定互联网领域形成数据、客户、技术与资本方面的绝对优势，并对其他同业竞争者造成极大的压力，挤兑其他企业的生存空间。但在国际数据治理博弈的大格局下，这些企业又具有极大的战略意义。它们通过纯粹的商业经营积累起难以撼动的实力，这对社会发展又具有一定的积极意义。因为资源在整合过程中整体是向着提高效率的方向发展的。这些平台做大做强本身并不是社会发展的阻力，关键是如何实现做大做强，是否在这一过程中采用了排除竞争或损害消费者的实质行为。在数字经济时代，数据只有通过不断聚合形成大数据才有社会价值，因此大型平台的存在不仅不应被视为威胁，而且是国家发展的机遇。这正是欧洲人哀叹在与中美技术竞争的过程中，欧洲人面临的最大困难之一就是缺少自己的大型互联网平台的原因。① 特别是在此次新冠疫情期间，中美拥有互联网平台所带来的抗疫效果更

① Alice Pannier，Europe in the Geopolitics of Technology：Connecting the Internal and External Dimensions，Apr. 9，2021，https：//www. ifri. org/sites/default/files/atoms/files/pannier_europe_geopolitics_technology_2021_. pdf.

是让欧盟洞若观火，法德两国在疫情期间也加速了推进欧盟数字主权的步伐。因此，如何对互联网平台予以适当定位，平衡其对个人、市场与国家三方面的影响，也是中国参与国际数据治理博弈需要面对的主要国内挑战。

（二）利用国际变局将人类命运共同体理念转化为数据治理共识

当前对人类文明最大的威胁不应来自意识形态，而是来自人类社会外的撼动我们基本生存环境的敌人，新冠肺炎疫情再一次使人类认识到这一点，这应当引发全人类的共识。尽管依然有西方政客在蛊惑人心，煽动政治对立，但如果在重要的国际场合不断推动各国人民认清这些基本问题，将有可能改变各国社会普遍心态。在此基础上，使全人类理解不分东西，不分种族，彼此命运维系在一起，将更有利于“人类命运共同体”转化为全人类的共识。在这一理念之下，以群体共同价值观为基础构建数据治理国际规则体系将更为可行。

群体价值观识别后，需要通过一定的范式转换，形成可被理解的法理基础。因为仅认识到群体价值需要维护，不足以应对和解释多群体身份交汇时的价值取舍，也不可能仅以人类经验与良知为依据，需要更具科学性和可解读性的理论基础。此时即可借用空间范式。将群体关系转换为空间关系，不仅可以使人更好地理解不同角色，或者通常属于不同身份的人（比如医生与病人、商人与消费者）如何能达成共同价值观，而且能通过空间演绎来说明为何一种价值观高于另一种，更能帮助我们应对未来新的价值观冲突的情形。单从群体视角判定人类生存与自由超越其他，而主权应当次之，商业利益与不同行业利益更次之，是缺乏理论基石的，但如果能将其转换为空间演绎，说明一种空间从另一种空间脱胎而出，一种空间只是建立另一种空间的手段媒介，则更易为人理解，因为这一象形变化不是凭空而出，而是对客观实际在社会学寓意下的表述。在此基础上，我们可以建立更系统的价值位阶，从而形成对国际数据治理领域权利/权力配置更明确的规则协调。

（三）通过区域层面合作影响全球层面规则制定

当前区域层面国际数据治理规则的发展要明显领先于全球层面，这是由于当前经济全球化面临的阵营对抗使全球数据治理的统一化进程步入深水区。特别是在中美两国对抗十分激烈的当下，由于任何一份全球协议如不能使这两国形成共识都很难成功，因此更加难以推进。

目前我国已经基本与有关国家完成RCEP和中欧投资协定两份重磅区域经贸协定的谈判，这是近年我国在国际经贸交流领域最突出的国际法成果，未来我国还将致力于加入CPTPP。由此可见，对我国而言，在全球性的规则难以落实的情况下，区域化的规则先行也是有可能的。我国可以继续利用自己的经济优势与他国互利合作，推动与重要国家的经贸协定制定，同时在其中纳入与数据治理有关的内容，将国际数据治理的理念在区域经贸协定中先行落实。也许这一过程仍然会遇到很大阻力，特别是在各国对数据的战略价值十分重视，并对他国的数据挑战颇为警惕的情况下，与某些国家或区域间的数据治理规则谈判仍然会十分艰难。

在前文所述的三方鼎力格局下，我国可以对各国的数据治理博弈立场有相当程度的把握，同时，从各国利益需求上逐步推进与各国的共识。因此，我国不仅可以继续推进与发达国家之间的相关协议，也可以注意推动与发展中国家或志同道合者间的规则，可以先行在相互间的协议中确定初步框架与原则，而不急于将具体问题一步落实。我国提出的《全球数据安全倡议》就是一个既能体现我国立场，也容易赢得国际认可的数据治理初步规范，或许可以先通过区域规则谈判，使这份倡议转化为诸国普遍认同的规则，再推动全球层面达成共识，使其他与我国分歧和意识形态对抗较严重的国家也能最终接纳。目前，如非盟国家、独联体国家、阿拉伯国家、东欧部分国家和拉美国家都是可以作为我国争取的合作对象，而在RCEP与中欧协定的推动下，我们也可以继续与东亚，甚至欧盟部分国家深化在数据领域的合作。因为即使是日本、韩国以及西欧发达国家，特别是爱尔兰、西班牙等国家，中国与它们也存在共同利益。虽然美国及其最坚定的部分盟友不会轻易在数据治理问题上与中国达成共识，但我们的合作伙伴客观而言是在不断增多的，因此最终可能会帮助我们从内部瓦解对抗势力，形成普遍接受的全球治理规则。

(四)充分利用经济、技术的协同效应促进中国参与规则制定

不得不承认的是，技术条件也是当前妨碍各国之间就数据治理问题形成互信的主要掣肘。试想，如果各国都有充分的技术条件对一切境外势力介入本国数据的行为予以探悉，应付自如，也就无须担忧他国企业的本地数据处理行为会否引发国际安全问题。而那些确有单方获取他国数据意图或希望以潜在安全名义挑起国家间事端的国家也会因此投鼠忌器，行为收敛。比如，我国在《全

球数据安全倡议》中提出，企业不得在信息技术产品和服务中提供后门。这显然是因为对于当前技术能否抵御他国以系统后门获取本国数据的信心不足所致。但即使作出这样的规定，是否就能在技术上禁绝通过后门获取数据的境外国家行为，却依然让人担忧。然而，网络安全技术的发展也在不断进步，特别是当前全球主要强国都倾力关注的量子通信领域，因其"绝对安全"的技术理念，需特别引起全球规则制定者的注意。此外，我们也可以充分释放太空领域对网络技术的影响。目前各国都以安全名义实施数据本地化，可能会过分制约数据的全球流动和数字经济的发展，为何不通过将重要数据存储在某个真正的全球公域，并由联合国下专门组织管理公域中的数据来解决这一问题呢？如果由联合国下的组织对数据实施管理，并由联大、国际法院、安理会等国际司法和行政体系对其行为给予监督，又何以不能消除各国对彼此之间发生数据秘密流动的疑虑呢？外层空间正好可以给我们提供这一选择，未来一些关键网络基础设施可能会从地面转移至太空，一方面减少各国出于数据安全而产生的疑虑，另一方面有助于全球数据获取与利用共同标准的形成，最后还能使数据传输更好地摆脱部分国家打击他国企业和影响用户信息自由的单边行为限制，从而最终形成一个新的全球数据和网络治理体系。这一畅想看似十分遥远，但也具有可行性，美国正在推进星链计划，而中国也在致力于打造本国的星座通信系统。未来世界主要通信强国在保持太空通信技术相当的前提下，共同发展并向联合国组织让渡一部分太空设施，未尝不是一种可行的推进数据全球治理协作的理想方式。

此外，我们也不应忽视经济和市场因素对于中国参与全球规则制定的影响。西方国家因其民主体制特征，国家政治方向多会受市场与资本因素影响。如果中国在数字经济领域有绝对的，甚至主导性的实力，可以在重要数字经济产业使他国产生依赖性，进而左右他国民意，那么必然也会影响他国对于和中国合作的态度，进而提升中国参与全球数据规则制定的影响力。当然，经济影响力本身也是与技术优势有正相关效应的。当前中国在5G领域的全球发展备受打压，一个重要原因也是因为中国技术在5G领域目前并不具备不可替代性，而随着时间流逝和技术本身的周期性限制，中国在5G领域的优势可能会愈加缩小，因此就对华心存抵触的国家而言，也就愈加倾向放弃中国企业的5G产品，作出其他选择。但如果中国将来能尽快发展出具有代际优势的6G或7G，在通信领域形成无可替代的巨大优势，那么其他国家将出于更广泛的经济利益考量不得不选择中国产品，在这一领域对中国形成更深的技术依赖。如果同时做好技术保密，那么中国就可能将技术优势充分转化为经济优势，并在相关技术标准和国际规则的制定与适用上发挥主导作用，从而深入影响国际数据治理规则的发展。

最后，需特别发挥互联网平台经济对于促进中国参与国际数据治理博弈的战略保障作用。中国的百度、阿里巴巴、腾讯和小米等互联网平台被国际社会并称为BATX，与美国的GAFAM（谷歌、苹果、脸书、亚马逊和微软）相提并论。不同于华为、中兴等互联网基础设施公司，这些大型互联网平台虽然也掌握了相当多的核心技术（比如，2020年，BATX的专利授权数都排名国内企业前20，在互联网内容服务为主的公司中排名前4，① 且在云技术专利排名中皆位居前5。② 其中阿里巴巴在人工智能领域的2020年专利申请数位居国内第一，③ 腾讯在2020年统计的区块链专利申请数量中排名中国第一，④ 且在2019年全球专利申请数量中位居互联网企业全球第二，⑤ 百度2018年和2019年人工智能申请量蝉联全国第一⑥），但其科技实力却并不引人注意。然而，我们更需要注意平台经济本身的经济与技术带动能力可能远超一般硬件制造商。平台掌握信息资源与大数据这类当代经济生产的核心要素，它们可以利用这些优势充分地向外围其他产业扩张，或帮助其他产业发展，在社会民生中也因此扮演着十分重要的角色。反观欧盟、日本、韩国与俄罗斯等发达工业国

---

① IPRdaily：《2020年中国企业发明授权专利排行榜（TOP100）》，载腾讯网：https：//mp. weixin. qq. com/s/LJIq00lG3z-npfoNgRTkxw，最后访问时间：2021年3月22日。

② 《云技术专利排名：小米以申请量1298件排名第五》，载百度网：https：//baijiahao. baidu. com/s？id=1655603311920842520&wfr=spider&for=pc，最后访问时间：2021年3月22日。

③ Artificial Intelligence Tops Patent Filings in 2020，finds GlobalData，https：//www. globaldata. com/artificial-intelligence-tops-patent-filings-2020-finds-globaldata/，Feb. 16，2021.

④ 《区块链专利白皮书公布区块链专利申请排名 腾讯位列第一》，载腾讯网：https：//new. qq. com/rain/a/20200724A0MDF000，最后访问时间：2021年3月22日。

⑤ 《腾讯全球专利申请数量超3万件 仅次于谷歌》，载百度网：https：//baijiahao. baidu. com/s？id=1632109090977255860&wfr=spider&for=pc，最后访问时间：2021年3月22日。

⑥ 《5712件！百度再夺中国人工智能专利榜第一名！》，载百度网：https：//baijiahao. baidu. com/s？id=1652053753002848363&wfr=spider&for=pc，最后访问时间：2021年3月22日。

家，因为没有大型互联网平台的依托，因此在数字经济时代，却无法充分利用这一浪潮的红利，发展动力与国内经济活力明显不如中美。因此，我们不宜将互联网平台视为一般的大型垄断企业，而是商业与公共机构的混合体，它们通过商业经营也积累了巨大的社会推动力，反之，如果不是通过它们的平台经营方式，也可能无法形成如此巨大的公共战略价值。它们在当今社会所能发挥的经济与社会功能，是政府不可能直接通过权力手段实现的。因此，首先必须承认它们具有商业与公益双重属性，在数据治理问题上充分容许它们进行创新，在产业竞争中，充分允许它们实施有社会公益价值的产业集中，支持它们利用自身雄厚资本与技术实现对国内和海外市场的扩张。而最根本的手段，可能是要在现有的《不正当竞争法》与《反垄断法》之外，制定专门的《互联网平台经济法》，以实现个体权利、市场公正与国家利益之间的平衡。以它们为支撑，为中国参与全球数据治理博弈提供源源不断的经济与技术“底气”。

七、结语

从 1973 年瑞典颁布世界第一份数据保护立法《数据法》(*The Data Act*)以来，各国的数据治理法制经历了巨大的变迁，并取得了长足的发展。世界主要国家和地区都已建立了本国的数据治理法体系。然而尽管早在 20 世纪 60 年代，国际社会即开始关注数据治理问题，国际数据治理法制发展却明显滞后，全球层面的数据治理专门规则谈判更是迟迟不能推动，其主要原因除了数据治理的一般问题在复杂的信息技术时代面临越来越大的认知和研究阻力，也是因为各国的数据主权诉求在当下日益强烈，利益对抗日益尖锐。

国际数据治理一要解决数据治理中的主权与管辖权配置问题，二要解决一般数据治理问题，这些问题不可能分别在法学领域内予以解决，需要结合多学科手段，发掘问题本质，寻求共识。而社会学的社会空间理论在后现代主义影响下已经充分发展并基于信息化时代做好了充分的理论准备，可以在数据治理问题上为学者与官方所运用，并较有可能达成国际共识。

我国在“人类命运共同体”理念下推动数据的全球治理，践行中国主张，实际上与基于“社群—空间”范式的社会空间正义分析理念有很好的共通性。我国可以借此使自身主张具化，并利用国际形势和自身优势，从区域层面入手，逐步推动数据治理的全球规则形成。在这一过程中，不仅需要利用法律和外交手段，也需要充分发展和利用我国技术和经济实力，协同推进中国参与数据治理国际规则的制定。

后 记

数据是数字时代的石油，加强数据治理既是维护数据安全、保障数据主体权益之必需，也是激发数据作为新型生产要素的功能，推动生产变革与效率提升之必要。从欧盟的《通用数据保护条例》(GDPR)，到美国的《澄清境外合法使用数据法案》(CLOUD ACT)，再到我国的《数据安全法》，无不反映着各国在数据权属、数据跨境、数据安全、数据利用等方面实施法律治理的努力。探寻数据治理中的法律逻辑，在廓清其基本框架和路径的基础上推动数据法治的完善，是当代法学研究者的时代使命。为此，武汉大学网络治理研究院以“数据治理的法律逻辑”为主题，组织了一批2020年度重点课题从各个不同的切口进行研究，并将研究成果予以汇总，形成了本书呈现在各位读者面前。

依循惯例，这批课题面向全国学者公开招标，经过专家评审后确定由西南政法大学张建文教授、湖北省社科院李涛副研究员、中南民族大学袁野博士、北京师范大学吴沈括副教授、湘潭大学刘欣琦博士以及武汉大学的黄志雄教授、邓社民教授、冉从敬教授、张素华教授、袁康副教授承担课题研究任务。本书成果反映了来自不同高校、不同学科、不同方向的研究者围绕数据治理这一共同目标的共同努力。

作为集体智慧的结晶，本书的最终成型和出版凝结着许多人的辛勤汗水。第一章“数据的法律属性与内涵研究”由邓社民、李思昊、侯燕玲撰写；第二章“数据权利的体系化研究”由张建文、陈家宁撰写；第三章“数据安全的立法体系比较研究”由张素华撰写；第四章“我国数据监管机构的权力构造研究”由刘欣琦、林宜烨撰写；第五章“政府数据开放与公共数据治理的法律机制”由梁玥、唐姣、李涛撰写；第六章“数据要素市场化配置的法律保障机制研究”

由袁康、鄢浩宇、王琎撰写；第七章“数据市场竞争的法律规制研究”由袁野撰写；第八章“数据犯罪形态及其刑事规制研究”由吴沈括、崔婷婷撰写；第九章“国家数据主权视野下跨境数据流动治理的国际合作与协调机制”由冉从敬、何梦婷、刘先瑞撰写；第十章“中国参与数据治理国际规则制定研究”由黄志雄、王超撰写。全书由黄志雄、袁康统稿。感谢国家网信办、湖北省网信办的指导，感谢北京德恒(武汉)律师事务所的资助，感谢武汉大学出版社胡荣编辑的付出，让本书能够最终付梓。

武汉大学网络治理研究院自 2018 年成立以来，在各界的大力支持下取得了快速的发展，整合了一批网络治理的研究力量，并始终保持着在网络法治领域的积极参与。目前研究院设立了科技创新与法治研究中心、数据法治研究中心、互联网内容治理研究中心、数字经济法治研究中心、智慧司法研究中心五大内设研究中心，力图进一步实现网络法学研究的精细化布局。值得一提的是，依托网络治理研究院设立的“网络法学”交叉学科的硕士研究生和博士研究生已经开始招生，网络治理研究院未来将在学术研究、学科建设、人才培养、智库建设上作出更多努力。

日拱一卒，功不唐捐。唯愿我们的每一分努力，都能在中国网络法治的发展进程中略尽绵薄。此记。

编　者

2021 年 7 月